KB041773

농업협동조합법

이상복

박영사

머리말

이 책은 농업협동조합법이 규율하는 농업협동조합 등에 관하여 다루었다. 이 책은 다음과 같이 구성되어 있다. 제1편에서는 농업협동조합법의 목적과 성격, 농업협동조합법 관련 법규, 농업협동조합 예탁금에 대한 과세특례 등을 다루었다. 제2편 조합에서는 설립, 신용사업 등 주요업무, 진입규제, 조합원, 출자금, 지배구조, 사업, 건전성규제 등을 다루었다. 제3편 조합공동사업법인에서는 설립, 회원, 출자금, 지배구조 등을 다루고, 제4편 중앙회에서는 설립, 회원, 출자금, 지배구조, 사업, 건전성규제 등을 다루었다. 제5편에서는 농협경제지주회사, 농협금융지주회사, 농협은행, 농협생명보험 및 농협손해보험을 다루었다. 제6편에서는 감독, 검사 및 제재 등을 다루었다.

이 책의 특징을 몇 가지 들면 다음과 같다.

첫째, 이해의 편의를 위해 법조문 순서에 구애받지 않고 법률뿐만 아니라, 시행령, 시행규칙, 상호금융업감독규정, 상호금융업감독업무시행세칙상의 주요 내용을 반영하였다.

둘째, 이론을 생동감 있게 하는 것이 법원의 판례임을 고려하여 대법원 판례뿐만 아니라 하급심 판례도 반영하였다.

셋째, 실무에서 많이 이용되는 지역농업협동조합정관례, 지역축산업협동조합정관례, 품목별·업종별협동조합정관례, 농업협동조합중앙회정관, 수신업무방법서와 여신업무방법서, 농업협동조합법에 따른 조합등과 중앙회 감독규정, 조합원의 자격요건인 농업인의 확인 방법 및 기준, 지도감사규정, 징계변상 업무처리준칙(예), 징계변상규정(예)의 주요 내용을 반영하였다.

이 책을 출간하면서 감사드릴 분들이 많다. 금융감독원 한홍규 국장님과 신협중앙회 이태영 변호사님에게 감사드린다. 한홍규 국장님은 신용협동조합법 등 상호금융업법 실무를 오랫동안 다룬 분으로 바쁜 일정 중에도 초고를 읽고 조언과 논평을 해주었고 교정작업도 도와주었다. 이태영 변호사님은 신협중앙회 사내변호사로 근무하면서 익힌 실무를 반영할 수 있도록 조언을 해주었고 교정작업도 도와주었다. 박영사의 김선민 이사가 제작 일정을 잡아 적시에 출간이 되도록 해주어 감사드린다. 출판계의 어려움에도 출판을 맡아 준 박영사 안종만 회장님과 안상준 대표님께 감사의 말씀을 드리며, 기획과 마케팅에 애쓰는 최동인 대리의 노고에 감사드린다.

2023년 5월

이 상 복

차 례

제1편 서 론

제1장 농업협동조합법의 목적과 성격

제2장 최대 봉사의 원칙 등

제3장 농업금융채권

제4장 과세특례

제2편 조 합

제1장 설 립

제2장 조합원

제3장 출 자

제4장 지배구조

제5장 사 업

제6장 건전성규제

제 3 편 조합공동사업법인

제1장 설 립

제2장 회 원

제3장 출자금

제4장 지배구조

제5장 회 계

제6장 조합공동사업법인의 합병에 관한 특례

제4편 중앙회

제1장 설 립

제2장 회 원

제3장 출자금

제4장 지배구조

제5장 사 업

제6장 건전성규제

제5편 지주회사 및 그 자회사

제1장 서 설

제2장 농협경제지주회사

제3장 농협금융지주회사

제4장 농협은행

제5장 농협생명보험 및 농협손해보험

제6편 감독, 검사 및 제재

제1장 감독 및 처분 등

제2장 감 사

제3장 징계변상

제1편 서 론

제1장 농업협동조합법의 목적과 성격
제2장 최대 봉사의 원칙 등
제3장 농업금융채권
제4장 과세특례

제 1 장

농업협동조합법의 목적과 성격

제1절 농업협동조합법의 목적

농업협동조합법("법" 또는 "농협법")은 농업인의 자주적인 협동조직을 바탕으로 농업인의 경제적·사회적·문화적 지위를 향상시키고, 농업의 경쟁력 강화를 통하여 농업인의 삶의 질을 높이며, 국민경제의 균형 있는 발전에 이바지함을 목적으로 한다(법1).

우리나라의 농업협동조합("농협" 또는 "조합")은 1961년 통합 농업협동조합법이 제정된 이래 크고 작은 수차례의 개정을 거치면서 그 조직이 매우 복합적이고 대규모 조직으로 성장하였고, 또한 농협의 소유 및 지배구조가 순차적으로 여러 단계를 거치면서 협동조합의 설립취지 및 정체성이 훼손되는 등 협동조합 원래의 모습과는 다른 조직으로 변하게 되었다.[1]

농협의 계통조직은 크게 지역조합과 농업협동조합중앙회("중앙회" 또는 "농협중앙회")라는 2단계로 되어 있다(법2 및 법4). 지역조합에는 지역농업협동조합("지역농협")과 지역축산업협동조합("지역축협"), 품목조합인 품목별조합과 업종별조

1) 최흥은(2014), "농업협동조합법 연구", 대진대학교 대학원 박사학위논문(2014. 1), 7-9쪽.

합, 그리고 품목조합(품목별 또는 업종별)연합회가 있다. 품목조합연합회는 품목조합의 연합체이기는 하나 지역조합이나 품목조합과 동일하게 중앙회의 회원이 되므로 넓은 의미에서 지역조합으로 분류된다. 농협중앙회는 지역조합과 품목별조합연합회가 회원으로 참여하는 전국적인 단일 조직이다. 우리나라는 2011년 농협법을 개정하여 농협중앙회 산하에 농협경제지주회사와 농협금융지주회사를 두면서 각 지주회사 산하에 여러 자회사를 두는 형태로 농협의 소유·지배구조를 근본적으로 변경하였다. 지역조합은 종래와 동일하게 경제사업과 신용사업(상호금융)[2)]을 겸업하는 형태로 운영된다. 반면에 농협중앙회는 직접적 또는 자회사를 통해 경제사업과 교육사업 등을 수행함과 동시에 종래의 경제사업과 신용사업을 분리하여 각 지주회사에 이를 분담시키는 형태이다.

농협법은 지역조합의 구성원을 조합원이라 하고(법19, 법105, 법110), 중앙회의 구성원을 회원이라 한다(법115). 농협의 조합원(회원)은 농협 조직에 출자자로 참여하는 인적 요소로서 농협의 최고기관인 총회의 구성원이 된다. 농협은 조합원의 인적 연대를 기초로 하는 조직인 협동조합의 기본원칙을 구현하는 인적 단체이다. 지역조합의 조합원이 될 수 있는 자는 자연인인 농업인과 영농조합법인·농업회사법인(법19, 법107, 법112) 및 일부 품목조합(법19③, 법107)이다. 결국 지역조합의 구성원인 조합원은 모든 농업인을 가리키는 것이 아니고 조합원으로 가입한 농업인과 조합원으로 가입한 영농조합법인과 농업회사법인 그리고 조합원으로 가입한 품목조합만이 된다. 중앙회 회원은 회원으로 가입한 지역조합과 품목조합이며, 조합공동사업법인 및 농업 또는 농촌 관련 단체와 법인을 준회원으로 할 수 있다(법116).

제2절 농업협동조합법의 성격

농업협동조합법은 민법에 대하여 특별법적 성격을 갖는다. 또한 농업협동조

2) "지역조합이 신용사업(신용협동조합법39①(1)(6))을 하는 때에는 신용협동조합법 95조(농업협동조합등에 대한 특례)에 따라 신용협동조합으로 본다."라고 하여 지역조합의 신용사업은 신용협동조합법 적용을 받는다.

합법은 행정법적 성격을 갖는다. 즉 조합 및 중앙회에 대한 감독 및 처분에 관한 규정, 행정제재인 과태료에 관한 규정을 두고 있다. 그리고 농업협동조합법은 형사법적 성격을 갖는다. 즉 조합 및 중앙회에 대하여 여러 가지 준수사항과 금지사항을 정해 놓고, 이에 위반한 경우 형벌인 징역형과 벌금형의 제재를 가하는 규정을 두고 있다.

농업협동조합법은 농협을 법인으로 하면서(법4), 공직선거에 관여해서는 아니 되고(법7), 조합의 재산에 대하여 국가 및 지방자치단체의 조세 외의 부과금이 면제되도록 규정하고 있어(법8) 이를 공법인으로 볼 여지가 있다. 그러나 농협은 조합원의 경제적·사회적·문화적 지위의 향상을 목적으로 하는 농업인의 자주적 협동조직으로, 조합원 자격을 가진 20인 이상이 발기인이 되어 설립하고(법15), 조합원의 출자로 자금을 조달하며(법21), 조합의 결성이나 가입이 강제되지 아니하고, 조합원의 임의탈퇴 및 해산이 허용되며(법28, 법29), 조합장은 조합원들이 직접 선출하거나 총회에서 선출하도록 하고 있어(법45), 기본적으로 사법인적 성격을 지니고 있다.[3)]

조합과 중앙회는 업무수행에 있어 조합원 또는 회원을 위하여 최대로 봉사하는 협동조합이므로 스스로를 위해 이익을 추구하거나 이익의 분배를 목적으로 하지 못하는 비영리법인이다. 농협법은 조합과 중앙회는 영리 또는 투기를 목적으로 하는 업무를 수행하여서는 아니 된다고 하여 비영리성을 명문으로 규정한다(법5③). 그리하여 농협은 영리를 목적으로 하는 단체가 아니므로 상인이 될 수 없고, 그 결과 상법의 규정이 농협에 적용되지 않는 것이 원칙이다. 농협이 비영리단체가 되는 근거는 설령 조합이 사업을 행하여 이익을 얻는 경우가 있다 하더라도 그것은 농협 자체의 것이 되지 못하고 조합원에 귀속되는 것이기 때문이다. 즉 농협의 이익은 시간적으로 조합 내에 유보되어 있다 할지라도 곧 사업이용량에 따라 구성원에게 환급되어야 할 성질의 것으로 간주된다.[4)]

3) 헌법재판소 2012. 12. 27. 선고 2011헌마562, 2012헌마282(병합) 전원재판부.
4) 최흥은(2014), 34-35쪽.

제3절 농업협동조합법과 다른 법률과의 관계 등

Ⅰ. 다른 법률의 적용 배제 및 준용

1. 조합과 중앙회의 사업에 대한 적용 배제 규정

조합과 중앙회의 사업에 대하여는 양곡관리법 제19조(양곡가공업의 신고), 여객자동차 운수사업법 제4조(면허 등) · 제8조(운임 · 요금의 신고 등) 및 제81조(자가용 자동차의 유상운송 금지), 화물자동차 운수사업법 제56조(유상운송의 금지) 및 공인중개사법 제9조(중개사무소의 개설등록)를 적용하지 아니한다(법12①).[5)]

2. 조합공동사업법인 및 품목조합연합회의 사업에 대한 적용 배제 규정

조합공동사업법인 및 품목조합연합회의 사업에 대하여는 양곡관리법 제19조(양곡가공업의 신고) 및 화물자동차 운수사업법 제56조(유상운송의 금지)를 적용하지 아니한다(법12②).

3. 중앙회의 농업용 석유류를 조합에 공급하는 사업에 대한 적용 배제 규정

중앙회가 조세특례제한법 제106조의2(농업 · 임업 · 어업용 및 연안여객선박용 석유류에 대한 부가가치세 등의 감면 등)에 따라 조세를 면제받거나 그 세액을 감액받는 농업용 석유류를 조합에 공급하는 사업에 대하여는 석유 및 석유대체연료 사업법 제10조(석유판매업의 등록 등) 를 적용하지 아니한다(법12③).

4. 조합의 보관사업에 대한 준용 규정

조합의 보관사업에 대하여는 상법 제155조부터 제168조까지의 규정(창고업에 관한 규정)을 준용한다(법12④).

---

5) 대법원 1970. 8. 31. 선고 70도1267 판결(농업협동조합은 양곡을 원료로 하여 가공업을 하는 경우에도 그 조합의 목적 성질에 비추어 정부의 허가를 필요로 하지 아니한다).

5. 농협금융지주회사 및 그 자회사에 대한 적용 배제 규정

농협금융지주회사 및 그 자회사(손자회사·증손회사·증손회사 이하의 단계로 수직적으로 출자하여 다른 회사를 지배하는 경우를 포함)에 대하여는 공정거래법 제25조(금융회사·보험회사 및 공익법인의 의결권 제한) 제1항을 적용하지 아니한다(법12⑤ 본문). 다만, 농협금융지주회사 및 그 자회사가 아닌 중앙회 계열회사의 주식을 보유하는 경우 그 주식에 대하여는 그러하지 아니하다(법12⑤ 단서).

농협금융지주회사 및 그 자회사에 대하여는 공정거래법 제26조(대규모내부거래의 이사회 의결 및 공시)를 적용하지 아니한다(법12⑥).

6. 중앙회 계열회사의 상호출자제한기업집단 포함 여부

중앙회 계열회사가 공정거래법 외의 다른 법률에서 공정거래법 제31조(상호출자제한기업집단 등의 지정 등)에 따라 상호출자제한기업집단으로 지정됨에 따른 제한을 받는 경우 중앙회 계열회사는 상호출자제한기업집단에 포함되지 아니하는 것으로 본다(법12⑦ 본문). 다만, ⅰ) 방송법(제1호), ⅱ) 소프트웨어 진흥법(제2호), ⅲ) 상속세 및 증여세법(제3호), ⅳ) 자본시장법(제4호)의 어느 하나에 해당하는 법률에서는 중앙회 계열회사(제4호의 경우에는 농협금융지주회사 및 그 자회사를 제외한 중앙회 계열회사로 한정)도 상호출자제한기업집단에 속하는 것으로 본다(법12⑦ 단서).

7. 농협경제지주회사 및 그 자회사의 사업 수행과 적용 배제 규정

농협경제지주회사 및 그 자회사(손자회사를 포함)가 중앙회, 조합등(조합의 조합원을 포함)과 제161조의4(농협경제지주회사의 사업) 제2항에서 정하는 사업을 수행하는 경우 그 목적 달성을 위하여 필요한 행위에 대하여는 공정거래법 제40조(부당한 공동행위의 금지) 제1항을 적용하지 아니한다(법12⑧ 본문). 다만, 그 행위의 당사자에 농협경제지주회사 및 그 자회사, 중앙회, 조합등(조합, 조합공동사업법인, 품목조합연합회) 외의 자가 포함된 경우와 해당 행위가 일정한 거래분야의 경쟁을 실질적으로 제한하여 소비자의 이익을 침해하는 경우에는 그러하지 아니하다(법12⑧ 단서).

농협경제지주회사 및 그 자회사가 농업인의 권익향상을 위하여 사전에 공개한 합리적 기준에 따라 조합등에 대하여 수행하는 i) 조합등의 경제사업의 조성, 지원 및 지도(제1호), ii) 조합등에 대한 자금지원(제2호)의 행위에 대하여는 공정거래법 제45조 제1항 제9호[6]를 적용하지 아니한다(법12⑨ 본문). 다만, 해당 행위가 일정한 거래분야의 경쟁을 실질적으로 제한하여 소비자의 이익을 침해하는 경우에는 그러하지 아니하다(법12⑨ 단서).

Ⅱ. 근로복지기본법과의 관계

중앙회와 농협경제지주회사·농협금융지주회사·농협은행·농협생명보험·농협손해보험("농협경제지주회사등")은 근로복지기본법의 적용에 있어서 동일한 사업 또는 사업장으로 보고 사내근로복지기금을 통합하여 운용할 수 있다(법12의2 ①).

그 밖에 사내근로복지기금의 통합·운용을 위하여 필요한 사항은 사내근로복지기금 법인의 정관으로 정한다(법12의2②).

Ⅲ. 중소기업제품 구매촉진 및 판로지원에 관한 법률과의 관계

조합등이 공공기관(중소기업제품 구매촉진 및 판로지원에 관한 법률 제2조 제2호에 따른 공공기관)에 직접 생산하는 물품을 공급하는 경우에는 조합등을 「중소기업제품 구매촉진 및 판로지원에 관한 법률」 제33조(특별법인 등의 중소기업 간주) 제1항 각 호 외의 부분에 따른 국가와 수의계약의 방법으로 납품계약을 체결할 수 있는 자로 본다(법12의3).

---

6) 9. 부당하게 다음 각 목의 어느 하나에 해당하는 행위를 통하여 특수관계인 또는 다른 회사를 지원하는 행위
   가. 특수관계인 또는 다른 회사에 가지급금·대여금·인력·부동산·유가증권·상품·용역·무체재산권 등을 제공하거나 상당히 유리한 조건으로 거래하는 행위
   나. 다른 사업자와 직접 상품·용역을 거래하면 상당히 유리함에도 불구하고 거래상 실질적인 역할이 없는 특수관계인이나 다른 회사를 매개로 거래하는 행위

제4절 농업협동조합법 및 관련 법규

Ⅰ. 농업협동조합법

농업협동조합법은 "농업인의 자주적인 협동조직을 바탕으로 농업인의 경제적·사회적·문화적 지위를 향상시키고, 농업의 경쟁력 강화를 통하여 농업인의 삶의 질을 높이며, 국민경제의 균형 있는 발전에 이바지함"(법1)을 목적으로 하는 농업협동조합에 관한 기본법률이다. 농업협동조합법의 구조는 그 목적과 농업협동조합과 농업협동조합중앙회 등에 대한 정의를 규정하고, 조합 및 중앙회에 관한 규정, 지주회사 및 그 자회사에 관한 규정, 감독에 관한 규정, 벌칙 등에 관한 규정을 두고 있다.

Ⅱ. 관련 법규 및 판례

1. 법령 및 규정

(1) 법령

농업협동조합법 이외에 농업협동조합과 관련된 법률로는 신용협동조합법, 금융소비자보호법, 금융위원회법, 금융회사지배구조법, 금융실명법, 협동조합기본법 등이 있다. 또한 법률 이외에 시행령과 시행규칙이 있다.

(가) 신용협동조합법

1) 신용사업과 신용협동조합 의제

지역농업협동조합과 지역축산업협동조합(신용사업을 하는 품목조합을 포함)이 신용사업(신용협동조합법39①(1)) 및 국가 또는 공공단체가 위탁하거나 다른 법령에서 조합의 사업으로 정하는 사업(신용협동조합법39①(6))을 하는 경우에는 신용협동조합법에 따른 신용협동조합으로 본다(신용협동조합법95①(1)).

이 경우 신용협동조합중앙회의 사업(농업협동조합중앙회의 경우에는 조합 및 조합원을 위한 공제사업은 제외)은 농업협동조합중앙회가 각각 수행한다(신용협동조합법95②).

2) 사업의 구분

지역농업협동조합과 지역축산업협동조합(신용사업을 하는 품목조합을 포함) 및 농업협동조합중앙회가 신용협동조합 사업을 하는 경우에는 다른 사업과 구분하여야 한다(신용협동조합법95③).

3) 조합 및 중앙회의 사업과 신용협동조합법 적용 규정

지역농업협동조합과 지역축산업협동조합(신용사업을 하는 품목조합을 포함) 및 농업협동조합중앙회의 사업에 관하여는 신용협동조합법 제6조(다른 법률과의 관계) 제3항·제4항, 제39조(사업의 종류 등) 제1항 제1호(신용사업)·제6호(국가 또는 공공단체가 위탁하거나 다른 법령에서 조합의 사업으로 정하는 사업), 제42조(동일인에 대한 대출등의 한도), 제43조(상환준비금), 제45조(부동산의 소유 제한), 제45조의3(금리인하 요구), 제78조(사업의 종류 등) 제1항 제3호(조합의 신용사업에 대한 검사·감독만 해당)·제5호(신용사업), 제78조(사업의 종류 등) 제6항, 제79조의2(금리인하 요구의 준용), 제83조(금융위원회의 감독 등), 제83조의2(경영공시), 제83조의3(경영건전성 기준), 제84조(임직원에 대한 행정처분), 제89조(중앙회의 지도·감독) 제3항,[7] 제96조(권한의 위탁), 제101조(과태료) 제1항 제1호의3[8] 및 같은 조 제3항[9]이 적용되고, 동 규정을 제외하고는 신용협동조합법을 적용하지 아니한다(신용협동조합법95④).

(나) 금융소비자보호법

농업협동조합 및 농업협동조합중앙회는 금융소비자보호법의 적용을 받는 금융회사에 해당하지 아니하므로 금융소비자보호법의 적용을 받지 않는다(명문규정 없음). 그러나 농협은행(금융소비자보호법2(6) 바목, 동법 시행령2⑥(6), 금융소비자보호에 관한 감독규정2① 나목)은 금융소비자보호법의 적용을 받는다.

(다) 금융위원회법

농협은행(금융위원회법38(7))은 금융위원회법에 따라 금융감독원의 감독·검사를 받는 기관에 해당한다.

---

7) ③ 중앙회장은 제1항에 따라 조합으로부터 제출받은 자료를 금융위원회가 정하는 바에 따라 분석·평가하여 그 결과를 조합으로 하여금 공시하도록 할 수 있다.

8) 1의3. 제45조의3 제2항(제79조의2에 따라 준용되는 경우를 포함)을 위반하여 금리인하를 요구할 수 있음을 알리지 아니한 경우

9) ③ 제1항 및 제2항에 따른 과태료는 대통령령으로 정하는 바에 따라 금융위원회가 부과·징수한다.

(라) 금융회사지배구조법

농업협동조합은 금융회사지배구조법상 금융회사가 아니므로 동법의 적용을 받지 않는다(금융사지배구조법2(1)).

농협은행(금융사지배구조법2(1) 사목, 동법 시행령2(3))은 금융회사지배구조법상 금융회사에 해당하므로 동법의 적용을 받는다.

농업협동조합법(금융회사지배구조법2(7), 동법 시행령5(11))은 금융회사지배구조법상 "금융관계법령"에 해당하므로, 개별법에 따라 "벌금 이상의 형을 선고받고 그 집행이 끝나거나(집행이 끝난 것으로 보는 경우를 포함) 집행이 면제된 날부터 5년이 지나지 아니한 사람"은 다른 금융회사의 임원이 될 수 없다(금융회사지배구조법5①(1)). 또한, 금융위원회, 금융감독원장 및 개별법에 의한 조치권한을 가진 중앙회로부터 문책경고 또는 감봉요구 이상에 해당하는 조치를 받은 사실이 있는 경우에는 5년간 금융회사의 준법감시인이나 위험관리책임자가 될 수 없다(금융회사지배구조법26①(1)), 동법28③(1)).

(마) 금융실명법

농업협동조합과 그 중앙회 및 농협은행은 금융실명상의 금융회사에 해당(금융실명법2(1) 아목)하기 때문에 실지명의(實地名義)에 의한 금융거래를 실시하고 그 비밀을 보장하여 금융거래의 정상화를 꾀함으로써 경제정의를 실현하고 국민경제의 건전한 발전을 도모함을 목적으로 하는 금융실명법의 적용을 받는다.

(바) 협동조합기본법

협동조합기본법은 "다른 법률에 따라 설립되었거나 설립되는 협동조합에 대하여는 협동조합기본법을 적용하지 아니한다"고 규정하고 있다(협동조합기본법13①). 따라서 농업협동조합법에 의하여 설립된 농업협동조합은 협동조합기본법의 적용을 받지 않는다. 다만, 협동조합의 설립 및 육성과 관련되는 다른 법령을 제정하거나 개정하는 경우에는 이 법의 목적과 원칙에 맞도록 하여야 한다(협동조합기본법13②).

(2) 규정과 자치법규

법령 이외에 구체적이고 기술적인 사항을 신속하게 규율하기 위하여 금융위원회 등이 제정한 규정이 적용된다.

(가) 상호금융업감독규정

상호금융업감독규정(금융위원회 고시 제2022-27호)은 상호금융의 감독에 관한 세부사항을 정하고 있으며, 신용협동조합뿐만 아니라 농업협동조합[농업협동조합법에 의하여 설립된 지역농업협동조합과 지역축산업협동조합(신용사업을 실시하는 품목조합을 포함)]에 적용된다(동감독규정3②).

(나) 금융기관 검사 및 제재에 관한 규정

금융기관 검사 및 제재에 관한 규정(금융위원회고시 제2022-8호)은 금융감독원장이 검사를 실시하는 금융기관에 적용되며, 필요한 범위 내에서 금융위원회법 및 금융업관련법에 따라 금융위원회가 검사를 실시하는 금융기관에 준용한다. 또한 관계법령 등에 의하여 금융감독원장이 검사를 위탁받은 기관에 대한 검사 및 그 검사결과 등에 따른 제재조치에 대하여는 관계법령 및 검사를 위탁한 기관이 별도로 정하는 경우를 제외하고는 이 규정을 적용한다(동규정2).

농업협동조합법(동규정3(1) 거목)은 금융업관련법에 해당하므로, 금융기관 검사 및 제재에 관한 규정이 준용된다.

(다) 농업협동조합법에 따른 조합등과 중앙회 감독규정

「농업협동조합법에 따른 조합등과 중앙회 감독규정」(농림축산식품부 고시 제2016-24호)은 농업협동조합법에 따라 설립된 지역농업협동조합, 지역축산업협동조합, 품목별·업종별협동조합("일선조합")과 농업협동조합중앙회("중앙회")에 적용한다(동규정2①). 조합공동사업법인과 품목조합연합회에 관하여는 농림축산식품부장관이 별도로 정한 지침이 있는 경우를 제외하고는 이 고시에서 정한 일선조합에 관한 조항을 준용한다(동규정2②).

이 고시에서 감독기관이란 농림축산식품부와 중앙회를 말한다(동규정3①).

(라) 조합 자치법규

1) 의의

농업협동조합은 조합원들이 자신들의 이익을 옹호하기 위하여 자주적으로 결성한 임의단체로서 그 내부 운영에 있어서 조합 정관 및 다수결에 의한 자치가 보장된다.[10)]

조합의 자치법규는 정관, 규약, 규정, 세칙, 예규의 순으로 적용된다. 정관은

---

10) 대법원 2003. 7. 22. 선고 2003도2297 판결.

법인의 조직과 활동에 관하여 단체 내부에서 자율적으로 정한 자치규범으로서, 대내적으로만 효력을 가질 뿐 대외적으로 제3자를 구속하지는 않는 것이 원칙이고, 그 생성과정 및 효력발생요건에 있어 법규명령과 성질상 차이가 크다.[11)]

2) 정관

정관은 농업협동조합이 제정한 자치법규로서 실질적으로 농업협동조합의 조직, 운영, 사업에 관한 최고의 자치법규이다. 그 내용이 강행법규에 반하지 않는 한 내부관계에 관한 최고법규범으로서 발기인뿐만 아니라 출자자인 조합원 및 그 기관을 구속하는 효력이 있다. 정관은 법인의 조직, 활동 등에 대하여 기본적인 사항을 정한 것으로 법인의 성립요건이며 존속요건이므로 정관 없이는 법인이 설립되거나 존속될 수 없다. 정관은 하위 자치법규(규약, 규정, 준칙, 업무방법 등)의 작성에 대한 수권(위임)을 한다.[12)]

조합 정관의 규정에 따라 조합이 자체적으로 마련한 임원선거규약은 일종의 자치적 법규범으로서 농업협동조합법 및 조합 정관과 더불어 법적 효력을 가진다.[13)]

정관의 변경은 총회의 결의사항이며(법35①(1)), 정관의 변경은 농림축산식품부장관의 인가를 받지 아니하면 효력을 발생하지 아니한다(법35② 본문). 다만, 정관의 변경을 농림축산식품부장관이 정하여 고시한 정관례에 따라 변경하는 경우에는 그러하지 아니하다(법35② 단서).

3) 정관례

정관례는 주무부처의 장관이 협동조합 관련법에 근거하여 작성·고시한 모범정관안을 말한다. 정관례는 행정법규이며, 정관은 아니다. 협동조합은 정관례를 참고하여 조합의 정관(안)을 작성한 후 총회에서 의결하여 정관을 제개정하게 된다.

2. 판례

판례는 미국과 같은 판례법주의 국가의 경우에는 중요한 법원이지만, 우리나라와 같은 대륙법계 국가에서는 사실상의 구속력만 인정되고 있을 뿐 법원은 아니다.

---

11) 헌법재판소 2010. 7. 29. 선고 2008헌바106 전원재판부.

12) 송재일(2015), "협동조합법제에서 협동조합간 협동과 연대", 한국협동조합연구 제33집 제3호(2015. 8), 70쪽.

13) 대법원 2003. 7. 22. 선고 2003도2297 판결.

제 2 장 / 최대 봉사의 원칙 등

제1절 최대 봉사의 원칙

Ⅰ. 최대 봉사 의무

조합과 중앙회는 그 사업 수행 시 조합원이나 회원을 위하여 최대한 봉사하여야 한다(법5①).

조합원 또는 회원을 위한 최대봉사란 구성원을 위하여 사업 활동을 하고 구성원은 이를 이용함으로써 최대의 이익을 향유하게 하는 것을 말한다.[1)]

Ⅱ. 업무의 공정성 유지

조합과 중앙회는 일부 조합원이나 일부 회원의 이익에 편중되는 업무를 하여서는 아니 된다(법5②).

---

1) 최흥은(2007), 22쪽.

Ⅲ. 영리 또는 투기 목적의 업무 금지

조합과 중앙회는 설립취지에 반하여 영리나 투기를 목적으로 하는 업무를 하여서는 아니 된다(법5③).

Ⅳ. 관련 판례

① 대법원 2000. 2. 11. 선고 99다53292 판결

농업협동조합법에 의하여 설립된 조합이 영위하는 사업의 목적은 조합원을 위하여 차별 없는 최대의 봉사를 함에 있을 뿐 영리를 목적으로 하는 것이 아니므로(법5), 동 조합이 그 사업의 일환으로 조합원이 생산하는 물자의 판매사업을 한다 하여도 동 조합을 상인이라 할 수는 없고, 그 물자의 판매대금 채권은 3년의 단기소멸시효가 적용되는 민법 제163조 제6호 소정의 "상인이 판매한 상품의 대가"에 해당하지 아니한다.

② 대법원 1998. 4. 28. 선고 97누7905 판결

농업협동조합법 제5조 제2항(현행 제3항)은, 조합은 영리 또는 투기를 목적으로 하는 업무를 하지 못한다고 규정하고 있고, 여기서 금지하는 영리를 목적으로 하는 업무라 함은 조합 자체의 경제적 이윤을 얻기 위한 업무를 말하는 것으로서 이는 구성원인 조합원을 대상으로 하여 조합의 영리를 목적으로 사업을 하는 것과 조합원과 관계없는 사업경영으로 조합 자체의 영리를 도모하는 것을 금지하는 취지이다(대법원 1993. 5. 14. 선고 92누10630 판결 참조).

따라서 조합이 조합원과 관계없이 조합 자체의 영리를 도모하는 사업을 경영하는 것은 위 법규를 위반한 것으로서 고유목적에 속하는 사업의 경영이라 할 수 없고, 이를 위한 부동산의 취득은 지방세법 제290조 제2항 제1호에 따른 과세면제대상이 될 수 없다.

원심이 확정한 사실관계에 의하더라도, 지역농업협동조합인 원고가 신축한 이 사건 건물 중 지상 3층의 예식장의 이용대상에 대하여는 아무런 제한이 없고, 실제로 원고가 예식장을 운영하기 시작한 1995. 3. 31.부터 1996. 3. 31.까지 예식장을 이용한 조합원은 총 이용자 171명 중 4명(2.3%)에 불과하며, 그 이용요금

또한 인근의 일반 예식장 이용료의 75% 수준에 달한다는 것인바, 사실관계가 이러하다면 이 사건 예식장의 운영은 조합원과 관계없는 사업으로서 조합 자체의 영리를 도모하는 것이라고 봄이 상당하고(대법원 1997. 2. 28. 선고 96누14845 판결 참조), 이를 고유목적 사업의 하나인 조합원의 복지 및 후생사업으로 볼 수는 없다. 또한 그 이용료가 시설이용에 따른 실비를 징수한 정도에 불과하고 그 수입만으로는 예식장 시설의 유지 관리비에도 미치지 못한다는 사정만으로 이를 다르게 볼 수도 없다.

③ 대법원 1993. 5. 14. 선고 92누10630 판결

[1] 농업협동조합법은 농민의 자주적인 협동조직을 통하여 농업생산력의 증진과 농민의 경제적, 사회적 지위향상을 도모함으로써 국민경제의 균형있는 발전을 기함을 목적으로 한다(제1조)고 규정하여 농업협동조합("조합")의 설립목적을 규제하고 있고, 조합은 영리 또는 투기를 목적으로 하는 업무를 하지 못한다(제5조 제3항)고 규정하여 그 업무범위에 대한 한계를 설정하고 있으나, 동법 제58조(현행 제57조는 지역농협, 제107조는 지역축협, 제111조는 품목조합)는 조합의 목적 달성을 위한 사업범위를 열거하고 있고, 그중에는 구매사업, 판매사업, 신용사업 등의 수익사업을 할 수 있도록 되어 있는바, 위 법이 금지하는 "영리 또는 투기 목적의 업무"라고 함은 조합 자체의 이윤획득 또는 잉여금 배당목적의 업무를 말하고, 이는 구성원인 조합원을 대상으로 하여 조합의 영리목적으로 사업을 해서는 안 되는 것과 조합원과 관계없는 사업경영으로 조합 자체의 영리를 도모하는 것을 금지하는 취지라고 해석되고, 또한 위 법은 사업을 비조합원에게 이용하게 하는 것도 허용하되, 다만 일정사업에 대하여는 정관으로 비조합원의 이용을 제한할 수 있도록 규정하고 있는 것뿐이므로(제58조 제1항), 어느 사업에 대하여 비조합원이 조합원과 다름 없이 이를 이용하는 것이 허용되어 있다고 하더라도 농업협동조합법규와 정관에 합치되는 한 이를 영리목적을 위한 사업이라고 단정할 수 없다.

따라서 조합이 조합원의 영농과 생활에 필요한 물자인 석유류를 조합원들에게 공급하기 위하여 유류의 일반판매소나 주유소를 경영하는 것도 조합 자체의 영리를 목적으로 하는 것이 아닌 이상 석유사업법 및 같은법 시행령에 따라 허가를 받은 경우는 그 사업을 경영할 수 있다고 할 것이고(대법원 1992.3.10. 선고

91누5273 판결), 이 경우 주유소 사업은 그 고유목적에 속하는 사업이라고 볼 것이다.

원심이 원고가 주유소허가를 받아 조합원에게 유류를 공급하면서 비조합원에 대하여도 과세유류를 공급하여 왔으나 그 비조합원에 대한 공급량이 정관에서 정하는 비조합원에 대한 공급량의 한도를 초과하지 않았다고 인정하여 이 사건 주유소시설을 그 고유목적에 직접 사용하여 온 것으로 판단한 것은 옳고 거기에 논지와 같은 위법은 없다.

[2] 원심이 채택한 석유류 연도별 공급량집계표는 원고가 과세요건 발생 당시의 과세유류에 대한 조합원과 비조합원에 대한 구체적인 판매기록이 없어 부득이 과세유류에 한하여 조합원의 가정용 유류 사용기기를 일일이 조사한 후 그 사용량을 추정하여 조합원의 사용량 비율을 추산한 것으로 그 집계방식에 합리성이 있어 원심의 조치가 수긍이 되고, 또한 기록에 나타난 면세유류 사용량과 과세유류 사용량의 비율에 비추어 보면, 1986, 1987년도의 조합원에 공급한 면세유류 사용금액(갑 제10호증의 1)이 각 전체 공급량의 30%를 상회하므로 나머지 과세유류 사용금액을 피고가 주장하는 원고 관내의 비조합원 비율인 40%(기록 192면)에 따라 계산하더라도 비조합원의 이용분은 28% 미만으로 정관에서 정한 전체 이용량의 1/3에 미달하고 보면 원심의 판단은 결과에 있어 옳고, 거기에 소론과 같은 위법은 없다.

④ 대법원 1977. 2. 22. 선고 76다1865 제4부판결

농업협동조합법 제5조의 규정에 의하면 농업협동조합중앙회는 그 업무에 있어서 구성원을 위하여 차별없는 최대의 봉사를 함을 목적으로 하고 일부 구성원의 이익에 편중되는 업무를 하지 못하며 영리적 투기적 업무를 하지 못하도록 규정되어 있으므로 원고 중앙회가 그 사업의 일환으로 한 판매사업이 상행위에 해당된다 하여도 원고 중앙회를 소외 상인이라 할 수 없으니 원고 조합을 민법 제163조 제6호의 상인 또는 그에 준하는 것이라 할 수 없으며, 이는 국가나 지방자치단체 등이 상행위를 하였다 하여도 상인으로 보지 아니하는 이치와 마찬가지라 할 것이다.

⑤ 대법원 1973. 8. 21. 선고 73다644 제2부판결

농업협동조합법의 규정에 의하면 군농업협동조합이 조합원이 생산하는 물자의 가공과 판매사업을 영위하는 것은 허용된다 할지라도 그것이 영리적 업무의 성질을 띨 때에는 이것을 금지하는 것이다(현행 농업협동조합법 제5조 제3항)(당원 1966.7.5. 선고 66누57 판결 참조). 그렇다면 원고조합이 경영하는 식품가공 공장 서울직매소장이 삼례리 농업협동조합으로부터 위에서 본 돈 1,000,000원을 차용하면서 이것을 이 직매소의 운영자금에 사용하려는 취지가 영리적 업무에 사용할 취지이었다면 이미 이것은 원고조합의 사무집행과는 동떨어진 사무라 할 것이다.

⑥ 대법원 1969. 3. 25. 선고 68다1560 판결

원판결이 확정한 사실에 의하면, 원고는 주소지에서 Y정미소라는 상호로 도정업을 하던 중 1966.6.4 위 정미소의 건물과 시설 일체를 대금 70만원에 피고에게 매도하였다가 그해 11.5 이를 동액으로 다시 매수하여 운영 중인데, 피고는 1967.7경 동소에 새로 정미소를 설치하고 도정을 하고 있다는 것인바, 상법상의 영업양도에 관한 규정은 양도인이 상인이 아닌 경우에는 적용할 수 없고, 또 농업협동조합법 제5조 제2항(현행 제3항)에 의하면, 동 조합은 영리나 투기사업을 하지 못하게 되어 있으므로 동 조합을 상인이라 할 수 없고, 동 조합이 도정공장을 양도하였다 하더라도 동 조합은 양수인에 대하여 상법 41조에 의한 경업금지의무는 없다 할 것이므로 설사 소론과 같이 피고가 사실상 영업행위를 하고 있다 하더라도 원고는 피고에 대하여 경업금지 청구권이 없으니 이를 전제로 한 원고의 청구를 배척한 원판결은 정당하다.

⑦ 서울고등법원 1977. 7. 21. 선고 77나634 제9민사부판결

농협중앙회는 농업협동조합법에 비추어 상인이라 할 수 없고 또 본건 매매의 목적물인 옥수수를 직접 생산한 자도 아니므로 농협중앙회의 본건 옥수수 판매대금 채권은 민법 163조 6호 소정의 「생산자 및 상인이 판매한 생산물 및 상품의 대가」에 해당되지 아니한다.

제2절 공직선거 관여 금지

Ⅰ. 입법취지

조합의 자율과 독립에 해당하는 것으로 국가와 공공단체의 조합의 자율성 침해금지(법9①)와 공직선거 관여 금지(법7) 등이 인정된다. 조합의 정치적 중립성과 조합원이 조합을 이용한 정치행위의 금지는 조합의 원만한 운영과 영속성을 보장하기 위한 것이다.[2)]

Ⅱ. 조합등 및 중앙회의 특정 정당 지지 등 금지

조합, 조합공동사업법인, 품목조합연합회("조합등") 및 중앙회는 공직선거에서 특정 정당을 지지하거나 특정인을 당선되도록 하거나 당선되지 아니하도록 하는 행위를 하여서는 아니 된다(법7①).

Ⅲ. 조합등과 중앙회 이용행위 금지

누구든지 조합등(조합, 조합공동사업법인, 품목조합연합회)과 중앙회를 이용하여 제1항에 따른 행위를 하여서는 아니 된다(법7②).

Ⅳ. 위반시 제재

법 제7조 제2항을 위반하여 공직선거에 관여한 자는 2년 이하의 징역 또는 2천만원 이하의 벌금에 처한다(법172①(1)).

2) 최흥은(2014), 67-68쪽.

제3절 부과금의 면제

Ⅰ. 내용

조합등(조합, 조합공동사업법인, 품목조합연합회), 중앙회 및 농협경제지주회사·농협금융지주회사·농협은행·농협생명보험·농협손해보험("농협경제지주회사등")의 업무와 재산에 대하여는 국가와 지방자치단체의 조세 외의 부과금을 면제한다(법8).

농업협동조합법 제8조는 국세기본법보다 우선 적용되어야 할 특별법이라 할 수 없으므로 위 조합에 대해 국세가 감면되는 경우에도 가산세가 함께 감면되는 것은 아니다.[3)]

Ⅱ. 관련 판례

① 대법원 2015. 6. 24. 선고 2013다214512 판결

농업협동조합이나 농업협동조합중앙회의 업무와 재산에 대하여 농지보전부담금을 부과한 처분에 법규의 중요한 부분을 위반한 중대한 하자가 있는지 여부(적극): 농협법의 입법 취지, 농협법 제8조의 규정 내용, 농지법 시행령 제52조 [별표 2] 각 호에서 농지보전부담금의 감면대상으로 규정한 시설물의 내용과 그 규정형식, 그리고 농지법과 그 시행령에서 조합이나 중앙회의 업무와 재산과 관련하여 농지보전부담금을 부과하거나 그 범위를 제한하는 등의 특별한 규정을 두거나 농협법 제8조의 적용을 배제하는 규정을 두고 있지 아니한 점 등을 종합하여 보면, 조합이나 중앙회 소유의 시설물이 농지법 시행령 제52조 [별표 2] 각 호 소정의 감면대상 시설물로 열거되어 있지 않다는 이유만으로 당연히 농지보전부담금의 부과 대상에 포함된다고 해석하여서는 아니 되고, 부과금 면제에 관한 특별법인 농협법 제8조는 농지법령에 대한 관계에서도 특별법으로 보아 조합이나 중앙회의 업무와 재산에 대하여는 부과금의 일종인 농지보전부담금을 부과

3) 대법원 1977. 6. 7. 선고 76누277 판결.

할 수 없다고 해석하여야 할 것이다(대법원 2012. 5. 24. 선고 2010두16714 판결 참조). 그리고 부과금 면제 대상인 조합이나 중앙회의 업무와 재산에 대하여 농지보전부담금을 부과한 처분은 부과 대상이 아닌 자에 대하여 부과금을 부과한 것으로서 법규의 중요한 부분을 위반한 중대한 하자가 있다고 할 것이다.

이 사건에서 지역농업협동조합인 원고는 농협법 제8조의 적용을 받게 되어 농지보전부담금 부과처분의 면제 대상임에도 원고에 대하여 농지법령을 적용하여 농지보전부담금을 부과한 이 사건 처분은 그 근거법령을 잘못 해석하여 부담금 부과 대상이 아닌 원고에 대하여 부담금을 부과한 것으로서 그 하자가 중대하다.

② 대법원 2015. 6. 23. 선고 2013두23157 판결

[1] 지역농업협동조합 등의 업무와 재산에 대하여 농지보전부담금을 부과할 수 있는지 여부(소극): 부과금 면제에 관한 농협법 제8조는 농지보전부담금 부과에 관한 농지법령의 특별법으로서 조합 등의 업무와 재산에 대하여는 부과금의 일종인 농지보전부담금을 부과할 수 없다고 해석하여야 하므로(대법원 2012. 5. 24. 선고 2010두16714 판결 참조), 부과금 면제대상으로서 지역농업협동조합인 원고의 업무와 재산에 대하여 농지법령을 적용하여 농지보전부담금을 부과한 이 사건 각 처분은 부담금 부과대상이 아닌 자에 대하여 부담금을 부과한 것으로서 법규의 중요한 부분을 위반한 중대한 하자가 있다고 보아야 한다.

[2] 농협법에 따라 설립된 조합 등의 업무와 재산에 대하여는 조세 외의 부과금이 면제된다는 것은 앞서 본 농협법 관련 규정의 내용 자체에 의하여 명백하다. 또한 원고는 농협법에 따라 설립된 지역농업협동조합으로서 농협법 제8조에서 정한 "조합 등"에 해당함이 분명하고, 농협법 제8조의 문언상 부과금 면제를 위한 요건인 "업무와 재산"의 의미 역시 분명하여 지역농업협동조합인 원고가 사업소 등을 신축할 목적으로 원심이 인용한 제1심 판시 각 토지에 대하여 농지전용허가를 받은 것은 부과금 면제대상인 조합의 "업무와 재산"에 해당하는 것으로 충분히 해석할 수 있으며, 그와 같은 해석에 다툼의 여지가 있다고 보이지 아니한다.

대법원은 이미 이 사건 각 처분이 이루어지기 전에, 대법원 1995. 2. 3. 선고 94누2985 판결 에서 부과금 면제를 규정한 농협법 제8조는 교통유발부담금의 부

과에 관한 구 도시교통정비촉진법(2002. 1. 26. 법률 제6642호로 전부 개정되기 전의 것)의 특별법으로서 그 적용을 배제하는 법률적용 우선순위 등에 관한 특별한 규정이 없는 이상 농협법 제8조에 의하여 조합의 업무와 재산에 대하여는 부과금의 일종인 부담금을 부과할 수 없다는 법리를 선언하였고, 또한 대법원 1996. 2. 9. 선고 95누8249 판결에서 개발부담금의 부과에 관한 구 개발이익환수에 관한 법률(1993. 6. 11. 법률 제4563호로 개정되기 전의 것)에 대한 관계에서도 위와 같은 법리가 적용됨을 다시 확인하였으므로, 부과금 면제를 규정한 농협법 제8조가 특별법으로서 다른 법률들에 우선한다는 위와 같은 법리는 이미 위 대법원 판결들에 의하여 명백히 밝혀졌다고 할 것이다. 그런데 농지법령에서 조합의 업무와 재산에 대하여 부담금을 부과하거나 범위를 제한하는 등의 특별한 규정이나 농협법 제8조의 적용을 배제하는 규정을 두고 있지 아니하며, 또한 농지보전부담금이 농협법 제8조에서 정한 부과금에 해당하지 않는다거나 그 근거 법령인 농지법령을 종전에 대법원에서 판단한 교통유발부담금이나 개발부담금의 부과에 관한 근거 법령의 경우와 달리 새겨야 할 합리적인 근거도 나타나 있지 않다.

따라서 부과금 면제를 규정한 농협법 제8조가 특별법으로서 우선한다는 위와 같은 법리와 농협법 제8조의 문언에 의하면, 이미 이 사건 각 처분 당시에 피고가 부과금 면제에 관한 농협법의 규정에 우선하여 농지보전부담금 부과에 관한 농지법령의 규정을 적용할 수 없음은 법리상 분명하다고 보이고, 그와 같은 농협법 및 농지법령의 해석에 합리적인 다툼의 여지가 없었다고 봄이 타당하다.

그런데 피고는 합리적인 근거 없이 농협법 제8조에서 정한 부과금 면제 요건의 의미와 그 적용에 관한 법리를 잘못 해석한 결과, 지역농업협동조합인 원고의 업무와 재산에 대하여 농지보전부담금 부과처분 요건이 충족되지 아니한 상태에서 농지법령을 적용하여 농지보전부담금을 부과하는 이 사건 각 처분을 하였다고 볼 수 있고, 이러한 하자는 객관적으로 명백하다고 할 것이다.

③ 대법원 2008. 4. 24. 선고 2006두13473 판결

부과금의 면제를 규정하고 있는 구 농업협동조합법(2004. 12. 31. 법률 제7273호로 개정되기 전의 것) 제8조와 개발부담금의 감면을 규정하고 있는 구 개발이익환수에 관한 법률(1995. 12. 29. 법률 제5108호로 개정되기 전의 것) 제7조 및 같은 법 시행령(1994. 9. 1. 대통령령 제14373호로 개정되기 전의 것) 제5조의 규정은, 개발

부담금 부과에 관한 일반법인 개발이익환수에 관한 법률 제3조, 제5조, 제6조, 제13조에 대한 특별규정으로서 서로 모순·저촉되는 관계에 있는바, 비록 구 농업협동조합법(1999. 9. 7. 법률 제6018호로 폐지되기 전의 것) 제8조에서도 조합과 중앙회의 업무 및 재산에 대하여는 국가 및 지방자치단체의 부과금을 면제하도록 규정하고 있었다고 하더라도, 농업인의 자주적인 협동조직을 바탕으로 농업인의 경제적·사회적·문화적 지위의 향상과 농업의 경쟁력 강화를 통하여 농업인의 삶의 질을 높이고 국민경제의 균형 있는 발전에 이바지하기 위한 목적에서, 농업협동조합중앙회·축산업협동조합중앙회 및 인삼협동조합중앙회로 분산되어 있는 중앙조직을 농업협동조합중앙회로 통합하여 일원화하는 방향 등으로 농업협동조합법이 새로이 제정되어 2000. 7. 1.부터 시행되고 있는 이상, 신법 우선의 원칙에 따라 신법인 구 농업협동조합법 제8조의 규정이 구 개발이익환수에 관한 법률 제7조 및 같은 법 시행령 제5조의 규정보다 우선 적용된다고 해석하여야 한다.

④ 대법원 1995. 2. 3. 선고 94누2985 판결

농협이나 농협중앙회 소유의 시설물이 교통유발부담금 부과대상에 속하는지 여부: 법률이 상호 모순 저촉되는지 여부는 각 법률의 입법목적, 규정사항 및 그 적용범위 등을 종합적으로 검토하여 합리적으로 판단하여야 할 것인바, 농업협동조합법 제8조의 입법취지와 구 도시교통정비촉진법시행령(1993.6.9. 대통령령 제13906호로 개정되기 전의 것) 제9조의6 제1항 각호에서 교통유발부담금의 비부과대상으로 규정한 시설물의 내용 및 그 규정형식 등을 종합하여 보면, 도시교통정비촉진법 및 같은법 시행령에 농업협동조합법 제8조의 적용을 배제하는 법률적용 우선순위 등에 관한 특별한 규정이 없는 이상, 농업협동조합이나 농업협동조합중앙회 소유의 시설물의 경우 그 시설물이 같은법 시행령 제9조의6 제1항 각호 소정의 비부과대상 시설물에 해당하지 아니한다 하여 당연히 교통유발부담금의 부과대상에 포함된다고 해석할 것은 아니고, 부과금 면제에 관한 특별법인 농업협동조합법 제8조에 의하여 농업협동조합이나 농업협동조합중앙회에 대하여는 부과금의 일종인 교통유발부담금을 부과할 수 없다고 해석하여야 한다.

제4절 국가 및 공공단체의 협력 등

Ⅰ. 자율성 존중

국가와 공공단체는 조합등(조합, 조합공동사업법인, 품목조합연합회)과 중앙회의 자율성을 침해하여서는 아니 된다(법9①).

Ⅱ. 경비 보조 또는 융자 제공

국가와 공공단체는 조합등(조합, 조합공동사업법인, 품목조합연합회)과 중앙회의 사업에 대하여 적극적으로 협력하여야 한다(법9② 전단). 이 경우 국가나 공공단체는 필요한 경비를 보조하거나 융자할 수 있다(법9② 후단).

Ⅲ. 중앙회 회장의 의견 제출 및 반영

중앙회의 회장은 조합등(조합, 조합공동사업법인, 품목조합연합회)과 중앙회의 발전을 위하여 필요한 사항에 관하여 국가와 공공단체에 의견을 제출할 수 있다(법9③ 전단). 이 경우 국가와 공공단체는 그 의견이 반영되도록 최대한 노력하여야 한다(법9③ 후단).

Ⅳ. 관련 판례

① 헌법재판소 2013. 8. 29. 선고 2010헌마562, 574, 774, 2013헌마469(병합) 전원재판부

농협이나 축협은 그것이 유사금융기관으로서 기능한다는 점에서 또는 국가로부터 자율적 활동을 보장받고 각종 세금·부과금이 면제된다는 점에서는 공공성이 있다고 할 수 있지만, 기본적으로는 농업인, 축산업인들이 그들의 경제적 지위의 향상을 위하여 자율적으로 결성한 조합이므로 국가의 관여가 최대한 배제되어야 할 사경제주체에 해당한다.

② 대법원 2007. 11. 30. 선고 2007도6556 판결

농업협동조합법 제9조 제1항에 "국가와 공공단체는 조합과 중앙회의 자율성을 침해하여서는 아니 된다"는 규정은 국가가 위에서 본 여러 규정에 터 잡아 농업협동조합중앙회에 대한 포괄적인 지도·감독을 행함에 있어 가능한 한 그 자율성을 존중하여야 한다는 선언적 의미를 갖는 것으로 이해된다.

농업협동조합중앙회는 국민경제 및 산업에 중대한 영향을 미치고 있고 업무의 공공성이 현저하여 국가가 법령이 정하는 바에 따른 지도·감독을 통하여 그 운영 전반에 관하여 실질적인 지배력을 행사하고 있는 기업체로서 특정범죄 가중처벌 등에 관한 법률 제4조 제1항 제2호 소정의 정부관리기업체에 해당한다고 보기에 충분하고, 비록, 국가가 농협중앙회의 임원에 대한 임면권을 갖는 것으로 규정되어 있던 구 농업협동조합법(1988. 12. 31. 법률 제4080호로 개정되기 전의 것) 제149조가 개정됨으로써 농협 임원을 총회에서 선출하는 것으로 변경되었고, 농업협동조합중앙회의 사업계획 및 수지예산에 관한 주무부장관의 사전승인제도에 관하여 규정하고 있던 같은 법 제160조가 위 개정에 의해 주무부장관에 대한 보고제도로 변경되었다가 1999. 9. 7. 농업협동조합법이 제정되면서 삭제되었다고 하더라도, 이로써 국가의 농업협동조합중앙회에 대한 지배력의 정도가 다소 완화된 것으로 볼 수 있을 뿐, 국가의 농업협동조합중앙회에 대한 실질적 지배력이 없어진 것으로 볼 수는 없다.

제5절 다른 협동조합 등과의 협력

조합등(조합, 조합공동사업법인, 품목조합연합회), 중앙회, 농협경제지주회사 및 그 자회사는 다른 조합, 조합공동사업법인, 품목조합연합회, 다른 법률에 따른 협동조합 및 외국의 협동조합과의 상호협력, 이해증진 및 공동사업 개발 등을 위하여 노력하여야 한다(법10).

제 3 장 /

농업금융채권

제1절 농업금융채권의 발행

Ⅰ. 중앙회와 농협은행의 발행

중앙회, 농협은행은 각각 농업금융채권("채권")을 발행할 수 있다(법153①).

Ⅱ. 발행 방식

중앙회 또는 농협은행이 발행하는 농업금융채권은 무기명식으로 한다(법153①, 영32 본문). 다만, 청약자 또는 소유자의 요구에 따라 무기명식을 기명식으로, 기명식을 다시 무기명식으로 할 수 있다(법153①, 영32 단서).

Ⅲ. 발행 한도

중앙회, 농협은행은 각각 자기자본의 5배를 초과하여 농업금융채권을 발행할 수 없다(법153② 본문). 다만, 법률로 따로 정하는 경우에는 그러하지 아니하다(법153② 단서).

농업금융채권의 차환을 위하여 발행하는 농업금융채권은 발행 한도에 산입하지 아니한다(법153③).

Ⅳ. 차환발행과 상환

농업금융채권을 그 차환을 위하여 발행한 경우에는 발행 후 1개월 이내에 상환 시기가 도래하거나 이에 상당하는 사유가 있는 농업금융채권에 대하여 그 발행 액면금액에 해당하는 농업금융채권을 상환하여야 한다(법153④).

Ⅴ. 할인발행

농업금융채권은 할인하여 발행할 수 있다(법153⑤).

Ⅵ. 매회 금액 등 신고

중앙회, 농협은행이 농업금융채권을 발행하면 매회 그 금액·조건·발행 및 상환의 방법을 정하여 농림축산식품부장관에게 신고하여야 한다(법153⑥).

제2절 채권의 명의변경 요건 등

Ⅰ. 채권의 명의변경 요건

기명식 채권의 명의변경은 취득자의 성명과 주소를 채권 원부(原簿)에 적고 그 성명을 증권에 적지 아니하면 중앙회, 농협은행, 그 밖의 제3자에게 대항하지 못한다(법154).

Ⅱ. 채권의 질권설정

기명식 채권을 질권의 목적으로 하는 경우에는 질권자의 성명 및 주소를 채권 원부에 등록하지 아니하면 중앙회, 농협은행, 그 밖의 제3자에게 대항하지 못한다(법155).

Ⅲ. 상환에 대한 국가 보증

농업금융채권은 그 원리금 상환을 국가가 전액 보증할 수 있다(법156).

Ⅳ. 소멸시효

농업금융채권의 소멸시효는 원금은 5년, 이자는 2년으로 한다(법157).

제3절 모집 및 인수 등

Ⅰ. 모집 및 인수

1. 채권의 모집

(1) 채권청약서와 기명날인

농업금융채권("채권")의 모집에 응하려는 자는 채권청약서 2부에 청약하려는 채권의 금액과 주소를 적고 기명날인하여야 한다(법158, 영33①).

(2) 채권청약서의 포함사항

채권청약서의 서식은 중앙회장 또는 농협은행의 대표자가 작성하되, ⅰ) 중앙회 또는 농협은행의 명칭(제1호), ⅱ) 채권의 발행총액(제2호), ⅲ) 채권의 권종별 액면금액(제3호), ⅳ) 채권의 이율(제4호), ⅴ) 원금상환의 방법과 시기(제5호),

vi) 이자지급의 방법과 시기(제6호), vii) 채권의 발행가액 또는 그 최저가액(제7호), viii) 중앙회 또는 농협은행의 자기자본(제8호), ix) 채권의 차환을 위하여 발행하는 경우에는 그에 관한 사항(제9호), x) 이미 발행한 채권의 미상환분이 있는 경우에는 그 총액(제10호)이 포함되어야 한다(법158, 영33②).

(3) 최저가액과 청약가액 기재

채권의 최저가액을 정한 경우에는 청약자는 채권청약서에 청약가액을 적어야 한다(법158, 영33③).

2. 계약에 의한 채권의 인수

계약에 따라 채권의 총액을 인수하는 경우에는 제33조를 적용하지 아니한다(법158, 영34).

Ⅱ. 채권발행의 총액 등

1. 채권발행의 총액

중앙회 또는 농협은행은 채권을 발행하는 경우로서 실제로 청약된 총액이 채권청약서에 적힌 채권발행총액에 미달한 경우에도 채권을 발행한다는 뜻을 채권청약서에 표시할 수 있다(법158, 영35 전단). 이 경우 채권발행총액은 청약총액으로 한다(법158, 영35 후단).

2. 채권인수가액의 납입

중앙회 또는 농협은행은 채권청약이 완료된 때에는 지체 없이 각 채권의 금액을 납입시켜야 한다(법158, 영36).

3. 채권발행의 시기

채권의 매출발행(영38)을 제외하고는 그 전액의 납입이 있은 후가 아니면 채권을 발행할 수 없다(법158, 영37).

4. 채권의 매출발행

(1) 매출기간 사전지정

채권은 매출의 방법으로 발행할 수 있다(법158, 영38① 전단). 이 경우 매출기간을 미리 정하여야 한다(법158, 영38① 후단).

이 경우에는 채권청약서를 필요로 하지 아니한다(법158, 영38②).

(2) 기재사항

채권을 매출의 방법으로 발행하는 채권에는 시행령 제33조 제2항 제1호 및 제3호부터 제6호까지의 사항과 채권번호를 적어야 한다(법158, 영38③). 따라서 중앙회 또는 농협은행의 명칭, 채권의 권종별 액면금액, 채권의 이율, 원금상환의 방법과 시기, 이자지급의 방법과 시기를 기재하여야 한다.

Ⅲ. 채권매출의 공고

중앙회 또는 농협은행이 매출의 방법으로 채권을 발행하려는 경우에는 매출기간과 제33조 제2항 제1호부터 제7호까지의 사항을 공고하여야 한다(법158, 영39). 따라서 매출기간, 중앙회 또는 농협은행의 명칭, 채권의 발행총액, 채권의 권종별 액면금액, 채권의 이율, 원금상환의 방법과 시기, 이자지급의 방법과 시기, 채권의 발행가액 또는 그 최저가액을 공고하여야 한다.

Ⅳ. 채권원부의 비치와 열람

1. 채권원부의 비치 및 기재사항

중앙회 또는 농협은행은 그 주된 사무소에 채권원부를 갖춰 두고 i) 채권의 권종별 수와 번호(제1호), ii) 발행일(제2호), iii) 시행령 제33조 제2항 제2호부터 제6호까지의 사항인 채권의 발행총액, 채권의 권종별 액면금액, 채권의 이율, 원금상환의 방법과 시기, 이자지급의 방법과 시기(제3호), iv) 채권 소유자의 성명(법인인 경우에는 그 명칭)과 주소(기명식채권만 해당)(제4호)를 적어야 한다(법

158, 영40).

2. 채권원부의 열람

채권의 권리자는 주된 사무소의 영업시간에는 언제든지 채권원부의 열람을 요구할 수 있다(법158, 영41).

Ⅴ. 채권의 매입소각 등

1. 채권의 매입소각

중앙회 또는 농협은행은 이사회의 의결을 거쳐 채권을 매입하여 소각할 수 있다(법158, 영42).

2. 이권의 흠결

이권(利券)이 있는 무기명식채권을 상환하는 경우에 이권이 흠결된 것에 대해서는 그 이권에 상당하는 금액을 상환액에서 공제한다(법158, 영43①). 이에 따라 그 이권에 상당하는 금액이 상환액에서 공제된 이권의 소지인은 언제든지 그 이권과 상환으로 공제된 금액의 지급을 청구할 수 있다(법158, 영43②).

Ⅵ. 통지와 최고

1. 통지 또는 최고 장소

채권청약자에 대한 통지나 최고는 청약자가 따로 그 주소를 중앙회 또는 농협은행에 통지한 경우를 제외하고는 채권청약서에 적힌 주소로 한다(법158, 영44①).

2. 기명식채권의 소유자에 대한 통지 또는 최고

기명식채권의 소유자에 대한 통지 또는 최고는 채권자가 따로 그 주소를 중앙회 또는 농협은행에 통지한 경우를 제외하고는 채권원부에 적힌 주소로 한다(법158, 영44②).

3. 무기명식채권의 소지자에 대한 통지 또는 최고

무기명식채권의 소지자에 대한 통지 또는 최고는 공고의 방법으로 한다(법 158, 영44③).

제4장 과세특례

제1절 서설

우리나라는 특별법에 의해 설립된 협동조합에 대해서 각종 비과세·감면 등의 과세 혜택을 부여하여 그 설립목적을 달성하도록 지원하고 있다.

조세 감면 규정의 취지는 농업협동조합법에 따라 설립된 비영리법인인 농업협동조합이 수행하는 업무에 대하여 취득세 등 감면 특혜를 통한 재정적 지원을 하여 농업협동조합 설립목적 달성을 용이하게 하고자 하는 것이다.

농업협동조합은 특별법에 의해 설립된 조합으로서 그 고유목적사업(법57, 법106, 법111)의 원활한 수행을 지원하고 조합원이 안정적인 활동을 지원하기 위하여 세제상 비과세·감면 혜택이 주어지고 있다. 이러한 비과세·감면 혜택은 국세의 감면 등 조세특례에 관한 사항을 규정한 조세특례제한법과 지방세의 감면 또는 중과 등 지방세특례에 관한 사항을 규정한 지방세특례제한법에서 법령으로 규정하고 있으며, 각각의 조문은 일몰조항을 두어 일정 기간마다 특례조항의 유지 여부를 놓고 입법적 검토를 하고 있다.

제2절 조합법인 등에 대한 법인세 과세특례

Ⅰ. 관련 규정

농업협동조합 및 조합공동사업법인의 사업연도의 소득에 대한 법인세는 2025년 12월 31일 이전에 끝나는 사업연도까지 해당 법인의 결산재무제표상 당기순이익(법인세 등을 공제하지 아니한 당기순이익)에 기부금(해당 법인의 수익사업과 관련된 것만 해당)의 손금불산입액과 업무추진비(해당 법인의 수익사업과 관련된 것만 해당)의 손금불산입액 등 "대통령령으로 정하는 손금의 계산에 관한 규정을 적용하여 계산한 금액"을 합한 금액에 9%[해당금액이 20억원(2016년 12월 31일 이전에 조합법인간 합병하는 경우로서 합병에 따라 설립되거나 합병 후 존속하는 조합법인의 합병등기일이 속하는 사업연도와 그 다음 사업연도에 대하여는 40억원)을 초과하는 경우 그 초과분에 대해서는 12%]의 세율을 적용하여 과세("당기순이익과세")한다(조세특례제한법72①(2)). 다만, 해당 법인이 대통령령으로 정하는 바에 따라 당기순이익과세를 포기한 경우에는 그 이후의 사업연도에 대하여 당기순이익과세를 하지 아니한다(조세특례제한법72① 단서).

이것은 경제 및 사회가 발전함에 따라 정부의 재정지출만으로는 공익사업의 수요를 충당하는 것이 매우 어렵기 때문에 공익사업을 수행하는 공익법인에 대해서는 낮은 세율로 과세하는 조세유인책을 사용하고 있는 것이다.[1)]

Ⅱ. 당기순이익과세

조세특례제한법 기본통칙 72-0…1에 의하면 결산재무제표상 당기순이익이라 함은 기업회계기준 또는 관행에 의하여 작성한 결산재무제표상 법인세비용차감전순이익을 말하며, 이 경우 당해 법인이 수익사업과 비수익사업을 구분경리한 경우에는 각 사업의 당기순손익을 합산한 금액을 과세표준으로 하고, 3년 이상 고유목적사업에 직접 사용하던 고정자산 처분익을 과세표준에 포함하도록 한

1) 백주현(2021), "수산업협동조합 및 어업인 관련 조세특례 제도개선에 관한 연구", 건국대학교 행정대학원 석사학위논문(2021. 8), 19-22쪽.

다. 또한 당해 조합법인 등이 법인세추가납부세액을 영업외비용으로 계상한 경우 이를 결산재무제표상 법인세비용차감전순이익에 가산하도록 한다.

Ⅲ. 조합법인의 세무조정사항

조세특례제한법 제72조 제1항 각 호 외의 부분 본문에서 "대통령령으로 정하는 손금의 계산에 관한 규정을 적용하여 계산한 금액"이란 법인세법 제19조의2 제2항, 제24조부터 제28조까지, 제33조 및 제34조 제2항에 따른 손금불산입액(해당 법인의 수익사업과 관련된 것만 해당)을 말한다(조세특례제한법 시행령69①).

따라서 당기순이익과세를 적용하는 조합법인은 결산재무제표상의 당기순이익에 해당 조합법인의 수익사업과 관련하여 발생된 ⅰ) 대손금의 손금불산입(법인세법19의2), ⅱ) 기부금의 손금불산입(법인세법24), ⅲ) 접대비의 손금불산입(법인세법25), ⅳ) 과다경비 등의 손금불산입(법인세법26), ⅴ) 업무와 관련없는 비용의 손금불산입(법인세법27), ⅵ) 업무용승용차 관련 비용의 손금불산입(법인세법27의2), ⅶ) 지급이자의 손금불산입(법인세법28), ⅷ) 퇴직급여충당금의 손금산입(법인세법33), ⅸ) 대손충당금의 손금산입(법인세법34②)을 가산한 금액을 합산한 금액을 과세표준으로 한다(조세특례제한법 시행령69①⑤).

Ⅳ. 당기순이익과세의 포기

당기순이익과세를 포기하고자 하는 조합법인은 당기순이익과세를 적용받지 않으려는 사업연도의 직전 사업연도 종료일(신설법인의 경우에는 사업자등록증 교부신청일)까지 당기순이익과세 포기신청서(별지 제53호 서식)를 납세지 관할세무서장에게 제출(국세정보통신망에 의한 제출을 포함)하여야 한다(조세특례제한법 시행령69② 및 조세특례제한법 시행규칙61①(54)).

서면인터넷방문상담2팀-274(2006. 2. 3)에 의하면 조합법인이 당기순이익과세 포기 등의 사유로 당기순이익과세법인에서 제외된 경우 당기순이익과세법인에서 제외된 사업연도 이후에 발생한 결손금에 대하여만 각 사업연도의 소득에서 공제할 수 있다.

제3절 조합등 출자금 등에 대한 과세특례

Ⅰ. 관련 규정

농민·어민 및 그 밖에 상호 유대를 가진 거주자를 조합원·회원 등으로 하는 금융기관에 대한 "대통령령으로 정하는 출자금"으로서 1명당 1천만원 이하의 출자금에 대한 배당소득과 그 조합원·회원 등이 그 금융기관으로부터 받는 사업 이용 실적에 따른 배당소득("배당소득등") 중 2025년 12월 31일까지 받는 배당소득등에 대해서는 소득세를 부과하지 아니하며, 이후 받는 배당소득등에 대한 원천징수세율은 ⅰ) 2026년 1월 1일부터 2026년 12월 31일까지 받는 배당소득등: 5%(제1호), ⅱ) 2027년 1월 1일 이후 받는 배당소득등: 9%(제2호)의 구분에 따른 세율을 적용하고, 그 배당소득등은 종합소득과세표준에 합산하지 아니한다(조세특례제한법88의5).

따라서 농업협동조합에 출자한 거주자인 조합원은 1명당 1천만원 이하의 출자금에서 발생하는 배당소득과 그 조합원 등이 농협으로부터 받는 사업이용실적에 따른 배당소득에 대하여 2025년 12월 31일까지 소득세를 과세하지 아니하며, 2026년에 발생하는 배당소득에 대하여는 5%를, 2027년 이후 발생하는 배당소득에 대하여는 9%의 세율로 소득세를 과세하되 소득세법에 따른 종합소득과세표준에 합산하지 아니한다.

이것은 조합원으로 하여금 농업협동조합에 대한 출자를 장려함과 동시에 출자배당소득을 비과세함으로써 조합원에 대한 소득보전에 기여하기 위한 것이다.[2)]

Ⅱ. 조합등 출자금의 비과세 요건 등

조세특례제한법 제88조의5에서 "대통령령으로 정하는 출자금"이란 ⅰ) 농업협동조합(제1호), ⅱ) 수산업협동조합(제2호), ⅲ) 산림조합(제3호), ⅳ) 신용협동

---

2) 백주현(2021), 22-25쪽.

조합(제4호), ⅴ) 새마을금고(제5호)에 해당하는 조합 등의 조합원·준조합원·계원·준계원 또는 회원의 출자금으로서 앞의 제1호부터 제5호까지의 조합 등에 출자한 금액의 1인당 합계액이 1천만원 이하인 출자금을 말한다(조세특례제한법 시행령82의5).

따라서 출자배당의 비과세 요건은 조합원 1인당 1천만원 이하의 출자금에서 발생하는 배당소득을 말하며, 이는 농업협동조합에 국한되는 것이 아닌 수협, 산림조합, 신용협동조합, 새마을금고의 상호금융기관 전체를 포괄하는 개념이다. 예를 들어 농협, 수협, 산림조합, 신협, 새마을금고에 각각 1천만원씩 총 5천만원의 출자를 하였다 하더라도 각각의 상호금융기관으로부터 비과세를 받는 것은 아니다.

Ⅲ. 출자배당 비과세 적용례

조합 등 출자금에 대한 과세특례 적용시 조합 등에 출자한 금액이 1천만원을 초과하는 경우 1천만원 이하의 출자금 배당소득에 대하여는 소득세가 과세되지 아니하며(기획재정부 소득세제과-138, 2015. 3. 13), 1천만원 초과분에 대한 배당소득에 대하여만 소득세가 과세된다. 또한 지방세에 있어서도 1천만원 이하의 비과세 되는 출자배당에 대해서는 소득세가 면제되므로 개인지방소득세가 면제되나, 1천만원 초과분에 대해서는 소득세의 10%만큼은 개인지방소득세가 과세된다.

제4절 조합등 예탁금에 대한 저율과세 등

Ⅰ. 관련 규정

농민·어민 및 그 밖에 상호 유대를 가진 거주자를 조합원·회원 등으로 하는 조합 등에 대한 예탁금으로서 가입 당시 19세 이상인 거주자가 가입한 "대통령령으로 정하는 예탁금"(1명당 3천만원 이하의 예탁금만 해당하며, 이하 "조합등 예탁금")에서 2007년 1월 1일부터 2025년 12월 31일까지 발생하는 이자소득에 대해서는 비과세하고, 2026년 1월 1일부터 2026년 12월 31일까지 발생하는 이자소득에 대해서는 소득세법 제129조에 불구하고 5%의 세율을 적용하며, 그 이자소득은 소득세법에 따른 종합소득과세표준에 합산하지 아니하며, 지방세법에 따른 개인지방소득세를 부과하지 아니한다(조세특례제한법89의3①).

2027년 1월 1일 이후 조합등 예탁금에서 발생하는 이자소득에 대해서는 9%의 세율을 적용하고, 종합소득과세표준에 합산하지 아니하며, 개인지방소득세를 부과하지 아니한다(조세특례제한법89의3②).

이것은 농업협동조합을 비롯한 수산업협동조합, 산림조합, 신용협동조합, 새마을금고에 예탁한 예탁금에 대하여 이자소득를 비과세함으로써 농어민과 서민의 재산형성을 지원하기 위한 것이다.[3)]

Ⅱ. 조합등 예탁금 이자소득의 비과세 요건 등

조세특례제한법 제89조의3 제1항에서 "대통령령으로 정하는 예탁금"이란 농업협동조합, 수산업협동조합, 산림조합, 신용협동조합, 새마을금고 중 어느 하나에 해당하는 조합 등의 조합원·준조합원·계원·준계원 또는 회원의 예탁금으로서 농업협동조합, 수산업협동조합, 산림조합, 신용협동조합, 새마을금고에 예탁한 금액의 합계액이 1인당 3천만원 이하인 예탁금을 말한다(조세특례제한법 시행령83의3①).

예탁금에 대한 비과세 요건은 조합원은 물론이고 출자배당과 달리 준조합원에 대한 이자소득에 대해서도 비과세되며, 조합원·준조합원·계원·준계원 또는 회원 1인당 3천만원 이하의 예탁금에서 발생하는 이자소득을 말한다. 이 역시 출자배당과 동일하게 농업협동조합뿐만 아니라 5개 상호금융기관 전체를 포괄하는 개념으로 1인당 합계액이 3천만원 이하인 예탁금이다.

3) 백주현(2021), 22-25쪽.

Ⅲ. 이자소득 비과세 적용례

농업협동조합의 조합원 및 준조합원이 3천만원 이하의 비과세 예탁금에 가입한 후 저축계약기간 중 조합원 및 준조합원의 자격을 상실한 경우 당해 예탁금의 저축계약기간 만료일까지는 비과세가 적용될 수 있다.

또한 예탁금 이자소득 비과세의 적용시점은 가입당시 전기간에 걸쳐 비과세가 가능한 것이 아니며, 각 연도별로 발생한 이자소득에 대해서만 적용받는다. 예를 들어 2024년에 5년만기 예탁금을 가입하였다 하더라도 비과세 종료가 2025년이기 때문에 2025년까지 발생한 이자소득에 대해서만 비과세되고 2026년 발생분은 5%로, 2027년 이후 발생분 이자는 9%로 과세하게 된다. 다만, 2021년부터는 가입연령이 20세에서 19세로 낮아지게 되어 가입대상이 확대되는 반면, 조세특례제한법 제129조의2가 신설되어 금융소득종합과세대상자에 해당될 경우에는 가입이 제한되도록 개정되었다.

제5절 농업협동조합 등의 농업 관련 사업 등에 대한 감면

Ⅰ. 중앙회의 구매·판매 사업 등에 사용하기 위한 부동산 취득

농업협동조합중앙회가 구매·판매 사업 등에 직접 사용하기 위하여 취득하는 ⅰ) 구매·판매·보관·가공·무역 사업용 토지와 건축물(제1호), ⅱ) 생산 및 검사 사업용 토지와 건축물(제2호), ⅲ) 농어민 교육시설용 토지와 건축물(제3호)의 부동산(「농수산물유통 및 가격안정에 관한 법률」 제70조 제1항에 따른 유통자회사에 농수산물 유통시설로 사용하게 하는 부동산을 포함)에 대해서는 취득세의 25%를, 과세기준일 현재 그 사업에 직접 사용하는 부동산에 대해서는 재산세의 25%를 각각 2023년 12월 31일까지 경감한다(지방세특례제한법14①).

Ⅱ. 조합의 고유업무용 부동산 취득세 특례

1. 관련 규정

농업협동조합(조합공동사업법인 포함)이 고유업무에 직접 사용하기 위하여 취득하는 부동산(임대용 부동산은 제외)에 대해서는 취득세를, 과세기준일 현재 고유업무에 직접 사용하는 부동산에 대해서는 재산세를 각각 2023년 12월 31일까지 면제한다(지방세특례제한법14③). 중앙회에 대해서는 해당 감면 규정을 적용하지 아니한다(지방세특례제한법14⑤).

2. 고유업무

"고유업무"란 법령에서 개별적으로 규정한 업무와 법인등기부에 목적사업으로 정하여진 업무를 말하며(지방세특례제한법2①(1)), 법령상의 목적사업이란 농업협동조합법에서 규정하고 있는 업무내용이나 개별법령에서 규정하고 있는 목적사업들을 당해 법인이 법인등기부상의 목적사업에 이를 등기하지 아니한 경우라도 고유목적으로 인정되며, 법인등기부상의 목적사업이란 법인설립시 등기한 목적사업과 정관상의 목적사업을 변경하여 이를 등기한 경우의 변경된 목적사업을 말한다. 따라서 법인이 내부적인 정관변경절차를 이행한 경우라도 정관변경등기를 하지 않는 한 고유목적으로 인정받을 수 없다.[4]

3. 직접 사용

"직접 사용"이란 부동산·차량·건설기계·선박·항공기 등의 소유자(신탁법 제2조에 따른 수탁자를 포함하며, 신탁등기를 하는 경우만 해당)가 해당 부동산·차량·건설기계·선박·항공기 등을 사업 또는 업무의 목적이나 용도에 맞게 사용하는 것을 말한다(지방세특례제한법2①(8)).

4. 관련 판례

① 헌법재판소 2018. 1. 25. 선고 2015헌바277 전원재판부

지방세특례제한법 제14조 제3항에서 농업협동조합법에 의하여 설립된 조합

4) 백주현(2021), 28-32쪽.

이 고유업무에 직접 사용하기 위하여 취득하는 부동산에 대하여 취득세 등을 면제하도록 한 것은, 위 농업협동조합이 수행하는 업무가 그 성격상 공공성을 강하게 띠고 있으므로 조합으로 하여금 그 업무를 원활히 수행할 수 있도록 세제상으로 지원함으로써 영농산업 등을 보호·육성하려는 정책적 고려에 의한 것이다.

지방세특례제한법 제14조 제3항에 의하여 취득세 등이 감면되기 위한 요건이 "고유업무에 직접 사용하기 위하여 취득하는 부동산"이라 할 것인데, 이러한 요건 자체가 소유주체로서 해당 부동산을 사용하는 경우에 한하여 감면하겠다는 의미로 해석된다. 이와 달리 "직접 사용"에 "소유주체로서 사용한다"는 의미가 포함되지 아니하면, 하나의 부동산에 대한 복수의 사용주체를 인정함으로써 다수가 하나의 부동산을 "직접 사용"하게 되는 부당한 결과에 이르게 된다. 따라서 "직접 사용"이란 소유주체로서 해당 부동산을 용도에 맞게 사용하는 것이라고 해석될 수 있다.

② 대법원 2015. 3. 26. 선고 2014두43097 판결

농업협동조합이 어느 부동산을 "고유업무에 직접 사용"한다고 함은 농업협동조합이 그 부동산의 소유자 또는 사실상 취득자의 지위에서 현실적으로 이를 농업협동조합의 업무 자체에 직접 사용하는 것을 의미한다고 봄이 타당하다.

제2편

조 합

제1장 설 립
제2장 조합원
제3장 출 자
제4장 지배구조
제5장 사 업
제6장 건전성규제
제7장 구조조정 관련 제도

제1장 / 설 립

제1절 설립목적

농업협동조합법에 따르면 "농업협동조합은 농업인의 자주적인 협동조직을 바탕으로 농업인의 경제적·사회적·문화적 지위를 향상시키고, 농업의 경쟁력 강화를 통하여 농업인의 삶의 질을 높이며, 국민경제의 균형 있는 발전에 이바지함"을 목적으로 설립되었다(법1).

농업협동조합은 농업인의 지위 향상과 농업의 경쟁력 강화를 위해 농업인 스스로가 주체가 되어 만든 협동조합이다. 농업협동조합이 농업인의 자주적인 조직이라고 해서 모든 농업인의 이익을 보호하는 단체가 되는 것은 아니다. 왜냐하면 농업협동조합은 조합에 출자자로 참여하는 농업인과 준조합원의 이익을 보호하는 비공익법인으로 되어 있기 때문이다.[1)]

농업협동조합은 일정한 사업을 협동으로 영위함으로써 조합원의 권익을 향상하고 지역 사회에 공헌하고자 하는 사업조직인 협동조합(협동조합기본법2(1)[2)])

---

1) 최흥은(2014), 12쪽.

2) 1. "협동조합"이란 재화 또는 용역의 구매·생산·판매·제공 등을 협동으로 영위함으로써

에 속하고, 신용협동조합, 수산업협동조합, 산림조합, 새마을금고와 같이 협동조합 방식으로 신용사업을 운영하는 상호금융기관에 속한다(농협은 별도의 보험회사가 있어 공제사업을 하지 않음).

농협은 지역조합의 출자를 바탕으로 해서 농협중앙회가 조직되고 그 중앙회 산하에 여러 자회사를 두는 형태로 운영되고 있다. 지역조합은 농협의 뿌리이자 근간이 되는 조직으로써 지역농협, 지역축협, 품목조합 등이 이에 해당한다. 특히 지역농협은 지역조합의 대표적인 형태로서 일정한 지역을 근거지로 활동하는 농협의 전위조직이자 기본조직이다. 과거에는 전국의 모든 읍·면 단위에 지역농협이 있었으나 통폐합을 하면서 그 수가 점차로 줄어들고 있는 추세이다. 지역농협은 농업인의 출자를 기초로 한 조직으로 조합원의 이해관계에 직접적인 영향을 미치는 단위조합이다.[3)]

지역조합은 지역명을 붙이거나 지역의 특성을 나타내는 농업협동조합 또는 축산업협동조합의 명칭을, 품목조합은 지역명과 품목명 또는 업종명을 붙인 협동조합의 명칭을 사용하여야 한다(법3①). 농업협동조합법에 따라 설립된 조합이 아니면 위의 명칭이나 이와 유사한 명칭을 사용하지 못한다(법3② 본문). 다만, 조합이 출자하거나 출연한 법인이 조합의 정관으로 정하는 바에 따라 승인을 받은 경우에는 사용할 수 있다(법3②(1)). 조합은 주된 사무소의 소재지에서 설립등기를 함으로써 성립한다(법18①, 법107, 법112, 법112의11).

농업협동조합법은 지역농협, 지역축협, 품목조합, 조합공동사업법인, 품목조합연합회, 농업협동조합중앙회를 법인으로 규정하고 있다(법4①, 법112의3①, 법138④). 법인이란 법률에 의하여 권리능력이 부여된 법적 주체를 말한다. 지역농협, 지역축협, 품목조합, 조합공동사업법인, 품목조합연합회, 농업협동조합중앙회는 그 명칭 중에 조합이라는 용어를 사용하고 있으나 그 법적 성격은 사단법인이기 때문에 민법 제703조 이하에 규정한 민법상의 조합과는 구분하여야 한다. 일반적으로 협동조합은 민법상의 조합과는 달리 조합원은 유한책임을 부담하고, 조합원 자격이 바로 조합 운영에 참여하는 기관이 되지 못하는 타인기관의 성격을 가지고 있다. 이러한 면에서 협동조합은 민법상의 조합이 아니라 상법상의 주식회사와 유사한 점이 많다.[4)]

조합원의 권익을 향상하고 지역 사회에 공헌하고자 하는 사업조직을 말한다.

3) 최흥은(2014), 185쪽.

제2절 연혁

농업협동조합의 역사는 19C 말부터 광복 전후까지 우리나라 경제 사정과 함께 농협의 태동기를 살펴보면 19C 말 개항 및 일본의 조선 강점 전후로 자본주의가 도입되었다고 전해진다. 여기서 큰 문제점은 산업의 90% 이상이 농업이었다. 따라서 우리나라의 산업 전반이 붕괴위기에 내몰릴 위기에 처하자, 토지조사사업과 산미증산계획 등으로 농촌을 기반으로 한 산업을 살리려 했다. 또한 이 시기에 협동조합운동도 일어났는데, 정부주도로 하는 관제협동조합과 국민 주도로 하는 민간협동조합이 설립되었다. 관제협동조합은 조선총독부의 정책수단으로 악용되어 결국 농업인 수탈로 끝났다. 하지만 민간협동조합은 경제적 약자에 의한 경제적 자조를 이루고자 하였던 운동이었던 만큼 신문발간, 구판사업, 계몽사업이 진행되었다.5)

특히 1923년 기독교계인 YMCA 주도로 농촌협동조합 운동이 전개되면서 농민들의 삶의 질을 높이고자 문맹퇴치, 농업학교 건설 등의 운동이 전개되었다. 하지만 광복 직후 농촌 상황은 식량부족에 시달렸고 농업인이 소작농이라는 약점을 이용한 고리대가 만연하여 농지개혁과 자작농에 대한 농자재의 원활한 공급, 농산물의 안정적 판매를 이룰 수 있는 자조적 농업인조직의 육성이 절실하였다. 이후 1957년 농업협동조합법과 농업은행법이 제정되면서 신용업무를 전담하는 농업은행과 경제사업을 담당하는 농협이라는 이원적 조직의 체계가 확립되었고 1958년에 농협이 출범하였다. 당시 상황을 고려해 자생적으로 출범한 것이 아닌 중앙집권적 형태가 강한 관제조합 형태로 출범했기에 조합원과 농협 간 연대의식이 형성되지 못하였다. 또한 농업은행이 설립되었지만 사업규모가 크지 않았고 농협 및 신용사업과의 분리로 경영악화를 초래하였다.

이러한 문제점을 극복하고자 1961년 종래의 농업협동조합법 및 농업은행법을 폐지하고 새로이 농업협동조합법을 제정하면서 신용 및 경제사업을 통합하는 현재의 농협중앙회가 설립되었다. 이후 계통조직의 정비를 하기 위해 이동조합

---

4) 최흥은(2014), 44쪽.
5) 이건희(2021), "DEA · AHP를 활용한 상호금융기관의 효율성 분석 – 광주 · 전남지역을 중심으로 – ", 목포대학교 대학원 박사논문(2021. 8), 15–16쪽.

을 육성하고 시군조합의 기반을 정비할 뿐만 아니라 1963년 농협중앙회 교육원 설치, 1966년 농협대학 설립으로 농협운동의 기반을 조성하였다. 1970년대에는 경제성장과 함께 농협이 성장하면서 마을단위 이동조합을 읍·면단위 조합으로 통합하였고, 단위조합이라는 공식 명칭이 사용되기 시작하였다. 이때 당시 조합 수를 1/10로 줄이는 대단위의 합병을 하였다. 또한 고리채 문제를 해결하고 기술 및 자금공급 등으로 식량 증산에 기여함으로써 처음으로 대북지원에 포부를 밝힌 때이기도 한다. 1981년 농 축협이 분리되었고 1999년엔 농, 축, 인삼협 중앙회를 통합하여 새로운 농협중앙회를 설립하는 통합농협법을 개정(2000년 7월 시행)하였고, 이후 유통 및 경제 사업 중심으로의 기능개편과 부실조합을 정리하였다.

2012년에는 신용·경제사업을 분리(신경분리)한 "1중앙회 2지주회사"체제로 출범하였는데, 그 이유는 그동안 신용사업이 경제사업보다 더 높은 이윤을 창출하자, 1990년대부터 농협중앙회가 경제사업보다 신용사업에 치중한다는 지적을 받아왔기 때문이었다. 또한 한미FTA 등 경제사업의 경쟁력이 약해졌기 때문에 경제사업의 내실 강화 및 활성화가 제기되었고, 결국 운영 효율성을 높이기 위해 신경분리를 하게 되었다.

현재 농협은 신용부문에서 은행뿐만 아니라 보험사, 카드사에서도 시중 금융회사와 순위를 나란히 할 만큼 괄목할만한 성장을 이루었다. 경제사업 중 농협의 하나로마트는 지속적인 매출성장세를 보이고 있고, 그 밖에 유통부문, 연구개발 부문 등 경제사업도 좋은 성과를 보이고 있다. 이처럼 농협은 우리나라 자본주의 초창기 국가산업의 기반이 되어 어려움을 겪고 있던 농업을 위해 설립되었지만 현재는 우리나라의 경제 및 신용사업에서 상당한 부분을 차지하고 있다.

제3절 주요업무

Ⅰ. 서설

농업협동조합법은 농업협동조합의 설립목적을 달성하기 위하여 각종 사업을 규정하고 있다.

농업협동조합법은 조합이 목적 달성을 위해 수행할 수 있는 사업의 종류를 제한적으로 열거하고 있다(법57①, 법106, 법111). 대표적으로 신용사업이 규정되어 있으며, 조합(지역농협과 지역축협)이 영위할 수 있는 신용사업의 범위에 대해서도 구체적으로 열거하고 있다(법57①(3), 법106(3)).

Ⅱ. 신용사업

1. 의의

신용사업은 수신과 여신을 수단으로 하여 조합원간 자금의 유통을 꾀하는 상호금융의 성격을 가진 업무이다. 조합원의 자금을 예탁받아 이를 조합원에게 융자하여 조합원간 원활한 자금 흐름을 꾀하는 것이 상호금융의 중요한 역할이다.

지역농협과 지역축협(신용사업을 하는 품목조합을 포함)이 신용사업(신용협동조합법39①(1))을 하는 경우에는 신용협동조합법에 따른 신용협동조합으로 본다(신용협동조합법95①(1)).

2. 신용사업의 내용

지역농협과 지역축협은 그 목적을 달성하기 위하여 신용사업의 전부 또는 일부를 수행한다(법57①(3), 법106(3)). 여기서 신용사업에는 i) 조합원의 예금과 적금의 수입(가목), ii) 조합원에게 필요한 자금의 대출(나목), iii) 내국환(다목), iv) 어음할인(라목), v) 국가·공공단체 및 금융기관의 업무 대리(마목), vi) 조합원을 위한 유가증권·귀금속·중요물품의 보관 등 보호예수 업무(바목), vii) 공과금, 관리비 등의 수납 및 지급대행(사목), viii) 수입인지, 복권, 상품권의 판매대행(아목)이 포함된다.

3. 신용사업의 한도와 방법

조합은 i) 신용협동조합법 제83조의3에 따른 경영건전성 기준(제1호), ii) 농협구조개선법 제4조 제2항에 따른 적기시정조치기준(제2호)이 준수되는 범위에서 신용사업을 수행한다(법57③, 영6①).

4. 여수신업무방법

(1) 중앙회장의 제정

상호금융업감독규정("감독규정")에 의하면 조합의 신용사업과 관련한 예탁금·적금 또는 대출등의 업무방법("여수신업무방법")에 관한 사항은 중앙회장이 이를 정한다(감독규정4①). 이에 따라 중앙회는 조합 여수신업무방법서를 제정하여 운영하고 있다.

(2) 여수신업무방법의 필요적 포함사항

여수신업무방법에는 i) 예탁금·적금 및 대출등의 종류에 관한 사항(제1호), ii) 예탁금·적금 및 대출등의 이율, 결산방법 및 기간에 관한 사항(제2호), iii) 예탁금·적금 및 대출등의 원리금의 지급 및 회수방법에 관한 사항(제3호), iv) 기타 여수신업무에 관한 중요사항(제4호)이 포함되어야 한다(감독규정4②).

(3) 여수신업무방법 제정 또는 변경의 금융감독원 신고

중앙회장이 여수신업무방법을 제정 또는 변경하고자 하는 경우에는 미리 금융감독원장("감독원장")에게 신고하여야 한다(감독규정4③).

(4) 여수신업무방법 변경 요구와 수용 의무

금융감독원장은 신고받은 여수신업무방법의 내용을 심사하고 조합 이용자 보호, 건전한 금융거래질서의 유지를 위하여 여수신업무방법 내용의 변경이 필요하다고 인정하는 경우 중앙회장에 대하여 당해 여수신업무방법의 변경을 요구할 수 있다(감독규정4④ 전단). 이 경우 중앙회장은 이에 응하여야 한다(감독규정4④ 후단).

5. 신용사업의 종류

(1) 예금 및 적금

신용사업에는 조합원의 예금("예탁금")과 적금의 수입이 포함된다(법57①(3) 가목, 법106(3) 가목).

지역농협과 지역축협(신용사업을 하는 품목조합 포함)이 신용사업을 하는 경우에는 신용협동조합법에 따른 신용협동조합으로 본다(신용협동조합법95①(1)).

따라서 신용협동조합법에 따른 예탁금, 신용협동조합이 계약에 따라 금융소비자로부터 금전을 받고 장래에 그 금전과 그에 따른 이자 등의 대가를 지급하기로 하는 계약은 금융소비자보호법상 예금성 상품에 해당된다(금융소비자보호법3(1), 동법 시행령①, 금융소비자 보호에 관한 감독규정3(1)).[6] 예금성 상품은 은행 예금과 같이 이자수익이 발생하는 금융상품으로서 원금보장이 되는 상품(예: 예·적금 등)을 말한다.

(가) 예금(예탁금)의 의의

예금과 적금("예탁금")은 조합의 자금형성 수단이며, 조합원 및 조합원이 아닌 자("조합원등")의 여유자금에 대한 일시적인 보관, 출납, 재산증식 수단으로 예치받는 자금을 말한다. 예금은 "예금자가 은행 기타 수신을 업으로 하는 금융기관에게 금전의 보관을 위탁하되 금융기관에게 그 금전의 소유권을 이전하기로 하고, 금융기관은 예금자에게 같은 통화와 금액의 금전을 반환할 것을 약정하는 계약"이다. 농업협동조합은 예탁금 등의 명칭으로 수신업무를 하고 있다(수신업무방법서 참조). 수신업무방법서는 예탁금의 명칭을 사용하고 있다.

(나) 예탁금의 분류

수신업무방법서는 예탁금의 성격에 따라 다음과 같이 분류하고 있다.

1) 입출금이 자유로운 예탁금

보통예탁금, 자립예탁금, 자유저축예탁금, 기업자유예탁금, 알짜배기 예탁금, 알짜배기기업자유예탁금, 365-예금, 별단예탁금 등이다.

2) 거치식예탁금

정기예탁금, 복리식정기예탁금, 슈퍼정기예탁금, 만기자유정기예탁금, 자유로회전예금, 복리식정기예탁금Ⅱ 등이다.

3) 적립식예탁금

정기적금, 자유적립적금, 알토란실세적금 Ⅱ형, 더불어자유적금, 신나는학생적금, 장기주택마련저축, 농어가목돈마련저축 등이다.

---

6) 지역농협 등은 명시적으로 금융소비자보호법의 적용 대상에는 포함되지 않고 있어, 이 경우에도 금융소비자보호법이 적용되어 예금성 상품에 해당된다고 단정할 수 있을지 논란이 될 수 있어 명문규정을 둘 필요가 있다.

(2) 조합원에게 필요한 자금의 대출

신용사업에는 조합원에게 필요한 자금의 대출이 포함된다(법57①(3) 나목, 법106(3) 나목). 지역농협과 지역축협(신용사업을 하는 품목조합 포함)이 신용사업을 하는 경우에는 신용협동조합법에 따른 신용협동조합으로 본다(신용협동조합법95①(1)).

따라서 신용협동조합법에 따른 대출은 금융소비자보호법상 금융상품에 해당한다(금융소비자보호법 시행령2①(2)). 신용협동조합법에 따른 대출, 신용협동조합, 신용협동조합중앙회가 금융소비자에 어음 할인·매출채권 매입(각각 금융소비자에 금전의 상환을 청구할 수 있는 계약으로 한정)·대출·지급보증 또는 이와 유사한 것으로서 금전 또는 그 밖의 재산적 가치가 있는 것("금전등")을 제공하고 장래에 금전등 및 그에 따른 이자 등의 대가를 받기로 하는 계약은 금융소비자보호법상 대출성 상품에 해당된다(금융소비자보호법3(2), 동법 시행령3②, 금융소비자보호에 관한 감독규정3(2)). 대출성 상품은 은행 대출과 같이 금전을 빌려 사용한 후 원금과 이자를 상환하는 금융상품(예: 대출상품, 신용카드 등)을 말한다.

공동대출이라 함은 동일 채무자, 동일 담보물건에 대하여 2개 이상의 조합(농·축협, 신협, 수협, 산림조합 및 은행)이 동일 순위로 근저당권(부동산담보신탁수익권증서 포함)을 설정하고 취급하는 대출을 말한다. 다만, 동일한 사업장은 담보물 또는 순위가 상이하더라도 동일 담보물 또는 동일 순위의 담보권으로 간주한다.[7]

(가) 대출의 의의

대출(loan)은 농협이 이자 수취를 목적으로 원리금의 반환을 약정하고 고객(=차주, 채무자)에게 자금을 대여하는 행위를 말한다. 대출은 농협의 여신(=신용공여)의 한 종류이다. 농협 이외에도 은행(은행법27), 보험회사(보험업법106), 여신전문금융회사(여신전문금융업법46), 상호저축은행(상호저축은행법11), 새마을금고(새마을금고법28), 대부업자(대부업법2(1)) 등도 각 관련 법률이 정한 범위 내에서 여신·대출 업무를 수행한다.

---

7) 농협중앙회 상호금융여신지원부(2022), 「2021 여신업무방법(예)」(2021. 10), 373쪽.

(나) 대출의 종류

대출은 다음과 같이 구분된다.[8)]

1) 형식에 따른 분류

가) 증서대출

채무자로부터 어음없이 대출거래약정서(또는 여신거래약정서)만을 받고 취급하는 대출을 말한다. 어음할인에 의한 대출을 제외한 모든 대출은 증서대출로 취급한다.

나) 어음할인

할인어음 신청자가 상거래에 수반하여 취득한 만기일이 도래하지 않은 어음을 매입하는 대출을 말한다.

2) 거래방식에 따른 분류

가) 개별거래대출

약정액 범위 내에서 일괄(또는 분할)하여 대출이 발생하고 상환한 금액을 재사용할 수 없는 방식의 대출을 말한다.

나) 한도거래대출

한도약정액 범위 내에서 동일과목의 대출을 회전사용하고 대출거래기간 만료일에 한도를 회수하는 대출을 말한다.

3) 기업에 대한 대출: 용도에 따른 분류

가) 운전자금대출

농업인 또는 기업체(공공기관 등 비영리기관, 단체 및 개인사업자를 포함)가 농·축산물 또는 제품을 생산, 저장, 운반, 가공, 판매 및 연구개발하는데 필요한 원재료비, 인건비 등에 소요되는 자금으로 시설자금대출을 제외한 자금의 대출을 말한다.

나) 시설자금대출

농업인 또는 기업체가 농·축산물 또는 제품(용역을 포함)을 생산, 저장, 운반, 가공, 판매 및 연구 개발하는데 필요한 토지의 매입 및 시설물의 설치(신·증축, 매입, 수선 등)에 소요되는 자금의 대출을 말한다.

---

8) 농협중앙회 상호금융여신지원부(2022), 21-22쪽.

4) 상환방법에 따른 분류

가) 일시상환대출

대출액을 기일에 전액 상환하는 대출을 말한다.

나) 원금균등분할상환대출

대출원금을 약정 내용에 따라 정기적으로 균등하게 분할하여 상환하는 대출을 말한다.

다) 원금불균등분할상환대출

대출원금을 약정 내용에 따라 정기적으로 불균등하게 분할하여 상환하는 대출을 말한다.

라) 원리금균등분할상환대출

원금과 이자의 합계금액을 균등하게 분할하여 매월 상환하는 대출을 말한다.

마) 수시상환대출

일정한 약정한도 범위 내에서 수시로 상환 및 취급이 가능한 대출을 말한다

(다) 대출상품별 분류

1) 대출의 종류

대출상품의 종류에는 일반대출금, 종합통장대출금, 적금관계대출금, 농어가목돈마련저축대출금, 상호금융단기농사대출금, 상호금융특별장기대출금, 상호금융농업자금우대대출금, 상호금융지역발전대출금, 주택자금대출금 등이 있다.[9]

2) 일반대출금

가) 일반대출

정기적금 계약자에 대한 적금관계대출금과 자립예탁금대출금·종합통장대출금·농어가목돈마련저축 계약자에 대한 농어가목돈마련저축대출금·상호금융단기농사대출금·상호금융중기대출금·상호금융특별장기대출금·상호금융지역발전대출금·상업어음담보대출금·상호급부금 및 저리대체자금대출금 등을 제외한 대출은 일반대출금으로 취급한다.

나) 재난극복을위한상호금융긴급대출

이 대출의 용도는 i) 조합원 또는 그 동일세대 가족의 사망으로 인하여 장

9) 농협중앙회 상호금융여신지원부(2022), 763쪽 이하 참조.

례비용으로 소요되는 자금(제1호), ii) 조합원 또는 그 동일세대 가족의 입원으로 인하여 초기에 긴급히 소요되는 자금(제2호), iii) 조합원 또는 그 동일세대 가족이 채무자가 될 수 없는 경우로 인하여 조합장이 필요하다고 인정하는 자가 제1호 또는 제2호의 용도로 사용하는 자금(제3호), iv) 각종 재해 및 천재지변으로 인한 복구자금(제4호)이다.

다) 마이홈장기모기지론

"마이홈장기대출"이라 함은 도시민을 비롯한 서민들의 주거안정을 목적으로 주택구입 및 신축이 필요한 고객에게 장기할부상환 방식으로 대출하는 상품을 말한다. 대출대상자는 주택자금 또는 가계자금이 필요한 개인으로 한다.

라) VIP우대대출

개업의사, 취업의사, 공중보건의, 군의관, 레지던트, 인턴, 의대생(성년자로 본과 이상의 재학생), 의사면허증(전문의 면허증) 소지자로 2개월 이내 개업예정자(치과의사, 한의사 포함)로 한다. 다만, 법인사업자는 제외한다.

판·검사, 군법무관, 변호사, 공인회계사, 약사, 감정평가사, 기술사, 변리사, 관세사, 법무사, 건축사, 공인노무사, 수의사, 세무사 자격증소지자로 1년 이상 현직종사자(변호사, 약사는 1년 이하 현직종사자 및 2개월 이내 개업예정자도 포함)와 사법연수생, 공인회계사연수생으로 한다.

마) 연금형생활자금대출

대출의 대상자는 만55세이상 개인으로 한다.

바) 교회대출

개신교회를 대상으로 시설 및 운전자금 지원 등 종교관련 대출을 말한다.

사) 슈퍼모기지론

대출대상자는 i) 주택자금(구입, 신축, 증축 자금)이 필요한 개인, ii) 시단위 이상에 소재하는 주택을 담보로 전원주택 신축 또는 구입을 희망하는 개인, iii) 주택을 담보로 가계자금이 필요한 개인으로 한다.

아) 공공 및 기타자금대출

대출대상자는 정부관리기업을 포함한 지방자치단체, 공공기관, 학교법인 등 비영리단체로서 i) 본 조합과 전속거래를 하고 있거나 하고자 하는 자, ii) 기타 본 조합 발전에 도움이 되는 자로 한다.

자) NH주택건축자금대출

"NH주택건축자금대출"이라 함은 주택을 분양 또는 임대할 목적으로 건축물을 건설하고자 하는 자에게 공사 진행정도(이하 '기성고'라 한다)에 따라 대출금을 지급하는 여신을 의미한다.

3) 종합통장대출금

가) 종합통장대출

"종합통장대출"이라 함은 입출금이 자유로운 예탁금을 모계좌로 한 한도거래제 대출을 말한다.

나) 실세금리연동 마이너스대출

대출대상자는 ⅰ) 종합통장에 가입한 개인, 법인 및 기타 단체, ⅱ) 우량고객(공무원, 공공기관직원, 우량회사 직원 등), ⅲ) VIP 우대대출 대상고객이다.

다) 녹색 마이너스 통장대출

"녹색 마이너스통장대출"이라 함은 본인 명의 예·적금 불입액에 따라 미리 정한 대출 최고한도까지 대출한도가 자동적으로 증액되는 한도거래제 대출 상품을 말한다.

라) 청년농업희망 종합통장

대출대상자는 ⅰ) 청년농업희망종합통장(입출식 예탁금)을 가입한 개인 및 개인사업자, ⅱ) CSS 7등급 이상인 자 또는 NICE 평점기준 738점 이상이고 KCB 평점기준 646점 이상인 자로 한다.

마) NH직장인마이너스대출

직장인을 대상으로 취급하는 비대면 전용 신용대출 상품을 말한다.

바) NH콕비상금대출

조합원, 준조합원과 하나로 가족고객을 대상으로 취급하는 비대면 전용 소액신용대출상품을 말한다.

4) 적금관계대출금

정기적금 계약자에 대한 대출은 적금관계대출금으로 취급한다. "적금관계대출금"이라 함은 적금담보대출금을 말한다. "적금담보대출금"이라 함은 정기적금 입금액 이내에서의 입금액을 담보로 하는 대출과 적금대출금으로 대출기간 중 적금입금 누계액이 대출액을 초과하고 대출금이자를 정상적으로 납입한 경우의 대출금을 말한다.

5) 농어가목돈마련저축대출금

"농어가목돈마련저축대출금"이라 함은 농어가목돈마련저축 입금액을 담보로 하는 대출금을 말한다. 대출대상자는 농어가목돈마련저축 계약자로서 자산 또는 신용이 확실한 자로 한다. 대출금의 용도는 농업, 수산업, 축산업의 생산자금으로 한다.

6) 상호금융단기농사대출금

상호금융단기농사대출금에 관한 사항은 중앙회장이 따로 정하는 바에 의한다.

7) 상호금융특별장기대출금

가) 상호금융특별장기대출

"상호금융특별장기대출"이라 함은 농어가부채경감에관한특별조치법(법률 제4172호 '89.12.30)에 따라 대체 지원된 상호금융자금대출금을 말한다.

나) 상호금융대체자금대출

"상호금융대체자금"이라 함은 '99.12.15 농어가부채경감대책에 따른 농림부의 시행지침(협동 51170□28 2000.1.12, 상금 43103□35 2000.1.13)에 따라 대체지원되는 상호금융대출금을 말한다. 대출대상자는 1999년 12월 20일 현재 상호금융대출금을 보유하고 있는 농가로 한다.

8) 상호금융농업자금우대대출금

농업인멤버십대출이 있는데, 이는 농업인 조합원의 금융비용 부담을 경감하여 실질적인 금융편익을 제공하고자 대출금리 등을 우대하여 지원하는 대출을 말한다.

9) 상호금융지역발전대출금

가) 지역발전대출

지방자치단체, 공공기관 및 기타 단체 등("지방자치단체등")과의 협약에 의하여 i) 지방자치단체등이 직접 금리차를 보상하는 경우, ii) 지방자치단체등이 기금을 조성하여 농협에 예치하는 경우의 방법으로 지역발전을 위하여 상호금융자금을 저리로 지원하는 대출금을 처리한다.

나) 농업인 재해극복지원대출

농업인 재해극복지원대출에 관한 사항은 소관부서장이 따로 정하는 바에 의한다.

10) 주택지금대출금

여기에는 농협주택연금대출이 있는데, 이는 한국주택금융공사("공사")의 「주택담보노후연금보증서」를 100% 담보로 취득하여, 주택은 소유하고 있으나 노후생활자금이 부족한 어르신에게 일정기간 또는 평생 동안 매달 연금 지급 및 종신 거주를 보장하는 역모기지 대출상품을 말한다.

(라) 관련 판례

① 대법원 1981. 1. 13. 선고 80도405 판결

농업협동조합의 신용자금 대출은 조합원에 한하는 것이므로 조합원과 동일한 세대에 속하는 자에게는 대출할 수 없다.

② 대법원 1974. 11. 26. 선고 74다993 판결

농업협동조합은 농업협동조합법의 규정에 비추어 타인의 채무이행을 보증하기 위하여 약속어음을 발행할 수 없고 농업협동조합의 ○○ 대리는 자기앞수표를 발행할 권한이 없는 자이므로 농업협동조합의 ○○ 대리가 약속어음을 발행하였다 하더라도 이를 농업협동조합의 직무의 일부로 또는 그와 관련하여 발행한 것으로는 볼 수 없다.

③ 대법원 1971. 3. 9. 선고 70다2910 판결

농업협동조합이 수표법 제53조에 의한 지급보증을 하는 것은 차입에 속하는 채무부담행위가 아니라 광의의 여신에 속하는 것이라 할 것이다.

④ 대법원 1971. 1. 29. 선고 70다2667 제2부판결

농업협동조합의 예금취급소장이 타인발행의 수표에 대하여 지급보증을 하는 행위는 당연무효이므로 이와 같이 법률의 강행규정에 위배되어 당연무효인 행위를 유효한 것으로 믿고 거래한 당사자에게도 그렇게 믿은 점에 과실이 있지만 위의 보증행위는 그 취급소의 본래적인 사무인 신용업무와 밀접한 관계가 있는 것이니만큼, 그 지급보증을 유효한 것이라 믿고 거래한 상대방에 대하여 농업협동조합은 위 소장의 사용자로서 그 거래로 인한 손해를 배상할 의무가 있다.

(3) 내국환

신용사업에 내국환 업무가 포함된다(법57①(3) 다목, 법106(3) 다목). 내국환 업무는 금융기관이 중개자가 되어 국내의 격지자 사이의 채권채무를 현금 수수에 의하지 아니하고 결제하는 업무를 말한다. 일반적으로 환업무란 송금, 대금추심, 타행환 공동망업무, CD공동망 이용업무 등을 말한다.

(4) 어음할인

신용사업에는 어음할인 업무가 포함된다(법57①(3) 라목, 법106(3) 라목). 어음할인이란 할인어음 신청자("할인의뢰자")가 상거래에 수반하여 취득한 만기일("지급기일")이 도래하지 않은 어음을 약정 한도금액 범위 내에서 할인료("이자")를 받고 조합이 매입하는 것을 말한다. 어음할인 대상자는 조합과의 거래실적이 양호하고 신용이 확실한 사업자등록증을 교부받은 개인 및 법인으로 한다.

(5) 국가 · 공공단체 및 금융기관의 업무 대리

신용사업에는 국가·공공단체 및 금융기관의 업무 대리가 포함된다(법57①(3) 마목, 법106(3) 마목). 여기서 업무 대리에는 신용사업을 주로 수행하는 농업협동조합의 성격상 국세·지방세의 수납, 전기요금, 전화요금 등의 수납업무가 포함될 것이다.

(6) 보호예수 업무

신용사업에는 조합원을 위한 유가증권·귀금속·중요물품의 보관 등 보호예수 업무가 포함된다(법57①(3) 바목, 법106(3) 바목).

(7) 공과금, 관리비 등의 수납 및 지급대행

신용에는 공과금, 관리비 등의 수납 및 지급대행 업무가 포함된다(법57①(3) 사목, 법106(3) 사목).

(8) 수입인지, 복권, 상품권의 판매대행

신용사업에는 수입인지, 복권, 상품권의 판매대행 업무가 포함된다(법57①(3) 아목, 법106(3) 아목).

Ⅲ. 교육 · 지원사업

1. 지역농협

지역농협은 그 목적을 달성하기 위하여 교육·지원사업의 전부 또는 일부를 수행한다(법57①(1)). 여기서 교육·지원 사업에는 i) 조합원이 생산한 농산물의 공동출하와 판매를 위한 교육·지원(가목), ii) 농업 생산의 증진과 경영능력의 향상을 위한 상담 및 교육훈련(나목), iii) 농업 및 농촌생활 관련 정보의 수집 및 제공(다목), iv) 주거 및 생활환경 개선과 문화 향상을 위한 교육·지원(라목), v) 도시와의 교류 촉진을 위한 사업(마목), vi) 신품종의 개발, 보급 및 농업기술의 확산을 위한 시범포(示範圃), 육묘장(育苗場), 연구소의 운영(바목), vii) 농촌 및 농업인의 정보화 지원(사목), viii) 귀농인·귀촌인의 농업경영 및 농촌생활 정착을 위한 교육·지원(아목), ix) 그 밖에 사업 수행과 관련한 교육 및 홍보(자목)가 포함된다.

2. 지역축협

지역축협은 그 목적을 달성하기 위하여 교육·지원사업의 전부 또는 일부를 수행한다(법106(1)). 여기서 교육·지원사업에는 i) 조합원이 생산한 축산물의 공동출하, 판매를 위한 교육·지원(가목), ii) 축산업 생산 및 경영능력의 향상을 위한 상담 및 교육훈련(나목), iii) 축산업 및 농촌생활 관련 정보의 수집 및 제공(다목), iv) 농촌생활 개선 및 문화향상을 위한 교육·지원(라목), v) 도시와의 교류 촉진을 위한 사업(마목), vi) 축산 관련 자조(自助) 조직의 육성 및 지원(바목), vii) 신품종의 개발, 보급 및 축산기술의 확산을 위한 사육장, 연구소의 운영(사목), viii) 가축의 개량·증식·방역(防疫) 및 진료사업(아목), ix) 축산물의 안전성에 관한 교육 및 홍보(자목), x) 농촌 및 농업인의 정보화 지원(차목), xi) 귀농인·귀촌인의 농업경영 및 농촌생활 정착을 위한 교육·지원(카목), xii) 그 밖에 사업 수행과 관련한 교육 및 홍보(타목)가 포함된다.

3. 품목조합

품목조합은 그 목적을 달성하기 위하여 교육·지원사업의 전부 또는 일부를 수행한다(법111(1)). 여기서 교육·지원사업에는 i) 조합원이 생산한 농산물이나 축산물의 공동출하, 판매를 위한 교육·지원(가목), ii) 생산력의 증진과 경영능력의 향상을 위한 상담 및 교육훈련(나목), iii) 조합원이 필요로 하는 정보의 수집 및 제공(다목), iv) 신품종의 개발, 보급 및 기술확산 등을 위한 시범포, 육묘장, 사육장 및 연구소의 운영(라목), v) 가축의 증식, 방역 및 진료와 축산물의 안전성에 관한 교육 및 홍보(축산업의 품목조합에만 해당)(마목), vi) 농촌 및 농업인의 정보화 지원(바목), vii) 귀농인·귀촌인의 농업경영 및 농촌생활 정착을 위한 교육·지원(사목), viii) 그 밖에 사업 수행과 관련한 교육 및 홍보(아목)가 포함된다.

Ⅳ. 경제사업

1. 지역농협

지역농협은 그 목적을 달성하기 위하여 경제사업의 전부 또는 일부를 수행한다(법57①(2)). 여기서 경제사업에는 i) 조합원이 생산하는 농산물의 제조·가공·판매·수출 등의 사업(가목), ii) 조합원이 생산한 농산물의 유통 조절 및 비축사업(나목), iii) 조합원의 사업과 생활에 필요한 물자의 구입·제조·가공·공급 등의 사업(다목), iv) 조합원의 사업이나 생활에 필요한 공동이용시설의 운영 및 기자재의 임대사업(라목), v) 조합원의 노동력이나 농촌의 부존자원(賦存資源)을 활용한 가공사업·관광사업 등 농외소득(農外所得) 증대사업(마목), vi) 농지의 매매·임대차·교환의 중개(바목),[10] vii) 위탁영농사업(사목), viii) 농업 노동력의 알선 및 제공(아목), ix) 농촌형 주택 보급 등 농촌주택사업(자목), x) 보관사업(차목), xi) 조합원과 출자법인의 경제사업의 조성, 지원 및 지도(카목)가 포함된다.

2. 지역축협

지역축협은 그 목적을 달성하기 위하여 경제사업의 전부 또는 일부를 수행한다(법106(2)). 여기서 경제사업에는 i) 조합원이 생산한 축산물의 제조·가공·판매·수출 등의 사업(가목), ii) 조합원이 생산한 축산물의 유통 조절 및 비축사

10) 공인중개사법 제9조(중개사무소의 개설등록)가 적용 배제되므로(법12①) 부동산 중개업 등록은 필요가 없다.

업(나목), iii) 조합원의 사업과 생활에 필요한 물자의 구입·제조·가공·공급 등의 사업(다목), iv) 조합원의 사업이나 생활에 필요한 공동이용시설의 운영 및 기자재의 임대사업(라목), v) 조합원의 노동력이나 농촌의 부존자원(賦存資源)을 활용한 가공사업·관광사업 등 농외소득 증대사업(마목), vi) 위탁 양축사업(바목), vii) 축산업 노동력의 알선 및 제공(사목), viii) 보관사업(아목), ix) 조합원과 출자법인의 경제사업의 조성, 지원 및 지도(차목)가 포함된다.

3. 품목조합

품목조합은 그 목적을 달성하기 위하여 경제사업의 전부 또는 일부를 수행한다(법111(2)). 여기서 경제사업에는 i) 조합원이 생산하는 농산물이나 축산물의 제조·가공·판매·수출 등의 사업(가목), ii) 조합원이 생산한 농산물이나 축산물의 유통 조절 및 비축사업(나목), iii) 조합원의 사업과 생활에 필요한 물자의 구입·제조·가공·공급 등의 사업(다목), iv) 조합원의 사업이나 생활에 필요한 공동이용시설의 운영 및 기자재의 임대사업(라목), v) 위탁영농이나 위탁양축사업(마목), vi) 노동력의 알선 및 제공(바목), vii) 보관사업(사목), viii) 조합원과 출자법인의 경제사업의 조성, 지원 및 지도(아목)가 포함된다.

4. 관련 판례

** 대법원 1992. 3. 10. 선고 91누5273 판결

단위농업협동조합도 그 자체의 영리를 목적으로 하는 것이 아닌 이상 조합원의 사업(영농)과 생활에 필요한 물자인 석유를 조합원에게 공급하기 위하여 석유사업법 소정의 허가를 받아 주유소 등을 경영할 수 있다.

V. 복지후생사업

1. 지역농협

지역농협은 그 목적을 달성하기 위하여 복지후생사업의 전부 또는 일부를 수행한다(법57①(5)). 여기서 복지후생사업에는 i) 복지시설의 설치 및 관리(가목), ii) 장제(葬祭)사업(나목), iii) 의료지원사업(다목)이 포함된다.

2. 지역축협

지역축협은 그 목적을 달성하기 위하여 조합원을 위한 의료지원 사업 및 복지시설의 운영 사업의 사업의 전부 또는 일부를 수행한다(법106(5)).

3. 품목조합

품목조합은 그 목적을 달성하기 위하여 조합원을 위한 의료지원사업 및 복지시설의 운영 사업의 전부 또는 일부를 수행한다(법111(4)).

4. 관련 판례

** 대법원 1998. 4. 28. 선고 97누7905 판결

조합이 조합원과 관계없이 조합 자체의 영리를 도모하는 사업을 경영하는 것은 농협법을 위반한 것으로서 고유의 목적에 속하는 사업의 경영이라 할 수 없고, 이를 위한 부동산의 취득은 지방세법 제290조 제2항 제1호에 따른 가세면제대상이 될 수 없는바, 지역농업협동조합이 신축한 건물 지상 3층의 예식장의 이용대상에 아무런 제한이 없고, 실제로 예식장을 이용하기 시작한 1995년. 3. 31.부터 1996. 3. 31까지 예식장을 이용한 조합원은 총 이용자 171명 중 4명(2.3%)에 불과하며, 그 이용요금 또한 인근의 일반 예식장 이용료의 75% 수준에 달한다면, 위 예식장의 운영은 조합원과 관계없는 사업으로서 조합 자체의 영리를 도모하는 것이라 봄이 상당하고, 이를 고유목적 사업의 하나인 조합원의 복지후생사업이라고 볼 수 없다.

Ⅵ. 다른 경제단체 · 사회단체 및 문화단체와의 교류 · 협력

조합은 그 목적을 달성하기 위하여 다른 경제단체·사회단체 및 문화단체와의 교류·협력을 수행한다(법57①(6), 법106(6), 법111(5)).

Ⅶ. 기타 위탁사업 등

조합은 그 목적을 달성하기 위하여 국가, 공공단체, 중앙회, 농협경제지주회

시 및 그 지회사, 농협은행 또는 다른 조합이 위탁하는 사업의 전부 또는 일부를 수행한다(법57①(7), 법106(7), 법111(6)).

국가나 공공단체가 조합에 사업을 위탁하려는 경우에는 그 기관은 대통령령으로 정하는 바에 따라 조합과 위탁계약을 체결하여야 한다(법57④, 법107①, 법112①). 이에 따라 국가 또는 공공단체가 조합, 중앙회, 농협경제지주회사 및 그 자회사 또는 농협은행과 사업의 위탁계약을 체결할 때에는 i) 위탁사업의 대상과 범위(제1호), ii) 위탁기간(제2호), iii) 그 밖에 위탁사업을 수행하는 데에 필요한 사항(제3호)을 구체적으로 밝힌 서면으로 하여야 한다(영8).

Ⅷ. 다른 법령에서 조합의 사업으로 규정하는 사업

조합은 그 목적을 달성하기 위하여 다른 법령에서 조합의 사업으로 규정하는 사업의 전부 또는 일부를 수행한다(법57①(8), 법106(8), 법111(7)).

Ⅸ. 부대사업

조합은 그 목적을 달성하기 위하여 앞에서 열거한 사업과 관련되는 부대사업의 전부 또는 일부를 수행한다(법57①(9), 법106(9), 법111(8)).

Ⅹ. 기타 사업

1. 내용

조합은 그 목적을 달성하기 위하여 그 밖에 설립목적의 달성에 필요한 사업으로서 농림축산식품부장관의 승인을 받은 사업의 전부 또는 일부를 수행한다(법57①(10), 법106(10), 법111(9)).

2. 위반시 제재

조합등(조합, 조합공동사업법인, 품목조합연합회)과 중앙회의 임원, 조합의 간부직원, 중앙회의 집행간부·일반간부직원, 파산관재인 또는 청산인이 농림축산식품부장관의 승인을 받지 아니하고 사업을 한 경우 3년 이하의 징역 또는 3천만원 이하의 벌금에 처한다(법171(4)).

3. 관련 판례

** 대법원 1992. 4. 21. 자 92마103 결정

조합원의 농업생산력의 증진과 경제적, 사회적 지위 향상을 도모함을 목적으로 하는 법인인 농업협동조합은 그 목적을 달성하기 위하여 구매사업, 판매사업, 이용사업 등 농업협동조합법 제57조 제1항 각호가 정하고 있는 사업들을 수행할 수 있다는 것이므로 위 사업들을 수행하기 위하여 업무용 부동산도 당연히 취득할 수 있다고 보아야 할 것이며 또 같은 법에서 제한적으로 열거하고 있는 사업 이외의 사업을 행한다 할지라도 조합에는 효력이 없고 조합의 임원이 사업목적 외에 자금을 사용할 때는 형사처벌을 받도록 되어 있는 점에 비추어 볼 때 위 조합이 경매부동산의 경매신고를 한 것은 결국 같은 법에서 정하고 있는 사업들을 수행하기 위한 것이라고 보아야 할 것이므로 위 조합이 경매부동산을 취득함에는 같은 법 조항 제10호가 정하고 있는 농림축산식품부장관의 승인을 받아야 할 필요가 없다.

제4절 종류와 신용사업 영위 여부

Ⅰ. 종류

농업협동조합의 종류에는 지역조합과 품목조합이 있다(법2(1)).

1. 지역조합(지역농협과 지역축협)

"지역조합"이란 농업협동조합법에 따라 설립된 지역농업협동조합("지역농협")과 지역축산업협동조합("지역축협")을 말한다(법2(2)). 지역조합은 지역명을 붙이거나 지역의 특성을 나타내는 농업협동조합 또는 축산업협동조합의 명칭을 사용하여야 한다(법3①).

(1) 지역농협

지역농협은 조합원의 농업생산성을 높이고 조합원이 생산한 농산물의 판로 확대 및 유통 원활화를 도모하며, 조합원이 필요로 하는 기술, 자금 및 정보 등을 제공하여 조합원의 경제적·사회적·문화적 지위 향상을 증대시키는 것을 목적으로 한다(법13). 2023년 3월 31일 현재 917개의 지역농협이 있다.

(2) 지역축협

지역축협은 조합원의 축산업 생산성을 높이고 조합원이 생산한 축산물의 판로 확대 및 유통 원활화를 도모하며, 조합원이 필요로 하는 기술, 자금 및 정보 등을 제공함으로써 조합원의 경제적·사회적·문화적 지위향상을 증대하는 것을 목적으로 한다(법103). 2023년 3월 31일 현재 116개의 지역축협이 있다.

2. 품목조합

"품목조합"이란 농업협동조합법에 따라 설립된 품목별·업종별 협동조합을 말한다(법2(3)). 품목조합은 지역명과 품목명 또는 업종명을 붙인 협동조합의 명칭을 사용하여야 한다(법3①).

품목조합은 정관으로 정하는 품목이나 업종의 농업 또는 정관으로 정하는 한우사육업, 낙농업, 양돈업, 양계업, 그 밖에 대통령령으로 정하는 가축사육업의 축산업을 경영하는 조합원에게 필요한 기술·자금 및 정보 등을 제공하고, 조합원이 생산한 농축산물의 판로 확대 및 유통 원활화를 도모하여 조합원의 경제적·사회적·문화적 지위향상을 증대시키는 것을 목적으로 한다(법108). 2023년 3월 31일 현재 45개의 품목농협, 23개의 품목축협, 11개의 인삼조합이 있다.

3. 관련 판례

① 헌법재판소 2017. 7. 27. 선고 2016헌바372 전원재판부

지역농협·지역축협과 같은 협동조합은 농업인 등의 자조조직이지만 그 수행하는 사업 내지 업무가 국민경제에서 상당한 비중을 차지하고, 국가나 국민 전체와 관련된 경제적 기능에 있어서 금융기관에 준하는 공공성을 가진다.

② 헌법재판소 2001. 3. 21. 선고 99헌바72, 2000헌바12(병합) 전원재판부

이 사건에서 문제가 되고 있는 농업협동조합이나 축산업협동조합은 그 경제적 기능이 공공성을 띤다는 점에서 일반 사기업과는 매우 다르다. 이 재판소는 2000. 6. 1. 99헌마553 농업협동조합법 위헌확인사건에서 "… 협동조합 역시 하나의 경제주체로서 경제적 정의를 이루기 위한 국가의 활동영역에서 예외가 아닐 뿐만 아니라, 오히려 자본주의가 고도화되어 국가가 적극적으로 사회적 시장경제질서를 추구하게 됨에 따라, 이제는 단순히 국가로부터 소극적 보호를 받는 대상에 그치지 않고, 오히려 국가의 편에 서서 국가 경제정책의 목적달성을 위한 수단으로서의 역할까지를 담당하게 되었다. 즉 오늘날 사회복지국가가 경제에 관여하는 수단으로서 공공조합이라는 법형식을 이용하게 되자, 협동조합은 본래의 자조적 협동조합적 성격으로부터 지배단체적 성격으로 변질되는 모습을 보이게 된 것"이라고 하면서, 국민경제, 국가 전체의 경제와 관련된 이들 협동조합의 공공성을 확인한 바 있다(헌재 2000. 6. 1. 99헌마553, 판례집 12-1, 686, 711). 농업협동조합, 축산업협동조합은 지역조합, 품목조합, 중앙회 중 어느 것이든 경제사업뿐 아니라 공제사업, 기타 경제적, 문화적 생활수준의 향상을 위한 교육·지원사업, 그리고 국가나 공공단체 등이 위탁하는 사업을 두루 그 사업내용으로 하고(농업협동조합법 제57조, 제106조, 제111조, 제134조), 그 업무에 있어서 조합원 또는 회원을 위하여 최대한 봉사하여야 한다는 원칙을 천명하고 있다(같은 법률 제5조). 또한 이들 조합들은 설립시 농림부장관의 설립인가를 받아야 하며(같은 법률 제15조, 제107조, 제112조, 제121조) 임원의 자격과 임직원의 겸직에 대한 일정한 제한이 있으며(같은 법률 제49조, 제52조, 제107조, 제112조, 제161조), 한편으로는 국가, 지방자치단체 등이 사업에 적극협력하며 필요한 경비를 보조하거나 융자하고 부과금을 면제하는 등 적극적으로 지원하도록 하고 있다(같은 법률 제8조, 제9조 제2항, 제57조 제2항, 제59조 제3항, 제107조, 제112조, 제134조 제2항, 제136조 제3항). 이러한 점들에 비추어볼 때, 이들 농·축산업협동조합은 국민경제 및 국가 전체의 경제와 관련된 경제적 기능에 있어서 금융기관에 준하는 공공성을 가지고 있음을 알 수 있다. 결국 특경가법이 농민 등의 자조조직으로서의 이들 농·축산업협동조합을 금융기관에 포함시켜 그 임직원에 대해 청렴의무를 부과하고 있는 것도 이들 협동조합의 공공적 성격 즉, 이들 협동조합이 수행하는 사업 내지 업무가 국민경제에서 차지하는 비중 내지 영향을 전제로 한 것으로 볼 수 있다.

③ 헌법재판소 2000. 6. 1. 선고 99헌마386

조합은 조합원의 농업생산력의 증진과 경제적, 사회적 지위의 향상을 도모하거나, 전문농업을 경영하는 조합원의 공동이익을 도모함으로써 궁극적으로는 국민경제의 균형 있는 발전을 목적으로 설립되는 농업인의 자주적인 협동조직으로서, 농업협동조합법이라는 특별법에 의하여 그 설립목적과 목적사업이 직접 규정되어 있는 특수법인으로 공공성이 강한 법인이다.

Ⅱ. 신용사업 영위 여부

지역조합인 지역농협(법57①(3))과 지역축협(법106(3))은 신용사업을 영위할 수 있고, 품목조합(법111 참조)은 신용사업을 영위할 수 없다. 다만 품목조합의 경우 법 개정전 신용사업을 영위하던 조합은 신용사업을 영위할 수 있다. 2023년 3월 31일 현재 79개의 품목조합이 있으며 모두 신용사업을 영위하고 있다.

품목별·업종별협동조합정관례 제5조(사업의 종류) 제3호는 신용사업의 종류로 조합원으로부터의 예금과 적금의 수납, 조합원에 대한 자금의 대출, 내국환, 국가·공공단체 및 금융기관의 업무의 대리를 규정하고 있다. 제3호는 1995년 6월 23일 전에 설립된 품목조합과 2000년 7월 1일 전에 설립된 인삼조합으로 법률 제6018호 농업협동조합법 부칙 제14조[11]에 따라 신용사업을 실시하고 있는 조합의 경우에만 적용 받고 신용사업을 실시하지 아니하는 품목조합은 본호를 삭제하도록 하고 있다.

---

11) 부칙 [1999.9.7. 제6018호] 제14조 (품목조합의 신용사업에 관한 경과조치) ① 이 법 시행 당시 종전의 법률 제4819호 농업협동조합법중개정법률 부칙 제6조, 종전의 법률 제4821호 축산업협동조합법중개정법률 부칙 제7조 및 종전의 인삼협동조합법의 규정에 의하여 신용사업을 실시하고 있는 조합은 종전의 규정에 의한 신용사업의 범위안에서 당해 사업을 실시할 수 있다.
② 종전의 인삼협동조합법의 규정에 따라 신용사업을 실시하고 있는 조합은 제1항의 규정에 불구하고 정관이 정하는 바에 따라 신용사업과 관련하여 국가·공공단체 및 금융기관의 업무의 대리를 할 수 있다. [신설 2004.12.31]

제5절 업무구역

Ⅰ. 지역농협

1. 의의

지역농협의 구역은 지방자치법 제2조 제1항 제2호에 따른 하나의 시·군·구에서 정관으로 정한다(법14① 본문). 다만, 생활권·경제권 등을 고려하여 하나의 시(「제주특별자치도 설치 및 국제자유도시 조성을 위한 특별법」 제10조 제2항에 따른 행정시를 포함)·군·구를 구역으로 하는 것이 부적당한 경우로서 농림축산식품부장관의 인가를 받은 경우에는 둘 이상의 시·군·구에서 정관으로 정할 수 있다(법14① 단서).

지역농협은 정관으로 정하는 기준과 절차에 따라 지사무소(支事務所)를 둘 수 있다(법14②).

2. 관련 판례

중앙도매시장의 업무구역 내에 있어서 그 구역을 업무구역으로 하는 농업협동조합은 그 조합에서 생산한 농산물의 도매행위는 할 수 있으나 그 조합에서 생산하지 아니한 농산물의 도매행위는 할 수 없다.[12)]

Ⅱ. 지역축협

지역축협의 구역은 행정구역이나 경제권 등을 중심으로 하여 정관으로 정한다(법104 본문). 다만, 같은 구역에서는 2개 이상의 지역축협을 설립할 수 없다(법104 단서).

12) 대법원 1962. 4. 18. 선고 4294민상1054 판결.

Ⅲ. 품목조합

품목조합의 구역은 정관으로 정한다(법109).

제6절 진입규제

Ⅰ. 인가요건

조합(지역조합과 품목조합)의 설립인가에 필요한 조합원 수, 출자금 등 인가에 필요한 기준은 다음과 같다(법15① 후단, 영2, 법107, 법112).

1. 설립동의자의 수

(1) 지역조합

지역조합(지역농협과 지역축협)의 경우 조합원 자격이 있는 설립동의자(분할 또는 합병에 따른 설립의 경우에는 조합원)의 수가 1천명 이상이어야 한다(영2(1) 가목 전단).

다만, 해당 조합의 구역으로 하는 지역이 특별시 또는 광역시(군은 제외)이거나 「섬 발전 촉진법」에 따른 섬지역 중 농가호수가 700호 미만인 지역으로서 농림축산식품부장관이 지정·고시하는 지역인 경우에는 300명 이상으로 한다(영2(1) 가목 후단).

(2) 품목조합

품목조합(품목별·업종별 협동조합)의 경우 조합원 자격이 있는 설립동의자의 수가 200명 이상이어야 한다(영2(2) 가목).

2. 최저출자금 요건

(1) 지역조합

지역조합(지역농협과 지역축협)의 경우 출자금은 조합원 자격이 있는 설립동의자의 출자금납입확약총액(분할 또는 합병에 따른 설립의 경우에는 출자금총액)이 5억원 이상이어야 한다(영2(1) 나목).

(2) 품목조합

품목조합(품목별 · 업종별 협동조합)의 경우 출자금은 조합원 자격이 있는 설립동의자의 출자금납입확약총액이 3억원 이상이어야 한다(영2(2) 나목).

3. 발기인회 개최

조합을 설립하려는 발기인은 i) 명칭(제1호), ii) 구역(제2호), iii) 조합원 또는 회원의 자격(제3호), iv) 조합원 또는 회원의 권리 · 의무(제4호), v) 그 밖에 필요한 사항(제5호)을 적은 설립준비서를 작성한 후 발기인회를 개최하여야 한다(시행규칙2①).

발기인회는 정관안과 사업계획서안을 작성하고 가입신청에 관한 사항과 창립총회의 일시 및 장소를 정한 후 설립동의자로부터 가입신청서를 받아야 한다(시행규칙2② 전단). 이 경우 가입신청서를 제출하는 설립동의자에게 창립총회에 관한 사항을 알려야 한다(시행규칙2② 후단).

4. 정관작성

조합의 정관에는 i) 목적(제1호), ii) 명칭(제2호), iii) 구역(제3호), iv) 주된 사무소의 소재지(제4호), v) 조합원의 자격과 가입, 탈퇴 및 제명에 관한 사항(제5호), vi) 출자 1좌의 금액과 조합원의 출자좌수 한도 및 납입 방법과 지분 계산에 관한 사항(제6호), vii) 우선출자에 관한 사항(제7호), viii) 경비 부과와 과태금의 징수에 관한 사항(제8호), ix) 적립금의 종류와 적립 방법에 관한 사항(제9호), x) 잉여금의 처분과 손실금의 처리 방법에 관한 사항(제10호), xi) 회계연도와 회계에 관한 사항(제11호), xii) 사업의 종류와 그 집행에 관한 사항(제12호), xiii) 총회나 그 밖의 의결기관과 임원의 정수, 선출 및 해임에 관한 사항(제13호), xiv) 간부직원의 임면에 관한 사항(제14호), xv) 공고의 방법에 관한 사항(제15호), xvi) 존립 시기 또는 해산의 사유를 정한 경우에는 그 시기 또는 사유(제16호), xvii) 설립 후 현물출자를 약정한 경우에는 그 출자 재산의 명칭, 수량, 가격, 출자자의 성명 · 주소와 현금출자 전환 및 환매특약 조건(제17호), xviii) 설립 후 양수를 약정한 재산이 있는 경우에는 그 재산의 명칭, 수량, 가격과 양도인의 성명·주소(제18호), xix) 그 밖에 이 법에서 정관으로 정하도록 한 사항(제19호)이 포함되어야 한다(법16, 법107, 법112).

5. 창립총회 의결

정관, 사업계획서, 임원의 선출, 그 밖에 설립에 필요한 사항은 창립총회의 의결을 받아야 한다(시행규칙2③).

Ⅱ. 인가절차

1. 농림축산식품부장관의 인가

조합을 설립하려면 그 구역에서 20인 이상의 조합원 자격을 가진 자가 발기인이 되어 정관을 작성하고 창립총회의 의결을 거친 후 농림축산식품부장관의 인가를 받아야 한다(법15①, 법107, 법112).

창립총회의 의사는 개의 전까지 발기인에게 설립동의서를 제출한 자 과반수의 찬성으로 의결한다(법15②, 법107, 법112).

2. 인가신청서 제출

(1) 인가신청서 기재사항

조합의 설립인가를 받으려는 자는 설립인가신청서에 i) 정관(제1호), ii) 창립총회의사록(제2호), iii) 사업계획서(제3호), iv) 임원명부(제4호), v) 조합원의 자격과 조합의 설립인가기준에 적합함을 증명할 수 있는 서류(제5호), vi) 분할 또는 합병을 의결한 총회의사록 또는 조합원투표록(분할 또는 합병에 따른 설립의 경우만 해당하며, 신설되는 조합이 승계하여야 할 권리·의무의 범위가 의결사항으로 적혀 있어야 한다)(제6호)을 첨부하여 농림축산식품부장관에게 제출하여야 한다(영3).

이 경우는 중앙회장의 경유 절차가 없다.

(2) 신청 거부자의 사유서 첨부

발기인 중 설립인가의 신청을 할 때 이를 거부하는 자가 있으면 나머지 발기인이 신청서에 그 사유서를 첨부하여 신청할 수 있다(법15③, 법107, 법112).

3. 인가신청서 심사

(1) 인가 제한 사유

농림축산식품부장관은 설립인가 신청을 받으면 i) 설립인가 구비서류가 미비된 경우(제1호), ii) 설립의 절차, 정관 및 사업계획서의 내용이 법령을 위반한 경우(제2호), iii) 그 밖에 설립인가 기준에 미치지 못하는 경우(제3호) 외에는 인가하여야 한다(법15④, 법107, 법112).

(2) 심사기간과 인가 여부 통지

농림축산식품부장관은 인가의 신청을 받은 날부터 60일 이내에 인가 여부를 신청인에게 통지하여야 한다(법15⑤, 법107, 법112).

(3) 인가 의제

농림축산식품부장관이 정한 60일의 기간 내에 인가 여부 또는 민원처리 관련 법령에 따른 처리기간의 연장을 신청인에게 통지하지 아니하면 그 기간(민원처리 관련 법령에 따라 처리기간이 연장 또는 재연장된 경우에는 해당 처리기간)이 끝난 날의 다음 날에 인가를 한 것으로 본다(법15⑥, 법107, 법112).

4. 설립사무의 인계와 출자납입

발기인은 설립인가를 받으면 지체 없이 그 사무를 조합장에게 인계하여야 한다(법17①, 법107, 법112). 이에 따라 조합장이 그 사무를 인수하면 기일을 정하여 조합원이 되려는 자에게 출자금을 납입하게 하여야 한다(법17②, 법107, 법112).

현물출자자는 납입기일 안에 출자 목적인 재산을 인도하고 등기·등록, 그 밖의 권리의 이전에 필요한 서류를 구비하여 지역농협에 제출하여야 한다(법17③, 법107, 법112).

5. 설립등기와 사업 개시

조합은 주된 사무소의 소재지에서 설립등기를 함으로써 성립한다(법18①, 법107, 법112). 조합의 설립 무효에 관하여는 상법 제328조(설립무효의 소)를 준용한다(법18②, 법107, 법112).

조합은 설립등기를 완료하고 그 업무를 개시하였을 때에는 지체 없이 등기부 등본을 첨부하여 농림축산식품부장관에게 업무 개시 보고(전자적 방법을 통한 보고를 포함)를 하여야 한다(시행규칙4).

Ⅲ. 인가취소

1. 취소사유 등

(1) 취소사유

농림축산식품부장관은 조합등(조합, 조합공동사업법인, 품목조합연합회)이 i) 설립인가일부터 90일을 지나도 설립등기를 하지 아니한 경우(제1호), ii) 정당한 사유 없이 1년 이상 사업을 실시하지 아니한 경우(제2호), iii) 2회 이상 위법행위에 대한 행정처분(법164①)을 받고도 시정하지 아니한 경우(제3호), iv) 업무정지 기간에 해당 업무를 계속한 경우(제4호), v) 조합등의 설립인가기준에 미치지 못하는 경우(제5호), vi) 조합등에 대한 감사나 경영평가의 결과 경영이 부실하여 자본을 잠식한 조합등으로서 제142조(중앙회의 지도) 제2항, 제146조(회원에 대한 감사 등) 또는 제166조(경영지도)의 조치에 따르지 아니하여 조합원(조합공동사업법인 및 연합회의 경우에는 회원) 및 제3자에게 중대한 손실을 끼칠 우려가 있는 경우(제6호), vii) 거짓이나 그 밖의 부정한 방법으로 조합등의 설립인가를 받은 경우(제7호)에 해당하게 되면 회장 및 사업전담대표이사등의 의견을 들어 설립인가를 취소하거나 합병을 명할 수 있다(법167① 본문). 다만, 위 iv)와 vii)에 해당하면 설립인가를 취소하여야 한다(법167① 단서).

(2) 인가취소와 청문

농림축산식품부장관은 설립인가를 취소하려면 청문을 하여야 한다(법169).

(3) 인가취소의 공고

농림축산식품부장관은 조합등(조합, 조합공동사업법인, 품목조합연합회)의 설립인가를 취소하면 즉시 그 사실을 공고하여야 한다(법167②).

2. 인가취소와 해산

조합은 설립인가의 취소 사유가 있을 때에는 해산한다(법82(4), 법107, 법112). 농림축산식품부장관은 설립인가의 취소로 인한 해산등기를 촉탁하여야 한다(법97④, 법107, 법112).

Ⅳ. 위반시 제재

조합등(조합, 조합공동사업법인, 품목조합연합회)과 중앙회의 임원, 조합의 간부직원, 중앙회의 집행간부·일반간부직원, 파산관재인 또는 청산인이 법 제15조 제1항(제77조 제2항, 제107조 또는 제112조에 따라 준용되는 경우를 포함)에 따른 인가를 받아야 할 사항에 관하여 인가를 받지 아니한 경우, 또는 법 제15조 제1항(제77조 제2항, 제107조 또는 제112조에 따라 준용되는 경우를 포함)에 따라 총회·대의원회 또는 이사회(소이사회를 포함)의 의결을 필요로 하는 사항에 대하여 의결을 거치지 아니하고 집행한 경우에는 3년 이하의 징역 또는 3천만원 이하의 벌금에 처한다(법171(1)(2)).

제2장 / 조합원

제1절 서설

조합원은 법률적 개념으로는 조합의 구성원이며, 경제적 개념으로는 사업과 경영의 주체로서 소유자이고 이용자인 동시에 운영자이다. 즉 조합원은 조합의 소유자·이용자·운영자의 지위를 동시에 가진다. 이것은 농업협동조합이 주식회사와 구별되는 가장 큰 특징이다. 농업협동조합은 조합원의 인적 결합체로서 조합원에 의해 소유되고 운영된다. 조합원은 소유자이며 운영자로서 농업협동조합 소유지배구조에 있어서 가장 기본적인 구성요소이다. 조합원은 소유자로서 조합의 자본조달에 대한 책임을 진다. 또한 임원선거에서 조합의 경영자와 감독자를 선임하는 중요한 역할을 한다.[1]

1) 김규호(2016), "신용협동조합 지배구조의 문제점과 개선방안", 한밭대학교 창업경영대학원 석사학위논문(2016. 2), 52쪽.

제2절 자격 등

Ⅰ. 자격

1. 지역조합

(1) 지역농협

(가) 농업인

조합원은 지역농협의 구역에 주소, 거소나 사업장이 있는 농업인이어야 하며, 2개 이상의 지역농협에 가입할 수 없다(법19①).

1) 원칙: 농업인의 범위

지역농협의 조합원의 자격요건인 농업인의 범위는 ⅰ) 1천제곱미터 이상의 농지를 경영하거나 경작하는 자(제1호), ⅱ) 1년 중 90일 이상 농업에 종사하는 자(제2호), ⅲ) 누에씨 0.5상자[2만립(粒) 기준상자]분 이상의 누에를 사육하는 자(제3호), ⅳ) [별표 1][2]에 따른 기준 이상의 가축을 사육하는 자와 그 밖에 축산법 제2조 제1호[3]에 따른 가축으로서 농림축산식품부장관이 정하여 고시[4]하는

---

2) [별표 1] 지역농업협동조합 조합원의 가축사육기준(제4조 제1항 제4호 관련)

구분	가축의 종류	사육기준
대가축	소, 말, 노새, 당나귀	2마리
중가축	돼지(젖 먹는 새끼돼지는 제외한다), 염소, 면양, 사슴, 개	5마리(개의 경우는 20마리)
소가축	토끼	50마리
가금	닭, 오리, 칠면조, 거위	100마리
기타	꿀벌	10군

3) 1. "가축"이란 사육하는 소·말·면양·염소[유산양(乳山羊: 젖을 생산하기 위해 사육하는 염소)을 포함]·돼지·사슴·닭·오리·거위·칠면조·메추리·타조·꿩, 그 밖에 대통령령으로 정하는 동물(動物) 등을 말한다.

4) 「조합원 자격에 필요한 가축의 사육기준」(농림축산식품부 고시 제2020-57호)이 시행되고 있다.
제1조(조합원 자격에 필요한 가축의 사육기준) 조합원 자격에 필요한 가축의 사육기준은 다음 표와 같다.

구분	가축의 종류	사육기준(마리 이상)
지역농협	오소리	3
	타 조	3

기준 이상을 사육하는 자(제4호), v) 농지에서 330제곱미터 이상의 시설을 설치하고 원예작물을 재배하는 자(제5호), vi) 660제곱미터 이상의 농지에서 채소·과수 또는 화훼를 재배하는 자(제6호)이다(영4①).

2) 예외: 농업인의 범위

지역농협의 이사회는 위의 제1항 각호의 자가 다음 각호의 어느 하나에 해당하는 경우 조합원의 자격요건인 농업인으로 인정할 수 있다(영4② 전단). 이 경우 그 인정 기간은 다음 각호의 사유가 발생한 날부터 1년을 초과할 수 없다(영4② 후단).

1. 제1항 제1호 또는 제3호부터 제6호까지의 규정에 따른 농지 또는 농업·축산업 경영에 사용되는 토지·건물 등의 수용이나 일시적인 매매로 제1항 제1호 또는 제3호부터 제6호까지의 요건을 갖추지 못하게 된 경우
2. 제1항 제3호 또는 제4호에 따른 누에나 가축의 일시적인 매매 또는 가축전염병예방법 제20조(살처분 명령)에 따른 가축의 살처분으로 제1항 제3호 또는 제4호의 요건을 갖추지 못하게 된 경우
3. 그 밖에 천재지변 등 불가피한 사유로 제1항 각호의 요건을 일시적으로 충족하지 못하게 된 경우

<table>
<tr><td rowspan="7"></td><td colspan="2">메추리</td><td>300</td></tr>
<tr><td colspan="2">꿩</td><td>30</td></tr>
<tr><td rowspan="5">곤충</td><td>흰점박이꽃무지</td><td>1,000</td></tr>
<tr><td>장수풍뎅이</td><td>500</td></tr>
<tr><td>갈색거저리</td><td>60,000</td></tr>
<tr><td>넓적사슴벌레</td><td>500</td></tr>
<tr><td>톱사슴벌레</td><td>500</td></tr>
<tr><td rowspan="12">지역축협</td><td colspan="2">노 새</td><td>2</td></tr>
<tr><td colspan="2">당나귀</td><td>2</td></tr>
<tr><td colspan="2">거 위</td><td>200</td></tr>
<tr><td colspan="2">칠면조</td><td>200</td></tr>
<tr><td colspan="2">꿩</td><td>1,000</td></tr>
<tr><td colspan="2">오소리</td><td>20</td></tr>
<tr><td colspan="2">타 조</td><td>20</td></tr>
<tr><td rowspan="5">곤충</td><td>흰점박이꽃무지</td><td>1,000</td></tr>
<tr><td>장수풍뎅이</td><td>500</td></tr>
<tr><td>갈색거저리</td><td>60,000</td></tr>
<tr><td>넓적사슴벌레</td><td>500</td></tr>
<tr><td>톱사슴벌레</td><td>500</td></tr>
</table>

3) 농업인의 범위 확인 방법과 기준

위의 농업인의 범위에 해당하는지를 확인하는 방법·기준 등에 관하여 필요한 사항은 농림축산식품부장관이 정하여 고시한다(영4③).

농업협동조합법 시행령 제4조 제3항 및 제10조 제3항에 따라 지역조합의 조합원이 조합원의 자격요건인 농업인의 범위에 해당하는지 여부를 확인하는데 필요한 방법과 기준을 정함을 목적으로 농림축산식품부 고시인 「조합원의 자격요건인 농업인의 확인 방법 및 기준」(농림축산식품부 고시 제2018-7호)("고시")이 시행되고 있다.

이 고시 제2조는 농업인 확인 방법 및 기준을, 제3조는 현지실태조사를, 제4조는 농업인의 인정을 규정하고 있다.

가) 농업인 확인 방법 및 기준

지역조합의 이사회는 지역조합의 조합원이 농업인의 범위에 해당하는지 여부를 [별표 1](농업인 확인을 위한 서류)에 따라 확인하여야 한다(고시2).

나) 현지실태조사

지역조합의 이사회는 확인과정에서 i) 제2조에 따른 농업인 확인을 위한 서류를 제출받기 어렵거나 서류를 통해 확인이 어려운 경우(제1호), ii) 농업인의 범위에 해당하지 않는다고 의심할만한 상당한 이유가 있는 경우(제2호)에는 현지실태조사를 실시하여 지역조합의 조합원이 농업인의 범위에 해당하는지 여부를 확인하여야 한다. 이 경우 별지 서식의 현지실태조사서를 작성하여야 한다(고시3).

다) 농업인의 인정

지역조합의 이사회는 조합원을 농업인으로 인정하는 경우에는 [별표 2](농업인의 자격 인정 기산일 및 확인 서류)에 따른 서류와 조합원이 영농을 계속할 의사가 있음을 확인하여야 한다(고시4①). 지역조합의 이사회는 농업인으로 인정된 자에 대해서는 농업인의 자격 인정기간이 만료되기 전에 농업인의 범위에 해당하는지 여부를 다시 확인하여야 한다(고시4②).

(나) 영농조합법인과 농업경영법인

농어업경영체법 제16조(영농조합법인 및 영어조합법인의 설립신고 등) 및 제19조(농업회사법인 및 어업회사법인의 설립신고 등)에 따른 영농조합법인과 농업회사법인으로서 그 주된 사무소를 지역농협의 구역에 두고 농업을 경영하는 법인은 지역농협의 조합원이 될 수 있다(법19②).

(다) 특별시 또는 광역시의 자치구를 구역의 전부 또는 일부로 하는 품목조합

특별시 또는 광역시의 자치구를 구역의 전부 또는 일부로 하는 품목조합은 해당 자치구를 구역으로 하는 지역농협의 조합원이 될 수 있다(법19③).

(2) 지역축협

조합원은 지역축협의 구역에 주소나 거소 또는 사업장이 있는 자로서 축산업을 경영하는 농업인이어야 하며, 조합원은 2개 이상의 지역축협에 가입할 수 없다(법105①).

(가) 원칙: 축산업을 경영하는 농업인의 범위

지역축협의 조합원의 자격요건인 축산업을 경영하는 농업인의 범위는 i) [별표 3][5]에 따른 기준 이상의 가축을 사육하는 사람(제1호), ii) 그 밖에 축산법 제2조 제1호에 따른 가축으로서 농림축산식품부장관이 정하여 고시하는 기준(각주 4) 참조) 이상을 사육하는 사람(제2호)이다(영10①).

(나) 예외: 축산업을 경영하는 농업인의 범위

지역축협의 이사회는 제1항 각호의 사람이 다음 각호의 어느 하나에 해당하는 경우 조합원의 자격요건인 축산업을 경영하는 농업인으로 인정할 수 있다(영10② 전단). 이 경우 그 인정 기간은 다음 각호의 사유가 발생한 날부터 1년을 초과할 수 없다(영10② 후단).

1. 제1항 제1호 또는 제2호에 따른 축산업 경영에 사용되는 토지·건물 등의 수용이나 일시적인 매매로 제1항 제1호 또는 제2호의 요건을 갖추지 못하게 된 경우
2. 제1항 제1호 또는 제2호에 따른 가축의 일시적인 매매 또는 가축전염병 예방

---

5) [별표 3] 지역축산산업협동조합 조합원의 가축사육기준(제10조 제1항 제1호 관련)

가축의 종류	사육기준	가축의 종류	사육기준
소	2마리	산란계	500마리
착유우	1마리	오리	200마리
돼지	10마리	꿀벌	10군
양	20마리	염소	20마리
사슴	5마리	개	20마리
토끼	100마리	메추리	1,000마리
육계	1,000마리	말	2마리

비고: 돼지의 경우 젖 먹는 새끼돼지는 제외한다.

법 제20조에 따른 가축의 살처분으로 제1항 제1호 또는 제2호의 요건을 갖추지 못하게 된 경우
3. 그 밖에 천재지변 등 불가피한 사유로 제1항 제1호 또는 제2호의 요건을 일시적으로 충족하지 못하게 된 경우

(다) 농업인의 범위 확인 방법과 기준

위의 농업인의 범위에 해당하는지를 확인하는 방법·기준 등에 관한 사항은 농림축산식품부장관이 정하여 고시한다(영10③).

지역조합의 조합원이 조합원의 자격요건인 농업인의 범위에 해당하는지 여부를 확인하는데 필요한 방법과 기준을 정함을 목적으로 농림축산식품부 고시인 「조합원의 자격요건인 농업인의 확인 방법 및 기준」(농림축산식품부 고시 제2018-7호)이 시행되고 있다.

이 고시 제2조는 농업인 확인 방법 및 기준을, 제3조는 현지실태조사를, 제4조는 농업인의 인정을 규정하고 있다. 이에 관하여는 지역농협 부분에서 살펴본 바와 같다.

2. 품목조합

품목조합의 조합원은 그 구역에 주소나 거소 또는 사업장이 있는 농업인으로서 정관으로 정하는 자격을 갖춘 자로 한다(법110①).

조합원은 같은 품목이나 업종을 대상으로 하는 2개 이상의 품목조합에 가입할 수 없다(법110② 본문). 다만, 연작(連作)에 따른 피해로 인하여 사업장을 품목조합의 구역 외로 이전하는 경우에는 그러하지 아니하다(법110② 단서).

3. 관련 판례

① 헌법재판소 2018. 1. 25. 선고 2016헌바315 전원재판부

지역축협의 조합원 자격은 법령상 지역축협의 구역에 주소나 거소 또는 사업장이 있는 자로서 축산업을 경영하는 농업인이어야 하고, 조합원은 둘 이상의 지역축협에 가입할 수 없다는 요건을 충족하여야 한다. 조합원은 정관으로 정하는 좌수 이상의 출자를 하여야 하고, 그 출자액을 한도로 책임을 지며 지역축협의 운영과정에 성실히 참여하여야 하며, 생산한 축산물을 지역축협을 통하여 출

하하는 등 그 사업을 성실히 이용하여야 하는 등의 조합원으로서 권리와 의무를 부담한다. 축산업협동조합이 조합원의 축산업 생산성을 높이고 조합원이 생산한 축산물의 판로 확대 및 유통 원활화를 도모하며, 조합원이 필요로 하는 기술, 자금 및 정보 등을 제공함으로써 조합원의 경제적·사회적·문화적 지위향상을 증대하는 것을 목적으로 하는 조합인 점에 비추어 보면, 조합원으로서 자격요건을 갖추지 못한 조합원이 조합 운영에 참여하거나 조합원으로서 권리를 행사하는 것은 그 자체로 조합의 설립목적에 반하다고 볼 수 있다.

그러므로 조합원이 이러한 요건을 충족하지 못하여 조합원 자격을 상실한 경우 조합에서 당연 탈퇴되도록 하는 규정은, 지역축협이 조합원의 경제적·사회적·문화적 지위향상 증대라고 하는 설립목적에 부합하게 운영될 수 있도록 하기 위한 것이다. 또한 조합원의 자격 상실을 이사회가 확인하도록 규정한 것은 조합원의 자격 상실을 공식적인 절차를 통해 명확하게 처리하도록 하기 위한 것으로, 그 입법목적의 정당성이 인정된다. 조합원 자격이 없는 조합원을 이사회 의결이 없어도 당연히 조합원 자격을 상실하여 탈퇴되는 것으로 하고, 이사회는 당연탈퇴 사유를 확인하도록 하는 규정은 이러한 입법목적을 달성하기 위한 적절한 수단이다.

② 대법원 2016. 12. 27. 선고 2016다241218 판결

원심은, A가 1999. 3. 29. 피고 조합에 조합원 가입신청을 하고 이사회 결의에 따라 가입하였으므로 그 조합원 자격이 추정되지만, 그 판시와 같은 사정에 비추어 보면, A는 2010. 4. 2. 무렵 상당한 기간 동안 소를 사육한 바 없고, 1,000㎡ 이상의 농지를 경영 또는 경작하거나, 1년 중 90일 이상 농업에 종사하지도 아니하였으므로, 농업협동조합법 제19조 제1항, 농업협동조합법 시행령 제4조 제1항에서 정한 지역농업협동조합의 조합원 자격요건을 갖추지 못하여 조합원 자격을 상실하고 피고 조합에서 당연 탈퇴하였고, 그 조합장 피선거권도 없어서 피고 조합이 2015. 3. 11. 실시한 조합장 선거에서 A를 조합장 당선인으로 한 결정은 무효라고 판단하였다. 관련 법리와 기록에 비추어 살펴보면, 원심의 위와 같은 판단에 상고이유 주장과 같이 지역농업협동조합의 조합원 자격 상실에 관한 증명책임과 당연 탈퇴의 요건에 관한 법리를 오해하였거나, A가 조합원 자격요건을 유지하였는지 여부에 관하여 필요한 심리를 다하지 아니하였거나, 판결

결과에 영향을 미칠 수 있는 주장에 대하여 판단을 누락한 잘못이 없다.

Ⅱ. 가입

1. 가입 거절 또는 불리한 가입 조건 금지

조합은 정당한 사유 없이 조합원 자격을 갖추고 있는 자의 가입을 거절하거나 다른 조합원보다 불리한 가입 조건을 달 수 없다(법28① 본문, 법107①, 법112①). 다만, 제명 사유 중 어느 하나에 해당되어 제명된 후 2년이 지나지 아니한 자에 대하여는 가입을 거절할 수 있다(법28① 단서, 법107①, 법112①).

2. 지역농협 조합원의 다른 지역농협 가입 제한

지역농협의 조합원(법19①)은 해당 지역농협에 가입한 지 1년 6개월 이내에는 같은 구역에 설립된 다른 지역농협에 가입할 수 없다(법28②). 이 규정은 지역축협과 품목조합에는 준용되지 않는다.

3. 신조합원의 출자

새로 조합원이 되려는 자는 정관으로 정하는 바에 따라 출자하여야 한다(법28③, 법107①, 법112①).

4. 조합원 수 제한 금지

조합은 조합원 수(數)를 제한할 수 없다(법28④ 법107①, 법112①).

5. 상속인의 피상속인 출자 승계

사망으로 인하여 탈퇴하게 된 조합원의 상속인(공동상속인 경우에는 공동상속인이 선정한 1명의 상속인)이 조합원 자격이 있는 경우에는 피상속인의 출자를 승계하여 조합원이 될 수 있다(법28⑤, 법107①, 법112①).

이에 따라 출자를 승계한 상속인에 관하여는 앞의 법 제28조 제1항을 준용한다(법28⑥, 법107①, 법112①).

Ⅲ. 탈퇴

1. 임의탈퇴

조합원은 조합에 탈퇴 의사를 알리고 탈퇴할 수 있다(법29①, 법107①, 법112①).

2. 당연탈퇴

조합원이 i) 조합원의 자격이 없는 경우(제1호), ii) 사망한 경우(제2호), iii) 파산한 경우(제3호), iv) 성년후견개시의 심판을 받은 경우(제4호), v) 조합원인 법인이 해산한 경우(제5호)의 어느 하나에 해당하면 당연히 탈퇴된다(법29②, 법107①, 법112①).

3. 이사회의 당연탈퇴 사유 확인의무

이사회는 조합원의 전부 또는 일부를 대상으로 당연탈퇴 사유 중 어느 하나에 해당하는지를 확인하여야 한다(법29③, 법107①, 법112①).

이 규정은 조합의 목적을 달성하기 위해서 조합원의 자격을 상실한 조합원은 사망, 파산선고 등 나머지 탈퇴 사유와 마찬가지로 조합에서 당연히 탈퇴되도록 하되, 이사회에서 조합원이 조합원 자격 요건을 갖추고 있는지 여부를 공식적으로 확인하여 조합원 자격의 상실 여부를 명확하게 처리하도록 하는 데 입법취지가 있다.[6]

"조합원의 자격이 없는 때에 당연히 탈퇴되고, 이사회는 그에 해당하는지를 확인하여야 한다"는 의미는 "법령이 정한 조합원으로서의 자격요건을 충족하지 못하는 경우 다른 절차 없이도 마땅히 조합에서 탈퇴되는 효력이 발생하는 것"을 의미하고, "이사회의 확인"은 "당연히 탈퇴사유에 해당하는지 여부를 명확하게 알아보거나 인정하는 조합 내부의 절차"를 뜻하는 것이 명백하다.[7] 이사회의 확인은 사무처리의 편의와 일관성을 위한 것일 뿐 그 확인이 없다고 하여 조합원의 자격이 그대로 유지되는 것으로 볼 것은 아니다.[8] 이사회 확인은 조합원

6) 헌법재판소 2018. 1. 25. 선고 2016헌바315 전원재판부.
7) 헌법재판소 2018. 1. 25. 선고 2016헌바315 전원재판부.
8) 대법원 2010. 9. 30. 선고 2009다91880 판결.

자격상실 및 탈퇴에 대한 효력요건이 아닌 단순 절차적 요건이다.

4. 관련 판례

① 대법원 2013. 4. 11. 선고 2012다100982 판결

농업협동조합법 제29조 제2항은 "조합원이 다음 각 호의 어느 하나에 해당하면 당연히 탈퇴된다."고 하고, 같은 항 제1호에서 "조합원의 자격이 없는 경우"를 규정하고 있으며, 농업협동조합법 시행령 제4조 제1항은 조합원의 자격요건인 농업인의 범위에 관하여 제2호에서 "1년 중 90일 이상 농업에 종사하는 자"를 규정하고 있으므로, 이 사건에 있어서 "A가 1년 중 90일 이상 농업에 종사하지 않았다는 사실"은 조합원 자격상실이라고 하는 권리 또는 법률관계 소멸의 요건사실 중 하나로서 원고가 이를 주장·증명하여야 한다(대법원 2005. 5. 13. 선고 2004다18385 판결; 대법원 2012. 3. 15. 선고 2011다99511 판결 등 참조). 그런데 원심은 A가 이 사건 밭에서 무화과나무를 재배하고 있는 사실을 인정하면서도 그가 1년 중 90일 이상 농업에 실제 종사하고 있다는 점을 인정할 만한 증거가 없다는 이유로 A가 농업협동조합법 시행령 제4조 제1항 제2호에서 정한 "1년 중 90일 이상 농업에 종사하는 자"에 해당되지 않는다고 판단하고 말았으니, 이 부분 원심판결에는 조합원 자격 상실에 대한 증명책임의 소재에 관한 법리를 오해하고 필요한 심리를 다하지 아니하여 판결에 영향을 미친 위법이 있다.

② 대법원 2010. 9. 30. 선고 2009다91880 판결

[1] 구 농업협동조합법(2009. 4. 1. 법률 제9620호로 개정되기 전의 것. 이하 "구 농협법"이라 한다) 제19조 제1항 전단은 "조합원은 지역농협의 구역에 주소, 거소나 사업장이 있는 농업인이어야 한다"고 규정하고, 제29조 제2항은 "조합원이 다음 각 호의 어느 하나에 해당하면 당연히 탈퇴된다. 1. 조합원의 자격이 없는 경우 2. 사망한 경우 3. 파산한 경우 4. 금치산선고를 받은 경우 5. 조합원인 법인이 해산한 경우"라고 규정하면서, 같은 조 제3항은 "제43조에 따른 이사회는 조합원의 전부 또는 일부를 대상으로 제2항 각 호의 어느 하나에 해당하는지를 확인하여야 한다."고 규정하고 있다. 한편 피고 조합의 정관 제9조 제1항 제1호는 "조합의 구역 안에 주소나 거소 또는 사업장이 있는 자로서 착유우를 5두 이상 사육하는 농업인"을 조합원에 해당하는 자의 하나로 규정하고 있다. 이들 규정에

의하면, 조합원이 당연 탈퇴의 사유에 해당하면 그 자체로 조합원의 자격을 당연히 상실하고, 이사회의 확인은 사무처리의 편의와 일관성을 위한 것일 뿐 그 확인이 없다고 하여 조합원의 자격이 그대로 유지되는 것으로 볼 것은 아니다.

원심은 그 채택 증거에 의하여, 피고 조합의 2007년도 조합원 실태조사를 하였는데, 그중 소외 1, 소외 2, 소외 3, 소외 4, 소외 5, 소외 6 등 이 사건 6인의 조합원은 착유우나 건유우를 전혀 사육하지 않으면서 낙농의사를 표시하지 않았거나 5두 미만을 사육하고 있었고 그 상태가 이 사건 선거일까지 지속된 사실 등을 인정한 다음, 위 6인의 조합원은 구 농협법 및 피고 조합의 정관의 규정에 따라 조합에서 당연 탈퇴되어 조합원의 자격을 상실하였다고 판단하였다. 위 법리와 기록에 비추어 살펴보면, 원심의 판단은 정당하다고 수긍이 되고, 거기에 상고이유로 주장하는 바와 같은 법리오해 등의 위법이 없다.

[2] 구 농협법 제19조 제1항 또는 피고 조합의 정관 제9조 제1항 제1호가 위에서 본 바와 같이 조합원의 자격으로 "조합의 구역 안에 주소, 거소나 사업장이 있는 자로서 착유우를 5두 이상 사육하는 농업인"이라고 규정하고 있을 뿐이므로 동일 가구 내의 여러 사람일지라도 이 요건을 구비하는 한 모두가 조합원이 되고, 각자가 별도로 축사를 운영하여야만 하는 것은 아니라고 할 것이다.

그런데도 원심이 이와는 달리, 각자 별도로 축사를 운영하면서 5두 이상의 착유우를 사육하는 독립적인 농업인이어야 피고 조합의 조합원이 될 수 있다는 이유로 소외 7과 소외 8, 소외 9와 소외 1 중 각 1인은 피고 조합의 조합원이 아니라고 단정한 것은 잘못이다. 그러나 위에서 본 바와 같이 조합원 자격을 상실한 이 사건 6인의 조합원이 이 사건 선거에 선거인으로 투표에 참여한 것만으로도 이 사건 선거는 위법하다고 할 것이므로 원심의 위와 같은 잘못은 판결 결과에는 영향이 없다. 이 점에 관한 상고이유의 주장은 결국 받아들일 수 없다.

③ 헌법재판소 2018. 1. 25. 선고 2016헌바315 전원재판부

[1] 지역축산업협동조합 조합원이 조합원 자격이 없는 경우 당연히 탈퇴되고, 이사회가 이를 확인하여야 한다고 규정하고 있는 농업협동조합법(2009. 6. 9. 법률 제9761호로 개정된 것) 제107조 제1항에 의하여 준용되는 제29조 제2항 제1호, 제29조 제3항 중 제2항 제1호에 관한 부분("심판대상조항")이 명확성원칙에 위배되는지 여부(소극)

(가) 구 축산업협동조합법(1999. 3. 31. 법률 제5950호로 개정되고, 1999. 9. 7. 법률 제6018호로 폐지되기 전의 것) 제27조(현행 제29조) 제2항 제1호는 조합원이 조합원으로서 자격을 상실한 때 자연 탈퇴한다고 규정하면서, 같은 조 제3항에서 조합원 자격 상실로 인한 자연 탈퇴의 경우에는 이사회의 의결을 얻어야 한다고 규정하였다. 위 제27조(현행 제29조) 제2항은 조합원의 자연탈퇴 사유를 조합원의 자격상실, 사망, 파산선고 및 금치산선고를 받은 때로 열거하면서 그 중 조합원의 자격상실 사유만을 이사회의 의결사항으로 정하고 있었다. 그런데 1999. 9. 7. 법률 제6018호로 폐지·제정된 구 농업협동조합법 제29조 제2항 제1호는 조합원이 조합원으로서 자격이 없는 때 당연히 탈퇴한다고 규정하면서, 같은 조 제3항에서 이사회는 조합원의 전부 또는 일부를 대상으로 제2항 각 호의 규정에 해당하는지를 확인하여야 한다는 내용으로 개정되었다. 즉 종전 규정과 달리 이사회의 의결이 아닌 확인이라는 용어를 사용하면서, 조합원의 자격상실의 경우만을 이사회 의결사항으로 하던 것을 나머지 탈퇴 사유인 사망, 파산선고 등과 같이 이사회 확인 절차에 의해 처리하도록 개정함으로써, 조합원 자격 상실 여부에 대한 판단과 조합원의 사망, 파산선고 등 나머지 탈퇴사유의 존재여부에 대한 판단을 동일한 성격의 문제로 인식하고 동일한 기준과 절차에 따라 이루어지도록 하였다.

(나) 위 입법연혁 등에 비추어 보면, 심판대상조항은 지역축협의 목적을 달성하기 위해서 조합원의 자격을 상실한 조합원은 사망, 파산선고 등 나머지 탈퇴 사유와 마찬가지로 조합에서 당연히 탈퇴되도록 하되, 이사회에서 조합원이 조합원 자격 요건을 갖추고 있는지 여부를 공식적으로 확인하여 조합원 자격의 상실 여부를 명확하게 처리하도록 하는 데 입법취지가 있다.

대법원은 "조합원이 당연탈퇴의 사유에 해당하면 그 자체로 조합원의 자격을 당연히 상실하고, 이사회의 확인은 사무처리의 편의와 일관성을 위한 것일 뿐 그 확인이 없다고 하여 조합원의 자격이 그대로 유지되는 것으로 볼 것은 아니다"라고 판시하여(대법원 2010. 9. 30. 선고 2009다91880 판결), 심판대상조항의 이사회 확인이 조합원 자격상실 및 탈퇴에 대한 효력 요건이 아닌 단순 절차적 요건이라는 점을 명확히 하였다.

(다) 심판대상조항의 문언, 입법연혁 및 입법취지 등을 종합하여 보면, "조합원의 자격이 없는 때에 당연히 탈퇴되고, 이사회는 그에 해당하는지를 확인하

여야 한다"는 의미는 "법령이 정한 조합원으로서의 자격요건을 충족하지 못하는 경우 다른 절차 없이도 마땅히 조합에서 탈퇴되는 효력이 발생하는 것"을 뜻하고, "이사회의 확인"은 "당연히 탈퇴사유에 해당하는지 여부를 명확하게 알아보거나 인정하는 조합 내부의 절차"를 뜻하는 것으로 해석된다. 따라서 건전한 상식과 통상적인 법감정을 가진 수범자는 심판대상조항의 의미내용을 합리적으로 파악할 수 있고, 법관의 보충적인 해석을 통하여 그 의미가 확정될 수 있다. 따라서 심판대상조항은 명확성원칙에 위배되지 아니한다.

[2] 심판대상조항이 과잉금지원칙을 위반하여 청구인의 결사의 자유 등을 침해하는지 여부(소극)

(가) 지역축협의 조합원 자격은 법령상 지역축협의 구역에 주소나 거소 또는 사업장이 있는 자로서 축산업을 경영하는 농업인이어야 하고, 조합원은 둘 이상의 지역축협에 가입할 수 없다는 요건을 충족하여야 한다. 조합원은 정관으로 정하는 좌수 이상의 출자를 하여야 하고, 그 출자액을 한도로 책임을 지며 지역축협의 운영과정에 성실히 참여하여야 하며, 생산한 축산물을 지역축협을 통하여 출하하는 등 그 사업을 성실히 이용하여야 하는 등의 조합원으로서 권리와 의무를 부담한다. 축산업협동조합이 조합원의 축산업 생산성을 높이고 조합원이 생산한 축산물의 판로 확대 및 유통 원활화를 도모하며, 조합원이 필요로 하는 기술, 자금 및 정보 등을 제공함으로써 조합원의 경제적·사회적·문화적 지위향상을 증대하는 것을 목적으로 하는 조합인 점에 비추어 보면, 조합원으로서 자격요건을 갖추지 못한 조합원이 조합 운영에 참여하거나 조합원으로서 권리를 행사하는 것은 그 자체로 조합의 설립목적에 반하다고 볼 수 있다.

그러므로 조합원이 이러한 요건을 충족하지 못하여 조합원 자격을 상실한 경우 조합에서 당연 탈퇴되도록 하는 규정은, 지역축협이 조합원의 경제적·사회적·문화적 지위향상 증대라고 하는 설립목적에 부합하게 운영될 수 있도록 하기 위한 것이다. 또한 조합원의 자격 상실을 이사회가 확인하도록 규정한 것은 조합원의 자격 상실을 공식적인 절차를 통해 명확하게 처리하도록 하기 위한 것으로, 그 입법목적의 정당성이 인정된다. 조합원 자격이 없는 조합원을 이사회 의결이 없어도 당연히 조합원 자격을 상실하여 탈퇴되는 것으로 하고, 이사회는 당연탈퇴 사유를 확인하도록 하는 규정은 이러한 입법목적을 달성하기 위한 적절한 수단이다.

(나) 청구인은 심판대상조항에 의하면 집단폐사 또는 전염병으로 인한 살처분 등 불가항력적인 사유에 의해 조합원의 지위가 상실되는 경우에도 조합에서 당연탈퇴하게 되어 기본권 침해의 최소성에 반한다고 주장한다. 그러나 심판대상조항은 조합원이 객관적으로 낙농의사가 확정적으로 상실되었다고 볼 수 있어 법령상 조합원의 자격요건을 충족하지 못하는 경우 조합원 자격이 상실되고, 이사회에서 조합원 자격 상실을 공식적인 절차를 거쳐 명확하게 처리하도록 규정하고 있는 것이지, 일시적인 사유로 영농을 중단한 경우까지 조합원 자격이 상실되도록 규정한 것은 아니다. 조합의 이사회는 조합원의 전부 또는 일부를 대상으로 하여 조합원 자격 등을 확인하여야 하는데, 이때 일시적으로 조합원 자격에 관한 요건을 충족하지 못하여 축산의사가 없다고 볼 수 있는 조합원이 이사회의 확인 절차에서 조합에 대하여 축산의사의 표시 및 그에 관한 자료 등을 제출하는 경우 축산의사가 있는 것으로 인정되어 조합원 자격을 유지할 수 있다.

또한 청구인은 심판대상조항으로 인해 조합원의 법적 지위의 혼란이 발생할 우려가 있다고 주장하나, 심판대상조항은 이사회에서 조합원의 당연 탈퇴 사유에 해당하는지 여부를 확인하도록 규정함으로써 조합원의 자격 상실을 공식적인 절차를 거쳐 명확하게 처리하도록 하여 조합원의 법적 지위의 혼란을 방지하고 있다.

축산업을 경영하고 있지 아니하는 사람에게 지역축협의 조합원 자격을 부여하는 것은 지역축협의 설립 목적과 취지에 반하는 점에 비추어 볼 때, 심판대상조항이 지역축협의 구성원이나 조직에 대해 가지고 있는 자율적인 규율 권한을 일부 제한한다고 하더라도 이는 불가피한 제한이라고 할 것이다. 그러므로 심판대상조항이 침해의 최소성에 위반된다고 볼 수 없다.

(다) 지역축협이 그 설립 목적과 취지에 부합하게 운영되도록 하고자 하는 공익이 지역축협의 구성원 조직·운영에 대한 결사의 자유라는 사익보다 덜 중요하다고 할 수 없으므로, 법익 균형성의 원칙 또한 충족하였다.

Ⅳ. 제명

1. 제명 사유

조합은 조합원이 ⅰ) 1년 이상 조합의 사업을 이용하지 아니한 경우(제1호), ⅱ) 2년 이상 경제사업(법57①(2))을 이용하지 아니한 경우(다만, 정관에서 정하는 정당한 사유가 있는 경우는 제외)(제1의2호), ⅲ) 출자 및 경비의 납입, 그 밖의 조합에 대한 의무를 이행하지 아니한 경우(제2호), ⅳ) 정관으로 금지한 행위를 한 경우(제3호)의 어느 하나에 해당하면 총회의 의결을 거쳐 제명할 수 있다(법30①, 법107①, 법112①).

2. 제명 사유의 통지 및 의견진술 기회 부여

조합은 조합원이 제명 사유 중 어느 하나에 해당하면 총회 개회 10일 전까지 그 조합원에게 제명의 사유를 알리고 총회에서 의견을 진술할 기회를 주어야 한다(법30②, 법107①, 법112①).

3. 관련 판례

** 대법원 2016. 3. 10. 선고 2013다90754 판결

지역농협의 조합원에 대한 제명이 불법행위를 구성하는 경우: 지역농협 대의원들이 조합원을 제명할 만한 사유가 전혀 없는데도 오로지 조합원을 조합에서 몰아내려는 의도하에 고의로 어떤 명목상의 제명사유를 만들거나 내세워 제명의결을 한 경우나 제명의 이유로 된 어느 사실이 농업협동조합법과 지역농협 정관이 정한 제명사유에 해당되지 아니하거나 제명사유로 삼을 수 없는 것임이 객관적으로 명백하고 또 조금만 주의를 기울이면 이와 같은 사정을 쉽게 알아볼 수 있는데도 그것을 이유로 조합원 제명의결에 나아간 경우 등 조합원에 대한 제명의결이 사회상규에 반하는 위법한 행위라고 인정될 수 있는 정도에 이른 경우에는 지역농협의 당해 조합원에 대한 제명은 불법행위를 구성한다.

원심판결 이유와 기록에 의하면, 피고 조합 대의원 61명 중 45명은 감사인 원고가 2011. 7.경부터 피고 조합에 대하여 감사를 받을 것을 계속 요구하고 농업협동조합중앙회에 업무지도를 요청하여 감사를 받을 상태에 이르자 원고를 피

고 조합에서 몰아내려는 의도로 원고가 2009년도 피고 조합 이사회에서 한 발언의 취지를 왜곡하거나 허위의 제명사유를 만들어 원고가 "고의 또는 중대한 과실로 피고 조합에 손실을 끼치거나 조합의 신용을 잃게 한 경우"에 해당한다는 이유로 원고에 대한 조합원 제명 안건을 처리하기 위한 대의원회 소집을 연명으로 요구하였고, 피고 조합 대의원회는 2009년도 이사회 의사록을 살펴보는 등으로 조금만 주의를 기울이면 원고에 대한 제명사유가 인정되지 아니함을 쉽게 알아볼 수 있는데도 2011. 8. 9. 만연히 원고에 대한 조합원 제명의결을 한 사실을 알 수 있다.

그렇다면 피고 조합의 대의원회의 원고에 대한 조합원 제명의결은 사회상규에 반하는 위법한 행위라고 할 것이므로 피고 조합은 위와 같은 위법한 조합원 제명으로 원고에게 입힌 손해를 배상할 의무가 있다고 할 것이다.

Ⅴ. 의결 취소의 청구 등

1. 의결 취소 또는 무효확인의 사유

조합원은 총회(창립총회를 포함)의 소집절차, 의결 방법, 의결 내용 또는 임원의 선거가 법령, 법령에 따른 행정처분 또는 정관을 위반한 것을 사유로 하여 그 의결이나 선거에 따른 당선의 취소 또는 무효확인을 농림축산식품부장관에게 청구하거나 이를 청구하는 소를 제기할 수 있다(법33① 본문, 법107①, 법112①).

다만, 농림축산식품부장관은 조합원의 청구와 같은 내용의 소가 법원에 제기된 사실을 알았을 때에는 제2항 후단에 따른 조치를 하지 아니한다(법33① 단서, 법107①, 법112①).

2. 청구 기간 등

농림축산식품부장관에게 청구하는 경우에는 의결일이나 선거일부터 1개월 이내에 조합원 300인 또는 5% 이상의 동의를 받아 청구하여야 한다(법33② 전단, 법107①, 법112①). 이 경우 농림축산식품부장관은 그 청구서를 받은 날부터 3개월 이내에 이에 대한 조치 결과를 청구인에게 알려야 한다(법33② 후단, 법107①, 법112①).

3. 상법의 준용

위의 법 제33조 제1항에 따른 소에 관하여는 상법 제376조(결의취소의 소), 제377조(제소주주의 담보제공의무), 제378조(결의취소의 등기), 제379조(법원의 재량에 의한 청구기각), 제380조(결의무효 및 부존재확인의 소), 제381조(부당결의의 취소, 변경의 소)를 준용한다(법33③, 법107①, 법112①).

4. 취소청구서 또는 무효확인청구서 제출

의결 취소의 청구 등에 필요한 사항은 농림축산식품부령으로 정한다(법33④, 법107①, 법112①).

법 제33조(법 제107조·제112조·제112조의11 및 제161조에서 준용하는 경우를 포함)에 따라 총회(창립총회를 포함)의 의결이나 선거에 따른 당선의 취소 또는 무효확인을 청구하려는 자는 청구의 취지·이유 및 위반되었다고 주장하는 규정을 명기한 취소청구서 또는 무효확인청구서에 총회의사록 또는 선거록 사본 및 사실관계를 증명할 수 있는 서류를 첨부하여 농림축산식품부장관에게 제출하여야 한다(시행규칙6).

5. 관련 판례

① 대법원 2003. 12. 26. 선고 2003다11837 판결

[1] 농업협동조합의 조합장 선거에서 법령에 위반한 사유가 있는 경우 각 조합원이 그 무효의 확인을 구하는 소를 제기할 수 있는지 여부(적극): 농업협동조합법 제33조 제1항은 조합원은 총회의 소집절차, 의결방법, 의결내용 또는 임원선거가 법령, 법령에 의한 행정처분 또는 정관에 위반하였다는 것을 사유로 하여 그 의결이나 선거에 따른 당선의 취소 또는 무효확인을 농림부장관에게 청구하거나 이를 청구하는 소를 제기할 수 있다고 규정하고, 같은 조 제3항에서 제1항의 규정에 의한 소에 관하여는 상법 제376조 내지 제381조의 규정을 준용한다고 규정하므로, 위 법에 근거하여 설립된 조합에서 조합장을 선출한 결의, 즉 선거에 법령에 위반한 사유가 있는 경우 각 조합원은 그 무효의 확인을 구하는 소를 제기할 수 있다(대법원 1995. 11. 24. 선고 94다23982 판결; 대법원 1996. 6. 25. 선고 95다50196 판결 등 참조).

[2] 공직선거 및 선거부정방지법상 선거무효소송과 당선무효소송의 법리가 농업협동조합법에 의한 당선무효확인의 소에 적용될 수 있는지 여부(소극) 및 농업협동조합법에 의한 당선무효확인의 소가 인용되기 위하여 당해 조합 선거관리위원회의 책임으로 돌릴 만한 사유를 요하는지 여부(소극): 공직선거 및 선거부정방지법은 선거무효소송과 당선무효소송을 나누어 원·피고 적격과 무효사유 및 소제기기간 등을 따로 규정하고 있어 공직선거 및 선거부정방지법상 선거무효소송과 당선무효소송의 법리는 상법상 주주총회결의 무효확인의 소에 관한 규정이 준용되는 농업협동조합법에 의한 당선무효확인의 소에 적용될 수 없다고 할 것이므로, 농업협동조합법에 의한 당선무효확인의 소가 인용되기 위하여 당해 조합의 선거관리위원회가 후보자 등 제3자에 의한 선거과정상의 위법행위에 대하여 적절한 시정조치를 취함이 없이 묵인, 방치하는 등 그 책임에 돌릴 만한 사유가 따로 있을 것을 요하는 것은 아니다(위 대법원 95다50196 판결 참조).

[3] 농협협동조합의 조합장 선거에 의한 당선이 무효가 되는 경우: 농업협동조합의 조합장 선거에 출마한 후보자 등이 당선을 목적으로 허위사실을 공표하는 등 선거의 절차에서 법령에 위반한 사유가 있는 경우 그 사정만으로 당해 선거에 의한 당선이 무효가 되는 것은 아니고, 이와 같은 법령위배의 선거운동으로 조합원들의 자유로운 판단에 의한 투표를 방해하여 선거의 기본이념인 선거의 자유와 공정을 현저히 침해하고 그로 인하여 선거의 결과에 영향을 미쳤다고 인정될 때에만 그 조합장선거 및 이를 기초로 한 당해 조합의 당선인결정은 무효라고 할 것이다(대법원 1995. 11. 24. 선고 94다23982 판결; 대법원 위 95다50196 판결; 대법원 2000. 7. 6. 자 2000마1029 결정 등 참조).

[4] 선거방법이 벽보로만 제한된 농업협동조합의 조합장 선거에서 상대방 후보자에 대한 허위 내지 비방의 유인물을 투표일 1주일 전 조합원에게 발송한 후보자가 유효투표의 2%의 득표차이로 조합장에 선출된 경우 유인물의 내용, 발송일과 투표일 사이의 시간적 간격과 상대방 후보자의 효과적인 대응방법의 유무, 당해 선거에서 가능한 선거운동의 방법 및 양 후보자의 득표차 등을 고려하여 위 선거가 무효라고 판단한 사례.

② 대법원 2003. 4. 11. 선고 2002다62364 판결

지역농업협동조합의 조합원이 부동산에 대한 소유권을 되찾기 위해 이를 낙

찰받은 동 조합을 상대로 위 낙찰행위를 추인한 대의원회 결의의 무효확인을 구하는 소의 적법 여부(소극): 기록에 의하면, 1999. 11. 9. 원고의 아들인 소외 1 소유의 울산 (주소 생략) 대 181㎡ 외 7필지의 대지(2000. 5. 22. 5필지의 대지로 합병되었다) 및 그 각 지상에 위치한 원고 및 소외 1 공동 소유의 5층 건물("이 사건 부동산")에 대하여 근저당권자인 교보생명보험 주식회사의 신청에 의하여 울산지방법원 99타경48094호로 임의경매절차가 개시되었는데, 마침 피고 조합에서는 오래 전부터 사업의 확대에 따라 더 큰 규모의 청사가 필요하였던 관계로 2000년도 사업계획 및 예산에 업무용 토지 및 건물의 구입비용으로 27억 4,500만 원의 예산을 계상하여 대의원회의 승인까지 받아 두었던 차에, 이 사건 부동산에 대한 경매절차가 진행 중이라는 사실을 알고는 그 규모나 위치 등 여러 가지 면에서 신 청사로 적합할 뿐만 아니라 수차 유찰된 결과 예상 낙찰가격이 일반 시세나 신축비용보다 훨씬 저렴하므로 이사회에서 이 사건 부동산을 신 청사로 취득하기로 결의하고, 2000. 9. 14. 최고가인 45억 5,700만 원으로 응찰하여 같은 달 21. 낙찰허가결정을 받았고, 그 후 같은 해 10. 6. 개최된 임시 대의원회에서 이를 추인하는 결의가 있었으며, 낙찰허가결정이 확정된 후인 2001. 12. 3. 대금지급기일에 대금을 완납하여 소유권을 취득하였는바, 피고 조합의 조합원인 원고는 피고 조합이 응찰하기 전부터 원고측에서 이 사건 부동산을 낙찰받고자 한다는 이유로 입찰에 참여하지 말 것을 수차 요구하였다가 끝내 그 요구가 받아들여지지 않자, 2000. 11. 27. 피고 조합이 사전에 총회의 의결을 거치지도 아니한 채 1억 원이 넘는 업무용 부동산을 취득하였고, 사후에 대의원회로부터 추인을 받음에 있어서도 정관에 정해진 소집통지절차를 위반하였다는 등의 사유를 들어 이 사건 소를 제기하였고, 2001. 1. 12.에는 이사회 결의에 참여한 전 조합장 소외 2 외 피고 조합의 임원 9인을 상대로 농업협동조합법위반으로 형사고발까지 하였음을 알 수 있고, 한편 원고도 주장하고 있듯이 현 조합장 소외 3 이 이 사건 부동산의 최종적인 취득 여부를 전 조합원들의 뜻에 따라 결정하겠다고 공약하고 조합장으로 선출되었는데, 피고 조합의 주장(즉, 그 대표자인 조합장 소외 3 의 주장)에 의하면, 컨설팅업체에 수익성에 대한 진단을 의뢰한 결과, 이 사건 부동산의 임대수입이 투자액 대비 시중 금리의 약 2배에 달하는 연 11.56%에 상당할 것으로 예상됨에 따라 이 사건 부동산을 취득하기로 최종 결정하고 경락대금을 납부한 후 현재 피고 조합의 청사 등으로 사용중이라는 것인바, 이와 같은 사정에 비추어 볼 때, 원고가 피고 조합을 위하여 이 사건 소를 제기한 것이 아니라 오로지 아들과 함께 이 사건 부동산에 대한 소유권을 되찾기 위하여 실제로는 피고 조합과 이해가 상반되는 지위에 있으면서도 피고 조합의 조합원이라는 지위를 이용하여 이 사건 소를 제기한 것으로 봄이 상당하고, 그렇다면 원고가 피고 조합을 해하고 이로 인하여 이득을 얻을 목적으로 조합원으로서의 지위 내지 권한을 남용하여 그 본래의 목적과는 달리 행사하고 있다는 점에서 이 사건 소는 권리 보호의 자격이 없거나 신의칙에 반하는 부적법한 소라고 할 것이다.

③ 대법원 1981. 3. 24. 선고 80다2052 판결

농업협동조합법에 의하여 결의의 취소를 구할 수 있는 경우에도 그 결의에 대하여 무효확인을 구할 수 있는지 여부: 피고 조합의 총회에서 원고를 조합원으로 부터 제명한다는 결의를 하였다면 원고로서는 그 결의가 위법하다는 이유를 들어 법원에 그 결의의 무효확인을 소구할 수 있다고 할 것이고, 원고가 피고 조합의 정관 제48조 및 농업협동조합법 제36조에 의하여 주무부장관에게 그 결의의 취소를 청구할 수 있다고 하더라도 그것이 위 결의무효확인의 소구권에 소장을 가져오는 것은 아니라고 할 것이다.

④ 대법원 1980. 10. 27. 선고 79다2267 판결

조합 대의원회 결의무효 확인의 소는 통상의 확인소송이므로 확인의 이익을 가진 자는 누구라고 이를 제기할 수 있는 것이지만 이 경우 확인의 이익이 있다 함은 그 대의원회의 결의가 그의 권리 또는 법적 지위를 구체적으로 침해하고 또 직접적으로 이에 영향을 미치는 경우에 한한다 할 것이다.

⑤ 대법원 1971. 2. 9. 선고 70다2694 판결

농업협동조합법 제36조(현행 제33조)에 의하면 조합총회결의취소의 청구에 관하여 조합원이 그 취소를 주무장관에게 청구할 수 있도록 하였고 조합총회결의 무효확인 및 조합총회결의 부존재 확인청구에 대하여서는 아무런 규정을 두지 않았으나 무효 또는 존재하지 않는 조합총회의 결의의 이름으로 조합장직이나 조합원 지위에서 해임 또는 제명당한 자는 그가 현재 조합원이거나 아니거나를 막론하고 조합총회 결의의 무효확인 또는 그 부존재확인의 청구를 할 수 있

다고 함이 상당하다.

⑥ 전주지방법원 정읍지원 2012. 10. 17. 선고 2012가합49 판결

임원이 임기만료 전에 임원직에서 해임당하고 후임 임원이 선임되었다고 하더라도 그 후에 새로 개최된 임원 선임결의에 의하여 후임 임원이 선임되어 선임등기까지 마쳐진 경우라면, 그 새로운 임원 선임결의가 절차상 또는 내용상 하자로 인하여 부존재 또는 무효임이 인정되거나 그 결의가 취소되는 등의 특별한 사정이 없는 한, 당초 이루어진 임원 개임결의가 무효라고 할지라도 이에 대한 부존재나 무효확인을 구하는 것은 과거 법률관계 내지 권리관계에 관한 확인을 구하는 것이 되어 확인의 소로서 권리보호요건을 갖추지 못한 것으로 보아야 한다(대법원 1996. 10. 11. 선고 96다24309 판결 참조).

제3절 책임

Ⅰ. 조합원의 책임

1. 출자액 한도

조합원의 책임은 그 출자액을 한도로 한다(법24①, 법107①, 법112①).

2. 운영과정 참여 의무

조합원은 조합의 운영과정에 성실히 참여하여야 하며, 생산한 농산물(지역농협은 농산물, 지역축협은 축산물, 품목조합은 농산물 또는 축산물)을 조합을 통하여 출하하는 등 그 사업을 성실히 이용하여야 한다(법24②, 법107①, 법112①).

Ⅱ. 조합원의 우대

1. 약정조합원에 대한 사업이용 · 배당 등 우대

조합은 농산물(지역농협은 농산물, 지역축협은 축산물, 품목조합은 농산물 또는 축산물) 출하 등 경제사업에 대하여 이용계약을 체결하고 이를 성실히 이행하는 조합원("약정조합원")에게 사업이용·배당 등을 우대할 수 있다(법24의2①, 법107①, 법112①).

2. 세부사항

약정조합원의 범위, 교육, 책임, 계약의 체결·이행의 확인 및 우대 내용 등에 관한 세부사항은 정관으로 정한다(법24의2②, 법107①, 법112①).

3. 약정조합원 육성계획 수립 · 시행 조합의 기준

경제사업(법57①(2)) 규모 또는 그 경제사업을 이용하는 조합원의 비율이 전체 조합원의 10% 이상에 해당하는 조합은 약정조합원 육성계획을 매년 수립하여 시행하여야 한다(법24의2③, 영4의2, 법107①, 법112①).

Ⅲ. 경비와 과태금

1. 경비와 과태금의 부과

조합은 정관으로 정하는 바에 따라 조합원에게 경비와 과태금을 부과할 수 있다(법25①, 법107①, 법112①).

2. 상계 금지

조합원은 경비와 과태금을 납부할 때 조합에 대한 채권과 상계할 수 없다(법25②, 법107①, 법112①).

제4절 의결권과 선거권

Ⅰ. 평등한 의결권과 선거권 보유

조합원은 출자액의 많고 적음에 관계없이 평등한 의결권 및 선거권을 가진다(법26 전단, 법107①, 법112①).

농업협동조합은 1인1표라는 두수주의를 채택하는 점에서 주식 수에 따라 의결권(상법369①)을 부여하여 주수주의를 채택하는 주식회사와 차이가 있다. 조합원은 총회에서 출자액의 많고 적음에 관계없이 평등한 의결권 및 선거권을 가진다. 다만 농협중앙회는 회원 1인에 대하여 1표 내지 3표의 의결권(법122⑤)을 인정하여 그 예외를 두고 있다.

Ⅱ. 선거권 제한

선거권은 임원 또는 대의원의 임기만료일(보궐선거 등의 경우 그 선거의 실시사유가 확정된 날) 전 180일까지 해당 조합의 조합원으로 가입한 자만 행사할 수 있다(법26 후단, 법107①, 법112①).

Ⅲ. 의결권의 대리

1. 의결권의 대리 행사

조합원은 대리인에게 의결권을 행사하게 할 수 있다(법27① 전단, 법107①, 법112①). 이 경우 그 조합원은 출석한 것으로 본다(법27① 후단, 법107①, 법112①).

2. 대리인의 자격

대리인은 다른 조합원 또는 본인과 동거하는 가족(법인 또는 조합의 경우에는 조합원·사원 등 그 구성원)이어야 하며, 대리인이 대리할 수 있는 조합원의 수는 1인으로 한정한다(법27②, 법107①, 법112①).

3. 대리권의 증명

대리인은 대리권을 증명하는 서면을 조합에 제출하여야 한다(법27③, 법107①, 법112①).

제5절 준조합원

Ⅰ. 의의

준조합원이란 조합에 준조합원으로 가입하여 사업이용에 있어서 조합원에 준하는 권리·의무를 갖는 자를 말한다.

준조합원 제도는 도시화에 따른 농업인구의 축소와 농업에 종사하지 않는 사람에게도 조합을 이용할 필요성이 증가함에 따라 도입된 것이다. 이것은 개방된 협동조합을 구축한다는 점에서 조합의 조직상 큰 진전이라고 할 수 있다. 준조합원은 자익권에 해당하는 조합 사업을 이용할 권리만이 인정되고 공익권에 해당하는 조합 임원을 선거하는 권리나 조합운영과 관련되는 여러 가지 안건을 의결할 수 있는 권리는 인정되지 않는다.[9)]

준조합원은 정식 구성원인 조합원이 아니므로 출자금을 납입하는 대신에 가입비를 납부하고, 또한 총회에서의 의결권이나 선거권과 같은 공익권이 없는 점에서 조합원과 차이가 있으나 사업이용 측면에서는 거의 유사한 지위를 갖고 있다.

Ⅱ. 준조합원의 자격

조합은 정관으로 정하는 바에 따라 조합의 구역에 주소나 거소를 둔 자로서 그 조합의 사업을 이용함이 적당하다고 인정되는 자를 준조합원으로 할 수 있다(법20①, 법107①, 법112①).

---

9) 최흥은(2014), 55쪽, 91쪽.

Ⅲ. 준조합원의 권리

준조합원은 정관으로 정하는 바에 따라 조합의 사업을 이용할 권리를 가진다(법20③, 법107①, 법112①).

농림축산식품부 고시인 지역농업협동조합정관례("지역농협정관례")에 의하면 준조합원은 사업이용권·이용고배당청구권 및 가입금환급청구권을 가진다(지역농협정관례17①). 지역축산업협동조합정관례("지역축협정관례")에 따르면 지역축협의 준조합원은 사업이용권·이용고배당청구권 및 가입금환급청구권을 가진다(지역축협정관례17①).

품목별·업종별협동조합정관례("품목조합정관례")에 따르면 품목조합의 준조합원은 사업이용권·이용고배당청구권 및 가입금환급청구권을 가진다(품목조합정관례17①).

Ⅳ. 준조합원의 의무

조합은 준조합원에 대하여 정관으로 정하는 바에 따라 가입금과 경비를 부담하게 할 수 있다(법20②, 법107①, 법112①).

제3장 / 출 자

제1절 종류 및 내용

Ⅰ. 출자금

1. 정관이 정하는 좌수 이상의 출자

조합원은 정관으로 정하는 좌수 이상을 출자하여야 한다(법21①, 법107①, 법112①).

각 정관례에 의하면 조합원은 20좌 이상의 출자를 한다(각 정관례18② 본문). 다만, 법인(영농조합법인 및 농업회사법인으로서 그 주된 사무소를 조합의 구역에 두고 농업을 경영하는 법인)조합원은 100좌 이상을 출자한다(각 정관례18② 단서).

2. 출자 1좌의 금액

출자 1좌의 금액은 균일하게 정하여야 한다(법21②, 법107①, 법112①). 출자 1좌의 금액은 정관으로 정한다(법21③, 법107①, 법112①). 이에 따라 출자 1좌의 금액은 5천원으로 한다(각 정관례18①).

조합원 1인당 출자한도는 정관으로 정한다(법21③, 법107①, 법112①). 각 정관례에 따르면 조합원 1인의 출자는 1만좌를 초과하지 못한다(각 정관례18③ 본문). 다만, 조합 총출자좌수의 10% 이내에서는 그러하지 아니하다(각 정관례18③ 단서).

3. 질권설정 금지

조합원의 출자액은 질권의 목적이 될 수 없다(법21④, 법107①, 법112①).

4. 상계 금지

조합원은 출자의 납입 시 지역농협에 대한 채권과 상계할 수 없다(법21⑤, 법107①, 법112①).

Ⅱ. 우선출자

1. 서설

(1) 의의

우선출자란 우선적 배당을 받을 목적으로 하는 출자로서 조합원보다 우선적으로 배당을 받는 출자를 말한다.

(2) 제도적 취지

우선출자제도의 도입은 자본조달 능력이 취약한 조합의 현실을 고려하여 자본금의 확충으로 조합의 경영안정과 사업 활성화를 도모하기 위함이다.

2. 우선출자 발행 등

(1) 우선출자 발행

조합은 자기자본의 확충을 통한 경영의 건전성을 도모하기 위하여 정관으로 정하는 바에 따라 잉여금 배당에서 우선적 지위를 가지는 우선출자를 발행할 수 있다(법21의2, 법147①, 법107②, 법112②).

(2) 우선출자 1좌의 금액과 우선출자의 총액

우선출자 1좌의 금액은 출자 1좌의 금액과 같아야 하며, 우선출자의 총액은 자기자본의 2분의 1을 초과할 수 없다(법21의2, 법147②, 법107②, 법112②).

(3) 의결권과 선거권 불인정

우선출자에 대하여는 의결권과 선거권을 인정하지 아니한다(법21의2, 법147③, 법107②, 법112②).

(4) 우선출자에 대한 배당과 배당률

우선출자에 대한 배당은 출자에 대한 배당보다 우선하여 실시하되, 그 배당률은 정관으로 정하는 최저 배당률과 최고 배당률 사이에서 정기총회에서 정한다(법21의2, 법147④, 법107②, 법112②).

지역농협정관례에 따르면 우선출자에 대한 배당은 출자에 대한 배당보다 우선하여 실시하되, 그 배당률은 액면금액의 3% 이상 10% 이하의 범위 안에서 정기총회에서 정한다(지역농협정관례21④ 본문). 다만, 당해 회계 연도의 이익잉여금이 우선출자총액의 3%에 해당하는 금액에 미치지 못할 때 또는 우선출자자와 별도계약에 의할 때에는 달리 정할 수 있다(지역농협정관례21④ 단서).

(5) 우선출자 발행사항의 공고

조합은 우선출자를 발행할 때에는 우선출자의 납입기일 2주 전까지 발행하려는 우선출자의 내용, 좌수, 발행가액, 납입기일 및 모집방법을 공고하고 출자자 및 우선출자자에게 알려야 한다(영31의2①, 영23).

3. 우선출자의 청약 등

(1) 우선출자의 청약

우선출자의 청약을 하려는 자는 우선출자청약서에 인수하려는 우선출자의 좌수 및 인수가액과 주소를 적고 기명날인하여야 한다(영31의2①, 영24①).

우선출자청약서의 서식은 조합장이 작성하되, i) 조합의 명칭(제1호), ii) 출자 1좌의 금액 및 총좌수(제2호), iii) 우선출자 총좌수의 최고한도(제3호), iv) 이미 발행한 우선출자의 종류 및 종류별 좌수(제4호), v) 조합의 자기자본(제5

호), vi) 발행하려는 우선출자의 액면금액, 내용 및 좌수(제6호), vii) 발행하려는 우선출자의 발행가액 및 납입기일(제7호), viii) 우선출자의 매입소각을 하는 경우에는 그에 관한 사항(제8호)이 포함되어야 한다(영31의2①, 영24②).

(2) 우선출자 금액의 납입 등

우선출자의 청약을 한 자는 조합장이 배정한 우선출자의 좌수에 대하여 우선출자를 인수할 수 있다(영31의2①, 영25①). 이에 따라 우선출자를 인수하려는 자는 납입기일까지 우선출자 발행가액의 전액을 납입하여야 한다(영31의2①, 영25②).

우선출자를 인수한 자는 우선출자 발행가액의 납입기일의 다음날부터 우선출자자가 된다(영31의2①, 영25③).

(3) 우선출자증권의 발행 등

(가) 우선출자증권의 발행

선출자의 전액납입이 있은 후가 아니면 우선출자증권("증권")을 발행할 수 없다(영31의2①, 영26①). 조합은 우선출자의 납입기일 후 지체 없이 증권을 발행하여야 한다(영31의2①, 영26②).

(나) 우선출자증권의 형식

우선출자증권은 기명식으로 한다(영31의2①, 영27).

(다) 우선출자증권의 기재사항

증권에는 조합의 명칭, 우선출자의 액면금액, 우선출자의 내용, 증권번호, 발행 연월일, 우선출자 좌수 및 우선출자자의 성명(법인의 경우에는 명칭)을 적고 조합장이 기명날인하여야 한다(영31의2①, 영28).

(4) 우선출자자명부의 비치 및 기재사항

조합은 주된 사무소에 우선출자자명부를 갖춰 두고 증권소유자의 성명과 주소, 증권의 수와 번호, 증권의 취득 연월일을 적어야 한다(영31의2①, 영29).

(5) 우선출자의 매입소각

조합은 이사회의 의결을 거쳐 우선출자를 매입하여 소각할 수 있다(영31의2①, 영30).

4. 우선출자자의 책임

우선출자자의 책임은 그가 가진 우선출자의 인수가액을 한도로 한다(영31의2①, 영30의2).

5. 우선출자의 양도

(1) 양도와 그 효력

우선출자는 양도할 수 있다(영31의2①, 영30의3① 본문). 다만, 증권 발행 전의 양도는 조합에 대하여 효력이 없다(영31의2①, 영30의3① 단서).

(2) 양도방법

우선출자를 양도할 때에는 증권을 내주어야 한다(영31의2①, 영30의3②).

(3) 점유자의 소지인 추정

증권의 점유자는 적법한 소지인으로 추정한다(영31의2①, 영30의3③).

(4) 증권 명의변경의 대항력

증권의 명의변경은 취득자의 성명과 주소를 우선출자자 명부에 등록하고 그 성명을 증권에 적지 아니하면 조합이나 그 밖의 제3자에게 대항하지 못한다(영31의2①, 영30의3④).

(5) 등록질권의 대항력

증권을 질권의 목적으로 하는 경우에는 질권자의 성명과 주소를 우선출자자 명부에 등록하지 아니하면 조합이나 그 밖의 제3자에게 대항하지 못한다(영31의2①, 영30의3⑤).

6. 우선출자자 총회 등

(1) 우선출자자 총회

(가) 정관변경

조합은 정관이 변경되어 우선출자자에게 손해를 미치게 되는 경우에는 우선출자자 총회의 의결을 거쳐야 한다(영31의2①, 영30의4①).

(나) 의결정족수

우선출자자 총회의 의결은 발행한 우선출자 총좌수의 과반수의 출석과 출석한 출자좌수의 3분의 2 이상의 찬성이 있어야 한다(영31의2①, 영30의4②).

(다) 운영사항

우선출자자 총회의 운영 등에 필요한 사항은 정관으로 정한다(영31의2①, 영30의4③).

(2) 통지와 최고

우선출자신청인 또는 우선출자자에 대한 통지나 최고는 따로 그 주소를 조합에 통지한 때를 제외하고는 우선출자청약서 또는 우선출자자명부에 적힌 주소로 한다(영31의2①, 영31).

(3) 우선출자의 금지

조합의 다른 조합에 대한 우선출자는 금지된다(영31의2③(1)).

Ⅲ. 출자배당금의 출자전환

1. 배당금의 출자

조합은 정관으로 정하는 바에 따라 조합원의 출자액에 대한 배당 금액의 전부 또는 일부를 그 조합원으로 하여금 출자하게 할 수 있다(법21의3 전단, 법107①, 법112①).

2. 상계 금지

출자배당금을 출자하는 조합원은 배당받을 금액을 조합에 대한 채무와 상계할 수 없다(법21의3 후단, 법107①, 법112①).

Ⅳ. 회전출자

1. 사업이용 배당금의 재출자

조합은 출자 외에 정관으로 정하는 바에 따라 그 사업의 이용 실적에 따라 조합원에게 배당할 금액의 전부 또는 일부를 그 조합원으로 하여금 출자하게 할 수 있다(법22 전단, 법107①, 법112①).

2. 상계 금지

조합원은 배당받을 금액을 조합에 대한 채무와 상계할 수 없다(법22 후단, 법21의3 후단, 법107①, 법112①).

3. 출자금 전환 기간

회전출자금은 출자 후 5년이 경과하면 출자금으로 전환한다(지역농협정관례20③, 지역축협정관례20③, 품목조합정관례20③).

제2절 환급

Ⅰ. 지분환급청구권과 환급정지

1. 지분환급청구권의 행사

탈퇴 조합원(제명된 조합원 포함)은 탈퇴(제명 포함) 당시의 회계연도의 다음 회계연도부터 정관으로 정하는 바에 따라 그 지분의 환급을 청구할 수 있다(법31①, 법107①, 법112①).

2. 지분환급청구권 행사기간

청구권은 2년간 행사하지 아니하면 소멸된다(법31②, 법107①, 법112①).

3. 환급정지

조합은 탈퇴 조합원(제명된 조합원 포함)이 조합에 대한 채무를 다 갚을 때까지는 지분의 환급을 정지할 수 있다(법31③, 법107①, 법112①).

4. 관련 판례

① 대법원 1974. 12. 24. 선고 73다1653 판결

농업협동조합법의 제정목적과 이 법에 의하여 특수법인으로서 설립된 농업협동조합의 목적사업 및 조합원의 자격이나 그 책임 등을 규정한 관계법을 검토할 때 이 법이 조합원에 대한 지분의 계산과 탈퇴 조합원의 지분환불 청구에 관한 사항을 농업협동조합의 정관에 위임하고 있는 이상 그 정관 규정이 환불지분의 범위를 규정하였다 하여 법에 어긋나는 것이 아니다.

② 서울고등법원 1969. 5. 13. 선고 64나1141 제1민사부 판결

농업협동조합법의 취지는 각 조합의 조합원에 대하여는 그 지분의 환급을 원칙적으로 금지하고, 다만 조합원이 탈퇴하였을 때에 한하여 채권 채무와 그 밖의 손익계산을 마쳐서 조합원의 지불에 상당한 잉여금이 있을 때에 이를 환급할 수 있을 뿐이다.

Ⅱ. 탈퇴 조합원의 손실액 부담

1. 손실액 납입청구

조합은 조합의 재산으로 그 채무를 다 갚을 수 없는 경우에는 환급분을 계산할 때 정관으로 정하는 바에 따라 탈퇴 조합원(제명된 조합원 포함)이 부담하여야 할 손실액의 납입을 청구할 수 있다(법32 전단, 법107①, 법112①).

2. 행사시기

탈퇴 조합원(제명된 조합원 포함)은 탈퇴(제명 포함) 당시의 회계연도의 다음 회계연도부터 정관으로 정하는 바에 따라 그 지분의 환급을 청구할 수 있다(법32

후단, 법31①, 법107①, 법112①).

3. 행사기간

청구권은 2년간 행사하지 아니하면 소멸된다(법32 후단, 법31②, 법107①, 법112①).

제3절 지분의 양도

Ⅰ. 지분양도 금지

조합원은 조합의 승인 없이 그 지분을 양도할 수 없다(법23①, 법107①, 법112①).

Ⅱ. 비조합원의 지분 양수 조건

조합원이 아닌 자가 지분을 양수하려면 가입신청, 자격심사 등 가입의 예에 따른다(법23②, 법107①, 법112①).

Ⅲ. 양수인의 권리의무 승계

지분양수인은 그 지분에 관하여 양도인의 권리의무를 승계한다(법23③, 법107①, 법112①).

Ⅳ. 지분공유 금지

조합원의 지분은 공유할 수 없다(법23④, 법107①, 법112①).

제4장 지배구조

제1절 서설

Ⅰ. 의의

농업협동조합법은 조합의 지배구조에 대하여 지역농협과 지역축협, 품목조합을 포함한 조합과 농협중앙회를 구분하여 별도로 규정하고 있다. 조합은 농업인이 출자하여 설립한 1차 조합이고, 농협중앙회는 1차 조합들이 출자하여 설립한 2차 조합이므로 협동조합이라는 본질에서는 동일하다. 그러나 양자는 조합의 규모와 역할이나 사업의 전개방식 등에서 비교할 수 없는 차이가 있기 때문에 지배구조의 내용에 있어서도 상당한 차이가 있다.[1)]

농협은 일선농협과 중앙회 2단계로 구성되었으며 중앙회는 중간조직으로 지주회사를 설립하여 자회사를 지배하고 있다. 농협의 지배구조는 조합과 중앙회로 구분하여 설명할 수 있다. 조합(중앙회)은 의사결정기관으로 총회(대의원회), 업무집행기관으로 이사회, 조합장(회장) 및 상임이사(대표이사), 그리고 감독기관

1) 최흥은(2014), 86쪽.

으로 감사(감사위원회)를 두고 있다. 조합의 사업규모에 따라 전문성의 강화를 위하여 조합장의 비상임, 상임이사, 사외이사를 두도록 하고 있다. 중앙회도 이사회 운영의 전문성과 효율성을 도모하기 위하여 상호금융 소이사회, 인사추천위원회, 교육위원회를 두고 있다.[2)]

조합의 기관은 다른 법인들과 유사하게 의사결정기관인 총회와 대의원회, 집행기관인 이사회, 감독기관인 감사로 구성된다. 농업협동조합법은 조합의 기관구성과 관련하여 조합의 의사를 결정하는 총회(법34①, 법107①, 법112①) 또는 총회에 갈음하여 조합의 의사를 결정하는 대의원회(법42, 법107①, 법112①), 조합의 업무집행에 관한 의사결정기관인 이사회(법43①, 법107①, 법112①)와 조합의 대표기관인 조합장(상임이사)(법45, 법107①, 법112①), 조합의 재산과 업무집행상황을 감사하는 감사(법45①, 법107①, 법112①)에 대하여 규정하고 있다. 조합의 총회는 조합의 의사를 결정하는 의사결정기관이며 조합에 반드시 있어야 하는 필수적인 법정기관이다.

Ⅱ. 구성

1. 총회와 대의원회

조합의 총회는 조합장을 포함한 조합원 전원으로 구성되고 임원의 선출이나 정관의 변경 등과 같은 중요한 사항을 의결하는 최고의사결정기관이다(법35, 법107①, 법112①). 조합은 정관으로 정하는 바에 따라 일정한 사항을 제외하고 총회의 의결에 관하여 총회를 갈음하는 대의원회를 둘 수 있다(법42①, 법107①, 법112①). 조합원은 출자액의 많고 적음에 관계없이 조합의 결의와 선거에 있어서 평등한 선거권 및 의결권을 갖는다(법26, 법107①, 법112①). 이는 협동조합의 기본원칙에 따른 것으로서 주식회사에서 주식수에 따라 의결권을 부여하는 것과는 구별된다. 1인 1표제는 조합이 인적 결합체라는 특성을 반영한 것으로서 조합의 민주성을 실현하는 내용이다.

조합은 조합원의 인적결합체로서 사업활동이나 운영이 전체 구성원의 통합된 의사에 따라 이루어져야 한다. 총회는 개별 조합원의 의사를 조합 전체의 의사

2) 남기포(2019), "한국농협의 지배구조 현황과 발전방향", 협동조합경영연구 제51집(2019. 12), 1쪽.

로 묶어 내는 장치로서 전체 조합원으로 구성되고 총회 의결로 조합의 조직·운영에 관한 기본적인 사항을 결정하는 조합의 최고의사결정기관이 법정기관이다.

총회는 필수기관으로 반드시 조합에 두어야 하고 정관변경, 합병·해산·분할 등 조합의 존립에 관한 기본적인 사항의 결정과 총회에서 결정하는 정관으로 다른 기관에 위임하지 않은 것은 총회의 의결에 의해서만 가능하다. 이러한 의미에서 총회는 조합의 최고기관이다. 다만 권한배분에 관한 규정에 의해 부여된 조합의 각 기관의 권한을 침해할 수는 없다. 이는 각 기관의 독립적 기능을 확보하기 위한 것이다.[3]

조합은 정관에 의하여 일정한 사항 이외의 사항에 대하여 총회에 갈음하는 대의원회를 둘 수 있으며 대의원회의 행위는 총회와 동일한 법적 효력이 있다. 대의원회는 구성원의 수가 많고 구역이 광범위할 경우 비능률을 피하기 위하여 채택한 방식이다. 대의원회는 조합장과 대의원으로 구성되며 대의원은 조합원이어야 하며 대리할 수 없으며, 대의원수는 조합원수에 비례하여 50인 이상 200인 이내에서 조합별로 실정에 맞게 대의원의 정수, 임기, 선출방법을 정관에 정하도록 하고 있다.

2. 이사회와 조합장

(1) 이사회

이사회는 당해 조합의 업무집행에 관한 주요사항의 의사결정과 이사회의 의결사항에 대한 조합장(상임이사)의 업무집행상황을 감독하는 회의체기관이자 필수기관이다(법43, 법107①, 법112①). 조합에서 이사회를 둔 취지는 총회소집의 번잡함을 피함과 동시에 조합장의 독단을 방지하고 업무집행에 신중을 기하여 합리적인 운영을 도모하려는 것이다.

이사회는 자문기구로서 운영평가자문회의를 구성하여 운영할 수 있다. 운영평가자문회의는 2009년 이전까지는 조합장의 자문기구였으나 이후에는 이사회 자문기구로 변경되었다.

3) 남기포(2019), 8-9쪽.

(2) 조합장

조합장은 조합을 대표하며 업무를 집행하는 대표기관이자 업무집행기관이다. 다만 조합장이 상임인 경우로서 상임이사를 두는 경우에는 조합장은 정관으로 정하는 바에 따라 업무의 일부를 상임이사에게 위임·전결을 처리하도록 하여야 하며, 조합장이 비상임인 경우에는 상임이사가 업무를 집행한다. 이 경우에는 상임이사가 조합장을 대신하여 업무의 전부 또는 일부를 집행하는 기관이 된다. 조합장은 정관의 정함에 따라 상임 또는 비상임으로 할 수 있으며(법45②, 법107①, 법112①), 조합장의 상임 또는 비상임에 따라 업무의 일부를 상임이사에게 위임·전결처리를 하도록 하고 있다(법46②, 법107①, 법112①).

조합장은 조합을 대표하며 조합원 중에서 정관으로 정하는 바에 따라서 조합원이 총회 또는 총회 외에서 투표로 직접 선출, 대의원회가 선출, 이사회가 이사 중에서 선출할 수 있다. 조합장 이외의 이사는 총회에서 선출하며 상임이사는 인사추천위원회에서 추천된 사람을 총회에서 선출한다.

3. 감사

조합의 감사는 조합의 재산과 업무집행상황을 감사하는 감사기관으로 상임 또는 비상임으로 한다. 감사는 반드시 두어야 하는 필수적 법정기관이며, 독임기관이고 상설기관이다. 조합의 감사는 1인을 상임으로 할 수 있고 2인 모두를 비상임으로 할 수 있으나 자산 등 사업규모가 대통령령으로 정하는 기준 이상에 해당하는 지역농협에는 조합원이 아닌 상임감사 1명을 두어야 한다(법45③). 상임감사는 인사추천위원회의 추천을 거쳐 총회에서 선출하며 감사의 임기는 3년이다(법48①).

감사는 재산 상황이나 업무 집행에 부정한 사실이 있는 것을 발견하면 총회에 보고하여야 하고, 그 내용을 총회에 신속히 보고하여야 할 필요가 있으면 정관으로 정하는 바에 따라 조합장에게 총회의 소집을 요구하거나 총회를 소집할 수 있다. 또한 감사는 지역농협의 재산과 업무집행상황을 감사하며, 전문적인 회계감사가 필요하다고 인정되면 중앙회에 회계감사를 의뢰할 수 있다.

제2절 총회

Ⅰ. 정기총회와 임시총회

조합에 총회를 두며(법34①, 법107①, 법112①), 총회는 조합원으로 구성하고(법34②, 법107①, 법112①), 조합장이 그 의장이 된다(각 정관례31①).

1. 정기총회 소집

정기총회는 매년 1회 회계연도 종료 후 2개월 이내에 조합장이 이를 소집한다(법34③, 각 정관례32, 법107①, 법112①).

2. 임시총회 소집

임시총회는 i) 조합장이 필요하다고 인정한 때, ii) 이사회가 필요하다고 인정하여 소집을 청구한 때, iii) 조합원이 조합원 300인 또는 10% 이상의 동의를 받아 소집의 목적과 이유를 적은 서면을 제출하여 조합장에게 소집을 청구한 때, iv) 감사가 조합의 재산상황이나 업무집행에 부정한 사실이 있는 것을 발견하고 그 내용을 총회에 신속히 보고할 필요가 있다고 인정하여 조합장에게 소집을 요구한 때에 조합장이 이를 소집한다(법34③, 각 정관례33①, 법107①, 법112①).

조합장은 위 ii) 및 iii)에 따른 청구를 받으면 정당한 사유가 없는 한 2주일 이내에 총회소집통지서를 발송하여야 하며, 위 iv)의 경우에는 7일 이내에 총회소집통지서를 발송하여야 한다(법34③, 각 정관례33②, 법107①, 법112①).

Ⅱ. 총회 의결사항 등

1. 총회 의결사항

다음의 사항, 즉 i) 정관의 변경, ii) 해산·분할 또는 품목조합으로의 조직변경, iii) 조합원의 제명, iv) 합병, v) 임원의 선출 및 해임, vi) 조합장 및 감사에 대한 징계 및 변상(감독기관 또는 중앙회장으로부터 조치요구가 있는 경우에는 감독기관 또는 중앙회장의 조치요구보다 가중하여 직무의 정지 이상의 징계를 의결하는 경우에 한한다), vii) 규약의 제정·개정 및 폐지, viii) 사업계획의 수립, 수지예산의 편성과 사업계획 및 수지예산 중 다음 사항의 변경, 즉 ㉠ 수지예산 확정 후 발생한 사유로 소요되는 총지출예산의 추가편성에 관한 사항(다만, 비례성 예산과 규정에서 정하는 법적 의무비용·영업외비용 및 특별손실의 경우에는 그러하지 아니 하다), ㉡ 업무용 부동산 취득과 관련된 총액 1억원 이상의 예산 추가편성 또는 1억원 이상의 업무용 부동산 취득예산의 용도조정에 관한 사항, ㉢ 다른 법인에 대한 출자와 관련된 총액 1억원 이상의 예산 추가편성 또는 1억원 이상의 다른 법인에 대한 출자예산의 용도조정에 관한 사항(다만, 중앙회에 대한 출자예산 및 중앙회와 공동으로 출자하거나, 중앙회가 실질적 경영지배력을 가지는 법인에 대한 출자예산의 추가편성의 경우에는 그러하지 아니하다), ix) 사업보고서, 재무상태표, 손익계산서, 잉여금 처분안과 손실금 처리안, x) 중앙회의 설립발기인이 되거나 이에 가입 또는 탈퇴하는 것, xi) 임원의 보수 및 실비변상, xii) 그 밖에 조합장이나 이사회가 필요하다고 인정하는 사항은 총회의 의결을 거쳐야 한다(법35①, 각 정관례37①, 법107①, 법112①).

2. 농림축산식품부장관의 인가와 효력 발생

위의 i) 정관의 변경, ii) 해산·분할 또는 품목조합으로의 조직변경, iv) 합병 사항은 농림축산식품부장관의 인가를 받지 아니하면 효력을 발생하지 아니한다(법35② 본문, 법107①, 법112①). 다만, i) 정관의 변경을 농림축산식품부장관이 정하여 고시한 정관례에 따라 변경하는 경우에는 그러하지 아니하다(법35② 단서, 법107①, 법112①).

조합이 해산, 합병, 분할 또는 품목조합으로의 조직변경의 인가를 받으려는 경우에는 인가신청서에 해당 사항을 의결한 총회 의사록을 첨부하여 농림축산식품부장관에게 제출하여야 한다(시행규칙7).

3. 총회 의결사항의 서면 부의

총회 의결사항을 부의하는 때에는 이를 서면으로 하여야 한다(각 정관례37②).

4. 총회 의결의 특례

(1) 조합원의 투표로 총회 결의 갈음

다음의 사항, 즉 i) 해산, 분할 또는 품목조합으로의 조직변경(제1호), ii) 조합장의 선출(법45⑤(1): 제2호), iii) 임원의 해임(법54①: 제3호), iv) 합병(제4호)에 대하여는 조합원의 투표로 총회의 의결을 갈음할 수 있다(법41① 전단, 법107①, 법112①). 이 경우 조합원 투표의 통지·방법, 그 밖에 투표에 필요한 사항은 정관으로 정한다(법41① 후단, 법107①, 법112①).

(2) 조합원 투표와 의결정족수

다음의 사항에 대한 의결이나 선출은 다음의 방법에 따른다(법41②, 법107①, 법112①). 즉 i) 해산, 분할 또는 품목조합으로의 조직변경(법41①(1)): 조합원 과반수의 투표와 투표한 조합원 3분의 2 이상의 찬성으로 의결한다(제1호). ii) 조합장의 선출(법41①(2)): 유효 투표의 최다득표자를 선출한다(다만, 최다득표자가 2명 이상이면 연장자를 당선인으로 결정한다)(제2호). iii) 임원의 해임(법41①(3)): 조합원 과반수의 투표와 투표한 조합원 3분의 2 이상의 찬성으로 의결한다(제3호). iv) 합병(법41①(4)): 조합원 과반수의 투표와 투표한 조합원 과반수의 찬성으로 의결한다(제4호).

5. 관련 판례

** 대법원 1983. 2. 22. 선고 81다875 판결

농업협동조합법 제38조(현행 제35조) 제1항은 강행법규라 볼 수 없으므로 수원지구원예협동조합이 토지를 처분함에 있어 조합총회 등의 의결을 거치지 아니하였다 하여도 그 거래행위의 상대방이 그 의결을 거친 것으로 믿고 한 매매행위를 당연무효라고 할 수 없다.

Ⅲ. 총회의 개의와 의결

1. 총회의 보통결의

총회는 농업협동조합법에 다른 규정이 있는 경우를 제외하고는 조합원 과반수의 출석으로 개의하고 출석조합원 과반수의 찬성으로 의결한다(법38 본문, 법107①, 법112①).

2. 총회의 특별결의

다음의 사항, 즉 ⅰ) 정관의 변경, ⅱ) 해산·분할 또는 품목조합으로의 조직변경, ⅲ) 조합원의 제명은 조합원 과반수의 출석과 출석조합원 3분의 2 이상의 찬성으로 의결한다(법38 단서, 법107①, 법112①).

3. 의장의 의결 참여

의장은 총회의 의결에 참여한다(각 정관례38②).

Ⅳ. 총회의 소집

1. 조합원의 소집 청구

조합원은 조합원 300인이나 10% 이상의 동의를 받아 소집의 목적과 이유를 서면에 적어 조합장에게 제출하고 총회의 소집을 청구할 수 있다(법36①, 법107①, 법112①).

조합장은 청구를 받으면 2주일 이내에 총회소집통지서를 발송하여야 한다(법36②, 법107①, 법112①).

2. 감사의 총회소집

총회를 소집할 사람이 없거나 조합장의 총회소집통지서를 발송 기간(법36②) 이내에 정당한 사유 없이 조합장이 총회소집통지서를 발송하지 아니할 때에는 감사가 5일 이내에 총회소집통지서를 발송하여야 한다(법36③, 법107①, 법112①). 이 경우 감사가 의장의 직무를 대행한다(각 정관례34② 후단).

3. 조합원대표의 총회소집

다음의 경우, 즉 i) 감사가 정당한 사유없이 총회소집사유가 발생한 날부터 5일 이내에 총회소집통지서를 발송하지 아니할 때, ii) 임원의 결원으로 총회를 소집할 사람이 없는 때에는 조합원 300인 또는 10% 이상의 동의를 얻은 조합원대표가 총회를 소집한다(법36④ 전단, 정관례35①, 법107①, 법112①). 이 경우 조합원이 의장의 직무를 수행한다(법36④ 후단, 법107①, 법112①).

Ⅴ. 총회소집의 통지

1. 조합원에 대한 통지와 최고

조합이 조합원에게 통지나 최고를 할 때에는 조합원명부에 적힌 조합원의 주소나 거소로 하여야 한다(법37①, 법107①, 법112①). 조합원명부에는 i) 조합원의 성명과 주소 또는 거소, ii) 조합원의 가입 연월일을 적어야 한다(영4의3).

2. 총회소집의 통지 기간

총회를 소집하려면 총회 개회 7일 전까지 회의 목적 등을 적은 총회소집통지서를 조합원에게 발송하여야 한다(법37② 본문, 법107①, 법112①). 다만, 같은 목적으로 총회를 다시 소집할 때에는 개회 전날까지 알린다(법37② 단서, 법107①, 법112①).

Ⅵ. 의결권의 제한 등

1. 의결권 제한 사항

총회에서는 통지한 사항에 대하여만 의결할 수 있다(법39① 본문, 법107①, 법112①). 다만, i) 정관의 변경, ii) 해산·분할 또는 품목조합으로의 조직변경, iii) 조합원의 제명, iv) 합병, v) 임원의 선출 및 해임을 제외한 긴급한 사항으로서 조합원 과반수의 출석과 출석조합원 3분의 2 이상의 찬성이 있을 때에는 그러하지 아니하다(법39① 단서, 법107①, 법112①).

2. 이해상반과 결의 배제

조합과 조합원의 이해가 상반되는 의사를 의결할 때에는 해당 조합원은 그 의결에 참여할 수 없다(법39②, 법107①, 법112①).

3. 조합원제안

(1) 의의

조합원은 조합원 100인이나 3% 이상의 동의를 받아 총회 개회 30일 전까지 조합장에게 서면으로 일정한 사항을 총회의 목적 사항으로 할 것을 제안("조합원제안")할 수 있다(법39③ 전단, 법107①, 법112①).

(2) 설명기회 부여

조합원제안의 내용이 법령이나 정관을 위반하는 경우를 제외하고는 이를 총회의 목적 사항으로 하여야 하고, 조합원제안을 한 자가 청구하면 총회에서 그 제안을 설명할 기회를 주어야 한다(법39③ 후단, 법107①, 법112①).

(3) 총회소집 청구서에 기재 청구

조합원제안을 제안한 조합원은 조합장에게 총회 개회 30일 전에 서면으로 총회의 목적사항에 추가하여 총회소집 통지서에 적을 것을 청구할 수 있다(각 정관례41④).

Ⅶ. 총회 의사록

1. 총회 의사록 작성

총회의 의사에 관하여는 의사록을 작성하여야 한다(법40①, 법107①, 법112①). 총회의 의사에 관한 의사록작성과 비치를 강제하고 있으므로 조합이 총회를 열었다면 의당 이에 대한 의사록이 있어야 하고 만약 없다면 특별사정이 없는 한 총회 자체가 있었다고 볼 수 없다.[4]

---

4) 대법원 1973. 2. 28. 선고 72다2291 제1부판결.

2. 총회 의사록 기재사항과 기명날인 또는 서명

총회 의사록에는 의사의 진행 상황과 그 결과를 적고 의장과 총회에서 선출한 조합원 5인 이상이 기명날인하거나 서명하여야 한다(법40②, 법107①, 법112①).

Ⅷ. 대의원회

1. 대의원회 설치와 의결사항

조합은 정관으로 정하는 바에 따라 ⅰ) 해산, 분할 또는 품목조합으로의 조직변경(제1호), ⅱ) 조합장의 선출(법45⑤(1): 제2호), ⅲ) 임원의 해임(법54①: 제3호), ⅳ) 합병(제4호)(법41①) 외의 사항에 대한 총회의 의결에 관하여 총회를 갈음하는 대의원회를 둘 수 있다(법42①, 법107①, 법112①).[5)]

2. 대의원 자격

대의원은 조합원이어야 한다(법42②, 법107①, 법112①).

3. 대의원의 정수, 임기 및 선출 방법

대의원의 정수, 임기 및 선출 방법은 정관으로 정한다(법42③ 본문, 법107①, 법112①). 다만, 임기만료연도 결산기의 마지막 달부터 그 결산기에 관한 정기총회 전에 임기가 끝난 경우에는 정기총회가 끝날 때까지 그 임기가 연장된다(법42③ 단서, 법107①, 법112①).

---

5) 조합의 주된 의사결정이 원활히 이루어질 수 있도록 대의원제를 채택하는 취지는 이해한다. 그러나 1주당 1표의 원칙이 지배하고, 주주의 숫자도 훨씬 많은 상장법인의 경우에도 주주총회 참여 독려 및 내실 있는 의결권 행사를 위한 전자투표 편의성 제고 등 각종 방안이 제시되고 있는 상황에서 대의원제를 통해 집단행동의 문제를 해소하겠다는 방안은 다소 안일하다. 현행 대의원제가 회원의 의사를 보다 합리적으로 반영하도록 개선하는 방안도 제시되고 있지만, 굳이 중간적 기구를 두어 이사장의 대리문제를 방조하도록 하는 것보다는 총회를 활성화하고 이사회의 감시·견제 기능을 회복하도록 하는 방안도 장기적으로 고민해야 할 것이다. 최근 브라질, 아일랜드 등에서는 협동조합형 금융기관들이 전자투표 제도나 위임장 권유 제도를 활성화하는 방안을 모색하기 시작했다는 점도 참고할 필요가 있다(김정연(2019), "새마을금고의 법적성격과 지배구조", 선진상사법률연구 통권 제87호(2019. 7), 41쪽).

4. 겸직금지

대의원은 해당 조합의 조합장을 제외한 임직원과 다른 조합의 임직원을 겸직하여서는 아니 된다(법42④, 법107①, 법112①).

5. 총회 규정 준용과 의결권 대리행사 금지

대의원회에 대하여는 총회에 관한 규정을 준용한다(법42⑤ 본문, 법107①, 법112①). 다만, 대의원의 의결권은 대리인이 행사할 수 없다(법42⑤ 단서, 법107①, 법112①).

6. 관련 판례

① 대법원 2016. 6. 9. 선고 2015다12437 판결

[1] 농업협동조합법과 기록에 있는 피고(M조합)의 정관 등 규정에 의하면 다음 사실을 알 수 있다.

(가) 지역농협은 총회의 의결을 거쳐야 하는 사항 중 조합원의 투표로 총회의 의결을 갈음할 수 있는 사항을 제외한 나머지 사항에 관하여 정관으로 정하는 바에 따라 총회에 갈음하는 대의원회를 둘 수 있다(농업협동조합법 제35조 제1항, 제41조 제1항, 제42조 제1항, 제45조 제4항 제1호, 제54조 제1항).

(나) 지역농협인 피고의 조합장에 대한 징계는 감독기관 또는 중앙회장으로부터 조치요구가 있는 경우를 제외하고는 총회의 의결사항인데, 총회의 의결사항 중 조합원의 투표로 총회의 의결을 갈음할 수 있는 사항(조합원들의 해임요구에 의한 해임의결 등) 외의 사항에 대하여는 총회에 갈음하는 대의원회가 의결할 수 있다(정관 제37조 제1항 제6호, 제40조 제1항, 제46조 제1항, 제142조 제1항).

(나) 피고의 징계변상규정, 회원조합징계변상업무처리준칙에 의하면, 임직원에 대한 징계는 법령, 정관 및 농업협동조합중앙회장이 정하는 준칙 또는 관련 규정에서 정하는 외에는 위 규정과 준칙을 적용하고, 조합장에 대하여 자체징계로서 하는 직무정지 조치는 총회의 의결을 얻어서 하도록 하고 있다(징계변상규정 제2조, 제3조 제2항 제2호, 제17조 제1항, 회원조합징계변상업무처리준칙 제2조, 제7조 제2항 제2호 가목).

[2] 위 각 규정들을 종합하여 보면, 피고가 그 조합장에 대하여 감독기관 또

는 농업협동조합중앙회장으로부터 조치요구가 있는 경우가 아니라 자체적인 직무정지 징계를 할 경우에는 총회를 갈음하여 대의원회의 의결로 할 수 있다. 비록 피고의 징계변상규정, 회원조합징계변상업무처리준칙이 조합장에 대한 자체적인 직무정지 징계는 총회 의결을 얻어서 하도록 규정하고 있지만, 농업협동조합법과 피고의 정관이 위 규정이나 준칙보다 우선하는 효력을 가지는 이상 그 각 규정은 정관에 저촉되는 범위에서 효력이 없거나 정관 규정에 맞추어 조합장에 대한 직무정지 징계에 필요한 총회 의결은 대의원회 의결을 의미하는 것으로 새겨야 할 것이다.

[3] 원심이 같은 취지에서 피고의 대의원회가 조합장인 원고에 대하여 자체적인 직무정지 징계를 의결할 권한이 있다고 판단한 것은 정당하다.

② 대법원 2016. 3. 10. 선고 2013다90754 판결

지역농업협동조합 대의원회의 감사 해임의결에 절차적인 하자가 있어 감사 해임 자체가 불법행위가 되기 위한 요건: 지역농협 대의원회의 감사 해임의결에 절차적인 하자가 있어 감사 해임 자체가 불법행위가 되기 위해서는 그 소집절차 또는 결의방법에 존재하는 하자가 절차적 정의에 반할 정도에 이르고, 그러한 하자의 발생에 지역농협 조합장 내지 대의원회의 고의 또는 과실이 존재하여야 한다.

원심판결 이유에 의하면 원심은, 피고 대의원회가 2011. 8. 9. 거수투표의 방식으로 원고를 감사에서 해임하기로 의결한 것은 비밀투표에 의하지 아니한 절차적 하자가 있는 사실을 인정한 다음, 피고는 위와 같이 위법, 부당한 감사 해임의결로 인하여 원고에게 입힌 손해를 배상할 의무가 있다고 판단하였다.

그러나 기록에 의하면, 피고 조합장은 2011. 8. 9. 대의원회의에서 감사 해임 안건을 상정한 후 출석 조합원 다수의 의견에 따라 거수투표로 의결방법을 정하였는데, 농업협동조합법이나 피고의 정관에는 임원 해임의결 방법을 따로 정하지 아니하였고, 정관의 위임에 따라 제정된 대의원회운영규약 제15조가 "의결은 거수, 기립 또는 투표 등의 방법에 의하되, 의장이 대의원회의 의견을 들어 결정한다."라고 정하고 있을 뿐임을 알 수 있으므로, 원고에 대한 감사 해임의결이 무기명 비밀투표에 의하지 아니한 절차상의 하자가 있다고 하더라도 그것만으로는 피고 조합장 내지 대의원들에게 고의 또는 과실에 의한 위법행위가 있다

고 단정할 수 없다.

따라서 원심이 그 판시와 같은 이유만으로 피고에게 불법행위 책임이 있다고 판단한 것에는 법인의 불법행위 성립요건에 관한 법리를 오해한 위법이 있고, 이를 지적하는 취지의 상고이유 주장은 이유 있다.

③ 부산고등법원 2002. 9. 27. 선고 2001나13068 판결

피고 조합 대의원회 결의무효 확인의 소는 통상의 확인소송이므로 확인의 이익을 가진 자는 누구라도 이를 제기할 수 있는 것이지만 이 경우 확인의 이익이 있다 함은 그 대의원회의 결의가 그의 권리 또는 법적 지위를 구체적으로 침해하고 또 직접적으로 이에 영향을 미치는 경우에 한한다 할 것이다(대법원 1980. 10. 27. 선고 79다2267 판결; 대법원 1980. 1. 29. 선고 79다1322 판결 등 참조).

그런데, 원고는 피고 조합의 조합원으로서 조합 운영 전반에 걸쳐 감시자로서의 권리와 의무가 있다고만 주장할 뿐 피고 조합 대의원회의 위 결의로 인하여 구체적으로 조합원으로서의 어떤 권리나 법적 지위를 침해당하였다거나 또는 직접적으로 무슨 영향을 받고 있다는 것에 관한 주장, 입증이 없을 뿐만 아니라, 원고가 무효확인을 구하는 대의원회의 결의가 피고 조합의 업무용 부동산 취득을 추인하는 내용임이 앞서 본 바와 같은 이 사건의 경우 그 결의로 인하여 원고의 조합원으로서의 권리나 법적 지위가 현실적으로 직접 어떠한 구체적인 영향을 받았다고도 할 수 없으니, 이 사건 소는 확인의 이익이 있다고 할 수 없다.

제3절 이사회

Ⅰ. 서설

농업협동조합법과 정관은 이사회의 경영자 지원과 경영자 통제에 대하여 함께 규정하고 있다. 이사회는 총회의 권한으로 규정된 사항 이외의 모든 업무집행에 관한 의사결정권을 가지고 있으며, 이사회에서 결정된 업무집행 사항은 이사장, 상임이사, 간부직원이 집행한다. 반면 이사회는 이사회에서 결의된 사항에

대하여 이사장, 상임이사, 간부직원의 업무집행을 감독하고, 필요한 사항을 보고하도록 요구할 수 있다. 즉 이사회는 경영진의 업무집행에 대한 적법성, 타당성, 효율성 여부에 대한 포괄적인 감독권한을 갖는다.

Ⅱ. 이사회의 설치와 구성

1. 이사회의 설치

조합에 이사회를 둔다(법43①, 법107①, 법112①).

2. 이사회의 구성

이사회는 조합장을 포함한 이사로 구성하며, 조합장이 이를 소집하고 그 의장이 된다(법43②, 법107①, 법112①, 각 정관례 48②).

Ⅲ. 이사회의 소집 등

1. 이사회의 소집

조합장은 이사 3분의 1 이상 또는 감사가 회의목적 및 부의안건과 소집이유를 적은 서면으로 회의소집을 요구하였을 때에는 지체없이 회의를 소집하여야 한다(각 정관례48⑥).

2. 소집을 요구한 이사대표 또는 감사의 이사회 소집

조합장이 소집이 요구된 이사회를 정당한 사유없이 소집하지 아니하는 경우에는 이사 3분의 1 이상의 동의를 얻어 소집을 요구한 이사대표(감사가 소집을 요구한 경우에는 감사)가 이를 소집한다(각 정관례48⑦ 전단). 이 경우 이사회가 정하는 이사가 의장의 직무를 수행한다(각 정관례48⑦ 후단).

3. 이사회 소집 통지 기간

조합장은 회의개최일 3일전까지 회의사항을 서면으로 구성원과 감사에게 알린다(각 정관례48⑤ 본문). 다만, 긴급을 요할 경우에는 그러하지 아니하다(각 정관례48⑤ 단서).

Ⅳ. 이사회의 결의사항 등

1. 이사회의 결의사항

이사회는 i) 조합원의 자격 심사 및 가입 승낙(제1호), ii) 법정적립금의 사용(제2호), iii) 차입금의 최고 한도(제3호), iv) 경비의 부과와 징수방법(제4호), v) 사업 계획 및 수지예산(收支豫算) 중 정관으로 정하는 중요한 사항 외의 경미한 사항의 변경(제5호), vi) 간부직원의 임면(제6호), vii) 정관으로 정하는 금액 이상의 업무용 부동산의 취득과 처분(제7호), viii) 업무규정의 제정·개정 및 폐지와 사업 집행 방침의 결정(제8호), ix) 총회로부터 위임된 사항(제9호), x) 법령 또는 정관에 규정된 사항(제10호), xi) 상임이사의 해임 요구에 관한 사항(제11호), xii) 상임이사 소관 업무의 성과평가에 관한 사항(제12호), xiii) 그 밖에 조합장, 상임이사 또는 이사의 3분의 1 이상이 필요하다고 인정하는 사항(제13호)을 의결한다(법43③, 법107①, 법112①).

2. 이사회의 개의와 결의

이사회는 구성원 과반수의 출석으로 개의하고 출석자 과반수의 찬성으로 의결한다(법43⑤, 법107①, 법112①).

Ⅴ. 이사회의 업무집행 감독과 간부직원의 의견 진술

1. 이사회의 업무집행 감독

이사회는 이사회 의결사항에 대하여 조합장이나 상임이사의 업무집행상황을 감독한다(법43④, 법107①, 법112①).

2. 간부직원의 의견 진술

간부직원은 이사회에 출석하여 의견을 진술할 수 있다(법43⑥, 법107①, 법112①).

Ⅵ. 운영평가자문회의의 구성 · 운영

1. 구성

조합은 조합의 건전한 발전을 도모하기 위하여 조합원 및 외부 전문가 15명 이내로 운영평가자문회의를 구성 · 운영할 수 있다(법44①, 법107①, 법112①). 운영평가자문회의의 구성과 운영에 필요한 사항은 정관으로 정한다(법44⑤, 법107①, 법112①).

2. 이사회 보고

운영되는 운영평가자문회의는 조합의 운영상황을 평가하였으면 그 결과를 이사회에 보고하여야 한다(법44②, 법107①, 법112①).

3. 이사회의 총회 보고

이사회는 운영평가자문회의의 평가결과를 총회에 보고하여야 한다(법44③, 법107①, 법112①).

4. 조합장의 평가결과 반영

조합장은 운영평가자문회의의 평가결과를 조합의 운영에 적극 반영하여야 한다(법44④, 법107①, 법112①).

제4절 임원

Ⅰ. 임원의 정수 및 선출

1. 임원의 정수

조합에 임원으로서 조합장 1명을 포함한 7명 이상 25명 이하의 이사와 2명의 감사를 두되, 그 정수는 정관으로 정한다(법45① 전단, 법107①, 법112①).

2. 임원의 자격

이사의 3분의 2 이상은 조합원이어야 하며, 자산 등 조합의 사업규모가 조합장 임기 개시일 이전에 정기총회의 승인을 받은 최근 결산보고서에 적힌 자산총액이 1,500억원 이상인 경우에는 조합원이 아닌 이사를 1명 이상 두어야 한다(법45① 후단, 영4의4, 법107①, 법112①).

이사회의 활성화와 전문성을 강화하기 위하여 지역조합의 이사회 구성에서 조합원이 아닌 이사, 즉 사외이사를 도입하고 있다(법45①, 법107①, 법112①). 사외이사제도는 전문성이 부족한 조합원 출신의 이사를 보완하는 것으로서 이사회의 전문성을 높이고 투명성을 확보하기 위한 것이다.[6)]

3. 상임 임원

(1) 이사(조합장 포함)

(가) 상임이사 선출 여부: 임의

조합은 정관으로 정하는 바에 따라 조합장을 포함한 이사 중 2명 이내를 상임으로 할 수 있다(법45② 본문, 법107①, 법112①).

(나) 상임이사를 두어야 하는 조합: 의무

조합장을 비상임으로 운영하는 조합과 자산 등 사업규모가 조합장 임기 개시일 이전에 정기총회의 승인을 받은 최근 결산보고서에 적힌 자산총액이 1천 5백억원 이상인 조합에는 조합원이 아닌 이사 중 1명 이상을 상임이사로 두어야 한다(법45② 단서, 영4의5, 법107①, 법112①).[7)]

---

6) 최흥은(2014), 92쪽.

7) 헌법재판소 2012. 12. 27. 선고 2011헌마877 전원재판부(농업협동조합법 제45조 제2항 위헌확인: 지역농협에 조합원이 아닌 이사 중 1명 이상을 상임이사로 두도록 한 농업협동조합법 제45조 제2항 단서는 조합원이 상임이사가 되는 것을 금지하지 아니하고, 청구인이 조합원 자격을 유지한 채 상임이사가 될 수 없는 것은 상임이사의 수를 1인으로 정하고 상임이사의 자격을 조합원이 아닌 사람으로 제한한 지역농협의 정관 때문이므로, 농업협동조합법 제45조 제2항 단서에 의하여 조합원인 청구인의 기본권이 직접 침해받고 있다고 볼 수 없다).

(2) 감사

(가) 상임감사 선출 여부: 임의

조합은 정관으로 정하는 바에 따라 감사 중 1명을 상임으로 할 수 있다(법45③ 본문, 법107①, 법112①).

(나) 상임감사를 두어야 하는 조합: 의무

자산 등 사업규모가 감사의 임기 개시일 이전에 정기총회의 승인을 받은 최근 결산보고서에 적힌 자산총액이 1조원 이상인 조합에는 조합원이 아닌 상임감사 1명을 두어야 한다(법45③ 단서, 영4의6, 법107①, 법112①).

4. 비상임 조합장을 두어야 하는 조합

자산 등 조합의 사업규모가 조합장 임기 개시일 이전에 정기총회의 승인을 받은 최근 결산보고서에 적힌 자산총액이 2천 5백억원 이상인 경우에는 조합장을 비상임으로 한다(법45④, 영4의7, 법107①, 법112①).

5. 임원의 선출

(1) 조합장의 선출

조합장은 조합원 중에서 정관으로 정하는 바에 따라 다음의 어느 하나의 방법, 즉 i) 조합원이 총회 또는 총회 외에서 투표로 직접 선출(제1호), ii) 대의원회가 선출(제2호), iii) 이사회가 이사 중에서 선출(제3호)하는 방법으로 한다(법45⑤, 법107①, 법112①).

(2) 조합장 외의 임원 선출

조합장 외의 임원은 총회에서 선출한다(법45⑥ 본문, 법107①, 법112①). 다만, 상임이사 및 상임감사는 조합 업무에 대한 전문지식과 경험이 풍부한 사람으로서 "대통령령으로 정하는 요건에 맞는 사람" 중에서 인사추천위원회에서 추천된 사람을 총회에서 선출한다(법45⑥ 단서, 법107①, 법112①).

(가) 상임이사의 자격요건

"대통령령으로 정하는 요건에 맞는 사람" 중 상임이사는 i) 조합, 중앙회(중앙회의 자회사 및 손자회사를 포함) 또는 품목조합연합회("연합회")에서 상근직으로 5년 이상 종사한 경력이 있는 사람(제1호), ii) 농업·축산업과 관련된 국가기관 · 지방자치단체 · 공공기관운영법 제4조에 따른 공공기관("공공기관") 또는 금융위원회법 제38조에 따른 검사대상기관(이에 상당하는 외국금융기관 포함)에서 상근직으로 5년 이상 종사한 경력이 있는 사람(제2호), iii) 농업 · 축산업 또는 금융업과 관련된 국가기관 · 연구기관 · 교육기관 또는 기업에서 종사한 경력이 있는 사람으로서 제1호 또는 제2호의 사람과 같은 수준 이상의 자격이 있다고 조합의 정관에서 정하는 요건에 해당되는 사람(제3호)을 말한다(영5①).

(나) 상임감사의 자격요건

"대통령령으로 정하는 요건에 맞는 사람" 중 상임감사는 i) 조합 · 연합회에서 감사 · 회계 · 금융 또는 재무 관련 업무에 상근직으로 5년 이상 종사한 경력이 있는 사람. 다만, 해당 조합에서 최근 2년 이내에 임직원으로 근무한 사람(조합 감사로 근무 중이거나 근무한 사람은 제외)은 제외한다(제1호). ii) 농업 · 축산업과 관련된 국가기관 · 지방자치단체 · 공공기관 · 연구기관 또는 교육기관에서 감사 · 회계 · 재무 또는 조합 관련 업무에 상근직으로 5년 이상 종사한 경력이 있는 사람, iii) 중앙회, 금융업과 관련된 국가기관 · 연구기관 · 교육기관 또는 금융위원회법 제38조에 따른 검사대상기관(이에 상당하는 외국금융기관 포함)에서 감사 · 회계 · 금융 · 재무 또는 조합 관련 업무에 상근직으로 5년 이상 종사한 경력이 있는 사람을 말한다(영5②).

(3) 비상임 임원의 명예직

상임인 임원을 제외한 조합의 임원은 명예직으로 한다(법45⑦, 법107①, 법112①).

(4) 당선자 결정의 무효 여부에 대한 확인의 소와 확인의 이익

농업협동조합과 같은 단체의 임원선거에 따른 당선자 결정의 무효 여부에 대한 확인을 구하는 소에 있어서 당선자를 상대로 제소하는 경우에는 그 청구를 인용하는 판결이 내려졌다 하더라도 그 판결의 효력이 당해 조합에 미친다고 할 수 없기 때문에 그 당선자 결정에 따라 정하여지는 조합장의 지위를 둘러싼 당사자 사이의 분쟁을 근본적으로 해결할 수 없다고 보아야 하고 따라서 당선자를 결정한 그 조합을 상대로 제소할 일이지 당선자를 상대로 제소하여서는 확인의 이익이 있다고 할 수 없다. 소가 그 확인의 이익이 없어 부적법한지의 여부는 직

권조사사항이어서 당사자의 주장 여부에 관계없이 법원이 직권으로 판단하여야 한다.[8)]

6. 여성조합원 중 이사 선출의무

조합은 이사 정수의 5분의 1 이상을 여성조합원과 품목을 대표할 수 있는 조합원에게 배분되도록 노력하여야 한다(법45⑧ 본문, 법107①, 법112①). 다만, 여성조합원이 전체 조합원의 30% 이상인 조합은 이사 중 1명 이상을 여성조합원 중에서 선출하여야 한다(법45⑧ 단서, 법107①, 법112①).

7. 조합장 보궐선거의 입후보 자격 제한

조합의 조합장 선거에 입후보하기 위하여 임기 중 그 직을 그만 둔 조합의 이사 및 감사는 그 사직으로 인하여 실시사유가 확정된 보궐선거의 후보자가 될 수 없다(법45⑨, 법107①, 법112①).

8. 정관 규정

임원의 선출과 추천, 인사추천위원회 구성과 운영에 관하여 농업협동조합법에서 정한 사항 외에 필요한 사항은 정관으로 정한다(법45⑩, 법107①, 법112①).

Ⅱ. 임원의 직무

1. 조합장의 직무

(1) 대표권과 업무집행권

조합장은 조합을 대표하며 업무를 집행한다(법46①, 법107①, 법112①).

---

8) 대법원 1991. 8. 13. 선고 91다5433 판결(단위농업협동조합의 임원선거규약에 무효투표사유의 하나로 "소정의 투표용지를 사용하지 아니한 경우"를 규정하고 있고 임원선거관리지침에 투표관리자는 선거인 본인임을 확인하고 투표용지 교부시 소정란에 그의 사인을 날인하도록 규정하고 있다면, 이와 같은 투표관리자의 사인 날인에 관한 규정은 단순한 훈시규정이 아니라 투표절차상의 필수적인 절차로서 규정한 투표에 관한 효력규정이라 할 것이므로 비록 투표용지가 투표 당시 소정의 양식에 따라 인쇄되어 있고 일련번호란에 일련번호가 기재되어 있으며 선거관리위원회위원장의 직인이 날인되어 있다 하더라도 투표관리자의 사인이 누락된 투표용지는 무효표에 해당한다).

(가) 조합장이 상임인 경우로서 상임이사를 두는 경우: 업무의 일부 상임이사 위임의무

조합장이 상임인 경우로서 상임이사를 두는 경우에는 조합장은 정관으로 정하는 바에 따라 업무의 일부를 상임이사에게 위임·전결처리하도록 하여야 한다(법46② 본문, 법107①, 법112①).

(나) 조합장이 비상임인 경우: 상임이사의 업무집행 등

조합장이 비상임인 경우에는 상임이사가 업무를 집행한다(법46② 본문, 법107①, 법112①). 다만, 비상임 조합장은 정관으로 정하는 바에 따라 사업(신용사업과 이와 관련되는 부대사업 제외) 중 전부 또는 일부를 집행할 수 있다(법46② 단서, 법107①, 법112①).

(2) 총회와 이사회 의장

조합장은 총회와 이사회의 의장이 된다(법46③, 법107①, 법112①).

(3) 조합장 또는 상임이사의 직무대행

조합장 또는 상임이사가 i) 궐위된 경우(제1호), ii) 공소 제기된 후 구금상태에 있는 경우(제2호),[9] iii) 의료법에 따른 의료기관에 60일 이상 계속하여 입원한 경우(제4호), iv) 조합장의 해임(법54②(3))을 대의원회에서 의결한 경우(제5호), v) 그 밖에 부득이한 사유로 직무를 수행할 수 없는 경우(제6호)(상임이사의 경우 제5호 제외)로 그 직무를 수행할 수 없을 때에는 이사회가 정하는 순서에 따라 이사(조합장의 경우에는 조합원이 아닌 이사는 제외)가 그 직무를 대행한다(법46④, 법107①, 법112①).

(4) 조합장의 선거 입후보와 직무대행

조합장이 그 직을 가지고 해당 조합의 조합장 선거에 입후보하면 후보자로 등록한 날부터 선거일까지 이사회가 정하는 순서(법46④)에 따른 이사가 그 조합장의 직무를 대행한다(법46⑤, 법107①, 법112①).

---

9) 제3호 삭제 [2014.12.31]

2. 감사의 직무

(1) 재산과 업무집행상황 감사권 등

감사는 조합의 재산과 업무집행상황을 감사하며, 전문적인 회계감사가 필요하다고 인정되면 중앙회에 회계감사를 의뢰할 수 있다(법46⑥, 법107①, 법112①).

(2) 부정 사실의 총회 보고 및 총회소집

감사는 조합의 재산 상황이나 업무집행에 부정한 사실이 있는 것을 발견하면 총회에 보고하여야 하고, 그 내용을 총회에 신속히 보고하여야 할 필요가 있으면 정관으로 정하는 바에 따라 조합장에게 총회의 소집을 요구하거나 총회를 소집할 수 있다(법46⑦, 법107①, 법112①).

(3) 총회 또는 이사회 출석 · 의견진술권

감사는 총회나 이사회에 출석하여 의견을 진술할 수 있다(법46⑧, 법107①, 법112①).

(4) 상법의 준용

감사의 직무에 관하여는 상법 제412조의5 · 제413조 및 제413조의2를 준용한다(법46⑨, 법107①, 법112①). 여기서는 준용되는 상법 규정을 살펴본다.

(가) 조사권 등

1) 영업 보고 요구권

감사는 그 직무를 수행하기 위하여 필요한 때에는 조합에 대하여 영업의 보고를 요구할 수 있다(상법412의5①).

2) 조사권

감사는 조합이 지체없이 보고를 하지 아니할 때 또는 그 보고의 내용을 확인할 필요가 있는 때에는 조합의 업무와 재산상태를 조사할 수 있다(상법412의5②).

3) 조합의 수인의무

조합은 정당한 이유가 없는 한 이상의 보고 또는 조사를 거부하지 못한다(상법412의5③).

(나) 조합원 총회에서의 의견진술

감사는 이사가 조합원총회에 제출할 의안 및 서류를 조사하여 법령 또는 정관에 위반하거나 현저하게 부당한 사항이 있는지의 여부에 관하여 조합원총회에 그 의견을 진술하여야 한다(상법413).

(다) 감사록의 작성

감사는 감사에 관하여 감사록을 작성하여야 한다(상법413의2①). 감사록에는 감사의 실시요령과 그 결과를 기재하고 감사를 실시한 감사가 기명날인 또는 서명하여야 한다(상법413의2②).

(5) 감사의 대표권

조합이 조합장이나 이사와 계약을 할 때에는 감사가 조합을 대표한다(법47①, 법107①, 법112①). 조합과 조합장 또는 이사 간의 소송에 관하여는 감사가 조합을 대표한다(법47②, 법107①, 법112①).

Ⅲ. 임원의 임기

1. 조합장의 임기

조합장의 임기는 4년이며, 상임 또는 비상임 조합장의 경우 2차에 한하여 연임할 수 있다(법48① 본문, 각 정관례55① 단서, 법107①, 법112①).

2. 조합원인 이사 및 그 외의 이사 임기

조합원인 이사는 4년이며, 그 외의 이사는 2년이다(법48① 본문, 법107①, 법112①).

3. 감사의 임기

감사의 임기는 3년이며 연임할 수 있다(법48① 본문, 법107①, 법112①).

4. 설립 당시의 조합장, 조합원인 이사 및 감사의 임기

설립 당시의 조합장, 조합원인 이사 및 감사의 임기는 정관으로 정하되, 2년을 초과할 수 없다(법48① 단서, 법107①, 법112①).

5. 임원 임기의 연장

임원의 임기가 끝나는 경우에는 임기만료연도 결산기의 마지막 달부터 그 결산기에 관한 정기총회 전에 임기가 끝난 경우에는 정기총회가 끝날 때까지 그 임기가 연장된다(법48②, 법42③ 단서, 법107①, 법112①).

Ⅳ. 임원의 결격사유

1. 임원의 자격제한

다음의 어느 하나에 해당하는 사람, 즉 i) 대한민국 국민이 아닌 사람(제1호), ii) 미성년자·피성년후견인 또는 피한정후견인(제2호), iii) 파산선고를 받고 복권되지 아니한 사람(제3호), iv) 법원의 판결이나 다른 법률에 따라 자격이 상실되거나 정지된 사람(제4호), v) 금고 이상의 실형을 선고받고 그 집행이 끝나거나(집행이 끝난 것으로 보는 경우 포함) 집행이 면제된 날부터 3년이 지나지 아니한 사람(제5호), vi) 위법행위에 대한 행정처분(법164①)이나 임직원에 대한 행정처분(신용협동조합법84)에 규정된 개선 또는 징계면직의 처분을 받은 날부터 5년이 지나지 아니한 사람(제6호), vii) 형의 집행유예선고를 받고 그 유예기간 중에 있는 사람(제7호), viii) 벌칙(법172) 또는 위탁선거법 제58조(매수 및 이해유도죄)·제59조(기부행위의 금지·제한 등 위반죄)·제61조(허위사실 공표죄)부터 제66조(각종 제한규정 위반죄)까지에 규정된 죄를 범하여 벌금 100만원 이상의 형을 선고받고 4년이 지나지 아니한 사람(제8호), ix) 농업협동조합법에 따른 임원선거에서 당선되었으나 제173조 제1항 제1호(= 당선인이 해당 선거에서 제172조에 해당하는 죄를 범하여 징역형 또는 100만원 이상의 벌금형을 선고받은 때) 또는 위탁선거법 제70조(위탁선거범죄로 인한 당선무효) 제1호[10]에 따라 당선이 무효로 된 사람으로서 그 무효가 확정된 날부터 5년이 지나지 아니한 사람(제9호), x) 선거일 공고일 현재 해당 조합의 정관으로 정하는 출자좌수 이상의 납입 출자분을 2년 이상 계속 보유하고 있지 아니한 사람(다만, 설립이나 합병 후 2년이 지나지 아니한 조합의

10) 1. 당선인이 해당 위탁선거에서 이 법에 규정된 죄를 범하여 징역형 또는 100만원 이상의 벌금형을 선고받은 때

경우에는 그러하지 아니하다)(제10호), xi) 선거일 공고일 현재 해당 조합, 중앙회 또는 ㉠ 은행, ㉡ 한국산업은행, ㉢ 중소기업은행, ㉣ 그 밖에 대통령령으로 정하는 금융기관[11]에 대하여 정관으로 정하는 금액과 기간을 초과하여 채무 상환을 연체하고 있는 사람(제11호), xii) 선거일 공고일 현재 사업(법57①) 중 대통령령으로 정하는 사업[12]에 대하여 해당 조합의 정관으로 정하는 일정 규모 이상의 사업 이용실적이 없는 사람(제12호)은 조합의 임원이 될 수 없다(법49① 본문, 법107①, 법112①). 다만, 제10호와 제12호는 조합원인 임원에게만 적용한다(법49① 단서, 법107①, 법112①).

2. 임원 결격사유의 발생과 퇴직

위의 임원 결격사유가 발생하면 해당 임원은 당연히 퇴직된다(법49②, 법107①, 법112①).

3. 퇴직 전 행위의 효력 유지

퇴직한 임원이 퇴직 전에 관여한 행위는 그 효력을 상실하지 아니한다(법49③, 법107①, 법112①).

---

11) "대통령령으로 정하는 금융기관"이란 1. 조합, 농협은행, 농협생명보험 및 농협손해보험, 2. 기술보증기금, 3. 「농림수산업자 신용보증법」에 따른 농림수산업자 신용보증기금, 4. 보험회사, 5. 산림조합과 그 중앙회, 6. 상호저축은행과 그 중앙회, 7. 새마을금고와 그 중앙회, 8. 수산업협동조합과 그 중앙회 및 수협은행, 9. 신용보증기금, 10. 신용협동조합과 그 중앙회, 11. 여신전문금융회사, 12. 「벤처투자 촉진에 관한 법률」 제2조 제10호 및 제11호에 따른 중소기업창업투자회사 및 벤처투자조합, 13. 「중소기업협동조합법」에 따른 중소기업협동조합, 14. 「지역신용보증재단법」에 따른 신용보증재단과 그 중앙회, 15. 한국수출입은행, 16. 한국주택금융공사를 말한다(영5의2).

12) 농업협동조합법 시행령 제5조의3(임원이 이용하여야 하는 사업) ① 법 제49조 제1항 제12호에서 "대통령령으로 정하는 사업"이란 다음의 사업을 말한다.

1. 법 제57조 제1항 제2호 가목의 사업. 이 경우 해당 조합이 출자한 법 제112조의2에 따른 조합 공동사업법인의 사업 중 법 제112조의8 제1호에 따른 상품의 공동판매 사업을 포함할 수 있다.
2. 그 밖에 조합의 정관으로 정하는 사업

② 조합 중 법 제57조 제1항 제2호 가목의 경제사업을 이용하는 조합원이 전체 조합원의 50% 이상인 조합의 경우에는 제1항 제1호의 사업을 반드시 포함하여야 한다.

Ⅴ. 형의 분리 선고

형법 제38조(경합범과 처벌례)[13]에도 불구하고 제49조 제1항 제8호에 규정된 죄와 다른 죄의 경합범에 대해서는 이를 분리 선고하여야 한다(법49의2①, 법107①, 법112①).

임원 선거 후보자의 직계 존속·비속이나 배우자가 범한 제172조 제1항 제2호[14](제50조 제11항[15]을 위반한 경우는 제외)·제3호[16] 또는 위탁선거법 제58조[17]·제59조[18]에 규정된 죄와 다른 죄의 경합범으로 징역형 또는 300만원 이상의 벌

13) 형법 제38조(경합범과 처벌례) ① 경합범을 동시에 판결할 때에는 다음의 구분에 따라 처벌한다.
1. 가장 무거운 죄에 대하여 정한 형이 사형, 무기징역, 무기금고인 경우에는 가장 무거운 죄에 대하여 정한 형으로 처벌한다.
2. 각 죄에 대하여 정한 형이 사형, 무기징역, 무기금고 외의 같은 종류의 형인 경우에는 가장 무거운 죄에 대하여 정한 형의 장기 또는 다액(多額)에 그 2분의 1까지 가중하되 각 죄에 대하여 정한 형의 장기 또는 다액을 합산한 형기 또는 액수를 초과할 수 없다. 다만, 과료와 과료, 몰수와 몰수는 병과(倂科)할 수 있다.
3. 각 죄에 대하여 정한 형이 무기징역, 무기금고 외의 다른 종류의 형인 경우에는 병과한다.

② 제1항 각 호의 경우에 징역과 금고는 같은 종류의 형으로 보아 징역형으로 처벌한다.

14) 2. 제50조 제1항 또는 제11항(제107조·제112조 또는 제161조에 따라 준용되는 경우를 포함)을 위반하여 선거운동을 한 자

15) ⑪ 지역농협의 임직원은 다음의 어느 하나에 해당하는 행위를 할 수 없다.
1. 그 지위를 이용하여 선거운동을 하는 행위
2. 선거운동의 기획에 참여하거나 그 기획의 실시에 관여하는 행위
3. 후보자에 대한 조합원의 지지도를 조사하거나 발표하는 행위

16) 3. 제50조의2(제107조·제112조 또는 제161조에 따라 준용하는 경우를 포함)를 위반한 자

17) 제58조(매수 및 이해유도죄) 선거운동을 목적으로 다음의 어느 하나에 해당하는 행위를 한 자는 3년 이하의 징역 또는 3천만원 이하의 벌금에 처한다.
1. 선거인(선거인명부를 작성하기 전에는 그 선거인명부에 오를 자격이 있는 자를 포함)이나 그 가족 또는 선거인이나 그 가족이 설립·운영하고 있는 기관·단체·시설에 대하여 금전·물품·향응이나 그 밖의 재산상 이익이나 공사(公私)의 직을 제공하거나 그 제공의 의사를 표시하거나 그 제공을 약속한 자
2. 후보자가 되지 아니하도록 하거나 후보자가 된 것을 사퇴하게 할 목적으로 후보자가 되려는 사람이나 후보자에게 제1호에 규정된 행위를 한 자
3. 제1호 또는 제2호에 규정된 이익이나 직을 제공받거나 그 제공의 의사표시를 승낙한 자
4. 제1호부터 제3호까지에 규정된 행위에 관하여 지시·권유·알선하거나 요구한 자
5. 후보자등록개시일부터 선거일까지 포장된 선물 또는 돈봉투 등 다수의 선거인(선거인의 가족 또는 선거인이나 그 가족이 설립·운영하고 있는 기관·단체·시설을 포함)에게 배부하도록 구분된 형태로 되어 있는 금품을 운반한 자

18) 제59조(기부행위의 금지·제한 등 위반죄) 제35조를 위반한 자(제68조 제3항에 해당하는

금형을 선고하는 경우에는 이를 분리 선고하여야 한다(법49의2②, 법107①, 법112①).

Ⅵ. 직원의 임면 등

1. 직원의 임면

조합의 직원은 정관으로 정하는 바에 따라 조합장이 임면한다(법56① 본문, 법107①, 법112①). 다만, 상임이사를 두는 조합의 경우에는 상임이사의 제청에 의하여 조합장이 임면한다(법56① 단서, 법107①, 법112①).

2. 간부직원: 이사회 의결로 조합장이 임면

조합에는 정관으로 정하는 바에 따라 간부직원을 두어야 하며, 간부직원은 회장이 실시하는 전형 시험에 합격한 자 중에서 조합장이 이사회의 의결을 거쳐 임면한다(법56②, 법107①, 법112①).

간부직원(전무 또는 상무)의 임면에 이사회의 의결을 거치도록 하고 있는 것은 간부직원이 담당하는 업무의 중요성을 고려하여 간부직원의 임면에 이사회가 관여하도록 함으로써 임면권자인 조합장의 전횡을 방지하고 간부직원 임면의 적정성을 확보하려는 데 취지가 있다.

3. 준용규정

간부직원에 관하여는 상법 제11조(지배인의 대리권) 제1항·제3항, 제12조(공동지배인), 제13조(지배인의 등기) 및 제17조(상업사용인의 의무)와 상업등기법 제23조(등기신청인) 제1항, 제50조(등기사항 등) 및 제51조(회사 등의 지배인등기)를 준용한다(법56③, 법107①, 법112①). 여기서는 준용규정을 살펴본다.

(1) 간부직원의 대리권

간부직원은 조합에 갈음하여 그 영업에 관한 재판상 또는 재판외의 모든 행위를 할 수 있다(상법11①). 간부직원의 대리권에 대한 제한은 선의의 제3자에게

자를 제외)는 3년 이하의 징역 또는 3천만원 이하의 벌금에 처한다.

대항하지 못한다(상법11②).

(2) 공동대리

조합은 수인의 간부직원에게 공동으로 대리권을 행사하게 할 수 있다(상법12①). 이 경우 간부직원 1인에 대한 의사표시는 조합에 대하여 그 효력이 있다(상법12②).

(3) 간부직원의 등기

조합은 간부직원의 선임과 그 대리권의 소멸에 관하여 그 간부직원을 둔 본점 또는 지점소재지에서 등기하여야 한다(상법13 전단). 공동 대리권에 관한 사항과 그 변경도 같다(상법13 후단).

(4) 간부직원의 의무

간부직원은 조합의 허락없이 자기 또는 제3자의 계산으로 조합의 영업부류에 속한 거래를 하거나 회사의 무한책임사원, 이사 또는 다른 상인의 사용인이 되지 못한다(상법17①).

간부직원이 전항의 규정에 위반하여 거래를 한 경우에 그 거래가 자기의 계산으로 한 것인 때에는 조합은 이를 조합의 계산으로 한 것으로 볼 수 있고 제3자의 계산으로 한 것인 때에는 조합은 간부직원에 대하여 이로 인한 이득의 양도를 청구할 수 있다(상법17②).

전항의 규정은 조합으로부터 간부직원에 대한 계약의 해지 또는 손해배상의 청구에 영향을 미치지 아니한다(상법17③).

제2항에 규정한 권리는 조합이 그 거래를 안 날로부터 2주간을 경과하거나 그 거래가 있은 날로부터 1년을 경과하면 소멸한다(상법17④).

(5) 등기신청인

조합의 등기는 법률에 다른 규정이 없는 경우에는 그 대표자가 신청한다(상업등기법23①).

(6) 등기사항 등

간부직원의 등기를 할 때에는 i) 전무 또는 상무의 성명·주민등록번호 및 주소, ii) 조합의 성명·주민등록번호 및 주소, iii) 조합이 2개 이상의 상호로 2개 이상 종류의 영업을 하는 경우에는 간부직원이 대리할 영업과 그 사용할 상호, iv) 전무 또는 상무를 둔 장소, v) 2명 이상의 간부직원이 공동으로 대리권을 행사할 것을 정한 경우에는 그에 관한 규정을 등기하여야 한다(상업등기법50①).

위의 등기사항에 변경이 생긴 때에는 제31조(영업소의 이전등기)와 제32조(변경등기 등)를 준용한다(상업등기법50②).

(7) 조합 등의 간부직원 등기

조합의 간부직원 등기는 조합의 등기부에 한다(상업등기법51①).

등기를 할 때에는 위의 등기사항 중 ii) 및 iii)의 사항을 등기하지 아니한다(상업등기법51②).

조합의 간부직원을 둔 본점 또는 지점이 이전·변경 또는 폐지된 경우에 본점 또는 지점의 이전·변경 또는 폐지의 등기신청과 간부직원을 둔 장소의 이전·변경 또는 폐지의 등기신청은 동시에 하여야 한다(상업등기법51③).

4. 관련 판례

① 대법원 2014. 7. 10. 선고 2012다100760 판결

농업협동조합법 및 조합의 정관에 따라 이사회의 의결을 거쳐야 하는 간부직원의 임면이라 함은 일반직 직원을 간부직원으로 임명하거나 간부직원에서 해임하는 것을 의미하고, 징계해직 등과 같이 본인의 의사에 반하여 직원의 신분이 제적되는 경우는 포함되지 않는다.

해고처분은 사회통념상 고용관계를 계속할 수 없을 정도로 근로자에게 책임 있는 사유가 있는 경우에 행하여져야 그 정당성이 인정되는 것이고, 사회통념상 당해 근로자와의 고용관계를 계속할 수 없을 정도인지의 여부는 당해 사용자의 사업의 목적과 성격, 사업장의 여건, 당해 근로자의 지위 및 담당직무의 내용, 비위행위의 동기와 경위, 이로 인하여 기업의 위계질서가 문란하게 될 위험성 등 기업질서에 미칠 영향, 과거의 근무태도 등 여러 가지 사정을 종합적으로 검토하여 판단하여야 한다(대법원 2009. 5. 28. 선고 2007두979 판결 등 참조). 원심은, 피고

조합이 원고 2에 대해 이 사건 징계해직처분을 통해 달성하려는 목적은 정직이나 감봉 등 다른 징계수단을 통해서도 충분히 가능한 것으로 보인다는 점을 비롯한 그 판시와 같은 사정을 들어 원고 2에 대한 징계사유가 사회통념상 고용관계를 계속할 수 없을 정도에 이른다고 보기 어렵고, 따라서 원고 2에 대한 징계해직은 사회통념상 현저하게 타당성을 잃은 처분으로서 무효라고 판단하였다. 앞서 본 법리와 기록에 비추어 살펴보면, 원심의 위와 같은 판단은 정당하다.

② 대법원 1977. 6. 7. 선고 76다1853 전원합의체 판결

농협 전무가 조합 직원과 공동으로 부정대월등 불성실한 행위를 하였을 경우 사용자인 조합이 곧 이러한 사실을 알았다고 하여 신원보증인에게 이를 통지할 의무가 있다고 볼 것인지 여부: 원심이 적법히 인정한 사실에 의하면 원고 조합의 전무는 동 조합의 정관과 간부직원의 직무규정에 의하여 동 조합의 일상업무를 대표하고 자금의 대출과 회수에 관하여는 최고책임자로서 이를 결정하며 조합 직원을 감독하는 지위에 있다는 것인즉, 그렇다면 동 조합의 전무가 조합 직원에게 부정대월등 업무상 불성실한 사적이 있어 그로 말미암아 신원보증인의 책임을 야기할 염려가 있음을 알았다면 비록 위 불성실한 사적이 위 전무와 공동으로 이루어졌다고 하더라도 바로 원고 조합이 그러한 사실을 알았다고 할 것이므로 원고 조합으로서는 신원보증법 제4조 제1호에 따라서 위 원고 조합의 전무를 포함한 위 조합 직원의 신원보증인에게 이를 통지할 의무가 있다고 할 것이며 이때 가사 원고 조합의 조합장이 위와 같은 불성실한 사적을 몰랐다 하더라도 이는 원고 조합의 내부적 사정에 불과하여 위와 같은 판단에 아무런 영향이 없다 할 것인바, 원심이 이와 같은 취의 아래 원고 조합의 전무인 원심 상피고 소외 1은 동 조합의 전무로 취임할 당시부터 동 조합의 상무, 대리, 또는 서기 등으로 재직하고 있던 원심피고 소외 2, 동 소외 3, 동 소외 4, 동 소외 5 등과 공동하여 그 판시와 같은 부정대출행위를 하여 시종 자신은 물론, 동인 등의 업무상 불성실한 사적을 알고 있으면서도 자신 및 동인 등의 신원보증인 등인 피고 1, 동 피고 2, 동 피고 3, 동 피고 4, 동 피고 5, 동 피고 6, 동 피고 7, 동 피고 14, 망 소외 6(피고 8, 동 피고 9, 동 피고 10, 동 피고 11, 동 피고 12, 동 피고 13의 피상속인) 등에게 그 사실을 통지하지 아니한 것은 바로 원고 조합이 그 사실을 알고도 이를 통지하지 아니한 것으로 볼 것이고, 피고 1, 동 피고 2, 동 피고 3,

동 피고 5, 동 피고 6, 동 피고 14, 망 소외 6 등은 그 판시와 같은 신원보증을 하게 된 사유에 비추어 원고 조합이 지체없이 그 사실을 통지하였더라면 신원보증법 제5조 제1항에 의하여 즉시 그들과 원고 조합 사이의 신원보증계약을 해지하였을 것이라고 보기에 충분하므로 위 통지의무 발생 후에 생긴 그 신원보증계약에 따르는 동인 등의 본건 손해배상 책임은 면책된다 할 것이고, 피고 4, 동 피고 7은 그 판시와 같은 신분관계 등에 비추어 위의 통지가 있었다 하더라도 그 신원보증계약을 해지하였을 것이라고는 보여지지 아니하므로 그 통지를 하지 아니한 사실은 그 손해배상 책임을 면책시킬 사유는 되지 아니하여 다만 그 손해배상 금액을 정함에 있어서 이를 참작한다고 판시하였음은 정당하며 거기에 소론과 같이 농업협동조합법과 신원보증법의 법리를 오해하여 그 해석적용을 잘못한 위법이 있다 할 수 없어 논지는 이유 없다 할 것이고, 소론 당원 1976. 6. 22. 선고 75다1687 판결은 이를 변경하기로 한다.

③ 대구고등법원 1982. 8. 18. 선고 81나1620 제2민사부판결

협동조합 상무의 약속어음 발행행위가 농업협동조합법 위반으로 무효라 할지라도 그 행위는 외관상 그의 직무행위와 유사하여 직무행위로 보여진다 할 것이므로 조합은 사용자로서의 책임을 져야 한다.

④ 서울고등법원 1972. 12. 1. 선고 72나667 제10민사부판결

농협지소 상무대리가 동 지소 발행의 당좌수표 뒷면에 지급보증 취지의 기재를 하고 자신의 직인을 압날한 경우 위 지급보증행위는 당연무효이지만 위와 같은 지급보증행위는 조합의 본래업무인 신용업무와 밀접한 관계에 있는 것이고 위 상무대리는 그 직무에 관하여 위법행위를 한 것이므로 조합은 사용자로서의 책임이 있다.

Ⅶ. 임원의 선거운동

1. 위탁선거법

(1) 위탁선거법의 우선 적용

공공단체등 위탁선거에 관한 법률("위탁선거법")은 "공공단체등"의 위탁선거에 관하여 다른 법률에 우선하여 적용한다(위탁선거법5). 농업협동조합법, 수산업협동조합법 및 산림조합법에 따른 조합 및 중앙회, 새마을금고법에 따른 금고와 중앙회는 "공공단체등"에 해당하므로(위탁선거법3(1) 가목 및 나목) 농업협동조합법, 수산업협동조합법, 산림조합법, 새마을금고법에 우선하여 적용된다.

농협법에 따른 조합장(법51④, 법107①, 법112①) 및 중앙회장(법130⑧)만이 의무위탁 대상이다. 이에 따라 의무위탁 대상이 아닌 조합장 및 중앙회장 외 임원들의 경우에는 위탁선거법이 적용되지 않고 농협법이 적용된다.

(2) 개념의 정리

"위탁단체"란 임원 등의 선출을 위한 선거의 관리를 선거관리위원회에 위탁하는 공공단체등을 말한다(위탁선거법3(2)). "관할위원회"란 위탁단체의 주된 사무소 소재지를 관할하는 선거관리위원회법에 따른 구·시·군선거관리위원회(세종특별자치시선거관리위원회를 포함)를 말한다(위탁선거법3(3) 본문). 다만, 법령에서 관할위원회를 지정하는 경우에는 해당 선거관리위원회를 말한다(위탁선거법3(3) 단서). "위탁선거"란 관할위원회가 공공단체등으로부터 선거의 관리를 위탁받은 선거를 말한다(위탁선거법3(4)).

"선거인"이란 해당 위탁선거의 선거권이 있는 자로서 선거인명부에 올라 있는 자를 말한다(위탁선거법3(5)). "동시조합장선거"란 농업협동조합법, 수산업협동조합법 및 산림조합법에 따라 관할위원회에 위탁하여 동시에 실시하는 임기만료에 따른 조합장선거를 말한다(위탁선거법3(6)).

"정관등"이란 위탁단체의 정관, 규약, 규정, 준칙, 그 밖에 위탁단체의 조직 및 활동 등을 규율하는 자치규범을 말한다(위탁선거법3(7)).

(3) 선거기간

선거별 선거기간 i) 농업협동조합법, 수산업협동조합법 및 산림조합법에 따른 조합장선거("조합장선거"): 14일(제1호), i) 조합장선거 외의 위탁선거: 관할 위원회가 해당 위탁단체와 협의하여 정하는 기간(제2호)이다(위탁선거법13①).

"선거기간"이란 후보자등록마감일의 다음 날부터 선거일까지를 말한다(위탁선거법13②).

(4) 선거운동

농업협동조합법에 따른 농업협동조합과 중앙회, 수산업협동조합법에 따른 조합과 중앙회 및 산림조합법에 따른 조합이 위탁하는 선거에만 아래 사항이 적용된다(위탁선거법22 전단).

(가) 선거운동의 정의

"선거운동"이란 당선되거나 되게 하거나 되지 못하게 하기 위한 행위를 말한다(위탄선거법23 본문). 다만, i) 선거에 관한 단순한 의견개진 및 의사표시(제1호), ii) 입후보와 선거운동을 위한 준비행위(제2호)는 선거운동으로 보지 아니한다(위탁선거법23 단서).

(나) 선거운동의 주체 · 기간 · 방법

1) 주체와 방법

후보자는 선거공보(위탁선거법25), 선거벽보(위탁선거법26), 어깨띠 · 윗옷 · 소품(위탁선거법27), 전화를 이용한 선거운동(위탁선거법28), 정보통신망을 이용한 선거운동(위탁선거법29), 명함을 이용한 선거운동(위탁선거법30), 선거일 후보자 소개 및 소견발표(위탁선거법30의2)의 방법으로 선거운동을 하는 경우를 제외하고는 누구든지 어떠한 방법으로도 선거운동을 할 수 없다(위탁선거법24①).

2) 기간

선거운동은 후보자등록마감일의 다음 날부터 선거일 전일까지에 한정하여 할 수 있다(위탁선거법24② 본문). 다만, i) 농업협동조합법, 수산업협동조합법에 따른 중앙회장선거(위탁선거법24③(3))의 후보자가 선거일 또는 결선투표일에 문자메시지를 전송하는 방법(위탁선거법28(2))으로 선거운동을 하는 경우(제1호), ii) 후보자가 선거일 또는 결선투표일에 자신의 소견을 발표(위탁선거법30의2)하는 경우에는 그러하지 아니하다(위탁선거법24② 단서).

3) 선거별 선거운동방법

선거별 선거운동방법은 다음과 같다(위탁선거법24③). 즉 i) 농협 조합장의 경우 조합원이 총회 외에서 투표로 직접 선출하는 조합장 선거, 수협 조합장의 경우 총회 외에서 투표로 직접 선출하는 조합장 선거, 그리고 산림조합 조합장의 경우 총회 외에서 직접투표로 선출하는 조합장 선거: 선거공보(위탁선거법25), 선거벽보(위탁선거법26), 어깨띠·윗옷·소품(위탁선거법27), 전화를 이용한 선거운동(위탁선거법28), 정보통신망을 이용한 선거운동(위탁선거법29), 명함을 이용한 선거운동(위탁선거법30)의 방법(제1호), ii) 농협 조합장의 경우 조합원이 총회에서 선출하는 조합장 선거, 수협 조합장의 경우 총회에서 선출하는 조합장 선거, 그리고 산림조합 조합장의 경우 총회에서 선출하는 조합장 선거: 선거공보(위탁선거법25), 선거벽보(위탁선거법26), 어깨띠·윗옷·소품(위탁선거법27), 전화를 이용한 선거운동(위탁선서법28), 정보통신망을 이용한 선거운동(위탁선거법29), 명함을 이용한 선거운동(위탁선거법30), 선거일 후보자 소개 및 소견발표(위탁선거법30의2)의 방법(제2호), iii) 농협 중앙회장 선거, 수협 중앙회장 선거, 농협 조합장의 경우 대의원회에서 선출하는 조합장선거, 수협 조합장의 경우 대의원회에서 선출하는 조합장선거: 선거공보(위탁선거법25), 전화를 이용한 선거운동(위탁선거법28), 정보통신망을 이용한 선거운동(위탁선거법29), 명함을 이용한 선거운동(위탁선거법30), 선거일 후보자 소개 및 소견발표(위탁선거법30의2)의 방법(제30조에 따른 방법은 중앙회장선거에 한정)(제3호)으로 선거운동을 할 수 있다(위탁선거법24③).

** 관련 판례: 헌법재판소 2019. 7. 25. 선고 2018헌바85 전원재판부

위탁선거법 제23조는 선거운동을 "당선되거나 되게 하거나 되지 못하게 하기 위한 행위"라고 정의하고, 다만 "선거에 관한 단순한 의견개진 및 의사표시" 또는 "입후보와 선거운동을 위한 준비행위"에 해당하는 행위는 선거운동으로 보지 아니한다고 규정하고 있다. 즉 위탁선거법상 "선거운동"이라 함은 위탁선거법 제3조에서 규정한 위탁선거에서 특정 후보자의 당선 내지 이를 위한 득표에 필요한 모든 행위 또는 특정 후보자의 낙선에 필요한 모든 행위 중 당선 또는 낙선을 위한 것이라는 목적의사가 객관적으로 인정될 수 있는 능동적, 계획적 행위를 말하는 것으로 풀이할 수 있다. 선거에 관한 단순한 의견개진 등과 구별되는 선거운동의 표지로 당선 내지 득표(반대후보자의 낙선)에의 목적성, 그 목적성의 객

관적 인식가능성, 능동성 및 계획성이 요구된다 할 것이다(헌재 1994. 7. 29. 93헌가4 등 참조). 위탁선거법 제23조 제2호의 "입후보와 선거운동을 위한 준비행위"에서 "입후보"는 위탁선거에 후보자로 나서는 것을 의미하고, "선거운동을 위한 준비행위"라 함은 비록 선거를 위한 행위이기는 하나 특정 후보자의 당선을 목적으로 표를 얻기 위한 행위가 아니라 단순히 장래의 선거운동을 위한 내부적·절차적 준비행위를 가리키는 것으로, 선거운동에 해당하지 아니하는 것을 의미한다(헌재 2005. 10. 27. 2004헌바41 참조).

선거운동과 선거운동에 이르지 않는 "입후보와 선거운동을 위한 준비행위"를 위와 같이 풀이할 수 있으므로, 건전한 상식과 통상적인 법감정을 가진 사람이면 누구나 그러한 표지를 갖춘 "선거운동"과 "입후보와 선거운동을 위한 준비행위"를 구분할 수 있고, 법집행자의 자의를 허용할 소지를 제거할 수 있다.

(다) 선거공보

1) 선거공보 1종 작성과 제출

후보자는 선거운동을 위하여 선거공보 1종을 작성할 수 있다(위탁선거법25① 전단). 이 경우 후보자는 선거인명부확정일 전일까지 관할위원회에 선거공보를 제출하여야 한다(위탁선거법25① 후단).

2) 선거공보의 발송

관할위원회는 제출된 선거공보를 선거인명부확정일 후 2일까지 투표안내문과 동봉하여 선거인에게 발송하여야 한다(위탁선거법25②).

3) 선거공보 미제출의 효과

후보자가 선거인명부확정일 전일까지 선거공보를 제출하지 아니하거나 규격을 넘는 선거공보를 제출한 때에는 그 선거공보는 발송하지 아니한다(위탁선거법25③).

4) 제출된 선거공보의 정정 또는 철회 제한

제출된 선거공보는 정정 또는 철회할 수 없다(위탁선거법25④ 본문). 다만, 오기나 위탁선거법에 위반되는 내용이 게재되었을 경우에는 제출마감일까지 해당 후보자가 정정할 수 있다(위탁선거법25④ 단서).

5) 선거인의 이의제기 등

선거인은 선거공보의 내용 중 경력·학력·학위·상벌에 관하여 거짓으로 게재되어 있음을 이유로 이의제기를 하는 때에는 관할위원회에 서면으로 하여야 하고, 이의제기를 받은 관할위원회는 후보자와 이의제기자에게 그 증명서류의 제출을 요구할 수 있으며, 그 증명서류의 제출이 없거나 거짓 사실임이 판명된 때에는 그 사실을 공고하여야 한다(위탁선거법25⑤).

관할위원회는 허위게재사실을 공고한 때에는 그 공고문 사본 1매를 선거일에 투표소의 입구에 첩부하여야 한다(위탁선거법25⑥).

6) 중앙선거관리위원회규칙

선거공보의 작성수량·규격·면수·제출, 그 밖에 필요한 사항은 중앙선거관리위원회규칙으로 정한다(위탁선거법25⑦).

(라) 선거벽보

1) 선거벽보 1종 작성과 제출

후보자는 선거운동을 위하여 선거벽보 1종을 작성할 수 있다(위탁선거법26① 전단). 이 경우 후보자는 선거인명부확정일 전일까지 관할위원회에 선거벽보를 제출하여야 한다(위탁선거법26① 후단).

2) 선거벽보의 첩부

관할위원회는 제출된 선거벽보를 제출마감일 후 2일까지 해당 위탁단체의 주된 사무소와 지사무소의 건물 또는 게시판에 첩부하여야 한다(위탁선거법26②).

3) 선거공보 규정의 준용

법 제25조 제3항부터 제6항까지의 규정은 선거벽보에 이를 준용한다(위탁선거법26③ 전단). 이 경우 "선거공보"는 "선거벽보"로, "발송"은 "첩부"로, "규격을 넘는"은 "규격을 넘거나 미달하는"으로 본다(위탁선거법26③ 후단).

4) 중앙선거관리위원회규칙

선거벽보의 작성수량·첩부수량·규격·제출, 그 밖에 필요한 사항은 중앙선거관리위원회규칙으로 정한다(위탁선거법26④).

(마) 어깨띠·윗옷·소품

후보자는 선거운동기간 중 어깨띠나 윗옷(上衣)을 착용하거나 소품을 이용하여 선거운동을 할 수 있다(위탁선거법27).

(바) 전화를 이용한 선거운동

후보자는 선거운동기간 중 i) 전화를 이용하여 송화자·수화자 간 직접 통화하는 방법(제1호), ii) 문자(문자 외의 음성·화상·동영상 등은 제외)메시지를 전송하는 방법(제2호)으로 선거운동을 할 수 있다(위탁선거법28 본문). 다만, 오후 10시부터 다음 날 오전 7시까지는 그러하지 아니하다(위탁선거법28 단서).

(사) 정보통신망을 이용한 선거운동

1) 선거운동 방법

후보자는 선거운동기간 중 i) 해당 위탁단체가 개설·운영하는 인터넷 홈페이지의 게시판·대화방 등에 글이나 동영상 등을 게시하는 방법(제1호), ii) 전자우편(컴퓨터 이용자끼리 네트워크를 통하여 문자·음성·화상 또는 동영상 등의 정보를 주고받는 통신시스템)을 전송하는 방법(제2호)으로 선거운동을 할 수 있다(위탁선거법29①).

2) 정보통신서비스 제공자에 대한 정보 삭제 요청

관할위원회는 위탁선거법에 위반되는 정보가 인터넷 홈페이지의 게시판·대화방 등에 게시된 때에는 그 인터넷 홈페이지의 관리자·운영자 또는 정보통신망법 제1항 제3호에 따른 정보통신서비스 제공자("정보통신서비스 제공자")에게 해당 정보의 삭제를 요청할 수 있다(위탁선거법29② 전단). 이 경우 그 요청을 받은 인터넷 홈페이지의 관리자·운영자 또는 정보통신서비스 제공자는 지체 없이 이에 따라야 한다(위탁선거법29② 후단).

3) 정보 삭제와 이의신청

정보가 삭제된 경우 해당 정보를 게시한 사람은 그 정보가 삭제된 날부터 3일 이내에 관할위원회에 서면으로 이의신청을 할 수 있다(위탁선거법29③).

4) 중앙선거관리위원회규칙

위법한 정보의 게시에 대한 삭제 요청, 이의신청, 그 밖에 필요한 사항은 중앙선거관리위원회규칙으로 정한다(위탁선거법29④).

(아) 명함을 이용한 선거운동

후보자는 선거운동기간 중 다수인이 왕래하거나 집합하는 공개된 장소에서 길이 9센티미터 너비 5센티미터 이내의 선거운동을 위한 명함을 선거인에게 직접 주거나 지지를 호소하는 방법으로 선거운동을 할 수 있다(위탁선거법30 본문).

다만, 중앙선거관리위원회규칙으로 정하는 장소에서는 그러하지 아니하다(위탁선거법30 단서). 여기서 "중앙선거관리위원회규칙으로 정하는 장소"란 i) 병원·종교시설·극장의 안(제1호), ii) 위탁단체의 주된 사무소나 지사무소의 건물의 안(제2호)을 말한다(공공단체등 위탁선거에 관한 규칙15).

(자) 선거일 후보자 소개 및 소견발표

1) 기호순에 따른 소개와 소견발표 시간

조합장선거 또는 중앙회장선거에서 투표관리관 또는 투표관리관이 지정하는 사람("투표관리관등")은 선거일 또는 결선투표일(중앙회장선거에 한정)에 투표를 개시하기 전에 투표소 또는 총회나 대의원회가 개최되는 장소("투표소등")에서 선거인에게 기호순에 따라 각 후보자를 소개하고 후보자로 하여금 조합운영에 대한 자신의 소견을 발표하게 하여야 한다(위탁선거법30의2① 전단). 이 경우 발표시간은 후보자마다 10분의 범위에서 동일하게 배정하여야 한다(위탁선거법30의2① 후단).

2) 소견발표 포기 의제

후보자가 자신의 소견발표 순서가 될 때까지 투표소등에 도착하지 아니한 때에는 소견발표를 포기한 것으로 본다(위탁선거법30의2②).

3) 후보자의 허위사실 공표 또는 후보자 비방에 대한 조치

투표관리관등은 후보자가 제61조(허위사실 공표죄) 또는 제62조(후보자 등 비방죄)에 위반되는 발언을 하는 때에는 이의 중지를 명하여야 하고 후보자가 이에 따르지 아니하는 때에는 소견발표를 중지시키는 등 필요한 조치를 취하여야 한다(위탁선거법30의2③).

4) 소견발표 방해자에 대한 제지와 퇴장

투표관리관등은 투표소등에서 후보자가 소견을 발표하는 것을 방해하거나 질서를 문란하게 하는 사람이 있는 때에는 이를 제지하고, 그 명령에 불응하는 때에는 투표소등 밖으로 퇴장시킬 수 있다(위탁선거법30의2①).

5) 중앙선거관리위원회규칙

후보자 소개 및 소견발표 진행, 그 밖에 필요한 사항은 중앙선거관리위원회규칙으로 정한다(위탁선거법30의2④).

(차) 지위를 이용한 선거운동금지 등

위탁단체의 임직원은 i) 지위를 이용하여 선거운동을 하는 행위(제1호), ii) 지위를 이용하여 선거운동의 기획에 참여하거나 그 기획의 실시에 관여하는 행위(제2호), iii) 후보자(후보자가 되려는 사람을 포함)에 대한 선거권자의 지지도를 조사하거나 이를 발표하는 행위(제3호)를 할 수 없다(위탁선거법31).

(5) 기부행위

(가) 기부행위의 정의

위탁선거법에서 “기부행위”란 ⅰ) 선거인(선거인명부를 작성하기 전에는 그 선거인명부에 오를 자격이 있는 자를 포함)이나 그 가족(선거인의 배우자, 선거인 또는 그 배우자의 직계존비속과 형제자매, 선거인의 직계존비속 및 형제자매의 배우자)(제1호), ⅱ) 선거인이나 그 가족이 설립·운영하고 있는 기관·단체·시설(제2호)을 대상으로 금전·물품 또는 그 밖의 재산상 이익을 제공하거나 그 이익제공의 의사를 표시하거나 그 제공을 약속하는 행위를 말한다(위탁선거법32).

** 관련 판례: 대법원 2021. 7. 21. 선고 2021도6073 판결

[1] 위탁선거법 제35조 제1항은 후보자 등이 기부행위제한기간 중 기부행위를 하는 것을 제한하고 제59조에서 이를 위반한 자를 처벌하도록 정하고 있다. 위탁선거법이 정하는 “기부행위”는 선거인 등을 대상으로 금전 등을 제공하는 등의 행위를 말하고(위탁선거법 제32조), “선거인”은 해당 위탁선거의 선거권이 있는 자로서 선거인명부에 올라 있는 자를 말하며(위탁선거법 제3조 제5호), “선거권”은 해당 법령이나 정관 등이 정하는 바에 의하는데(위탁선거법 제12조), 농업협동조합법 제26조는 지역농업협동조합(“지역농협”)의 경우 조합원이 선거권을 가진다고 정하고 있으므로, 결국 지역농협인 회덕농협의 조합장 선거와 관련하여 기부행위제한 위반으로 인한 위탁선거법 위반죄가 성립하기 위해서는 금전 등을 제공받은 상대방이 조합원 등이어야 한다.

한편 농업협동조합법 및 같은 법 시행령에 의하면, 지역농협 조합원은 해당 지역농협의 구역에 주소 등이 있는 농업인이어야 하는데(농업협동조합법 제19조 제1항), 여기서 농업인이라 함은 “1,000㎡ 이상 농지를 경영하거나 경작하는 자”, “1년 중 90일 이상 농업에 종사하는 자”, “일정 기준 이상의 누에 또는 가축을 사육하거나 원예작물을 재배하는 자”, “660㎡ 이상의 농지에서 채소·과수 또는 화훼를 재배하는 자” 중 어느 하나에 해당하여야 한다(농업협동조합법 제19조 제4항, 같은 법 시행령 제4조 제1항). 그리고 일단 조합원이 되었더라도 위와 같은 조합원 자격을 상실하는 때에는 별도의 절차 없이 지역농협에서 당연 탈퇴된다(농업협동조합법 제29조 제2항 제1호).

[2] H농협은 정관에서 조합원의 자격, 조합원의 당연 탈퇴사유에 관하여 농

업협동조합법과 동일한 내용의 규정을 두고 매년 조합원 자격 여부를 확인하기 위한 실태조사를 실시하였는데, C가 2016년부터 2019년까지 매년 농업인으로서 조합원 자격을 유지하고 있다면서 소명자료로 제출한 임대차계약서의 기재내용에 의문이 있는 점, 위 임대차계약상의 토지소유자가 제1심에서 증언한 내용 등에 비추어 보면, C는 적어도 2016년경부터 농업협동조합법이 정하는 농업인의 요건을 충족하지 못하였고, 이에 따라 농업협동조합법 및 H농협 정관에 의해 조합원 자격이 없는 경우에 해당하여 H농협에서 당연 탈퇴되었다고 봄이 타당하다.

[3] 기부행위의 상대방인 C가 H농협 조합원에 해당하지 않는 이상, 피고인의 판시 행위는 위탁선거법 제59조, 제35조 제1항이 정한 기부행위제한 위반에 해당하지 않는다.

[4] 검사는 대법원 2005. 8. 19. 선고 2005도2245 판결을 원용하면서, 위탁선거법 제32조에서 정한 기부행위의 상대방에 "선거인명부를 작성하기 전에는 그 선거인명부에 오를 자격이 있는 자"가 포함되는데 C는 "선거인명부에 오를 자격이 있는 자"에 해당하므로 기부행위의 상대방에 해당한다고 주장하나, 위 대법원 판결의 취지에 비추어 보더라도 선거인명부 작성 전이기만 하면 누구나 선거인명부에 오를 자격이 있는 자에 해당하는 것은 아닌바, C가 농업협동조합법이 정하는 농업인의 요건을 충족시키지 못하는 위와 같은 사정을 감안하면 선거인명부 작성일의 이틀 전인 "2019. 5. 14. 자 기부행위제한 위반" 당시 C가 다가올 선거일을 기준으로 선거인으로 될 수 있는 자에 해당한다는 점 역시 합리적인 의심을 할 여지가 없을 정도로 증명되었다고 보기에 부족하다.

(나) 기부행위로 보지 아니하는 행위

다음의 어느 하나에 해당하는 행위는 기부행위로 보지 아니한다(위탁선거법 33①).

1) 직무상의 행위

직무상의 행위인 ⅰ) 기관·단체·시설(나목에 따른 위탁단체를 제외)이 자체사업계획과 예산에 따라 의례적인 금전·물품을 그 기관·단체·시설의 명의로 제공하는 행위(포상을 포함하되, 화환·화분을 제공하는 행위는 제외한다. 이하 나목에서 같다)(가목), ⅱ) 위탁단체가 해당 법령이나 정관등에 따른 사업계획 및 수지예산에 따라 집행하는 금전·물품을 그 위탁단체의 명의로 제공하는 행위(나목), ⅲ)

물품구매·공사·역무의 제공 등에 대한 대가의 제공 또는 부담금의 납부 등 채무를 이행하는 행위(다목), ⅳ) 가목부터 다목까지의 규정에 따른 행위 외에 법령에 근거하여 물품 등을 찬조·출연 또는 제공하는 행위(라목)는 기부행위로 보지 않는다(법33①(1)).

2) 의례적 행위

의례적 행위는 ⅰ) 민법 제777조(친족의 범위)에 따른 친족("친족")의 관혼상제의식이나 그 밖의 경조사에 축의·부의금품을 제공하는 행위(가목), ⅱ) 친족 외의 사람의 관혼상제의식에 통상적인 범위[축의·부의금품: 5만원 이내=공공단체등 위탁선거에 관한 규칙16(1)]에서 축의·부의금품(화환·화분을 제외)을 제공하거나 주례를 서는 행위(나목), ⅲ) 관혼상제의식이나 그 밖의 경조사에 참석한 하객이나 조객 등에게 통상적인 범위[음식물: 3만원 이내, 답례품: 1만원 이내=공공단체등 위탁선거에 관한 규칙16(2)(3)]에서 음식물 또는 답례품을 제공하는 행위(다목), ⅳ) 소속 기관·단체·시설(위탁단체는 제외)의 유급 사무직원이나 친족에게 연말·설 또는 추석에 의례적인 선물[선물: 3만원 이내공공단체등 위탁선거에 관한 규칙16(4))]을 제공하는 행위(라목), ⅴ) 친목회·향우회·종친회·동창회 등 각종 사교·친목단체 및 사회단체의 구성원으로서 그 단체의 정관 등 또는 운영관례상의 의무에 기하여 종전의 범위에서 회비를 납부하는 행위(마목), ⅵ) 평소 자신이 다니는 교회·성당·사찰 등에 통상의 예에 따라 헌금(물품의 제공을 포함)하는 행위(바목)는 기부행위로 보지 않는다(법33①(2)).

3) 구호적·자선적 행위

공직선거법 제112조 제2항 제3호에 따른 구호적·자선적 행위에 준하는 행위는 기부행위로 보지 않는다(법33①(3)). 즉 공직선거법 제112조 제2항 제3호의 구호적·자선적 행위를 살펴보면 ⅰ) 법령에 의하여 설치된 사회보호시설중 수용보호시설에 의연금품을 제공하는 행위(가목), ⅱ) 재해구호법의 규정에 의한 구호기관(전국재해구호협회를 포함) 및 대한적십자사 조직법에 의한 대한적십자사에 천재·지변으로 인한 재해의 구호를 위하여 금품을 제공하는 행위(나목), ⅲ) 장애인복지법 제58조에 따른 장애인복지시설(유료복지시설을 제외)에 의연금품·구호금품을 제공하는 행위(다목), ⅳ) 국민기초생활 보장법에 의한 수급권자인 중증장애인에게 자선·구호금품을 제공하는 행위(라목), ⅴ) 자선사업을 주관·시행하는 국가·지방자치단체·언론기관·사회단체 또는 종교단체 그 밖에 국가기관이나 지방자치단체의 허가를 받아 설립된 법인 또는 단체에 의연금품·구호금품을 제공하는 행위(다만, 광범위한 선거구민을 대상으로 하는 경우 제공하는 개별 물품 또는 그 포장지에 직명·성명 또는 그 소속 정당의 명칭을 표시하여 제공하는 행위는 제외)(마목), vi) 자선·구호사업을 주관·시행하는 국가·지방자치단체, 그 밖의 공공기관·법인을 통하여 소년·소녀가장과 후원인으로 결연을 맺고 정기적으로 제공하여 온 자선·구호금품을 제공하는 행위(바목), vii) 국가기관·지방자치단체 또는 구호·자선단체가 개최하는 소년·소녀가장, 장애인, 국가유공자, 무의탁노인, 결식자, 이재민, 국민기초생활 보장법에 따른 수급자 등을 돕기 위한 후원회 등의 행사에 금품을 제공하는 행위(다만, 개별 물품 또는 그 포장지에 직명·성명 또는 그 소속 정당의 명칭을 표시하여 제공하는 행위는 제외)(사목), viii) 근로청소년을 대상으로 무료학교(야학을 포함)를 운영하거나 그 학교에서 학생들을 가르치는 행위(아목)는 기부행위로 보지 않는다(법33①(3)).

** 관련 판례: 대법원 2022. 2. 24. 선고 2020도17430 판결

위탁선거법 제33조 제1항 제1호 (나)목의 "직무상의 행위"에 해당하기 위한 요건 및 그중 위탁단체가 금품을 위탁단체의 명의로 제공하는 것에 해당하는지 판단하는 방법: 위탁선거법 제33조 제1항 제1호 (나)목이 규정한 "직무상의 행위"에 해당하는 경우 조합장의 재임 중 기부행위금지 위반을 처벌하는 같은 법 제59조 위반죄의 구성요건해당성이 없게 되는바, 위 "직무상의 행위"에 해당하기 위해서는 위탁선거법 제33조 제1항 제1호 (나)목이 규정한 바와 같이 위탁단체가 금품을 그 위탁단체의 명의로 제공하여야 할 뿐만 아니라 금품의 제공은 위탁단체의 사업계획 및 수지예산에 따라 집행되어야 하고, 이러한 사업계획 및 수지예산은 법령이나 정관 등에 근거한 것이어야 한다.

여기서 위탁단체가 금품을 그 위탁단체의 명의로 제공하는 것에 해당하는지 여부는 대상자 선정과 그 집행과정에서 사전계획·내부결재나 사후보고 등 위탁단체 내부의 공식적 절차를 거쳤는지, 금품 제공이 위탁단체의 사업수행과 관련성이 있는지, 금품 제공 당시 제공의 주체가 위탁단체임을 밝혔는지, 수령자가 금품 제공의 주체를 위탁단체로 인식했는지, 금품의 제공 여부는 물론 제공된 금품의 종류와 가액·제공 방식 등에 관해 기존에 동일하거나 유사한 관행이 있었는지, 그 밖에 금품 제공에 이른 동기와 경위 등을 종합적으로 고려하여 판단하

여야 한다.

단순히 제공된 금품이 위탁단체의 사업계획 및 수지예산에 따라 집행되었다는 사정만으로는 위와 같은 "직무상의 행위"에 해당한다고 할 수 없고, 특히 직무행위의 외관을 빌렸으나 실질적으로는 금품 제공의 효과를 위탁단체의 대표자 개인에게 돌리려는 의도가 드러나는 경우에는 "직무상의 행위"로 볼 수 없다.

(다) 기부행위제한기간

기부행위를 할 수 없는 기간("기부행위제한기간")은 i) 임기만료에 따른 선거: 임기만료일 전 180일부터 선거일까지(제1호), ii) 해당 법령이나 정관등에 따른 재선거, 보궐선거, 위탁단체의 설립·분할 또는 합병으로 인한 선거: 그 선거의 실시 사유가 발생한 날부터 선거일까지(제2호)이다(위탁선거법34).

(라) 기부행위 제한

1) 후보자 등의 기부행위 제한

후보자(후보자가 되려는 사람을 포함), 후보자의 배우자, 후보자가 속한 기관·단체·시설은 기부행위제한기간 중 기부행위를 할 수 없다(위탁선거법35①).

2) 기부행위 의제

누구든지 기부행위제한기간 중 해당 위탁선거에 관하여 후보자를 위하여 기부행위를 하거나 하게 할 수 없다(위탁선거법35② 전단). 이 경우 후보자의 명의를 밝혀 기부행위를 하거나 후보자가 기부하는 것으로 추정할 수 있는 방법으로 기부행위를 하는 것은 해당 위탁선거에 관하여 후보자를 위한 기부행위로 본다(위탁선거법35② 후단).

3) 기부의 의사표시 승낙 등 제한

누구든지 기부행위제한기간 중 해당 위탁선거에 관하여 제1항 또는 제2항에 규정된 자로부터 기부를 받거나 기부의 의사표시를 승낙할 수 없다(위탁선거법35③).

4) 기부행위의 지시·권유·알선 또는 요구 제한

누구든지 제1항부터 제3항까지 규정된 행위에 관하여 지시·권유·알선 또는 요구할 수 없다(위탁선거법35④).

5) 조합장의 재임 중 기부행위 제한

농업협동조합법, 수산업협동조합법 및 산림조합법에 따른 조합장·중앙회장은 재임 중에 기부행위를 할 수 없다(위탁선거법35⑤).

** 관련 판례: 대법원 2022. 2. 24. 선고 2020도17430 판결

위탁선거법 제59조, 제35조 제5항이 농업협동조합 조합장으로 하여금 재임 중 일체의 기부행위를 할 수 없도록 규정한 취지: 농업협동조합("농협")은 농업협동조합법이 정하는 국가적 목적을 위하여 설립되는 공공성이 강한 법인으로, 위탁선거법 제59조, 제35조 제5항이 농협의 조합장으로 하여금 선거 관련 여부를 불문하고 재임 중 일체의 기부행위를 할 수 없도록 규정한 취지는 기부행위라는 명목으로 매표행위를 하는 것을 방지함으로써 조합장 선거의 공정성을 확보하기 위한 것이다. 즉, 위와 같은 기부행위가 조합장의 지지기반을 조성하는 데에 기여하거나 조합원에 대한 매수행위와 결부될 가능성이 높아 이를 허용할 경우 조합장 선거 자체가 후보자의 인물·식견 및 정책 등을 평가받는 기회가 되기보다는 후보자의 자금력을 겨루는 과정으로 타락할 위험성이 있어 이를 방지하기 위한 것이다. 특히 농협 조합장은 조합원 중에서 정관이 정하는 바에 따라 조합원이 총회 또는 총회 외에서 투표로 직접 선출하거나, 대의원회가 선출하거나, 이사회가 이사 중에서 선출하므로(농업협동조합법 제45조 제5항), 조합장 선거는 투표자들이 비교적 소수로서 서로를 잘 알고 있고 인정과 의리를 중시하는 특정집단 내에서 이루어지며, 적은 표 차이로 당락이 결정되고 그 선거운동방법은 후보자와 선거인의 직접적인 접촉이 주를 이루게 되며, 이에 따라 후보자의 행위가 선거의 당락에 직접적으로 영향을 미친다는 특징이 있다. 뿐만 아니라 조합장 선거의 당선인은 지역농협을 대표하고 총회와 이사회의 의장이 되며, 지역농협의 직원을 임면하는 등(농업협동조합법 제46조 제1항, 제3항, 제56조 제1항) 지역농협의 존속·발전에 상당한 영향력을 미칠 수 있기 때문에 선거인의 입장에서 누가 조합장으로 당선되는지가 중요하고, 조합장 선거에 관심이 높을 수밖에 없다. 위와 같은 특성으로 인하여 조합장 선거는 자칫 과열·혼탁으로 빠질 위험이 높아 선거의 공정성 담보가 보다 높게 요구된다고 할 것인바, 조합장으로 하여금 재임 중 일체의 기부행위를 금지하는 것은 위탁선거가 가지는 고유한 특성을 고려하여 위탁선거의 과열과 혼탁을 방지하고 나아가 선거의 공정성 담보를 도모하기 위함이다(대법원 2021. 4. 29. 선고 2019도14338 판결; 헌재 2018. 2. 22. 2016헌바370 전원재판부 등 참조).

(6) 조합장 등의 축의 · 부의금품 제공제한

농업협동조합법, 수산업협동조합법 및 산림조합법에 따른 조합·중앙회("조합등")의 경비로 관혼상제의식이나 그 밖의 경조사에 축의·부의금품을 제공하는 경우에는 해당 조합등의 경비임을 명기하여 해당 조합등의 명의로 하여야 하며, 해당 조합등의 대표자의 직명 또는 성명을 밝히거나 그가 하는 것으로 추정할 수 있는 방법으로 하는 행위는 기부행위로 본다(위탁선거법36).

(7) 선거일 후 답례금지

후보자, 후보자의 배우자, 후보자가 속한 기관·단체·시설은 선거일 후 당선되거나 되지 아니한 데 대하여 선거인에게 축하·위로나 그 밖의 답례를 하기 위하여 i) 금전·물품 또는 향응을 제공하는 행위(제1호), ii) 선거인을 모이게 하여 당선축하회 또는 낙선에 대한 위로회를 개최하는 행위(제2호)를 할 수 없다(위탁선거법37).

(8) 호별방문 등의 제한

누구든지 선거운동을 위하여 선거인(선거인명부작성 전에는 선거인명부에 오를 자격이 있는 자를 포함)을 호별로 방문하거나 특정 장소에 모이게 할 수 없다(위탁선거법38).

(9) 위반시 제재

(가) 형사제재

농업협동조합법, 수산업협동조합법 및 산림조합법에 따른 조합과 중앙회가 위탁하는 선거에는 아래에서 살펴보는 벌칙 규정이 적용된다(위탁선거법57① 본문).

1) 매수 및 이해유도죄

선거운동을 목적으로 i) 선거인(선거인명부를 작성하기 전에는 그 선거인명부에 오를 자격이 있는 자를 포함)이나 그 가족 또는 선거인이나 그 가족이 설립·운영하고 있는 기관·단체·시설에 대하여 금전·물품·향응이나 그 밖의 재산상 이익이나 공사(公私)의 직을 제공하거나 그 제공의 의사를 표시하거나 그 제공을 약속한 자(제1호), ii) 후보자가 되지 아니하도록 하거나 후보자가 된 것을 사퇴하게 할 목적으로 후보자가 되려는 사람이나 후보자에게 제1호에 규정된 행위를 한 자(제2호), iii) 제1호 또는 제2호에 규정된 이익이나 직을 제공받거나 그 제공의 의사표시를 승낙한 자(제3호), iv) 제1호부터 제3호까지에 규정된 행위에 관하여 지시·권유·알선하거나 요구한 자(제4호), v) 후보자등록개시일부터 선거일까지 포장된 선물 또는 돈봉투 등 다수의 선거인(선거인의 가족 또는 선거인이나 그 가족이 설립·운영하고 있는 기관·단체·시설을 포함)에게 배부하도록 구분된 형태로 되어있는 금품을 운반한 자(제5호)는 3년 이하의 징역 또는 3천만원 이하의 벌금에 처한다(위탁선거법58).

법 제58조의 죄를 범한 자가 받은 이익은 몰수한다(위탁선거법60 본문). 다만, 그 전부 또는 일부를 몰수할 수 없는 때에는 그 가액을 추징한다(위탁선거법60 단서).

2) 기부행위의 금지·제한 등 위반죄

법 제35조(기부행위제한)를 위반한 자[제68조(과태료의 부과) 제3항에 해당하는 자 제외]는 3년 이하의 징역 또는 3천만원 이하의 벌금에 처한다(법59). 법 제59조의 죄를 범한 자가 받은 이익은 몰수한다(법60 본문). 다만, 그 전부 또는 일부를 몰수할 수 없는 때에는 그 가액을 추징한다(위탁선거법60 단서).

** 관련 판례: 대법원 2022. 2. 24. 선고 2020도17430 판결

[1] 위탁선거법 제32조에 해당하는 금전·물품 등의 제공행위는 같은 법 제33조에서 허용되는 것으로 열거된 행위에 해당하지 않는 이상, 조합장 등의 재임 중 기부행위금지 위반을 처벌하는 같은 법 제59조의 구성요건해당성이 인정되는지 여부(적극): 위탁선거법 제35조 제5항은 "농업협동조합법에 따른 조합장 등은 재임 중에 기부행위를 할 수 없다."고 규정하고 제59조는 이를 위반한 자를 처벌하도록 규정하고 있으며, 제32조는 위와 같이 금지되는 기부행위의 정의를 "선거인(선거인명부를 작성하기 전에는 그 선거인명부에 오를 자격이 있는 자를 포함)이나 그 가족(선거인의 배우자, 선거인 또는 그 배우자의 직계존비속과 형제자매, 선거인의 직계존비속 및 형제자매의 배우자), 선거인이나 그 가족이 설립·운영하고 있는 기관·단체·시설을 대상으로 금전·물품 또는 그 밖의 재산상 이익을 제공하거나 그 이익제공의 의사를 표시하거나 그 제공을 약속하는 행위"로 규정한 후, 제33조에서 기부행위로 보지 않는 행위로서 직무상의 행위, 의례적 행위 등을 열거하면서

같은 조 제1항 제1호 (나)목에서 직무상의 행위 중 하나로서 "위탁단체가 해당 법령이나 정관 등에 따른 사업계획 및 수지예산에 따라 집행하는 금전·물품("금품")을 그 위탁단체의 명의로 제공하는 행위"를 규정하고 있다. 이러한 위탁선거법의 규정방식에 비추어, 위탁선거법 제32조에 해당하는 금품 등의 제공행위는 같은 법 제33조에서 허용되는 것으로 열거된 행위에 해당하지 아니하는 이상, 조합장 등의 재임 중 기부행위금지 위반을 처벌하는 같은 법 제59조의 구성요건해당성이 인정된다(위탁선거법과 유사한 규정을 둔 농업협동조합법 위반 사건에 관한 대법원 2007. 10. 26. 선고 2007도5858 판결 등 참조).

[2] 출연자와 기부행위자가 외형상 일치하지 않는 경우, 실질적 기부행위자를 특정하는 방법 / 위탁선거법상 금지되는 기부행위의 구성요건에 해당하는 행위에 위법성 조각사유가 인정되는지 판단하는 방법: 기부행위는 그 출연자가 기부행위자가 되는 것이 통례이지만, 그 기부행위를 한 것으로 평가되는 주체인 기부행위자는 항상 그 금품 또는 재산상 이익 등의 사실상 출연자에 한정되는 것은 아니며, 출연자와 기부행위자가 외형상 일치하지 않는 경우에는 그 금품이나 재산상 이익 등이 출연된 동기 또는 목적, 출연행위와 기부행위의 실행경위, 기부자와 출연자 그리고 기부받는 자와의 관계 등 모든 사정을 종합하여 실질적 기부행위자를 특정하여야 한다(위탁선거법과 유사한 규정을 둔 농업협동조합법 위반에 관한 대법원 2007. 10. 26. 선고 2007도5858 판결 등 참조).

다만 위탁선거법상 금지되는 기부행위의 구성요건에 해당하는 행위라고 하더라도, 그것이 지극히 정상적인 생활형태의 하나로서 역사적으로 생성된 사회질서의 범위 안에 있는 것이라고 볼 수 있는 경우에는 일종의 의례적 행위나 직무상의 행위로서 사회상규에 위배되지 아니하여 위법성이 조각되는 경우가 있을 수 있지만, 이러한 위법성조각사유의 인정은 신중하게 하여야 하고(대법원 2017. 3. 9. 선고 2016도21295 판결 등 참조), 그 판단에 있어서는 기부대상자의 범위와 지위 및 선정 경위, 기부행위에 제공된 금품 등의 종류와 가액, 기부행위 시점, 기부행위와 관련한 기존의 관행, 기부행위자와 기부대상자와의 관계 등 제반 사정을 종합적으로 고려하여야 한다.

3) 허위사실 공표죄

당선되거나 되게 할 목적으로 선거공보나 그 밖의 방법으로 후보자(후보자가 되려는 사람을 포함)에게 유리하도록 후보자, 그의 배우자 또는 직계존비속이나 형제자매에 관하여 허위의 사실을 공표한 자는 3년 이하의 징역 또는 3천만원 이하의 벌금에 처한다(위탁선거법61①).

당선되지 못하게 할 목적으로 선거공보나 그 밖의 방법으로 후보자에게 불리하도록 후보자, 그의 배우자 또는 직계존비속이나 형제자매에 관하여 허위의 사실을 공표한 자는 5년 이하의 징역 또는 500만원 이상 5천만원 이하의 벌금에 처한다(위탁선거법61②).

4) 후보자 등 비방죄

선거운동을 목적으로 선거공보나 그 밖의 방법으로 공연히 사실을 적시하여 후보자(후보자가 되려는 사람을 포함한다), 그의 배우자 또는 직계존비속이나 형제자매를 비방한 자는 2년 이하의 징역 또는 2천만원 이하의 벌금에 처한다(위탁선거법62 본문). 다만, 진실한 사실로서 공공의 이익에 관한 때에는 처벌하지 아니한다(위탁선거법62 단서).

5) 사위등재죄

거짓의 방법으로 선거인명부에 오르게 한 자는 1년 이하의 징역 또는 1천만원 이하의 벌금에 처한다(위탁선거법63①).

선거인명부작성에 관계 있는 자가 선거인명부에 고의로 선거권자를 기재하지 아니하거나 거짓 사실을 기재하거나 하게 한 때에는 3년 이하의 징역 또는 3천만원 이하의 벌금에 처한다(위탁선거법63②).

6) 사위투표죄

성명을 사칭하거나 신분증명서를 위조 또는 변조하여 사용하거나 그 밖에 거짓의 방법으로 투표하거나 하게 하거나 또는 투표를 하려고 한 자는 1년 이하의 징역 또는 1천만원 이하의 벌금에 처한다(위탁선거법64①).

선거관리위원회의 위원·직원·투표관리관 또는 투표사무원이 제1항에 규정된 행위를 하거나 하게 한 때에는 3년 이하의 징역에 처한다(위탁선거법64②).

7) 선거사무관계자나 시설 등에 대한 폭행·교란죄

다음의 어느 하나에 해당하는 자, 즉 i) 위탁선거와 관련하여 선거관리위원회의 위원·직원, 공정선거지원단원, 그 밖에 위탁선거 사무에 종사하는 사람을 폭행·협박·유인 또는 불법으로 체포·감금한 자(제1호), ii) 폭행하거나 협박하여 투표소·개표소 또는 선거관리위원회 사무소를 소요·교란한 자(제2호), iii)

투표용지·투표지·투표보조용구·전산조직 등 선거관리 및 단속사무와 관련한 시설·설비·장비·서류·인장 또는 선거인명부를 은닉·파손·훼손 또는 탈취한 자(제3호)는 1년 이상 7년 이하의 징역 또는 1천만원 이상 7천만원 이하의 벌금에 처한다(위탁선거법65).

8) 각종 제한규정 위반죄

다음의 어느 하나에 해당하는 자, 즉 i) 법 제24조를 위반하여 후보자가 아닌 자가 선거운동을 하거나 제25조부터 제30조의2까지의 규정에 따른 선거운동방법 외의 방법으로 선거운동을 하거나 선거운동기간이 아닌 때에 선거운동을 한 자(다만, 제24조의2 제7항에 따라 선거운동을 한 예비후보자는 제외)(제1호), ii) 법 제24조의2 제7항을 위반하여 선거운동을 한 자(제1호의2), iii) 법 제25조에 따른 선거공보의 종수·수량·면수 또는 배부방법을 위반하여 선거운동을 한 자(제2호), iv) 법 제26조에 따른 선거벽보의 종수·수량 또는 첩부방법을 위반하여 선거운동을 한 자(제3호), v) 법 제27조를 위반하여 선거운동을 한 자(제4호), vi) 법 제28조에 따른 통화방법 또는 시간대를 위반하여 선거운동을 한 자(제5호), vii) 법 제29조를 위반하여 해당 위탁단체가 아닌 자가 개설·운영하는 인터넷 홈페이지를 이용하여 선거운동을 한 자(제6호), viii) 법 제30조에 따른 명함의 규격 또는 배부방법을 위반하여 선거운동을 한 자(제7호), ix) 법 제30조의2 제4항을 위반하여 투표관리관등의 제지명령에 불응한 자(제7호의2), x) 법 제31조를 위반한 자(제8호), xi) 법 제36조를 위반하여 축의·부의금품을 제공한 자(제9호), xii) 법 제37조를 위반한 자(제10호), xiii) 법 제38조를 위반한 자(제11호), xiv) 법 제73조(위반행위에 대한 조사 등) 제3항을 위반하여 출입을 방해하거나 자료제출의 요구에 응하지 아니한 자 또는 허위자료를 제출한 자(제12호), xv) 법 제75조(위탁선거범죄신고자 등의 보호) 제2항을 위반한 자(제13호)는 2년 이하의 징역 또는 2천만원 이하의 벌금에 처한다(위탁선거법66).

9) 공소시효

위탁선거법에 규정한 죄의 공소시효는 해당 선거일 후 6개월(선거일 후 행하여진 범죄는 그 행위가 있는 날부터 6개월)이 지남으로써 완성한다(위탁선거법71 본문). 다만, 범인이 도피한 때나 범인이 공범 또는 범죄의 증명에 필요한 참고인을 도피시킨 때에는 그 기간은 3년으로 한다(위탁선거법71 단서).

(나) 과태료

법 제29조(정보통신망을 이용한 선거운동) 제2항에 따른 관할위원회의 요청을 이행하지 아니한 자에게는 100만원 이하의 과태료를 부과한다(위탁선거법68②).

법 35조(기부행위제한) 제3항을 위반하여 금전·물품이나 그 밖의 재산상 이익을 제공받은 자(그 제공받은 금액 또는 물품의 가액이 100만원을 초과한 자는 제외)에게는 그 제공받은 금액이나 가액의 10배 이상 50배 이하에 상당하는 금액의 과태료를 부과하되, 그 상한액은 3천만원으로 한다(위탁선거법68③ 본문). 다만, 제공받은 금액 또는 음식물·물품(제공받은 것을 반환할 수 없는 경우에는 그 가액에 상당하는 금액) 등을 선거관리위원회에 반환하고 자수한 경우에는 그 과태료를 감경 또는 면제할 수 있다(위탁선거법68③ 단서).

2. 임원의 선거운동 제한

(1) 선거운동의 의의 및 판단기준

선거운동은 특정 후보자의 당선 내지 득표나 낙선을 위하여 필요하고도 유리한 모든 행위로서 당선 또는 낙선을 도모한다는 목적의사가 객관적으로 인정될 수 있는 능동적·계획적인 행위를 말하는 것으로, 구체적으로 어떠한 행위가 선거운동에 해당하는지를 판단할 때에는 단순히 행위의 명목뿐만 아니라 행위의 태양, 즉 그 행위가 행하여지는 시기·장소·방법 등을 종합적으로 관찰하여 그것이 특정 후보자의 당선 또는 낙선을 도모하는 목적의지를 수반하는 행위인지를 판단하여야 한다.[19]

** 관련 판례: 대법원 2011. 6. 24. 선고 2010도9737 판결

선거운동은 특정 후보자의 당선 내지 득표나 낙선을 위하여 필요하고도 유리한 모든 행위로서 당선 또는 낙선을 도모한다는 목적의사가 객관적으로 인정될 수 있는 능동적·계획적인 행위를 말하는 것으로, 구체적으로 어떠한 행위가 선거운동에 해당하는지 여부를 판단함에 있어서는 단순히 그 행위의 명목뿐만 아니라 그 행위의 태양, 즉 그 행위가 행하여지는 시기·장소·방법 등을 종합적으로 관찰하여 그것이 특정 후보자의 당선 또는 낙선을 도모하는 목적의지를 수

19) 대법원 2016. 5. 12. 선고 2013도11210 판결.

반하는 행위인지 여부를 판단하여야 한다(대법원 1999. 4. 9. 선고 98도1432 판결 등 참조).

한편 2인 이상이 공모하여 범죄에 공동 가공하는 공범관계의 경우 공모는 법률상 어떤 정형을 요구하는 것이 아니고 공범자 상호간에 직접 또는 간접으로 범죄의 공동실행에 관한 암묵적인 의사연락이 있으면 족하고, 이에 대한 직접증거가 없더라도 정황사실과 경험법칙에 의하여 이를 인정할 수 있다(대법원 2002. 6. 28. 선고 2002도868 판결 등 참조).

원심판결 이유에 의하면, 원심은, Y농업협동조합("Y농협") 조합장으로서 2008. 11. 4. 실시된 Y농협 조합장 선거의 후보자인 피고인 1과 Y농협의 경제상임이사인 피고인 2가 공모하여, 피고인 1이 2008. 5. 21.경 신규조합원 153명을 상대로 약 1시간 분량의 특강을, 2008. 5. 22.경 신규조합원 110명을 상대로 약 1시간 분량의 특강을, 2008. 7. 30.경 신규조합원 107명을 상대로 약 30분 분량의 인사말을 실시하면서 피고인 1의 조합장 재직 중의 사업실적과 향후 계획을 홍보하는 등으로 임원의 지위를 이용하여 선거운동을 하였다는 요지의 이 부분 공소사실에 대하여, 위 교육이 실시된 배경, 시기, 교육 내용, 신규조합원의 전체 투표권자에 대한 비율, 기존 조합원에 대한 교육이 선거 후로 연기된 점, 이사회 결정 과정에서 피고인들이 행한 역할과 발언 내용 등을 종합하여 볼 때 위 각 교육은 법에 의해 금지되는 Y농협의 임원의 지위를 이용한 선거운동으로 평가된다고 판단하여 피고인들을 임직원의 지위를 이용한 선거운동으로 인한 농업협동조합법 위반죄의 공동정범으로 인정한 제1심판결을 유지하였다. 위 법리와 기록에 비추어 살펴보면, 원심의 이러한 사실인정과 판단은 정당한 것으로 수긍할 수 있다.

(2) 선거운동과 결사의 자유

농업협동조합법은 농협·축협을 법인으로 하면서(법4), 공직선거에 대한 관여를 금지하고(법7), 조합의 재산에 대하여 국가 및 지방자치단체의 조세 외의 부과금을 면제하는(법8) 등 공적인 의무와 혜택을 부여하고 있다. 하지만 농협·축협은 조합원의 경제적·사회적·문화적 지위의 향상을 목적으로 하는 농업인 등의 자주적 협동조직으로, 조합원 자격을 가진 20인 이상이 발기인이 되어 설립하고(법15), 조합원의 출자로 자금을 조달하며(법21), 조합의 결성이나 가입이 강제되지 아니하고, 조합원의 임의탈퇴 및 해산이 허용되며(법28, 법29), 조합장은 조합원들이 직접 선출하거나 대의원회 또는 이사회가 이사 중에서 선출하고 있다(법45). 따라서 농협·축협은 기본적으로 사법인적 성격을 지니고 있다 할 것이므로, 위 조합의 활동도 결사의 자유 보장의 대상이 된다. 또 농협·축협의 조합장은 조합을 대표하며 업무를 집행하는 사람으로서, 총회와 이사회의 의장이 되며 이사회의 소집권자이다. 그러므로 조합장 선출행위는 결사 내 업무집행 및 의사결정기관의 구성에 관한 자율적인 활동이라 할 수 있으므로, 조합장선거 후보자의 선거운동에 관한 사항은 결사의 자유의 보호범위에 속한다.[20)]

(3) 금지행위 등

(가) 금지행위

누구든지 자기 또는 특정인을 조합의 임원이나 대의원으로 당선되게 하거나 당선되지 못하게 할 목적으로 i) 조합원(조합에 가입신청을 한 자 포함)이나 그 가족(조합원의 배우자, 조합원 또는 그 배우자의 직계 존속·비속과 형제자매, 조합원의 직계 존속·비속 및 형제자매의 배우자) 또는 조합원이나 그 가족이 설립·운영하고 있는 기관·단체·시설에 대한 ㉠ 금전·물품·향응이나 그 밖의 재산상의 이익을 제공하는 행위(가목), ㉡ 공사(公私)의 직(職)을 제공하는 행위(나목), ㉢ 금전·물품·향응, 그 밖의 재산상의 이익이나 공사의 직을 제공하겠다는 의사표시 또는 그 제공을 약속하는 행위(다목)(제1호), ii) 후보자가 되지 못하도록 하거나 후보자를 사퇴하게 할 목적으로 후보자가 되려는 사람이나 후보자에게 제1호 각 목에 규정된 행위를 하는 행위(제2호), iii) 제1호나 제2호에 규정된 이익이나 직을 제공받거나 그 제공의 의사표시를 승낙하는 행위 또는 그 제공을 요구하거나 알선하는 행위(제3호)를 할 수 없다(법50①, 법107①, 법112①).

---

20) 헌법재판소 2017. 7. 27. 선고 2016헌바372 전원재판부(조합장선거는 구성원인 조합원이 선거권을 행사함으로써 조합의 자율성 및 민주성을 확보하는 행위이므로 조합원이 선거에 참여하여 그 의사를 표현할 기회와 자유는 최대한 보장되어야 하지만, 국민 전체와 관련된 경제적 기능에 있어서 농협·축협과 같은 협동조합이 가지는 공공성을 고려하면, 이들 조합의 조합장선거는 동시에 공정하게 행해져야 한다. 혼탁선거나 과열된 선거운동으로 인해 조합 및 지역사회의 건전한 발전이 저해될 수 있고, 그 피해는 고스란히 구성원인 조합원과 지역공동체의 경제적 손실과 부작용으로 이어져 심각한 폐해를 가져올 수 있기 때문이다).

** 관련 판례

① 대법원 2020. 3. 26. 선고 2020도692 판결

농업협동조합법 제50조 제1항 제1호 (가)목, (다)목은 "지역농협 임원으로 당선되게 하거나 당선되지 못하게 할 목적으로 조합원 등에게 금품을 제공하거나 제공을 약속하는 등의 행위"를 제한하고 있다. 위 조항에서 상정하고 있는 이익 제공의 목적이 단지 선거인의 투표권을 매수하는 행위, 즉 자기에게 투표하는 대가로 이익을 제공하는 행위에 국한되는 것은 아니고, 선거인의 후보자 추천이나 후보자에 대한 지원활동 등 널리 당선에 영향을 미칠 수 있는 행위와 관련하여 이익을 제공하는 행위는 모두 위 조항에 의하여 제한된다고 해석함이 타당하다. 따라서 피고인이 선거인 자격이 있는 사람에게 자신이 후보자로 추천될 수 있도록 도와 달라고 부탁하면서 금품을 제공하는 행위 역시 위 조항에 의하여 "당선을 목적으로 조합원에게 금품을 제공하거나 제공을 약속하는 등의 행위"에 포함된다(대법원 2013. 7. 26. 선고 2011도13944 판결; 대법원 2016. 5. 12. 선고 2013도11210 판결 참조).

② 대법원 2015. 8. 13. 선고 2015도3198 판결

구 농업협동조합법(2014. 6. 11. 법률 제12755호로 개정되기 전의 것) 제172조 제1항 제2호, 제50조 제1항 제2호, 제1호 (가)목에 정한 농업협동조합법위반죄는 그 범죄성립을 위한 초과주관적 위법요소로서 고의 외에 별도로 "후보자를 사퇴하게 할 목적"을 요구하는 이른바 목적범에 해당한다. 형사재판에서 공소가 제기된 범죄의 구성요건을 이루는 사실에 대한 증명책임은 검사에게 있으므로 행위자에게 후보자를 사퇴하게 할 목적이 있었다는 점은 검사가 증명하여야 하고, 금전의 제공자가 후보자에게 이를 제공한다는 점을 인식하고 그 행위를 하였다는 사실만으로 행위자에게 이러한 목적이 있었다고 추정하여서는 아니 된다. 이때 행위자에게 이러한 목적이 있었는지는 금전의 제공자와 후보자와의 관계, 금전을 받는 자가 후보자를 사퇴하는 것이 금전의 제공자에게 미치는 영향, 행위자가 금전을 제공한 동기, 경위 및 과정, 방법, 금전의 액수 등 당해 제공행위에 관한 여러 사정을 종합하여 사회통념에 비추어 합리적으로 판단하여야 할 것이다.

③ 대법원 2012. 12. 13. 선고 2011도9087 판결

구 농업협동조합법(2011. 3. 31. 법률 제10522호로 개정되기 전의 것, 이하 같다) 제172조 제1항 제2호, 제107조 제1항, 제50조 제1항은 고의 이외에 초과주관적 요소로서 "자기 또는 특정인을 당선되게 할 목적"을 범죄성립요건으로 하는 목적범인바, 위와 같은 목적은 적극적 의욕이나 확정적 인식을 필요로 하는 것이 아니라 미필적 인식만으로도 충분하고, 그 목적이 있었는지 여부는 피고인의 사회적 지위, 피고인과 후보자의 인적 관계, 행위의 동기 및 경위와 수단 및 방법, 행위의 내용과 태양, 상대방의 성격과 범위, 행위 당시의 사회상황 등 여러 사정을 종합하여 사회통념에 비추어 합리적으로 판단하여야 한다(대법원 2006. 3. 24. 선고 2004도8716 판결 등 참조).

원심은 피고인이 친분관계 등과 관계 없이 익산·군산의 전·현직 대의원 100명에게 택배를 이용하여 일괄적으로 이 사건 물품을 발송한 점, 피고인이 이 사건 물품을 발송한 상대방들은 조합원들에게 어느 정도 영향력을 행사할 수 있는 전·현직 대의원들인 점 등의 사정을 들어 피고인이 미필적으로나마 2010. 1. 15. 실시된 이 사건 조합장 선거에서 자신을 당선되게 할 목적으로 이 부분 공소사실 기재와 같이 전·현직 대의원들에게 물품을 제공한 것이라고 인정하였다. 원심판결 이유를 위 법리와 기록에 비추어 살펴보면, 원심의 위와 같은 판단은 정당한 것으로 수긍할 수 있고, 거기에 상고이유 주장과 같이 논리와 경험의 법칙에 위배하고 자유심증주의의 한계를 벗어나거나 농업협동조합법 제50조의 당선되게 할 목적에 관한 법리를 오해한 위법이 없다.

④ 대법원 2008. 4. 10. 선고 2008도138 판결

농업협동조합법 제50조 제1항은 "누구든지 자기 또는 특정인을 지역농협의 임원 또는 대의원으로 당선되거나 당선되게 하거나 당선되지 못하게 할 목적으로 다음 각 호의 1에 해당하는 행위를 할 수 없다."고 규정하고, 그 제1호에서는 "조합원(조합에 가입신청을 한 자를 포함)이나, 그 가족(조합원의 배우자, 조합원 또는 그 배우자의 직계존·비속과 형제자매, 조합원의 직계존·비속 및 형제자매의 배우자) 또는 조합원이나 그 가족이 설립·운영하고 있는 기관·단체·시설에 대하여 금전·물품·향응 기타 재산상의 이익이나 공사의 직을 제공, 제공의 의사표시 또는 그 제공을 약속하는 행위"라고 규정하고 있는바, 위 규정이 선거일 공고일 이후의

금품 제공 등의 경우만을 금지하고 그 전의 행위를 금지하지 않는다고 해석할 수 없고, 누구든지 특정인을 지역농협의 임원 또는 대의원으로 당선되게 할 목적으로 조합원 등에게 금품 등을 제공하는 행위는 그 시기가 선거일 공고일 이후인지 여부와 관계없이 같은 법 제50조 제1항 제1호에 해당하는 것으로 보아야 한다.

(나) 제도적 취지

농업협동조합법 제50조 제1항에서 자기 또는 특정인을 임원 또는 대의원으로 당선되거나 당선되게 하거나 당선되지 못하게 할 목적으로, 조합원이나 그 가족 또는 그들이 설립·운영하는 기관·단체·시설, 후보자가 되고자 하는 자나 후보자에게 금품 등을 제공하거나 제공받는 행위 또는 이를 요구, 약속, 승낙, 알선하는 행위를 금지하는 취지는 농업협동조합의 임원 또는 대의원 선거와 관련하여 선거권자나 후보자를 금품 등으로 매수하여 선거의 공정을 해치는 행위를 금하고자 하는 데 있다.

따라서 선거와 관련하여 금품을 제공하여 매수행위를 하려는 자에 대하여 처음부터 그 매수에 응할 의사가 없이 단지 그 매수행위를 고발할 의도로 이를 제공받은 경우에는 위 법조항에서 말하는 자기 또는 특정인을 임원 또는 대의원으로 당선되거나 당선되게 하거나 당선되지 못하게 할 목적으로 금품을 제공받았다고 볼 수 없고, 그 매수행위를 고발함으로써 매수행위를 시도한 후보자를 사퇴시킬 목적을 갖고 있었다고 하더라도 이를 가리켜 후보자를 당선 또는 당선되지 못하게 할 목적으로 금품을 제공받은 것이라고 볼 수는 없다.[21)]

(다) 당선되게 할 목적의 의미

구 농업협동조합법(2011. 3. 31. 법률 제10522호로 개정되기 전의 것, 이하 같다) 제50조 제1항 제1호, 제3호, 제172조 제1항 제2호는 지역농업협동조합의 임원이

21) 대법원 2008. 9. 11. 선고 2008도5965 판결(원심이, 농업협동조합의 비상임이사 선거에 후보자로 출마한 피고인이 상대 후보자 측에서 피고인에게 후보 사퇴를 요청하면서 제공하는 금전을 그 금품제공 행위를 고발하여 결과적으로 상대 후보자를 사퇴하게 할 목적으로 제공받아 곧바로 선거관리위원회에 고발한 행위에 대하여, 피고인은 그 금전을 자신의 것으로 귀속시킬 의사로 교부받은 것이 아니라 상대 후보자의 불법선거운동행위를 신고할 목적으로 교부받은 것이므로 법 제50조 제1항을 위반한 것이 아니라고 보아 피고인을 무죄로 인정한 것은 위 법리에 따른 것으로서 정당하고, 거기에 해당 법리를 오해한 위법이 있다 할 수 없다).

나 대의원 선거에서 선거의 과열과 혼탁을 방지하고 선거의 공정성을 확보하려는 데 입법 취지가 있으므로, 구 농업협동조합법 제50조 제1항 제1호에서 규정하고 있는 "당선되게 할 목적"은 금전·물품·향응, 그 밖의 재산상의 이익이나 공사의 직(이하 이러한 재산상의 이익과 공사의 직을 통틀어 "재산상 이익 등"이라 한다)을 제공받은 당해 조합원 등의 투표행위에 직접 영향을 미치는 행위나 재산상 이익 등을 제공받은 조합원 등으로 하여금 타인의 투표의사에 영향을 미치는 행위 또는 특정 후보자의 당락에 영향을 미치는 행위를 하게 만들 목적을 의미한다.[22)]

(라) 재산상 이익 등을 제공함으로써 성립

법 제172조 제1항 제2호에서는 제50조 제1항 위반행위를 처벌하고 있는바, 위 규정의 문언과 그 규정이 농업협동조합의 임원 또는 대의원 선거의 공정성을 확보하고 선거부정과 혼탁선거를 방지하려는 데에 입법 취지가 있다는 점에 비추어 보면(대법원 2007. 4. 27. 선고 2006도5579 판결 참조), 위 법 위반죄는 누구든지 특정인을 지역농협의 임원 등에 당선하게 하는 등의 목적으로 조합원 등에게 재산상 이익 등을 제공함으로써 성립하는 것이지 나아가 위 조합원 등이 그 재산상 이익 등이 누구를 위하여 제공되는 것인지까지 알아야 하는 것은 아니라고 할 것이다.[23)]

(마) 행위들을 순차적으로 한 경우

구 농업협동조합법(2011. 3. 31. 법률 제10522호로 개정되기 전의 것) 제172조 제1항 제2호에 의하여 처벌대상이 되는 제50조 제1항 제1호 및 제3호의 행위들을 순차적으로 한 경우, 즉 금전·물품·향응, 그 밖의 재산상의 이익이나 공사의 직(이하 이러한 재산상의 이익과 공사의 직을 통틀어 "재산상 이익 등"이라 한다)에 대한 제공의 의사표시를 하고 이를 승낙하며 나아가 그에 따라 약속이 이루어진 재산상 이익 등을 제공하고 제공받은 경우에, 재산상 이익 등에 대한 제공의 의

22) 대법원 2015. 1. 29. 선고 2013도5399 판결.

23) 대법원 2008. 3. 13. 선고 2007도3671 판결(원심은 그 판시와 같은 사정에 비추어 1심 공동피고인 L, K, B가 Y농협 조합장 선거일에 투표에 참여할 조합원들을 각각 경남 남해읍 섬호마을, 팽현마을, 심천리로부터 투표장소인 Y농협까지 무상으로 운송해준 행위는 조합장 선거에서 피고인에게 우호적인 분위기를 조성하여 피고인이 조합장으로 당선되게 하기 위한 목적에서 이루어진 것이어서 법 제172조 제1항 위반죄에 해당하고, 피고인이 선거운동원들인 C, S와 함께 위 공동피고인들과 위 무상운송행위를 공모한 사실도 인정할 수 있다).

사표시 내지 약속 행위는 제공 행위에, 제공 의사표시의 승낙 행위는 제공받은 행위에 각각 흡수된다.[24)]

** 관련 판례: 대법원 2015. 1. 29. 선고 2013도5399 판결

[1] 구 농업협동조합법의 관련 규정들과 법리에 비추어 보면, 지역농협의 임원이나 대의원 선거에서 투표가 종료되기 전에 조합원이 그로 하여금 특정 후보자를 당선되게 하는 행위를 하게 할 목적으로 재산상 이익 등을 제공하겠다는 의사표시를 승낙하고 나아가 투표가 종료된 후에 그 약속에 따라 재산상 이익 등이 실제로 제공된 경우에, 비록 투표가 종료되어 더 이상 조합원 등의 투표행위나 후보자의 당락에 영향을 미칠 수 없게 되었다 하더라도, 그 재산상 이익 등을 제공하고 제공받은 행위는 그 제공의 의사표시를 하고 이를 승낙한 행위와 마찬가지로 그 선거에서 특정 후보자를 당선되게 할 목적으로 이루어진 것으로서 구 농업협동조합법 제172조 제1항 제2호, 제50조 제1항 제1호 및 제3호에 의하여 처벌대상이 된다고 해석함이 타당하다.

[2] 이 사건 공소사실의 요지는, 피고인 1은 A농업협동조합 조합장으로 2009. 12. 24. 실시된 위 지역농협 조합장 선거("이 사건 조합장 선거")에서 당선된 사람이고, 피고인 2는 1998년 초부터 2010. 2. 2.까지 3대에 걸쳐 12년간 위 지역농협 조합장으로 재직했던 사람으로서, 피고인 1은 이 사건 조합장 선거와 관련하여 당시 조합장이자 조합원 신분인 피고인 2와 사이에 피고인 2가 조합장 후보자인 피고인 1을 지지해 주고 피고인 1은 당선 후 매월 일정한 돈을 피고인 2에게 지급하기로 하였고, 이에 따라 피고인 1은 2010. 2. 26. 위 지역농협 사무실에서 운전기사인 공소외인으로 하여금 그의 처제 명의로 피고인 2 측에서 지정한 국민은행 계좌로 100만 원을 송금하게 한 것을 비롯하여, 제1심판결 별지 범죄일람표에 기재된 것과 같이 그때부터 2012. 2. 23.까지 사이에 모두 17회에 걸쳐 합계 1,350만 원을 제공하였고, 피고인 2는 그러한 정을 알면서도 위 1,350만 원을 제공받았다는 것이다.

[3] 앞서 본 법리에 의하면, 이 사건 공소사실과 같이 피고인 1이 피고인 2에게 합계 1,350만 원을 지급한 시기가 이 사건 조합장 선거일 후라고 하더라도, 그 돈의 지급이 이 사건 조합장 선거일 전에 이 사건 조합장 선거와 관련하여 피

24) 대법원 2015. 1. 29. 선고 2013도5399 판결.

고인 2가 조합장 후보자인 피고인 1을 지지해 주고 피고인 1은 당선 후 매월 일정 금원을 피고인 2에게 지급하기로 약속한 것에 따른 것이라면, 이는 이 사건 조합장 선거에서 조합장 후보자를 당선되게 할 목적으로 이루어진 것으로 볼 수 있어, 구 농업협동조합법 제172조 제1항 제2호에서 정한 제50조 제1항 제1호 및 제3호를 위반한 행위에 해당한다.

(바) 금품제공자의 진술만으로 유죄를 인정하기 위한 요건

금품수수 여부가 쟁점이 된 사건에서 금품수수자로 지목된 피고인이 수수사실을 부인하고 있고 이를 뒷받침할 금융자료 등 객관적 물증이 없는 경우 금품을 제공하였다는 사람의 진술만으로 유죄를 인정하기 위해서는 그 진술이 증거능력이 있어야 하는 것은 물론 합리적인 의심을 배제할 만한 신빙성이 있어야 하고, 신빙성이 있는지 여부를 판단할 때에는 진술 내용 자체의 합리성, 객관적 상당성, 전후의 일관성뿐만 아니라 그의 인간됨, 그 진술로 얻게 되는 이해관계 유무 등도 아울러 살펴보아야 한다. 피고인이 제공사실을 부인하고 있고 이를 뒷받침할 금융자료 등 객관적 물증이 없는 경우 금품을 제공받았다는 사람의 진술만으로 유죄를 인정하는 경우에도 마찬가지로 적용된다.[25]

** 관련 판례: 대법원 2014. 5. 29. 선고 2012도14295 판결

금품수수 여부가 쟁점인 사건에서 금품수수자로 지목된 피고인이 수수사실을 부인하고 있고 이를 뒷받침할 객관적 물증이 없는 경우, 금품제공자의 진술만으로 유죄를 인정하기 위한 요건 및 금품제공자로 지목된 피고인이 제공사실을 부인하고 있고 이를 뒷받침할 객관적 물증이 없는 경우, 금품수수자의 진술만으로 유죄를 인정하는 경우에도 같은 법리가 적용되는지 여부(적극): ① 금품을 제공받은 일시에 관하여, 공소외 2가 특정한 일자는 피고인과의 통화내역이 확인되어 금품제공이 이루어졌을 가능성이 있는 일자인 2010. 2. 4. 및 2010. 9. 14.과 2010. 2.의 경우 5일 내지 6일, 2010. 9.의 경우 3일 내지 5일의 차이가 있고, 2010. 9. 14. 통화가 이루어진 시각도 공소외 2가 피고인의 전화를 받았다는 12:00경과는 상당한 차이가 있는 17:00 이후로 밝혀졌는데, 공소외 2가 피고인으로부터 받았다는 돈을 공소외 3이나 공소외 4에 전달하지 않은 이유가 "부정한

25) 대법원 2014. 5. 29. 선고 2012도14295 판결.

돈이라 선거관리위원회에 제보해야겠다는 마음을 먹고 있었기 때문"이라고 하면서도 이처럼 금품을 제공받았다는 일시를 제대로 기억하지 못하는 것은 납득하기 어렵다. 특히 2010. 9. 중순은 공소외 2가 이 사건에 관하여 처음으로 진술한 2010. 11. 8.로부터 두 달이 채 안 되어 앞서 본 일시의 오류가 시간의 경과에 따른 기억력의 한계에서 비롯된 것이라고 보기도 어렵다. ② 금품을 제공받은 방법에 관하여, 우연히 마주친 피고인으로부터 받았다는 것이 아니라 일부러 공소외 2의 집을 찾아오거나, 그의 사무실로 불러낸 피고인으로부터 받았다면서도 피고인이 아무런 사전 준비 없이 바지 주머니나 지갑에서 돈을 꺼내어 센 다음 봉투에 담지도 않고 내주었다는 것은 조합장 선거에서 지지를 부탁하며 40만 원 또는 30만 원에 이르는 현금을 제공하는 방법으로는 이례적일 뿐 아니라, 공소외 2가 진술할 때마다 피고인이 돈을 지갑에서 꺼낸 것인지 주머니에서 꺼낸 것인지에 관한 진술을 번복하는 등 이 부분 관련 진술에 일관성도 없다. ③ 피고인으로부터 받았다는 돈의 보관 또는 사용 여부에 관하여, 공소외 2가 당초에는 이를 보관하였다가 선거관리위원회에 제출하는 것이라고 허위 진술을 하였을 뿐 아니라, 피고인으로부터 돈을 받아 사용하였다고 진술을 번복한 후에는 그 사용시기와 사용처에 관하여 기억이 나지 않는다고 진술하였는데, 공소외 3, 4 등 다른 조합원에게 전달하도록 부탁받았다는 돈까지 사용하였다면서 그 사용처마저 기억하지 못하는 것도 쉽사리 납득하기 어렵다. ④ 공소외 2는 법정에 나와 위증의 벌을 경고받고 선서를 한 후에 증언하면서도 2010. 11. 17. 조합장 선거 투표 참여 여부와 같이 쉽게 확인이 가능한 사항에 대하여 허위 진술을 하는 등 신뢰할 수 없는 모습을 보였다. ⑤ 공소외 1 조합이 선거범죄를 제보한 자에게 포상금을 지급하기로 하였고, 공소외 2가 이를 알고 있는 상황에서 이 사건 조합장 선거관리 일정에 맞추어 자신의 계좌에서 70만 원을 인출하여 증거로 제출하고, 그 다음날 증거물로 제출한 돈의 반환을 구한 것을 보면, 공소외 2가 선거관리위원회에 제보한 주목적은 포상금을 받는 데 있을 개연성이 있고, 이를 위하여 허위 진술을 하였을 가능성을 배제할 수 없다. 이러한 사정과 앞서 본 법리에 의하여 살펴보면, 공소외 2의 진술은 신빙성을 인정하기 어렵다.

(사) 합병될 각 조합의 조합원 등에게 금품 등을 제공하는 행위

농업협동조합법 제50조 제1항은 농업협동조합의 임원 또는 대의원 선거의 공정성을 확보하고 선거부정과 혼탁선거를 방지하려는 데에 입법 취지가 있고,

한편 같은 법 제75조에서는 지역농업협동조합이 다른 조합과 합병하는 때에는 각 조합총회의 의결을 얻어야 하고(제1항), 각 조합총회에서 각 조합원 중에서 동수(동수)로 설립위원을 선출하여야 하며(제3항, 제4항), 설립위원은 설립위원회를 개최하여 정관을 작성하고 설립위원이 추천한 자 중 설립위원 과반수의 출석과 출석위원 과반수의 찬성으로 임원을 선임하도록(제5항, 제6항) 규정하고 있고, 같은 법 제79조 제1항에서는 합병 후 존속하거나 설립되는 지역농업협동조합은 소멸되는 지역농업협동조합의 권리의무를 승계한다고 규정하고 있는 점 등에 비추어 보면, 지역농업협동조합이 다른 조합과 합병하는 경우에 있어서는 그 합병절차가 완료되기 전이라고 하더라도 누구든지 그 합병으로 존속하거나 신설될 조합의 임원 또는 대의원으로 당선되려는 등의 목적으로 합병될 각 조합의 조합원 등에게 금품 등을 제공하는 행위는 같은 법 제50조 제1항 제1호에 해당하는 것으로 보아야 한다.[26]

(아) 상대방마다 별개의 죄 성립

농업협동조합법 제50조 제1항 제3호가 같은 항 제1호에 규정된 금품 등을 제공받는 등의 행위를 따로 금지하고 있는 점에 비추어 보면, 같은 항 제1호에 규정된 금품 등의 제공행위에 의한 농업협동조합법 위반죄는 그 상대방마다 별개의 죄가 성립한다.[27]

(자) 선거인의 범위가 선거일 공고일에 확정되는 경우

법 제50조 제1항 제1호에 규정된 금품제공죄의 상대방이 되는 "선거인"의 범위에 관한 규정이 법에 없고 선거인의 범위가 농업협동조합의 임원선거규약의 정함에 따라 선거일 공고일에 이르러 비로소 확정된다면 위 죄는 선거일 공고일 이후에 금품을 제공한 경우에만 성립하는 것이고 그 전의 금품제공행위에 대해서는 처벌할 근거가 없다. 그리고 법 제50조 제1항 제1호의 행위에 해당하지 아니한다면 그 죄가 성립하지 않는 것으로 끝나는 것이지 별개의 규정인 법 제50조 제4항의 선거운동제한위반죄에 해당한다고 할 것이 아니다.[28]

26) 대법원 2007. 4. 27. 선고 2006도5579 판결.
27) 대법원 2007. 4. 27. 선고 2006도5579 판결.
28) 대법원 2005. 4. 15. 선고 2005도1236 판결.

** 관련 판례: 대법원 2006. 7. 6. 선고 2005도2277 판결

구 농업협동조합법(2005. 7. 21 법률 제7605호로 개정되기 전의 것, 이하 "법"이라 한다) 제50조 제1항 제1호는 누구든지 자기 또는 특정인을 지역농협의 임원 또는 대의원으로 당선되거나 당선되도록 또는 당선되지 아니하도록 할 목적으로 선거인에게 금전·물품·향응 기타 재산상의 이익이나 공사의 직을 제공, 제공의 의사표시 또는 그 제공을 약속하는 행위를 하여서는 아니 된다고 규정하고, 법 제172조 제1항은 그 위반행위를 처벌하도록 규정하고 있으나, 법에는 따로 선거인의 정의에 관한 규정을 두고 있지 않다.

그런데 농업협동조합은 조합원들이 자신들의 이익을 옹호하기 위하여 자주적으로 결성한 임의단체로서 그 내부 운영에 있어서 조합 정관 및 다수결에 의한 자치가 보장되므로, 조합정관의 규정에 따라 조합이 자체적으로 마련한 임원선거규약은 일종의 자치적 법규범으로서 위 법률 및 조합 정관과 더불어 법적 효력을 가진다고 할 것이고, 따라서 위 법률에서 선거인의 정의에 관한 규정을 두고 있지 않더라도 임원선거규약에서 그에 대한 규정들을 두고 있는 경우 법 제50조 제1항 제1호, 제172조 제1항을 해석함에 있어서는 임원선거규약의 내용도 기초로 삼아야 할 것이므로, 농업협동조합의 경우 법 제50조 제1항 제1호의 "선거인"인지의 여부가 임원선거규약의 규정에 따라 선거일 공고일에 이르러 비로소 확정된다면 법 제172조 제1항, 제50조 제1항 제1호 위반죄는 선거일 공고일 이후의 금품제공 등의 경우에만 성립하고, 그 전의 행위는 유추해석을 금지하는 죄형법정주의의 원칙상 선거인에 대한 금품제공이라고 볼 수가 없어 위 죄가 성립될 수 없다고 할 것이다(대법원 2002. 11. 8. 선고 2002도5060 판결; 대법원 2003. 7. 22. 선고 2003도2297 판결 등 참조).

기록에 의하면, 피고인이 조합원으로 있는 H농업협동조합 정관 제63조 제2호가 "기타 정관의 시행에 관하여 중요한 사항"은 규약으로 정한다고 규정하고 있고, H농업협동조합의 정관부속서 임원선거규약 제2조 제1항에서는 "선거일 공고일 현재 조합원명부(대의원회에서 선출하는 경우는 대의원명부)에 등재된 자를 선거인으로 한다."고 규정하고 있으며, 제9조에서는 선거관리위원장은 선거일 전 12일에 선거하여야 할 임원, 선거인, 선거일, 피선거권자, 후보자등록접수장소, 후보자등록기간, 투표개시시각 및 종료시각, 투표소 및 개표소의 위치 기타 필요한 사항을 공고하여야 한다고 규정하고 있는 사실, H농업협동조합은 위 임원선

거규약에 따라 2004. 1. 26. 그 조합장 선거일을 "2004. 2. 7."로 정하여 선거일공고를 한 사실을 알 수 있다.

사정이 그러하다면, H농업협동조합의 위 조합장 선거에 있어 법 제50조 제1항 제1호의 "선거인"인지 여부는 위 임원선거규약 제2조 제1항의 규정에 따라 그 선거일 공고일인 2004. 1. 26.에 이르러 비로소 확정되었다고 할 것이므로, 원심 판시 공소사실에 적시된 바와 같이 피고인이 위 선거일 공고 전인 2004. 1. 중순경 그 조합원들에게 금품을 제공한 행위는 법 제50조 제1항 제1호 소정의 선거인에 대한 금품제공행위에 해당하지 않는다고 할 것이다.

한편, 법 제172조 제1항, 제50조 제1항 제1호는 그 구성요건을 "선거인"에 대한 금품제공 등의 행위로 한정하고 있으므로, 위 임원선거규약 제14조 제2항 제1호에서 선거운동의 목적으로 금품제공 등의 행위를 해서는 안 되는 상대방인 "선거인"에 "선거인명부 작성 전에는 그 선거인명부에 오를 자격이 있는 자"를 포함시키고 있다고 하더라도, 피고인이 위 선거일 공고일 전에 금품을 제공한 행위는 단순히 임원선거규약을 위반하는 행위에 해당할 뿐이고, 유추해석을 금지하는 죄형법정주의의 원칙상 제172조 제1항, 제50조 제1항 제1호 위반죄에 해당한다고 할 수 없다.

(4) 조합원 호별 방문 금지 등

임원이 되려는 사람은 임기만료일 전 90일(보궐선거 등에 있어서는 그 선거의 실시사유가 확정된 날)부터 선거일까지 선거운동을 위하여 조합원을 호별(戶別)로 방문하거나 특정 장소에 모이게 할 수 없다(법50②, 법107①, 법112①).

(가) 진정신분범

농업협동조합법 제50조 제2항 소정의 호별방문죄는 "임원이 되려는 사람"이라는 신분자가 스스로 호별방문을 한 경우만을 처벌하는 것으로 보아야 하고, 비록 신분자가 비신분자와 통모하였거나 신분자가 비신분자를 시켜 방문케 하였다고 하더라도 비신분자만이 호별방문을 한 경우에는 신분자는 물론 비신분자도 같은 죄로 의율하여 처벌할 수는 없다.[29]

29) 대법원 2003. 6. 13. 선고 2003도889 판결.

(나) 호별방문죄의 성립요건

농업협동조합법 제50조 제2항이 정하는 호별방문죄는 연속적으로 두 집 이상을 방문함으로써 성립한다. 현직 농업협동조합장이 특정 조합원의 집만을 일자를 달리하여 비연속적으로 방문한 것만으로는 호별방문에 해당하지 아니한다.[30] 여기서 각 집의 방문이 "연속적"인 것으로 인정되기 위해서는 반드시 집집을 중단 없이 방문하여야 하거나 동일한 일시 및 기회에 각 집을 방문하여야 하는 것은 아니지만 각 방문행위 사이에는 어느 정도의 시간적 근접성이 있어야 하고, 이러한 시간적 근접성이 없다면 "연속적"인 것으로 인정될 수 없다.[31]

호별방문죄는 연속적으로 두 호 이상을 방문함으로써 성립하는 범죄로서, 연속적인 호별방문이 되기 위해서는 각 방문행위 사이에 어느 정도의 시간적 근접성은 있어야 하지만 반드시 각 호를 중단 없이 방문하여야 하거나 동일한 일시 및 기회에 방문하여야 하는 것은 아니므로 해당 선거의 시점과 법정 선거운동기간, 호별방문의 경위와 장소, 시간, 거주자와의 관계 등 제반 사정을 종합하여 단일한 선거운동의 목적으로 둘 이상 조합원의 호를 계속해서 방문한 것으로 볼 수 있으면 그 성립이 인정되고, 이와 같이 연속성이 인정되는 각 호별방문행위는 그 전체가 포괄일죄의 관계에 있게 된다.[32] 포괄일죄로 보아야 하는 각 호별방문 행위를 경합범으로 보아 경합범 가중을 하여 처단형의 범위가 더 높아진 경우, 죄수에 관한 법리를 오해함으로써 판결에 영향을 미친 위법이 있다.[33]

따라서 호별방문의 범죄사실 중 일부를 유죄로 인정할 수 없는 경우에는 양형의 조건이 되는 사실이 같지 않게 되므로 호별방문의 점은 전부 파기되어야 하고, 이 부분은 항소심이 유죄로 인정한 각 금품제공의 범죄사실과 형법 제37조 전단의 경합범관계에 있어 하나의 형을 선고하여야 할 경우이므로, 결국 항소심 판결은 전부 파기를 면할 수 없다.[34]

(다) 호별방문의 대상이 되는 "호"의 의미 및 판단기준

호별방문의 대상이 되는 "호"는 일상생활을 영위하는 거택에 한정되지 않고 일반인의 자유로운 출입이 가능하도록 공개되지 아니한 곳으로서 널리 주거나

30) 대법원 2002. 6. 14. 선고 2002도937 판결.
31) 대법원 2012. 7. 26. 선고 2010도14523 판결.
32) 대법원 2010. 7. 8. 선고 2009도14558 판결.
33) 대법원 2007. 7. 12. 선고 2007도2191 판결.
34) 대법원 2003. 6. 13. 선고 2003도889 판결.

업무 등을 위한 장소 혹은 그에 부속하는 장소라면 이에 해당할 수 있다 할 것인데, 그 구체적인 해당 여부는 선거운동을 위하여 공개되지 않은 장소에서 조합원을 만날 경우 생길 수 있는 투표매수 등 불법·부정선거 조장 위험 등을 방지하고자 하는 호별방문죄의 입법 취지와 보호법익에 비추어 주거 혹은 업무용 건축물 등의 존재 여부, 그 장소의 구조, 사용관계와 공개성 및 접근성 여부, 그에 대한 조합원의 구체적인 지배·관리형태 등 여러 사정을 종합적으로 고려하여 이루어져야 한다.[35]

(5) 거짓의 사실 공표 금지 등

(가) 의의

누구든지 조합의 임원 또는 대의원선거와 관련하여 연설·벽보, 그 밖의 방법으로 거짓의 사실을 공표하거나 공연히 사실을 적시하여 후보자(후보자가 되려는 사람 포함)를 비방할 수 없다(법50③, 법107①, 법112①).

(나) 입법취지

이 규정의 입법취지는 지역농협 임원선거에 있어서 후보자에 대한 과도한 인신공격을 방지하여 후보자의 명예를 보호하고 나아가 선거인들로 하여금 후보자에 대하여 올바른 판단을 하게 함으로써 선거의 공정을 유지하기 위한 것이다.[36] 지역농협 임원선거의 경우 일정한 지역의 농업인 중 임의로 가입한 조합원만이 선거권을 가지므로, 공직선거와 달리 투표권을 가진 조합원의 수가 비교적 적고 지역사회 자체가 인정과 의리를 중시하는 특성을 가지고 있어 비방으로 인한 후보자의 인격적 가치와 그의 행위에 대한 사회적 평가의 훼손 정도 및 그릇된 정보의 유통으로 인하여 선거의 공정을 해할 우려가 상대적으로 큰 점을 감안하면, 후보자의 명예를 보호하고 불건전한 정보의 유통을 차단할 필요성이 보다 강하게 요청된다고 할 것이다.[37]

---

35) 대법원 2010. 7. 8. 선고 2009도14558 판결(지역농협의 조합장 선거에 출마한 피고인이 지지를 호소하기 위해 방문한 복숭아 과수원으로 보이는 "농원"은 주거지가 아니고, 일반인의 자유로운 출입이 가능한 공개된 장소인지 여부, 업무 등을 위한 장소 혹은 그에 부속하는 장소인지 여부 등을 정확하게 알 수 있는 자료가 없음에도, 위 농원의 구조 및 사용관계 등에 관한 심리 없이 이를 구 농업협동조합법(2009. 6. 9. 법률 제9761호로 개정되기 전의 것)상 방문이 금지되는 "호"에 해당한다고 본 원심판단에 법리오해 및 심리미진의 위법이 있다고 한 사례).

36) 헌법재판소 2012. 11. 29. 선고 2011헌바137 전원재판부.

지역농협 임원선거는 헌법에 규정된 국민주권 내지 대의민주주의 원리의 구현 및 지방자치제도의 실현이라는 이념과 직접적인 관계를 맺고 있는 공직선거법상 선거와 달리, 자율적인 단체 내부의 조직구성에 관한 것으로서 공익을 위하여 그 선거과정에서 표현의 자유를 상대적으로 폭넓게 제한하는 것이 허용된다.[38]

(다) 비방의 의미

"비방"의 의미는 "사회생활에서 존중되는 모든 것에 대하여 정당한 이유 없이 상대방을 깎아내리거나 헐뜯는 것"이라 할 수 있다.[39] 따라서 법원은 "비방"에 대한 합리적인 해석을 통해 가벌적인 행위를 가려냄으로써 그 처벌범위를 줄일 수 있다.[40]

(6) 선거운동의 방법 제한

(가) 허용되는 방법

누구든지 임원선거와 관련하여 ⅰ) 선전 벽보의 부착(제1호), ⅱ) 선거 공보의 배부(제2호), ⅲ) 합동 연설회 또는 공개 토론회의 개최(제3호), ⅳ) 전화(문자메시지 포함)·컴퓨터통신(전자우편 포함)을 이용한 지지 호소(제4호), ⅴ) 도로·시장 등 농림축산식품부령으로 정하는 다수인이 왕래하거나 집합하는 공개된 장소[41]에서의 지지 호소 및 명함 배부(제5호) 외의 선거운동을 할 수 없다(법50④, 법107①, 법112①). 이사 및 감사 선거의 경우에는 위의 제2호 또는 제4호에 한정한다(법50④, 법107①, 법112①).

---

37) 헌법재판소 2012. 2. 23. 선고 2010헌바480 전원재판부.

38) 헌법재판소 2012. 11. 29. 선고 2011헌바137 전원재판부.

39) 헌법재판소 2010. 11. 25. 2010헌바53 판결; 대법원 2009. 6. 25. 선고 2009도1939 판결.

40) 헌법재판소 2012. 2. 23. 선고 2010헌바480 전원재판부.

41) "농림축산식품부령으로 정하는 다수인이 왕래하거나 집합하는 공개된 장소"란 도로·도로변·광장·공터·주민회관·시장·점포·공원·운동장·주차장·경로당 등 누구나 오고갈 수 있는 공개된 장소를 말한다(시행규칙8의2② 본문). 다만, 다음의 어느 하나에 해당하는 장소를 제외한다(시행규칙8의2② 단서).
1. 선박·여객자동차·열차·전동차·항공기의 안과 그 터미널 구내 및 지하철역구내
2. 병원·종교시설·극장·조합 사무소 및 사업장의 안(담장이 있는 경우에는 담장의 안을 포함)

** 관련 판례

① 헌법재판소 2017. 7. 27. 선고 2016헌바372 전원재판부

농업협동조합법은 종래 해당 선거관리위원회가 주최하는 합동연설회 또는 공개토론회의 개최를 선거운동방법으로 허용하고 있었다(법50④(3)). 그런데 2015년부터 모든 조합장선거를 전국적으로 동시에 실시하기로 함에 따라 효율적인 선거관리를 위하여 조합별로 개별법이나 정관 등에 산재된 규율들을 통일적으로 정비할 필요성이 생겼고, 이에 2014. 6. 11. 법률 제12755호로 위탁선거법을 제정하기에 이르렀다. 이와 같은 입법과정에서 합동연설회나 공개토론회의 개최를 허용할 경우 그에 소요되는 비용과 노력으로 인한 경제적 부담이 가중되고, 선거관리위원회가 선거운동기간 13일 동안에 모든 조합의 합동연설회를 관리하는 것이 현실적으로 불가능하며, 선거관리위원회가 아닌 단체 등이 주최하는 경우에는 진행의 공정성을 담보할 수 없다는 문제가 발생하는 점, 많은 조합이 농어촌지역에 소재해 있는 특성상 농번기 등으로 조합원들이 함께 모이는 자리를 마련하기가 쉽지 않은 점, 정치지도자가 아닌 경영인을 선출하는 조합장선거에서 대중의 인기에 영합하는 대중주의적 공약이 남발될 가능성과 청중 동원을 위한 금품제공 등의 가능성을 배제할 수 없는 점 등을 고려하여, 위탁선거법에서는 이를 선거운동방법으로 허용하지 않게 되었다. 이러한 사정들을 고려하여 조합장선거의 후보자에게 합동연설회 또는 공개토론회의 개최나 언론기관 및 단체가 주최하는 대담·토론회를 허용하지 아니한 입법자의 선택은 현 시점에서도 충분히 수긍할 수 있다. 따라서 방법조항은 필요하고도 합리적인 제한에 해당하여 침해의 최소성 원칙에 반하지 아니한다.

② 대법원 2009. 12. 10. 선고 2009도5207 판결

처벌법규의 입법목적이나 그 전체적 내용, 구조 등을 살펴보아 사물의 변별능력을 제대로 갖춘 일반인의 이해와 판단으로서 그의 구성요건 요소에 해당하는 행위유형을 정형화하거나 한정할 합리적 해석기준을 찾을 수 있다면 죄형법정주의가 요구하는 형벌법규의 명확성의 원칙에 반하지 아니하고(대법원 2000. 11. 16. 선고 98도3665 전원합의체 판결 등 참조), 법률이 공법적 단체 등의 정관에 자치법적 사항을 위임한 때에는 그 사항이 국민의 권리·의무에 관련되는 것일 경우에 그에 관한 기본적이고 본질적인 사항을 국회가 정하고 있다면 헌법 제75

조가 정하는 포괄적인 위임입법의 금지는 원칙적으로 적용되지 않는다고 봄이 상당하며(대법원 2007. 10. 12. 선고 2006두14476 판결 등 참조), 이와 관련하여 내부 운영에 있어 조합 정관 및 다수결에 의한 자치가 보장되는 농업 등 협동조합이 자체적으로 마련하거나 채택한 자치적 법규범인 임원선거규약은, 농업협동조합법 및 조합 정관과 더불어 법적 효력을 가지는 것이어서, 농업협동조합법 제50조 제4항, 제172조 제2항을 해석함에 있어서는 위 임원선거규약의 내용도 그 기초로 삼아야 한다.

(나) 농업협동조합법 제50조 제4항의 규정 취지

법 제50조의 규정 내용 및 입법 연혁 등에 비추어 보면, 법 제50조 제4항은 선거의 과열방지 및 공정성을 확보하기 위하여 선거운동방법을 한정하고 있는 것이다.[42)]

(다) 법 제50조 제1항 내지 제3항과 법 제50조 제4항의 관계

지역농협의 조합장은 이처럼 조합원이 직접 또는 대의원회 등을 통해 간접적으로 선출되는 관계로, 투표자들이 비교적 소수로서 서로를 잘 알고 있고, 인정과 의리를 중시하는 특정집단 내에서 이루어지는 특성 때문에 선거를 자칫 과열·혼탁으로 빠뜨려 선거의 공정을 담보하기 어렵게 할 우려가 있으므로, 입법자는 선거의 과열과 혼탁을 방지하기 위하여 농협법 제50조 제1항 내지 제3항에서 부정한 행위들을 특정하여 이를 금지하고, 제4항에서 선거의 과열방지와 공정성을 확보하기 위하여 선거운동 방법을 한정하고 있는 것이다.[43)]

법 제50조 제1항 내지 제3항은 조합 내의 선거부정과 혼탁선거를 방지하기 위하여 부정한 행위들을 특정하여 이를 금지하고 있는 규정이라 할 것이고, 같은 조 제4항은 선거의 과열방지 및 공정성을 확보하기 위하여 선거운동방법을 한정

---

42) 대법원 2007. 7. 27. 선고 2007도1676 판결.

43) 헌법재판소 2012. 2. 23. 선고 2011헌바154 전원재판부(지역농협의 조합장선거에 출마한 후보자가 당선되기 위하여 조합원 등에게 금품을 제공하는 행위는 선거의 과열을 초래하고 그 결과 선거의 공정성이 저해될 것임은 명백하므로, 지역농협의 조합장선거의 공정성을 담보하기 위해서는 당선되게 하거나 당선되지 못하게 할 목적으로 조합원 등에게 금품을 제공하는 행위를 금지할 필요가 있고, 이와 같은 조합원을 매수하는 행위를 금지하더라도 조합장선거에 출마한 후보자는 농협법 제50조 제4항에 규정된 방법으로 선거운동을 할 수 있으므로, 이 사건 금전제공 금지조항은 필요최소한의 범위 내에서 지역농협의 조합장선거에 관한 청구인의 일반적 행동의 자유를 제한하는 것이라 할 수 있다).

하고, 선전벽보 등의 부착·배부 및 합동연설회 또는 공개토론회의 개최나 이와 유사한 형태의 선거운동을 금지하고 있는 규정이라 할 것이며, 그 처벌규정도 각각 달리하고 있으므로, 법 제50조 제4항을 같은 조 제1항 내지 제3항에 대하여 보충적으로 적용되는 규정으로 볼 수는 없다.[44] 따라서 선거일 공고일 이전의 금품제공 행위를 같은 법 제172조 제1항, 제50조 제1항 위반죄로 처벌할 수 없다고 하여, 이와 같은 행위를 같은 법 제172조 제2항, 제50조 제4항에 위반되는 것으로 해석하는 것은 확대해석과 유추해석을 금지하는 죄형법정주의원칙에 위배되어 허용될 수 없다.[45]

(라) 금지되는 선거운동

i) 조합장을 이사회가 이사 중에서 선출하는 경우(제1호), ii) 상임이사 및 상임감사 선출의 경우(제2호), iii) 조합원이 아닌 이사 선출의 경우(제3호)에는 선거운동을 할 수 없다(법50⑥, 법107①, 법112①).

선거운동은 조합장을 이사회가 이사 중에서 선출하는 경우, 상임이사 선출의 경우, 조합원이 아닌 이사 선출의 경우에는 할 수 없고, 이를 위반하여 선거운동을 한 자는 1년 이하의 징역 또는 1천만 원 이하의 벌금에 처한다(법50⑥, 법172②(2)). 위 규정의 반대해석상 조합원 중에서 비상임이사를 선출하는 경우에는 선거운동이 허용된다.[46]

(7) 선거운동 방법

선거운동방법에 관한 세부적인 사항은 농림축산식품부령으로 정한다(법50⑤, 법107①, 법112①). 이에 따른 선거운동방법에 관한 세부사항은 [별표]와 같다(시행규칙8의2①).

(8) 선거운동 기간의 제한

선거운동은 후보자등록마감일의 다음 날부터 선거일 전일까지만 할 수 있다(법50⑦, 법107①, 법112①).

---

44) 대법원 2007. 4. 27. 선고 2007도1185 판결; 대법원 2004. 7. 22. 선고 2004도2290 판결; 대법원 2004. 11. 25. 선고 2004도5101 판결.

45) 대법원 2004. 7. 22. 선고 2004도2290 판결.

46) 헌법재판소 2016. 11. 24. 선고 2015헌바62 전원재판부.

(9) 사위의 방법에 의한 선거인명부 등재 금지

누구든지 특정 임원의 선거에 투표하거나 하게 할 목적으로 사위(詐僞)의 방법으로 선거인명부에 오르게 할 수 없다(법50⑧, 법107①, 법112①).

(10) 포장된 선물 또는 금품 등 운반 금지

누구든지 임원 또는 대의원 선거와 관련하여 자기 또는 특정인을 당선되게 하거나 당선되지 못하게 할 목적으로 후보자등록시작일부터 선거일까지 다수의 조합원(조합원의 가족 또는 조합원이나 그 가족이 설립·운영하고 있는 기관·단체·시설 포함)에게 배부하도록 구분된 형태로 되어 있는 포장된 선물 또는 돈봉투 등 금품을 운반하지 못한다(법50⑨, 법107①, 법112①).

(11) 조합선거관리위원회의 위원 · 직원 등에 대한 폭행 금지 등

누구든지 조합선거관리위원회의 위원·직원, 그 밖에 선거사무에 종사하는 자를 폭행·협박·유인 또는 체포·감금하거나 폭행이나 협박을 가하여 투표소·개표소 또는 선거관리위원회 사무소를 소요·교란하거나, 투표용지·투표지·투표보조용구·전산조직 등 선거관리 및 단속사무와 관련한 시설·설비·장비·서류·인장 또는 선거인명부를 은닉·손괴·훼손 또는 탈취하지 못한다(법50⑩, 법107①, 법112①).

(12) 임직원의 금지행위

조합의 임직원은 i) 그 지위를 이용하여 선거운동을 하는 행위(제1호), ii) 선거운동의 기획에 참여하거나 그 기획의 실시에 관여하는 행위(제2호), iii) 후보자에 대한 조합원의 지지도를 조사하거나 발표하는 행위(제3호)를 할 수 없다(법50⑪, 법107①, 법112①).

(가) 임원의 지위를 이용하여 선거운동을 하는 행위(제1호)

농업협동조합 조합장으로서 차기 조합장 선거 후보자인 피고인 갑과 조합 이사인 피고인 을이 공모하여, 피고인 갑이 신규조합원들을 상대로 특강 등을 실시하면서 피고인 갑의 재직 중 사업실적과 향후 계획을 홍보하는 등으로 임원의 지위를 이용하여 선거운동을 하였다고 하여 농업협동조합법(2011. 3. 31. 법률 제10522호로 개정되기 전의 것, 이하 "농협법"이라 한다) 위반으로 기소된 사안에서, 교육이 실시된 배경, 시기, 교육 내용, 신규조합원의 전체 투표권자에 대한 비율, 기존 조합원에 대한 교육이 선거 후로 연기된 점 등을 종합할 때, 위 교육은 농협법에 의해 금지되는 조합 임원의 지위를 이용한 선거운동으로 평가된다.[47]

** 관련 판례: 대법원 2011. 6. 24. 선고 2010도9737 판결

농업협동조합 조합장으로서 차기 조합장 선거 후보자인 피고인 갑과 조합 이사인 피고인 을이 신규조합원들을 상대로 피고인 갑의 재직 중 사업실적과 향후 계획을 홍보하는 특강 등을 실시한 후 위 조합원들에게 점심을 제공하였다고 하여 "임직원의 지위 이용 선거운동"으로 인한 농업협동조합법(2011. 3. 31. 법률 제10522호로 개정되기 전의 것, 이하 "농협법"이라 한다) 위반죄와 "이익제공"으로 인한 농협법 위반죄의 상상적 경합으로 기소된 사안에서, 위 두 죄는 주체나 행위 태양 등이 다르므로 실체적 경합 관계에 있다는 전제에서, 위 식사제공은 선거운동으로 인정되는 신규조합원 교육의 실시 과정에서 부수적으로 수반된 것으로서 피고인 갑의 당선을 목적으로 한 별도의 이익제공 행위로 보기 어렵다는 이유로 위 식사제공 행위 부분에 대하여 무죄를 인정한 원심판단을 수긍한 사례.

(나) 선거운동의 기획에 참여하거나 그 기획의 실시에 관여하는 행위(제2호)

위의 제2호가 금지하는 임직원이 "선거운동의 기획에 참여하거나 그 기획의 실시에 관여하는 행위"라 함은 당선되게 하거나 되지 못하게 하기 위한 선거운동에는 이르지 아니하는 것으로서 선거운동의 효율적 수행을 위한 일체의 계획 수립에 참여하는 행위 또는 그 계획을 직접 실시하거나 실시에 관하여 지시·지도하는 행위를 말하는 것으로 해석하여야 하고, 반드시 구체적인 선거운동을 염두에 두고 선거운동을 할 목적으로 그에 대한 기획에 참여하는 행위만을 의미하는 것으로 볼 수는 없다.[48]

** 관련 판례

① 대법원 2011. 6. 24. 선고 2010도9737 판결

농업협동조합법("농협법") 제50조 제5항(현행 제11항) 제2호가 금지하는 임직

47) 대법원 2011. 6. 24. 선고 2010도9737 판결.
48) 대법원 2011. 6. 24. 선고 2010도9737 판결; 대법원 2007. 10. 25. 선고 2007도4069 판결.

원이 "선거운동의 기획에 참여하거나 그 기획의 실시에 관여하는 행위"라 함은 당선되게 하거나 되지 못하게 하기 위한 선거운동에는 이르지 아니하는 것으로서 선거운동의 효율적 수행을 위한 일체의 계획 수립에 참여하는 행위 또는 그 계획을 직접 실시하거나 실시에 관하여 지시·지도하는 행위를 말하는 것으로 해석하여야 하고, 반드시 구체적인 선거운동을 염두에 두고 선거운동을 할 목적으로 그에 대한 기획에 참여하는 행위만을 의미하는 것으로 볼 수는 없다(대법원 2007. 10. 25. 선고 2007도4069 판결 등 참조).

원심판결 이유에 의하면, 원심은, 제1심 및 원심이 적법하게 채택한 증거들에 의하여 피고인 2가 부하 직원들에게 지시하거나 적어도 의사연락하에 그들로부터 조합원들의 후보자 지지 성향에 관한 문건을 보고받은 사실을 인정하고, 피고인 2가 단순히 실적 자료를 제공하는 데 그치지 않고 제1심 판시와 같이 피고인 1의 조합장 재직 당시 실적 및 공약사항을 기재한 문건을 직접 작성하여 실적 관련 자료와 함께 피고인 1의 선거홍보물 제작을 담당하는 공소외 1에게 전달한 행위는 피고인 1의 선거운동의 효율적 수행을 위한 홍보자료의 작성, 공약 수립 등에 활용되어 선거에 영향을 미치게 될 것이고, 피고인 2가 경제상임이사의 지위에서 위와 같은 자료들에 용이하게 접근할 수 있는 사정이 있었기에 공소외 1이 피고인 2에게 부탁하여 피고인 2가 이에 응한 것임을 감안할 때 피고인 2의 위와 같은 행위는 임원의 지위를 이용하여 "선거운동의 기획에 참여하거나 그 기획의 실시에 관여하는 행위"에 해당한다고 판단한 후, 농협법 제172조 제1항 제2호가 조합의 임직원이 "선거운동의 기획에 참여하거나 그 기획의 실시에 관여하는 행위"를 하고 나아가 "선거운동"까지 할 것을 추가적인 구성요건으로 규정한 것이라는 피고인 2의 주장에 대하여, 그와 같이 해석할 경우 농협법 제50조 제5항(현행 제11항) 제1호(임직원의 지위를 이용하여 선거운동을 하는 행위)와 별도로 같은 항 제2호(선거운동의 기획에 참여하거나 그 기획의 실시에 관여하는 행위)를 규정한 것이 아무런 의미를 갖지 못하게 되므로 이는 타당한 해석이라고 볼 수 없다며 피고인 2의 위 주장을 배척하였다. 위 법리와 기록에 비추어 살펴보면, 원심의 이러한 사실인정과 판단은 정당한 것으로 수긍할 수 있다.

② 헌법재판소 2011. 4. 28. 선고 2010헌바339 전원재판부

[1] 공무원 등이 선거기획행위를 한 경우에는 공직선거법에 의하여, 농협

임직원이 농협 조합장 선거에서 선거기획행위를 한 경우는 이 사건 법률조항에 의하여 처벌받게 되므로, 이 사건 법률조항의 적용을 받는 농협 임·직원이 공직선거법의 적용을 받는 선거기획행위자에 비하여 형사상 불리하게 차별받는다고 할 수 없다.

[2] 공직선거법이 "선거준비행위"를 "선거운동"과 구별하고 있는 반면, 농협법은 선거기획행위를 선거운동의 개념에 포함시켜 처벌하고 있어서, 두 법률 사이에 "선거운동"의 개념 내지 범위가 일치하지 않는다. 그러나 이 사건 법률조항의 문언상, 선거기획행위가 "선거운동"의 개념에 포함되는지 여부에 관계없이, 조합의 임직원이 조합장 선거에서 선거기획행위를 하는 것이 금지되고 만일 이를 위반하였을 경우 형사처벌된다는 점이 명백하므로, 수범자가 처벌받는 행위를 예측할 수 없거나 수사 및 재판기관에 의하여 자의적으로 해석·적용될 우려가 있다고 볼 수 없다. 이 사건 법률조항은 죄형법정주의의 명확성원칙에 위배되지 않는다.

(13) 위반시 제재

법 제50조 제1항 또는 제11항(제107조·제112조 또는 제161조에 따라 준용되는 경우를 포함)을 위반하여 선거운동을 한 자는 2년 이하의 징역 또는 2천만원 이하의 벌금에 처한다(법50①(2)).

법 제50조 제2항(제107조·제112조 또는 제161조에 따라 준용되는 경우를 포함)을 위반하여 호별 방문을 하거나 특정 장소에 모이게 한 자, 법 제50조 제4항·제6항·제7항(제107조·제112조에 따라 준용되는 경우를 포함)을 위반하여 선거운동을 한 자, 법 제50조 제8항부터 제10항까지(제107조·제112조 또는 제161조에 따라 준용되는 경우를 포함)를 위반한 자는 1년 이하의 징역 또는 1천만원 이하의 벌금에 처한다(법50②(1)(2)(3)).

법 제50조 제3항(제107조·제112조 또는 제161조에 따라 준용되는 경우를 포함)을 위반하여 거짓사실을 공표하거나 후보자를 비방한 자는 500만원 이상 3천만원 이하의 벌금에 처한다(법50③).

위의 규정에 따른 죄의 공소시효는 해당 선거일 후 6개월(선거일 후에 이루어진 범죄는 그 행위를 한 날부터 6개월)을 경과함으로써 완성된다(법50④ 본문). 다만, 범인이 도피하거나 범인이 공범 또는 증명에 필요한 참고인을 도피시킨 경우에는 그 기간을 3년으로 한다(법50④ 단서).

3. 기부행위의 제한

(1) 기부행위의 금지와 유형

조합의 임원 선거 후보자, 그 배우자 및 후보자가 속한 기관·단체·시설은 임원의 임기만료일 전 180일(보궐선거 등의 경우에는 그 선거의 실시 사유가 확정된 날)부터 그 선거일까지 조합원(조합에 가입 신청을 한 사람을 포함)이나 그 가족 또는 조합원이나 그 가족이 설립·운영하고 있는 기관·단체·시설에 대하여 금전·물품이나 그 밖의 재산상 이익의 제공, 이익 제공의 의사 표시 또는 그 제공을 약속하는 행위("기부행위")를 할 수 없다(법50의2①, 법107①, 법112①).

누구든지 기부행위를 약속·지시·권유·알선 또는 요구할 수 없다(법50의2④, 법107①, 법112①).

** 관련 판례

① 대법원 2018. 4. 26. 선고 2017도19990 판결

[1] 피고인은, 총회가 아닌 대의원회에서 임원을 선출하고, 모든 조합원이 아니라 대의원인 조합원만 임원 선거의 선거인이 될 수 있으므로, 대의원이 아닌 조합원에 대한 기부행위가 제한되는 것이 아님에도 모든 조합원에 대하여 기부행위가 금지된다고 한 원심판결에는 농업협동조합법에 의해 제한되는 기부행위에 관한 법리를 오해한 잘못이 있다고 주장한다. 그러나 농업협동조합법은 제42조에서 총회를 갈음하는 대의원회를 둘 수 있다고 하면서, 제50조의2 제1항에서 임원 선거 후보자는 조합원이나 그 가족 등에게 기부행위를 할 수 없다고 규정하고 있고, A농업협동조합 정관 역시 제46조에서 총회를 갈음하는 대의원회를 두도록 하면서, 제98조의3 제1항에서 임원 선거 후보자는 조합원이나 그 가족 등에게 기부행위를 할 수 없다고 하여, 대의원인 조합원 또는 선거인이 될 수 있는 조합원으로 한정하지 않고 모든 조합원에 대한 기부행위를 금지하고 있다. 따라서 관계 법령과 정관규정을 종합하여 대의원이 아닌 조합원에 대한 피고인의 기부행위를 유죄로 판단한 원심판결에는 위 상고이유 주장과 같은 잘못이 없다.

[2] 피고인은, 조합원에게 보낸 곶감이 피고인 개인 이름으로 배송된다는 사실을 알지 못하였고, 이를 받은 조합원들도 피고인이 보낸 것이 아니라 A농업

협동조합에서 보낸 것으로 알았으므로, 피고인과 상대방 모두 기부행위에 대한 인식이 없어 기부행위가 성립하지 않는다고 주장한다. 그러나 조합원들이 피고인 개인이 보냈다는 점을 인식하지 못한 채 받았다고 하여 피고인이 곶감을 보낸 행위가 농업협동조합법 제50조의2 제1항이 규정하는 기부행위에 해당하지 않는다고 볼 수 없으므로, 원심판결에 기부행위 성립에 관한 법리를 오해한 잘못이 있다는 상고이유 주장 또한 받아들일 수 없다.

② 대법원 2008. 6. 12. 선고 2008도3019 판결

조합장 선거의 후보자로 등록한 사람이 조합원들에게 "현 조합장의 억대 연봉???", "매년 5,000만 원을 조합원의 복지기금으로 내놓겠습니다"라는 내용으로 선거공보물과 소형인쇄물을 작성·발송한 행위가, 농업협동조합법 제50조의2 제1항에서 금하고 있는 금품이나 재산상 이익제공의 의사표시를 한 것에 해당하지 않는다고 한 사례: 원심은 "피고인은 2007. 6. 14. 실시된 Y농협협동조합의 조합장 선거의 후보자로 등록하였다가 출마를 포기한 사람으로서, 지역농협 임원선거의 후보자는 임원의 임기만료일 전 180일부터 해당 선거일까지 조합원 등에 대하여 금전·물품 그 밖의 재산상 이익의 제공, 이익제공의 의사표시 또는 그 제공을 약속하는 행위를 할 수 없음에도, 2007. 6. 초순경 대전 대덕구 석봉동 177의 7에 있는 피고인의 주거지에서 현 조합장의 억대 연봉 어떻게 생각하십니까???, 매년 5,000만 원을 조합원의 복지기금으로 내놓겠습니다"라는 내용이 기재된 선거공보물과 "현 조합장의 억대 연봉???, 매년 5,000만 원을 조합원의 복지기금으로 내놓겠습니다"라는 내용이 기재된 소형인쇄물을 작성한 후, 2007. 6. 9.경 대전 대덕구 선거관리위원회를 통하여 Y농협협동조합 조합원 1,096명에게 위 선거공보물과 소형인쇄물을 발송하여 기부행위의 의사표시를 하였다는 공소사실을 유죄로 인정한 제1심판결을 그대로 유지하였다. 그러나 피고인이 선거공보물과 소형인쇄물에 기재한 위 문구들의 전체적인 문맥과 사회통념에 비추어 보면, 그 내용은 조합장이 개인적으로 받은 월급을 조합원들에게 나누어 주는 방법으로 금품이나 재산상 이익을 제공하겠다는 것이라기보다는, 자신이 조합장에 당선되면 조합장 월급의 삭감 등의 방법으로 복지기금을 조성하여 이를 조합원들의 복지를 위하여 사용하겠다는 취지로서 향후 Y농협협동조합의 복지기금 운영에 관한 자신의 계획을 밝힌 것이라고 봄이 상당하므로, 피고인이 위 선거공보물과 소

형인쇄물을 작성·발송한 것이 농업협동조합법 제50조의2 제1항에서 금하고 있는 금품이나 재산상 이익제공의 의사표시를 한 것에 해당된다고 할 수 없다.

(2) 기부행위 제한의 입법취지

농업협동조합법 제50조의2 제1항에서 기부행위를 금지하고 있는 것은 기부행위가 후보자의 지지기반을 조성하는 데에 기여하거나 매수행위와 결부될 가능성이 높아 이를 허용할 경우 선거 자체가 후보자의 인물·식견 및 정책 등을 평가받는 기회가 되기보다는 후보자의 자금력을 겨루는 과정으로 타락할 위험성이 있어 이를 방지함으로써 선거의 공정성을 담보하기 위한 것이다.

** 관련 판례: 대법원 2012. 12. 13. 선고 2011도9087 판결

구 농업협동조합법 제50조의2 제1항은 기부행위의 금지 기간을 "임원의 임기만료일 전 180일부터 그 선거일까지"로, 그 대상을 "조합원이나 그 가족 또는 조합원이나 그 가족이 설립·운영하고 있는 기관·단체·시설"로 각 한정하여 선거에 영향을 미칠 개연성이 높은 기부행위만을 금지하고, 구 농업협동조합법 제50조의2 제2항은 통상적인 범위에서 축의·부의금품 등을 제공하는 행위와 같은 의례적 행위 등을 기부행위에서 제외하여 이를 허용하고 있으며, 기부행위로 보지 아니하는 의례적 행위의 하나로서 "통상적인 범위에서 축의·부의금품 등을 제공하는 행위"의 한계를 어떻게 설정할 것인가 하는 문제는 원칙적으로 국가 전체의 정치·사회적 발전 단계와 국민의식의 성숙도, 종래의 선거 풍토나 그 밖의 경제적·문화적 제반 여건을 종합적으로 고려하여 입법자가 결정하여야 할 사항이라 할 것인데, 구 농업협동조합법 제50조의2 제2항, 제3항 및 [별표]에서 그 한계를 "관혼상제의식에 제공하는 축의·부의금품의 경우 3만 원 이내"로 정한 것이 지나치게 협소하다고 단정할 수 없으므로 피해의 최소성 원칙에 위배되지 않는다. 그리고 기부행위가 금지됨으로써 후보자의 일반적 행동의 자유가 제한되는 것은 사실이지만 그 제한의 정도에 비해 기부행위를 제한함으로써 달성하려는 조합장 선거의 공정성이라는 공익이 훨씬 크다고 할 것이므로 법익의 균형성도 갖추었다 할 것이다. 따라서 구 농업협동조합법 제50조의2 제1항, 제2항, 제3항 및 [별표]에서 후보자가 임원의 임기 만료일 전 180일부터 그 선거일까지 조합원 등에게 관혼상제의식의 축의·부의금품 명목으로 3만 원을 초과하여 제

공하는 것을 선거에 영향을 미치는 기부행위로 보고 이를 금지하는 것이 후보자의 일반적 행동의 자유를 침해한 것이라고 볼 수 없다.

그리고 평등의 원칙이란 본질적으로 같은 것을 자의적으로 다르게 취급하는 것을 금하고 있는 것을 의미하는바, 조합장 선거에 임박해서 그 선거에 출마하고자 하는 후보자 등이 조합원에 대하여 한 기부행위와 선거와 무관한 사람이 한 기부행위를 본질적으로 같다고 볼 수 없으므로, 구 농업협동조합법 제50조의2 제1항에서 후보자 등의 기부행위를 금지하고 있는 것을 두고 후보자 등을 일반 국민들과 합리적인 이유 없이 차별한 것이라고 볼 수도 없다.

결국 구 농업협동조합법 제50조의2 제1항, 제2항, 제3항 및 [별표]가 헌법 제10조 전문의 일반적 행동자유권이나 헌법 제11조의 평등권을 침해하여 헌법에 위반됨을 전제로 한 이 부분 상고이유 주장은 받아들일 수 없다.

(3) 기부행위로 보지 않는 행위

다음의 어느 하나에 해당하는 행위, 즉 i) 직무상의 행위, ii) 의례적 행위, iii) 구호적·자선적 행위에 준하는 행위는 기부행위로 보지 아니한다(법50의2②, 법107①, 법112①).

농업협동조합법상 기부행위의 구성요건에 해당하는 행위라 하더라도 그것이 지극히 정상적인 생활형태의 하나로서 역사적으로 생성된 사회질서의 범위 안에 있는 것이라고 볼 수 있는 경우에는 일종의 의례적 행위나 직무상의 행위로서 사회상규에 위배되지 아니하여 위법성이 조각되는 경우가 있을 수 있지만, 그와 같은 사유로 위법성의 조각을 인정함에는 신중을 요한다.[49)]

법 규정에 열거된 의례적 행위나 직무상 행위가 아니라 하더라도 그것이 지극히 정상적인 생활형태의 하나로서 역사적으로 생성된 사회질서의 범위 안에 있는 것이라고 볼 수 있는 경우에는 그 또한 일종의 의례적 행위나 직무상 행위로서 사회상규에 위배되지 아니하여 위법성이 조각된다고 봄이 상당하다.[50)]

(가) 직무상의 행위

다음의 직무상의 행위, 즉 i) 후보자가 소속된 기관·단체·시설(나목에 따

---

49) 대법원 2013. 10. 31. 선고 2013도9637 판결; 대법원 2007. 5. 31. 선고 2007도2516 판결; 대법원 2011. 2. 24. 선고 2010도14720 판결.

50) 대법원 2007. 5. 31. 선고 2007도2516 판결; 대법원 2005. 8. 19. 선고 2005도2245 판결.

른 조합은 제외)의 자체 사업계획과 예산으로 하는 의례적인 금전·물품을 그 기관·단체·시설의 명의로 제공하는 행위(포상 및 화환·화분 제공 행위 포함)(가목), ⅱ) 법령과 정관에 따른 조합의 사업계획 및 수지예산에 따라 집행하는 금전·물품을 그 기관·단체·시설의 명의로 제공하는 행위(포상 및 화환·화분 제공 행위 포함)(나목), ⅲ) 물품 구매, 공사, 역무(役務)의 제공 등에 대한 대가의 제공 또는 부담금의 납부 등 채무를 이행하는 행위(다목), ⅳ) 가목부터 다목까지의 규정에 해당하는 행위 외에 법령의 규정에 따라 물품 등을 찬조·출연 또는 제공하는 행위(라목)는 기부행위로 보지 아니한다(법50의2②(1)).

(나) 의례적 행위

다음의 의례적 행위, 즉 ⅰ) 민법 제777조에 따른 친족의 관혼상제 의식이나 그 밖의 경조사에 축의·부의금품을 제공하는 행위(가목), ⅱ) 후보자가 민법 제777조에 따른 친족 외의 자의 관혼상제 의식에 통상적인 범위에서 축의·부의금품(화환·화분 포함)을 제공하거나 주례를 서는 행위(나목), ⅲ) 후보자의 관혼상제 의식이나 그 밖의 경조사에 참석한 하객이나 조객(弔客) 등에게 통상적인 범위에서 음식물이나 답례품을 제공하는 행위(다목), ⅳ) 후보자가 그 소속 기관·단체·시설(후보자가 임원이 되려는 해당 조합은 제외)의 유급(有給) 사무직원 또는 민법 제777조에 따른 친족에게 연말·설 또는 추석에 의례적인 선물을 제공하는 행위(라목), ⅴ) 친목회·향우회·종친회·동창회 등 각종 사교·친목단체 및 사회단체의 구성원으로서 해당 단체의 정관·규약 또는 운영관례상의 의무에 기초하여 종전의 범위에서 회비를 내는 행위(마목), ⅵ) 후보자가 평소 자신이 다니는 교회·성당·사찰 등에 통상적으로 헌금(물품의 제공 포함)하는 행위(바목)는 기부행위로 보지 아니한다(법50의2②(2)).

(다) 구호적·자선적 행위에 준하는 행위

공직선거법 제112조 제2항 제3호에 따른 구호적·자선적 행위에 준하는 행위는 기부행위로 보지 아니한다(법50의2②(3)). 여기서 공직선거법 제112조 제2항 제3호에 따른 구호적·자선적 행위는 ⅰ) 법령에 의하여 설치된 사회보호시설 중 수용보호시설에 의연금품을 제공하는 행위(가목), ⅱ) 재해구호법의 규정에 의한 구호기관(전국재해구호협회 포함) 및 「대한적십자사 조직법」에 의한 대한적십자사에 천재·지변으로 인한 재해의 구호를 위하여 금품을 제공하는 행위(나목), ⅲ) 장애인복지법 제58조에 따른 장애인복지시설(유료복지시설 제외)에 의연금품·구호금품을 제공하는 행위(다목), iv) 국민기초생활 보장법에 의한 수급권자인 중증장애인에게 자선·구호금품을 제공하는 행위(라목), v) 자선사업을 주관·시행하는 국가·지방자치단체·언론기관·사회단체 또는 종교단체 그 밖에 국가기관이나 지방자치단체의 허가를 받아 설립된 법인 또는 단체에 의연금품·구호금품을 제공하는 행위. 다만, 광범위한 선거구민을 대상으로 하는 경우 제공하는 개별 물품 또는 그 포장지에 직명·성명 또는 그 소속 정당의 명칭을 표시하여 제공하는 행위는 제외한다(마목). vi) 자선·구호사업을 주관·시행하는 국가·지방자치단체, 그 밖의 공공기관·법인을 통하여 소년·소녀가장과 후원인으로 결연을 맺고 정기적으로 제공하여 온 자선·구호금품을 제공하는 행위(바목), vii) 국가기관·지방자치단체 또는 구호·자선단체가 개최하는 소년·소녀가장, 장애인, 국가유공자, 무의탁노인, 결식자, 이재민, 「국민기초생활 보장법」에 따른 수급자 등을 돕기 위한 후원회 등의 행사에 금품을 제공하는 행위. 다만, 개별 물품 또는 그 포장지에 직명·성명 또는 그 소속 정당의 명칭을 표시하여 제공하는 행위는 제외한다(사목). viii) 근로청소년을 대상으로 무료학교(야학 포함)를 운영하거나 그 학교에서 학생들을 가르치는 행위(아목)를 말한다.

(4) 통상적인 범위에서 제공할 수 있는 축의·부의금품 등의 금액 범위

통상적인 범위에서 1명에게 제공할 수 있는 축의·부의금품, 음식물, 답례품 및 의례적인 선물의 금액 범위는 [별표][51]와 같다(법50의2③, 법107①, 법112①).

51) [별표] 통상적인 범위에서 제공할 수 있는 축의·부의금품 등의 금액 범위(제50조의2 제3항 관련)

관련 조항	구분	통상적인 범위	의례적인 선물의 범위
제50조의2 제2항 제2호 나목	○ 관혼상제의식에 제공하는 축의·부의금품	○ 5만원 이내	
제50조의2 제2항 제2호 다목	○ 관혼상제의식, 그 밖의 경조사 참석 하객·조객 등에 대한 음식물 제공	○ 3만원 이내	
	○ 관혼상제의식, 그 밖의 경조사 참석 하객·조객 등에 대한 답례품 제공	○ 1만원 이내	
제50조의2 제2항 제2호 라목	○ 연말·설 또는 추석에 제공하는 의례적인 선물		○ 3만원 이내

** 관련 판례: 대법원 2012. 12. 13. 선고 2011도9087 판결

구 농업협동조합법에 따른 지역축협의 임원선거 후보자가 조합원에 대한 결혼 축의금으로 농업협동조합법이 정한 금액을 초과하여 5만원을 지급한 사유가 후보자 자식의 결혼 시 조합원으로부터 받은 같은 금액의 축의금에 대한 답례 취지이었다 하더라도 그것이 미풍양속으로서 사회상규에 위배되지 않는다고 볼 수 없다(대법원 2010. 7. 8. 선고 2009도14558 판결 등 참조).

원심은 그 판시와 같은 사정을 들어 피고인이 3만원을 초과한 금액을 축의·부의금으로 지급한 사유가 피고인의 아들 결혼식 때 받은 축의·부의금에 대한 답례의 취지이었다 하더라도 그것이 일종의 의례적 행위로서 사회상규에 위배되지 않는 것이라고 볼 수 없다고 판단하였는바, 원심의 위와 같은 판단은 앞서 본 법리에 비추어 정당하다.

(5) 해당 선거에 관한 기부행위 제한 등

누구든지 해당 선거에 관하여 후보자를 위하여 기부행위를 하거나 하게 할 수 없다(법50의2⑤ 전단, 법107①, 법112①). 이 경우 후보자의 명의를 밝혀 기부행위를 하거나 후보자가 기부하는 것으로 추정할 수 있는 방법으로 기부행위를 하는 것은 해당 선거에 관하여 후보자를 위한 기부행위로 본다(법50의2⑤ 후단, 법107①, 법112①).

(6) 조합장의 재임 중 기부행위 금지 등

조합장은 재임 중 위에서 살펴본 기부행위를 할 수 없다(법50의2⑥ 본문, 법107①, 법112①). 다만, 위에서 살펴본 기부행위로 보지 아니하는 행위는 할 수 있다(법50의2⑥ 단서, 법107①, 법112①).

** 관련 판례: 헌법재판소 2018. 2. 22. 선고 2016헌바370 전원재판부

농업협동조합법 제50조의2 제6항 등 위헌소원: 농업협동조합 조합장의 재임 중 기부행위를 금지하고, 이를 위반하면 형사처벌하는 농업협동조합법(2009. 6. 9. 법률 제9761호로 개정된 것) 제50조의2 제6항 본문, 제172조 제1항 제3호 가운데 제50조의2 제6항 본문에 관한 부분, "공공단체등 위탁선거에 관한 법률"(2014. 6. 11. 법률 제12755호로 제정된 것) 제35조 제5항 가운데 "농업협동조합법에 따른 조

합장"에 관한 부분, 제59조 가운데 제35조 제5항 중 "농업협동조합법에 따른 조합장"에 관한 부분(이하 이들을 합하여 "기부행위처벌조항"이라 한다)이 조합장의 일반적 행동자유권을 침해하는지 여부(소극) 및 기부행위처벌조항이 평등원칙에 위배되는지 여부(소극)

[1] 기부행위처벌조항은 조합장 선거의 공정성을 보장하기 위한 규정이므로 그 입법목적의 정당성이 인정되고, 조합장 선거의 공정성이라는 목적을 달성하기 위하여 조합장 재임 중 기부행위를 전면 금지하고 이를 위반하는 경우 형사처벌하는 것은 이러한 입법목적을 달성하기 위한 적절한 수단이며, 조합장의 재임 중 금지되는 기부행위의 기간을 한정하는 등 기본권을 덜 제한하는 방법으로 입법목적을 달성할 수 있는 수단이 있다고 단정하기도 어렵고, 법익의 균형성도 갖추고 있다. 기부행위처벌조항은 조합장의 일반적 행동자유권을 침해하지 않는다.

[2] 기부행위처벌조항이 조합장과 후보자를 차별 취급하는 데에는 합리적인 이유가 있다. 지역농협은 중소기업중앙회, 새마을금고, 새마을금고중앙회와 그 목적 또는 사업, 구성원, 임원 선출 방법, 임원과 구성원의 관계 등의 여러 가지 면에서 차이가 있으므로 조합장을 중소기업중앙회 회장 등과 달리 취급함에 합리적 이유가 있다. 조합장과 국회의원 등 선출직 공무원은 비교 집단이 될 수 없고, 설령 비교집단으로 보더라도 기부행위처벌조항과 공직선거법이 금지하는 기부행위의 상대방, 태양 및 범위가 서로 다르므로, 기부행위처벌조항이 조합장을 국회의원 등 선출직 공무원과 동일하게 취급하고 있지 않다. 따라서 기부행위처벌조항은 평등원칙에 위배되지 않는다.

(7) 위반시 제재

법 제50조의2(기부행위의 제한) 제1항 및 제5항(제107조·제112조 또는 제161조에 따라 준용하는 경우를 포함)을 위반하여 금전·물품, 그 밖의 재산상의 이익을 제공받은 자에게는 그 제공받은 금액이나 가액의 10배 이상 50배 이하에 상당하는 금액의 과태료를 부과하되, 그 상한액은 3천만원으로 한다(법174④).

지역농협 임원 선거과정에서 선거후보자 등이 유권자들을 상대로 행하는 기부행위를 효과적, 실질적으로 근절하여 공명한 선거문화를 정착시키기 위한 것인바, 유권자를 매수하는 행위를 근절하기 위해서는 기부행위의 공여자 이외에 기부행위의 수혜자에 대한 제재도 필요한 것이다.

따라서 지역농협 임원 선거는 조합원이라는 특정인만이 투표권을 갖는 폐쇄적 성격을 지니고 있어 기부행위가 은밀하고 조직적으로 이루어지는 경향이 있고 그만큼 기부행위를 적발하기도 어렵다. 적발된다 하더라도 통상 후보자와 투표자 간에 학연·지연 등 친분 관계가 있어 위반행위자들의 담합으로 위법행위가 희석되는 경우가 많아 이를 규제할 입법의 필요성이 매우 컸다. 그리고 대통령선거·국회의원선거 등과 같은 공직선거에서도 구 공직선거 및 선거부정방지법(2005. 8. 4. 법률 제7681호로 법률명이 공직선거법으로 변경됨) 등을 통하여 '기부행위를 받는 자'를 형사적으로 처벌하여 왔는데, 기부금액이 큰 소수의 경우를 제외하고는 기부를 한 후보자만이 처벌될 뿐, 기부를 받은 유권자들은 사실상 처벌되지 않는 경우가 많아 처벌의 실효성이 없었고, 결과적으로 유권자들의 금품·음식물 등 요구관행이 근절되지 않았기 때문에 경미한 금품수수 등에 있어서 기부받은 자에 대하여 형벌을 부과하던 것을 2004. 3. 12. "구 공직선거 및 선거부정방지법" 제261조 제5항 제1호가 신설되면서 그 제재형태를 행정질서벌인 과태료로 전환하여 오늘에 이르고 있다. 법 제174조 제4항은 지역농협 임원 선거에서 기부행위를 주고받는 부정한 행태를 근절하고 공명한 선거문화를 이룩하고자 공직선거법 제261조 제5항 제1호에 상응하는 규정을 농업협동조합법에 도입한 것이라 할 수 있다.[52)]

4. 조합장의 축의·부의금품 제공 제한

(1) 조합 명의의 제공 및 경비 명기

조합의 경비로 관혼상제 의식이나 그 밖의 경조사에 축의·부의금품을 제공할 때에는 조합의 명의로 하여야 하며, 해당 조합의 경비임을 명확하게 기록하여야 한다(법50의3①, 법107①, 법112①).

(2) 조합장의 직명 또는 성명 명기와 기부행위 간주

축의·부의금품을 제공할 경우 해당 조합의 조합장의 직명 또는 성명을 밝히거나 그가 하는 것으로 추정할 수 있는 방법으로 하는 행위는 기부행위로 본

---

52) 헌법재판소 2011. 6. 30. 선고 2010헌가86 전원재판부.

다(법50의3②, 법107①, 법112①).

5. 조합선거관리위원회의 구성 · 운영 등

(1) 조합선거관리위원회의 구성

조합은 임원 선거를 공정하게 관리하기 위하여 조합선거관리위원회를 구성 · 운영한다(법51①, 법107①, 법112①).

조합선거관리위원회는 이사회가 조합원(임직원 제외)과 선거의 경험이 풍부한 자 중에서 위촉하는 7명 이상의 위원으로 구성한다(법51②, 법107①, 법112①).

(2) 조합장 선거 관리의 의무위탁

조합은 조합원이 총회 또는 총회 외에서 투표로 직접 선출(법45⑤(1)) 및 대의원회가 선출(법45⑤(1))하는 조합장 선거의 관리에 대하여는 정관으로 정하는 바에 따라 그 주된 사무소의 소재지를 관할하는 「선거관리위원회법」에 따른 구 · 시 · 군선거관리위원회(“구 · 시 · 군선거관리위원회”)에 위탁하여야 한다(법51④, 법107①, 법112①).

(3) 조합장 선거와 전과기록 조회

조합의 조합장 선거를 수탁 · 관리하는 구 · 시 · 군선거관리위원회는 해당 조합의 주된 사무소의 소재지를 관할하는 검찰청의 장에게 조합장 선거 후보자의 벌금 100만원 이상의 형의 범죄경력(실효된 형을 포함하며, 이하 이 조에서 “전과기록”이라 한다)을 조회할 수 있으며, 해당 검찰청의 장은 지체 없이 그 전과기록을 회보하여야 한다(법51⑦, 법107①, 법112①).

(4) 조합장을 제외한 임원 선거와 전과기록 조회

조합장 선거를 제외한 임원 선거의 후보자가 되고자 하는 자는 전과기록을 본인의 주소지를 관할하는 국가경찰관서의 장에게 조회할 수 있으며, 해당 국가경찰관서의 장은 지체 없이 그 전과기록을 회보하여야 한다(법51⑧ 전단, 법107①, 법112①). 이 경우 회보받은 전과기록은 후보자등록 시 함께 제출하여야 한다(법51⑧ 후단, 법107①, 법112①).

(5) 정관 규정

조합선거관리위원회의 기능과 운영에 필요한 사항은 정관으로 정한다(법51③, 법107①, 법112①).

Ⅷ. 임직원의 겸직 금지 등

1. 조합장과 이사의 감사 겸직 금지

조합장과 이사는 그 조합의 감사를 겸직할 수 없다(법52①, 법107①, 법112①).

2. 임원과 직원의 겸직 금지

조합의 임원은 그 조합의 직원을 겸직할 수 없다(법52②, 법107①, 법112①).

3. 임원의 다른 조합 임직원 겸직 금지

조합의 임원은 다른 조합의 임원이나 직원을 겸직할 수 없다(법52③, 법107①, 법112①).

4. 임직원 및 대의원의 자격 제한

조합의 사업과 실질적으로 경쟁관계에 있는 사업을 경영하거나 이에 종사하는 사람은 조합의 임직원 및 대의원이 될 수 없다(법52④, 법107①, 법112①).

여기서 실질적인 경쟁관계에 있는 사업의 범위는 [별표 2][53]의 사업으로 하

---

53) [별표 2] 실질적인 경쟁관계에 있는 사업의 범위(제5조의4 제1항 관련)
1. 금융위원회법에 따른 검사대상기관이 수행하는 사업
2. 수산업협동조합법에 따른 지구별수산업협동조합, 업종별수산업협동조합 및 수산물가공 수산업협동조합이 수행하는 사업
3. 산림조합법에 따른 지역산림조합, 품목별·업종별산림조합 및 산림조합중앙회가 수행하는 사업
4. 새마을금고법에 따른 금고 및 새마을금고연합회가 수행하는 사업
5. 우체국예금법에 따른 체신관서가 수행하는 사업
6. 보험업법에 따른 보험대리점·보험설계사 및 보험중개사가 수행하는 사업
7. 대부업법에 따른 대부업, 대부중개업 및 그 협회가 수행하는 사업
8. 비료관리법에 따른 비료업
9. 농약관리법에 따른 농약판매업
10. 조세특례제한법에 따라 부가가치세 영세율이 적용되는 농업용·축산업용 기자재를 농

되, 해당 조합, 조합공동사업법인 및 중앙회가 수행하고 있는 사업에 해당하는 경우로 한정한다(법52⑤, 영5의4①, 법107①, 법112①). 그러나 조합·조합공동사업법인 및 중앙회가 사업을 위하여 출자한 법인이 수행하고 있는 사업은 실질적인 경쟁관계에 있는 사업으로 보지 아니한다(영5의4②).

5. 조합장과 이사의 자기거래 제한

조합장과 이사는 이사회의 승인을 받지 아니하고는 자기 또는 제3자의 계산으로 해당 조합과 정관으로 정하는 규모 이상의 거래를 할 수 없다(법52⑥, 법107①, 법112①).

6. 관련 판례

① 대법원 2000. 12. 22. 선고 2000다51889 판결

경업자의 임원 등 취직 금지를 규정한 구 농업협동조합법 제53조(현행 제52조 제4항) 소정의 "조합의 사업과 실질적으로 경쟁관계에 있는 사업"의 판단 기준: 원심은 내세운 증거를 종합하여, 그 판시와 같이 피고 조합이 1996년부터 1998년까지 이사회 및 대의원회의 각 의결 등을 거쳐 피고의 사업계획 중 고정자산취득계획에 업무용 건물로서 주유소를 금 1억 원에 취득한다는 계획을 포함시켜 왔으나 위 예산은 구체적인 소요 내역의 산출에 따라 배정된 것이 아니었고, 위 3년에 걸쳐 피고 조합이 주유소의 부지를 물색하는 등 그 사업을 위한 구체적인 준비절차에 착수한 사실은 전혀 없었다고 인정하고 나서, 구 농업협동조합법(1998. 12. 28. 법률 제5591호로 개정되기 이전의 것, 이하 같다) 제53조(현행 제52조 제4항)에서 말하는 조합의 사업에 관하여, 조합의 목적인 사업이라 하더라도 조합이 완전히 폐업한 사업이나 사업장소를 마련하는 등 구체적인 준비에 착수

업인에게 직접 공급하는 자가 수행하는 사업
11. 석유 및 석유대체연료 사업법에 따른 석유판매업
12. 사료관리법에 따른 사료의 제조업 및 판매업
13. 종자산업법에 따른 종자업
14. 양곡관리법에 따른 양곡매매업 및 양곡가공업
15. 축산물위생관리법에 따라 영업의 허가를 받은 자 또는 신고한 자가 수행하는 사업
16. 인삼산업법에 따른 인삼류제조업
17. 장사 등에 관한 법률에 따른 장례식장영업
18. 그 밖에 이사회가 조합, 조합공동사업법인 및 중앙회가 수행하는 사업과 실질적인 경쟁관계에 있다고 인정한 자가 수행하는 사업

조차 하지 않은 사업, 즉 추상적 이해충돌의 가능성만이 있는 경우에는 이를 조합이 실제로 행하거나 행할 것이 확실한 사업이라고 보기 어려워 조합의 임직원이 그 목적사업과 동종의 사업을 경영한다 하더라도 이는 실질적으로 경쟁관계에 있는 사업을 경영하는 것으로 볼 수 없다고 전제한 다음, 앞서 인정한 사실에 의하면 피고 조합의 주유소 취득사업은 이사회 및 대의원회의 의결을 거치기는 하였으나 구체적인 소요 내역조차 산출해 봄이 없이 막연히 금 1억원에 주유소를 취득하기로 한다는 고정자산투자계획만을 수립하고 사업장의 확보 등 주유소 취득을 위한 아무런 준비도 하지 아니하였으므로 이를 장차 피고가 행할 것이 확실한 사업에 해당한다고 보기 어렵다 할 것이어서, 1998. 2. 28. 피고 조합장선거에서 당선된 소외인이 실질적으로 이 사건 주유소를 경영한 것이 사실로 인정되거나 이 사건 주유소 경영의 경제적인 효과가 소외인에게 귀속되는 것으로 볼 수 있다고 하더라도, 위 주유소 경영이 구 농업협동조합법 제53조 소정의 피고의 사업과 실질적으로 경쟁관계에 있다고 할 수 없다고 판단하였다.

관련 증거를 기록에 비추어 살펴보면, 원심의 위와 같은 사실인정은 정당한 것으로 수긍되고 거기에 채증법칙을 위배하여 사실을 잘못 인정한 위법이 있다고 할 수 없고, 사실관계가 그러하다면 원심이 그 판시와 같은 이유로 피고 조합의 조합장인 소외인이 구 농업협동조합법 제53조(현행 제52조 제4항)에서 취직을 금하고 있는 조합의 사업과 실질적으로 경쟁관계에 있는 사업을 경영하거나 이에 종사하는 자에 해당하지 않는다고 본 조치 역시 정당한 것으로 거기에 구 농업협동조합법 제53조(현행 제52조 제4항) 소정의 조합의 사업과 실질적으로 경쟁관계에 있는 사업 등의 해석에 대한 법리오해의 위법이 없다.

② 광주고등법원 2000. 8. 30. 선고 2000나1074 판결

법 제52조 제4항을 둔 취지는 조합의 임직원이 그 직위에 기하여 알게 된 조합 영업 등에 관한 비밀 등을 이용하여 자기 또는 제3자의 이익을 꾀하면서 조합의 이익을 침해할 우려가 큰 경업을 금지시킴으로써 그 직무를 충실히 수행하도록 함에 있다 할 것인바, 이에 비추어 볼 때 경업이라 함은 조합이 실제로 행하거나 그 구체적인 사업준비에 착수하여 앞으로 행할 것이 확실한 사업과 서로 시장에서 경합하게 되어 조합과 조합의 임직원 사이에 실질적인 이해충돌을 가져올 가능성이 있는 사업을 의미하는 것으로서, 조합의 목적인 사업 자체에 속한

거래뿐만 아니라 이에 부속한 거래도 경업에 해당되고, 조합의 임직원이 조합과 경쟁관계에 있는 사업을 직접 경영하지 아니하더라도 그 경영의 경제적 효과가 본인에게 귀속될 수 있는 경우 또한 경업에 해당된다 할 것이지만, 조합의 목적인 사업이라 하더라도 조합이 완전히 폐업한 사업이나 사업장소를 마련하는 등 구체적인 준비에 착수조차 하지 않은 사업, 즉 추상적 이해충돌의 가능성만이 있는 경우에는 이를 조합이 실제로 행하거나 행할 것이 확실한 사업이라고 보기 어려워 조합의 임직원이 그 목적사업과 동종의 사업을 경영한다 하더라도 이는 실질적으로 경쟁관계에 있는 사업을 경영하는 것으로 볼 수 없어 경업에 해당되지 아니한다 할 것이다.

Ⅸ. 임원의 의무와 책임

1. 충실의무

조합의 임원은 농업협동조합법과 농업협동조합법에 따른 명령 및 정관의 규정을 지켜 충실히 그 직무를 수행하여야 한다(법53①, 법107①, 법112①).

2. 조합에 대한 손해배상책임

임원이 그 직무를 수행할 때 법령이나 정관을 위반한 행위를 하거나 그 임무를 게을리하여 조합에 끼친 손해에 대하여는 연대하여 손해배상의 책임을 진다(법53②, 법107①, 법112①).

3. 제3자에 대한 손해배상책임

임원이 그 직무를 수행할 때 고의나 중대한 과실로 제3자에게 끼친 손해에 대하여는 연대하여 손해배상의 책임을 진다(법53③, 법107①, 법112①).

4. 찬성 이사의 손해배상책임

위의 (2)와 (3)의 행위가 이사회의 의결에 따른 것이면 그 의결에 찬성한 이사도 연대하여 손해배상의 책임을 진다(법53④ 전단, 법107①, 법112①). 이 경우 의결에 참가한 이사 중 이의를 제기한 사실이 의사록에 적혀 있지 아니한 이사는 그 의결에 찬성한 것으로 추정한다(법53④ 후단, 법107①, 법112①).

5. 거짓 결산보고 등: 조합 또는 제3자에 대한 손해배상책임

임원이 거짓으로 결산보고·등기 또는 공고를 하여 조합이나 제3자에게 끼친 손해에 대하여도 연대하여 손해배상의 책임을 진다(법53⑤, 법53②③, 법107①, 법112①).

6. 관련 판례

① 대법원 1995. 2. 17. 선고 94다34234 판결

농업협동조합이 조합 임원들이 직원의 불법행위로 인한 손해배상액을 연대하여 배상하기로 하는 내용의 각서에 의한 약정에 근거하여 조합 임원들에게 그 약정의 이행을 구하고 있는 경우에는 불법행위로 인한 손해배상책임에 있어서의 배상액 감경이론이나 조합 임직원의 업무취급상 발생한 조합의 재산상 손해금에 대한 변상판정을 공정하게 처리하기 위하여 그 절차를 정하고 있는 조합의 "변상판정요령" 등에 의하여 그 약정금액을 감액할 수는 없는 법리인데다가, 위 약정이 조합 임원들의 감독책임의 기초 위에 이루어졌다고 하더라도 그 책임의 성질을 감독책임과 동일하게 보고 약정금액을 감액할 수도 없다.

② 대법원 1972. 8. 29. 선고 72다1161 제1부판결

법 제53조 제2항은 임원 중 1인이 직무상 불법행위로 조합 또는 타인에게 손해를 가할 경우에 이와 관계없는 다른 모든 임원까지도 연대하여 손해배상의 책임을 진다는 취지는 아니다.

X. 임원의 해임

1. 조합원의 해임요구

조합원은 조합원 5분의 1 이상의 동의를 받아 총회에 임원의 해임을 요구할 수 있다(법54① 전단, 법107①, 법112①). 이 경우 총회는 조합원 과반수의 출석과 출석조합원 3분의 2 이상의 찬성으로 의결한다(법54① 후단, 법107①, 법112①).

2. 조합원의 해임의결 방법

조합원은 다음의 어느 하나의 방법, 즉 i) 대의원회에서 선출된 임원: 대의원 3분의 1 이상의 요구로 대의원 과반수의 출석과 출석대의원 3분의 2 이상의 찬성으로 해임 의결할 수 있다(제1호). ii) 이사회에서 선출된 조합장: 이사회의 해임요구에 따라 총회에서 해임 의결할 수 있으며, 이 경우 이사회의 해임요구와 총회의 해임 의결은 제1호에 따른 의결 정족수를 준용한다(제2호). iii) 조합원이 직접 선출한 조합장: 대의원회의 의결을 거쳐 조합원 투표로 해임 결정할 수 있고, 이 경우 대의원회의 의결은 제1호에 따른 의결 정족수를 준용하며, 조합원 투표에 의한 해임 결정은 조합원 과반수의 투표와 투표 조합원 과반수의 찬성으로 한다(제3호)(법54②, 법107①, 법112①).

3. 이사회의 상임이사 해임 요구

이사회의 요구로 상임이사를 해임(법43③(11))하려면 대의원 과반수의 출석과 출석대의원 3분의 2 이상의 찬성으로 의결한다(법54③, 법107①, 법112①).

4. 해임 이유의 통지와 의견진술 기회 부여

해임을 의결하려면 해당 임원에게 해임의 이유를 알려 총회나 대의원회에서 의견을 진술할 기회를 주어야 한다(법54④, 법107①, 법112①).

XI. 민법 · 상법의 준용

조합의 임원에 관하여는 민법 제35조, 제63조와 상법 제382조 제2항, 제385조 제2항 · 제3항, 제386조 제1항, 제402조부터 제408조까지의 규정을 준용한다(법55 전단, 법107①, 법112①). 이 경우 상법 제385조 제2항 중 "발행주식의 총수의 3% 이상에 해당하는 주식을 가진 주주"는 "조합원 100인 또는 3% 이상의 동의를 받은 조합원"으로 보고, 같은 법 제402조 및 제403조 제1항 중 "발행주식의 총수의 1% 이상에 해당하는 주식을 가진 주주"는 각각 "조합원 100인 또는 1% 이상의 동의를 받은 조합원"으로 본다(법55 후단, 법107①, 법112①). 여기서는 준용규정을 살펴본다.

1. 조합의 불법행위능력

조합은 임원 기타 대표자가 그 직무에 관하여 타인에게 가한 손해를 배상할 책임이 있다(민법35① 본문). 임원 기타 대표자는 이로 인하여 자기의 손해배상책임을 면하지 못한다(민법35① 단서).

조합의 목적범위 외의 행위로 인하여 타인에게 손해를 가한 때에는 그 사항의 의결에 찬성하거나 그 의결을 집행한 조합원, 임원 및 기타 대표자가 연대하여 배상하여야 한다(민법35①).

2. 임시이사의 선임

이사가 없거나 결원이 있는 경우에 이로 인하여 손해가 생길 염려 있는 때에는 법원은 이해관계인이나 검사의 청구에 의하여 임시이사를 선임하여야 한다(민법63).

3. 조합과 임원의 관계

조합과 임원의 관계는 민법의 위임에 관한 규정(민법 제682조 이하)을 준용한다(상법382②).

** 관련 판례

① 대법원 2016. 3. 10. 선고 2013다90754 판결

지역농업협동조합과 감사의 법률관계(=위임 유사의 관계) 및 지역농업협동조합은 특별한 사유가 없더라도 언제든지 농업협동조합법 등에서 정한 절차에 따라 감사를 해임할 수 있는지 여부(원칙적 적극): 농업협동조합법 제45조 제1항, 제55조, 상법 제382조 제2항의 규정 내용과 지역농협에 있어서 감사의 지위와 역할 등을 고려하면, 지역농협과 감사의 법률관계는 신뢰를 기초로 한 위임 유사의 관계로 보아야 한다. 한편 위임계약은 각 당사자가 언제든지 해지할 수 있고, 다만 당사자 일방이 부득이한 사유 없이 상대방의 불리한 시기에 계약을 해지한 때에는 그 손해를 배상할 책임을 부담할 뿐이다(민법 제689조). 따라서 정관 등에서 감사의 해임사유를 정하고 있는 등 특별한 사정이 없는 한, 지역농협은 특별한 사유가 없더라도 언제든지 농업협동조합법 등에서 정한 절차에 따라 감사를

해임할 수 있고, 다만 부득이한 사유 없이 감사에게 불리한 시기에 해임한 때에는 그로 인한 손해를 배상할 책임을 부담할 뿐이라고 할 것이다(대법원 2015. 2. 26. 선고 2014다70368 판결 참조).

원심은, 농업협동조합법과 피고의 정관에는 감사의 해임사유에 대하여 특별히 제한하고 있지 아니한 점 등에 비추어 피고의 감사 해임사유에는 제한이 없다고 판단하여 2011. 11. 30.자 감사 해임의결이 무효, 취소되어야 한다는 원고의 주장을 배척하고, 이를 전제로 하는 2012. 2. 10.자 의결의 무효확인 및 원고의 감사 지위 확인 청구를 모두 기각하였다.

원심판결 이유를 위 법리에 비추어 보면, 원심의 위와 같은 판단은 정당하고, 거기에 상고이유 주장과 같이 상법 제382조 제2항이나 농업협동조합법 제33조의 적용에 관한 법리오해의 위법이 없다.

② 대법원 2015. 2. 26. 선고 2014다70368 판결

[1] 농업협동조합법에 따라 설립된 지역농업협동조합("지역농협")에 임원으로서 조합장을 포함한 이사와 감사를 두는데, 이러한 지역농협의 임원에 관하여는 상법 제382조 제2항을 준용한다(농업협동조합법 제45조 제1항, 제55조). 상법 제382조 제2항은 "회사와 이사의 관계는 민법의 위임에 관한 규정을 준용한다."라고 규정하고 있다. 이와 같은 법규정의 내용 및 지역농협에 있어서 감사의 지위와 역할 등을 고려하면, 지역농협과 감사의 법률관계는 신뢰를 기초로 한 위임 유사의 관계로 보아야 한다. 한편 위임계약은 각 당사자가 언제든지 해지할 수 있고, 다만 당사자 일방이 부득이한 사유없이 상대방의 불리한 시기에 계약을 해지한 때에는 그 손해를 배상할 책임을 부담할 뿐이다(민법 제689조). 따라서 정관 등에서 감사의 해임사유를 정하고 있는 등 특별한 사정이 없는 한, 지역농협은 특별한 사유가 없더라도 언제든지 농업협동조합법 등에서 정한 절차에 따라 감사를 해임할 수 있고, 다만 부득이한 사유없이 감사에게 불리한 시기에 해임한 때에는 그로 인한 손해를 배상할 책임을 부담할 뿐이라고 할 것이다.

[2] 원심은, 피고(D농업협동조합)가 비상임감사인 원고를 해임하기 위해서는 해임사유가 있어야 함을 전제로, 그 판시 사정을 종합하면 원고가 소외인에게 전환출자의 기표일자를 정정하도록 의견을 개진하였다는 점만으로 피고의 선거 비용 손실에 영향을 미친 것으로 보기 어려우므로, 이러한 사유를 들어 원고를 비

상임감사에서 해임한 것은 재량권을 일탈하거나 남용한 것이어서 위법하고, 따라서 피고가 원고를 비상임감사에서 해임한 2013. 6. 10.자 제3차 임시대의원회 결의는 무효라고 판단하였다.

그러나 원심의 위와 같은 판단은 다음과 같은 이유에서 수긍하기 어렵다.

위 법리와 기록에 비추어 보면, 정관 등에서 감사의 해임사유를 정하고 있는 등 특별한 사정이 없는 한 피고는 특별한 해임사유가 없더라도 언제든지 농업협동조합법 등에서 정한 절차에 따라 원고를 비상임감사에서 해임할 수 있다. 따라서 원심으로서는 피고가 원고를 해임하기 위해서 해임사유가 있어야 함을 전제로 위와 같이 판단하기에 앞서, 피고의 정관 등에서 감사의 해임사유를 정하고 있는 등 특별한 사정이 있는지에 관하여 심리를 하여 보아야 한다. 그럼에도 원심은 이에 관한 심리 없이 곧바로 피고가 해임사유로 삼은 사정만으로 원고를 비상임감사에서 해임한 것은 위법하므로 피고의 위 해임결의는 무효라고 판단하였다. 이러한 원심의 판단에는 지역농협에 있어서 감사의 해임에 관한 법리를 오해하여 필요한 심리를 다하지 아니함으로써 판결에 영향을 미친 위법이 있다. 이를 지적하는 상고이유 주장은 이유 있다.

4. 조합원의 법원에 대한 이사 해임청구

이사가 그 직무에 관하여 부정행위 또는 법령이나 정관에 위반한 중대한 사실이 있음에도 불구하고 총회에서 그 해임을 부결한 때에는 조합원 100인 또는 3% 이상의 동의를 받은 조합원은 총회의 결의가 있은 날부터 1월내에 그 이사의 해임을 법원에 청구할 수 있다(상법385②). 이사의 해임청구의 소는 본점소재지의 지방법원의 관할에 전속한다(상법385③, 법186).

5. 이사의 결원: 퇴임임원의 지위 유지

법률 또는 정관에 정한 임원의 원수를 결한 경우에는 임기의 만료 또는 사임으로 인하여 퇴임한 이사는 새로 선임된 임원이 취임할 때까지 이사의 권리의무가 있다(상법386①).

6. 유지청구권

이사가 법령 또는 정관에 위반한 행위를 하여 이로 인하여 회사에 회복할 수 없는 손해가 생길 염려가 있는 경우에는 감사 또는 조합원 100인 또는 1% 이상의 동의를 받은 조합원은 회사를 위하여 이사에 대하여 그 행위를 유지할 것을 청구할 수 있다(상법402).

7. 조합원의 대표소송 등

상법 제403조부터 제408조까지의 규정을 준용한다(법55 전단). 따라서 상법 제403조(주주의 대표소송), 제404조(대표소송과 소송참가, 소송고지), 제405조(제소주주의 권리의무), 제406조(대표소송과 재심의 소), 제406조의2(다중대표소송), 제407조(직무집행정지, 직무대행자선임), 제408조(직무대행자의 권한)가 준용된다.

제5장 / 사 업

제1절 농산물 판매활성화

Ⅰ. 의무 추진 사항

조합은 조합원이 생산한 농산물(지역농협은 농산물, 지역축협은 축산물, 품목조합은 농산물 또는 축산물)의 효율적인 판매를 위하여 i) 다른 조합, 중앙회, 농협경제지주회사 및 그 자회사와의 공동사업(제1호), ii) 농산물(지역농협은 농산물, 지역축협은 축산물, 품목조합은 농산물 또는 축산물)의 계약재배 및 판매 등에 관한 규정의 제정 및 개정(제2호), iii) 그 밖에 거래처 확보 등 농산물(지역농협은 농산물, 지역축협은 축산물, 품목조합은 농산물 또는 축산물)의 판매활성화 사업에 필요한 사항(제3호)을 추진하여야 한다(법57의2①, 법107①, 법112①).

Ⅱ. 농협경제지주회사 및 그 자회사에 판매위탁

조합은 위의 의무 추진 사항에 따른 사업 수행에 필요한 경우 농협경제지주회사 및 그 자회사에 농산물(지역농협은 농산물, 지역축협은 축산물, 품목조합은 농산물 또는 축산물)의 판매위탁을 요청할 수 있다(법57의2② 전단, 법107①, 법112①). 이 경우 농협경제지주회사 및 그 자회사는 특별한 사유가 없으면 조합의 요청을 거부하여서는 아니 된다(법57의2② 후단, 법107①, 법112①).

이에 따른 판매위탁사업의 조건과 절차 등에 관한 세부사항은 농협경제지주회사 및 그 자회사의 대표이사가 각각 정한다(법57의2③, 법107①, 법112①).

Ⅲ. 자금지원 등 우대조치

중앙회, 농협경제지주회사 및 그 자회사는 사업실적 등을 고려하여 정관으로 정하는 바에 따라 조합에게 자금지원 등 우대조치를 할 수 있다(법57의2④, 법107①, 법112①).

제2절 비조합원 등의 사업 이용

Ⅰ. 서설

1. 의의

조합은 사업을 통하여 조합원에게 최대로 봉사하는 단체이므로 조합원만을 대상으로 사업을 하는 것이 원칙이다. 비조합원의 사업 이용은 조합원의 사업이용에 지장을 초래하지 않는 범위 내에서 허용되므로 일정한 한계가 있다. 조합원의 이용에 지장이 있을 수 있는 사업은 정관에서 제한할 수 있도록 하고(법58①, 법107①, 법112①), 정관에서는 비조합원의 사업이용을 허용하는 범위와 한계를 정하고 있다.

2. 제도적 취지

비조합원에게 조합의 이용을 허용한 것은 개방된 조합을 추구한다는 협동조합의 기본정신에도 부합하고, 지역주민의 편의와 조합의 수익에 도움이 되기 때문이다. 농업협동조합은 농촌사회에서 생산, 소비, 생활면에서 중요한 역할을 담당하고, 국민경제에서도 큰 역할을 경제단체이기 때문에 조합원 아닌 자에게도 사업을 이용할 수 있게 하는 것이 농촌 실정에 부합하는 태도이다.[1]

3. 관련 판례

** 대법원 1975. 2. 10. 선고 74다208 판결

원래 농업협동조합은 구성원인 조합원을 위하여 최대의 봉사를 함을 목적(법5)으로 하는 단체인 만큼 그 사업이용은 조합원에 한정함을 원칙이라 하겠으나 조합원의 이용에 지장이 없는 범위에서 비조합원에도 그 사업의 이용을 하게 하여 조합의 사업량을 확보하여 사업경영을 원활하게 하는 것이 조합의 사회적 의의를 크게 하는 점을 고려하여 법이 비조합원의 사업이용을 허용한 이상 판매사업에 비조합원 이용을 포함시킨다 하여 조합의 공익성에 반한다고 볼 수 없거니와 이를 배제한다면 오히려 사업이용을 인정한 법의 취지를 몰각하는 결과가 되고 말 것이다.

Ⅱ. 비조합원의 사업 이용

1. 허용 범위

(1) 의의

조합은 조합원이 이용하는 데에 지장이 없는 범위에서 조합원이 아닌 자에게 그 사업을 이용하게 할 수 있다(법58① 본문, 법107①, 법112①).

(2) 관련 판례

① 대법원 1975. 2. 10. 선고 74다208 판결

관계 법령에 비추어 농업협동조합의 비조합원은 조합의 사업을 제한범위 내에서 일반적으로 이용할 수 있어 농업협동조합은 비조합원이 생산한 농수산물의 판매행위를 할 수 있다.

1) 최흥은(2014), 174쪽.

② 대법원 1972. 12. 12. 선고 72다1957 제1부판결

본조가 규정한 비조합원의 사업이용 중에는 비조합원이 생산하는 청과물의 판매행위 따위는 포함되지 않는다.

2. 이용 제한

(1) 제한되는 사업

조합은 법 제57조 제1항 제2호 가목(농업인이 아닌 자의 판매사업은 제외)·바목·사목·차목, 제3호 마목·사목·아목, 제5호 가목·나목, 제7호 및 제10호의 사업 외의 사업에 대하여는 정관으로 정하는 바에 따라 비조합원의 이용을 제한할 수 있다(법58① 단서, 법107①, 법112①). 다만 지역축협과 품목조합의 경우 복지후생사업과 관련하여 복지시설의 운영에만 해당한다(법107①, 법112①).

따라서 경제사업(법57①(2)) 중 조합원이 생산하는 농산물(지역농협은 농산물, 지역축협은 축산물, 품목조합은 농산물 또는 축산물)의 제조·가공·판매·수출 등의 사업(가목), 농지의 매매·임대차·교환의 중개(바목), 위탁영농사업(사목), 보관사업(차목), 신용사업(법57①(3)) 중 국가·공공단체 및 금융기관의 업무 대리(마목), 공과금, 관리비 등의 수납 및 지급대행(사목), 수입인지, 복권, 상품권의 판매대행(아목), 복지후생사업(법57①(5)) 중 복지시설의 설치 및 관리(가목), 장제(葬祭)사업(나목), 국가, 공공단체, 중앙회, 농협경제지주회사 및 그 자회사, 농협은행 또는 다른 조합이 위탁하는 사업(법57①(7)) 및 그 밖에 설립목적의 달성에 필요한 사업으로서 농림축산식품부장관의 승인을 받은 사업(법57①(10)) 외의 사업에 대하여는 정관으로 정하는 바에 따라 비조합원의 이용을 제한할 수 있다(법58① 단서, 법107①, 법112①).

(2) 사업이용량

1회계연도에 있어서 비조합원(판매사업의 경우는 비농업인)의 사업이용량은 각 사업별로 당해 회계연도 사업량의 2분의 1을 초과할 수 없다(지역농협정관례141② 본문, 지역축협정관례141② 본문, 품목조합정관례139② 본문). 여기의 사용이용량에는 대출이 포함된다.

(3) 수익의 중앙회 출연

비조합원의 사업이용이 제한되는 경우에 있어서 비조합원의 사업이용이 각 사업별로 당해 회계연도 사업량의 3분의 1을 초과하는 부분에서 발생하는 수익의 일부는 회원의 균형발전과 사업활성화를 위하여 중앙회장이 정하는 바에 따라 중앙회에 출연한다(지역농협정관례141③, 지역축협정관례141③, 품목조합정관례139③).

이것은 비조합원 이용 확대에 따른 수익을 농촌조합에 환원할 수 있는 근거를 마련하기 위한 것이다.

Ⅲ. 간주조합원의 사업 이용

조합원과 동일한 세대에 속한 사람, 준조합원, 다른 조합 또는 다른 조합의 조합원이 조합의 사업을 이용하는 경우에는 이를 조합원이 이용한 것으로 본다(법58②, 지역농협정관례 및 지역축협정관례141④, 품목조합정관례139④, 법107①, 법112①).

Ⅳ. 조합원에 대한 편의 제공의무

지역농협은 품목조합의 조합원이 지역농협의 신용사업을 이용하려는 경우 최대의 편의를 제공하여야 한다(법58③).

지역축협은 품목조합의 조합원이 지역축협의 신용사업을 이용하려는 경우 최대의 편의를 제공하여야 한다(법107①, 법58③). 품목조합은 지역조합의 조합원이 품목조합의 신용사업을 이용하려는 경우 최대의 편의를 제공하여야 한다(법112①, 법58③).

제3절 유통지원자금의 조성 · 운용

Ⅰ. 농산물 및 그 가공품 등의 유통지원

조합은 조합원이나 조합공동사업법인이 생산한 농산물(지역농협은 농산물, 지역축협은 축산물, 품목조합은 농산물 또는 축산물, 이하 같다) 및 그 가공품 등의 유통을 지원하기 위하여 유통지원자금을 조성·운용할 수 있다(법59①, 법107①, 법112①).

Ⅱ. 유통지원자금의 운용

유통지원자금은 i) 농산물의 계약재배사업(제1호), ii) 농산물 및 그 가공품의 출하조절사업(제2호), iii) 농산물의 공동규격 출하촉진사업(제3호), iv) 매취(買取) 사업(제4호), v) 그 밖에 조합이 필요하다고 인정하는 유통 관련 사업(제5호)에 운용한다(법59②, 법107①, 법112①).

Ⅲ. 국가 등의 유통지원자금의 조성 지원

국가·지방자치단체 및 중앙회는 예산의 범위에서 유통지원자금의 조성을 지원할 수 있다(법59③, 법107①, 법112①).

제4절 조합원 교육

Ⅰ. 협동조합의 운영원칙과 방법의 교육 실시

조합은 조합원에게 협동조합의 운영원칙과 방법에 관한 교육을 하여야 한다(법60①, 법107①, 법112①).

농업협동조합은 조합원이 협동조합의 운영원칙과 방법을 이해하고 있어야 원만히 운영할 수 있는 인적단체이다. 농업협동조합법은 조합으로 하여금 조합원에게 협동조합의 운영원칙과 방법 그리고 조합원의 권익이 증진될 수 있는 방법 등에 대하여 교육을 하도록 하고 있다.[2)]

Ⅱ. 품목별 전문기술교육과 경영상담 실시

조합은 조합원의 권익이 증진될 수 있도록 조합원에 대하여 적극적으로 품목별 전문기술교육과 경영상담 등을 하여야 한다(법60②, 법107①, 법112①).

Ⅲ. 전문상담원의 설치

교육과 상담을 효율적으로 수행하기 위하여 주요 품목별로 전문상담원을 둘 수 있다(법60③, 법107①, 법112①).

제5절 부동산의 소유 제한

지역농협과 지역축협(신용사업을 하는 품목조합을 포함)의 사업에 관하여는 신용협동조합법 제45조(부동산의 소유 제한)를 적용한다(신용협동조합법95④).

Ⅰ. 제도적 취지

조합은 업무상 필요하거나 채무를 변제받기 위하여 부득이한 경우를 제외하고는 부동산을 소유할 수 없다(신용협동조합법45).

조합에 부동산을 원칙적으로 소유할 수 없도록 한 이유는 농협의 본래 기능이 조합원이 필요로 하는 자금을 공급하는 것이므로, 과다한 부동산 소유보다는

2) 최흥은(2014), 68쪽.

가급적 많은 조합원에게 필요한 자금을 공급하기 위한 것이고, 또 부동산은 대체로 그 가액이 고가일 뿐만 아니라 환가방법 또한 신속·용이하지 않기 때문에, 조합이 그 운용 자산의 상당 부분을 부동산으로 보유하면, 자금이 장기 고정화로 자금의 유동성을 약화시켜 경영 효율을 크게 저하시킬 우려를 사전에 예방하기 위한 것이다.[3)]

Ⅱ. 업무용 부동산의 의의와 범위

1. 업무용 부동산의 의의

업무용 부동산이라 함은 업무용 토지·건물과 건설중인 자산을 말하며 그 가액은 장부상 가액을 말한다.

2. 업무용 부동산의 범위

조합 또는 중앙회가 취득할 수 있는 업무용 부동산의 범위는 ⅰ) 영업장(건물 연면적의 10% 이상을 업무에 직접 사용하는 경우에 한한다)(제1호), ⅱ) 사택·기숙사·연수원 등의 용도로 직접 사용하는 부동산(제2호), ⅲ) 복지사업에 직접 사용하는 부동산(제3호)과 같다(신용협동조합법 시행령18①).

3. 영업장의 일부 임대

조합 또는 중앙회는 조합원 또는 회원의 이용에 지장이 없는 범위안에서 영업장의 일부를 타인에게 임대할 수 있다(신용협동조합법 시행령18②).

4. 업무용 부동산의 취득한도

업무방법서의 세부내용은 중앙회장이 정한다. 조합이 고정투자를 하고자 할 때에는 자기자본 이내에서 투자함을 원칙으로 한다(회원조합지도·지원규정6절19).

5. 업무용 부동산의 취득한도의 예외

조합은 업무상 부득이한 사유가 있는 경우에는 농업협동조합재무기준 제5

3) 신협중앙연수원(2021), 「2021 연수교재 신협법」, 208쪽.

조의 자금운용기준 이내(예수금의 20%)에서 투자할 수 있다(회원조합지도·지원규정 6절19 단서).

Ⅲ. 비업무용 부동산의 매각

채무를 변제받기 위하여 부동산을 소유한 조합은 금융위원회가 정하여 고시하는 방법 및 절차에 따라 그 부동산을 처분하여야 한다(신용협동조합법 시행령18③).

1. 매각 위탁 또는 공개경쟁입찰

조합이 채무를 변제받기 위하여 부득이하게 취득한 비업무용부동산은 한국자산관리공사에 매각을 위탁하거나 1년 이내에 공개경쟁입찰 방법에 의하여 매각하여야 한다(상호금융업감독규정10①).

2. 수의계약

공개경쟁입찰을 1회 이상 실시하여도 매각되지 아니하거나 이해관계자가 매각을 요구하는 경우에는 중앙회장이 정한 절차에 따라 수의계약으로 매각할 수 있다(상호금융업감독규정10②).

3. 매각기간의 연장

공개경쟁입찰이 유찰 또는 보류되거나 수의계약 방식으로 1년 이내에 매각할 수 없는 경우에는 조합은 매각기한을 1년에 한하여 연장할 수 있다(상호금융업감독규정10③ 전단). 이 경우 조합은 최초 1년의 매각기한이 종료되기 전에 중앙회장에게 매각연기에 관한 사항을 보고하여야 한다(상호금융업감독규정10③ 후단).

제6절 금리인하 요구

지역농협과 지역축협(신용사업을 하는 품목조합을 포함)이 신용사업을 하는 경우에는 신용협동조합법에 따른 신용협동조합으로 본다(신용협동조합법95①(1)).

지역농협과 지역축협(신용사업을 하는 품목조합을 포함)의 사업에 관하여는 신용협동조합법 제45조의3(금리인하 요구)을 적용한다(신용협동조합법95④). 따라서 금리인하 요구에 관한 신용협동조합의 내용은 농업협동조합에 적용된다.

Ⅰ. 의의

금리인하요구권이란 여신약정 당시와 비교하여 신용상태에 현저한 변동이 있다고 인정되는 채무자가 금리인하를 요청할 수 있는 권리를 말한다.

조합과 대출등(대출 및 어음할인)의 계약을 체결한 자는 재산 증가나 신용등급 또는 개인신용평점 상승 등 신용상태 개선이 나타났다고 인정되는 경우 조합에 금리인하를 요구할 수 있다(신용협동조합법45의3①).

Ⅱ. 금리인하 요구의 요건

조합과 대출등의 계약을 체결한 자는 i) 개인이 대출등의 계약을 체결한 경우: 취업, 승진, 재산 증가 또는 개인신용평점 상승 등 신용상태의 개선이 나타났을 것(제1호), ii) 개인이 아닌 자(개인사업자를 포함)가 대출등의 계약을 체결한 경우: 재무상태 개선, 신용등급 또는 개인신용평점 상승 등 신용상태의 개선이 나타났을 것(제2호)의 구분에 따른 요건을 갖췄다고 인정되는 경우 조합에 금리인하를 요구할 수 있다(신용협동조합법45의3③, 동법 시행령18의3①).

Ⅲ. 금리인하 요구의 절차

1. 조합의 금리인하 요구권의 통지

조합은 대출등의 계약을 체결하려는 자에게 금리인하를 요구할 수 있음을 알려야 한다(신용협동조합법45의3②).

2. 요구의 수용 여부 판단시 고려사항

금리인하 요구를 받은 조합은 그 요구의 수용 여부를 판단할 때 신용상태의 개선이 금리 산정에 영향을 미치는지 여부 등 금융위원회가 정하여 고시하는 사항을 고려할 수 있다(신용협동조합법45의3③, 동법 시행령18의3②).

이에 따라 금리인하 요구를 받은 조합은 해당 요구가 i) 대출 등의 계약을 체결할 때, 계약을 체결한 자의 신용상태가 금리 산정에 영향을 미치지 아니한 경우(제1호), ii) 신용상태의 개선이 경미하여 금리 재산정에 영향을 미치지 아니하는 경우(제2호)의 어느 하나에 해당하는지를 고려하여 수용 여부를 판단할 수 있다(상호금융업감독규정10의2①).

3. 요구의 수용 여부 및 사유의 통지 방법

조합은 금리인하 요구를 받은 날부터 10영업일 이내(자료의 보완을 요구하는 경우에는 그 요구하는 날부터 자료가 제출되는 날까지의 기간은 포함하지 않는다)에 금리인하를 요구한 자에게 그 요구의 수용 여부 및 그 사유를 전화, 서면, 문자메시지, 전자우편, 팩스 또는 그 밖에 이와 유사한 방법으로 알려야 한다(신용협동조합법45의3③, 동법 시행령18의3③).

4. 자료제출 요구

조합은 대출 등의 계약을 체결한 자가 금리인하를 요구하는 때에는 신용상태 개선을 확인하는 데 필요한 자료 제출을 요구할 수 있다(신용협동조합법45의3③, 동법 시행령18의3④, 상호금융업감독규정10의2②).

5. 인정요건 및 절차 등의 안내

조합은 금리인하 요구 인정요건 및 절차 등을 인터넷 홈페이지 등을 이용하여 안내하여야 한다(신용협동조합법45의3③, 동법 시행령18의3④, 상호금융업감독규정10의2③).

6. 관련 기록의 보관·관리

조합은 금리인하를 요구받은 경우 접수, 심사결과 등 관련 기록을 보관·관리하여야 한다(신용협동조합법45의3③, 동법 시행령18의3④, 상호금융업감독규정10의2④).

Ⅳ. 위반시 제재

조합 또는 중앙회가 신용협동조합법 제45조의3 제2항(제79조의2에 따라 준용되는 경우를 포함)을 위반하여 금리인하를 요구할 수 있음을 알리지 아니한 경우에는 2천만원 이하의 과태료를 부과한다(신용협동조합법101①(1의3)).

제
6
장
/

건전성규제

제1절 자금의 차입

정상적인 수신보다 차입자금에 의존하는 영업으로 인하여 경영의 위험성 증가를 방지하기 위하여 자금차입에 대한 한도 규제를 실시하고 있다.

Ⅰ. 서설

1. 차입대상 기관

조합은 사업목적을 달성하기 위하여 국가, 공공단체, 중앙회, 농협경제지주회사 및 그 자회사(해당 사업 관련 자회사에 한정), 농협은행 또는 농협생명보험으로부터 자금을 차입할 수 있다(법57②, 법107①, 법112①).

2. 제도적 취지

농업협동조합의 차입 상대방을 엄격하게 제한한 위 규정은 농업협동조합법의 목적을 반영하여 외부자본의 부당한 침투를 막고 궁극적으로 농업인의 자주적인 협동조직인 농업협동조합의 재정 건전성을 확보하기 위한 것이다. 이러한 취지에 비추어 보면 위 규정은 강행법규로 이에 위반된 행위는 무효이다. 농업협동조합이 다른 사람의 채무를 보증하는 등으로 실질적으로 위 규정에서 정한 기관이 아닌 제3자에 대하여 차입에 준하여 채무를 부담하게 되었다면, 이러한 행위 역시 강행법규에 위반되어 무효이다.[1)]

3. 관련 판례

① 대법원 2019. 6. 13. 선고 2016다203551 판결

농업협동조합이 다른 사람의 채무를 보증하는 등으로 실질적으로 차입대상기관이 아닌 제3자에 대하여 차입에 준하여 채무를 부담하게 된 경우, 그러한 행위의 효력(무효)

[1] 농업협동조합법 제57조 제2항, 제112조에 따르면, 농업협동조합은 사업목적을 달성하기 위하여 국가, 공공단체, 중앙회, 농협경제지주회사와 그 자회사, 농협은행 또는 농협생명보험으로부터만 자금을 차입할 수 있고 다른 기관이나 개인으로부터는 차입할 수 없다(차입할 수 있는 기관으로 원래 국가, 공공단체 또는 중앙회가 규정되어 있었는데, 2011. 3. 31. 법률 제10522호로 개정되면서 농협은행이 추가되고, 2014. 12. 31. 법률 제12950호로 개정되면서 농협경제지주회사와 그 자회사, 농협생명보험이 추가되었다).

농업협동조합법은 농업인의 경제적·사회적·문화적 지위를 향상시키고, 농업의 경쟁력 강화를 통하여 농업인의 삶의 질을 높이고자 제정되었다(제1조). 농업협동조합의 차입 상대방을 엄격하게 제한한 위 규정은 이 법의 목적을 반영하여 외부자본의 부당한 침투를 막고 궁극적으로 농업인의 자주적인 협동조직인 농업협동조합의 재정 건전성을 확보하기 위한 것이다. 이러한 취지에 비추어 보면, 위 규정은 강행법규로 이에 위반된 행위는 무효이다. 농업협동조합이 다른 사람의 채무를 보증하는 등으로 실질적으로 위 규정에서 정한 기관이 아닌 제3자에 대하여 차입에 준하여 채무를 부담하게 되었다면, 이러한 행위 역시 강행법규에 위반되어 무효이다.

[2] 원심은 다음과 같은 이유로 농업협동조합 중 품목조합에 해당하는 피고

1) 대법원 2010. 4. 29. 선고 2009다96731 판결.

가 이 사건 제품매매계약에 따라 2차적인 매입의무를 부담하는 것은 사실상 주식회사 삼마루와 주식회사 삼마루이호("'삼마루 등'")의 원고들에 대한 각 대출금 채무를 보증한 것에 해당하여 강행법규인 농업협동조합법 제57조 제2항, 제112조에 위반되고, 또한 피고의 권리능력 범위를 벗어난 점에서도 무효라고 판단하였다.

(1) 이 사건 원료매매계약, 제품매매계약, 가공위탁계약, 대출계약은 모두 긴밀하게 연결되어 일괄적으로 체결되었다. 그 내용을 종합적으로 살펴보면 거래의 기본구조는 다음과 같다.

삼마루 등은 피고로부터 매수한 인삼·홍삼 원료를 가공하여 만든 홍삼제품을 주식회사 천지양("천지양")에 판매하는 사업을 한다. 삼마루 등은 원고들로부터 대출계약에 따라 대출을 받고, 천지양 또는 2차적인 매입의무를 부담하는 피고로부터 지급받은 홍삼제품 매매대금으로 원고들에게 대출금을 변제한다.

(2) 제품매매계약상 홍삼제품 매도인은 삼마루 등이고 매수인은 천지양인데, 1차적인 홍삼제품 매입의무를 부담하는 천지양이 그 의무를 이행할 수 없는 경우에 피고가 2차적인 매입의무를 부담하도록 되어 있다. 원고들은 대출금 채권자일 뿐 제품의 매도인이나 매수인이 아닌데도 계약당사자로서 매도인인 삼마루 등, 1, 2차 매수인인 천지양과 피고와 함께 이 사건 제품매매계약을 체결하였고, 원고들이 홍삼제품 매매대금이 입금되었음을 확인하고 승인해야만 삼마루 등이 홍삼제품을 납품할 수 있다.

제품매매계약은 통상적인 매매계약과 달리 매매목적물인 홍삼제품의 시가가 아니라 대출계약의 대출원리금을 기준으로 매매대금이 정해지고, 매매대금의 변동은 대출원리금 상환이 보장되는 한도에서 가능하도록 정해져 있다.

이와 같이 제품매매계약에서 천지양에게 1차적인 매입의무를 부과하고 나아가 피고에게 2차적인 매입의무를 부과하면서 동시에 매매대금을 대출원리금을 기준으로 정하도록 한 목적은 삼마루 등이 천지양 또는 피고로부터 홍삼제품 매매대금을 지급받는 것을 보장함으로써 결과적으로 원고들이 대출원리금을 변제받을 수 있도록 담보하기 위한 것이다.

(3) 관련 법률 등에 따르면, 강행법규를 위반하여 무효인 보증채무 부담행위는 농업협동조합법 제111조에서 허용하는 피고가 할 수 있는 사업의 범위에 포함되지 않는다.

[3] 원심판결 이유를 위에서 본 법리와 기록에 비추어 살펴보면, 원심판단은 정당하다. 원심판단에 상고이유 주장과 같은 의사표시의 해석 또는 법적 성질, 보증채무에 관한 법리오해 등의 잘못이 없다.

② 대법원 2004. 11. 25. 선고 2004다35410 판결

지역농업협동조합은 그 목적달성을 위하여 국가, 공공단체, 중앙회, 농협경제지주회사 및 그 자회사(해당 사업 관련 자회사에 한정), 농협은행 또는 농협생명보험으로부터만 자금을 차입할 수 있고 다른 기관이나 개인으로부터는 차입할 수 없도록 되어 있으므로 제3자의 자금융통 혹은 채무보증을 위하여 지역농업협동조합 명의의 어음을 발행하는 행위는 차입에 속하는 채무부담행위로서 강행법규에 위반되어 무효라 할 것이고, 이는 위 약속어음의 실제 발행인이 상법상 지배인으로서 그 영업에 관한 재판상 또는 재판외의 일체의 권한을 행사할 수 있는 조합 상무라거나, 조합이 그 사용자로서 위 어음발행행위와 관련한 손해배상책임을 부담하는 경우라 하여 결론을 달리 하지 아니한다.

원심판결 이유에 의하면, 원심은 이 사건 약속어음은 피고 등으로부터 이 사건 상가건물을 매수한 A의 피고 등에 대한 매매대금채무의 이행을 담보하기 위하여 원고 조합의 상무이던 B가 조합장 C 명의의 명판과 직인을 임의로 사용하여 위조·발행하여 공증받은 것으로서, 타인의 매매대금채무의 이행을 담보하기 위하여 위 약속어음을 발행한 것은 원고 조합의 사업능력 범위에 속하지 아니하여 무효이고, 따라서 위 약속어음금채권을 청구채권으로 하는 이 사건 공정증서 또한 무효라고 판단하였는바, 기록에 의하면 위 약속어음이 원고 조합의 사업목적과 관련 없이 발행되었다고 본 원심의 사실인정은 정당한 것으로 수긍되고, 나아가 위 인정 사실을 토대로 위 약속어음의 발행 및 그에 기한 공정증서의 작성이 무효라고 본 원심의 판단 또한 비록 그 이유 설시에 있어 다소 부적절한 부분은 있으나 그 결론에 있어서 앞서 본 법리에 부합하여 정당하다 할 것이다.

Ⅱ. 자금의 차입한도

조합이 중앙회, 농협경제지주회사 및 그 자회사(해당 사업 관련 자회사에 한정), 농협은행 또는 농협생명보험으로부터 차입할 수 있는 자금 합계액의 한도는

자기자본과 중앙회 또는 농협은행에 예치하는 각각의 여유자금의 합계액의 범위 내로 한다(영6② 본문).

Ⅲ. 자금차입 한도의 예외

1. 의의

조합이 농업정책의 수행이나 예금인출 등의 사유로 농림축산식품부령으로 정하는 바에 따라 자금을 차입하는 경우에는 본문에서 정한 범위를 초과하여 차입할 수 있다(영6② 단서).

이에 따라 조합이 차입한도를 초과하여 중앙회, 농협경제지주회사 및 그 자회사(해당 사업 관련 자회사에 한정), 농협은행 또는 농협생명보험으로부터 자금을 차입하려는 경우에는 다음의 구분에 따라 승인을 받아야 한다(시행규칙8).

2. 신용사업

조합의 신용사업을 위하여 필요한 경우 자기자본의 5배 이내에서 중앙회 상호금융대표이사 및 전무이사의 승인을 받아야 한다(시행규칙8(1)).

3. 신용사업 외의 사업

조합이 신용사업 외의 사업을 위하여 필요한 경우 자기자본의 5배 이내에서 중앙회 전무이사의 승인을 받아야 한다. 이 경우 전무이사는 해당 사업을 소관하는 농업경제대표이사 또는 축산경제대표이사의 의견을 들어야 한다(시행규칙8(2)).

4. 예금인출 등 불가피한 사유로 한도를 초과하는 경우

예금인출 등 불가피한 사유로 앞의 제1호 또는 제2호에서 정한 한도를 초과하는 경우 농림축산식품부장관의 승인을 받아야 한다(시행규칙8(3)).

제2절 타법인 출자

Ⅰ. 다른 법인에 대한 출자 한도

조합은 사업을 수행하기 위하여 필요하면 자기자본의 범위(자기자본의 100%)에서 다른 법인에 출자할 수 있다(법57⑤ 전단, 법107①, 법112①).

Ⅱ. 같은 법인에 대한 출자 한도

같은 법인에 대한 출자는 i) 중앙회에 출자하는 경우(제1호), ii) 경제사업을 수행하기 위하여 지역농협이 보유하고 있는 부동산 및 시설물을 출자하는 경우(제2호) 외에는 자기자본의 20%를 초과할 수 없다(법57⑤ 후단, 법107①, 법112①).

제3절 동일인에 대한 대출등의 한도

지역농협과 지역축협(신용사업을 하는 품목조합 포함)이 신용사업을 하는 경우에는 신용협동조합법에 따른 신용협동조합으로 본다(신용협동조합법95①(1)).

지역농협과 지역축협(신용사업을 하는 품목조합 포함)의 사업에 관하여는 신용협동조합법 제42조(동일인에 대한 대출등의 한도)를 적용한다(신용협동조합법95④).

Ⅰ. 서설

1. 동일인 대출의 의의

동일인 대출이라 함은 채무자가 본인의 계산(사용 목적)으로 동일인으로 간주되는 자 등의 명의로 분산 대출하여 채무자 본인이 직접 사용하는 대출을 말한다. 다만, 동일인으로 간주되는 자 등의 명의로 대출이 분산하여 실행되었다 하더라도 명의차주별로 각자의 사용목적에 의하여 각자에게 사용되어지는 경우에는 동일인 대출로 보지 아니한다.

신용협동조합법 제42조의 규정에 의하여 동일인으로 간주되는 자는 해당 채무자와 i) 동일세대원, ii) 배우자 및 직계 존비속, iii) 동업자 및 그 해당 법인 직원, iv) 채무자가 법인인 경우 해당 법인의 임·직원, v) 채무자가 임원인 경우 해당 법인의 관계에 있는 자를 포함한다.[2)]

2. 제도적 취지

법에서 동일인에 대한 대출한도를 정하고 이를 초과하여 대출한 임·직원을 처벌하는 규정을 둔 취지는 특정 소수 대출채무자에게 과도하게 편중 대출하는 것을 규제하여 조합원들에게 골고루 대출이 이루어질 수 있도록 함으로써 조합원 대다수에게 대출 혜택을 부여함과 아울러 동일인에 대하여 통상의 대출한도를 미리 정함으로써 그의 변제능력 상실로 대출금의 회수가 곤란해지더라도 그로 인해 신용협동조합의 재정이 부실화될 가능성을 방지하여 신용협동조합의 자산 건전성을 확보·유지하고자 하는 데에 있다.[3)]

Ⅱ. 동일인 대출한도의 기준

1. 의의

조합은 동일인에 대하여 금융위원회가 정하는 기준에 따라 중앙회장의 승인을 받은 경우를 제외하고는 조합의 직전 사업연도말 자기자본의 20%와 자산총액의 1% 중 큰 금액을 초과하는 대출등(대출·어음할인)을 할 수 없다(신용협동조합법42 전단, 동법 시행령16의4① 전단).

2. 최고한도의 설정

금융위원회는 자기자본의 20%에 해당하는 금액과 자산총액의 1%에 해당하는 금액에 대하여 각각 최고한도를 설정할 수 있다(동법 시행령16의4① 후단).

---

2) 신협중앙연수원(2021), 16쪽.
3) 대법원 2008. 8. 21. 선고 2006도7741 판결.

(1) 자산총액 1%의 최고한도

금융위원회가 자산총액의 1%에 해당하는 금액에 대하여 설정하는 최고한도는 7억원으로 한다(상호금융업감독규정6⑥).

(2) 자기자본 20%의 최고한도

자기자본의 20%에 해당하는 금액에 대하여 설정하는 최고한도는 50억원으로 한다(상호금융업감독규정6⑦ 본문). 다만, 직전 사업연도말 자기자본이 500억원 이상인 조합이 법인인 조합원 또는 법인인 준조합원(건설업 또는 부동산업을 영위하는 법인인 준조합원은 제외)에 대한 대출을 하는 경우에는 최고한도를 100억원으로 한다(상호금융업감독규정6⑦ 단서).

3. 본인 계산과 타인 명의 대출등의 판단기준

본인의 계산으로 다른 사람의 명의에 의하여 하는 대출등은 그 본인의 대출등으로 본다(신용협동조합법42 후단). 동일인에 대한 대출한도 초과 여부의 판단기준은 대출금의 실질적 귀속자이다.[4)]

4. 동일인에 대한 신용대출한도

조합의 동일인에 대한 신용대출한도는 1억 5천만원으로 하며, 50백만원 이내에서는 전 조합 신용대출을 포함하고 50백만원을 초과할 경우에는 전 조합 및 전 금융기관 신용대출을 포함한다(여신업무방법서 제3편 제2장 제1절 제2관 제1조①)

그러나 i) 농림수산대손보전기금에서 보전이 되는 대출금(제1호), ii) 중도금·이주비 대출(타행대출 포함)(제2호), iii) 기타 중앙회장이 인정하는 경우(제3호)에는 동일인에 대한 신용대출한도에 이를 포함하지 아니한다(여신업무방법서 제3편 제2장 제1절 제2관 제1조②).

5. 관련 판례

① 대법원 2014. 4. 10. 선고 2012다43331(반소) 판결

대출자 명의를 달리하는 복수의 대출이 그 실질은 동일인에 대한 대출한도

4) 대법원 2006. 5. 11. 선고 2002도6289 판결.

초과대출에 해당함을 이유로 위 대출에 관여한 금융기관의 임직원에게 손해배상 책임을 묻기 위하여는, 그 대출의 실질이 동일인 대출한도 초과대출이라는 점 외에 대출 당시 채무자의 재무상태, 다른 금융기관으로부터의 차입금 기타 채무를 포함한 전반적인 금융거래상황, 사업현황 및 전망과 대출금의 용도, 소요기간 등에 비추어 볼 때 채무상환능력이 부족하거나 제공된 담보의 경제적 가치가 부실하여 대출채권의 회수에 문제가 있음에도 이루어진 대출이라는 점과, 위 대출에 관여한 금융기관의 임직원이 그 대출이 동일인 대출한도 초과대출로서 채무상환능력이 부족하거나 충분한 담보가 확보되지 아니한 상태에서 이루어진다는 사정을 알았거나 알 수 있었음에도 그 대출을 실행하였다는 점에 대한 증명이 있어야 할 것이다(대법원 2004. 6. 11. 선고 2004다5846 판결; 대법원 2012. 4. 12. 선고 2010다75945 판결 등 참조).

원심은 채택 증거에 의하여 그 판시와 같은 사실을 인정한 다음 판시 사실로부터 인정되는 다음과 같은 사정, 즉 ① 원심판결 별지 표 2 기재 대출의 실질적 채무자는 주식회사 감로산업("감로산업")이라고 판단되는 점, ② 위 대출이 이루어진 경위 등 여러 제반 정황을 감안할 때 반소피고들은 위 대출이 동일인에 대한 대출한도 제한을 피하기 위하여 L 등 14인 명의로 실행되었다는 사정을 알았거나 알 수 있었다고 보이는 점, ③ 위 대출의 담보물로 제공된 이 사건 용당유통프라자 건물들은 당시 미분양 상태로 남아 있는 등 실수요가 거의 없었던 것으로 보임에도 반소피고들은 실제 분양계약이 체결된 내용이 기재된 계약서가 아니라 감로산업이 작성한 분양계약서 용지에 기재된 분양가액을 근거로 가액을 산정한 뒤 대출기준에 따라 그 산정가액의 70% 상당액을 대출해 준 점, ④ 위 대출원금이 K농업협동조합의 감정평가액과 차이가 별로 없고 대출이자 내지 지연손해금까지 감안할 때 위 대출금이 제때에 변제되지 아니할 경우 이 사건 용당유통프라자 건물들만으로 위 대출금채무가 충분히 담보된다고 보기 어려운 점 등에 비추어 볼 때, 반소피고들은 반소원고의 임원 및 직원으로서 위 대출 당시 필요한 주의의무 내지 성실의무를 다하지 못하였으므로, 이로 인하여 반소원고가 입은 미회수 대출원리금 상당의 손해를 배상할 책임이 있다고 판단하였다. 앞서 본 법리와 기록에 비추어 살펴보면, 원심의 위와 같은 사실인정과 판단은 정당한 것으로 수긍할 수 있다.

② 대법원 2006. 5. 11. 선고 2002도6289 판결

[1] 구 신용협동조합법상 동일인에 대한 대출한도 초과 여부의 판단 기준(=대출금의 실질적 귀속자): 대출인 명의를 다른 조합원 등 명의로 함으로써 각각의 대출명의인을 기준으로 한 대출금은 동일인에 대한 대출한도를 초과하지 않는다고 하더라도, 대출금이 실질적으로 귀속되는 자를 기준으로 할 경우 대출한도를 초과하는 이상 그 대출행위는 구 신용협동조합법(1998. 1. 13. 법률 제5506호로 전문 개정되어 1998. 4. 1.부터 시행되기 전의 것, 이하 같다) 제32조(현행 제42조)에 위배된다(대법원 1999. 11. 12. 선고 99도1280 판결; 대법원 2001. 11. 13. 선고 2001도3531 판결 등 참조).

[2] 동일인 대출한도를 초과하여 대출한 행위를 구 신용협동조합법 위반죄로, 물적담보를 제대로 확보하지 아니하고 대출한 행위를 업무상배임죄로 각각 별도로 기소한 사안에서, 설사 한도초과 대출행위가 구 신용협동조합법 위반죄를 구성하는 외에 그 자체만으로 업무상배임죄를 구성한다고 하더라도, 공소장 변경 없이 위 행위로 인한 업무상배임죄를 유죄로 인정하는 것은 허용될 수 없다고 한 사례: 검사는 이 사건에서 피고인이 공소외 6, 7, 8에게 각 대출을 하면서 "동일인 대출한도를 초과하여 대출한 행위("한도초과 대출행위")"를 구 신용협동조합법 위반죄로, "물적담보를 제대로 확보하지 아니한 채로 대출하여 그들로 하여금 각 대출액 상당의 재산상 이익을 취득하게 하고 S신용협동조합에 동액 상당의 손해를 가한 행위"를 업무상 배임죄로 각각 별도로 기소한 사실, 제1심 및 환송 전후의 원심도 이를 전제로 하여 심리·판단하여 왔고, 그 심리과정에서 한도초과 대출행위가 구 신용협동조합법 위반죄를 구성하는 것과는 별도로 그 자체만으로 업무상배임죄를 구성하는지 여부는 쟁점이 되지 아니한 사실, 결국 환송 후 원심은 그 중 한도초과 대출에 의한 구 신용협동조합법 위반죄 부분에 대하여는 유죄를 인정하고, 업무상배임죄 부분에 대하여는 범죄의 증명이 없음을 이유로 무죄를 선고하였음을 알 수 있고, 한편 이 사건 한도초과 대출행위 당시 시행되던 구 신용협동조합법 제96조 제1항 제1호 단서(현행 제99조 제2항 제2호 참조)는 같은 법 제96조 제1항 제1호 본문(현행 제99조 제2항 제2호 참조)에 해당하는 행위가 형법 제355조 또는 제356조의 배임행위에 해당하는 때에는 형법의 예에 의하도록 규정하고 있어 구 신용협동조합법 제96조 제1항(현행 제99조 제2항 제2호 참조) 위반죄와 한도초과 대출로 인한 업무상 배임죄를 경합범으로 처

벌할 수 없도록 되어 있었다.

그렇다면 설사 한도초과 대출행위가 구 신용협동조합법 위반죄를 구성하는 외에 그 자체만으로 업무상배임죄를 구성한다고 하더라도, 이 사건 업무상배임죄의 공소사실에는 한도초과 대출로 인한 업무상 배임죄의 공소사실이 포함되어 있지 않음이 분명하고, 나아가 한도초과 대출행위와 물적담보를 제대로 확보하지 아니하고 대출한 행위는 그 행위 내용이나 결과, 임무위배의 태양 및 그로 인하여 조합이 입게 되는 손해의 내용 등을 달리하므로, 후자의 행위가 업무상배임죄로 기소된 이 사건에서 공소장변경 없이 전자의 행위로 인한 업무상배임죄를 유죄로 인정하는 것은 피고인의 방어권 행사에 실질적인 불이익을 초래할 염려가 있어 허용될 수 없다고 할 것이다.

③ 대법원 2006. 3. 24. 선고 2005다46790 판결

신용협동조합의 이사장이 동일인 대출한도를 초과하는 대출을 승인하는 등 그 임무를 해태하여 조합으로 하여금 대출금을 회수하지 못하는 손해를 입게 한 경우, 그 미회수 금액 중 동일인 대출한도 내의 대출로 인한 금액 부분에 대하여도 손해배상책임을 지는지 여부(한정 소극): 신용협동조합의 이사장이 재직 당시 동일인에 대하여 대출한도를 초과한 돈을 대출하면서 충분한 담보를 확보하지 아니하는 등 그 임무를 해태하여 신용협동조합으로 하여금 대출금을 회수하지 못하는 손해를 입게 하였다고 하더라도, 그 미회수 금액 중 동일인 대출한도 내의 대출로 인한 금액에 대하여는 대출 당시 차주의 신용 또는 재산상태로 보아 회수 가능성이 없었다거나 그 대출과 관련하여 신용협동조합의 다른 대출관련 규정을 위반하였다는 등의 특별한 사정이 없는 한 손해배상의 책임을 지울 수 없다고 할 것이다.

기록에 의하면, 원심이 피고 1이 위 실차주 소외 2에 대한 동일인 대출한도 초과대출로 인하여 A신협에게 입혔다고 인정한 손해액 84,514,158원에는 위 소외 2에 대한 동일인 대출한도 내의 금액인 1,500만 원이 포함되어 있음을 알 수 있으므로, 앞서 본 법리에 비추어 보면, 위 1,500만 원 부분에 대하여는 A신협이 대출 후 그 금액을 회수하지 못하는 손해를 입었다고 하더라도 다른 특별한 사정이 없는 한 피고 1이 A신협에게 그 손해를 배상할 책임이 없다고 보아야 할 것이다.

④ 대법원 2001. 11. 30. 선고 99도4587 판결

[1] 신용협동조합 이사장의 부당대출행위와 업무상배임죄 성립 여부: 일반 금융기관과 달리 상호유대를 가진 자 사이의 협동조직을 통하여 자금의 조성과 이용 등을 도모하기 위하여 설립된 신용협동조합의 이사장이 자신 또는 제3자의 이익을 도모하여 임무에 위배하여 소정의 대출한도액을 초과하여 대출하거나 비조합원 또는 무자격자에게 대출하였다면, 그로 인하여 조합이 다른 조합원에게 정당하게 대출할 자금을 부당하게 감소시킨 결과가 되어 그 대출금에 대한 회수의 가능 여부나 담보의 적정 여부에 관계없이 조합에 재산적 손해를 입게 한 것으로 보아야 할 것이고, 이 경우 이사장의 임무 위배가 인정되는 이상 설령 조합 내 여신위원회의 사전 심사와 결의를 거쳤다고 하더라도 업무상배임죄의 성립에 영향이 없다.

[2] 본인의 계산으로 타인의 명의에 의하여 행하는 대출에 있어서 무자격자인 대출 명의자에 대한 대출이 배임죄를 구성하는 것과 별도로 대출총액이 본인의 대출한도액을 초과하는 경우 배임죄가 성립하는지 여부(적극): 동일 조합원에 대한 대출한도의 초과 여부를 판단함에 있어 본인의 계산으로 타인의 명의에 의하여 행하는 대출은 그 본인의 대출로 보아야 할 것이고(1998. 1. 13. 법률 제5506호로 전문 개정된 신용협동조합법 제42조 단서에서는 이 점을 명문화하였다), 이때 종전 대출의 명의자인 타인이 비조합원 또는 무자격자이고 그 무자격자에 대한 대출이 별도의 배임행위로 처벌받는다고 하더라도 그 대출금액과 추가대출금액을 포함한 대출총액이 본인의 대출한도액을 초과하는 때에는 이에 대하여 별도의 배임죄가 성립한다.

⑤ 대법원 1984. 9. 25. 선고 84도1436 판결

신용협동조합의 이사장은 동 조합을 위하여 성실히 직무를 수행하여야 할 임무가 있으므로 제 3자의 이익을 도모하여 임무에 위배하여 소정의 대출한도액을 초과하여 대출하거나 비조합원에게 대출하여 동 조합에 그 대출상당액의 재산상의 손해를 가하였다면 동조합 내 여신위원회의 결의가 있었다거나 대출금에 대한 회수의 가능여부에 관계없이 업무상배임죄가 성립된다

⑥ 서울행정법원 2017. 10. 20. 선고 2016구합84955 판결

대출인 명의를 다른 조합원 등의 이름으로 함으로써 각각의 대출명의인을 기준으로 한 대출금은 동일인에 대한 대출한도를 초과하지 않는다고 하더라도, 대출금이 실질적으로 귀속되는 자를 기준으로 할 경우 대출한도를 초과하는 이상 그 대출행위는 신용협동조합법 제42조에 위배되고(대법원 1999. 11. 12. 선고 99도1280 판결; 대법원 2001. 11. 13. 선고 2001도3531 판결 등 참조), 다른 사람의 이름으로 대출을 받더라도 그것이 본인의 계산으로 실행되는 것이라면 이는 본인의 대출에 해당한다(신용협동조합법 제42조 후문). 한편 조합은 동일인에 대하여 금융위원회가 정하는 기준에 따라 중앙회장의 승인이 있는 경우를 제외하고는 조합의 직전사업연도 말 자기자본의 20% 또는 자산총액의 1% 중 큰 금액의 범위 안에서 금융위원회가 정하는 한도인 5억 원을 초과하여 대출을 할 수 없다(신용협동조합법 제42조 전문, 같은 법 시행령 제16조의4 제1항, 구 상호금융감독규정 제6조 제6항).

⑦ 제주지방법원 2011. 9. 1. 선고 2010고합67, 84(병합) 판결

대출인 명의를 다른 조합원들 명의로 함으로써 각각의 대출명의인을 기준으로 한 대출금은 동일인에 대한 대출한도를 초과하지 않는다고 하더라도 대출금이 실질적으로 귀속되는 자를 기준으로 할 경우 대출한도를 초과하는 이상 그 대출행위는 신용협동조합법에 위반되는 것이고(대법원 1991. 11. 12. 선고 99도1280 판결 등 참조), 실질적인 자금의 수수 없이 형식적으로만 신규대출을 하여 기존채무를 변제하는 이른바 대환은, 특별한 사정이 없는 한 형식적으로는 별도의 대출에 해당하나 실질적으로는 기존채무의 변제기의 연장에 불과하므로, 신용협동조합법에서 금지·처벌의 대상으로 삼고 있는, "동일인에 대한 대출한도를 초과하는 대출"에 해당하지 아니한다(대법원 2001. 11. 13. 선고 2001도3531 판결 등 참조).

⑧ 대법원 2008. 8. 21. 선고 2006도7741 판결

업무상배임죄는 업무상 타인의 사무를 처리하는 자가 임무에 위배하는 행위로써 재산상의 이익을 취득하거나 제3자로 하여금 이를 취득하게 하여 본인에게 재산상의 손해를 가한 때 성립하는바, 여기서 재산상의 손해라 함은 현실적인 손해를 가한 경우뿐만 아니라 재산상 실해 발생의 위험을 초래한 경우도 포함되고, 재산상 손해의 유무에 대한 판단은 법률적 판단에 의하지 아니하고 경제적 관점

에서 파악하여야 하지만(대법원 1992. 5. 26. 선고 91도2963 판결; 대법원 1995. 11. 21. 선고 94도1375 판결; 대법원 2004. 4. 9. 선고 2004도771 판결; 대법원 2005. 4. 15. 선고 2004도7053 판결 등 참조), 재산상 손해가 발생하였다고 평가될 수 있는 재산상 실해 발생의 위험이라 함은 본인에게 손해가 발생할 막연한 위험이 있는 것만으로는 부족하고 경제적인 관점에서 보아 본인에게 손해가 발생한 것과 같은 정도로 구체적인 위험이 있는 경우를 의미한다고 할 것이다.

이러한 법리에 비추어 보면, 동일인 대출한도액을 초과한 대출이 이루어졌다는 사정만으로 신용협동조합에 당연히 대출채권을 회수하지 못하게 될 위험이나 다른 조합원들에 대한 대출을 곤란하게 하여 신용협동조합의 적정한 자산운용에 장애를 초래하는 위험 등의 재산상 손해가 발생하였다고 단정할 수는 없다(대법원 2008. 6. 19. 선고 2008도1406 전원합의체 판결 참조).

그렇다면, 피고인의 대출행위가 대출관련 규정에 위반하여 동일인 대출한도를 초과하였다는 사실만으로 대출 당시 이미 채무자의 채무상환능력이 불량하여 채권회수에 문제가 있었는지 여부에 관하여 구체적으로 심리·판단함이 없이 업무상배임죄 또는 특정경제범죄 가중처벌 등에 관한 법률 위반(배임)죄를 인정한 원심의 판단에는 업무상배임죄 또는 특정경제범죄 가중처벌 등에 관한 법률 위반(배임)죄에 관한 법리를 오해하여 판결 결과에 영향을 미친 위법이 있다.

Ⅲ. 동일인 대출한도 산정시 제외되는 대출

다음에 해당하는 대출, 즉 i) 당해 조합에 대한 예탁금 및 적금을 담보로 하는 대출, ii) 당해 조합과의 공제계약에 의하여 납입한 공제료를 담보로 하는 대출, iii) 정부·한국은행 또는 은행이 보증하거나 동 기관이 발행 또는 보증한 증권을 담보로 하는 대출, iv) 농림수산업자신용보증기금이 보증하거나 농림수산정책자금대손보전기금 등에 의하여 대손보전이 이루어지는 대출, v) [별표 1](경영실태평가 부문별 평가항목)에 의한 총자본비율 산출시 위험가중치가 20% 이하인 대출(이 경우 설립 근거법이 동일한 조합에 대한 대출 또는 그에 의해 보증된 대출은 제외), vi) 지역신용보증재단 또는 서민금융진흥원에 의하여 대손보증이 이루어지는 대출금은 동일인에 대한 대출액 산정시 이를 포함하지 아니한다(신용협동조합법 시행령16의4②, 상호금융업감독규정6①).

Ⅳ. 동일인 대출한도의 초과대출

1. 동일인 대출한도의 예외: 중앙회장 승인

중앙회장은 i) 채무인수·상속·합병 및 영업양수 등에 의하여 대출채권을 불가피하게 양수한 경우(제1호), ii) 조합의 합병 또는 영업양수도로 동일인 대출한도를 초과하게 되는 경우(제2호), iii) 사고금의 보전목적 등 채권보전 조치를 위하여 필요한 경우(제3호), iv) 법률 제6345호 농어업인부채경감에관한특별조치법에 의거 농어업인에 대해 부채경감 목적으로 대출을 취급함으로써 동일인 대출한도를 초과하는 경우(신협은 제외)(제4호), v) 농어업재해대책법 및 자연재해대책법에 의거 재해대책 목적으로 대출을 취급함으로써 동일인 대출한도를 초과하는 경우(제5호)에는 동일인 대출한도를 초과하여 승인할 수 있다(상호금융업감독규정6②).

2. 동일인 대출한도의 초과승인

앞의 상호금융업감독규정 제6조 제2항에서 정한 사유로 동일인대출한도를 초과하는 경우 대출 건별로 대출심사위원회 의결을 거쳐 지역본부장의 승인을 받아야 한다(여신업무방법서 제1편 제1장 제1조②)

Ⅴ. 동일인 대출한도 초과분의 해소

동일인 대출한도 범위 내에서 이미 취급된 동일인 대출금이 조합의 출자금(회전출자금 및 가입금을 포함) 환급, 결손금 발생 등으로 자기자본 또는 자산총액이 감소하여 동일인 대출한도를 초과하게 된 경우에는 그 한도가 초과한 날로부터 만기일 이내에 한도에 적합하도록 하여야 한다(상호금융업감독규정6④).

Ⅵ. 위반시 제재

조합 또는 중앙회의 임직원 또는 청산인이 법 제42조를 위반하여 동일인에 대한 대출등의 한도를 초과한 경우에는 2년 이하의 징역 또는 2천만원 이하의 벌금에 처한다(신용협동조합법99②(2)).

제4절 상환준비금

지역농협과 지역축협(신용사업을 하는 품목조합 포함)이 신용사업을 하는 경우에는 신용협동조합법에 따른 신용협동조합으로 본다(신용협동조합법95①(1)).

지역농협과 지역축협(신용사업을 하는 품목조합 포함)의 사업에 관하여는 신용협동조합법 제43조(상환준비금)를 적용한다(신용협동조합법95④).

Ⅰ. 제도적 취지

상환준비금은 조합이 조합원들로부터 예탁받은 자금을 모두 대출함으로써 일시적인 유동성 부족으로 인한 인출 불능 사태가 발생하는 것을 방지하기 위하여 법으로 일정한 자금을 조합 내에 유보하도록 한 것이고, 그중 일부를 중앙회에 예치하도록 한 취지가 상환준비금제도를 더욱 엄격히 유지하여 조합원들의 예탁금반환을 보장하기 위한 공익적 목적에서 비롯된 것이다.[5)]

Ⅱ. 내용

1. 보유 한도

조합은 전월 말일 기준 예탁금 및 적금 잔액의 10%에 해당하는 금액을 상환준비금으로 보유해야 한다(신용협동조합법43①, 동법 시행령17①). 이는 예금자등의 상환요구에 대처하기 위하여 예금 등 금전채무에 대하여 일정비율에 해당하는 상환준비금을 보유하도록 한 것이다.

---

5) 대법원 2003. 3. 14. 선고 2002다58761 판결.

2. 중앙회 의무 예치비율

조합은 상환준비금 중 100%(신협은 80%)에 해당하는 금액 이상을 다음 달 5일까지 중앙회에 예치해야 한다(신용협동조합법43①, 동법 시행령17② 본문). 다만, 금융위원회는 중앙회 또는 조합의 건전한 운영을 위하여 필요하다고 인정하는 경우에는[지역농협과 지역축협(신용사업을 하는 품목조합 포함)], 지구별수협(신용사업을 하는 업종별 수협, 수산물가공수협 포함), 산림조합 외의 조합에 대해 상환준비금의 중앙회 예치비율을 상향조정할 수 있다(신용협동조합법43①, 동법 시행령17② 단서).

3. 중앙회 예치 외의 보유 방법

조합은 중앙회에 예치한 금액 외의 상환준비금을 현금 또는 부보금융회사 및 체신관서에 예치하는 방법으로 보유하여야 한다(신용협동조합법43②, 동법 시행령17③).

4. 중앙회에 예치된 상환준비금의 운용방법 등

(1) 운용방법

중앙회에 예치된 상환준비금의 운용은 i) 조합에 대한 대출, ii) 부보금융회사 및 체신관서에의 예치, iii) 조합에 대한 어음할인, iv) 중앙회안의 예금자보호기금에 대한 대출, v) 다음의 유가증권의 매입, 즉 ㉠ 국채증권·지방채증권 및 특수채증권, ㉡ 부보금융기관 또는 체신관서가 지급보증한 회사채 및 신용평가전문기관 중에서 2(신용평가전문기관의 업무정지등 부득이한 사유가 있는 경우에는 1) 이상의 자로부터 BBB+ 이상의 평가등급을 받은 회사채(다만 사모사채의 경우에는 신용평가전문기관으로부터 BBB+ 이상의 평가등급을 받은 경우에도 이를 매입할 수 없다), ㉢ 증권집합투자기구의 집합투자증권 또는 신탁업자가 발행하는 수익증권으로서 상장주식등의 편입비율이 30% 이하인 것, ㉣ 단기금융집합투자기구의 집합투자증권, ㉤ 회생절차 개시의 결정을 받은 기업, 채권금융기관이 기업구조조정을 위한 목적으로 관리절차가 진행 중인 기업, 그리고 기업구조조정 촉진을 위한 금융기관 등의 협약·협의에 의해 기업개선작업을 추진 중인 기업에 대한 회사채 등이 출자전환되어 보유하게 되는 그 기업의 지분증권의 매입의 방법에 의한다(상호금융업감독규정6의3①).

(2) 증권집합투자기구의 집합투자증권 등의 매입한도

위에서 증권집합투자기구의 집합투자증권 또는 신탁업자가 발행하는 수익증권으로서 상장주식 등의 편입비율이 30% 이하인 유가증권의 매입한도는 전월말 상환준비금 운용자금의 10% 이내로 한다(상호금융업감독규정6의3③).

5. 운용수익의 처분 순서

중앙회에 예치된 상환준비금의 운용수익은 i) 상환준비금의 운영 및 관리 등에 필요한 비용의 지급, ii) 상환준비금에 대한 이자의 지급, iii) 그 밖에 금융위원회의 승인을 얻어 중앙회장이 정하는 방법의 순서에 따라 처분한다(신용협동조합법43②, 동법 시행령17④).

Ⅲ. 위반시 제재

조합이 신용협동조합법 제43조 제1항을 위반하여 상환준비금을 보유하지 아니하거나 중앙회에 예치하지 아니한 경우에는 2천만원 이하의 과태료를 부과한다(신용협동조합법101①(1의2)).

Ⅳ. 관련 판례

** 대법원 2003. 3. 14. 선고 2002다58761 판결

신용협동조합법 제43조에 따라 신용협동조합이 신용협동조합중앙회에 상환준비금으로 예탁(현행 예치)한 채권에 대하여 신용협동조합중앙회가 당해 조합에 대한 대출채권으로 상계하는 것이 금지되는지 여부(소극): 신용협동조합법 제43조 소정의 상환준비금은 신용협동조합이 조합원들로부터 예탁받은 자금을 모두 대출함으로써 일시적인 유동성 부족으로 인한 인출불능사태가 발생하는 것을 방지하기 위하여 법으로 일정한 자금을 조합 내에 유보하도록 한 것이고, 그중 일부를 중앙회에 예탁(현행 예치)하도록 한 취지가 상환준비금제도를 더욱 엄격히 유지하여 조합원들의 예탁금반환을 보장하기 위한 공익적 목적에서 비롯된 것이

라고 하더라도, 신용협동조합법 및 동법 시행령 등에 상환준비금으로 예탁(현행 예치)된 채권에 대하여 상계를 금지하는 규정이 없고, 상호금융감독규정 제6조의 3 제1항 제1호에 의하면, 중앙회에 예치한 상환준비금을 조합에 대한 대출의 용도로 사용할 수 있도록 규정하고 있는 점등을 종합하면, 상환준비금으로 예(현행 예치)된 채권에 대하여 중앙회가 당해 조합에 대한 대출채권으로 상계를 하는 것이 금지되어 있다고 볼 수는 없다.

제5절 여유자금의 운용

Ⅰ. 제도적 취지

여유자금이란 조합원의 자금 수요를 충족시키고 남는 자금을 말한다. 농업협동조합법은 여유자금의 운용을 엄격하게 제한하고 있다. 이것은 농협의 설립목적에 위반되는 자산운용을 금지하고, 이러한 자금을 계통조직에 집결시켜 계통금융의 장점을 살리면서 안전하고 확실한 운용으로 수익성도 보장하려는 것이다.[6)]

Ⅱ. 여유자금의 운용방법

조합의 업무상 여유자금은 i) 중앙회에의 예치(제1호), ii) 농협은행 또는 대통령령으로 정하는 금융기관에의 예치(제2호), iii) 국채·공채 또는 대통령령으로 정하는 유가증권의 매입(제3호)의 방법으로 운용할 수 있다(법66①, 법107①, 법112①).

1. 중앙회 예치

조합의 업무상 여유자금은 중앙회에의 예치의 방법으로 운용할 수 있다(법

6) 신협중앙연수원(2021), 206쪽.

66①(1), 법107①, 법112①). 예치를 할 때 그 하한 비율 또는 금액은 여유자금의 건전한 운용을 해치지 아니하는 범위에서 중앙회의 이사회가 정한다(법66②, 법107①, 법112①).

2. 금융기관 예치

조합의 업무상 여유자금은 농협은행 또는 i) 은행(제1호), ii) 집합투자업자·신탁업자·종합금융회사·투자매매업자 및 투자중개업자(제2호), iii) 한국산업은행(제3호), iv) 중소기업은행(제4호), v) 체신관서(제5호), vi) 지역조합 및 신용사업을 수행하는 품목조합(제6호)에의 예치의 방법으로 운용할 수 있다(법66①(2), 영9①, 법107①, 법112①).

3. 유가증권의 매입

조합의 업무상 여유자금은 국채·공채 또는 "대통령령으로 정하는 유가증권"의 매입의 방법으로 운용할 수 있다(법66①(3), 법107①, 법112①).

(1) 대통령령으로 정하는 유가증권

여기서 "대통령령으로 정하는 유가증권"이란 i) 국채증권·지방채증권·특수채증권·사채권 및 기업어음증권(제1호), ii) 신탁업자·집합투자업자 및 종합금융회사가 발행하는 수익증권(제2호), iii) 그 밖에 농림축산식품부장관이 정하는 유가증권(제3호)으로서 조합의 여유자금 운용의 안정성을 저해할 우려가 없는 범위에서 농림축산식품부장관이 금융위원회와 협의하여 정하여 고시한 것을 말한다(영9②).

(2) 농림축산식품부 고시(농업협동조합 여유자금 운용대상 중 유가증권의 범위)

농업협동조합 여유자금 운용대상 중 유가증권의 범위(농림축산식품부 고시 제2017-473호)는 다음과 같다.

1. 국채증권·지방채증권·특수채증권·사채권 및 기업어음증권(영9②(1)): 농업협동조합법 시행령 제9조 제1항 각호의 금융기관 또는 보험업법에 의한 보험사업자가 지급보증하거나 신용정보법 제4조부터 제6조까지에 따라 신용평

가업무의 허가를 받은 자 중에서 2(신용평가기관의 업무정지등 부득이한 사유가 있는 경우에는 1) 이상의 자로부터 투자적격등급(평가등급 BBB－ 이상, 어음의 경우에는 A3 이상의 평가를 받은 것만 해당한다)의 평가를 받은 증권

2. 신탁업자, 집합투자업자 및 종합금융회사가 발행하는 수익증권: 채권형 수익증권과 수익증권의 약관에서 정하는 최고 주식편입비율이 30% 이하인 수익증권
3. 다음 각 목의 어느 하나에 해당하는 기업에 대한 사채권 등의 출자전환으로 취득하는 지분증권
   가. 채무자회생법에 따른 회생절차개시의 결정을 받은 기업
   나. 기업구조조정 촉진법에 따른 채권금융기관 관리절차가 개시된 기업
   다. 「기업구조조정 촉진을 위한 금융기관 협약」에 따른 기업개선작업을 추진 중인 기업

(3) 유가증권의 조합별 운용한도 및 범위

유가증권의 조합별 운용한도 및 범위는 여유자금의 건전한 운용을 저해하지 아니하는 범위에서 중앙회의 이사회가 정한다(영9③).

Ⅲ. 위반시 제재

조합등(조합, 조합공동사업법인, 품목조합연합회)과 중앙회의 임원, 조합의 간부직원, 중앙회의 집행간부·일반간부직원, 파산관재인 또는 청산인이 법 제66조를 위반하여 조합의 여유자금을 사용한 경우에는 3년 이하의 징역 또는 3천만원 이하의 벌금에 처한다(법171(5)).

제6절 회계

Ⅰ. 회계연도

조합의 회계연도는 매년 1월 1일에 시작하여 12월 31일에 종료한다(법62, 법107①, 법112①, 각 정관례144).

Ⅱ. 회계의 구분 등

1. 회계의 종류

조합의 회계는 일반회계와 특별회계로 구분한다(법63①, 법107①, 법112①, 각 정관례145①).

2. 일반회계의 구분

일반회계는 종합회계로 하되, 신용사업 부문과 신용사업 외의 사업 부문으로 구분하여야 한다(법63②, 법107①, 법112①, 각 정관례145②).

3. 특별회계의 설치

특별회계는 특정 사업을 운영할 때, 특정 자금을 보유하여 운영할 때, 그 밖에 일반회계와 구분할 필요가 있을 때에 정관으로 정하는 바에 따라 설치한다(법63③, 법107①, 법112①, 각 정관례146①). 특별회계의 설치에 관한 사항은 규정으로 정한다(각 정관례146②).

4. 재무기준

일반회계와 특별회계 간, 신용사업 부문과 신용사업 외의 사업 부문 간의 재무관계 및 조합과 조합원 간의 재무관계에 관한 재무기준은 농림축산식품부장관이 정하여 고시한다(법63④ 전단, 법107①, 법112①). 이에 따라 농업협동조합법 제63조 제4항(법 제107조, 제112조 및 제161조의 규정에 따라 준용하는 경우를 포함)에 따라 조합과 중앙회의 회계처리절차와 재무운영 방법을 정함으로써 경영의 합리화와 재무구조의 건전화를 도모함을 목적으로 「농업협동조합 재무기준」(농림축산식품부고시 제2018-87호)이 시행되고 있다.

이 경우 농림축산식품부장관이 신용사업 부문과 신용사업 외의 사업 부문 간의 재무관계에 관한 재무 기준을 정할 때에는 금융위원회와 협의하여야 한다(법63④ 후단, 법107①, 법112①).

5. 회계처리기준

조합의 회계처리기준에 관하여 필요한 사항은 중앙회장이 정하는 바에 의한다(법63⑤ 본문, 법107①, 법112①, 각 정관례145③ 본문). 다만, 신용사업의 회계처리기준에 필요한 사항을 금융위원회가 따로 정한 경우에는 그에 따른다(법63⑤ 단서, 법107①, 법112①, 각 정관례145③ 단서).

Ⅲ. 사업계획과 수지예산: 사업계획서와 수지예산서

1. 이사회 심의와 총회 의결

조합은 매 회계연도의 사업계획서 및 수지예산서를 작성하여 그 회계연도가 시작되기 1개월 전에 이사회의 심의와 총회의 의결을 거쳐야 한다(법64①, 법107①, 법112①).

2. 이사회 의결 및 중요한 사항 변경의 총회 의결

사업계획과 수지예산을 변경하려면 이사회의 의결을 거쳐야 한다(법64② 본문, 법107①, 법112①). 다만, 사업계획의 수립, 수지예산의 편성과 사업계획 및 수지예산 중 정관으로 정하는 중요한 사항의 변경하려면 총회의 의결을 거쳐야 한다(법64② 단서, 법107①, 법112①).

3. 작성 방식과 지출예산의 산출근거 명시

사업계획서와 수지예산서는 조합원이 알기 쉽게 작성하여야 하며, 특히 임원보수 및 실비변상기준, 직원급여기준과 조합운영에 소요되는 활동경비 등 지출예산에 대하여는 산출근거를 명시하여야 한다(각 정관례138③).

4. 경제사업 기준의 명시

조합은 경제사업 기준을 사업계획서 및 수지예산서에 명시하여야 한다(각 정관례138④ 전단). 이 경우 매출액 등 경제사업 기준에 관한 세부사항은 중앙회장이 정하는 바에 따른다(각 정관례138④ 후단).

5. 조합원의 열람

조합원은 총회 및 이사회의 의결을 거친 사업계획서 및 수지예산서를 주된 사무소 및 신용사업을 수행하는 지사무소에서 열람할 수 있다(각 정관례140의2③).

6. 위반시 제재

조합등(조합, 조합공동사업법인, 품목조합연합회)과 중앙회의 임원, 조합의 간부직원, 중앙회의 집행간부 · 일반간부직원, 파산관재인 또는 청산인이 법 제64조에 따라 총회 · 대의원회 또는 이사회(소이사회를 포함)의 의결을 필요로 하는 사항에 대하여 의결을 거치지 아니하고 집행한 경우에는 3년 이하의 징역 또는 3천만원 이하의 벌금에 처한다(법171(2)).

Ⅳ. 운영의 공개

1. 사업보고서의 공개

조합장은 정관으로 정하는 바에 따라 사업보고서를 작성하여 그 운영 상황을 공개하여야 한다(법65①, 법107①, 법112①).

이에 따라 조합장은 정관 및 3월말 · 6월말 · 9월말 기준 사업 전반에 관한 사업보고서를 작성하여 인터넷 홈페이지(홈페이지를 운영하는 조합에 한정)에 게시하고 사업보고서(정관이 변경된 경우 정관변경 사항 포함)의 경우 조합원(대의원회를 둔 조합은 대의원)에게 송부하여야 한다(각 정관례140의2②).

2. 정관 등의 비치

조합장은 정관, 규약, 총회의 의사록 및 조합원명부(대의원명부를 포함)를 주된 사무소 및 신용사업을 수행하는 지사무소에 갖추어 두어야 한다(법65②, 법107①, 법112①, 각 정관례140의2①).

3. 이사회 의사록 등 열람

조합원과 조합의 채권자는 영업시간 내에 언제든지 이사회 의사록(조합원의 경우에만 해당)과 정관, 총회의 의사록 및 조합원 명부를 열람하거나 그 서류의 사본 발급을 청구할 수 있다(법65③ 전단, 법107①, 법112①). 이 경우 조합이 정한 비용을 지급하여야 한다(법65③ 후단, 법107①, 법112①).

이에 따라 조합원과 조합의 채권자는 영업시간 내에 언제든지 이사회 의사록(조합원의 경우에만 해당)과 정관, 규약, 총회의 의사록 및 조합원명부(대의원명부를 포함)(규약은 조합원에 한함) 및 결산보고서(사업보고서, 재무상태표, 손익계산서, 잉여금처분안 또는 손실금처리안 등)를 열람하거나 조합이 실비의 범위 내에서 정한 비용을 지급하고 그 서류의 사본 발급을 청구할 수 있다(각 정관례140의2④).

4. 회계장부 등 열람 또는 사본 발급 청구

조합원은 조합원 100인이나 3% 이상의 동의를 받아 조합의 회계장부 및 서류의 열람이나 사본의 발급을 청구할 수 있다(법65④, 법107①, 법112①).

위 조항의 문언, 입법 취지 등에 비추어 보면, 위 조항에서 규정한 "서류"는 "회계서류"를 뜻한다고 볼 것이지, 지역농협이 보유하고 있는 모든 서류를 뜻한다고 볼 것은 아니다.[7)]

5. 조합의 열람 및 발급 의무

조합은 위의 회계장부 및 서류의 열람이나 사본의 발급 청구에 대하여 특별한 사유가 없으면 발급을 거부할 수 없으며, 거부하려면 그 사유를 서면으로 알려야 한다(법65⑤, 법107①, 법112①). 이에 따라 조합은 「공공기관의 정보공개에

7) 대법원 2012. 11. 15. 선고 2012다7458 판결.

관한 법률」 제9조 제1항[8]에 준하는 사유가 없으면 발급을 거부할 수 없으며, 거부하려면 그 사유를 서면으로 알려야 한다(각 정관례140의2⑤ 후단).

---

8) ① 공공기관이 보유·관리하는 정보는 공개 대상이 된다. 다만, 다음의 어느 하나에 해당하는 정보는 공개하지 아니할 수 있다.

1. 다른 법률 또는 법률에서 위임한 명령(국회규칙·대법원규칙·헌법재판소규칙·중앙선거관리위원회규칙·대통령령 및 조례로 한정)에 따라 비밀이나 비공개 사항으로 규정된 정보
2. 국가안전보장·국방·통일·외교관계 등에 관한 사항으로서 공개될 경우 국가의 중대한 이익을 현저히 해칠 우려가 있다고 인정되는 정보
3. 공개될 경우 국민의 생명·신체 및 재산의 보호에 현저한 지장을 초래할 우려가 있다고 인정되는 정보
4. 진행 중인 재판에 관련된 정보와 범죄의 예방, 수사, 공소의 제기 및 유지, 형의 집행, 교정(矯正), 보안처분에 관한 사항으로서 공개될 경우 그 직무수행을 현저히 곤란하게 하거나 형사피고인의 공정한 재판을 받을 권리를 침해한다고 인정할 만한 상당한 이유가 있는 정보
5. 감사·감독·검사·시험·규제·입찰계약·기술개발·인사관리에 관한 사항이나 의사결정 과정 또는 내부검토 과정에 있는 사항 등으로서 공개될 경우 업무의 공정한 수행이나 연구·개발에 현저한 지장을 초래한다고 인정할 만한 상당한 이유가 있는 정보. 다만, 의사결정 과정 또는 내부검토 과정을 이유로 비공개할 경우에는 제13조 제5항에 따라 통지를 할 때 의사결정 과정 또는 내부검토 과정의 단계 및 종료 예정일을 함께 안내하여야 하며, 의사결정 과정 및 내부검토 과정이 종료되면 제10조에 따른 청구인에게 이를 통지하여야 한다.
6. 해당 정보에 포함되어 있는 성명·주민등록번호 등 「개인정보 보호법」 제2조 제1호에 따른 개인정보로서 공개될 경우 사생활의 비밀 또는 자유를 침해할 우려가 있다고 인정되는 정보. 다만, 다음 각 목에 열거한 사항은 제외한다.
   가. 법령에서 정하는 바에 따라 열람할 수 있는 정보
   나. 공공기관이 공표를 목적으로 작성하거나 취득한 정보로서 사생활의 비밀 또는 자유를 부당하게 침해하지 아니하는 정보
   다. 공공기관이 작성하거나 취득한 정보로서 공개하는 것이 공익이나 개인의 권리 구제를 위하여 필요하다고 인정되는 정보
   라. 직무를 수행한 공무원의 성명·직위
   마. 공개하는 것이 공익을 위하여 필요한 경우로서 법령에 따라 국가 또는 지방자치단체가 업무의 일부를 위탁 또는 위촉한 개인의 성명·직업
7. 법인·단체 또는 개인("법인등")의 경영상·영업상 비밀에 관한 사항으로서 공개될 경우 법인등의 정당한 이익을 현저히 해칠 우려가 있다고 인정되는 정보. 다만, 다음에 열거한 정보는 제외한다.
   가. 사업활동에 의하여 발생하는 위해(危害)로부터 사람의 생명·신체 또는 건강을 보호하기 위하여 공개할 필요가 있는 정보
   나. 위법·부당한 사업활동으로부터 국민의 재산 또는 생활을 보호하기 위하여 공개할 필요가 있는 정보
8. 공개될 경우 부동산 투기, 매점매석 등으로 특정인에게 이익 또는 불이익을 줄 우려가 있다고 인정되는 정보

6. 조합원의 검사인 선임 청구

조합원은 조합의 업무집행에 관하여 부정행위 또는 법령이나 정관을 위반한 중대한 사실이 있다고 의심이 되는 사유가 있으면 조합원 100인이나 3% 이상의 동의를 받아 조합의 업무와 재산상태를 조사하게 하기 위하여 법원에 검사인의 선임을 청구할 수 있다(법65⑥ 전단, 법107①, 법112①). 이 경우 상법 제467조[9]를 준용한다(법65⑥ 후단, 법107①, 법112①).

조합장을 포함한 이사와 감사는 지체 없이 선임된 검사인의 보고서의 정확 여부를 조사하여 총회에 보고한다(각 정관례140의2⑧).

Ⅴ. 결산보고서

1. 제출과 비치

조합장은 정기총회일 1주일 전까지 결산보고서(사업보고서, 재무상태표, 손익계산서, 잉여금처분안 또는 손실금처리안 등)를 감사에게 제출하고, 주된 사무소 및 신용사업을 수행하는 지사무소에 갖추어 두어야 한다(법71①, 법107①, 법112①).

2. 열람 또는 사본 발급 청구

조합원과 채권자는 결산보고서(사업보고서, 재무상태표, 손익계산서, 잉여금 처분안 또는 손실금 처리안 등)를 열람하거나 그 사본의 발급을 청구할 수 있다(법71② 전단, 법107①, 법112①). 이 경우 지역농협이 정한 비용을 지급하여야 한다(법71② 후단, 법107①, 법112①).

---

9) 제467조(회사의 업무, 재산상태의 검사) ① 회사의 업무집행에 관하여 부정행위 또는 법령이나 정관에 위반한 중대한 사실이 있음을 의심할 사유가 있는 때에는 발행주식의 총수의 3% 이상에 해당하는 주식을 가진 주주는 회사의 업무와 재산상태를 조사하게 하기 위하여 법원에 검사인의 선임을 청구할 수 있다.
② 검사인은 그 조사의 결과를 법원에 보고하여야 한다.
③ 법원은 제2항의 보고에 의하여 필요하다고 인정한 때에는 대표이사에게 주주총회의 소집을 명할 수 있다. 제310조 제2항의 규정은 이 경우에 준용한다.
④ 이사와 감사는 지체없이 제3항의 규정에 의한 검사인의 보고서의 정확여부를 조사하여 이를 주주총회에 보고하여야 한다.

3. 정기총회 승인

조합장은 결산보고서(사업보고서, 재무상태표, 손익계산서, 잉여금 처분안 또는 손실금 처리안 등)와 감사의 의견서(외부감사인에 의한 회계감사를 받은 경우의 회계감사보고서를 포함)를 정기총회에 제출하여 그 승인을 받아야 한다(법71③, 법107①, 법112①).

4. 재무상태표 공고

조합장은 총회에서 결산보고서의 승인을 얻었을 때에는 2주일 이내에 재무상태표를 공고한다(각 정관례139③).

5. 임원의 책임해제

정기총회의 승인을 받은 경우 임원의 책임해제에 관하여는 상법 제450조를 준용한다(법71④, 법107①, 법112①). 따라서 정기총회에서 승인을 한 후 2년 내에 다른 결의가 없으면 조합은 이사와 감사위원의 책임을 해제한 것으로 본다(상법450 전단). 그러나 이사 또는 감사의 부정행위에 대하여는 그러하지 아니하다(상법450 후단).

6. 위반시 제재

조합등(조합, 조합공동사업법인, 품목조합연합회)과 중앙회의 임원, 조합의 간부직원, 중앙회의 집행간부 · 일반간부직원, 파산관재인 또는 청산인이 법 제71조 제1항 · 제3항(제107조 · 제112조 · 제112조의11 또는 제161조에 따라 준용되는 경우를 포함)을 위반하여 결산보고서를 제출하지 아니하거나 갖추지 아니한 경우에는 3년 이하의 징역 또는 3천만원 이하의 벌금에 처한다(법171(11)).

Ⅵ. 제적립금의 적립

1. 법정적립금

(1) 적립한도

조합은 매 회계연도의 손실 보전과 재산에 대한 감가상각에 충당하고도 남으면 자기자본의 3배가 될 때까지 잉여금의 10% 이상을 적립("법정적립금")하여야 한다(법67①, 법107①, 법112①).

(2) 사용제한

법정적립금은 ⅰ) 조합의 손실금을 보전하는 경우(제1호), ⅱ) 조합의 구역이 다른 조합의 구역으로 된 경우에 그 재산의 일부를 다른 조합에 양여하는 경우(제2호) 외에는 사용하지 못한다(법70, 법107①, 법112①).

(3) 자기자본

자기자본은 납입출자금, 회전출자금, 우선출자금(누적되지 아니하는 것만 해당), 가입금, 각종 적립금 및 미처분 이익잉여금의 합계액(이월결손금이 있으면 그 금액을 공제)으로 한다(법67②, 법107①, 법112①).

2. 이월금

조합은 교육·지원 사업(법134①(1))의 사업비용에 충당하기 위하여 잉여금의 20% 이상을 다음 회계연도에 이월하여야 한다(법67③, 법107①, 법112①).

3. 임의적립금

조합은 정관으로 정하는 바에 따라 사업준비금 등을 적립("임의적립금")할 수 있다(법67④, 법107①, 법112①).

조합은 다음의 기준에 따라 임의적립금을 적립한다(각 정관례26).

1. 매 회계연도의 잉여금에서 제24조에 따른 법정적립금과 제25조에 따른 이월금을 빼고 나머지가 있을 때에는 매 회계연도 잉여금의 20% 이상을 사업준비금으로 적립한다.

2. 조합은 제1호에 따른 사업준비금을 적립하고 나머지가 있을 때에는 이를 유통손실보전자금과 유통시설투자를 위한 경제사업활성화적립금으로 추가 적립한다. 이 경우 추가적립 여부 및 적립 금액은 총회에서 정하는 바에 따른다.
3. 조합은 국고보조금(지방자치단체 또는 중앙회로부터 수령한 보조금을 포함)으로 자산을 취득함에 따라 당해 자산의 내용연수에 걸쳐 상각금액을 국고보조금과 상계함으로써 발생하는 이익금 및 당해 자산 중도처분에 따라 발생하는 국고보조금잔액에 해당하는 처분이 익금은 당해 이익금에 대한 법인세비용, 제24조에 따른 법정적립금, 제25조에 따른 이월금과 제1호 및 제2호에 따른 적립금을 빼고 나머지가 있을 때에는 이를 사업활성화적립금으로 추가 적립한다.
4. 조합은 고정자산처분으로 발생한 이익금에서 당해자산의 처분에 따른 제비용과 제24조에 따른 법정적립금, 제25조에 따른 이월금과 제1호 및 제2호에 따른 적립금을 빼고 나머지가 있을 때에는 이를 사업활성화적립금으로 추가 적립한다.

4. 자본적립금

조합은 ⅰ) 감자에 따른 차익(제1호), ⅱ) 자산재평가차익(제2호), ⅲ) 합병차익(제3호), ⅳ) 청산조합으로부터 인수한 잔여재산(제4호)을 자본적립금으로 적립한다(법69, 법107①, 법112①, 각 정관례27).

5. 위반시 제재

조합등(조합, 조합공동사업법인, 품목조합연합회)과 중앙회의 임원, 조합의 간부직원, 중앙회의 집행간부 · 일반간부직원, 파산관재인 또는 청산인이 법 제67조 제1항을 위반하여 잉여금의 10% 이상을 적립하지 아니한 경우, 또는 법 제67조 제3항을 위반하여 잉여금의 20% 이상을 다음 회계연도로 이월하지 아니한 경우에는 3년 이하의 징역 또는 3천만원 이하의 벌금에 처한다(법171(6)(7)).

조합등(조합, 조합공동사업법인, 품목조합연합회)과 중앙회의 임원, 조합의 간부직원, 중앙회의 집행간부 · 일반간부직원, 파산관재인 또는 청산인이 법 제69조를 위반하여 자본적립금을 적립하지 아니한 경우에는 3년 이하의 징역 또는 3천만원 이하의 벌금에 처한다(법171(9)).

조합등(조합, 조합공동사업법인, 품목조합연합회)과 중앙회의 임원, 조합의 간부직원, 중앙회의 집행간부 · 일반간부직원, 파산관재인 또는 청산인이 법 제70조를 위반하여 법정적립금을 사용한 경우에는 3년 이하의 징역 또는 3천만원 이하의 벌금에 처한다(법171(10)).

Ⅶ. 손실금의 보전과 잉여금의 배당

1. 손실금의 보전(결손의 보전)

(1) 손실금의 의의

손실금은 사업연도 중에 비용이 수익을 초과한 부분을 말하는 것으로 결산결과 손익계산서 상에 적자가 되는 경우를 말한다.

(2) 손실금의 보전 순서와 이월

조합은 매 회계연도 결산의 결과 손실금(당기손실금)이 발생하면 미처분이월금 · 임의적립금 · 법정적립금 · 자본적립금 · 회전출자금의 순으로 보전하며, 보전 후에도 부족할 때에는 이를 다음 회계연도에 이월한다(법68①, 법107①, 법112①).

(3) 잉여금의 배당 제한

조합은 손실을 보전하고 법정적립금, 이월금 및 임의적립금을 공제한 후가 아니면 잉여금 배당을 하지 못한다(법68②, 법107①, 법112①).

조합원의 경제적 참여에 해당하는 것으로 앞에서 살펴본 조합원의 출자의무(법21①, 법107①, 법112①)와 이익배당의 유형과 내용(법68②, 법107①, 법112①, 법161)에서 특수성이 인정된다. 조합은 조합원의 사업이용실적에 대한 배당을 한 후에 정관으로 정하는 비율의 한도 내에서 납입출자액에 대한 배당을 하는 점에서 주식회사와는 구별된다.[10]

---

10) 최흥은(2014), 67쪽.

2. 잉여금의 배당

(1) 잉여금의 배당 또는 이월

매 회계연도의 잉여금은 법정적립금, 이월금과 임의적립금을 빼고 나머지가 있는 때에는 이를 조합원 또는 준조합원에게 배당하거나 다음 회계연도에 이월한다(지역농협정관례147①, 지역축협정관례147①, 품목조합정관례145①).

(2) 잉여금의 배당 순서

잉여금은 i) 조합원의 사업이용실적에 대한 배당(제1호), ii) 조합원의 납입출자액에 대한 배당(제2호), iii) 준조합원의 사업이용실적에 대한 배당(제3호)의 순서대로 배당한다(법68③, 법107①, 법112①, 지역농협정관례147②, 지역축협정관례147②, 품목조합정관례145②).

(3) 잉여금의 배당방법

(가) 사업이용실적에 대한 배당

사업이용실적에 대한 배당은 그 회계연도에 있어 취급된 물자의 수량·가액 기타 사업의 분량을 참작하여 회계연도말 기준 조합원 및 준조합원의 자격이 있는 자의 사업이용실적에 따라 행하되, 조합원의 사업이용실적에 대한 배당은 조합원의 잉여금의 배당 순서에 따른 배당액의 20% 이상으로 정하여야 한다(지역농협정관례148① 전단, 지역축협정관례148① 전단, 품목조합정관례146① 전단). 이 경우 사업이용실적의 항목, 대상, 배점구성 등 구체적인 사항은 이사회에서 정하되, 약정조합원에 대한 우대 내용을 포함하여야 한다(지역농협정관례148① 후단, 지역축협정관례148① 후단, 품목조합정관례146① 후단).

(나) 출자에 대한 배당

출자에 대한 배당은 매 회계연도말에 있어 조합원이 납입한 출자액에 따라 이를 행한다(지역농협정관례148② 전단, 지역축협정관례148② 전단, 품목조합정관례146② 전단). 이 경우 그 율은 조합의 1년 만기 정기예탁금 결산기준 연 평균금리에 2%를 더한 범위 내에서 정하되, 최고 연 10%를 초과할 수 없다(지역농협정관례148② 후단, 지역축협정관례148② 후단, 품목조합정관례146② 후단).

(다) 잉여금의 배당 순서에 따른 배당

잉여금의 배당 순서에 따른 배당은 매 회계연도 잉여금의 20% 이상을 배당하되, 조합경영을 고려하여 이사회가 의결한 경우에는 예외로 할 수 있다(지역농협정관례148③, 지역축협정관례148③, 품목조합정관례146③).

3. 위반시 제재

조합등(조합, 조합공동사업법인, 품목조합연합회)과 중앙회의 임원, 조합의 간부직원, 중앙회의 집행간부 · 일반간부직원, 파산관재인 또는 청산인이 법 제68조(제107조 · 제112조 · 제112조의11 또는 제161조에 따라 준용되는 경우를 포함)를 위반하여 손실을 보전 또는 이월하거나 잉여금을 배당한 경우에는 3년 이하의 징역 또는 3천만원 이하의 벌금에 처한다(법171(8)).

Ⅷ. 출자감소

1. 출자감소의 의결

(1) 총회 의결과 재무상태표 작성

조합은 출자 1좌의 금액 또는 출자좌수의 감소("출자감소")를 총회에서 의결한 경우에는 그 의결을 한 날부터 2주일 이내에 재무상태표를 작성하여야 한다(법72①, 법107①, 법112①).

(2) 채권자의 이의와 공고 또는 최고

조합은 총회에서 의결을 한 날부터 2주일 이내에 채권자에 대하여 이의가 있으면 공고 후 3개월 이내에 조합의 주된 사무소에 이를 서면으로 진술하라는 취지를 공고하고, 이미 알고 있는 채권자에게는 따로 최고한다(법72②, 법107①, 법112①, 각 정관례29②).

(3) 공고 · 최고기간과 최고 횟수

공고나 최고는 총회에서 의결을 한 날부터 2주일 이내에 하여야 하며, 공고기간은 1개월 이상으로 하고, 개별최고는 2회 이상으로 한다(법72③, 법107①, 법

112①, 각 정관례29③).

(4) 위반시 제재

조합등(조합, 조합공동사업법인, 품목조합연합회)과 중앙회의 임원, 조합의 간부직원, 중앙회의 집행간부·일반간부직원, 파산관재인 또는 청산인이 법 제72조 제1항을 위반하여 재무상태표를 작성하지 아니한 경우에는 3년 이하의 징역 또는 3천만원 이하의 벌금에 처한다(법171(12)).

2. 출자감소에 대한 채권자의 이의

(1) 채권자의 이의 부진술과 승인 의제

채권자가 3개월 이내에 출자감소에 관한 의결에 대하여 서면으로 이의를 진술하지 아니하면 이를 승인한 것으로 본다(법73①, 법107①, 법112①).

(2) 채권자의 이의 진술과 변제 또는 담보 제공

채권자가 이의를 진술한 경우에는 조합이 이를 변제하거나 상당한 담보를 제공하지 아니하면 그 출자감소의 의결은 효력을 발생하지 아니한다(법73②, 법107①, 법112①).

Ⅸ. 지분 취득 등의 금지

조합은 조합원의 지분을 취득하거나 이에 대하여 질권을 설정하지 못한다(법74, 법107①, 법112①).

제7절 외부감사

Ⅰ. 의의

외부감사는 회사의 외부인이고 회계전문가인 회계법인 또는 감사반에 의한 회계감사를 말한다. 즉 회사로부터 독립된 제3자인 외부감사인이 경영자가 작성한 재무제표에 대하여 회계감사를 실시하고 이 재무제표가 기업회계기준에 따라 적정하게 작성되었는지 여부에 대하여 전문가로서의 의견을 표명하는 것이다.[11]

외부감사제도는 외부의 회계전문가가 감사를 담당하므로 감사의 독립성과 적정성이 확보될 것이라는 믿음에 근거하는 제도라고 할 수 있다. 이러한 기대에 부응해서 회계감사 그리고 종국적으로는 회계처리의 적정성을 충분히 확보하여 그에 대한 공신력 내지 신뢰성을 제고하고자 하는 것이 외부감사제도 도입의 취지이다.[12]

Ⅱ. 의무실시 조합

1. 자산총액이 500억원 이상인 조합

조합장의 임기 개시일 직전 회계연도 말의 자산 등 사업 규모가 조합장 임기 개시일 이전에 정기총회의 승인을 받은 최근 결산보고서에 적힌 자산총액이 500억원 이상인 조합은 그 조합장의 임기 개시일부터 2년이 지난 날이 속하는 회계연도에 대하여 외부감사법에 따른 감사인의 회계감사를 받아야 한다(법65의2①, 영8의2, 법107①, 법112①).

2. 자산총액이 500억원 미만인 조합

조합장 임기 개시일 이전에 정기총회의 승인을 받은 최근 결산보고서에 적힌 자산총액이 500억원에 미달되는 조합의 경우 조합장 임기 중 1회에 한하여 대의원 3분의 1 이상의 청구가 있으면 청구한 날이 속하는 해의 직전 회계연도에 대하여 감사인의 회계감사를 받아야 한다(법65의2②, 법107①, 법112①).

3. 감사인의 회계감사보고서 제출

감사인은 회계감사를 하였으면 회계감사보고서를 작성하여 농림축산식품부

11) 정영기 · 조현우 · 박연희(2008), "자산규모에 의한 외부감사 대상 기준이 적절한가?", 회계저널 제17권 제3호(2008. 9), 113쪽.
12) 이영종(2014), "주식회사 외부감사의 법적지위와 직무수행에 관한 고찰: 기관과 기관담당자의 구별에 기초를 둔 이해를 위한 시론", 증권법연구 제15권 제3호(2014. 12), 510쪽.

령으로 정하는 기간[13] 이내에 해당 조합의 이사회, 감사 및 회장에게 제출하여야 한다(법65의2③, 법107①, 법112①).

Ⅲ. 임의실시 조합: 조합감사위원회의 회계감사 요청

조합감사위원회는 회원의 건전한 발전을 도모하기 위하여 필요하다고 인정하면 회원의 부담으로 회계법인에 회계감사를 요청할 수 있다(법146②).

제8절 경영공시

지역농협과 지역축협(신용사업을 하는 품목조합 포함)의 사업에 관하여는 신용협동조합법 제83조의2(경영공시)를 적용한다(신용협동조합법95④). 따라서 농업협동조합에 대하여는 신용협동조합의 경영공시의 내용이 적용된다.

Ⅰ. 의의

조합은 금융위원회가 정하는 바에 따라 경영상황에 관한 주요 정보 및 자료를 공시하여야 한다(신용협동조합법83의2). 이에 따라 상호금융업감독규정은 정기공시, 수시공시, 정정공시 또는 재공시에 관하여 규정하고 있다.

---

13) "농림축산식품부령으로 정하는 기간"이란 다음의 기간을 말한다(시행규칙8의3).

1. 법 제65조의2 제1항(법 제107조 및 제112조에서 준용하는 경우를 포함)에 따른 회계감사의 경우에는 다음 각 목의 기간
   가. 조합의 이사회 및 감사에 대해서는 회계연도의 결산승인을 위한 총회 개최일 1주일 전까지
   나. 중앙회장에 대해서는 총회의 결산승인이 종료된 날부터 2주일 이내
2. 법 제65조의2 제2항(법 제107조 및 제112조에서 준용하는 경우를 포함)에 따른 회계감사의 경우에는 회계감사가 종료된 날부터 2주일 이내

Ⅱ. 정기공시

1. 공시기한 및 공시의무사항

조합은 결산일로부터 3월 이내에 ⅰ) 조직 및 인력에 관한 사항(제1호), ⅱ) 재무 및 손익에 관한 사항(제2호), ⅲ) 자금조달 및 운용에 관한 사항(제3호), ⅳ) 건전성, 수익성, 생산성 등을 나타내는 경영지표에 관한 사항(제4호), ⅴ) 경영방침, 리스크관리 등 경영에 중요한 영향을 미치는 사항으로서 금융감독원장 또는 중앙회장이 별도로 요구하는 사항(제5호)을 공시하여야 한다(상호금융업감독규정9① 본문). 다만, 상반기 결산을 실시하는 경우에는 상반기 결산일로부터 2월 이내에 공시하여야 한다(상호금융업감독규정9① 단서).

2. 공시항목 및 방법

공시의무사항에 대한 구체적인 공시항목 및 방법은 중앙회장이 정하는 조합통일경영공시기준에 따른다(상호금융업감독규정9②).

Ⅲ. 수시공시

1. 공시사유

조합은 다음에 해당되는 경우 관련 내용을 공시하여야 한다(상호금융업감독규정9③).

1. 여신 고객별로 조합의 전월말 자기자본의 5%에 상당하는 금액을 초과하는 부실대출이 신규로 발생한 경우. 다만, 그 금액이 1억원 이하인 경우는 제외한다.
2. 금융사고가 발생하여 조합의 전월말 자기자본의 5%에 상당하는 금액 이상의 손실이 발생하였거나 발생이 예상되는 경우. 다만 그 금액이 1억원 이하인 경우는 제외한다.
3. 민사소송 패소 등의 사유로 조합의 전월말 자기자본의 5%에 상당하는 금액을 초과하는 손실이 발생한 경우. 다만, 그 금액이 1억원 이하인 경우는 제외한다.

4. 금융감독원장 또는 중앙회장으로부터 임원에 대한 개선요구를 받은 경우
5. 법 제84조(임직원에 대한 행정처분), 제85조(조합 등에 대한 행정처분) 및 제89조(중앙회의 지도·감독) 제7항, 농업협동조합법 제145조 제2호(=감사결과에 따른 회원의 임직원에 대한 징계 및 문책의 요구 등에 관한 사항), 제4호(=회원에 대한 시정 및 개선 요구 등에 관한 사항) 및 제164조(위법행위에 대한 행정처분), 수산업협동조합법 제145조 제2호(=감사 결과에 따른 회원의 임직원에 대한 징계 및 문책의 요구 등), 제4호(=회원에 대한 시정 및 개선 요구 등) 및 제170조(법령 위반에 대한 조치), 산림조합법 제120조 제2호(=감사결과에 따른 회원의 임직원에 대한 징계 및 문책 요구 등 필요한 조치), 제4호(=회원에 대한 시정 및 개선 요구 등 필요한 조치) 및 제125조(위법행위에 대한 행정처분)에 따른 처분을 받은 경우
6. 법 제86조(경영관리), 제89조(중앙회의 지도·감독) 제4항 및 상호금융업감독규정 제12조의2(재무상태개선권고) 및 제12조의3(재무상태개선요구), 농협구조개선법 제4조(적기시정조치), 수협구조개선법 제4조(부실조합등의 지정), 산림조합구조개선법 제4조(적기시정조치)에 따른 조치를 받은 경우
7. 기타 거액손실 또는 금융사고 등이 발생하여 경영의 건전성을 크게 해치거나 해칠 우려가 있는 경우

2. 공시방법

조합은 공시사유가 발생한 즉시 금융감독원장이 정하는 사항[14]을 3개월 이

14) "금융감독원장이 정하는 사항"이라 함은 다음에 해당하는 것을 말한다(상호금융업감독업무시행세칙13②).
1. 감독규정 제9조 제3항 제1호의 규정에 따른 공시의 경우에는 당해 고객명, 금액, 사유, 조합수지에 미치는 영향, 향후 대책
2. 감독규정 제9조 제3항 제2호의 규정에 따른 공시의 경우에는 당해 금융사고의 발생일자 또는 기간, 사고발견일자, 경위, 금액, 원인, 조합수지에 미치는 영향, 조치내용 또는 계획 등
3. 감독규정 제9조 제3항 제3호의 규정에 따른 공시의 경우에는 경위, 금액, 조합수지에 미치는 영향, 조치내용 또는 계획 등
4. 감독규정 제9조 제3항 제4호의 규정에 따른 공시의 경우에는 경위, 조합수지에 미치는 영향, 조치내용 또는 계획 등
5. 감독규정 제9조 제3항 제5호의 규정에 따른 공시의 경우에는 대상, 경위, 주요내용, 조합수지에 미치는 영향 등
6. 감독규정 제9조 제3항 제6호의 규정에 따른 공시의 경우에는 대상, 경위, 주요내용, 조합수지에 미치는 영향 등
7. 감독규정 제9조 제3항 제7호의 규정에 따른 공시의 경우에는 경위, 금액, 조합수지에 미치는 영향, 조치내용 또는 계획 등

상 객장과 중앙회 홈페이지(중앙회 홈페이지를 통해 접근할 수 있는 조합의 홈페이지가 있는 경우 당해 홈페이지)에 게시하는 등의 방법으로 공시하여야 한다(상호금융업감독규정9④).

Ⅳ. 정정공시 또는 재공시

금융감독원장 또는 중앙회장은 정기공시의 공시의무사항, 공시항목 및 방법, 수시공시의 공시사유와 공시방법에서 정하는 공시사항을 허위로 작성하거나 중요한 사항을 누락하는 등 불성실하게 공시하는 경우에는 당해 조합에 대해 정정공시 또는 재공시를 요구할 수 있다(상호금융업감독규정9⑤).

Ⅴ. 위반시 제재

조합 또는 중앙회가 신용협동조합법 제83조의2를 위반하여 공시하지 아니하거나 거짓으로 공시한 경우에는 2천만원 이하의 과태료를 부과한다(신용협동조합법101①(3의2)).

제9절 경영건전성 기준

상호금융기관은 신용협동조합법에 의해 설립된 비영리법인인 신용협동조합, 농업협동조합[농업협동조합법에 의하여 설립된 지역농업협동조합과 지역축산업협동조합(신용사업을 실시하는 품목조합을 포함)], 수산업협동조합[수산업협동조합법에 의하여 설립된 지구별수산업협동조합(법률 제4820호 수산업협동조합법 중 개정법률 부칙 제5조의 규정에 의하여 신용사업을 실시하는 조합을 포함)], 산림조합법에 의해 설립된 산림조합을 말한다(상호금융업감독규정 제2조 및 제3조 참조). 또한 새마을금고도 상호금융기관에 해당한다.

이들 기관들 중에서 새마을금고를 제외한 기관들은 모두 금융감독기관의 건전성감독을 받고 있으며, 새마을금고만 행정안전부의 건전성감독을 받고 있다.

지역농협과 지역축협(신용사업을 하는 품목조합 포함) 및 중앙회의 사업에 관하여는 신용협동조합법 제83조의3(경영건전성 기준)을 적용한다(신용협동조합법95④). 따라서 농업협동조합에 대하여는 신용협동조합의 경영건전성 기준의 내용이 적용된다.

Ⅰ. 의의

조합 및 중앙회는 경영의 건전성을 유지하고 금융사고를 예방하기 위하여 i) 재무구조의 건전성에 관한 사항(제1호), ii) 자산의 건전성에 관한 사항(제2호), iii) 회계 및 결산에 관한 사항(제3호), iv) 위험관리에 관한 사항(제4호), v) 그 밖에 경영의 건전성을 확보하기 위하여 필요한 사항(제5호)에 관하여 대통령령으로 정하는 바에 따라 금융위원회가 정하는 경영건전성 기준을 준수하여야 한다(신용협동조합법83의3①).

금융위원회는 중앙회가 경영건전성 기준을 충족시키지 못하는 등 경영의 건전성을 크게 해칠 우려가 있다고 인정하는 경우에는 자본금 증가, 보유자산의 축소 등 경영상태의 개선을 위한 조치를 이행하도록 명령할 수 있다(신용협동조합법83의3②).

Ⅱ. 재무구조 건전성

1. 의의

조합 및 중앙회는 경영의 건전성을 유지하고 금융사고를 예방하기 위하여 금융위원회가 정하는 재무구조의 건전성에 관한 사항인 i) 자산등에 대한 자기자본비율(가목), ii) 적립필요금액에 대한 대손충당금비율(나목), iii) 퇴직금추계액에 대한 퇴직급여충당금비율(다목)을 준수하여야 한다(신용협동조합법83의3①, 동법 시행령20의2(1)).

2. 경영지도비율

조합의 경영건전성 확보를 위하여 은행에 적용하는 유사한 형태로 경영지도비율 기준을 설정하여 이를 준수하도록 하고 있다.

조합은 i) 총자산 대비 순자본비율[15]: 2% 이상(제1호), ii) 대손충당금비율: 100% 이상(제2호), iii) 퇴직급여충당금 비율: 100% 이상(제3호)의 건전성 비율을 유지하여야 한다(상호금융업감독규정12① 본문).

3. 대손충당금 적립기준

(1) 대손충당금비율

경영지도비율 중 대손충당금비율의 산정기준은 [별표 1-3]과 같다(상호금융업감독규정12② 본문).

[별표 1-3] 대손충당금비율

가. 설정대상채권

대출금, 여신성가지급금, 가지급금, 신용카드채권, 미수금, 환매조건부채권

15) [별표 5] 상호금융업감독규정시행세칙 제12조(건전성비율 산정기준)

$$1.\ 순자본비율 = \frac{총자산^{1)} - 총부채^{1)} - 출자금^{2)} + 후순위차입금^{3)} + 대손충당금^{4)}}{총자산 + 미사용약정\ 신용환산금액^{5)} + 대손충당금^{4)}} \times 100$$

1) 상호금융기관의 전체사업에 해당하는 총자산 및 총부채
2) 조합원 탈퇴시 자산·부채 현황과 관계없이 환급이 보장된 출자금(가입금 포함)에 한한다.
3) 후순위차입금은 다음의 조건을 갖추어야 하고, 인정한도 범위 내에서 산입할 수 있으며 신협에만 해당한다.
<후순위차입금 조건>
① 만기 5년 이상일 것 ② 무담보 및 후순위특약* 조건일 것 ③ 조합의 순자본비율이 2% 미만인 경우 이자 지급의 연기가 가능할 것 ④ 조합의 순자본비율이 -3% 미만인 경우 원리금 지급의 연기가 가능할 것 ⑤ 만기 전에 채권자 임의에 의한 상환이 허용되지 않을 것. 다만, 중앙회장이 당해 조합의 순자본비율 수준 등을 고려하여 승인한 경우에는 그러하지 아니하다. ⑥ 파산 등의 사태가 발생할 경우 선순위채권자가 채권전액을 상환받을 때까지 기한부 후순위채권자의 상계권이 허용되지 않는 조건일 것
* 파산 등의 사태가 발생할 경우 선순위채권자가 채권전액을 상환받은 후에야 상환청구권의 효력이 발생함을 정한 특약.
<후순위차입금 인정한도>
① 차입시 만기 5년 이상의 후순위차입금은 [별표 5-4]에서 정하고 있는 기본자본의 50% 범위 내에서 산입할 수 있다.
② 잔존기간이 5년 이내로 되는 경우에는 매년 20%씩 차감(매분기 초마다 5%씩 차감)한다.
4) 대손충당금 중 정상, 요주의 및 고정분류 해당분(단 고정분류 해당분은 총자산의 1.25% 범위 내)을 말한다.
5) 감독규정 [별표 1-3]의 미사용약정에 대하여 신용환산율 40%를 곱한 금액

매수 및 미사용 약정

나. 산식

$$\text{대손충당금비율} = \frac{\text{손충당금 잔액}^{1)}}{\text{대손충당금 요적립잔액}^{2)}} \times 100$$

1) 대손충당금 잔액 = 결산 또는 가결산후의 대손충당금 잔액
2) 대손충당금 요적립잔액
① 당해 회계연도 결산 또는 가결산 기준일 현재 대손충당금 설정대상채권에 대한 자산건전성 분류결과에 따라 정상 분류채권의 1% 이상, 요주의 분류채권의 10% 이상, 고정 분류채권의 20% 이상, 회수의문 분류채권의 55% 이상, 추정 손실 분류채권의 100%를 합계한 금액으로 한다.
② 제1항에도 불구하고 통계법에 따른 한국표준산업분류상 다음의 업종에 속하지 않는 법인에 대한 채권은 자산건전성 분류결과에 따라 정상 분류채권의 0.85% 이상, 요주의 분류채권의 7% 이상, 회수의문 분류채권의 50% 이상의 금액으로 할 수 있다.
1. 건설업(F)
2. 도매 및 소매업(G)
3. 숙박 및 음식점업(I)
4. 부동산업(L)
5. 임대업(76)
③ 제1항에도 불구하고 차주가 대한민국 정부 또는 지방자치단체인 자산과 "정상"으로 분류된 환매조건부채권매수에 대하여는 대손충당금을 적립하지 아니할 수 있다.
④ 제1항에도 불구하고 가목 미사용약정의 경우에는 [별표 1-1]의 자산건전성 결과에 따라 분류된 대손충당금 설정대상채권에 신용환산율 40%를 곱하여 산정한 금액에 대하여 대손충당금을 적립하여야 한다.

(2) 대손충당금의 가산

(가) 요적립잔액의 30% 가산

다음에 해당하는 가계대출("고위험대출"), 즉 i) 동일채무자에 대한 대출상환 방식이 ㉠ 대출만기에 원금을 일시상환하는 방식의 대출(가목), ㉡) 거치기간

경과 후에 원금을 분할상환하는 방식의 대출(거치기간이 종료되고 원금 분할상환이 시작된 경우 제외)(나목)에 해당하는 경우로서 대출금 총액이 2억원 이상인 경우(제1호), ii) 5개 이상의 금융기관(신용정보법 시행령 제5조 제2항에서 정한 금융기관[16])에 개인대출 잔액을 보유한 자에 대한 대출(제2호)로서 자산건전성 분류가 "정상", "요주의", "고정" 또는 "회수의문"인 대출에 대하여는 [별표 1-3]의 기준에 의한 대손충당금 요적립잔액에 30%를 가산하여 대손충당금을 적립하여야 한다(상호금융업감독규정12② 단서).

(나) 요적립잔액의 20% 가산

감독규정 제12조 제2항의 단서에도 불구하고 조합이 직전 사업연도 말 기준으로 다음의 요건, 즉 i) 총자산대비 순자본비율: 5% 이상(신용협동조합은 3% 이상)(제1호), ii) 예대율: 60% 이상(제2호), iii) 총대출 대비 조합원에 대한 대출비율이 80% 이상(농업협동조합, 수산업협동조합 및 산림조합은 50% 이상)이거나, 총대출 대비 신용대출(햇살론 포함)비율이 10% 이상(수산업협동조합은 7% 이상)(제3호)을 모두 충족하는 경우에는 [별표 1-3]의 기준에 의한 대손충당금 요적립잔액에 20%를 가산하여 대손충당금을 적립할 수 있다(상호금융업감독규정12③ 본문). 다만, 상호금융업감독규정 제12조의2(재무상태개선권고) 제1항 각호[17] 또는 제12조의3(재무상태개선요구) 제1항 각호[18]의 어느 하나에 해당하는 조합("재무상태개선

16) 금융지주회사, 기술보증기금, 농협동조합중앙회, 농협은행, 한국무역보험공사, 보험회사, 산림조합중앙회, 상호저축은행중앙회, 새마을금고중앙회, 수산업협동조합중앙회, 수협은행, 신용보증기금, 신용협동조합중앙회, 여신전문금융회사(여신전문금융업법 제3조 제3항 제1호에 따라 허가를 받거나 등록을 한 자를 포함), 예금보험공사 및 정리금융회사, 은행(은행법 제59조에 따라 은행으로 보는 자를 포함), 금융투자업자·증권금융회사·종합금융회사·자금중개회사 및 명의개서대행회사, 중소기업은행, 신용보증재단과 그 중앙회, 한국산업은행, 한국수출입은행, 한국주택금융공사, 외국법령에 따라 설립되어 외국에서 신용정보업 또는 채권추심업을 수행하는 자 등.

17) 1. 제12조 제1항 제1호에서 정하는 총자산 대비 순자본비율이 2% 미만인 경우
2. 제8조의 규정에 의한 경영실태평가결과 종합평가등급이 3등급 이상으로서 자본적정성 또는 자산건전성 부문의 평가등급을 4등급 이하로 판정받은 경우
3. 거액의 금융사고 또는 부실채권의 발생으로 제1호 내지 제2호의 기준에 해당될 것이 명백하다고 판단되는 경우

18) 1. 제12조 제1항 제1호에서 정하는 총자산대비순자본비율이 마이너스 3% 미만인 경우
2. 제8조의 규정에 의한 경영실태평가결과 종합평가등급을 4등급 이하로 판정받은 경우
3. 거액의 금융사고 또는 부실채권의 발생으로 제1호 내지 제2호의 기준에 해당될 것이 명백하다고 판단되는 경우
4. 제12조의2의 규정에 의한 재무상태개선 권고를 받은 조합이 재무상태개선계획을 성실하게 이행하지 아니하는 경우

조치 조합")은 그러하지 아니하며, 당해 사업연도 중 재무상태개선조치 조합에 해당하게 되는 경우에는 그 해당 분기말부터 앞의 고위험대출의 감독규정 제12조 제2항 단서(요적립잔액의 30%가산)를 적용한다(상호금융업감독규정12③ 단서).

(다) 대손충당금의 감액

주택담보대출 중 원금을 분할상환하는 방식의 대출로서 자산건전성 분류가 "정상"인 대출에 대하여는 [별표 1-3]의 기준에 의한 대손충당금 요적립잔액에서 50%를 감액하여 대손충당금을 적립한다(상호금융업감독규정12④).

Ⅲ. 자산건전성

1. 의의

조합 및 중앙회는 경영의 건전성을 유지하고 금융사고를 예방하기 위하여 금융위원회가 정하는 자산의 건전성에 관한 사항인 i) 자산건전성분류대상 자산의 범위(가목), ii) 자산에 대한 건전성분류 단계 및 그 기준(나목)을 준수하여야 한다(신용협동조합법83의3①, 동법 시행령20의2(2)).

2. 자산건전성 분류기준 등

(1) 자산건전성 분류기준

조합은 다음의 보유자산, 즉 i) 대출금(상호금융대출, 정책자금대출, 공제대출 및 어음할인)과 여신성가지급금(당해 대출금을 회수하기 위하여 지급된 가지급금)(제1호), ii) 유가증권(제2호), iii) 가지급금(제3호), iv) 신용카드 채권(제4호), v) 미수금(제5호), vi) 환매조건부채권매수(제6호), vii) 미사용약정(상품 또는 계약의 명칭을 불문하고 약정한도, 약정기간 및 조건 등을 사전에 정하고, 필요한 자금을 계속적 또는 반복적으로 차입할 수 있는 대출등의 미사용약정)(제7호), viii) 그 밖에 금융감독원장이 정하는 건전성 분류가 필요하다고 인정하는 자산 등(제8호)의 건전성을 [별표 1-1][19]에 따라 매분기 말(유가증권에 대한 평가는 매월 1회 정기적으로 실시하고 평가

19) [별표 1-1] 자산건전성 분류기준

Ⅰ. 대출금(여신성가지급금, 환매조건부채권매수, 미사용약정 포함)

1. 정상

금융거래 내용, 신용상태가 양호한 채무자와 1월 미만의 연체대출금(정책자금대출금 포함)을 보유하고 있으나 채무상환능력이 충분한 채무자에 대한 총대출금

2. 요주의

금융거래내용 또는 신용상태 등으로 보아 사후관리에 있어 통상 이상의 주의를 요하는 채무자에 대한 총대출금

<예 시>

① 1월 이상 3월 미만의 연체대출금을 보유하고 있으나 회수가 확실시 되는 채무자에 대한 총대출금

② 1월 이상 연체중인 대출금중 정부 또는 농림수산정책자금대손보전기금으로부터 대손보전이 보장되는 금액

③ 1월 미만의 연체대출금을 보유하고 있으나 신용정보관리규약에 의하여 신용불량거래처로 등록된 거래처에 대한 총대출금

④ 고정 이하로 분류된 대출금을 보유하고 있는 채무자에 대한 총대출금중 원리금 회수가 확실시되는 다음의 어느 하나를 담보로 하는 대출금의 담보 해당금액. 다만 제5호 및 제6호를 담보로 하는 대출금의 담보 해당금액은 "정상"으로 분류할 수 있다.

1. 국채법에 따른 국채 및 지방재정법에 따른 지방채
2. 국고금 관리법에 따른 재정증권
3. 한국은행법에 따른 한국은행통화안정증권
4. 공공기관운영법에 따른 공기업 및 준정부기관이 발행하는 채권
5. 공제해약환급금
6. 금융기관(신용보증기금, 농림수산업자신용보증기금, 보증보험회사 등)의 보증

⑤ 고정이하로 분류되는 상업어음할인 중 만기일에 정상결제가 확실시되는 상업어음할인

⑥ 채무자회생법에 따라 회생절차가 진행 중인 기업체에 대한 공익채권, 회생계획에 따라 1년 이상 정상적으로 원리금이 상환되거나 채무상환능력이 크게 개선되었다고 판단되는 회생채권·회생담보권

⑦ 기업개선작업 대상업체로 확정(신청 포함)된 거래처에 대한 총대출금

⑧ 법원 경매절차에 따라 매각허가결정이 선고된 부동산 등과 관련한 여신 중 배당으로 회수가 확실시되는 금액. 다만 결산 확정(분·반기 말의 경우 기준일로부터 1개월) 이전에 매각대금 미납, 배당 이의의 소 제기 등으로 인하여 회수가능성 및 회수가능금액의 변동이 예상되는 경우에는 "고정"으로 분류한다.

⑨ 기타 부실징후가 예견되거나 발생 중에 있다고 인정되는 법인에 대한 총대출금 등. 다만, 다음의 어느 하나에 해당하는 경우에는 "정상"으로 분류할 수 있다.

1. 자산건전성 분류기준일 현재 해당 조합과 2년 이상의 기간 동안 연체 없이 정상적인 거래를 하고 있는 법인에 대한 대출
2. 은행 등과 공동으로 취급한 동순위 대출 중 주관사가 정상으로 분류한 대출. 다만, 주관사가 대출에 참여하지 않은 경우에는 대출에 참여한 모든 은행 및 보험사가 정상으로 분류한 대출

<부실징후 예시>

① 최근 3년 연속 결손 발생

② 최근 결산일 현재 납입자본 완전잠식

③ 제1·2 금융권 차입금이 연간 매출액을 초과하고 최근 2년 연속 영업이익이 금융비용에 미달. 다만, 최초 결산일로부터 1년이 경과하지 않은 신설법인이나 종교단체·학술단체 등 비영리단체에 대한 대출 및 정책자금대출은 제외한다.

④ 기업의 경영권, 상속지분 등의 문제로 기업 경영상 내분이 발생하여 정상적인 경영활동이 곤란한 경우

⑤ 3월 이상 조업 중단

⑥ 최근 6월 이내 1차부도 발생사실이 있는 거래처에 대한 총대출 등

---

3. 고정

금융거래내용, 신용상태가 불량하여 구체적인 회수조치를 강구할 필요가 있는 채무자에 대한 총대출금 중 회수예상가액 해당금액

<예 시>

① 3월 이상의 연체대출금을 보유하고 있는 채무자에 대한 총대출금 중 회수예상가액 해당금액

② 대손신청기한으로부터 3월이 경과한 시점까지 대손보전 신청을 하지 않은 정부 또는 농림수산정책 자금대손보전기금 손실보전 대상 대출금 및 농림수산업자신용보증기금 보증서 담보대출금 중 회수예상가액 해당금액

③ 담보권의 실행, 지급명령신청, 대여금 청구소송, 강제집행 등 법적절차 진행중인 채무자에 대한 회수예상가액(자산건전성 분류기준일 현재로부터 최근일의 담보평가액(최종법정평가액)) 해당금액. 다만, 채무자의 상환능력 저하와 관계없는 가압류, 가처분 또는 압류(행정처분인 경우에 한한다)의 경우 본안소송으로 이어지지 아니하였고, 해당 채무자의 대출금이 자산건전성 분류기준일 현재 연체되지 아니한 경우에는 요주의로 분류할 수 있으며, 이 중 가압류 또는 압류에 한하여 그 청구금액의 합계액이 5백만원 미만이거나 대출금액의 1%에 해당하는 금액 미만인 경우에는 정상으로 분류할 수 있다.

④ 폐업 중인 채무자에 대한 총대출금 중 회수예상가액 해당금액. 다만, 개인사업자의 경우 다른 소득이 있거나 영업을 계속하고 있음을 객관적으로 증명하는 경우에는 원리금 회수 가능성에 따라 정상 또는 요주의로 분류할 수 있다

⑤ 법 제42조(동일인에 대한 대출등의 한도)의 규정에 위반하여 대출을 받은 채무자에 대한 총대출금 중 회수예상가액 해당금액. 다만, 위반사실 적출일 현재 이자납부 등 정상적인 신용상태가 유지되고 있는 채무자에 대하여는 위반 사실 적출일 이후 3월이 경과한 때로부터 고정 이하로 분류하되 건전성분류 기준일 현재 정상적인 신용상태가 유지되고 있는 채무자에 대하여는 동일인 대출한도 초과금액을, 그러하지 아니한 채무자에 대하여는 총대출액을 기준으로 회수예상가액을 산정

⑥ 채무자회생법에 따라 회생절차가 진행(신청 포함)중인 채무자에 대한 총대출금 중 회수예상가액 해당금액

⑦ 다음 각호의 어느 하나에 해당되는 경우로서 자산건전성 분류기준일 현재 1월 이상 연체사실이 있는 법인에 대한 총대출금 중 회수예상가액 해당금액

1. 3월 이상 조업 중단
2. 최근 결산일 현재 납입자본이 완전 잠식 상태이고, 제1·2금융권 차입금이 연간 매출액을 초과하며, 최근 2년 연속 영업이익이 금융비용에 미달

⑧ 신용정보관리규약에 의하여 신용불량거래처로 등록된 거래처의 등록 내용상 1,500만원 이상의 대출이 3개월 이상 연체(금융감독원장이 정한 기준에 의함)된 경우 해당 거래처의 총대출 중 회수예상가액. 다만, 해당 조합의 총대출금이 3백만원 이하인 경우에는 "요주의"로 분류할 수 있다.

⑨ 기타 채권확보를 위하여 별도의 회수방법을 강구할 필요가 있는 채무자에 대한 총대출금 중 회수예상가액 해당금액

4. 회수의문

고정으로 분류된 채무자에 대한 총대출금 중 손실발생이 예상되나 현재 그 손실액을 확정할 수 없는 회수예상가액 초과금액

<예 시>

① 3월 이상 12월 미만 연체대출금을 보유하고 있는 채무자에 대한 총대출금 중 회수예상가액 초과부분

② 대손신청기한으로부터 3월이 경과한 시점까지 대손보전 신청을 하지 않은 정부 또는

농림수산정책 자금대손보전기금 손실보전 대상 대출금 및 농림수산업자신용보증기금 보증서 담보대출금 중 손실발생이 예상되나 현재 그 손실액을 확정할 수 없는 회수예상가액 초과금액

5. 추정손실

고정으로 분류된 채무자에 대한 총대출금 중 회수불능이 확실하여 손비처리가 불가피한 회수예상가액 초과금액

<예 시>

① 12월 이상 연체대출금을 보유하고 있는 채무자에 대한 총대출금 중 회수예상가액 초과부분

② 대손신청기한으로부터 3월이 경과한 시점까지 대손보전 신청을 하지 않은 정부 또는 농림수산정책 자금대손보전기금 손실보전 대상 대출금 및 농림수산업자신용보증기금 보증서 담보대출금 중 회수불능이 확실하여 손비처리가 불가피한 회수예상가액 초과금액

③ 소송패소로 인하여 담보권이 소멸되고 채무자 및 보증인이 행방불명되거나 상환능력이 없다고 판단되는 대출금

④ 법적절차 완결 후의 잔존채권으로서 채무자 및 보증인으로부터 상환가능성이 없다고 판단되는 대출금

⑤ 채권, 담보권 등의 하자로 인하여 소송이 계속 중이고 패소가 확실하다고 판단되는 대출금

⑥ 회수의문으로 분류된 후 1년 이상이 경과되도록 채무관계인의 재산을 발견하지 못하는 등 회수가 불가능한 대출금

⑦ 최종부도 발생, 청산·파산절차 진행 또는 폐업 등의 사유로 채권회수에 심각한 위험이 존재하는 것으로 판단되는 대출금

Ⅱ. 신용카드 채권

1. 정상: 금융거래내용, 신용상태 및 경영내용이 양호한 거래처에 대한 총 카드자산
2. 요주의: 다음의 어느 하나에 해당하는 자산
   1) 금융거래내용, 신용상태 및 경영내용 등을 감안할 때 채권회수에 즉각적인 위험이 발생하지는 않았으나 향후 채무상환능력의 저하를 초래할 수 있는 잠재적인 요인이 존재하는 것으로 판단되는 거래처(요주의거래처)에 대한 자산
   2) 1월 이상 3월 미만 연체대출금을 보유하고 있는 거래처에 대한 자산
3. 고정: 다음의 어느 하나에 해당하는 자산
   1) 금융거래내용, 신용상태 및 경영내용 등을 감안할 때 채무상환능력의 저하를 초래할 수 있는 요인이 현재화되어 채권회수에 상당한 위험이 발생한 것으로 판단되는 거래처(고정거래처)에 대한 자산
   2) 3월 이상 연체대출금을 보유하고 있는 거래처에 대한 자산 중 회수예상가액 해당부분
   3) 최종부도 발생, 청산·파산절차 진행 또는 폐업 등의 사유로 채권회수에 심각한 위험이 존재하는 것으로 판단되는 거래처에 대한 자산 중 회수예상가액 해당부분
   4) "회수의문거래처" 및 "추정손실거래처"에 대한 자산 중 회수예상가액 해당부분
4. 회수의문: 다음의 어느 하나에 해당하는 자산
   1) 금융거래내용, 신용상태 및 경영내용 등을 감안할 때 채무상환능력이 현저히 악화되어 채권회수에 심각한 위험이 발생한 것으로 판단되는 거래처(회수의문거래처)에 대한 자산 중 회수예상가액 초과부분
   2) 3월 이상 6월 미만 연체대출금을 보유하고 있는 거래처에 대한 자산 중 회수예상가액 초과부분
5. 추정손실: 다음의 어느 하나에 해당하는 자산
   1) 금융거래내용, 신용상태 및 경영내용 등을 감안할 때 채무상환능력의 심각한 악화

일의 종가를 적용)을 기준으로 분류하여야 한다(상호금융업감독규정11① 본문).

로 회수불능이 확실하여 손실처리가 불가피한 것으로 판단되는 거래처(추정손실거래처)에 대한 자산 중 회수예상가액 초과부분
2) 6월 이상 연체대출금을 보유하고 있는 거래처에 대한 자산 중 회수예상가액 초과부분
3) 최종부도 발생, 청산·파산절차 진행 또는 폐업 등의 사유로 채권회수에 심각한 위험이 존재하는 것으로 판단되는 거래처에 대한 자산 중 회수예상가액 초과부분

Ⅲ. 유가증권(시가법에 의한 평가대상 유가증권 제외)
1. 정상
 1) 평가액이 장부가액을 상회하는 유가증권
 2) 평가액이 장부가액을 일시적(3월 미만)으로 하회하고 있으나 장차 회복될 전망이 확실시되는 유가증권
 3) 국공채, 정부보증채, 보증사채 등으로서 원리금 회수가 확실시되는 유가증권
2. 요주의
 1) 평가액이 장부가액을 상회하고 있으나 최근 2년 이상 계속하여 납입자본 잠식상태에 있는 회사가 발행한 유가증권
 2) 평가액이 장부가액을 3월 이상 계속 하회하는 유가증권의 평가 상당액
 3) 최근 발행자의 경영악화 등으로 신용위험이 증대한 유가증권
3. 회수의문
 1) 평가액이 장부가액을 3월 이상 계속 하회하고 있는 유가증권의 평가손실액
 2) 발행자의 신용위험 등이 현저히 악화되어 만기에 원금회수가 의문시되는 유가증권
4. 추정손실
 1) 평가액이 장부가액을 6월 이상 계속 하회하고 있는 유가증권의 평가손실액
 2) 발행자의 파산으로 원금 회수불능이 확실시되는 유가증권
 3) 기타 무가치한 유가증권

Ⅳ. 가지급금(여신성가지급금 제외)
1. 정상
 1) 당해 회계연도 또는 다음 회계연도 내에 정상적으로 정리될 것이 확실한 가지급금
 2) 기타 회수가 확실한 가지급금
2. 회수의문
 1) 사고금 또는 출납부족금 정리를 위한 것으로 손비처리가 예상되는 가지급금
 2) 소송관계 비용으로서 손비처리가 예상되는 가지급금
 3) 기타 회수가 불확실하여 손비처리가 예상되는 가지급금
3. 추정손실
 1) 사고금 또는 출납부족금 정리를 위한 것으로 손비처리가 불가피한 가지급금
 2) 소송관계 비용으로서 패소가 확실하여 손비처리가 불가피한 가지급금
 3) 기타 손비처리가 불가피한 가지급금

Ⅴ. 미수금
1. 정상: 지급일로부터 1월이 경과하지 아니한 미수채권
2. 요주의: 지급일로부터 1월 이상 3월이 경과하지 아니한 미수채권
3. 고정: 지급일로부터 3월 이상 경과된 미수채권으로서 회수예상가액 해당분
4. 회수의문: 지급일로부터 3월 이상 경과된 미수채권으로서 손실발생이 예상되나 현재 손실액을 확정할 수 없는 회수예상가액 초과분
5. 추정손실: 지급일로부터 3월 이상 경과된 미수채권으로서 회수불능이 확실하여 손비처리가 불가피한 회수예상가액 초과분

(2) 5단계 분류

위의 자산건전성 분류기준에서 보유자산에 대한 건전성은 "정상", "요주의", "고정", "회수의문", "추정손실"의 5단계로 구분하되, 유가증권의 경우에는 "고정"분류를, 가지급금(여신성 가지급금을 제외)의 경우에는 "요주의" 및 "고정"분류를 제외한다(상호금융업감독규정11②).

3. 연체대출금

(1) 연체대출금 의제 대출금

조합은 자산건전성 분류기준에 의하여 보유자산의 건전성을 분류함에 있어 다음에 해당하는 대출금, 즉 i) 약정만기일에 상환되지 아니한 대출금(제1호), ii) 약정만기일 이내라도 이자가 납입되지 아니한 사유 등으로 기한의 이익을 상실한 대출금(제2호 본문). 다만, 기한의 이익을 상실하지 않았더라도 ㉠ 이자의 납입주기가 6개월 미만인 경우 차기 납입기일까지 이자가 납입되지 않은 대출금과 ㉡ 이자의 납입주기가 6개월 이상인 경우 납입기일로부터 3개월 경과시까지 이자가 납입되지 않은 대출금(예탁금·적금 납입액 이내의 담보대출금은 제외)을 포함한다(제2호 단서). iii) 분할상환 기일에 상환되지 아니한 분할상환금(제3호), iv) 만기일에 결제되지 아니한 상업어음할인(제4호)에 대하여는 이를 연체대출금으로 본다(상호금융업감독업무시행세칙6①).

(2) 연체대출금의 분류기준

연체대출금은 최초의 연체기산일을 기준으로 분류한다(상호금융업감독업무시행세칙6②).

4. 회수예상가액 산정

(1) 원칙: 담보종류별 회수예상가액 산정기준

조합은 자산건전성 분류기준에 의한 "고정"이하 분류 여신을 보유한 채무자의 대출금에 대하여는 자산건전성 분류시마다 감독규정 [별표1-2][20]의 담보종류

20) [별표 1-2] 담보종류별 회수예상가액 산정기준

담보종류	산정액	비고
예·적금	불입액의 100%	

별 회수예상가액 산정기준에 따라 담보물의 회수예상가액을 산정하여야 한다(상호금융업감독규정11의2 본문).

(2) 예외: 최종담보평가액

다음의 어느 하나에 해당하는 경우, 즉 ⅰ) "고정" 이하 분류사유 발생일이 3개월 이내인 경우(제1호), ⅱ) 3개월 이내에 법적절차 착수예정인 경우(제2호),

<table>
<tr><td colspan="2">중앙회 공제</td><td>해약환급금의 100%</td><td></td></tr>
<tr><td rowspan="3">유가증권</td><td>상장주식</td><td>대용가격의 100%</td><td rowspan="3">한국거래소 공시</td></tr>
<tr><td>상장채권</td><td>대용가격의 100%</td></tr>
<tr><td>수익증권</td><td>기준가격의 100%</td></tr>
<tr><td>지급보증</td><td>은행지급보증서
신용보증서
보증보험증권
정부투자기관보증</td><td>보증(보험)금액의 100%</td><td></td></tr>
<tr><td rowspan="5">부동산등</td><td>대지</td><td>공시지가의 100%</td><td rowspan="5">국토교통부 공시</td></tr>
<tr><td>건물</td><td>건물신축단가표의 100%</td></tr>
<tr><td>아파트</td><td>시가의 70%</td></tr>
<tr><td>자동차, 중기, 선박등</td><td>최종감정가액을 관련 세법상의 내용년수로 나눈 금액을 매년 정액 차감</td></tr>
<tr><td>기계, 기구류</td><td>최종감정가액에서 매년 10%씩 차감</td></tr>
<tr><td colspan="2">기 타</td><td>시가의 70%</td><td></td></tr>
<tr><td colspan="2">경매 진행중인 담보</td><td>최종 법사가</td><td></td></tr>
</table>

<유의사항>

1. 회수예상가액을 산정하는 경우에는 선순위 등을 공제하여야 하며, 관련법규 또는 조합자체내규에서 담보취득을 제한하는 물건을 회수예상가액에서 제외하여야 함
2. 시가는 매매가격 등을 기준으로 하여 조합 자체적으로 산정함
3. 건물신축단가표의 100%는 건물면적×표준단가×(잔여년수/내용년수)를 말하며, 관련세법상의 내용년수 계산시에는 자동차 등의 구입시점에서 최종 감정일까지의 경과년수를 차감함
4. 비상장유가증권 중 비상장주식(금융투자협회 공시)의 평가는 다음의 기준에 의한다.

① 대용가격이 있는 경우에는 대용가격의 100%

② 대용가격이 없으나 시가를 알 수 있는 경우에는 시가의 50%

③ 대용가격이 없고 시가도 알 수 없는 경우에는『일반기업회계기준』제6장 문단 13의 규정에 의한 순자산가액이나『상속세 및 증여세법 시행령』제55조(순자산가액의 계산방법)의 규정에 의한 평가액에 의함. 다만,『상속세 및 증여세법 시행령』제56조(1주당 최근 3년간의 순손익액의 계산방법)의 규정에 의한 순자산가액이 더 큰 경우에는 이를 기준으로 평가할 수 있음.

5. 비상장유가증권 중 비상장채권의 평가는 다음의 기준에 의한다.

① 금융기관 보증부 및 담보부 채권의 경우에는 평가일 현재 3년만기 회사채 수익률로 할인한 가액의 90%

② 기타채권의 경우에는 평가일 현재 3년만기 회사채수익률로 할인한 가액의 70%

iii) 예탁금, 적금, 유가증권 및 지급보증서 이외의 담보(경매가 진행중인 담보는 제외)로서 담보의 최종감정일 또는 최종 회수예상가액 산정일이 2년 이내인 경우(제3호), iv) 총대출금액에 대한 담보비율이 150% 이상인 경우(제4호), v) 채무자회생법에 따른 회생절차 또는 기업개선작업 등을 신청하였거나 당해 절차가 진행중인 경우(제5호)에는 최종담보평가액(유효담보가액 또는 종전 건전성 분류시 산정한 회수예상가액 등)을 회수예상가액으로 볼 수 있다(상호금융업감독규정11의2 단서).

Ⅳ. 회계 및 결산

조합 및 중앙회는 경영의 건전성을 유지하고 금융사고를 예방하기 위하여 금융위원회가 정하는 회계 및 결산에 관한 사항인 i) 재무 및 손익상황의 표시기준(가목), ii) 충당금·적립금의 적립기준(나목), iii) 채권의 대손상각처리기준(다목)을 준수하여야 한다(신용협동조합법83의3①, 동법 시행령20의2(3)).

위 다목과 관련 채권의 대손상각에 관하여 살펴보면 다음과 같다.

1. 대손인정 신청

조합이 보유한 부실채권을 대손상각처리하고자 할 경우에는 매분기말 2월 전까지 중앙회장에게 대손인정을 신청하여야 한다(상호금융업감독규정15의3①).

2. 대손인정 결과의 보고

중앙회장은 대손인정의 신청에 의한 대손인정 결과를 매 사업년도 경과 후 다음 달 20일까지 금융감독원장에게 보고하여야 한다(상호금융업감독규정15의3②).

3. 재무재표 주석사항에 표시

조합은 대손인정 신청에 의하여 상각처리한 채권의 잔액을 재무상태표 주석사항에 대손상각채권으로 표시하여야 한다(상호금융업감독규정15의3③).

4. 세부사항 제정

조합에 대한 대손인정에 필요한 세부사항 및 중앙회에 대한 대손상각 절차 등은 금융감독원장이 정한다(상호금융업감독규정15의3④).[21]

Ⅴ. 위험관리

조합 및 중앙회는 경영의 건전성을 유지하고 금융사고를 예방하기 위하여 금융위원회가 정하는 위험관리에 관한 사항인 i) 위험관리의 기본방침(가목), ii) 위험관리를 위한 경영진의 역할(나목), iii) 위험관리에 필요한 내부관리체제(다목), iv) 여신 심사 및 사후관리 등에 관한 기준(라목), v) 금융사고 예방·대응 및 재발방지 대책(마목)을 준수하여야 한다(신용협동조합법83의3①, 동법 시행령20의2(4)).

1. 리스크관리체제

(1) 종합적인 관리체제 구축 · 운영

조합은 상호금융업무를 영위함에 있어 발생하는 리스크를 사전에 예방하고 효율적으로 관리하기 위하여 이를 인식·측정·감시·통제할 수 있는 종합적인 관리체제를 구축·운영하여야 한다(상호금융업감독규정16①).

(2) 부서별 또는 사업부문별 리스크부담 한도 및 거래 한도의 설정 · 운영

조합은 리스크를 효율적으로 관리하기 위하여 부서별 또는 사업부문별 리스크부담 한도 및 거래 한도 등을 적절히 설정·운영하여야 한다(상호금융업감독규정16②).

2. 리스크관리조직

(1) 이사회 의결

조합은 이사회에서 리스크관리에 관한 정책 및 전략의 승인, 리스크관리규

---

21) 상호금융업감독업무시행세칙 제12조의2(채권의 대손상각) ① 대손상각채권은 조합이 보유한 자산 중 감독규정 제11조 제1항 각호의 채권(유가증권을 제외) 및 기타 이에 준하는 채권으로 한다.
② 중앙회장은 조합이 제1항에 해당하는 채권이 감독규정 제11조 및 제18조의2의 규정에 따라 "추정손실"로 분류된 경우 대손인정할 수 있다.
③ 제2항의 규정에 불구하고 제1항에 해당하는 채권 중 건당 1천만원 이하의 채권으로서 조합이 자체 상각한 것은 중앙회장이 대손인정한 것으로 본다.
④ 조합이 제2항의 규정에서 정하는 기준에 부합하여 대손인정을 중앙회장에 신청하고자 하는 경우 해당 채권에 대하여 자체 책임심의를 완료하고 대손인정신청시 그 결과를 함께 보고하여야 한다.
⑤ 감독규정 및 이 세칙에서 정하지 아니한 사항은 금융감독원장이 정한 금융기관채권대손인정업무세칙·은행업감독업무시행세칙 제19조(대손상각요구) 및 제21조(상각실적보고)에서 정한 사항을 준용한다. 이 경우 조합에 대하여는 금융감독원장을 중앙회장으로 본다.

정의 제정 및 개정 등 리스크관리에 필요한 주요 사항을 심의·의결한다(상호금융업감독규정16의2①).

(2) 리스크관리위원회의 설치와 업무

조합은 리스크관리에 관한 이사회의 승인결정사항을 효율적으로 이행하기 위하여 리스크관리위원회("위원회")를 설치하여야 하며, 위원회는 i) 리스크관리 정책 및 전략의 수립(제1호), ii) 부담 가능한 리스크수준의 설정(제2호), iii) 각종 한도의 설정 및 한도 초과의 승인(제3호), iv) 위원회 승인 및 결정사항의 이사회 보고(제4호) 업무를 수행한다(상호금융업감독규정16의2② 본문). 다만, 직장조합 및 직전사업년도 종료일 현재의 자산총액이 300억원 미만인 조합은 이사회가 위원회 기능을 대행할 수 있다(상호금융업감독규정16의2② 단서).

(3) 실무조직의 운영

조합은 경영상 발생할 수 있는 리스크를 독립적으로 종합관리하고 위원회를 보조할 수 있는 적절한 실무조직을 운영하여야 한다(상호금융업감독규정16의2③ 본문). 다만, 직장조합 및 직전사업년도 종료일 현재의 자산총액이 300억원 미만인 조합은 기존조직 또는 담당자에게 이를 담당하게 할 수 있다(상호금융업감독규정16의2③ 단서).

3. 리스크관리규정

(1) 내부규정 또는 지침의 제정·운영

조합은 리스크관리에 관한 기본방침, 조직 및 절차, 한도관리와 리스크측정 및 관리체체 등을 포함하는 내부규정 또는 지침을 자체 실정에 맞게 제정·운영하여야 한다(상호금융업감독규정16의3①).

(2) 내부통제 세부사항

조합의 감사규정[22] 운영, 감사실 직제[23] 등 내부통제와 관련한 세부적인 사

22) 상호금융업감독업무시행세칙 제16조(감사규정) 조합은 중앙회에서 정한 감사규정을 조합 실정에 맞게 정하여 운영하여야 한다.

23) 상호금융업감독업무시행세칙 제17조(감사실 직제) ① 중앙회장이 정하는 기준에 의하여 감사실을 설치하여야 하는 조합은 직제규정에 따라 감사실을 설치하여야 한다.

항은 금융감독원장이 정한다(상호금융업감독규정16의3②).

4. 주택관련 담보대출에 대한 리스크관리

(1) 주택관련 담보대출에 대한 리스크관리기준(별표 2)

조합은 주택관련 담보대출 취급시 경영의 건전성이 유지되도록 [별표 2]에서 정하는 담보인정비율, 총부채상환비율, 기타 주택담보대출 등의 취급 및 만기연장에 대한 제한 등을 준수하여야 한다(상호금융업감독규정16의4①).

감독규정 [별표 2]는 주택관련 담보대출에 대한 리스크관리기준으로 담보인정비율(LTV), 총부채상환비율(DTI), 총부채원리금상환비율(DSR) 등에 관하여 규정하고 있다.

"담보인정비율"(LTV, Loan-To-Value ratio)이라 함은 주택담보대출 취급시 담보가치에 대한 대출취급가능금액의 비율을 말하고, "총부채상환비율"(DTI, Debt-To-Income ratio)이라 함은 차주의 연간 소득에 대한 연간 대출 원리금 상환액의 비율을 말하며, "총부채원리금상환비율(DSR, Debt-Service-Ratio)"이란 차주의 총 금융부채 상환부담을 판단하기 위하여 산정하는 차주의 연간 소득 대비 연간 금융부채 원리금 상환액 비율을 말한다.

(2) 담보인정비율 및 총부채상환비율의 가감조정

금융감독원장은 조합의 경영건전성 등을 감안하여 긴급하다고 인정하는 경우 [별표 2]에서 정한 담보인정비율 및 총부채상환비율을 10% 범위 이내에서 가감조정할 수 있다(상호금융업감독규정16의4② 전단). 이 경우 금융감독원장은 그 내용을 지체 없이 금융위원회에 보고하여야 한다(상호금융업감독규정16의4② 후단).

(3) 세부판단기준

담보인정비율 및 총부채상환비율의 산정방법 및 적용대상의 세부판단기준, 주택담보대출 등의 취급 및 만기연장 제한 등과 관련한 세부적인 사항은 금융감독원장이 정하는 바에 따른다(상호금융업감독규정16의4③).

---

② 조합의 감사실은 중앙회장이 정한 일상감사사항을 감사하여야 하며, 감사결과에 대한 조치 및 보고는 조합의 감사규정에서 정하는 바에 의한다.

5. 여신업무 기준

(1) 여신심사 및 사후관리

조합은 상당한 주의를 기울여 ⅰ) 차주의 신용위험 및 상환능력 등에 대한 분석을 통한 신용리스크의 평가(제1호), ⅱ) 차주의 차입목적, 차입금 규모, 상환기간 등에 대한 심사 및 분석(제2호), ⅲ) 차주의 차입목적 이외의 차입금 사용방지 대책 마련(제3호), ⅳ) 여신실행 이후 차주의 신용상태 및 채무상환능력 변화에 대한 사후 점검 및 그 결과에 따른 적절한 조치(제4호), ⅴ) 산업별, 고객그룹별 여신운용의 다양화를 통한 여신편중 현상의 방지(제5호)의 여신심사 및 사후관리 등 여신업무를 처리하여야 한다(상호금융업감독규정16의6①).

(2) 여신심사기준

금융감독원장은 여신 운용의 건전성을 제고할 수 있도록 여신심사 및 사후관리 업무에 관한 구체적인 기준을 정할 수 있다(상호금융업감독규정16의6②).[24)]

6. 금융사고 예방대책

조합은 다음에서 정하는 금융사고 관리 및 예방, 이용자 정보보호 등에 관

24) 상호금융업감독업무시행세칙 제8조의4(여신심사기준) ① 조합은 감독규정 제16조의6에 따라 여신 실행 이전 단계에서 신용리스크를 적절히 평가·관리할 수 있는 건전한 여신심사 및 승인업무 시스템("여신심사기준 등")을 운영하여야 하며, 여신심사 기준 등에는 다음의 사항을 포함하여야 한다.
1. 여신심사조직과 영업조직간 역할 정립 및 상호 협조
2. 신용평가시스템 등에 의한 합리적이고 투명한 여신심사 및 승인
3. 적정한 규모의 여신이 취급될 수 있는 차주별 여신한도제도의 운영
4. 담보대출의 취급기준
5. 차주의 신용 평가결과 및 여신 원가 요소 등을 합리적으로 반영한 여신금리 산정체계
② 조합은 제1항에 따라 여신심사업무를 효율적으로 수행할 수 있도록 다음의 사항을 포함하는 내부시스템을 구축하여야 한다.
1. 내부업무처리규정 및 절차 제정
2. 제1호의 규정 및 절차에 따라 업무를 수행할 내부 조직의 지정
3. 대출모집, 대출심사 및 대출 사후관리 조직간의 명확한 직무분장
③ 제1항 제4호의 담보대출 취급기준에는 담보물건별 대출비율을 포함하여야 한다. 이 경우 담보물건별 대출비율은 환가성, 경락률 및 시장상황 등을 고려하여 정하며, 동 대출비율을 초과하여 대출하는 경우에는 초과분에 대한 신용평가 및 전결권 상향 등 처리방법을 정하여야 한다.
④ 제1항 내지 제3항에 불구하고 직장조합은 중앙회장이 정하는 바에 따를 수 있다.

한 대책 등을 마련하고 이를 준수하여야 한다(상호금융업감독규정16의7).

1. 다음의 금융사고 관리에 관한 사항
   가. 조합 임직원의 사기·횡령·배임·절도·금품수수 등 범죄혐의가 있는 행위에 대한 방지 대책
   나. 과거에 발생한 금융사고 또는 이와 유사한 금융사고에 대한 재발 방지 대책
   다. 그 밖에 위법 또는 부당한 업무처리로 조합 이용자의 보호에 지장을 가져오는 행위를 방지하기 위한 대책
2. 금융사고 예방대책 이행상황에 대한 점검·평가 등 본·지점의 업무운영에 관한 자체적인 검사 계획 및 검사 실시 기준
3. 조합 이용자의 정보보호를 위하여 조합상품의 홍보판매 등의 과정에서 소속 임직원이 준수하여야 하는 조합 이용자의 정보이용 기준 및 절차

Ⅵ. 기타 경영건전성

조합 및 중앙회는 경영의 건전성을 유지하고 금융사고를 예방하기 위하여 금융위원회가 정하는 그 밖에 경영의 건전성 확보를 위하여 필요한 사항인 i) 예탁금, 적금 및 출자금 등에 대한 대출금 보유기준(가목), ii) 업종별 대출등에 대한 한도기준(나목), iii) 유동성 부채에 대한 유동성 자산의 보유기준(다목)을 준수하여야 한다(신용협동조합법83의3①, 동법 시행령20의2(5)).

1. 예탁금, 적금 및 출자금 등에 대한 대출금 보유기준

(1) 예대율 유지

조합은 예탁금, 적금 및 출자금에 대한 대출금 비율("예대율")을 i) 직전 반기 말 주택담보대출의 분할상환비율이 20% 미만의 경우: 80% 이하(가목), ii) 직전 반기 말 주택담보대출의 분할상환비율이 20% 이상 30% 미만인 경우: 90% 이하(나목), iii) 직전 반기 말 주택담보대출의 분할상환비율이 30 이상인 경우: 100% 이하(다목)에 따라 유지하여야 한다(상호금융업감독규정12①(5)).

(2) 예대율 적용 제외 조합

예대율은 직전 분기 중 분기말월 기준 대출금 200억원 미만인 조합의 경우

에는 적용하지 아니한다(상호금융업감독규정12① 단서).

(3) 예대율 하락시 기준 적합의무

예대율이 하락하게 되는 경우에는 그 해당 반기말까지 예대율 기준에 적합하도록 하여야 한다(상호금융업감독규정12⑤).

2. 업종별 대출등에 대한 한도기준

조합은 다음에서 정하는 업종별 대출등 한도 기준을 준수하여야 한다(상호금융업감독규정16의8).[25]

1. 한국표준산업분류(통계청 고시) 중 대분류 기준에 따른 업종 중 다음 각 목의 어느 하나에 해당하는 업종: 각 목의 업종별 대출등이 대출등 총액의 30%
   가. 건설업
   나. 부동산업
2. 제1호 각목의 대출등의 합계액: 대출등 총액의 50%

3. 유동성 부채에 대한 유동성 자산의 보유기준

조합은 유동성 부채에 대한 유동성 자산비율(“유동성 비율”)을 100% 이상 유지하여야 한다(상호금융업감독규정12①(4) 본문). 다만, 직전 사업연도 말 기준 자산총액 300억원 이상 1,000 억원 미만 조합의 경우에는 90% 이상, 자산총액 300억원 미만 조합의 경우에는 80% 이상을 유지하여야 한다(상호금융업감독규정12①(4) 단서).[26]

---

25) 부칙<제2022-1호, 2022.01.12.> 제1조(시행일) 이 규정은 2024년 12월 29일부터 시행한다.

26) 부칙<제2022-1호, 2022.01.12.>
제1조(시행일) 이 규정은 2024년 12월 29일부터 시행한다.
제2조(유동성 비율에 관한 경과조치) 제12조 제1항 제4호의 규정에도 불구하고 직전 사업연도말 기준 자산총액 1,000억원 이상 조합의 경우에는 이 규정 시행일로부터 1년이 경과하기 전까지 유동성 비율은 90% 이상으로 한다.

제7장 /

구조조정 관련 제도

제1절 경영실태평가

Ⅰ. 서설

경영실태평가는 상호금융기관의 경영실적, 경영의 건전성, 경영진의 경영능력, 법규준수 상황 및 리스크 관리실태 등 다양한 평가부문을 종합적이고 통일적인 방식에 따라 일정한 등급으로 평가하여 금융회사의 경영상태를 체계적이고 객관적으로 확인하는 방법의 하나이다.[1)]

경영실태평가의 가장 기본적인 목표는 경영실태를 정확히 파악하고 이를 바탕으로 일정기간 후 상호금융기관의 경영상태가 어떻게 변화될 것인가를 판단하는 것이다. 경영실태평가 결과에 따라 부실금융회사에 대해서 적기시정조치를 취하는 한편 감독상 주의 및 관심을 더욱 집중하여 상호금융기관 경영의 건전성 확보와 금융이용자 보호 및 신용질서 유지 등 감독·검사업무의 효율성을 높일 수 있는 장점도 있다.

1) 금융감독원(2021), 「금융감독개론」, 금융감독원(2021. 2), 241쪽.

신용협동조합과 새마을금고는 CAMEL 평가이고, 농협, 수협, 산림조합은 CAEL평가를 한다.

지역농협과 지역축협(신용사업을 하는 품목조합 포함)이 신용사업을 하는 경우에는 신용협동조합법에 따른 신용협동조합으로 본다(신용협동조합법95①(1)). 조합 및 중앙회의 사업에 관하여는 법 제89조(중앙회의 지도·감독) 제3항을 적용한다(신용협동조합법95④).

중앙회장은 회원의 경영상태 및 회원의 정관으로 정하는 경제사업 기준에 대하여 그 이행 현황을 평가하고, 그 결과에 따라 그 회원에게 경영개선요구, 합병 권고 등의 필요한 조치를 하여야 한다(법142② 전단). 이 경우 조합장은 그 사실을 지체 없이 공고하고 서면으로 조합원에게 알려야 하며, 조치 결과를 조합의 이사회 및 총회에 보고하여야 한다(법142② 후단).

농업협동조합에 대한 경영실태평가는 감독규정상 경영평가와 농업협동조합법상 경영평가로 이원화되어 있다. 따라서 상호금융업감독규정 제8조 제1항부터 제5항까지의 내용이 그대로 적용된다(상호금융업감독규정3②).

농협에 대하여는 상호금융업감독규정상의 CAMEL 평가와 「농협 구조개선업무 감독규정」(농림축산식품부훈령 제432호) 상의 경영평가(CAEL)로 이원화되어 있다.

Ⅱ. 상호금융업감독규정상의 경영평가

1. 경영실태 분석

금융감독원장 및 중앙회장은 조합의 경영실태를 분석하여 경영의 건전성 여부를 감독하여야 한다(상호금융업감독규정8①).

2. 경영실태 평가와 그 결과의 감독 및 검사업무 반영

금융감독원장 및 중앙회장은 조합에 대한 검사 등을 통하여 경영실태를 평가하고 그 결과를 감독 및 검사업무에 반영할 수 있다(상호금융업감독규정8②).[2)]

---

2) 상호금융업감독업무시행세칙 제12조의5(경영실태평가 내용설명 및 의견 청취) 감독규정 제8조 제2항에 의한 경영실태평가를 실시하는 경우 경영실태평가 내용을 당해 조합에 설명하여야 하며 의견 제출 기회를 부여하여야 한다. 다만, 감독규정 제8조(경영실태분석

경영실태평가는 CAMEL방식으로 평가하는데 자본의 적정성(Capital Adequacy), 자산의 건전성(Asset Quality), 경영관리능력(Management), 수익성(Earnings), 유동성(Liquidity)등 5개 부문으로 구성된다.

3. 정기검사시 실시

경영실태평가는 조합에 대한 정기검사시에 실시한다(상호금융업감독규정8③ 본문). 다만, 정기검사 이외의 기간에는 분기별(금융감독원장이 필요하다고 인정하는 경우에는 수시)로 부문별 평가항목 중 계량지표에 의해 평가가 가능한 항목에 대한 평가를 실시할 수 있다(상호금융업감독규정8③ 단서).

4. 경영실태평가 부문별 평가항목 및 평가등급

경영실태평가는 평가대상 조합의 경영실태를 [별표 1]의 자본적정성, 자산건전성, 경영관리능력, 수익성 및 유동성 부문에 대하여 부문별평가와 부문별평가 결과를 감안한 종합평가를 1등급(우수), 2등급(양호), 3등급(보통), 4등급(취약), 5등급(위험) 등 5단계 등급으로 구분하여 실시한다(상호금융업감독규정8④ 전단). 이 경우 경영실태평가 기준일은 검사기준일로 한다(상호금융업감독규정8④ 후단).

5. 구체적 사항의 금융감독원장 제정

경영실태평가를 위한 구체적인 사항은 금융감독원장이 정하는 바에 의한다(상호금융업감독규정8⑤).[3]

및 평가) 제3항 단서에 따라 실시하는 계량지표에 의한 평가시에는 이를 생략할 수 있다.

3) 상호금융업감독업무시행세칙 제12조의4(경영실태평가 방법 및 등급) ① 감독규정 제8조(경영실태분석 및 평가) 제4항의 규정에 의한 부문별 평가항목 중 계량지표의 산정기준은 [별표 5-4]와 같다.

② 금융감독원장은 금융시장 상황 및 해당 조합의 특성 등을 고려할 때 [별표 5-3]에 제시된 평가부문별 가중치 적용이 불합리하다고 판단되는 경우에는 동 가중치를 조정하여 적용할 수 있다.

③ 감독규정 제8조 제4항의 규정에 의한 경영실태 평가의 등급별 정의는 [별표 5-5]와 같다.

④ 부문별 평가등급은 감독규정 [별표 1]의 부문별 계량지표와 비계량 평가항목을 평가하여 산정하고 종합평가등급은 부문별 평가결과를 종합한 평가등급에 감독·검사정책의 방향 등을 고려하여 확정한다.

⑤ 제1항 내지 제4항의 규정에 의한 경영실태평가 후 조합이 다음에 해당하는 경우에는 감독규정 [별표 1]의 비계량 평가항목을 감안하여 당해 평가등급의 조정여부를 판단하여

Ⅲ. 농협 구조개선업무 감독규정상의 경영평가

1. 경영평가의 이원화

여기서는 농업협동조합법상 경영평가와 관련되는 「농협 구조개선업무 감독규정」상의 경영평가를 살펴본다.

「농협 구조개선업무 감독규정」은 「농업협동조합의 구조개선에 관한 법률」(“농협구조개선법”) 및 동법 시행령에 의하여 농림축산식품부장관이 부실조합등의 구조개선에 관한 업무를 수행함에 있어 필요한 세부사항을 정함을 목적으로 한다(제1조). 농협구조개선법은 농업협동조합법에 따라 설립된 조합의 합병, 부실자산 정리 등 구조개선에 관한 사항을 규정함으로써 조합원과 예금자 등을 보호하고 부실을 예방하여 조합의 건전한 발전에 이바지함을 목적으로 한다(제1조).

2. 부실조합 등의 결정

기금을 관리하는 관리기관의 장(“관리기관장”)은 농업협동조합법 제142조 제2항의 규정에 의하여 실시한 조합의 경영상태평가 결과, 농협 구조개선업무 감독규정 제4조의2의 규정에 의한 총자산 대비 순자본비율 및 제7조의 규정에 의한 경영상태 실제 조사결과 등을 토대로 대상조합을 선정하고 기금관리위원회에 심의를 요청하여야 한다(농협 구조개선업무 감독규정8①).

3. 경영실태평가 부문별 평가항목

경영상태평가는 분기별로 조합의 경영상태를 자본적정성, 자산건전성, 수익

야 한다. 다만, 당해 조합에 대해 즉각적인 시정조치가 필요하다고 판단될 경우 비계량 평가항목을 감안하지 아니하고 평가등급을 조정할 수 있다.

1. 감독규정 제8조 제3항 단서에 따라 실시하는 계량지표에 의한 평가(“계량평가”)등급이 최직근 종합평가등급 산정시의 계량평가등급보다 2단계 이상 악화된 경우
2. 감독규정 제8조 제3항 단서에 따라 실시하는 계량평가등급이 최직근 종합평가등급 산정시의 계량평가등급보다 2분기 연속해서 낮은 경우
3. 종합평가등급이 3등급 이상이나 감독규정 제8조 제3항 단서에 따라 실시하는 계량평가에 의한 자본적정성 또는 자산건전성 부문의 등급이 4등급 이하인 경우
4. 기타 경영상태가 심각하게 악화되었다고 판단되는 경우

⑥ 기초자료를 제출하지 아니하거나 불충분하여 경영실태평가가 불가능한 경우에는 자료 미제출 항목 또는 불충분한 자료 해당 항목을 5등급으로 평가한다.

⑦ 금융감독원장은 감독규정 [별표 1]의 평가항목 중 계량지표의 산정기준일 및 등급구분 기준은 별도로 정할 수 있다.

성, 유동성 부문별로 평가("부문별 평가")하고 각 부문별 평가결과를 종합하여 평가("종합평가")한다(농협 구조개선업무 감독규정9① 본문). 다만, 관리기관장이 필요하다고 인정하는 경우에는 수시로 평가할 수 있다(농협 구조개선업무 감독규정9① 단서).

4. 경영실태평가등급

부문별평가 및 종합평가는 각각 1등급(우수), 2등급(양호), 3등급(보통), 4등급(취약), 5등급(위험)의 5단계 등급으로 구분한다(농협 구조개선업무 감독규정9②).

5. 부문별 평가의 계량평가

부문별 평가는 객관성과 투명성을 확보하기 위하여 계량화된 지표에 의하여 평가하여야 한다(농협 구조개선업무 감독규정9③).

6. 결어

실제로 농업협동조합법상의 경영평가는 감독규정상의 경영실태평가를 거의 준용하고 있다(계량평가만 실시한다).

제2절 적기시정조치

Ⅰ. 서설

적기시정조치제도(Prompt Corrective Action)란 금융회사의 건전성을 자본충실도, 경영실태평가 결과 등 경영상태를 기준으로 몇 단계의 등급으로 나누어, 경영상태가 악화된 금융회사에 대해 금융감독당국이 단계적으로 시정조치를 부과해 나가는 제도를 의미한다. 적기시정조치는 부실화 징후가 있는 금융회사에 대하여 적기에 경영개선을 유도·강제함으로써 부실화를 예방하고 경영 취약부문의 정상화를 도모하는 건전성감독 수단으로서의 성격을 지닌다. 그러나 적기시정조치는 경영상태가 동 조치의 발동요건에 해당하는 경우 무차별적으로 시정조치를 시행하는 강행규정이므로, 정상화 가능성이 없는 금융회사를 조기에 퇴출시킴으로써 금융소비자의 피해 및 예금보험기금의 고갈 등 금융회사의 부실화에 따른 사회적 비용을 경감시키고 금융시스템의 안정성을 도모하기 위한 행정적 퇴출수단이기도 하다. 적기시정조치는 시장규율의 강화를 통해 금융회사의 부실화 및 도산가능성을 축소시키고 자구노력을 촉발하여 부실금융회사 처리비용을 경감시키는 한편, 재무건전성 위주의 객관적 평가를 통하여 대형 및 소형 금융회사 간의 공정경쟁여건(level playing field)을 조성하는 효과가 있다.[4]

중앙회장은 회원의 경영상태 및 회원의 정관으로 정하는 경제사업 기준에 대하여 그 이행 현황을 평가하고, 그 결과에 따라 그 회원에게 경영개선요구, 합병권고 등의 필요한 조치를 하여야 한다(법142② 전단). 이 경우 조합장은 그 사실을 지체 없이 공고하고 서면으로 조합원에게 알려야 하며, 조치 결과를 조합의 이사회 및 총회에 보고하여야 한다(법142② 후단).

농림축산식품부장관은 적기시정조치를 하기 위하여 필요한 기준과 내용을 미리 정하여 고시하여야 한다(농협구조개선법4②). 「적기시정조치의 기준과 내용」(농림축산식품부 고시 제2020-95호)은 농협구조개선법 제4조 제2항에 따라 부실조합 및 부실우려조합의 구조개선을 위하여 필요한 적기시정조치의 기준과 내용을 정함을 목적으로 한다(제1조).

여기서는 「적기시정조치의 기준과 내용」의 적기시정조치를 살펴본다.

Ⅱ. 경영개선권고

1. 의의

중앙회장이 회원의 경영상태를 평가하고 그 결과에 따라 경영개선, 합병권고 등 필요한 조치를 요구하는 것을 말한다.

2. 요건(기준)

경영개선권고 대상조합(농협구조개선법4①)[5]은 ⅰ) 총자산 대비 순자본비율

4) 금융감독원(2021), 251쪽.
5) 제4조(적기시정조치) ① 농림축산식품부장관은 부실조합등이나 그 임원에 대하여 다음의 사항을 내용으로 하는 경영개선 권고·요구 또는 명령을 하거나 그 이행계획을 제출할 것

이 5% 미만인 조합(제1호), ii) 농업협동조합법 제142조(중앙회의 지도) 제2항에 따라 조합의 경영상태를 종합평가한 결과, 4등급으로 판정받은 조합(제2호), iii) 농업협동조합법 제142조 제2항에 따라 조합의 경영상태를 종합평가한 결과, 3등급 이상으로서 자본적정성 또는 자산건전성부문의 평가등급을 4등급이하로 판정받은 조합(제3호), iv) 금융사고 또는 부실채권의 발생으로 제1호부터 제3호까지의 기준에 해당될 것이 명백하다고 판단되는 조합(제4호) 중 어느 하나에 해당하는 조합으로서 기금관리위원회의 심의를 거쳐 관리기관장이 부실우려조합으로 결정한 조합을 말한다(적기시정조치의 기준과 내용2①).

3. 조치내용

경영개선권고 대상조합에 대하여 취할 적기시정조치는 i) 인력 및 조직 운영의 개선 또는 축소(제1호), ii) 경비절감(제2호), iii) 지사무소 운영의 효율화 및 폐쇄·통합·신설제한(제3호), iv) 부실자산 또는 불용자산의 처분(제4호), v) 고정자산 투자, 신규사업의 진출 및 신규출자의 제한(제5호), vi) 자기자본의 증대 및 이익배당의 제한(제6호), vii) 출자금의 일부 감액(제7호), viii) 합병권고(제8호), ix) 특별대손충당금의 설정(제9호), x) 예금금리수준의 제한(제10호), xi) 조합에 대한 주의·경고 및 임직원에 대한 주의·경고·견책 또는 감봉(제11호), xii) 그 밖의 제1호부터 제11호까지에 준하는 조치로서 조합의 재무건전성을 높이기 위하여 필요하다고 인정되는 조치(제12호)의 일부 또는 전부에 해당하는 조치를 말한다(적기시정조치의 기준과 내용2② 본문). 다만, 제7호의 조치는 순자본비율이 0% 미만인 조합에 한하여 적용한다(적기시정조치의 기준과 내용2② 단서).

을 명하여야 한다.
1. 조합에 대한 주의·경고 및 임직원에 대한 주의·경고·견책 또는 감봉
2. 출자금의 감액, 자기자본의 증대, 보유자산의 처분 또는 점포·조직의 축소
3. 위험자산의 취득 금지 또는 비정상적으로 높은 금리에 의한 수신의 제한
4. 임원의 직무정지 또는 임원의 직무를 대행하는 관리인의 선임
5. 사업의 전부 또는 일부의 정지("사업의 정지")
6. 합병
7. 사업의 전부 또는 일부의 양도("사업양도")나 예금·대출 등 신용사업과 관련된 계약의 이전("계약이전")
8. 그 밖에 제1호부터 제7호까지의 규정에 준하는 조치로서 조합의 재무건전성을 높이기 위하여 필요하다고 인정되는 조치

Ⅲ. 경영개선요구

1. 의의

중앙회장이 회원의 경영상태를 평가하고 그 결과에 따라 경영개선, 합병권고 등 필요한 조치를 요구하는 것을 말한다.

2. 요건(기준)

경영개선요구 대상조합은 ⅰ) 총자산 대비 순자본비율이 0% 미만인 조합(제1호), ⅱ) 농업협동조합법 제142조 제2항에 따라 조합의 경영상태를 종합평가한 결과, 5등급으로 판정받은 조합(제2호), ⅲ) 금융사고 또는 부실채권의 발생으로 제1호 또는 제2호의 기준에 해당될 것이 명백하다고 판단되는 조합(제3호), ⅳ) 경영개선권고를 받고 경영개선계획을 성실히 이행하지 아니하는 조합(제4호) 중 어느 하나에 해당하는 조합으로서 기금관리위원회의 심의를 거쳐 관리기관장이 부실우려조합으로 결정한 조합을 말한다(적기시정조치의 기준과 내용3①).

3. 조치내용

경영개선요구 대상조합에 대하여 취할 적기시정조치는 ⅰ) 임원의 직무정지(제1호), ⅱ) 사업의 일부 정지(제2호), ⅲ) 합병요구(제3호), ⅳ) 사업의 전부 또는 일부의 양도, 신용사업에 관한 계약의 이전계획 수립·추진(제4호), ⅴ) 적기시정조치의 기준과 내용 제2조 제2항에서 정하는 사항(경영개선권고의 조치내용)(제5호), ⅵ) 그 밖에 제1호부터 제5호까지에 준하는 조치로서 조합의 재무건전성을 높이기 위하여 필요하다고 인정되는 조치(제6호)의 일부 또는 전부에 해당하는 조치를 말한다(적기시정조치의 기준과 내용3②).

Ⅳ. 경영개선명령

1. 의의

농림축산식품부장관(중앙회장에게 위탁: 농업구조개선법 제34조, 동법 시행령 제20조 제2호)은 부실조합에 대하여 경영개선명령을 할 수 있다.

2. 요건(기준)

경영개선명령 대상조합은 i) 총자산 대비 순자본비율이 마이너스 7% 미만인 조합(제1호), ii) 예금 등 채권의 지급이나 중앙회로부터의 차입금의 상환이 정지상태에 있는 조합(제2호), iii) 중앙회로부터의 자금지원 또는 차입이 없이는 예금 등 채권의 지급이나 차입금의 상환이 어려운 조합(제3호), iv) 경영상태를 실제 조사한 결과 부채가 자산을 초과하는 조합(제4호), v) 거액의 금융사고 또는 부실채권의 발생 등으로 제1호부터 제4호까지의 기준에 해당될 것이 명백하다고 판단되는 조합(제5호), vi) 경영개선요구를 받은 조합이 경영개선계획의 주요사항을 이행하지 아니하는 조합(제6호) 중 어느 하나에 해당하는 조합으로서 기금관리위원회의 심의를 거쳐 농림축산식품부장관이 부실조합으로 결정한 조합을 말한다(적기시정조치의 기준과 내용4① 본문). 다만, 제2호는 법 제2조 제3호 나목(=예금등채권의 지급이나 중앙회로부터의 차입금 상환이 정지상태에 있는 조합)에 의거 당연 부실조합으로 기금관리위원회의 심의를 거치지 아니하고 경영개선명령 대상조합으로 한다(적기시정조치의 기준과 내용4① 단서).

3. 조치내용

경영개선명령 대상조합에 대하여 취할 적기시정조치는 i) 임원의 직무를 대행할 관리인의 선임(제1호), ii) 사업의 전부 또는 일부의 정지(제2호), iii) 합병명령(제3호), iv) 사업의 전부 또는 일부의 양도(제4호), v) 신용사업과 관련된 계약의 이전(제5호), vi) 출자금의 전부 또는 일부의 감액(제6호), vii) 적기시정조치의 기준과 내용 제3조 제2항에서 정하는 사항(경영개선요구의 조치내용)(제7호), viii) 그 밖에 제1호부터 제7호까지에 준하는 조치(제8호)의 일부 또는 전부에 해당하는 조치를 말한다(적기시정조치의 기준과 내용4②).

제3절 경영지도

일정 요건에 해당하는 경우, 신용협동조합은 경영관리를 받으며, 농업협동조합, 수산업협동조합, 산림조합, 새마을금고는 경영지도를 받게 된다.

Ⅰ. 의의

농림축산식품부장관(중앙회장에게 위탁)은 조합등(조합, 조합공동사업법인, 품목조합연합회)이 일정 요건에 해당되어 조합원 보호에 지장을 줄 우려가 있다고 인정되면 그 조합등에 대하여 경영지도를 한다(법166①).

농림축산식품부장관은 경영지도업무를 중앙회장에게 위탁한다(법166⑦, 영51③)

Ⅱ. 경영지도의 요건

경영지도의 요건은 다음 중 어느 하나에 해당되어야 한다(법166①).

1. 부실대출 합계액이 자기자본의 2배를 초과하는 경우

조합에 대한 감사 결과 조합의 부실대출 합계액이 자기자본의 2배를 초과하는 경우로서 단기간 내에 통상적인 방법으로는 회수하기가 곤란하여 자기자본의 전부가 잠식될 우려가 있다고 인정되는 경우이어야 한다(법166①(1)).

2. 임직원의 위법 · 부당한 행위로 경영정상화 추진이 어려운 경우

조합등(조합, 조합공동사업법인, 품목조합연합회)의 임직원의 위법·부당한 행위로 인하여 조합등에 재산상의 손실이 발생하여 자력으로 경영정상화를 추진하는 것이 어렵다고 인정되는 경우이어야 한다(법166①(2)).

3. 조합의 파산위험이 현저하여 예금 및 적금의 인출이 쇄도하는 경우

조합의 파산위험이 현저하거나 임직원의 위법·부당한 행위로 인하여 조합의 예금 및 적금의 인출이 쇄도하거나 조합이 예금 및 적금을 지급할 수 없는 상태에 이른 경우이어야 한다(법166①(3)).

4. 경영지도가 필요하다고 인정하여 회장이 건의하는 경우

경영평가 또는 감사의 결과 경영지도가 필요하다고 인정하여 회장이 건의하는 경우이어야 한다(법166①(4)).

5. 경영지도가 필요하다고 인정하여 금융감독원장이 건의하는 경우

신용협동조합법 제95조(농업협동조합 등에 대한 특례)에 따라 조합에 적용되는 같은 법 제83조(금융위원회의 감독 등)에 따른 검사의 결과 경영지도가 필요하다고 인정하여 금융감독원장이 건의하는 경우이어야 한다(법166①(5)).

Ⅲ. 경영지도의 방법

1. 원칙: 서면지도

경영지도는 그에 필요한 자료를 제출받아 서면으로 지도하는 것을 원칙으로 한다(법166①, 영47① 본문).

2. 예외: 현장지도

다음의 경우, 즉 ⅰ) 경영지도를 받고 있는 조합등(조합, 조합공동사업법인, 품목조합연합회)이 불법경영의 가능성이 큰 경우(제1호), ⅱ) 불법·부실대출의 회수실적이 미흡하고 조합등이 자체적으로 시정할 수 없다고 인정되는 경우(제2호), ⅲ) 불법·부실대출이 추가로 이루어진 경우(제3호), ⅳ) 그 밖에 제1호 및 제2호에 준하는 경우로서 현장지도를 할 필요가 있다고 인정되는 경우(제4호)에는 직원을 조합등의 사무소에 파견하여 현장지도를 할 수 있다(법166①, 영47① 단서).

Ⅳ. 경영지도의 내용

경영지도란 ⅰ) 불법·부실 대출의 회수 및 채권의 확보, ⅱ) 자금의 수급 및 여신·수신에 관한 업무, iii) 위법·부당한 행위의 시정, iv) 부실한 자산의 정리, v) 인력 및 조직운영의 개선, vi) 그 밖에 조합등(조합, 조합공동사업법인, 품목조합연합회)의 경영에 관하여 농림축산식품부장관이 정하는 사항에 대하여 지도하는 것을 말한다(법166②, 영47②).

Ⅴ. 채무의 지급정지 또는 임원의 직무정지와 재산실사

농림축산식품부장관은 경영지도가 시작된 경우에는 6개월의 범위에서 채무의 지급을 정지하거나 임원의 직무를 정지할 수 있다(법166③ 전단). 이 경우 회장에게 지체 없이 조합등(조합, 조합공동사업법인, 품목조합연합회)의 재산상황을 조사("재산실사")하게 하거나 금융감독원장에게 재산실사를 요청할 수 있다(법166③ 후단).

1. 채무의 지급정지 등

(1) 지급정지 대상 제외 채무

농림축산식품부장관이 지급을 정지할 수 있는 채무는 i) 제세공과금 또는 임차료의 지급채무(제1호), ii) 근로기준법 제38조[6] 제2항에 따라 우선변제권이 인정되는 최종 3개월분의 임금·재해보상금 및 근로자퇴직급여 보장법 제12조 제2항[7]에 따라 우선변제권이 인정되는 최종 3년간의 퇴직급여등에 관한 채무(제

---

6) 제38조(임금채권의 우선변제) ① 임금, 재해보상금, 그 밖에 근로관계로 인한 채권은 사용자의 총재산에 대하여 질권·저당권 또는 동산채권담보법에 따른 담보권에 따라 담보된 채권 외에는 조세·공과금 및 다른 채권에 우선하여 변제되어야 한다. 다만, 질권·저당권 또는 동산채권담보법에 따른 담보권에 우선하는 조세·공과금에 대하여는 그러하지 아니하다.
② 제1항에도 불구하고 다음의 어느 하나에 해당하는 채권은 사용자의 총재산에 대하여 질권·저당권 또는 동산채권담보법에 따른 담보권에 따라 담보된 채권, 조세·공과금 및 다른 채권에 우선하여 변제되어야 한다.
1. 최종 3개월분의 임금
2. 재해보상금

7) 제12조(퇴직급여등의 우선변제) ① 사용자에게 지급의무가 있는 퇴직금, 제15조에 따른 확정급여형퇴직연금제도의 급여, 제20조 제3항에 따른 확정기여형퇴직연금제도의 부담금 중 미납입 부담금 및 미납입 부담금에 대한 지연이자, 제23조의7 제1항에 따른 중소기업퇴직연금기금제도의 부담금 중 미납입 부담금 및 미납입 부담금에 대한 지연이자, 제25조 제2항 제4호에 따른 개인형퇴직연금제도의 부담금 중 미납입 부담금 및 미납입 부담금에 대한 지연이자("퇴직급여등")는 사용자의 총재산에 대하여 질권 또는 저당권에 의하여 담

2호), iii) 그 밖에 조합등을 유지·관리하는 데에 필요하여 발생하는 것으로서 농림축산식품부장관이 인정하는 채무(제3호)를 제외한 채무로 한다(영50①).

(2) 채무 지급정지의 전부 철회와 경영지도 종료

농림축산식품부장관은 조합등(조합, 조합공동사업법인, 품목조합연합회)에 대한 채무지급정지의 전부를 철회하였을 때에는 지체 없이 해당 조합등에 대한 경영지도를 종료하여야 한다(영50②).

2. 임원의 직무정지

농림축산식품부장관은 임원의 직무를 정지하려는 경우에는 당사자에게 그 근거와 이유를 서면으로 알려야 한다(영50의2).

3. 재산실사 등

(1) 재산 조회 등

중앙회장이나 금융금융감독원장은 재산실사의 결과 위법·부당한 행위로 인하여 조합등에 손실을 끼친 임직원에게 재산 조회 및 가압류 신청 등 손실금 보전을 위하여 필요한 조치를 하여야 한다(법166④).

(2) 자료 요청 등

농림축산식품부장관은 재산 조회 및 가압류 신청 등 손실금 보전을 위하여 필요한 조치에 필요한 자료를 중앙행정기관의 장에게 요청할 수 있다(법166⑤ 전단). 이 경우 요청을 받은 중앙행정기관의 장은 특별한 사유가 없으면 그 요청에 따라야 한다(법166⑤ 후단).

(3) 채무의 지급정지 또는 임원의 직무정지의 철회

농림축산식품부장관은 재산실사의 결과 해당 조합등의 경영정상화가 가능한 경우 등 특별한 사유가 있다고 인정되면 채무의 지급정지 또는 임원의 직무

보된 채권을 제외하고는 조세·공과금 및 다른 채권에 우선하여 변제되어야 한다. 다만, 질권 또는 저당권에 우선하는 조세·공과금에 대하여는 그러하지 아니하다.
② 제1항에도 불구하고 최종 3년간의 퇴직급여등은 사용자의 총재산에 대하여 질권 또는 저당권에 의하여 담보된 채권, 조세·공과금 및 다른 채권에 우선하여 변제되어야 한다.

정지의 전부 또는 일부를 철회하여야 한다(법166⑥).

Ⅵ. 경영지도의 기간

경영지도의 기간은 6개월로 한다(영48①). 농림축산식품부장관은 조합원을 보호하기 위하여 필요하다고 인정하는 경우에는 6개월 단위로 경영지도의 기간을 연장할 수 있다(영48②). 농림축산식품부장관이 경영지도의 기간을 연장하려는 경우에는 그 이유를 구체적으로 밝혀 경영지도의 기간만료 15일 전까지 그 사실을 해당 조합에 서면으로 알려야 한다(영48③).

Ⅶ. 경영지도의 통지

경영지도를 하려는 경우에는 그 사유·기간 등을 해당 조합등에 서면으로 알려야 한다(영49).

제4절 합병과 분할, 조직변경

Ⅰ. 합병

1. 개념과 종류

(1) 개념

조합의 합병이란 농업협동조합법의 절차에 따라 2개 이상의 조합이 그 중 1개의 조합을 제외하고 소멸하거나 전부 소멸하되 청산절차를 거치지 아니하고, 소멸하는 조합의 권리·의무를 존속조합 또는 신설된 조합이 포괄적으로 승계하는 농업협동조합법상의 법률사실이다(법79① 참조, 법107①, 법112①).

조합의 시군단위 광역화 합병은 조합 내부 임직원의 구조조정은 물론 구성원인 조합원에게 직접적인 교육지원 사업을 함으로써 농가수취가격을 높여 농업소득 증가를 가져올 수 있고 단기적으로 규모와 범위의 경제에 의해 수익을 높일 수 있는 방안이 될 수 있다.[8)]

(2) 종류

(가) 흡수합병

수개의 합병당사 조합 중 1개의 조합만이 존속하고 나머지 조합은 모두 소멸하며, 존속조합이 소멸조합의 권리·의무를 포괄적으로 승계하는 방법이다.

(나) 신설합병

당사조합 전부가 소멸하고, 이들에 의해 신설된 조합이 소멸조합의 권리·의무를 포괄적으로 승계하는 방법이다.

2. 합병의 절차

(1) 합병계약서 작성과 총회 결의

(가) 합병계약서의 작성

조합이 다른 조합과 합병하려면 합병계약서를 작성하고 각 총회의 의결을 거쳐야 한다(법75①, 법107①, 법112①).

합병당사 조합의 대표기관에 의해 합병조건과 합병방식 등 합병에 필요한 사항이 합의되어야 한다. 합병계약은 특별한 방식을 요하지 않는다.

(나) 총회결의 또는 조합원투표

합병은 총회의결사항으로 총회의 의결을 거쳐야 한다(법35①(4), 법107①, 법112①). 그러나 합병은 조합원의 투표로 총회의 의결을 갈음할 수 있다(법41①(4), 법107①, 법112①). 이 경우 합병은 조합원 과반수의 투표와 투표한 조합원 과반수의 찬성으로 의결한다(법41②(4), 법107①, 법112①).

(2) 농림축산식품부장관의 인가

(가) 인가의 효력

합병은 농림축산식품부장관의 인가를 받아야 한다(법75②, 법107①, 법112①). 합병은 농림축산식품부장관의 인가를 받지 아니하면 효력을 발생하지 아니한다

8) 최흥은(2014), 186쪽.

(법35② 전단, 법107①, 법112①).

(나) 위반시 제재

조합등(조합, 조합공동사업법인, 품목조합연합회)과 중앙회의 임원, 조합의 간부직원, 중앙회의 집행간부·일반간부직원, 파산관재인 또는 청산인이 법 제35조 제2항(제107조 또는 제112조에 따라 준용되는 경우를 포함), 법 제75조 제2항(제107조의 지역축협 또는 제112조의 품목조합에 따라 준용되는 경우를 포함)에 따른 인가를 받아야 할 사항에 관하여 인가를 받지 아니한 경우 3년 이하의 징역 또는 3천만원 이하의 벌금에 처한다(법171(1)).

(3) 신설합병에서의 설립위원 선출

합병으로 조합을 설립할 때에는 각 총회에서 설립위원을 선출하여야 한다(법75③, 법107①, 법112①).

(가) 설립위원의 정수

설립위원의 정수(定數)는 20명 이상으로 하고 합병하려는 각 조합의 조합원 중에서 같은 수를 선임한다(법75④, 법107①, 법112①).

(나) 설립위원의 임무

1) 정관작성과 임원 선임

가) 설립인가

설립위원은 설립위원회를 개최하여 정관을 작성하고 임원을 선임하여 제15조(설립인가 등) 제1항에 따른 인가를 받아야 한다(법75⑤, 법107①, 법112①).

나) 위반시 제재

조합등(조합, 조합공동사업법인, 품목조합연합회)과 중앙회의 임원, 조합의 간부직원, 중앙회의 집행간부·일반간부직원, 파산관재인 또는 청산인이 제75조 제5항(제107조의 지역축협 또는 제112조의 품목조합에 따라 준용되는 경우를 포함)에 따른 인가를 받아야 할 사항에 관하여 인가를 받지 아니한 경우 3년 이하의 징역 또는 3천만원 이하의 벌금에 처한다(법171(1)).

2) 임원 선출 정족수

설립위원회에서 임원을 선출하려면 설립위원이 추천한 사람 중 설립위원 과반수의 출석과 출석위원 과반수의 찬성이 있어야 한다(법75⑥, 법107①, 법112①).

3) 준용규정

신설합병에서의 설립위원 선출(법75③④⑤⑥) 규정에 따른 조합의 설립에 관하여는 합병 설립의 성질에 반하지 아니하면 제2장 제2절의 설립에 관한 규정인 제15조(설립인가 등), 제16조(정관기재사항), 제17조(설립사무의 인계와 출자납입), 제18조(지역농협의 성립)의 규정을 준용한다(법75⑦, 법107①, 법112①).

(4) 국가 또는 중앙회의 합병 지원

국가와 중앙회는 조합의 합병을 촉진하기 위하여 필요하다고 인정되면 예산의 범위에서 자금을 지원할 수 있다(법76, 법107①, 법112①).

(5) 채권자 보호절차: 합병의 공고 및 최고 등

합병에 관해 조합의 채권자도 조합원 못지않게 중대한 이해관계를 갖는다. 합병으로 인해 당사 조합들의 재산은 모두 합일귀속되어 당사 조합들의 총채권자에 대한 책임재산이 되는 까닭에 합병 전의 신용이 그대로 유지된다고 볼 수 없기 때문이다. 따라서 소멸 조합에서는 물론 존속 조합에서도 채권자 보호를 위한 절차를 밟아야 한다.

조합 합병의 경우에는 제72조(출자감소의 의결)와 제73조(출자감소에 대한 채권자의 이의)를 준용한다(법80, 법107①, 법112①).

(가) 출자감소의 의결

1) 재무상태표 작성의무

조합은 출자 1좌의 금액 또는 출자좌수의 감소("출자감소")를 의결한 경우에는 그 의결을 한 날부터 2주일 이내에 재무상태표를 작성하여야 한다(법72①, 법107①, 법112①).

2) 이의제출의 공고와 최고

출자감소의 의결에 이의가 있는 채권자는 일정한 기일 내에 이를 진술하라는 취지를 정관으로 정하는 바에 따라 1개월 이상 공고하고, 이미 알고 있는 채권자에게는 따로 최고(催告)하여야 한다(법72②, 법107①, 법112①).

3) 공고 및 최고 기간

공고나 최고는 출자감소의 의결을 한 날부터 2주일 이내에 하여야 한다(법72③, 법107①, 법112①).

4) 위반시 제재

조합등(조합, 조합공동사업법인, 품목조합연합회)과 중앙회의 임원, 조합의 간부직원, 중앙회의 집행간부·일반간부직원, 파산관재인 또는 청산인이 법 제80조에 따라 준용되는 제72조 제1항(제107조 또는 제112조에 따라 준용되는 경우를 포함)을 위반하여 재무상태표를 작성하지 아니한 경우에는 3년 이하의 징역 또는 3천만원 이하의 벌금에 처한다(법171(12)).

(나) 출자감소에 대한 채권자의 이의

1) 이의 불진술의 효과

채권자가 공고기간(법72②) 내에 조합의 출자감소에 관한 의결에 대하여 이의를 진술하지 아니하면 이를 승인한 것으로 본다(법73①, 법107①, 법112①).

2) 이의 진술의 효과

채권자가 이의를 진술한 경우에는 조합이 이를 변제하거나 상당한 담보를 제공하지 아니하면 그 의결은 효력을 발생하지 아니한다(법73②, 법107①, 법112①).

(6) 합병등기 등

위의 합병절차가 끝난 때에는 합병등기를 하여야 한다.

(가) 변경등기, 해산등기 및 설립등기

조합이 합병한 경우에는 합병인가를 받은 날부터 2주일 이내에 그 사무소의 소재지에서 합병 후 존속하는 조합은 변경등기를, 합병으로 소멸되는 조합은 해산등기를, 합병으로 설립되는 조합은 설립등기를 각 사무소의 소재지에서 하여야 한다(법95①, 법107①, 법112①).

(나) 등기신청서의 첨부서류

1) 설립등기신청서의 첨부서류

합병으로 인한 조합의 설립등기신청서에는 i) 설립인가서, 창립총회의사록 및 정관의 사본(제1호), ii) 합병을 공고하거나 최고(법80)한 사실을 증명하는 서류(제2호), iii) 이의를 진술한 채권자에게 변제나 담보를 제공한 사실을 증명하는 서류(제3호)를 모두 첨부하여야 한다(법90⑤, 법107①, 법112①).

2) 변경등기신청서의 첨부서류

합병으로 인한 변경등기신청서에는 i) 등기사항의 변경을 증명하는 서류

(제1호), ii) 출자감소의 의결에 대하여 공고하거나 최고한 사실을 증명하는 서류(제2호), iii) 이의를 진술한 채권자에게 변제나 담보를 제공한 사실을 증명하는 서류(제3호)를 모두 첨부하여야 한다(법93⑤, 법107①, 법112①).

(다) 해산등기의 신청인과 첨부서류

해산등기를 할 때에는 합병으로 소멸되는 조합의 조합장이 신청인이 된다(법95②, 법107①, 법112①). 이 경우에는 해산사유를 증명하는 서류를 첨부하여야 한다(법95③, 법107①, 법112①).

(라) 위반시 제재

조합등(조합, 조합공동사업법인, 품목조합연합회)과 중앙회의 임원, 조합의 간부직원, 중앙회의 집행간부·일반간부직원, 파산관재인 또는 청산인이 법 제95조(제107조·제112조 또는 제112조의10에 따라 준용되는 경우를 포함)에 따른 등기를 부정하게 한 경우에는 3년 이하의 징역 또는 3천만원 이하의 벌금에 처한다(법171(16)).

(7) 합병의 효력발생시기

조합의 합병은 합병 후 존속하거나 설립되는 조합이 그 주된 사무소의 소재지에서 합병등기를 함으로써 그 효력을 가진다(법81, 법107①, 법112①).

3. 합병의 효과

(1) 권리·의무의 포괄적 승계

합병 후 존속하거나 설립되는 조합은 소멸되는 조합의 권리·의무를 승계한다(법79①, 법107①, 법112①).

(2) 등기부 등 명의의 존속조합 또는 신설조합 명의 의제

조합의 합병 후 등기부나 그 밖의 공부(公簿)에 표시된 소멸된 조합의 명의(名義)는 존속하거나 설립된 합병 조합의 명의로 본다(법79②, 법107①, 법112①).

(3) 합병에 따른 임원 임기에 관한 특례

(가) 설립등기일부터 2년

합병으로 설립되는 조합의 설립 당시 조합장·이사 및 감사의 임기는 설립

등기일부터 2년으로 한다(법75의2① 본문, 법107①, 법112①). 다만, 합병으로 소멸되는 조합의 조합장이 합병으로 설립되는 조합의 조합장으로 선출되는 경우 설립등기일 현재 조합장의 종전 임기 중 남은 임기가 2년을 초과하면 그 조합장의 임기는 그 남은 임기로 한다(법75의2① 단서, 법107①, 법112①).

(나) 변경등기일부터 2년

합병 후 존속하는 조합의 변경등기 당시 재임 중인 조합장, 조합원인 이사 및 감사의 남은 임기가 변경등기일 현재 2년 미만이면 그 임기를 변경등기일부터 2년으로 한다(법75의2②, 법107①, 법112①).

4. 합병무효의 소

조합의 합병 무효에 관하여는 상법 제529조(합병무효의 소)를 준용한다(법75⑧, 법107①, 법112①).

(1) 제소권자

합병무효는 각 조합의 조합원·이사·감사·청산인·파산관재인 또는 합병을 승인하지 아니한 채권자에 한하여 소만으로 이를 주장할 수 있다(상법529①).

** 관련 판례: 대법원 1969. 9. 23. 선고 69다837 판결

수개의 동농업협동조합이 하나의 농업협동조합을 합병신설하여 종전의 각 조합은 해산등기가 되고 신설조합의 설립등기가 완료된 이상 합병절차에 하자가 있어 합병이 무효라 가정하더라도 형식상 소멸된 종전 조합은 합병무효 소송을 제기할 당사자 능력이 없다.

피고 농업협동조합을 합병신설함으로써 해산된 것으로 등기된 원고의 각 농업협동조합은 합병을 위하여서 합병계약서를 작성하였다거나, 합병으로 인한 해산결의들을 한 바 없으므로, 위의 해산등기는 무효라는 것인바, 가사 소론과 같은 이유로 위의 합병이 무효라고 가정하더라도 소론과 같이 원고들 조합은 피고 조합을 합병신설하였다는 이유로 형식상 원고 조합의 해산등기와 피고 조합의 설립등기가 완료되어 형식상 원고 조합은 소멸된 이상 다른 특별한 사정이 없는 한 소론과 같은 합병절차에 하자가 있다는 이유만으로서는 형식상 소멸되어 존재하지 않은 원고들 조합명의로 제기된 본건 합병 무효소송은 적법하다 할 수

없을 것인즉, 원심이 위와 같은 취지에서 이미 소멸되어 존재하지 않은 원고 조합명의로 제기한 본건 소송은 부적법하다 하여 각하하였음에 위법이 있다 할 수 없다.

(2) 제소기간

합병무효의 소는 합병등기가 있은 날로부터 6월 내에 제기하여야 한다(상법 529②).

5. 합병권고 등의 기준

중앙회장은 회원의 경영상태 및 회원의 정관으로 정하는 경제사업 기준에 대하여 그 이행 현황을 평가하고, 그 결과에 따라 그 회원에게 경영개선요구, 합병권고 등의 필요한 조치를 하여야 한다(법142② 전단). 이 경우 조합장은 그 사실을 지체 없이 공고하고 서면으로 조합원에게 알려야 하며, 조치 결과를 조합의 이사회 및 총회에 보고하여야 한다(법142② 후단).

Ⅱ. 분할

1. 개념과 종류

(1) 개념

조합의 분할이란 1개의 조합이 농업협동조합법의 규정에 따라 2개 이상의 조합으로 분리하는 것을 말한다.

(2) 종류

분할의 방법에는 1개의 조합이 해체되어 2개 이상의 조합으로 신설되는 경우, 1개 조합으로부터 분리하여 새로운 조합이 설립되는 경우가 있다.

2. 분할의 절차

(1) 총회 결의 또는 조합원 투표

분할은 총회의결사항으로 총회의 의결을 거쳐야 한다(법35①(2), 법107①, 법

112①). 그러나 분할은 조합원의 투표로 총회의 의결을 갈음할 수 있다(법41①(1), 법107①, 법112①). 이 경우 조합원 과반수의 투표와 투표한 조합원 3분의 2 이상의 찬성으로 의결한다(법41②(1), 법107①, 법112①).

조합이 분할할 때에는 분할 설립되는 조합이 승계하여야 하는 권리·의무의 범위를 총회에서 의결하여야 한다(법77①, 법107①, 법112①).

조합등(조합, 조합공동사업법인, 품목조합연합회)과 중앙회의 임원, 조합의 간부직원, 중앙회의 집행간부·일반간부직원, 파산관재인 또는 청산인이 법 제77조 제1항(제107조 또는 제112조에 따라 준용되는 경우를 포함)에 따라 총회·대의원회 또는 이사회(소이사회를 포함)의 의결을 필요로 하는 사항에 대하여 의결을 거치지 아니하고 집행한 경우에는 3년 이하의 징역 또는 3천만원 이하의 벌금에 처한다(법171(2)).

(2) 농림축산식품부장관의 인가

(가) 인가의 효력

분할은 농림축산식품부장관의 인가를 받지 아니하면 효력을 발생하지 아니한다(법35② 전단, 법107①, 법112①).

(나) 위반시 제재

조합등(조합, 조합공동사업법인, 품목조합연합회)과 중앙회의 임원, 조합의 간부직원, 중앙회의 집행간부·일반간부직원, 파산관재인 또는 청산인이 법 제35조 제2항(제107조 또는 제112조에 따라 준용되는 경우를 포함)에 따른 인가를 받아야 할 사항에 관하여 인가를 받지 아니한 경우에는 3년 이하의 징역 또는 3천만원 이하의 벌금에 처한다(법171(1)).

(3) 분할의 공고 및 최고 등

조합의 분할의 경우에는 제72조(출자감소의 의결)와 제73조(출자감소에 대한 채권자의 이의)를 준용한다(법80, 법107①, 법112①).

(가) 출자감소의 의결

1) 재무상태표 작성의무

조합은 출자 1좌의 금액 또는 출자좌수의 감소("출자감소")를 의결한 경우에는 그 의결을 한 날부터 2주일 이내에 재무상태표를 작성하여야 한다(법72①, 법

107①, 법112①).

2) 이의제출의 공고와 최고

출자감소의 의결에 이의가 있는 채권자는 일정한 기일 내에 이를 진술하라는 취지를 정관으로 정하는 바에 따라 1개월 이상 공고하고, 이미 알고 있는 채권자에게는 따로 최고(催告)하여야 한다(법72②, 법107①, 법112①).

3) 공고 및 최고 기간

공고나 최고는 제1항에 따른 의결을 한 날부터 2주일 이내에 하여야 한다(법72③, 법107①, 법112①).

4) 위반시 제재

조합등(조합, 조합공동사업법인, 품목조합연합회)과 중앙회의 임원, 조합의 간부직원, 중앙회의 집행간부·일반간부직원, 파산관재인 또는 청산인이 법 제80조에 따라 준용되는 제72조 제1항(제107조 또는 제112조에 따라 준용되는 경우를 포함)을 위반하여 재무상태표를 작성하지 아니한 경우에는 3년 이하의 징역 또는 3천만원 이하의 벌금에 처한다(법171(12)).

(나) 출자감소에 대한 채권자의 이의

1) 이의 불진술의 효과

채권자가 공고기간(법72②) 내에 조합의 출자감소에 관한 의결에 대하여 이의를 진술하지 아니하면 이를 승인한 것으로 본다(법73①, 법107①, 법112①).

2) 이의 진술의 효과

채권자가 이의를 진술한 경우에는 조합이 이를 변제하거나 상당한 담보를 제공하지 아니하면 그 의결은 효력을 발생하지 아니한다(법73②, 법107①, 법112①).

(4) 준용규정

조합의 설립에 관하여는 분할 설립의 성질에 반하지 아니하면 제2장 제2절의 설립에 관한 규정을 준용한다(법77②, 법107①, 법112①).

(5) 분할등기

(가) 설립등기신청서의 첨부서류

분할로 인한 조합의 설립등기신청서에는 i) 설립인가서, 창립총회의사록 및 정관의 사본(제1호), ⅱ) 합병을 공고하거나 최고(법80)한 사실을 증명하는 서류(제2호), ⅲ) 이의를 진술한 채권자에게 변제나 담보를 제공한 사실을 증명하는 서류(제3호)를 모두 첨부하여야 한다(법90⑤, 법107①, 법112①).

(나) 변경등기신청서의 첨부서류

분할로 인한 변경등기신청서에는 ⅰ) 등기사항의 변경을 증명하는 서류(제1호), ⅱ) 출자감소의 의결에 대하여 공고하거나 최고한 사실을 증명하는 서류(제2호), ⅲ) 이의를 진술한 채권자에게 변제나 담보를 제공한 사실을 증명하는 서류(제3호)를 모두 첨부하여야 한다(법93⑤, 법107①, 법112①).

3. 분할의 효과

조합은 분할로 권리·의무를 승계한다(법77①, 법107①, 법112①).

Ⅲ. 조직변경

1. 조직변경의 의의

조직변경은 한 조합이 그 인격의 동일성을 유지하면서 다른 종류의 조합으로 전환되는 것을 말한다.

조직변경은 지역농협과 지역축협의 경우에만 해당되고(법78, 법107①), 품목조합의 경우에는 해당되지 않는다. 조직변경에 관한 지역농협에 관한 규정은 지역축협에 준용한다(법107①).

2. 조직변경의 절차

(1) 총회 결의 또는 조합원 투표

지역농협의 품목조합으로의 조직변경은 총회의결사항으로 총회의 의결을 거쳐야 한다(법35①(2)). 그러나 조합원의 투표로 총회의 의결을 갈음할 수 있다(법41①(1)). 이 경우 조합원 과반수의 투표와 투표한 조합원 3분의 2 이상의 찬성으로 의결한다(법41②(1)).

(2) 농림축산식품부장관의 인가

(가) 의의

지역농협이 품목조합으로 조직변경을 하려면 정관을 작성하여 총회의 의결을 거쳐 농림축산식품부장관의 인가를 받아야 한다(법78①).

(나) 위반시 제재

조합등(조합, 조합공동사업법인, 품목조합연합회)과 중앙회의 임원, 조합의 간부직원, 중앙회의 집행간부·일반간부직원, 파산관재인 또는 청산인이 법 제78조 제1항(제107조에 따라 준용되는 경우를 포함)에 따른 인가를 받아야 할 사항에 관하여 인가를 받지 아니한 경우에는 3년 이하의 징역 또는 3천만원 이하의 벌금에 처한다(법171(1)).

(3) 조직변경의 공고 및 최고 등

지역농협의 품목조합으로 조직변경의 경우에는 제72(출자감소의 의결)조와 제73조(출자감소에 대한 채권자의 이의)를 준용한다(법80).

(가) 출자감소의 의결

1) 재무상태표 작성의무

지역농협은 출자 1좌의 금액 또는 출자좌수의 감소("출자감소")를 의결한 경우에는 그 의결을 한 날부터 2주일 이내에 재무상태표를 작성하여야 한다(법72①).

2) 이의제출의 공고와 최고

출자감소의 의결에 이의가 있는 채권자는 일정한 기일 내에 이를 진술하라는 취지를 정관으로 정하는 바에 따라 1개월 이상 공고하고, 이미 알고 있는 채권자에게는 따로 최고(催告)하여야 한다(법72②).

3) 공고 및 최고 기간

공고나 최고는 제1항에 따른 의결을 한 날부터 2주일 이내에 하여야 한다(법72③).

4) 위반시 제재

조합등(조합, 조합공동사업법인, 품목조합연합회)과 중앙회의 임원, 조합의 간부직원, 중앙회의 집행간부·일반간부직원, 파산관재인 또는 청산인이 법 제80조에 따라 준용되는 제72조 제1항(제107조 또는 제112조에 따라 준용되는 경우를 포함)을 위반하여 재무상태표를 작성하지 아니한 경우에는 3년 이하의 징역 또는 3천만 원 이하의 벌금에 처한다(법171(12)).

(나) 출자감소에 대한 채권자의 이의

1) 이의 불진술의 효과

채권자가 공고기간(법72②) 내에 지역농협의 출자감소에 관한 의결에 대하여 이의를 진술하지 아니하면 이를 승인한 것으로 본다(법73①).

2) 이의 진술의 효과

채권자가 이의를 진술한 경우에는 지역농협이 이를 변제하거나 상당한 담보를 제공하지 아니하면 그 의결은 효력을 발생하지 아니한다(법73②).

(4) 준용규정

지역농협의 품목조합으로의 조직변경에 관하여는 그 성질에 반하지 아니하면 이 장 제2절의 설립에 관한 규정을 준용한다(법78②).

(5) 조직변경등기

지역농협이 품목조합으로 변경되면 2주일 이내에 그 사무소의 소재지에서 지역농협에 관하여는 해산등기를, 품목조합에 관하여는 설립등기를 하여야 한다(법96 전단). 이 경우 해산등기에 관하여는 제97조(해산등기) 제3항을, 설립등기에 관하여는 제90조(설립등기)를 준용한다(법96 후단).

(가) 해산등기

해산등기신청서에는 해산사유를 증명하는 서류를 첨부하여야 한다(법97③).

(나) 설립등기

1) 설립등기 기간

지역농협은 출자금의 납입이 끝난 날부터 2주일 이내에 주된 사무소의 소재지에서 설립등기를 하여야 한다(법90①).

2) 설립등기서 기재사항

설립등기신청서에는 i) 법 제16조 제1호부터 제4호(1. 목적, 2. 명칭, 3. 구역, 4. 주된 사무소의 소재지)까지 및 제16호부터 제18호(16. 존립 시기 또는 해산의 사유를 정한 경우에는 그 시기 또는 사유, 17. 설립 후 현물출자를 약정한 경우에는 그 출자재산의 명칭, 수량, 가격, 출자자의 성명·주소와 현금출자 전환 및 환매특약 조건, 18. 설립 후 양수를 약정한 재산이 있는 경우에는 그 재산의 명칭, 수량, 가격과 양도인의 성명·주소)까지의 사항(제1호), ii) 출자 총좌수와 납입한 출자금의 총액(제2호), iii) 설립인가 연월일(제3호), iv) 임원의 성명·주민등록번호 및 주소(제4호)를 적어야 한다(법90②).

3) 설립등기의 신청인

설립등기를 할 때에는 조합장이 신청인이 된다(법90③).

4) 설립등기신청서 첨부서류

설립등기신청서에는 설립인가서, 창립총회의사록 및 정관의 사본을 첨부하여야 한다(법90④).

조직변경으로 인한 지역농협의 설립등기신청서에는 i) 설립인가서, 창립총회의사록 및 정관의 사본(제1호), ii) 조직변경을 공고하거나 최고(법80)한 사실을 증명하는 서류(제2호), iii) 이의를 진술한 채권자에게 변제나 담보를 제공한 사실을 증명하는 서류(제3호)를 모두 첨부하여야 한다(법90⑤).

3. 조직변경의 효과

(1) 권리의무의 승계

조직변경으로 인한 권리의무의 승계에 관하여는 합병에 관한 규정을 준용한다(법78③).

(2) 신용사업의 범위 내 사업의 계속성 유지

신용사업을 하고 있는 지역농협이 품목조합으로 조직변경을 한 경우에는 조직변경 당시 하고 있는 신용사업의 범위에서 그 사업을 계속하여 할 수 있다(법78④).

제5절 해산, 청산 및 파산

Ⅰ. 해산

1. 의의

조합의 해산은 조합이 본래 목적 달성을 정지한 후 청산절차를 밟는 것을 말한다.

2. 총회결의 또는 조합원투표

(1) 의의

조합의 해산은 총회의 의결을 거쳐야 한다(법35①(2), 법107①, 법112①). 그러나 조합원의 투표로 총회의 의결을 갈음할 수 있다(법41①(1), 법107①, 법112①). 이 경우 조합원투표는 조합원 과반수의 투표와 투표한 조합원 3분의 2 이상의 찬성으로 의결한다(법41②, 법107①, 법112①).

(2) 위반시 제재

조합등(조합, 조합공동사업법인, 품목조합연합회)과 중앙회의 임원, 조합의 간부직원, 중앙회의 집행간부·일반간부직원, 파산관재인 또는 청산인이 법 제35조 제1항(제107조·제112조 또는 제112조의11에 따라 준용되는 경우를 포함)에 따라 총회의 의결을 필요로 하는 사항에 대하여 의결을 거치지 아니하고 집행한 경우에는 3년 이하의 징역 또는 3천만원 이하의 벌금에 처한다(법171(2)).

3. 농림축산식품부장관의 인가

(1) 인가의 효력

조합의 해산은 농림축산식품부장관의 인가를 받지 아니하면 효력을 발생하지 아니한다(법35②, 법107①, 법112①).

(2) 위반시 제재

조합등(조합, 조합공동사업법인, 품목조합연합회)과 중앙회의 임원, 조합의 간부직원, 중앙회의 집행간부·일반간부직원, 파산관재인 또는 청산인이 법 제35조 제2항(제107조 또는 제112조에 따라 준용되는 경우를 포함)에 따른 인가를 받아야 할 사항에 관하여 인가를 받지 아니한 경우에는 3년 이하의 징역 또는 3천만원 이하의 벌금에 처한다(법171(2)).

4. 해산사유

(1) 의의

조합은 i) 정관으로 정한 해산사유의 발생(제1호), ii) 총회의 의결(제2호), iii) 합병, 분할(제3호), iv) 설립인가의 취소(제4호)의 어느 하나에 해당하는 사유로 해산한다(법82, 법107①, 법112①).

(2) 위반시 제재

조합등(조합, 조합공동사업법인, 품목조합연합회)과 중앙회의 임원, 조합의 간부직원, 중앙회의 집행간부·일반간부직원, 파산관재인 또는 청산인이 법 제82조 제2호(제107조·제112조 또는 제112조의10에 따라 준용되는 경우를 포함)에 따라 총회의 의결을 필요로 하는 사항에 대하여 의결을 거치지 아니하고 집행한 경우에는 3년 이하의 징역 또는 3천만원 이하의 벌금에 처한다(법171(2)).

5. 해산등기

(1) 등기기간

조합이 해산한 경우에는 합병과 파산의 경우 외에는 주된 사무소의 소재지에서는 2주일 이내에, 지사무소의 소재지에서는 3주일 이내에 해산등기를 하여야 한다(법97①, 법107①, 법112①).

(2) 설립인가 취소로 인한 해산등기 이외의 신청인

해산등기를 할 때에는 농림축산식품부장관의 설립인가의 취소로 인한 해산등기를 하는 경우(법97④) 외에는 청산인이 신청인이 된다(법97②, 법107①, 법112①).

(3) 해산사유 증명서류 첨부

해산등기신청서에는 해산사유를 증명하는 서류를 첨부하여야 한다(법97③, 법107①, 법112①).

(4) 설립인가의 취소로 인한 해산등기의 촉탁

농림축산식품부장관은 설립인가의 취소로 인한 해산등기를 촉탁하여야 한다(법97④, 법107①, 법112①).

6. 해산의 효과

해산에 의해 조합의 권리능력은 청산의 목적범위 내로 축소된다. 조합에 있어서는 조합의 재산이 조합 채권자에 대한 유일한 담보이므로 합병 및 파산 이외의 사유에 의하여 해산한 때에는 해산등기와 아울러 채권자 보호절차를 위하여 법정의 청산절차를 밟아야 한다. 청산 중에는 청산인이 조합의 청산사무를 집행하고 조합을 대표하는 기관이 된다.

Ⅱ. 청산

1. 의의

조합이 해산하면 존립 중에 발생한 일체의 대내적·대외적 법률관계를 종국적으로 처리하기 위해 청산을 해야 한다. 다만 합병을 원인으로 해산하는 경우는 그 권리의무가 포괄적으로 신설 또는 존속 조합에 승계되므로 청산을 요구하지 않으며, 파산의 경우에는 채무자회생법의 규정에 따라 처리하므로 농업협동조합법의 청산절차를 따를 여지가 없다.

조합의 청산은 해산 후에 실시된다(각 정관례153①).

2. 청산사무의 감독

농림축산식품부장관은 조합의 청산사무를 감독한다(법84③, 법107①, 법112①).

농림축산식품부장관은 조합등(조합, 조합공동사업법인, 품목조합연합회)에 관한 감독권의 일부를 대통령령으로 정하는 바에 따라 회장에게 위탁할 수 있다(법162

③). 이에 따라 농림축산식품부장관은 법 제162조 제3항에 따라 중앙회의 회원인 조합 또는 연합회("중앙회의 회원")에 대한 법 제84조 제3항(법 제107조 및 제112조에서 준용하는 경우를 포함)에 따른 청산사무의 감독 권한을 중앙회장에게 위탁한다(영51①(2)).

3. 청산인

청산인이란 법정청산절차에 따라 청산사무를 집행하고 법이 정한 바에 따라 청산 중의 조합을 대표하는 자를 말한다. 따라서 해산 전 조합의 조합장에 대응하는 지위라 할 수 있다.

(1) 청산인의 자격

조합이 해산하면 파산으로 인한 경우 외에는 조합장이 청산인(淸算人)이 된다(법84① 본문, 법107①, 법112①). 다만, 총회에서 다른 사람을 청산인으로 선임하였을 때에는 그러하지 아니하다(법84① 단서, 법107①, 법112①).

(2) 청산인의 권리 · 의무

청산인은 직무의 범위에서 조합장과 동일한 권리 · 의무를 가진다(법84②, 법107①, 법112①).

(3) 청산인등기

청산인은 그 취임일부터 2주일 이내에 주된 사무소의 소재지에서 그 성명 · 주민등록번호 및 주소를 등기하여야 한다(법98①, 법107①, 법112①). 이에 따른 등기를 할 때 조합장이 청산인이 아닌 경우에는 신청인의 자격을 증명하는 서류를 첨부하여야 한다(법98②, 법107①, 법112①).

4. 청산인의 직무

(1) 재산상태 조사 등과 총회 승인

청산인은 취임 후 지체 없이 재산 상황을 조사하고 재무상태표를 작성하여 재산 처분의 방법을 정한 후 이를 총회에 제출하여 승인을 받아야 한다(법85①, 법107①, 법112①).

(2) 총회 승인 대체

청산인이 총회의 승인을 받기 위하여 2회 이상 총회를 소집하여도 총회가 개의되지 아니하여 총회의 승인을 받을 수 없으면 농림축산식품부장관의 승인으로 총회의 승인을 갈음할 수 있다(법85②, 법107①, 법112①).

(3) 위반시 제재

조합등(조합, 조합공동사업법인, 품목조합연합회)과 중앙회의 임원, 조합의 간부직원, 중앙회의 집행간부 · 일반간부직원, 파산관재인 또는 청산인이 법 제85조(제107조 · 제112조 또는 제112조의11에 따라 준용되는 경우를 포함)를 위반하여 총회나 농림축산식품부장관의 승인을 받지 아니하고 재산을 처분한 경우에는 3년 이하의 징역 또는 3천만원 이하의 벌금에 처한다(법171(13)).

5. 청산인의 재산분배 제한

(1) 의의

청산인은 채무를 변제하거나 변제에 필요한 금액을 공탁한 후가 아니면 그 재산을 분배할 수 없다(법87, 법107①, 법112①).

(2) 위반시 제재

조합등(조합, 조합공동사업법인, 품목조합연합회)과 중앙회의 임원, 조합의 간부직원, 중앙회의 집행간부 · 일반간부직원, 파산관재인 또는 청산인이 법 제87조(제107조 · 제112조 또는 제112조의11에 따라 준용되는 경우를 포함)를 위반하여 재산을 분배한 경우에는 3년 이하의 징역 또는 3천만원 이하의 벌금에 처한다(법171(14)).

6. 청산 잔여재산

해산한 조합의 청산 잔여재산은 따로 법률로 정하는 것 외에는 정관으로 정하는 바에 따라 처분한다(법86, 법107①, 법112①).

7. 결산보고서

(1) 결산보고서 작성 및 총회 승인

청산사무가 끝나면 청산인은 지체 없이 결산보고서를 작성하고 총회에 제출하여 승인을 받아야 한다(법88 전단, 법107①, 법112①).

(2) 총회 승인 대체

청산인이 총회의 승인을 받기 위하여 2회 이상 총회를 소집하여도 총회가 개의되지 아니하여 총회의 승인을 받을 수 없으면 농림축산식품부장관의 승인으로 총회의 승인을 갈음할 수 있다(법88 후단, 법85②, 법107①, 법112①).

(3) 위반시 제재

조합등(조합, 조합공동사업법인, 품목조합연합회)과 중앙회의 임원, 조합의 간부직원, 중앙회의 집행간부·일반간부직원, 파산관재인 또는 청산인이 법 제88조(제107조·제112조 또는 제112조의11에 따라 준용되는 경우를 포함)를 위반하여 결산보고서를 작성하지 아니하거나 총회에 제출하지 아니한 경우에는 3년 이하의 징역 또는 3천만원 이하의 벌금에 처한다(법171(15)).

8. 청산종결등기

청산이 끝나면 청산인은 주된 사무소의 소재지에서는 2주일 이내에, 지사무소의 소재지에서는 3주일 이내에 청산종결의 등기를 하여야 한다(법99①, 법107①, 법112①). 이에 따른 등기신청서에는 결산보고서의 승인을 증명하는 서류를 첨부하여야 한다(법99②, 법107①, 법112①).

9. 민법 등의 준용

조합의 해산과 청산에 관하여는 민법 제79조, 제81조, 제87조, 제88조 제1항·제2항, 제89조부터 제92조까지, 제93조 제1항·제2항과 비송사건절차법 제121조를 준용한다(법89, 법107①, 법112①).

(1) 파산신청

조합이 채무를 완제하지 못하게 된 때에는 이사는 지체없이 파산신청을 하여야 한다(민법79).

(2) 청산법인

해산한 조합은 청산의 목적범위 내에서만 권리가 있고 의무를 부담한다(민법81).

(3) 청산인의 직무

청산인의 직무는 i) 현존사무의 종결(제1호), ii) 채권의 추심 및 채무의 변제(제2호), iii) 잔여재산의 인도(제3호)이다(민법87①).

청산인은 앞의 직무를 행하기 위하여 필요한 모든 행위를 할 수 있다(민법87②).

(4) 채권신고의 공고

청산인은 취임한 날로부터 2월 내에 3회 이상의 공고로 채권자에 대하여 일정한 기간 내에 그 채권을 신고할 것을 최고하여야 한다(민법88① 전단). 그 기간은 2월 이상이어야 한다(민법88① 후단).

채권신고의 공고에는 채권자가 기간 내에 신고하지 아니하면 청산으로부터 제외될 것을 표시하여야 한다(민법88②).

(5) 채권신고의 최고

청산인은 알고 있는 채권자에게 대하여는 각각 그 채권신고를 최고하여야 한다(민법89 전단). 알고 있는 채권자는 청산으로부터 제외하지 못한다(민법89 후단).

(6) 채권신고 기간 내의 변제금지

청산인은 채권신고 기간 내에는 채권자에 대하여 변제하지 못한다. 그러나 법인은 채권자에 대한 지연손해배상의 의무를 면하지 못한다(민법90).

(7) 채권변제의 특례

청산 중의 법인은 변제기에 이르지 아니한 채권에 대하여도 변제할 수 있다(민법91①). 이 경우에는 조건있는 채권, 존속기간의 불확정한 채권 기타 가액의 불확정한 채권에 관하여는 법원이 선임한 감정인의 평가에 의하여 변제하여야 한다(민법91②).

(8) 청산으로부터 제외된 채권

청산으로부터 제외된 채권자는 법인의 채무를 완제한 후 귀속권리자에게 인도하지 아니한 재산에 대하여서만 변제를 청구할 수 있다(민법92).

(9) 청산 중의 파산

청산 중 법인의 재산이 그 채무를 완제하기에 부족한 것이 분명하게 된 때에는 청산인은 지체없이 파산선고를 신청하고 이를 공고하여야 한다(민법93①).

청산인은 파산관재인에게 그 사무를 인계함으로써 그 임무가 종료한다(민법93②).

(10) 청산인의 결격사유

다음의 어느 하나에 해당하는 자, 즉 i) 미성년자(제1호), ii) 피성년후견인(제2호), iii) 자격이 정지되거나 상실된 자(제3호), iv) 법원에서 해임된 청산인(제4호), v) 파산선고를 받은 자(제5호)는 청산인으로 선임될 수 없다(비송사건절차법121).

Ⅲ. 파산선고

조합이 그 채무를 다 갚을 수 없게 되면 법원은 조합장이나 채권자의 청구에 의하여 또는 직권으로 파산을 선고할 수 있다(법83, 법107①, 법112①).

제6절 예금자 보호

1. 상호금융예금자보호기금의 설치 등

(1) 상호금융예금자보호기금 설치 · 운용

농협구조개선법 제11조에 따라 신용사업을 하는 조합이 파산 등의 사유로 예금등채권을 지급할 수 없는 상황에 대처하기 위하여 예금등채권에 대한 보험제도를 효율적으로 운영함으로써 예금자등의 예금등채권의 환급을 보장하고 조합의 건전한 육성을 도모하기 위하여 중앙회에 상호금융예금자보호기금("기금")을 설치 · 운용한다(농협구조개선법11①).

(가) 조합

"조합"이란 농업협동조합법("농협법")에 따라 설립된 조합으로서 기금에 보험료를 납입하는 조합을 말한다(농협구조개선법2(1)).

(나) 예금등

"예금등"이란 i) 조합이 신용사업으로 수입한 예금 및 적금, ii) 조합이 고객으로부터 자본시장법에 따른 증권의 매매, 그 밖의 거래와 관련하여 예탁받은 금전 중 어느 하나에 해당하는 것을 말한다(농협구조개선법2(6) 본문). 다만, i) 정부 및 지방자치단체, ii) 한국은행, iii) 금융감독원, iv) 예금보험공사, v) 예금자보호법에 따른 부보금융회사, vi) 조합으로부터 수입한 것은 제외할 수 있다(농협구조개선법2(6) 단서, 동법 시행령2).

(다) 예금자등

"예금자등"이란 조합에 대하여 예금등채권을 가진 자를 말한다(농협구조개선법2(7)).

(라) 예금등채권

"예금등채권"이란 예금자등이 조합에 대하여 가지는 예금등의 원금 · 이자, 그 밖의 약정된 금전의 채권을 말한다(농협구조개선법2(8)).

(2) 예금자보호기금의 조성 · 운용 등

(가) 기금의 조성

기금은 i) 조합이 납입한 보험료(제1호), ii) 정부의 출연금(제2호), iii) 중앙회의 출연금(제3호), iv) 정부, 한국은행, 중앙회, 농협은행 또는 금융기관으로부터의 차입금(제4호), v) 상호금융예금자보호기금채권("기금채")을 발행하여 조성한 자금(제5호), vi) 관리기관(기금을 관리하는 중앙회)이 매입한 예금등채권을 회수한 자금(제6호), vii) 제25조(자금지원의 결정) 또는 제26조(부실우려조합에 대한 지원)에 따라 지원한 자금을 회수한 자금(제7호), viii) 제29조(농업협동조합자산관리회사의 설립)에 따라 설립된 농업협동조합자산관리회사("관리회사")에 제31조(자금의 조달 및 운용) 제2항에 따라 빌려 준 자금을 회수한 자금(제8호), ix) 기금의 운용수익과 그 밖의 수입금(제9호)의 재원을 그 수입으로 한다(농협구조개선법11②).

위 iv)에 따른 자금을 차입할 때에는 정부는 그 원리금의 상환을 보증할 수 있다(농협구조개선법11⑤).

(나) 기금의 용도

기금은 i) 보험금의 지급(제1호), ii) 정부, 한국은행, 중앙회, 농협은행 또는 금융기관으로부터의 차입금(법2(4)) 및 기금채의 원리금 상환(제2호), iii) 예금등채권의 매입(제3호), iv) 자금지원(제4호), v) 관리회사의 부실자산 매입에 필요한 자금의 대여(제5호), vi) 그 밖에 기금의 운용·관리에 필요한 경비(제6호)의 용도에만 사용할 수 있다(농협구조개선법11③).

(다) 여유자금의 운용

기금의 여유자금은 i) 국채, 공채, 그 밖에 기금관리위원회가 지정하는 유가증권의 매입(제1호), ii) 기금관리위원회가 지정하는 금융기관에의 예치 또는 단기대출(제2호), iii) 그 밖에 기금관리위원회가 정하는 방법(제3호)으로 운용할 수 있다(농협구조개선법11④).

(3) 기금채

(가) 의의

관리기관(기금을 관리하는 중앙회)은 기금의 부담으로 기금채를 발행할 수 있다(농협구조개선법11⑥ 전단). 이 경우 농협법 제153조(농업금융채권의 발행) 제5항·제6항 및 제154조(채권의 명의변경 요건), 제155조(채권의 질권설정), 제156조(상환에 대한 국가 보증), 제157조(소멸시효)의 규정을 준용한다(농협구조개선법11⑥ 후단).

기금채의 발행·모집 등에 필요한 사항은 대통령령으로 정한다(농협구조개선법11⑧). 이에 따라 관리기관이 기금의 부담으로 발행하는 상호금융예금자보호기금채권("기금채")의 발행 및 모집 등에 관하여는 농업협동조합법 시행령 제32조(농업금융채권), 제33조(채권의 모집) 제1항·제2항(제8호와 제9호를 제외) 및 제34조부터 제44조까지의 규정을 준용한다(동법 시행령5 전단).

기금채는 자본시장법 제4조 제3항에 따른 특수채증권으로 본다(농협구조개선법11⑦). 여기서는 준용되는 농협법 관련 규정을 살펴본다.

(나) 기금채의 발행

1) 할인발행

기금채는 할인하여 발행할 수 있다(농협법153⑤).

2) 매회 금액 등 신고

관리기관은 기금채를 발행하면 매회 그 금액·조건·발행 및 상환의 방법을 정하여 농림축산식품부장관에게 신고하여야 한다(농협법153⑥).

3) 발행 방식

관리기관이 발행하는 기금채는 무기명식으로 한다(농협법 시행령32 전단). 다만, 청약자 또는 소유자의 요구에 따라 무기명식을 기명식으로, 기명식을 다시 무기명식으로 할 수 있다(농협법 시행령32 후단).

(다) 기금채의 명의변경 요건 등

1) 기금채의 명의변경 요건

기명식 채권의 명의변경은 취득자의 성명과 주소를 채권 원부(原簿)에 적고 그 성명을 증권에 적지 아니하면 관리기관, 그 밖의 제3자에게 대항하지 못한다(농협법154).

2) 기금채의 질권설정

기명식 채권을 질권의 목적으로 하는 경우에는 질권자의 성명 및 주소를 채권 원부에 등록하지 아니하면 관리기관, 그 밖의 제3자에게 대항하지 못한다(농협법155).

3) 상환에 대한 국가 보증

기금채는 그 원리금 상환을 국가가 전액 보증할 수 있다(농협법156).

4) 소멸시효

기금채의 소멸시효는 원금은 5년, 이자는 2년으로 한다(농협법157).

(라) 모집 및 인수 등

1) 모집 및 인수

가) 기금채의 모집

기금채의 모집에 응하려는 자는 기금채청약서 2부에 청약하려는 기금채의 금액과 주소를 적고 기명날인하여야 한다(농협법 시행령33①).

기금채 청약서의 서식은 관리기관의 장이 작성하되, i) 관리기관의 명칭, ii) 기금채의 발행총액, iii) 기금채의 권종별 액면금액, iv) 기금채의 이율, v) 원금상환의 방법과 시기, vi) 이자지급의 방법과 시기, vii) 기금채의 발행가액 또는 그 최저가액, viii) 이미 발행한 기금채의 미상환분이 있는 경우에는 그 총액이 포함되어야 한다(농협법 시행령33②).

나) 계약에 의한 기금채의 인수

계약에 따라 기금채의 총액을 인수하는 경우에는 제33조를 적용하지 아니한다(농협법 시행령34).

2) 기금채 발행의 총액 등

가) 기금채의 총액

관리기관은 기금채를 발행하는 경우로서 실제로 청약된 총액이 기금채 청약서에 적힌 기금채 발행총액에 미달한 경우에도 기금채를 발행한다는 뜻을 기금채 청약서에 표시할 수 있다(농협법 시행령35 전단). 이 경우 기금채 발행총액은 청약총액으로 한다(농협법 시행령35 후단).

나) 기금채 인수가액의 납입

관리기관은 기금채 청약이 완료된 때에는 지체 없이 각 기금채의 금액을 납입시켜야 한다(농협법 시행령36).

다) 기금채 발행의 시기

기금채 인수가액의 납입(제38조)에 따라 발행하는 경우를 제외하고는 그 전액의 납입이 있은 후가 아니면 기금채를 발행할 수 없다(농협법 시행령37).

라) 기금채의 매출발행

기금채는 매출의 방법으로 발행할 수 있다(농협법 시행령38① 전단). 이 경우 매출기간을 미리 정하여야 한다(농협법 시행령38① 후단). 이 경우에는 기금채 청약서를 필요로 하지 아니한다(농협법 시행령38②).

매출발행하는 경우에 따라 발행하는 기금채에는 제33조 제2항 제1호 및 제3호부터 제6호까지의 사항과 채권번호를 적어야 한다(농협법 시행령38③).

3) 기금채 매출의 공고

관리기관이 매출의 방법으로 기금채를 발행하려는 경우에는 매출기간과 제33조 제2항 제1호부터 제7호까지의 사항을 공고하여야 한다(농협법 시행령39).

4) 채권원부의 비치와 열람

가) 기금채 원부의 비치 및 기재사항

관리기관은 그 주된 사무소에 기금채 원부를 갖춰 두고 i) 기금채의 권종별 수와 번호(제1호), ii) 발행일(제2호), iii) 제33조 제2항 제2호부터 제6호까지의 사항(제3호), iv) 기금채 소유자의 성명(법인인 경우에는 그 명칭)과 주소(기명식 채권만 해당)(제4호)를 적어야 한다(농협법 시행령40).

나) 기금채 원부의 열람

기금채의 권리자는 주된 사무소의 영업시간에는 언제든지 기금채 원부의 열람을 요구할 수 있다(농협법 시행령41).

5) 기금채의 매입소각 등

가) 기금채의 매입소각

관리기관은 기금관리위원회의 의결을 거쳐 기금채를 매입하여 소각할 수 있다(농협법 시행령42).

나) 이권의 흠결

이권(利券)이 있는 무기명식 기금채를 상환하는 경우에 이권이 흠결된 것에 대해서는 그 이권에 상당하는 금액을 상환액에서 공제한다(농협법 시행령43①). 이에 따라 그 이권에 상당하는 금액이 상환액에서 공제된 이권의 소지인은 언제든지 그 이권과 상환으로 공제된 금액의 지급을 청구할 수 있다(농협법 시행령43②).

6) 통지와 최고

가) 통지 또는 최고 장소

기금채 청약자에 대한 통지나 최고는 청약자가 따로 그 주소를 관리기관에 통지한 경우를 제외하고는 기금채 청약서에 적힌 주소로 한다(농협법 시행령44①).

나) 기명식채권의 소유자에 대한 통지 또는 최고

기명식 기금채의 소유자에 대한 통지 또는 최고는 채권자가 따로 그 주소를 관리기관에 통지한 경우를 제외하고는 기금채 원부에 적힌 주소로 한다(농협법 시행령44②).

다) 무기명식채권의 소지자에 대한 통지 또는 최고

무기명식 기금채의 소지자에 대한 통지 또는 최고는 공고의 방법으로 한다(농협법 시행령44③).

2. 보험관계 및 보험료의 납입 등

(1) 보험관계의 성립 시기

관리기관, 조합 및 예금자등 사이의 보험관계는 예금자 등이 조합에 예금등 채권을 가지게 된 때 성립한다(농협구조개선법12).

(2) 보험료의 납입 등

(가) 보험료의 납입

1) 보험료 산식

조합은 매 분기 종료 후 1개월 이내에 다음 계산식에 따라 계산한 보험료를 기금에 내야 한다(농협구조개선법13①, 동법 시행령6①).

보험료 = 매 분기 말 예금등의 평균잔액 × 1/4 × 1천분의 5 이내에서 농림축산식품부장관이 정하여 고시하는 비율

이에 따른 보험료를 계산할 때에는 i) 정부 및 지방자치단체(제1호), ii) 한국은행(제2호), iii) 금융감독원(제3호), iv) 예금보험공사(제4호), v) 예금자보호법에 따른 부보금융회사(제5호), vi) 조합(제6호)으로부터 수납한 예금등은 제외한다(농협구조개선법13①, 동법 시행령6②, 동법 시행령2).

2) 보험료 감액

관리기관은 배상책임보험에 가입한 조합에 대해서는 기금관리위원회의 의결을 거쳐 보험료의 일부를 감액할 수 있다(농협구조개선법13①, 동법 시행령6③).

(나) 연체료 가산

조합은 보험료를 납입기한까지 내지 아니한 경우에는 다음 계산식에 따라 계산한 연체료를 가산하여 기금에 내야 한다(농협구조개선법13①, 동법 시행령6④).

연체료 = 미납입 보험료 × 보험료 납입기한의 다음날부터 납입일까지의 일수 × 전체 조합의 상호금융 일반자금대출 시의 평균 연체이자율을 기준으로 기금관리위원회가 정하는 이자율

(다) 보험료 반환청구 금지

조합은 납부한 보험료의 반환을 청구할 수 없다(농협구조개선법13②).

3. 기금의 적립액 목표규모의 설정 등

(1) 기금의 적립액 목표규모의 설정

관리기관은 기금의 적립액이 적정한 수준을 유지하도록 기금 적립액의 목표규모("목표규모")를 설정하여야 한다(농협구조개선법13의2①).

(2) 조합의 경영 및 재무 상황 등 고려

목표규모는 기금관리위원회의 의결을 거쳐 상호금융예금자보호제도의 효율적 운영을 저해하지 아니하는 범위에서 조합의 경영 및 재무 상황 등을 고려하여 정한다(농협구조개선법13의2② 전단). 이 경우 목표규모는 상한 및 하한을 두어 일정 범위로 정할 수 있다(농협구조개선법13의2② 후단).

(3) 목표규모의 적정성 검토 및 재설정

관리기관은 조합의 경영여건과 상호금융제도의 안정성 등을 고려하여 목표규모의 적정성을 주기적으로 검토하고, 필요한 경우에는 기금관리위원회의 의결을 거쳐 목표규모를 재설정할 수 있다(농협구조개선법13의2③).

(4) 보험료의 감면

관리기관은 기금의 적립액이 목표규모에 도달한 경우에는 향후 예상되는 기금의 수입액과 지출액의 규모를 고려하여 조합이 내는 보험료를 감면하여야 한다(농협구조개선법13의2④).

(가) 보험료 감액

관리기관은 관리기관의 직전 회계연도 말일 현재 기금의 적립액이 설정 또는 재설정된 기금 적립액 목표규모(상한 및 하한을 포함한다. 이하 "목표규모"라 한다)의 하한 이상 상한 이하가 되는 경우에는 기금관리위원회의 의결을 거쳐 해당

회계연도의 보험료를 감액하여야 한다(동법 시행령6의2①).

(나) 보험료 면제

관리기관은 관리기관의 직전 회계연도 말일 현재 기금의 적립액이 목표규모의 상한을 넘는 경우에는 기금관리위원회의 의결을 거쳐 해당 회계연도의 보험료를 면제하여야 한다(동법 시행령6의2②).

(다) 절차와 방법의 제정 및 공고

목표규모 설정 및 보험료 감면의 구체적 절차와 방법 등에 관하여 필요한 사항은 기금관리위원회의 의결을 거쳐 관리기관이 정한다(동법 시행령6의2③). 관리기관은 앞에서 정한 사항을 인터넷 홈페이지에 공고하여야 한다(동법 시행령6의2④).

4. 관리기관

(1) 중앙회

관리기관이란 기금을 관리하는 중앙회를 말한다(농협구조개선법2(12)). 기금의 관리기관은 중앙회로 한다(농협구조개선법14①).

(2) 구분 회계

기금과 중앙회의 회계는 구분하여 회계처리하여야 한다(농협구조개선법14②).

(3) 기금의 운용 등에 관한 보고서 제출

관리기관은 국회 소관 상임위원회에서 요구할 때에는 기금의 운용 등에 관한 보고서를 제출하여야 한다(농협구조개선법14③).

5. 기금관리위원회

(1) 의의

기금관리위원회란 기금의 운용에 관한 사항을 심의·의결하기 위하여 관리기관에 설치하는 기금관리위원회를 말한다(농협구조개선법2(13)).

(2) 심의·의결사항

관리기관은 기금의 운용에 관한 i) 기금의 조성 및 운용·관리에 관한 사항(제1호), ii) 보험금 지급에 관한 사항(제2호), iii) 부실조합등(부실조합[9] 또는 부실우려조합[10])의 결정·지원 등에 관한 사항(제3호), iv) 자금의 차입에 관한 사항(제4호), v) 기금채의 발행에 관한 사항(제5호), vi) 기금 관련 규정의 제정·개정 및 폐지에 관한 사항(제6호), vii) 그 밖에 농림축산식품부장관이 요구하거나 기금관리위원회가 필요하다고 인정하는 사항(제7호)을 심의·의결하기 위하여 기금관리위원회를 둔다(농협구조개선법15①).

(3) 위원장 및 위원의 지정과 위촉

기금관리위원회는 위원장을 포함한 i) 중앙회의 회장이 조합장 중에서 위촉하는 사람 2명(다만, 부실조합 또는 부실우려조합의 조합장은 제외)(제1호), ii) 중앙회의 집행간부 중에서 중앙회의 회장이 지정하는 사람 1명(제2호), iii) 농림축산식품부장관이 소속 공무원 중에서 지정하는 사람 1명(제3호), iv) 기획재정부장관이 소속 공무원 중에서 지정하는 사람 1명(제4호), v) 금융위원회의 위원장이 소속 공무원 중에서 지정하는 사람 1명(제5호), vi) 농업경제와 조합에 관한 학식과 경험이 풍부한 사람으로서 농림축산식품부장관이 지정하는 농업 관련 단체(민법 제32조에 따라 설립된 비영리법인만 해당)가 위촉하는 사람 2명(제6호), vii) 조합 및 금융·회계에 관한 학식과 경험이 풍부한 사람으로서 국회의 소관 상임위원회가 위촉하는 사람 2명(제7호), viii) 금융 및 회계에 관한 학식과 경험이 풍부한 사람으로서 농림축산식품부장관이 위촉하는 사람 1명(제8호)의 위원으로 구성하며, 위원장은 중앙회 조합감사위원회의 위원장이 된다(농협구조개선법15②).

---

9) "부실조합"이란 다음의 어느 하나에 해당하는 조합을 말한다(농협구조개선법2(3)).

가. 경영상태를 실제 조사한 결과 부채가 자산을 초과하거나 거액의 금융사고 또는 부실채권의 발생으로 정상적인 경영이 어려울 것이 명백한 조합으로서 기금관리위원회의 심의를 거쳐 농림축산식품부장관이 결정한 조합. 이 경우 부채와 자산의 평가 및 산정은 농림축산식품부장관이 정하는 기준에 따른다.

나. 예금등채권의 지급이나 중앙회로부터의 차입금 상환이 정지상태에 있는 조합

다. 중앙회로부터의 자금지원 또는 차입이 없이는 예금등채권의 지급이나 차입금의 상환이 어려운 조합으로서 기금관리위원회의 심의를 거쳐 농림축산식품부장관이 결정한 조합

10) "부실우려조합"이란 재무구조가 취약하여 부실조합이 될 가능성이 높은 조합으로서 기금관리위원회의 심의를 거쳐 농림축산식품부장관이 결정한 조합을 말한다(농협구조개선법 2(4)).

(4) 위촉직 위원의 임기

위에서 제1호 및 제6호부터 제8호까지의 위원의 임기는 3년으로 하며, 연임할 수 있다(농협구조개선법15③).

(5) 기금관리위원회의 운영

기금관리위원회의 운영에 필요한 사항은 대통령령으로 정한다(농협구조개선법15④).

(가) 회의 소집과 의장

기금관리위원회 위원장은 기금관리위원회의 회의를 소집하며, 그 의장이 된다(동법 시행령7①).

(나) 위원장 직무대행

위원장이 부득이한 사유로 직무를 수행할 수 없을 때에는 위원장이 미리 지정하는 위원이 그 직무를 대행한다(동법 시행령7②).

(다) 의결정족수

기금관리위원회는 재적위원 과반수의 출석으로 개의(開議)하고 출석위원 과반수의 찬성으로 의결한다(동법 시행령7③).

(라) 위원의 제척

기금관리위원회 위원이 i) 위원 또는 그 배우자나 배우자였던 사람이 해당 안건의 당사자인 경우(제1호), ii) 위원이 해당 안건의 당사자와 친족이거나 친족이었던 경우(제2호), iii) 위원이 해당 안건에 대하여 증언, 진술, 연구, 용역 또는 감정(鑑定)을 하거나 자문에 응한 경우(제3호), iv) 위원이 해당 안건과 관련된 조합, 기업 또는 단체 등에 소속되어 있거나 최근 3년 이내에 소속되어 있었던 경우(제4호)에는 해당 안건에 관한 기금관리위원회의 심의·의결에서 제척된다(동법 시행령7④).

(마) 위원의 기피

안건의 당사자는 위원에게 제척 사유가 있거나 그 밖에 공정한 심의·의결을 기대하기 어려운 사정이 있는 경우에는 기금관리위원회에 그 위원의 기피를 신청할 수 있다(동법 시행령7⑤ 전단). 이 경우 기금관리위원회는 의결로 기피 여부를 결정하고, 기피 신청의 대상인 위원은 그 기피 여부에 관한 심의·의결에 참여하지 못한다(동법 시행령7⑤ 후단).

(바) 위원의 회피

위원이 제척 사유에 해당하면 스스로 해당 안건의 심의·의결을 회피하여야 한다(동법 시행령7⑥).

(사) 위원의 면직 또는 해촉

위원을 지정 또는 위촉한 자는 위원이 제척 사유에 해당함에도 불구하고 회피하지 아니한 경우에는 그 위원직에서 면직 또는 해촉할 수 있다(동법 시행령7⑦).

(아) 운영 사항

앞에서 설명한 사항 외에 기금관리위원회 운영에 필요한 사항은 기금관리위원회가 정한다(동법 시행령7⑧).

6. 기금의 회계

(1) 회계연도

기금의 회계연도는 정부의 회계연도에 따른다(농협구조개선법16①).

(2) 기금의 예산과 결산

기금의 예산과 결산은 기금관리위원회의 의결을 거쳐 농림축산식품부장관의 승인을 받아야 한다(농협구조개선법16②).

7. 보험금의 지급 등

(1) 보험금의 지급

(가) 1인당 보호한도(보험금의 지급한도)

관리기관은 조합에 보험사고가 발생하였을 때에는 그 조합의 예금자등의 청구에 의하여 대통령령으로 정하는 바에 따라 보험금을 지급하여야 한다(농협구조개선법17① 본문).

이에 따라 관리기관이 보험금을 지급할 때 예금등채권의 금액은 예금등의 금액과 그 금액에 전체 조합의 예금등에 대한 평균이자율을 고려하여 기금관리위원회가 정하는 이자율을 곱한 금액을 합산한 금액으로 하되, 동일인인 예금자등에 대한 보험금의 지급한도는 5천만원으로 한다(동법 시행령8①).

(나) 가지급금의 지급 등

예금등채권의 지급정지(농협구조개선법2(9) 가목)에 따른 보험사고의 경우에는 보험사고의 통지(농협구조개선법18②)를 받은 날부터 2개월 이내에 기금관리위원회가 보험금 지급 여부를 결정하여야 한다(농협구조개선법17① 단서).

관리기관은 예금등채권의 지급정지(농협구조개선법2(9) 가목)에 따른 보험사고의 경우에는 보험금의 지급한도에서 기금관리위원회가 정하는 금액("가지급금")을 예금자등에게 미리 지급할 수 있다(동법 시행령8② 본문). 다만, 가지급금이 보험금을 넘는 경우에는 보험금을 그 지급 최고한도금액으로 한다(동법 시행령8② 단서). 이에 따라 예금자등에게 가지급금을 지급한 경우에 보험금은 보험금의 지급한도에서 가지급금을 뺀 금액으로 한다(동법 시행령8③).

(2) 지급 보험금의 계산

예금자등에게 지급하는 보험금은 보험금 지급 공고일("보험금지급공고일") 현재 각 예금자등의 예금등채권의 합계액에서 각 예금자등이 해당 조합에 대하여 가지고 있는 채무(보증채무는 제외)의 합계액을 뺀 금액으로 한다(농협구조개선법17②).

(3) 보험금의 지급 보류

(가) 보험금의 지급 보류 금액

관리기관은 예금자등이 해당 조합에 대하여 가지고 있는 예금자등이 타인을 위하여 해당 조합에 대하여 담보로 제공하고 있는 예금등채권 및 해당 조합에 지고 있는 보증채무 금액에 대하여는 그 지급을 보류할 수 있다(농협구조개선법17③, 동법 시행령9①).

(나) 보험금 지급 보류 사유 등 기재한 서면 발급

관리기관은 보험금 지급을 보류할 때에는 그 보험금 지급을 청구한 예금자등에게 i) 지급을 보류하는 보험금의 금액(제1호), ii) 보험금의 지급 보류 사유(제2호), iii) 보험금의 지급 보류 기간(제3호), iv) 보험금의 지급 보류 사유가 소멸되거나 지급 보류 기간이 만료되어 예금자등이 보류된 보험금의 지급을 청구하는 경우의 절차 및 방법(제4호)을 적은 서면을 발급하여야 한다(동법 시행령9②).

(4) 합병의 경우

합병으로 신설되는 조합 또는 합병 후 존속하는 조합이 합병으로 소멸하는 조합의 업무를 계속하는 경우에는 그 합병 등기일부터 1년까지는 제17조 제1항을 적용할 때 합병으로 신설되는 조합, 합병 후 존속하는 조합 및 합병으로 소멸하는 조합이 각각 독립된 조합으로 존재하는 것으로 본다(농협구조개선법17④).

(5) 보험금 청구권의 행사기간

예금자등의 보험금 청구권은 지급의 개시일부터 5년간 행사하지 아니하면 시효로 인하여 소멸한다(농협구조개선법17⑤).

(6) 보험금 지급 절차 등의 공고

관리기관은 보험금 및 가지급금 지급의 개시일, 지급기간, 지급방법 및 그 밖에 필요한 사항을 관리기관의 인터넷 홈페이지에 공고하고, 해당 조합의 주된 사무소가 있는 지역을 주된 보급지역으로 하는 일간신문 1개를 포함하여 2개 이상의 일간신문에 각각 1회 이상 공고해야 한다(농협구조개선법17⑥, 동법 시행령10).

8. 보험사고 등의 통지

(1) 조합의 보험사고 발생 사실의 통지

조합은 보험사고가 발생하면 즉시 그 사실을 관리기관에 통지하여야 한다(농협구조개선법18①).

(2) 농림축산식품부장관의 조합의 예금등채권의 지급정지 등의 통지

농림축산식품부장관은 i) 조합의 예금등채권의 지급정지 또는 제4조(적기시정조치) 제1항 제5호,[11] 제6조(행정처분) 제2항,[12] 농협법 제164조(위법행위에 대

11) 제4조(적기시정조치) ① 농림축산식품부장관은 부실조합등이나 그 임원에 대하여 다음의 사항을 내용으로 하는 경영개선 권고·요구 또는 명령을 하거나 그 이행계획을 제출할 것을 명하여야 한다.
5. 사업의 전부 또는 일부의 정지("사업의 정지")

12) ② 농림축산식품부장관은 부실조합이 다음의 어느 하나에 해당하는 경우에는 기금관리위원회의 의견을 들어 그 부실조합에 대하여 계약이전의 결정, 6개월의 범위에서 일정기간의 사업의 정지, 설립인가의 취소 등 필요한 처분을 할 수 있다. 다만, 제1호의 경우 그 명령 불이행 사유가 제4조 제5항 및 제6항에 따른 총회·대의원회의 의결 또는 조합원 투표 결과에 따른 것일 때에는 농림축산식품부장관은 처분에 앞서 대통령령으로 정하는 바에 따라 그 조합에 소명할 기회를 주어야 한다.
1. 제4조 제1항의 명령을 이행하지 아니하거나 이행할 수 없게 된 경우
2. 부채가 자산을 현저히 초과하여 제4조 제1항에 따른 명령이 이행되기 어렵다고 판단되는 경우

한 행정처분) 제2항[13] 및 제166조(경영지도) 제3항[14]에 따라 사업의 정지, 업무의 정지 또는 채무지급의 정지를 명한 경우(제1호), ii) 조합의 설립인가를 취소하거나 해산 의결을 인가한 경우(제2호) 중 어느 하나에 해당할 때에는 즉시 그 사실을 관리기관에 통지하여야 한다(농협구조개선법18②).

(3) 위반시 제재

조합이 법 제18조 제1항에 따른 보험사고가 발생한 사실을 관리기관에 통지하지 아니한 경우에는 2천만원 이하의 과태료를 부과한다(농협구조개선법36①(3)).

조합의 조합장, 상임이사 또는 관리인이 제18조 제1항을 위반한 경우에는 200만원 이하의 과태료를 부과한다(농협구조개선법36③).

9. 예금등채권의 취득 및 매입

(1) 예금등채권의 취득

관리기관은 보험금을 지급한 경우에는 그 지급한 범위에서 부실조합에 대한 예금자등의 권리를 취득한다(농협구조개선법19①).

(2) 예금등채권의 매입

관리기관은 보험금 지급 외에 해당 보험과 관련하여 예금자등의 예금등채권을 매입할 수 있다(농협구조개선법19②).

(가) 개산지급금의 지급

관리기관은 예금등채권을 매입할 때에는 예금자등의 청구에 따라 예금등채권의 가치를 어림계산한 금액인 개산지급금(概算支給金)을 예금자등에게 지급하여야 한다(농협구조개선법19③, 동법 시행령11① 전단). 이 경우 관리기관이 매입한

---

3. 자금사정의 급격한 악화로 예금등채권의 지급이나 차입금의 상환이 어렵게 되어 예금자등의 권익이나 신용질서를 해칠 것이 명백하다고 인정되는 경우

13) ② 농림축산식품부장관은 조합등이나 중앙회가 제1항에 따른 시정명령 또는 임직원에 대한 조치를 이행하지 아니하면 6개월 이내의 기간을 정하여 그 업무의 전부 또는 일부를 정지시킬 수 있다.

14) ③ 농림축산식품부장관은 제1항에 따른 경영지도가 시작된 경우에는 6개월의 범위에서 채무의 지급을 정지하거나 임원의 직무를 정지할 수 있다. 이 경우 회장에게 지체 없이 조합등의 재산상황을 조사("재산실사")하게 하거나 금융감독원장에게 재산실사를 요청할 수 있다.

예금등채권을 회수한 금액(회수에 든 비용을 뺀 금액)이 개산지급금을 초과하면 그 초과하는 금액을 해당 예금자등에게 추가로 지급하여야 한다(동법 시행령11① 후단).

(나) 개산지급금의 산정

개산지급금은 관리기관이 예금자등으로부터 매입하는 예금등채권의 가액을 보험금 지급공고일을 기준으로 계산한 금액(보증채무를 지고 있는 예금자등의 보증채무에 상당하는 금액의 예금등채권과 담보권의 목적물로 되어 있는 예금등채권의 금액을 제외)에 개산지급률을 곱한 금액으로 한다(동법 시행령11②).

(다) 개산지급률의 결정

관리기관은 예금등채권을 매입할 때 부실조합의 재무 상황에 비추어 파산절차가 진행되는 경우 그 부실조합과 관련된 예금등채권에 대하여 변제받을 수 있을 것으로 예상되는 금액을 고려하여 개산지급률을 결정하여야 한다(동법 시행령11③).

(라) 기금관리위원회의 의결

관리기관은 개산지급금을 지급하려면 개산지급률, 예금등채권의 매입 기간 및 방법 등을 정하여 기금관리위원회의 의결을 거쳐야 한다(동법 시행령11④).

(마) 개산지급금 지급절차 등의 공고

관리기관은 제4항에 따른 의결을 거쳤을 때에는 제10조(보험금 지급 절차 등의 공고)를 준용하여 공고하여야 한다(동법 시행령11⑤).

10. 관리기관의 대위상계권

관리기관은 예금자등을 대신하여 보험금지급공고일 현재 각 예금자등의 예금등채권(예금자등이 다른 사람을 위하여 해당 조합에 담보로 제공하고 있는 예금등채권은 제외)을 각 예금자등이 해당 조합에 대하여 가지고 있는 채무(보증채무는 제외)와 상계할 수 있다(농협구조개선법20).

11. 손해배상청구권의 행사 등

(1) 부실관련자에 대한 손해배상청구의 요구

관리기관은 i) 보험금을 지급한 경우(제1호), ii) 자금지원을 결정하거나 자금지원을 한 경우(제2호)의 어느 하나에 해당할 때에는 해당 부실조합등에 그 부실 또는 부실 우려의 책임이 있다고 인정되는 임직원, 상법 제401조의2 제1항[15] 각 호의 어느 하나에 해당하는 사람, 그 밖의 제3자("부실관련자")에 대하여 손해배상을 청구하도록 요구할 수 있다(농협구조개선법21①).

(2) 손해배상청구의 요구방법

관리기관의 손해배상청구의 요구는 그 이유, 청구방법 및 청구기간을 적은 서면으로 하여야 한다(농협구조개선법21②).

(3) 손해배상청구권의 대위행사

관리기관은 부실조합등이 손해배상청구의 요구에 따르지 아니할 때에는 즉시 그 부실조합등을 대위하여 손해배상을 청구할 수 있다(농협구조개선법21③).

(4) 관리기관의 소송참가

관리기관은 부실조합등이 손해배상청구의 소송을 할 때에는 그 소송의 계속 중 그 부실조합등을 보조하기 위하여 소송에 참가할 수 있다(농협구조개선법21④ 전단). 이 경우 민사소송법 제71조부터 제77조까지의 규정을 준용한다(농협구조개선법21④ 후단).

(5) 부실조합등의 비용 부담

관리기관이 손해배상청구권을 대위 행사하여 소송에서 승소하거나 부실조합등의 요청으로 소송참가를 하는 경우 그 비용은 그 부실조합등이 부담한다(농협구조개선법21⑤).

(6) 파산과 비용청구권

부실조합등이 파산한 경우 부담하지 아니한 비용에 대한 청구권은 재단채권

---

15) 제401조의2(업무집행지시자 등의 책임) ① 다음의 어느 하나에 해당하는 자가 그 지시하거나 집행한 업무에 관하여 제399조, 제401조, 제403조 및 제406조의2를 적용하는 경우에는 그 자를 "이사"로 본다.
1. 회사에 대한 자신의 영향력을 이용하여 이사에게 업무집행을 지시한 자
2. 이사의 이름으로 직접 업무를 집행한 자
3. 이사가 아니면서 명예회장·회장·사장·부사장·전무·상무·이사 기타 회사의 업무를 집행할 권한이 있는 것으로 인정될 만한 명칭을 사용하여 회사의 업무를 집행한 자

으로 본다(농협구조개선법21⑥).

(7) 업무 및 재산 상황 조사

관리기관은 손해배상청구의 요구, 손해배상청구권의 대위 행사 또는 소송참가를 하기 위하여 필요하면 해당 부실조합등의 청산법인 또는 파산재단의 업무 및 재산 상황에 관한 조사를 할 수 있다(농협구조개선법21⑦).

(가) 장부 · 서류와 그 밖의 자료 조사

관리기관은 조사를 하기 위하여 필요하면 소속 직원이 부실조합 또는 부실우려조합의 청산법인 또는 파산재단의 업무 및 재산 상황에 관한 장부 · 서류와 그 밖의 자료를 조사하게 할 수 있다(동법 시행령12①).

(나) 조사의 사유 및 범위 등의 통지

관리기관은 조사를 하는 경우 조사 대상자에게 미리 조사의 사유 및 범위 등 필요한 사항을 통지하여야 한다(동법 시행령 12② 본문). 다만, 사전통지를 할 경우 증거인멸 등으로 조사 목적을 달성할 수 없다고 판단되는 경우에는 그러하지 아니하다(동법 시행령12② 단서).

(다) 의견 진술 기회의 부여

관리기관은 조사를 하는 경우 조사대상자에게 충분히 의견을 진술할 수 있는 기회를 주어야 한다(동법 시행령12③).

(라) 조사결과의 서면 통지

관리기관은 조사를 마쳤을 때에는 그 조사결과를 서면으로 당사자에게 통지하여야 한다(동법 시행령12④).

(8) 부실조합등과의 합병으로 존속하는 조합의 경우

부실조합등과의 합병으로 존속하는 조합에 대하여는 법 제21조 제1항부터 제6항까지의 규정을 준용한다(농협구조개선법21⑧ 전단). 이 경우 관리기관은 해당 조합에 부실관련자에 대한 손해배상청구 또는 소송참가에 필요한 자료의 제출을 요청할 수 있으며, 그 요청을 받은 조합은 특별한 사유가 없으면 요청에 따라야 한다(농협구조개선법21⑧ 후단).

(9) 위반시 제재

(가) 징역 또는 벌금

법 제21조 제7항에 따른 조사를 거부·방해 또는 기피한 자는 1년 이하의 징역 또는 1천만원 이하의 벌금에 처한다(농협구조개선법35①(2)). 법 제21조 제8항 후단을 위반하여 자료를 제출하지 아니하거나 거짓 자료를 제출한 자는 1년 이하의 징역 또는 1천만원 이하의 벌금에 처한다(농협구조개선법35①(3)).

(나) 양벌규정

법 제21조 제7항에 따른 조사를 거부·방해 또는 기피한 자, 법 제21조 제8항 후단을 위반하여 자료를 제출하지 아니하거나 거짓 자료를 제출한 자가 그 조합의 업무에 관하여 위반행위를 하면 그 행위자를 벌하는 외에 그 조합에도 같은 항의 벌금형을 과(科)한다(농협구조개선법35② 전단). 다만, 조합이 그 위반행위를 방지하기 위하여 해당 업무에 관하여 상당한 주의와 감독을 게을리하지 아니한 경우에는 그러하지 아니하다(농협구조개선법35② 후단).

12. 자료 제공의 요청

농림축산식품부장관은 관리기관의 부실관련자에 대한 손해배상청구 또는 소송참가를 위하여 필요하면 공공기관인 관계 중앙행정기관, 지방자치단체, 공공기관운영법에 따른 공공기관, 특별법에 따라 설립된 법인, 어음법 또는 수표법에 따라 지정된 어음교환소의 장에게 부실관련자의 재산에 관한 자료 또는 정보의 제공을 요청할 수 있으며, 그 요청을 받은 공공기관의 장은 특별한 사정이 없으면 요청에 따라야 한다(농협구조개선법22, 동법 시행령13).

13. 배상책임보험 가입

(1) 관리기관의 보험 가입 요구

관리기관은 조합에 대하여 그 조합 임직원의 채무불이행 또는 불법행위로 인한 그 조합의 재산상 손해를 보전하기 위한 보험("보험")에 가입할 것을 요구할 수 있다(농협구조개선법23①).

(가) 가입 대상조합

배상책임보험 가입 대상조합은 자기자본의 잠식 등 대통령령으로 정하는 기준에 해당하는 조합으로 "대통령령으로 정하는 기준에 해당하는 조합"이란 농업협동조합법 제142조(중앙회의 지도) 제2항[16]에 따라 중앙회의 회장이 조합의 경영 상태를 평가한 결과 기금관리위원회가 정하는 기준을 충족하지 못하는 조합을 말한다(동법 시행령14①).

(나) 가입 요구방법

관리기관이 조합에 배상책임보험에 가입할 것을 요구하는 경우에는 보험금의 지급한도 등 농림축산식품부장관이 정하는 사항을 구체적으로 적은 서면으로 하여야 한다(동법 시행령14②).

(다) 보험 가입 기간

관리기관으로부터 배상책임보험에 가입할 것을 요구받은 조합은 요구받은 날부터 6개월 이내에 배상책임보험에 가입하여야 한다(영14③ 본문). 다만, 조합이 배상책임보험에 가입할 경우 정상적인 경영이 어려워지는 등 기금관리위원회가 인정하는 부득이한 사유에 해당할 때에는 2년의 범위에서 관리기관이 정하는 기간 이내에 가입하여야 한다(동법 시행령14③ 단서).

(2) 관리기관의 조합 대리

관리기관은 조합이 보험 가입 요구에 따르지 아니할 때에는 그 조합을 대리하여 보험 가입 계약을 체결할 수 있다(농협구조개선법23②).

(3) 납입 보험료에서의 공제

관리기관은 조합을 대리하여 체결한 보험 가입 계약에서 조합이 체결된 보험 가입 계약의 보험료 등을 부담하지 아니할 때에는 그 조합이 제13조(보험료의 납입) 제1항에 따라 납입한 보험료에서 이를 공제할 수 있다(농협구조개선법23③ 전단). 이 경우 이에 상당하는 금액은 보험료를 납입하지 아니한 것으로 본다(농협구조개선법23③ 후단).

14. 자금지원

자금지원이란 관리기관이 기금의 부담으로 부실조합 또는 부실우려조합 등

16) ② 회장은 회원의 경영 상태 및 회원의 정관으로 정하는 경제사업 기준에 대하여 그 이행 현황을 평가하고, 그 결과에 따라 그 회원에게 경영 개선 요구, 합병 권고 등의 필요한 조치를 하여야 한다. 이 경우 조합장은 그 사실을 지체 없이 공고하고 서면으로 조합원에게 알려야 하며, 조치 결과를 조합의 이사회 및 총회에 보고하여야 한다.

에 대하여 재무구조의 개선을 위하여 i) 출연 또는 자산의 매입(제1호), ii) 채무의 보증 또는 인수(제2호), iii) 자금의 대출(제3호)에 해당하는 지원을 하는 것을 말한다(농협구조개선법2(10).

(1) 자금지원의 신청

다음의 어느 하나에 해당하는 자, 즉 i) 부실조합등을 계약이전 또는 합병에 의하여 인수하거나 사업을 양수하려는 자(제1호), ii) 제3조(중앙회의 책무 등) 제3항[17]에 따른 시정요구에 따라 합병계획을 수립·추진하는 조합을 합병에 의하여 인수하려는 자(제2호)는 관리기관에 자금지원을 신청할 수 있다(농협구조개선법24).

(2) 자금지원의 결정

(가) 기금관리위원회의 의결

관리기관은 i) 자금지원 신청을 받은 경우(제1호), ii) 부실조합의 합병, 사업양도 또는 계약이전이 원활하게 이루어지도록 하기 위하여 필요하다고 인정되는 경우(제2호)에는 기금관리위원회의 의결에 따라 자금지원을 할 수 있다(농협구조개선법25①).

(나) 자금지원의 기준·방법·조건 등의 결정

자금지원의 기준·방법·조건, 그 밖에 필요한 사항은 기금관리위원회가 정한다(농협구조개선법25②).

(3) 부실우려조합에 대한 지원

(가) 기금관리위원회의 의결

관리기관은 예금자등의 보호와 신용질서의 안정을 위하여 부실우려조합의 재무구조 개선이 필요하다고 인정될 때에는 기금관리위원회의 의결에 따라 그 부실우려조합에 자금지원을 할 수 있다(농협구조개선법26①).

---

17) ③ 중앙회는 조합의 부실을 방지하기 위하여 부실조합 또는 부실우려조합("부실조합등")에 이르지 아니하였으나 부실 발생 가능성이 높거나 경영 위험이 증가하고 있는 조합에 대하여 업무 및 재산 상황에 관련된 자료의 제출을 요구하거나 경영상태를 실제 조사한 후 농림축산식품부장관의 승인을 받아 시정을 요구할 수 있다.

(나) 자금지원의 기준 · 방법 · 조건 등의 결정

자금지원의 기준·방법·조건, 그 밖에 필요한 사항은 기금관리위원회가 정한다(농협구조개선법26②).

(4) 자금지원의 원칙

(가) 공평한 손실 부담

관리기관은 자금을 지원할 때 지원 대상 조합의 부실에 책임이 있는 자의 공평한 손실 분담을 전제로 지원하여야 한다(농협구조개선법27①).

(나) 분할지원

1) 원칙

관리기관은 자금지원 대상 조합의 자체 구조조정 노력을 전제로 자금을 지원하여야 한다(농협구조개선법27② 전단). 이 경우 지원은 2회 이상 나누어 하여야 한다(농협구조개선법27② 후단).

2) 예외

예금대지급(預金代支給) 등 i) 보험금을 지급하는 경우(제1호), ii) 예금등채권을 매입하는 경우(제2호), iii) 자금지원을 하는 경우(다만, 자금지원을 받는 자가 부실조합 또는 부실우려조합인 경우는 제외)(제3호), iv) 가지급금을 지급하는 경우(제4호), v) 그 밖에 조합의 구조개선을 위하여 불가피하다고 인정되는 경우로서 기금관리위원회의 의결을 거쳐 자금을 지원하는 경우(다만, 자금을 지원받는 자가 부실조합 또는 부실우려조합인 경우는 제외)(제5호)에는 그러하지 아니하다(농협구조개선법27② 단서, 동법 시행령15).

15. 경영정상화 이행약정의 체결

(1) 자금지원과 경영정상화 이행약정의 체결

(가) 원칙

관리기관은 조합에 자금을 지원하려면 그 조합과 경영정상화 이행약정("약정")을 체결하여야 한다(농협구조개선법28① 본문).

(나) 예외

부실조합이나 부실우려조합이 아닌 조합의 경우에는 중앙회 예치 등 지원자금의 안정적 운용 및 상환 계획에 관한 사항(농협구조개선법28②(3)) 외에는 약정을 체결하지 아니할 수 있다(농협구조개선법28① 단서, 동법 시행령16①).

(2) 필수적 포함사항

약정에는 해당 조합의 경영정상화를 위한 i) 순자본비율 등 대통령령으로 정하는 재무건전성 기준[18]에 관한 목표 수준(제1호), ii) 자산 대비 수익률 등 대통령령으로 정하는 수익성 기준[19]에 관한 목표 수준(제2호), iii) 중앙회 예치 등 지원 자금의 안정적 운용 및 상환 계획에 관한 사항(제3호), iv) 부실채권비율 등 대통령령으로 정하는 자산건전성[20]에 관한 목표 수준(제4호), v) 그 밖에 해당 조합의 경영정상화를 위하여 필요하다고 대통령령으로 정하는 사항(제5호)을 포을 포함하여야 한다(농협구조개선법28②).

총자산 대비 순자본의 비율 등의 구체적인 기준 등은 기금관리위원회에서 정한다(동법 시행령16⑤).

(3) 약정 내용의 공개 여부

관리기관은 약정의 내용을 전자매체 등을 통하여 공개하여야 한다(법28③ 본문). 다만, 해당 조합의 경영에 중대한 영향을 미칠 수 있는 내용으로서 i) 부동산·채권 등 보유자산의 매각에 관한 사항(제1호), ii) 경영정상화계획을 추진하기 위한 방법에 관한 사항(제2호) 중 어느 하나에 해당하는 사항은 그러하지 아니하다(농협구조개선법28③ 단서, 동법 시행령17).

(4) 이행 실적의 보고

관리기관은 국회 소관 상임위원회에서 요구할 때에는 약정의 이행 실적을 보고하여야 한다(농협구조개선법28④).

---

18) "대통령령으로 정하는 재무건전성 기준"이란 「신용협동조합법」 제83조의3 제1항 제1호에 따라 금융위원회가 조합에 대하여 정하는 총자산 대비 순자본의 비율을 말한다(영16② 전단). 이 경우 총자산 대비 순자본의 비율의 산출과 관련된 자산, 부채 및 대손충당금은 신용사업 외의 사업에서 발생한 것을 포함한다(동법 시행령16② 후단).

19) "대통령령으로 정하는 수익성 기준"이란 i) 자산 또는 자본에 대한 수익의 비율(제1호), ii) 수익에 대한 비용의 비율(제2호), iii) 임직원 1인당 생산성(제3호)을 말한다(동법 시행령16③).

20) "대통령령으로 정하는 자산건전성"이란 i) 대출채권에 대한 연체채권의 비율(제1호), ii) 대출채권에 대한 부실채권의 비율(제2호)을 말한다(동법 시행령16④).

(5) 임원의 해임 또는 직무정지, 직원의 징계 요구

농림축산식품부장관이나 관리기관의 장은 기금이 지원된 조합의 임직원이 i) 농협구조개선법이나 농협구조개선법에 따른 명령 또는 지시를 위반한 경우(제1호), ii) 약정의 내용을 이행하지 아니한 경우(제2호), iii) 거짓으로 보고하거나 진술한 경우(제3호)에는 그 조합에 임원의 해임이나 직무정지 또는 직원의 징계를 요구할 수 있다(농협구조개선법28⑤).

제3편

조합공동사업법인

제1장 / 설 립

제1절 목적과 명칭

Ⅰ. 설립목적

조합공동사업법인은 사업의 공동수행을 통하여 농산물이나 축산물의 판매·유통 등과 관련된 사업을 활성화함으로써 농업의 경쟁력 강화와 농업인의 이익 증진에 기여하는 것을 목적으로 한다(법112). 조합공동사업법인은 주된 사무소의 소재지에서 설립등기를 함으로써 성립한다(법112의11①, 법18①).

Ⅱ. 법인격 등

1. 법인격

농업협동조합법에 따라 설립되는 조합공동사업법인은 법인으로 한다(법112의3①).

2. 명칭

조합공동사업법인은 그 명칭 중에 지역명이나 사업명을 붙인 조합공동사업법인의 명칭을 사용하여야 한다(법112의3②). 조합공동사업법인이 아니면 그 명칭 중에 지역명이나 사업명을 붙인 조합공동사업법인의 명칭 또는 이와 유사한 명칭을 사용하지 못한다(법112의3③).

3. 지사무소

조합공동사업법인은 정관으로 정하는 기준과 절차에 따라 지사무소(支事務所)를 둘 수 있다(법112조의11①, 법14②).

제2절 사업

조합공동사업법인은 그 목적을 달성하기 위하여 i) 회원을 위한 물자의 공동구매 및 상품의 공동판매와 이에 수반되는 운반·보관 및 가공사업(제1호), ii) 회원을 위한 상품의 생산·유통 조절 및 기술의 개발·보급(제2호), iii) 회원을 위한 자금 대출의 알선과 공동사업을 위한 국가·공공단체, 중앙회, 농협경제지주회사 및 그 자회사 또는 농협은행으로부터의 자금 차입(제3호), iv) 국가·공공단체·조합·중앙회·농협경제지주회사 및 그 자회사 또는 다른 조합공동사업법인이 위탁하는 사업(제4호), v) 그 밖에 회원의 공동이익 증진을 위하여 정관으로 정하는 사업(제5호)의 전부 또는 일부를 수행한다(법112의8).

제3절 설립인가 등

Ⅰ. 정관 작성과 창립총회 의결

조합공동사업법인을 설립하려면 2개 이상의 조합이 발기인이 되어 정관을 작성하고 창립총회의 의결을 거친 후 농림축산식품부장관의 인가를 받아야 한다(법112의5①).

Ⅱ. 설립인가 기준 및 절차

1. 설립인가 기준

조합공동사업법인의 설립인가에 필요한 기준은 i) 회원의 자격이 있는 설립동의자(조합에 한정)가 2개 이상이어야 하고(제1호), ii) 회원의 자격이 있는 설립동의자의 출자금납입확약총액이 3억원 이상(제2호)이어야 한다(법112의5②, 영11의2①).

2. 설립인가 절차

조합공동사업법인의 설립인가를 받으려는 자는 설립인가신청서에 i) 정관(제1호), ii) 창립총회의사록(제2호), iii) 사업계획서(제3호), iv) 임원명부(제4호), v) 회원의 자격과 조합공동사업법인의 설립인가기준에 적합함을 증명할 수 있는 서류(제5호), vi) 분할 또는 합병을 의결한 총회의사록 또는 회원투표록(분할 또는 합병에 따른 설립의 경우만 해당하며, 신설되는 조합공동사업법인이 승계하여야 할 권리·의무의 범위가 의결사항으로 적혀 있어야 한다)(제6호)을 첨부하여 농림축산식품부장관에게 제출하여야 한다(법112의5②, 영11의2② 본문, 영3).

Ⅲ. 조합 설립인가 규정 준용

조합공동사업법인의 설립인가에 관하여는 조합 설립에 관한 제15조(설립인가 등) 제2항부터 제6항까지의 규정을 준용한다(법112의5③).

제2장 회 원

제1절 자격 등

Ⅰ. 자격

조합공동사업법인의 회원은 조합, 중앙회, 농협경제지주회사 및 그 자회사(해당 사업 관련 자회사에 한정), 농어업경영체법 제16조에 따른 영농조합법인, 같은 법 제19조에 따른 농업회사법인으로 한다(법112의4① 전단).

Ⅱ. 가입

1. 가입 신청과 제출서류

조합공동사업법인의 회원이 되려는 자("가입신청자")는 ⅰ) 법인의 명칭·법인등록번호·주된 사무소의 소재지, 대표자의 성명·주민등록번호 및 주소(제1호), ⅱ) 구성원수(제2호), ⅲ) 인수하고자 하는 출자좌수(제3호), ⅳ) 주된 사업의 종류(제4호), ⅴ) 법인운영 참여 및 사업이용 동의(제5호)를 적은 가입신청서에 정관과 가입을 의결한 총회의사록(이사회의 의결을 필요로 하는 경우에는 이사회의사록), 법인등기부등본, 사업계획서, 재무상태표 및 손익계산서를 붙여 법인에 제출한다(조합공동사업법인 정관례8①).

2. 자격심사와 가입 승낙여부 통지

조합공동사업법인은 가입신청서를 접수하였을 때에는 이사회에 부의하여 회원으로서의 자격유무를 심사하고, 가입 승낙여부를 서면으로 가입신청자에게 알린다(조합공동사업법인 정관례8②).

3. 회원 자격의 취득

가입신청자는 제1회의 출자를 납입함으로써 회원이 되며, 법인은 이를 회원 명부에 적는다(조합공동사업법인 정관례8③).

Ⅲ. 탈퇴

1. 임의탈퇴

회원은 조합공동사업법인에 탈퇴 의사를 알리고 탈퇴할 수 있다(법112의11①, 법29①).

2. 당연탈퇴

회원이 i) 회원의 자격이 없는 경우(제1호), ii) 사망한 경우(제2호), iii) 파산한 경우(제3호), iv) 성년후견개시의 심판을 받은 경우(제4호), v) 회원인 법인이 해산한 경우(제5호)의 어느 하나에 해당하면 당연히 탈퇴된다(법112의11①, 법29②).

3. 이사회의 당연탈퇴 사유 확인의무

이사회는 회원의 전부 또는 일부를 대상으로 당연탈퇴 사유 중 어느 하나에 해당하는지를 확인하여야 한다(법112의11①, 법29③).

Ⅳ. 제명

1. 제명 사유

조합공동사업법인은 회원이 i) 1년 이상 조합공동사업법인의 사업을 이용하지 아니한 경우(제1호), ii) 출자 및 경비의 납입, 그 밖의 조합공동사업법인에 대한 의무를 이행하지 아니한 경우(제2호), iii) 정관으로 금지한 행위를 한 경우(제3호)의 어느 하나에 해당하면 총회의 의결을 거쳐 제명할 수 있다(법112의11①, 법30①).

2. 제명 사유의 통지 및 의견진술 기회 부여

조합공동사업법인은 회원이 제명 사유 중 어느 하나에 해당하면 총회 개회 10일 전까지 그 회원에게 제명의 사유를 알리고 총회에서 의견을 진술할 기회를 주어야 한다(법112의11①, 법30②).

Ⅴ. 의결 취소의 청구 등

1. 의결 취소 또는 무효확인의 사유

회원은 총회(창립총회를 포함)의 소집절차, 의결 방법, 의결 내용 또는 임원의 선거가 법령, 법령에 따른 행정처분 또는 정관을 위반한 것을 사유로 하여 그 의결이나 선거에 따른 당선의 취소 또는 무효확인을 농림축산식품부장관에게 청구하거나 이를 청구하는 소를 제기할 수 있다(법112의11①, 법33① 본문).

다만, 농림축산식품부장관은 회원의 청구와 같은 내용의 소가 법원에 제기된 사실을 알았을 때에는 제2항 후단에 따른 조치를 하지 아니한다(법112의11①, 법33① 단서).

2. 청구 기간 등

농림축산식품부장관에게 청구하는 경우에는 의결일이나 선거일부터 1개월 이내에 회원 300인 또는 5% 이상의 동의를 받아 청구하여야 한다(법112의11①, 법33② 전단). 이 경우 농림축산식품부장관은 그 청구서를 받은 날부터 3개월 이내에 이에 대한 조치 결과를 청구인에게 알려야 한다(법112의11①, 법33② 후단).

3. 상법의 준용

위의 법 제33조 제1항에 따른 소에 관하여는 상법 제376조(결의취소의 소), 제377조(제소주주의 담보제공의무), 제378조(결의취소의 등기), 제379조(법원의 재량에 의한 청구기각), 제380조(결의무효 및 부존재확인의 소), 제381조(부당결의의 취소, 변경의 소)를 준용한다(법112의11①, 법33③).

4. 취소청구서 또는 무효확인청구서 제출

의결 취소의 청구 등에 필요한 사항은 농림축산식품부령으로 정한다(법112의11①, 법33④).

법 제33조(법 제112조의11에서 준용하는 경우를 포함)에 따라 총회(창립총회를 포함)의 의결이나 선거에 따른 당선의 취소 또는 무효확인을 청구하려는 자는 청구의 취지·이유 및 위반되었다고 주장하는 규정을 명기한 취소청구서 또는 무효확인청구서에 총회의사록 또는 선거록 사본 및 사실관계를 증명할 수 있는 서류를 첨부하여 농림축산식품부장관에게 제출하여야 한다(시행규칙6).

제2절 책임

Ⅰ. 회원의 책임

1. 출자액 한도

회원의 책임은 그 출자액을 한도로 한다(법112의11①, 법24①).

2. 운영과정 참여 의무

회원은 조합공동사업법인의 운영과정에 성실히 참여하여야 하며, 생산한 농산물이나 축산물을 조합공동사업법인을 통하여 출하하는 등 그 사업을 성실히 이용하여야 한다(법24②, 법107①, 법112①).

Ⅱ. 경비와 과태금

1. 경비와 과태금의 부과

조합공동사업법인은 정관으로 정하는 바에 따라 회원에게 경비와 과태금을 부과할 수 있다(법112의11①, 법25①).

2. 상계 금지

회원은 경비와 과태금을 납부할 때 조합공동사업법인에 대한 채권과 상계할 수 없다(법112의11①, 법25②).

제3절 의결권

Ⅰ. 출자액 비례

회원은 출자액에 비례하여 의결권을 가진다(법112의4③).

Ⅱ. 의결권의 대리

1. 의결권의 대리 행사

회원은 대리인에게 의결권을 행사하게 할 수 있다(법112의11①, 법27① 전단). 이 경우 그 회원은 출석한 것으로 본다(법112의11①, 법27① 후단).

2. 대리인의 자격

대리인은 다른 회원이어야 하며, 대리인은 회원의 의결권 수에 따라 대리할 수 있다(법112의11①, 법27②).

3. 대리권의 증명

대리인은 대리권을 증명하는 서면을 조합공동사업법인에 제출하여야 한다(법112의11①, 법27③).

제4절 준회원

Ⅰ. 준회원의 자격

다른 조합공동사업법인은 준회원으로 가입할 수 있다(법112의4① 후단).

Ⅱ. 준회원의 가입 · 탈퇴

1. 가입 신청과 제출서류

준회원으로 가입하고자 하는 법인은 i) 법인의 명칭·법인등록번호·주된 사무소의 소재지, 대표자의 성명·주민등록번호 및 주소(제1호), ii) 구성원수(제2호), iii) 납입하고자 하는 가입금(제3호), iv) 주된 사업의 종류(제4호), v) 다른 조합공동사업법인에의 가입 유무(제5호)를 적은 가입신청서에 법인정관을 붙여 본 법인에 제출한다(조합공동사업법인 정관례14①).

2. 탈퇴와 제명

회원의 탈퇴 및 제명에 관한 규정은 준회원의 경우에 준용한다(조합공동사업법인 정관례14②).

Ⅲ. 준회원의 권리 · 의무

1. 준회원의 권리

준회원은 사업이용권·이용고배당청구권 및 가입금환급청구권을 가진다(조합공동사업법인 정관례15①).

2. 준회원의 의무

준회원은 출자를 하지 아니하되, 법인의 규정에서 정하는 바에 따라 가입금·경비 및 과태금을 납입한다(법112의4②, 조합공동사업법인 정관례15②).

제3장 / 출자금

제1절 종류 및 내용

Ⅰ. 출자

조합공동사업법인의 회원이 되려는 자는 정관으로 정하는 바에 따라 출자하여야 한다(법112의4② 본문). 다만, 조합이 아닌 회원이 출자한 총액은 조합공동사업법인 출자 총액의 50%(중앙회와 농협경제지주회사 및 그 자회사는 합산하여 30%) 미만으로 한다(법112의4② 단서).

1. 정관이 정하는 좌수 이상의 출자

회원은 정관으로 정하는 좌수 이상을 출자하여야 한다(법112의11①, 법21①).

2. 출자 1좌의 금액

출자 1좌의 금액은 균일하게 정하여야 한다(법112의11①, 법21②). 출자 1좌의 금액은 정관으로 정한다(법112의11①, 법21③).

3. 질권설정 금지

회원의 출자액은 질권의 목적이 될 수 없다(법112의11①, 법21④).

4. 상계 금지

회원은 출자의 납입 시 조합공동사업법인에 대한 채권과 상계할 수 없다(법112의11①, 법21⑤).

Ⅱ. 우선출자

1. 서설

(1) 의의

우선출자란 우선적 배당을 받을 목적으로 하는 출자로서 회원보다 우선적으로 배당을 받는 출자를 말한다.

(2) 제도적 취지

우선출자제도의 도입은 자본조달 능력이 취약한 조합공동사업법인의 현실을 고려하여 자본금의 확충으로 조합공동사업법인의 경영안정과 사업활성화를 도모하기 위함이다.

(3) 준용규정

조합공동사업법인의 우선출자에 관하여는 제147조(우선출자)를 준용한다(법112의11②, 법147).

2. 우선출자 발행 등

(1) 우선출자 발행

조합공동사업법인은 자기자본의 확충을 통한 경영의 건전성을 도모하기 위하여 정관으로 정하는 바에 따라 잉여금 배당에서 우선적 지위를 가지는 우선출자를 발행할 수 있다(법112의11②, 법147①).

(2) 우선출자 1좌의 금액과 우선출자의 총액

우선출자 1좌의 금액은 출자 1좌의 금액과 같아야 하며, 우선출자의 총액은 자기자본의 2분의 1을 초과할 수 없다(법112의11②, 법147②).

(3) 의결권과 선거권 불인정

우선출자에 대하여는 의결권과 선거권을 인정하지 아니한다(법112의11②, 법147③).

(4) 우선출자에 대한 배당과 배당률

우선출자에 대한 배당은 출자에 대한 배당보다 우선하여 실시하되, 그 배당률은 정관으로 정하는 최저 배당률과 최고 배당률 사이에서 정기총회에서 정한다(법112의11②, 법147④).

(5) 우선출자 발행사항의 공고

조합공동사업법인은 우선출자를 발행할 때에는 우선출자의 납입기일 2주 전까지 발행하려는 우선출자의 내용, 좌수(座數), 발행가액, 납입기일 및 모집방법을 공고하고 출자자 및 우선출자자에게 알려야 한다(영23).

3. 우선출자의 청약 등

(1) 우선출자의 청약

우선출자의 청약을 하려는 자는 우선출자청약서에 인수하려는 우선출자의 좌수 및 인수가액과 주소를 적고 기명날인하여야 한다(영24①).

우선출자청약서의 서식은 대표이사가 작성하되, i) 조합공동사업법인의 명칭, ii) 출자 1좌의 금액 및 총좌수, iii) 우선출자 총좌수의 최고한도, iv) 이미 발행한 우선출자의 종류 및 종류별 좌수, v) 조합공동사업법인의 자기자본, vi) 발행하려는 우선출자의 액면금액, 내용 및 좌수, vii) 발행하려는 우선출자의 발행가액 및 납입기일, viii) 우선출자의 매입소각을 하는 경우에는 그에 관한 사항이 포함되어야 한다(영24②).

(2) 우선출자 금액의 납입 등

우선출자의 청약을 한 자는 대표이사가 배정한 우선출자의 좌수에 대하여 우선출자를 인수할 수 있다(영25①). 이에 따라 우선출자를 인수하려는 자는 납입기일까지 우선출자 발행가액의 전액을 납입하여야 한다(영25②).

우선출자를 인수한 자는 우선출자 발행가액의 납입기일의 다음날부터 우선출자자가 된다(영25③).

4. 우선출자증권의 발행 등

(1) 우선출자증권의 발행

우선출자의 전액납입이 있은 후가 아니면 우선출자증권("증권")을 발행할 수 없다(영26①). 조합공동사업법인은 우선출자의 납입기일 후 지체 없이 증권을 발행하여야 한다(영26②).

(2) 우선출자증권의 형식

우선출자증권은 기명식으로 한다(영27).

(3) 우선출자증권의 기재사항

증권에는 조합공동사업법인의 명칭, 우선출자의 액면금액, 우선출자의 내용, 증권번호, 발행 연월일, 우선출자 좌수 및 우선출자자의 성명(법인의 경우에는 명칭)을 적고 대표이사가 기명날인하여야 한다(영28).

5. 우선출자자명부의 비치 및 기재사항 등

(1) 우선출자자명부의 비치 및 기재사항

조합공동사업법인은 주된 사무소에 우선출자자명부를 갖춰 두고 증권소유자의 성명과 주소, 증권의 수와 번호, 증권의 취득 연월일을 적어야 한다(영29).

(2) 우선출자의 매입소각

조합공동사업법인은 이사회의 의결을 거쳐 우선출자를 매입하여 소각할 수 있다(영30).

(3) 우선출자자의 책임

우선출자자의 책임은 그가 가진 우선출자의 인수가액을 한도로 한다(영30

의2).

6. 우선출자의 양도

(1) 양도와 그 효력

우선출자는 양도할 수 있다(영30의3① 본문). 다만, 증권 발행 전의 양도는 조합공동사업법인은 대하여 효력이 없다(영30의3① 단서).

(2) 양도방법

우선출자를 양도할 때에는 증권을 내주어야 한다(영30의3②).

(3) 점유자의 소지인 추정

증권의 점유자는 적법한 소지인으로 추정한다(영30의3③).

(4) 증권 명의변경의 대항력

증권의 명의변경은 취득자의 성명과 주소를 우선출자자 명부에 등록하고 그 성명을 증권에 적지 아니하면 조합공동사업법인이나 그 밖의 제3자에게 대항하지 못한다(영30의3④).

(5) 등록질권의 대항력

증권을 질권(質權)의 목적으로 하는 경우에는 질권자의 성명과 주소를 우선출자자 명부에 등록하지 아니하면 조합공동사업법인이나 그 밖의 제3자에게 대항하지 못한다(영30의3⑤).

7. 우선출자자 총회

(1) 정관변경

조합공동사업법인은 정관이 변경되어 우선출자자에게 손해를 미치게 되는 경우에는 우선출자자 총회의 의결을 거쳐야 한다(영30의4①).

(2) 의결정족수

우선출자자 총회의 의결은 발행한 우선출자 총좌수의 과반수의 출석과 출석한 출자좌수의 3분의 2 이상의 찬성이 있어야 한다(영30의4②).

(3) 운영사항

우선출자자 총회의 운영 등에 필요한 사항은 정관으로 정한다(영30의4③).

8. 통지와 최고

우선출자자신청인 또는 우선출자자에 대한 통지나 최고는 따로 그 주소를 조합공동사업법인에 통지한 때를 제외하고는 우선출자청약서 또는 우선출자자명부에 적힌 주소로 한다(영31).

9. 우선출자의 금지

조합공동사업법인은 조합에 대한 우선출자를 할 수 없다(영31의2③(2)).

Ⅲ. 회전출자

1. 사업이용 배당금의 재출자

조합공동사업법인은 출자 외에 정관으로 정하는 바에 따라 그 사업의 이용실적에 따라 회원에게 배당할 금액의 전부 또는 일부를 그 회원으로 하여금 출자하게 할 수 있다(법112의11①, 법22 전단).

2. 상계 금지

회원은 배당받을 금액을 조합공동사업법인에 대한 채무와 상계할 수 없다(법112의11①, 법22 후단).

3. 출자금 전환 기간

회전출자금은 출자 후 5년이 경과하면 출자금으로 전환할 수 있다(조합공동사업법인 정관례18③).

제2절 환급

Ⅰ. 지분환급청구권과 환급정지

1. 지분환급청구권의 행사

탈퇴 회원(제명된 회원 포함)은 탈퇴(제명 포함) 당시의 회계연도의 다음 회계연도부터 정관으로 정하는 바에 따라 그 지분의 환급을 청구할 수 있다(법112의11①, 법31①).

2. 지분환급청구권 행사기간

청구권은 2년간 행사하지 아니하면 소멸된다(법112의11①, 법31②).

3. 환급정지

조합공동사업법인은 탈퇴 회원(제명된 회원 포함)이 조합공동사업법인에 대한 채무를 다 갚을 때까지는 지분의 환급을 정지할 수 있다(법112의11①, 법31③).

Ⅱ. 탈퇴 회원의 손실액 부담

1. 손실액 납입청구

조합공동사업법인은 조합공동사업법인의 재산으로 그 채무를 다 갚을 수 없는 경우에는 환급분을 계산할 때 정관으로 정하는 바에 따라 탈퇴 회원(제명된 회원 포함)이 부담하여야 할 손실액의 납입을 청구할 수 있다(법112의11①, 법32 전단).

2. 행사시기

탈퇴 회원(제명된 회원 포함)은 탈퇴(제명 포함) 당시의 회계연도의 다음 회계연도부터 정관으로 정하는 바에 따라 그 지분의 환급을 청구할 수 있다(법112의11①, 법32 후단).

3. 행사기간

청구권은 2년간 행사하지 아니하면 소멸된다(법112의11①, 법32 후단).

제3절 지분의 양도

Ⅰ. 지분양도 금지

회원은 조합공동사업법인의 승인 없이 그 지분을 양도할 수 없다(법112의11①, 법23①).

Ⅱ. 비회원의 지분 양수 조건

회원이 아닌 자가 지분을 양수하려면 가입신청, 자격심사 등 가입의 예에 따른다(법112의11①, 법23②).

Ⅲ. 양수인의 권리의무 승계

지분양수인은 그 지분에 관하여 양도인의 권리의무를 승계한다(법112의11①, 법23③).

Ⅳ. 지분공유 금지

회원의 지분은 공유할 수 없다(법112의11①, 법23④).

제4장 지배구조

제1절 총회

Ⅰ. 정기총회와 임시총회

조합공동사업법인에 총회를 두며(법112의11①, 법34①), 총회는 회원으로 구성한다(법112의11①, 법34②).

1. 정기총회 소집

정기총회는 매년 1회 회계연도 종료 후 2개월 이내에 대표이사가 이를 소집한다(법112의11①, 법34③, 조합공동사업법인 정관례30).

2. 임시총회 소집

임시총회는 i) 대표이사가 필요하다고 인정한 때, ii) 이사회가 필요하다고 인정하여 소집을 청구한 때, iii) 회원이 회원 10% 이상의 동의를 받아 소집의 목적과 이유를 적은 서면을 제출하여 대표이사에게 소집을 청구한 때, iv) 감사가 조합공동사업법인의 재산상황이나 업무집행에 부정한 사실이 있는 것을 발견하고 그 내용을 총회에 신속히 보고할 필요가 있다고 인정하여 대표이사에게 소집을 요구한 때에 대표이사가 이를 소집한다(법112의11①, 법34③, 조합공동사업법인 정관례31①).

대표이사는 위 ii) 및 iii)에 따른 청구를 받으면 정당한 사유가 없는 한 2주일 이내에 총회소집통지서를 발송하여야 하며, 위 iv)의 경우에는 7일 이내에 총회소집통지서를 발송하여야 한다(법34③, 조합공동사업법인 정관례31②).

Ⅱ. 총회 의결사항 등

1. 총회 의결사항

다음의 사항, 즉 i) 정관의 변경, ii) 해산·합병·분할, iii) 회원의 제명, iv) 임원의 선출 및 해임, v) 대표이사 및 감사에 대한 징계 및 변상(감독기관 또는 중앙회장으로부터 조치요구가 있는 경우를 제외), vi) 규약의 제정·개정 및 폐지, vii) 사업계획의 수립, 수지예산의 편성과 사업계획 및 수지예산 중 다음 사항의 변경, 즉 ㉠ 수지예산 확정 후 발생한 사유로 소요되는 총지출예산의 추가편성에 관한 사항(다만, 비례성 예산과 규정에서 정하는 법적 의무비용·영업외비용 및 특별손실의 경우에는 그러하지 아니하다), ㉡ 업무용 부동산 취득과 관련된 총액 1억원 이상의 예산 추가편성 또는 1억원 이상의 업무용 부동산 취득예산의 용도조정에 관한 사항, viii) 사업보고서, 재무상태표, 손익계산서, 잉여금처분안과 손실금처리안, ix) 중앙회 및 다른 조합공동사업법인에 가입 및 탈퇴하는 것, x) 임원의 보수 및 실비변상, xi) 그 밖에 대표이사나 이사회가 필요하다고 인정하는 사항은 총회의 의결을 거쳐야 한다(법112의11①, 법35①, 조합공동사업법인 정관례35①).

2. 농림축산식품부장관의 인가와 효력 발생

위의 i) 정관의 변경, ii) 해산·합병 사항은 농림축산식품부장관의 인가를 받지 아니하면 효력을 발생하지 아니한다(법112의11①, 법35② 본문). 다만, i) 정관의 변경을 농림축산식품부장관이 정하여 고시한 정관례에 따라 변경하는 경우에는 그러하지 아니하다(법112의11①, 법35② 단서).

조합공동사업법인이 해산, 합병, 또는 분할의 인가를 받으려는 경우에는 인가신청서에 해당 사항을 의결한 총회 의사록을 첨부하여 농림축산식품부장관에게 제출하여야 한다(시행규칙7).

3. 총회 의결사항의 서면 부의

총회의결사항을 부의하는 때에는 이를 서면으로 하여야 한다(조합공동사업법인 정관례35②).

Ⅲ. 총회의 개의와 의결

1. 총회의 보통결의

총회는 농업협동조합법에 다른 규정이 있는 경우를 제외하고는 의결권 총수의 과반수에 해당하는 회원의 출석으로 개의하고 출석한 회원의 의결권 과반수의 찬성으로 의결한다(법112의11①, 법38 본문).

2. 총회의 특별결의

다음의 사항, 즉 i) 정관의 변경, ii) 해산·분할, iii) 회원의 제명은 의결권 총수의 과반수에 해당하는 회원의 출석과 출석한 회원의 의결권 3분의 2 이상의 찬성으로 의결한다(법112의11①, 법38 단서).

Ⅳ. 총회의 소집청구

1. 회원의 소집 청구

회원은 회원 300인 또는 10% 이상의 동의를 받아 소집의 목적과 이유를 서면에 적어 대표이사에게 제출하고 총회의 소집을 청구할 수 있다(법112의11①, 법36①).

대표이사는 청구를 받으면 2주일 이내에 총회소집통지서를 발송하여야 한다(법112의11①, 법36②).

2. 감사의 총회소집

총회를 소집할 사람이 없거나 대표이사의 총회소집통지서를 발송 기간(법36②) 이내에 정당한 사유 없이 대표이사가 총회소집통지서를 발송하지 아니할 때에는 감사가 5일 이내에 총회소집통지서를 발송하여야 한다(법112의11①, 법36③). 이 경우 감사가 의장의 직무를 대행한다(조합공동사업법인 정관례32② 후단).

3. 회원대표의 총회소집

다음의 경우, 즉 i) 감사가 정당한 사유없이 총회소집사유가 발생한 날부터 5일 이내에 총회소집통지서를 발송하지 아니할 때, ii) 임원의 결원으로 총회를 소집할 사람이 없는 때에는 회원 10% 이상의 동의를 얻은 회원대표가 총회를 소집한다(법112의11①, 법36④ 전단). 이 경우 회원대표가 의장의 직무를 수행한다(법112의11①, 법36④ 후단).

Ⅴ. 총회소집의 통지

1. 회원에 대한 통지와 최고

조합공동사업법인이 회원에게 통지나 최고를 할 때에는 회원명부에 적힌 회원의 주소나 거소로 하여야 한다(법112의11①, 법37①). 회원명부에는 i) 회원의 성명과 주소 또는 거소, ii) 회원의 가입 연월일을 적어야 한다(영4의3).

2. 총회소집의 통지 기간

총회를 소집하려면 총회 개회 7일 전까지 회의 목적 등을 적은 총회소집통지서를 회원에게 발송하여야 한다(법112의11①, 법37② 본문). 다만, 같은 목적으로 총회를 다시 소집할 때에는 개회 전날까지 알린다(법112의11①, 법37② 단서).

Ⅵ. 의결권의 제한 등

1. 의결권 제한 사항

총회에서는 통지한 사항에 대하여만 의결할 수 있다(법112의11①, 법39① 본문). 다만, i) 정관의 변경, ii) 해산·분할, iii) 회원의 제명, iv) 합병, v) 임원의 선출 및 해임을 제외한 긴급한 사항으로서 의결권 총수의 과반수에 해당하는 회원의 출석과 출석한 회원의 의결권 3분의 2 이상의 찬성이 있을 때에는 그러하지 아니하다(법112의11①, 법39① 단서).

2. 이해상충과 결의 배제

조합공동사업법인과 회원의 이해가 상반되는 의사를 의결할 때에는 해당 회원은 그 의결에 참여할 수 없다(법112의11①, 법39②).

3. 회원제안

(1) 의의

회원은 회원 100인이나 3% 이상의 동의를 받아 총회 개회 30일 전까지 대표이사에게 서면으로 일정한 사항을 총회의 목적 사항으로 할 것을 제안("회원제안")할 수 있다(법112의11①, 법39③ 전단).

(2) 설명기회 부여

회원제안의 내용이 법령이나 정관을 위반하는 경우를 제외하고는 이를 총회의 목적 사항으로 하여야 하고, 회원제안을 한 자가 청구하면 총회에서 그 제안을 설명할 기회를 주어야 한다(법112의11①, 법39③ 후단).

(3) 총회소집 청구서에 기재 청구

회원제안을 제안한 회원은 대표이사에게 총회 개회 30일 전에 서면으로 총회의 목적사항에 추가하여 총회소집 통지서에 적을 것을 청구할 수 있다(조합공동사업법인 정관례38④).

Ⅶ. 총회 의사록

1. 총회 의사록 작성

총회의 의사에 관하여는 의사록을 작성하여야 한다(법112의11①, 법40①). 총회의 의사에 관한 의사록작성과 비치를 강제하고 있으므로 조합공동사업법인이 총회를 열었다면 의당 이에 대한 의사록이 있어야 하고 만약 없다면 특별사정이 없는 한 총회 자체가 있었다고 볼 수 없다.[1]

2. 총회 의사록 기재사항과 기명날인 또는 서명

총회 의사록에는 의사의 진행 상황과 그 결과를 적고 의장과 총회에서 선출한 회원 2인 이상이 기명날인하거나 서명하여야 한다(법112의11①, 법40②).

제2절 이사회

Ⅰ. 이사회의 설치와 구성

1. 이사회의 설치

조합공동사업법인에 이사회를 둔다(법112의11①, 법43①).

2. 이사회의 구성

이사회는 대표이사를 포함한 이사로 구성하고, 대표이사가 이를 소집하며, 이사회 의장은 대표이사 또는 이사회 의결로 정한 이사가 맡는다(법112의11①, 법43②, 조합공동사업법인 정관례43②).

---

1) 대법원 1973. 2. 28. 선고 72다2291 제1부판결.

Ⅱ. 이사회의 소집 등

1. 이사회의 소집

대표이사는 이사 3분의 1 이상이나 감사가 회의목적 및 부의안건과 소집이유를 적은 서면으로 회의소집을 요구하였을 때에는 지체없이 회의를 소집하여야 한다(조합공동사업법인 정관례43⑥).

2. 소집을 요구한 이사대표 또는 감사의 이사회 소집

대표이사가 소집이 요구된 이사회를 정당한 사유없이 소집하지 아니하는 경우에는 이사 3분의 1 이상의 동의를 얻어 소집을 요구한 이사대표(감사가 소집을 요구한 경우에는 감사)가 이를 소집한다(조합공동사업법인 정관례43⑦ 전단). 이 경우 이사회가 정하는 이사가 의장의 직무를 수행한다(조합공동사업법인 정관례43⑦ 후단).

3. 이사회 소집통지 기간

대표이사는 회의개최일 3일 전까지 회의사항을 서면으로 구성원과 감사에게 알린다(조합공동사업법인 정관례43⑤ 전단). 다만, 긴급을 요할 경우에는 그러하지 아니하다(조합공동사업법인 정관례43⑤ 후단).

Ⅲ. 이사회의 결의사항 등

1. 이사회의 결의사항

이사회는 i) 회원과 준회원의 자격심사 및 가입 승낙, ii) 법정적립금의 사용, iii) 차입금의 최고 한도, iv) 경비의 부과와 징수방법, v) 사업계획 및 수지예산 중 정관례 제35조 제1항 제7호에서 정한 사항 외의 변경, vi) 1억원 이상의 업무용 부동산의 취득과 처분, vii) 업무규정의 제정·개정 및 폐지와 사업집행방침의 결정, viii) 임원에 대한 징계 및 변상(대표이사 및 감사의 경우에는 감독기관 또는 중앙회장으로부터 조치요구가 있는 경우에 한한다), ix) 총회로부터 위임된 사항, x) 법령 또는 정관에 규정된 사항, xi) 법인 자금의 주거래처 선정기준, xii) 대표이사의 경영협약 및 성과평가에 관한 사항, xiii) 그 밖에 대표이사나 이사 3분의 1 이상이 필요하다고 인정하는 사항을 의결한다(법112의11①, 법43③, 조합공동사업법인 정관례44①).

2. 이사회의 개의와 결의

이사회는 구성원 과반수의 출석으로 개의하고 출석자 과반수의 찬성으로 의결한다(법112의11①, 법43⑤).

Ⅳ. 이사회의 업무집행 감독과 간부직원의 의견 진술

1. 이사회의 업무집행 감독

이사회는 이사회 의결사항에 대하여 대표이사나 상임이사의 업무집행상황을 감독한다(법112의11①, 법43④).

2. 간부직원의 의견 진술

간부직원은 이사회에 출석하여 의견을 진술할 수 있다(법112의11①, 법43⑥).

제3절 임원

Ⅰ. 임원의 정수 및 선출

1. 임원의 정수

조합공동사업법인에는 임원으로 대표이사 1명을 포함한 2명 이상의 이사와 1명 이상의 감사를 두되, 그 정수(定數)와 임기는 정관으로 정한다(법112의7).

2. 임원의 선출

(1) 대표이사의 선출

대표이사는 회원의 조합장(영농조합법인과 농업회사법인은 대표이사를 말한다)이 아닌 사람으로 회원이 총회에서 선출한다(조합공동사업법인 정관례48① 후단). 이 경우 대표이사 후보는 보직공모 또는 취업정보사 등을 통해 추천받을 수 있다(조합공동사업법인 정관례48① 후단).

(2) 대표이사를 제외한 임원의 선출

대표이사를 제외한 임원은 회원이 출자액이나 사업이용실적에 따라 비례하여 추천을 하고, 추천한 자 중에서 총회에서 선출한다(조합공동사업법인 정관례48②).

(3) 사외이사의 선출

사외이사는 ○명 이상을 둘 수 있다(조합공동사업법인 정관례48③).

(4) 임원의 자격제한

농업협동조합법 제52조 제4항 및 같은 법 시행령 제5조의2에 따라 법인의 사업과 실질적으로 경쟁관계에 있는 사업을 경영하거나 이에 종사하는 사람은 법인의 임원이 될 수 없다(조합공동사업법인 정관례48④).

Ⅱ. 임원의 직무

1. 대표이사의 직무

(1) 대표권과 업무집행권

대표이사는 법인을 대표하며 업무를 집행한다(조합공동사업법인 정관례46①).

(2) 직무대행

이사는 대표이사가 궐위·구금되거나 30일 이상의 장기입원 등의 사유로 그 직무를 수행할 수 없는 때에는 이사회가 정하는 순서에 따라 그 직무를 대행한다(조합공동사업법인 정관례46②).

2. 감사의 직무

(1) 재산과 업무집행상황 감사권

감사는 법인의 재산과 업무집행상황을 감사하고, 전문적인 회계감사가 필요하다고 인정되면 외부감사인에 의한 회계감사를 의뢰할 수 있으며, 법인의 재산이나 업무집행에 부정한 사실이 있는 것을 발견하면 총회에 보고한다(조합공동사업법인 정관례46③).

(2) 자회사에 대한 영업보고 요구

감사는 그 직무를 수행하기 위하여 필요한 때에는 법인의 자회사(상법 제342조의2의 규정에 의한 자회사)에 대하여 영업의 보고를 요구할 수 있으며 그 회사가 지체없이 보고를 하지 아니할 때 또는 그 보고의 내용을 확인할 필요가 있는 때에는 그 회사의 업무와 재산상태를 조사할 수 있다(조합공동사업법인 정관례46④).

(3) 총회에서의 의견진술권

감사는 대표이사가 총회에 제출할 의안 및 서류를 조사하여 법령이나 정관에 위반하거나 현저하게 부당한 사항이 있는지의 여부에 관하여 총회에서 그 의견을 진술한다(조합공동사업법인 정관례46⑤).

(4) 감사록 작성

감사는 감사의 실시요령과 그 결과를 적은 감사록을 작성하고 감사가 기명날인한다(조합공동사업법인 정관례46⑥).

(5) 감사의 대표권

조합공동사업법인이 대표이사나 이사와 계약을 할 때에는 감사가 조합공동사업법인을 대표한다(법112의11①, 법47①). 조합공동사업법인과 대표이사 또는 이사 간의 소송에 관하여는 감사가 조합공동사업법인을 대표한다(법112의11①, 법47②).

Ⅲ. 임원의 임기

1. 이사의 임기

이사의 임기는 2년이다(조합공동사업법인 정관례49①(1)).

2. 감사의 임기

감사의 임기는 3년이다(조합공동사업법인 정관례49①(2)).

3. 임원임기의 기산

임원의 임기는 전임자의 임기만료일의 다음날부터 기산한다(조합공동사업법인 정관례49② 본문). 다만, 임기개시 전에 재임 중인 임원이 궐위된 경우로서 그 궐위시점이 당선자 확정 후인 경우에는 사유발생일 다음날을 임기개시일로 한다(조합공동사업법인 정관례49② 단서).

4. 결원으로 선출된 임원의 임기

결원으로 인하여 선출된 임원의 임기는 전임자의 잔임기간으로 한다(조합공동사업법인 정관례49③).

5. 임기의 연장

임원의 임기만료의 경우 임기만료연도 결산기의 마지막 달부터 그 결산기에 관한 정기총회 전에 임기가 끝난 경우에는 정기총회가 끝날 때까지 그 임기가 연장된다(조합공동사업법인 정관례49④).

6. 퇴임 임원의 권리의무

임원의 수가 그 정수를 결한 경우에는 임기의 만료 또는 사임으로 말미암아 퇴임한 임원은 새로 선임된 임원이 취임할 때까지 그 권리의무가 있다(조합공동사업법인 정관례49⑤).

Ⅳ. 임원의 자격 제한

1. 대표이사의 자격요건

대표이사는 다음의 어느 하나에 해당하는 경력을 가진 사람으로 한다(조합공동사업법인 정관례50). 즉 i) 농·축산업, 유통업과 관련된 회사로서 자기자본 50억원 이상인 회사에서 농·축산업 또는 유통업에 5년 이상 종사한 경력이 있는 사람(제1호), ii) 농·축산업, 유통업과 관련된 회사로서 상장법인에서 임원으로 3년 이상 종사한 경력이 있는 사람(제2호), iii) 농·축산업, 유통업과 관련된 연구기관 또는 교육기관에서 농·축산업 또는 유통업에 관한 업무에 5년 이상 종사한 경력이 있는 사람(제3호), iv) 농·축산업, 유통업과 관련된 국가기관·지방자치단체·공공기관에서 상근직으로 5년 이상 종사한 경력이 있는 사람(제4호), v) 조합, 중앙회, 농협경제지주 및 그 자회사, 품목조합연합회 또는 조합공동사업법인에서 상근직으로 경제사업 분야에서 5년 이상 종사한 경력이 있는 사람(제5호) 중에서 선임한다.

2. 임원의 결격사유

다음의 어느 하나에 해당하는 사람, 즉 i) 대한민국 국민이 아닌 사람(제1호), ii) 미성년자·피성년후견인 또는 피한정후견인(제2호), iii) 파산선고를 받고 복권되지 아니한 사람(제3호), iv) 법원의 판결이나 다른 법률에 따라 자격이 상실되거나 정지된 사람(제4호), v) 금고 이상의 실형을 선고받고 그 집행이 끝나거나(집행이 끝난 것으로 보는 경우를 포함) 집행이 면제된 날부터 3년이 지나지 아니한 사람(제5호), vi) 농업협동조합법 제164조 제1항에 규정된 개선 또는 징계면직의 처분을 받은 날부터 5년이 지나지 아니한 사람(제6호), vii) 형의 집행유예 선고를 받고 그 유예기간 중에 있는 사람(제7호)은 조합공동사업법인의 임원이 될 수 없다(조합공동사업법인 정관례51①).

3. 임원 결격사유의 발생과 퇴직

위의 임원 결격사유가 발생하면 해당 임원은 당연히 퇴직된다(조합공동사업법인 정관례51②).

4. 퇴직 전 행위의 효력 유지

퇴직한 임원이 퇴직 전에 관여한 행위는 그 효력을 상실하지 아니한다(조합공동사업법인 정관례51③).

Ⅴ. 임직원의 겸직 금지 등

1. 대표이사와 이사의 감사 겸직 금지

대표이사와 이사는 그 조합공동사업법인의 감사를 겸직할 수 없다(법112의11①, 법52①).

2. 임원과 직원의 겸직 금지

조합공동사업법인의 임원은 그 조합공동사업법인의 직원을 겸직할 수 없다(법112의11①, 법52②).

3. 임원의 다른 조합공동사업법인 임직원 겸직 금지

조합공동사업법인의 임원은 다른 조합공동사업법인의 임원이나 직원을 겸직할 수 없다(법112의11①, 법52③).

4. 임직원의 자격 제한과 실질적인 경쟁관계에 있는 사업의 범위

조합공동사업법인의 사업과 실질적으로 경쟁관계에 있는 사업을 경영하거나 이에 종사하는 사람은 조합공동사업법인의 임직원이 될 수 없다(법112의11①, 법52④).

여기서 실질적인 경쟁관계에 있는 사업의 범위는 [별표 2]의 사업으로 하되, 해당 조합공동사업법인이 수행하고 있는 사업에 해당하는 경우로 한정한다(법112의11①, 법52⑤, 영5의4①). 그러나 조합공동사업법인이 사업을 위하여 출자한 법인이 수행하고 있는 사업은 실질적인 경쟁관계에 있는 사업으로 보지 아니한다(법112의11①, 법52⑤, 영5의4②).

5. 대표이사와 이사의 자기거래 제한

대표이사와 이사는 이사회의 승인을 받지 아니하고는 자기 또는 제3자의 계산으로 해당 조합공동사업법인과 정관으로 정하는 규모 이상의 거래를 할 수 없다(법112의11①, 법52⑥).

Ⅵ. 임원의 의무와 책임

1. 충실의무

조합공동사업법인의 임원은 농업협동조합법과 농업협동조합법에 따른 명령 및 정관의 규정을 지켜 충실히 그 직무를 수행하여야 한다(법112의11①, 법53①).

2. 조합공동사업법인에 대한 손해배상책임

임원이 그 직무를 수행할 때 법령이나 정관을 위반한 행위를 하거나 그 임무를 게을리하여 조합공동사업법인에 끼친 손해에 대하여는 연대하여 손해배상의 책임을 진다(법112의11①, 법53②).

3. 제3자에 대한 손해배상책임

임원이 그 직무를 수행할 때 고의나 중대한 과실로 제3자에게 끼친 손해에 대하여는 연대하여 손해배상의 책임을 진다(법112의11①, 법53③).

4. 찬성 이사의 손해배상책임

위의 2.와 3.의 행위가 이사회의 의결에 따른 것이면 그 의결에 찬성한 이사도 연대하여 손해배상의 책임을 진다(법112의11①, 법53④ 전단, 법107①, 법112①). 이 경우 의결에 참가한 이사 중 이의를 제기한 사실이 의사록에 적혀 있지 아니한 이사는 그 의결에 찬성한 것으로 추정한다(법112의11①, 법53④ 후단).

5. 거짓 결산보고 등: 조합공동사업법인 또는 제3자에 대한 손해배상책임

임원이 거짓으로 결산보고·등기 또는 공고를 하여 조합공동사업법인이나 제3자에게 끼친 손해에 대하여도 연대하여 손해배상의 책임을 진다(법112의11①, 법53⑤).

Ⅶ. 임원의 해임

1. 회원의 해임요구

회원이 임원을 해임하려면 회원 5분의 1 이상의 서면동의를 받아 총회에 임원의 해임을 요구할 수 있다(조합공동사업법인 정관례52① 전단). 이 경우 총회는 의결권 총수의 과반수에 해당하는 회원의 출석과 출석한 회원의 의결권 3분의 2 이상의 찬성으로 의결한다(조합공동사업법인 정관례52① 후단).

2. 해임 이유의 통지와 의견진술 기회 부여

해임을 의결하려면 해당 임원에게 해임의 이유를 적은 서면으로 해임의결일 7일 전까지 알려 총회에서 의견을 진술할 기회를 주어야 한다(조합공동사업법인 정관례52②).

Ⅷ. 민법 · 상법의 준용

조합공동사업법인의 임원에 관하여는 민법 제35조, 제63조와 상법 제382조 제2항, 제385조 제2항 · 제3항, 제386조 제1항, 제402조부터 제408조까지의 규정을 준용한다(법112의11①, 법55).

이에 관하여는 제2편 조합 부분에서 살펴보았다.

제5장 / 회 계

제1절 회계연도 등

Ⅰ. 회계연도

조합공동사업법인의 회계연도는 매년 1월 1일에 시작하여 12월 31일에 종료한다(법112의11①, 법62, 조합공동사업법인 정관례58).

Ⅱ. 회계처리기준

조합공동사업법인의 회계처리기준은 농림축산식품부장관이 정하여 고시한다(법112의10).

조합공동사업법인의 회계업무에 관한 기준과 절차를 규정함으로써 회계처리의 투명성과 경영의 합리화를 기함을 목적으로 「조합공동사업법인의 회계처리기준」(농림축산식품부 고시 제2015-144호)이 시행되고 있다.

제2절 운영의 공개

Ⅰ. 사업보고서의 공개

대표이사는 정관으로 정하는 바에 따라 사업보고서를 작성하여 그 운영 상황을 공개하여야 한다(법112의11①, 법65①).

Ⅱ. 정관 등의 비치

대표이사는 정관, 총회의 의사록 및 회원명부 주된 사무소에 갖추어 두어야 한다(법112의11①, 법65②).

Ⅲ. 이사회 의사록 등 열람 등

회원과 조합공동사업법인의 채권자는 영업시간 내에 언제든지 이사회 의사록(회원의 경우에만 해당)과 정관, 총회의 의사록 및 회원명부를 열람하거나 그 서류의 사본 발급을 청구할 수 있다(법112의11①, 법65③ 전단). 이 경우 조합공동사업법인이 정한 비용을 지급하여야 한다(법112의11①, 법65③ 후단).

Ⅳ. 회원의 회계장부 등 열람 또는 사본 발급 청구

회원은 회원 100인이나 3% 이상의 동의를 받아 조합공동사업법인의 회계장부 및 서류의 열람이나 사본의 발급을 청구할 수 있다(법112의11①, 법65④).

Ⅴ. 조합공동사업법인의 열람 및 발급 의무

조합공동사업법인은 위의 회계장부 및 서류의 열람이나 사본의 발급 청구에 대하여 특별한 사유가 없으면 발급을 거부할 수 없으며, 거부하려면 그 사유를 서면으로 알려야 한다(법112의11①, 법65⑤).

Ⅵ. 회원의 검사인 선임 청구

회원은 조합공동사업법인의 업무집행에 관하여 부정행위 또는 법령이나 정관을 위반한 중대한 사실이 있다고 의심이 되는 사유가 있으면 회원 100인이나 3% 이상의 동의를 받아 조합공동사업법인의 업무와 재산상태를 조사하게 하기 위하여 법원에 검사인의 선임을 청구할 수 있다(법112의11①, 법65⑥ 전단). 이 경우 상법 제467조[1])를 준용한다(법112의11①, 법65⑥ 후단).

제3절 결산보고서

Ⅰ. 결산보고서의 제출과 비치

대표이사는 정기총회일 1주일 전까지 결산보고서(사업보고서, 재무상태표, 손익계산서, 잉여금처분안 또는 손실금처리안 등)를 감사에게 제출하고, 주된 사무소 및 신용사업을 수행하는 지사무소에 갖추어 두어야 한다(법112의11①, 법71①).

Ⅱ. 결산보고서의 열람 또는 사본 발급 청구

회원과 채권자는 결산보고서(사업보고서, 재무상태표, 손익계산서, 잉여금 처분안 또는 손실금 처리안 등)를 열람하거나 그 사본의 발급을 청구할 수 있다(법112의11①, 법71② 전단). 이 경우 조합공동사업법인이 정한 비용을 지급하여야 한다(법112의11①, 법71② 후단).

---

1) 제467조(회사의 업무, 재산상태의 검사) ① 회사의 업무집행에 관하여 부정행위 또는 법령이나 정관에 위반한 중대한 사실이 있음을 의심할 사유가 있는 때에는 발행주식의 총수의 3% 이상에 해당하는 주식을 가진 주주는 회사의 업무와 재산상태를 조사하게 하기 위하여 법원에 검사인의 선임을 청구할 수 있다.
② 검사인은 그 조사의 결과를 법원에 보고하여야 한다.
③ 법원은 제2항의 보고에 의하여 필요하다고 인정한 때에는 대표이사에게 주주총회의 소집을 명할 수 있다. 제310조 제2항의 규정은 이 경우에 준용한다.
④ 이사와 감사는 지체없이 제3항의 규정에 의한 검사인의 보고서의 정확여부를 조사하여 이를 주주총회에 보고하여야 한다.

Ⅲ. 결산보고서 및 감사의견서의 정기총회 승인

대표이사는 결산보고서(사업보고서, 재무상태표, 손익계산서, 잉여금 처분안 또는 손실금 처리안 등)와 감사의 의견서(외부감사인에 의한 회계감사를 받은 경우의 회계감사보고서를 포함)를 정기총회에 제출하여 그 승인을 받아야 한다(법112의11①, 법71③).

Ⅳ. 임원의 책임해제

정기총회의 승인을 받은 경우 임원의 책임해제에 관하여는 상법 제450조를 준용한다(법112의11①, 법71④). 따라서 정기총회에서 승인을 한 후 2년 내에 다른 결의가 없으면 조합공동사업법인은 이사와 감사의 책임을 해제한 것으로 본다(상법450 전단). 그러나 이사 또는 감사의 부정행위에 대하여는 그러하지 아니하다(상법450 후단).

제4절 제적립금의 적립

Ⅰ. 법정적립금

1. 적립한도

조합공동사업법인은 매 회계연도의 손실 보전과 재산에 대한 감가상각에 충당하고도 남으면 자기자본의 3배가 될 때까지 잉여금의 10% 이상을 적립("법정적립금")하여야 한다(법112의11①, 법67①).

2. 사용제한

법정적립금은 조합공동사업법인의 손실금을 보전하는 경우 외에는 사용하지 못한다(법112의11①, 법70).

3. 자기자본

자기자본은 납입출자금, 회전출자금, 우선출자금(누적되지 아니하는 것만 해당), 가입금, 각종 적립금 및 미처분 이익잉여금의 합계액(이월결손금이 있으면 그 금액을 공제)으로 한다(법112의11①, 법67②).

Ⅱ. 임의적립금

조합공동사업법인은 정관으로 정하는 바에 따라 사업준비금 등을 적립("임의적립금")할 수 있다(법112의11①, 법67④).

Ⅲ. 자본적립금

조합공동사업법인은 ⅰ) 감자에 따른 차익(제1호), ⅱ) 자산재평가차익(제2호), ⅲ) 합병차익(제3호)을 자본적립금으로 적립하여야 한다(법112의11①, 법69).

제5절 손실금의 보전(결손의 보전)

Ⅰ. 손실금의 의의

손실금은 사업연도 중에 비용이 수익을 초과한 부분을 말하는 것으로 결산결과 손익계산서 상에 적자가 되는 경우를 말한다.

Ⅱ. 손실금의 보전 순서와 이월

조합공동사업법인은 매 회계연도 결산의 결과 손실금(당기손실금)이 발생하면 미처분이월금·임의적립금·법정적립금·자본적립금·회전출자금의 순으로 보전하며, 보전 후에도 부족할 때에는 이를 다음 회계연도에 이월한다(법112의11①,

법68①).

Ⅲ. 잉여금의 배당 제한

조합공동사업법인은 손실을 보전하고 법정적립금 및 임의적립금을 공제한 후가 아니면 잉여금 배당을 하지 못한다(법112의11①, 법68②).

제6절 출자감소

Ⅰ. 출자감소의 의결

1. 총회 의결과 재무상태표 작성

조합공동사업법인은 출자 1좌의 금액 또는 출자좌수의 감소("출자감소")를 총회에서 의결한 경우에는 그 의결을 한 날부터 2주일 이내에 재무상태표를 작성하여야 한다(법112의11①, 법72①).

2. 채권자의 이의와 공고 또는 최고

조합공동사업법인은 총회에서 의결을 한 날부터 2주일 이내에 채권자에 대하여 이의가 있으면 공고 후 3개월 이내에 조합공동사업법인의 주된 사무소에 이를 서면으로 진술하라는 취지를 공고하고, 이미 알고 있는 채권자에게는 따로 최고한다(법112의11①, 법72②, 조합공동사업법인 정관례27②).

3. 공고 · 최고기간과 최고 횟수

공고나 최고는 총회에서 의결을 한 날부터 2주일 이내에 하여야 하며, 공고기간은 1개월 이상으로 하고, 개별최고는 2회 이상으로 한다(법112의11①, 법72③, 조합공동사업법인 정관례27③).

Ⅱ. 출자감소에 대한 채권자의 이의

1. 채권자의 이의 부진술과 승인 의제

채권자가 3개월 이내에 출자감소에 관한 의결에 대하여 서면으로 이의를 진술하지 아니하면 이를 승인한 것으로 본다(법73①, 법107①, 법112①).

2. 채권자의 이의 진술과 변제 또는 담보 제공

채권자가 이의를 진술한 경우에는 조합공동사업법인이 이를 변제하거나 상당한 담보를 제공하지 아니하면 그 출자감소의 의결은 효력을 발생하지 아니한다(법73②, 법107①, 법112①).

제7절 지분 취득 등의 금지

조합공동사업법인은 회원의 지분을 취득하거나 이에 대하여 질권을 설정하지 못한다(법74, 법107①, 법112①).

제6장

조합공동사업법인의 합병에 관한 특례

제1절 중앙회 자회사와의 합병 등

조합공동사업법인은 경제사업의 활성화를 위하여 중앙회의 자회사 또는 농협경제지주회사의 자회사와 합병할 수 있다(법112의9①).

제2절 상법 규정의 준용

조합공동사업법인이 경제사업의 활성화를 위하여 중앙회의 자회사 또는 농협경제지주회사의 자회사와 합병하는 경우 조합공동사업법인에 관하여는 상법 제522조 제1항, 제522조의2, 제522조의3 제1항, 제527조의5 제1항 및 제3항, 제528조부터 제530조까지를 준용한다(법112의9② 본문). 이 경우 제522조 제1항 및 제527조의5 제1항 중 "회사"는 "조합공동사업법인"으로, "주주총회"는 "총회"로, "주주"는 "회원"으로 보고, 제522조의2 제1항 제3호 중 "각 회사"는 "각 조합공동사업법인과 회사"로, 제522조의3 제1항 중 "주식의 매수를 청구할 수 있다"를 "지분의 환급을 청구할 수 있다"로 보며, 제528조 중 "본점소재지"는 "주된 사무소 소재지"로, "지점소재지"는 "지사무소 소재지"로, "합병으로 인하여 소멸하는 회사"는 "합병으로 인하여 소멸하는 조합공동사업법인"으로 보고, 제529조 중 "각회사"는 "조합공동사업법인"으로, "주주"는 "회원"으로 본다(법112의9② 단서).

제4편

중앙회

제1장 설립

제1절 설립목적

농업협동조합중앙회는 회원의 공동이익의 증진과 그 건전한 발전을 도모하는 것을 목적으로 농업협동조합법에 따라 설립된 법인을 말한다(법113, 법2(4), 법4①). 중앙회가 아니면 농업협동조합중앙회의 명칭이나 이와 유사한 명칭을 사용하지 못한다(법3② 본문).

농협중앙회는 농업인의 자주적인 협동조직을 바탕으로 농업인의 경제적·사회적·문화적 지위를 향상시키고, 농업의 경쟁력 강화를 통하여 농업인의 삶의 질을 높이고자 농업협동조합법에 따라 설립된 법인으로서 지역조합, 품목조합 및 품목조합연합회를 회원으로 하고 전국을 구역으로 한다.

** 관련 판례: 대법원 2007. 11. 30. 선고 2007도6556 판결

농업협동조합중앙회는 국민경제 및 산업에 중대한 영향을 미치고 있고 업무의 공공성이 현저하여 국가가 법령이 정하는 바에 따른 지도·감독을 통하여 그 운영 전반에 관하여 실질적인 지배력을 행사하고 있는 기업체로서 특정범죄 가

중처벌 등에 관한 법률 제4조(뇌물죄 적용대상의 확대) 제1항 제2호(2. 국민경제 및 산업에 중대한 영향을 미치고 있고 업무의 공공성이 현저하여 국가 또는 지방자치단체가 법령에서 정하는 바에 따라 지도·감독하거나 주주권의 행사 등을 통하여 중요사업의 결정 및 임원의 임면 등 운영 전반에 관하여 실질적인 지배력을 행사하고 있는 기관 또는 단체) 소정의 정부관리기업체에 해당한다고 보기에 충분하고, 비록, 국가가 농협중앙회의 임원에 대한 임면권을 갖는 것으로 규정되어 있던 구 농업협동조합법(1988. 12. 31. 법률 제4080호로 개정되기 전의 것) 제149조가 개정됨으로써 농협 임원을 총회에서 선출하는 것으로 변경되었고, 농업협동조합중앙회의 사업계획 및 수지예산에 관한 주무부장관의 사전승인제도에 관하여 규정하고 있던 같은 법 제160조가 위 개정에 의해 주무부장관에 대한 보고제도로 변경되었다가 1999. 9. 7. 농업협동조합법이 제정되면서 삭제되었다고 하더라도, 이로써 국가의 농업협동조합중앙회에 대한 지배력의 정도가 다소 완화된 것으로 볼 수 있을 뿐, 국가의 농업협동조합중앙회에 대한 실질적 지배력이 없어진 것으로 볼 수는 없다. 한편, 농업협동조합법 제9조 제1항에 신설된 "국가와 공공단체는 조합과 중앙회의 자율성을 침해하여서는 아니 된다"는 규정은 국가가 위에서 본 여러 규정에 터잡아 농업협동조합중앙회에 대한 포괄적인 지도·감독을 행함에 있어 가능한 한 그 자율성을 존중하여야 한다는 선언적 의미를 갖는 것으로 이해된다. 따라서 특정범죄 가중처벌 등에 관한 법률 제4조 제1항의 위임을 받은 특정범죄 가중처벌 등에 관한 법률 시행령 제2조 제48호(현행 제42호)가 농업협동조합중앙회를 "정부관리기업체"의 하나로 규정한 것이 위임입법의 한계를 벗어난 것으로서 위헌·위법이라고 할 수 없다.

원심은 피고인이 호텔 객실에서 현금 3억 원이 들어있는 바퀴 달린 여행용 가방을 공소외인으로부터 건네받을 당시 위 가방에 현금 1억 원 이상이 들어 있다는 사실을 인식하였을 것이라는 전제하에 피고인에 대한 특정범죄가중법 위반의 범죄사실을 유죄로 인정하였는바, 원심이 채용한 증거들을 기록에 비추어 살펴보면, 원심의 판단은 정당한 것으로 수긍이 가고, 거기에 특가법 위반죄의 범의에 관한 법리오해나 채증법칙 위배 등의 위법이 없다.

제2절 연혁

농협중앙회의 사업은 농협법에 따라 크게 교육지원, 농업경제, 축산경제, 신용사업으로 구분하여 독립 사업부제로 운영되고 있었다. 농협중앙회의 사업에서 가장 큰 문제점은 신용부분과 경제부분의 현격한 부조화 현상이다. 즉 농업경제와 축산경제 분야에서는 만성적인 적자를 내어 신용사업에서 얻은 수익으로 이를 보충하는 방식으로 운영되었다. 경제사업 분야에서 만성적인 적자가 발생하는 이유는 비수익 사업이 포함되어 있고, 또한 과도한 판매관리비와 높은 매출원가 등이 중요한 원인으로 작용하였다. 신용사업과 경제사업의 불균형은 책임경영과 효율경영을 어렵게 하였을 뿐만 아니라 중앙회로 하여금 수익을 창출하는 신용사업 위주로 운영하게 만들었다. 농협중앙회의 신용사업 중시는 농협이 농업인을 위한 단체로 활동하는 것이 아니라 금융기관으로의 역할만을 수행한다는 비판의 원인이 되었다. 농협중앙회는 전국적으로 시·도본부와 시·군지부를 두는 거대한 조직으로 성장하여 조직의 비대화에 따른 관료화 현상이 생기는 등 여러 문제점이 제기됨에 따라 농협중앙회를 개편해야 한다는 목소리는 일찍부터 있었다.[1)]

2011년 농협법 개정은 2009년 농협중앙회가 사업구조개편안을 확정한 이래 수많은 의견수렴 절차를 거친 후 2011년 3월 개정 농협법을 공포함으로써 확정되었다. 사업구조개편의 주된 내용은 중앙회의 사업을 신용사업과 경제사업으로 분리하고 이들을 2개의 지주회사에 이관시키고, 또 농협의 구조개혁에 필요한 자금을 정부로부터 지원을 받는 것이었다. 사업개편의 방향은 협동조합의 정체성을 유지하면서 시장경쟁이 필요한 사업 부분에 지주회사제도를 도입하여 전문성과 효율성을 강화하는 내용이었다. 경제사업은 지원과 사업기능을 분리하고 사업기능을 강화하여 농협 주도로 농산물 유통체계를 구축하는 것이었고, 신용사업은 금융시장에서 가장 적합한 구조인 금융지주회사 체제로 전환하여 협동조합 금융의 한계를 극복하는 것이었다. 그리고 농협중앙회는 2개의 지주회사에 100% 출자를 하여 소유·지배관계를 유지함으로써 농협 그룹으로서 일체감을 갖

1) 최흥은(2014), 56-60쪽.

도록 하는 것이었다.

농협중앙회는 2012년 3월에 기존의 농협중앙회를 분할하여 중앙회 산하에 농협경제지주회사(법134의2)와 농협금융지주회사(법134의3)를 각각 설립하고, 또한 금융지주회사 아래에 농협은행(법134의4)과 농협생명보험과 농협손해보험(법134의5)을 설립하는 형태로 농협중앙회의 전체구조가 변경되었다. 그리고 정부는 사업구조개편에 따른 조세 문제를 세법을 개정하여 법인설립 등록세 면제 등과 명칭사용료 손비인정 등을 입법적으로 해결하였고, 농협보험이 출범함에 따라 보험업법을 개정하여 보험특례 사항을 입법으로 해결하여 농협보험이 정착할 수 있도록 하였다.

제3절 주요업무

중앙회는 다음 사업의 전부 또는 일부를 수행한다(법134① 본문). 다만, 제2호 및 제3호의 사업과 제5호부터 제9호까지의 사업 중 경제사업과 관련된 사업은 농협경제지주회사 및 그 자회사가 수행하고, 제4호의2의 사업과 제5호부터 제9호까지의 사업 중 금융사업과 관련된 사업은 농협금융지주회사 및 그 자회사가 수행한다(법134① 단서).

농협법의 변화 가운데 가장 큰 부문은 2011년 농협중앙회의 업무를 신용사업과 경제사업으로 분리하고 이들 각 업무를 농협금융지주회사 또는 농협경제지주회사와 그 자회사로 이관한 것이었다. 이러한 변화는 그동안 농협중앙회의 문제점으로 지적되어온 비능률과 정치성을 극복하기 위한 획기적인 조치임에는 틀림없다. 2011년 농협법 개정은 50여 년간 유지해오던 농협중앙회의 직접사업이 지주회사(자회사)를 통한 사업으로 개편되고 농협중앙회는 회원조합과 농업인의 권익을 대변하는 본연의 역할에 더욱 충실하게 될 것으로 기대되고 있다.[2)]

2) 최흥은(2014), 92쪽.

Ⅰ. 교육 · 지원 사업

중앙회는 교육·지원 사업의 전부 또는 일부를 수행하는데, 그 내용에는 i) 회원의 조직 및 경영의 지도(가목), ii) 회원의 조합원과 직원에 대한 교육·훈련 및 농업·축산업 등 관련 정보의 제공(나목), iii) 회원과 그 조합원의 사업에 관한 조사·연구 및 홍보(다목), iv) 회원과 그 조합원의 사업 및 생활의 개선을 위한 정보망의 구축, 정보화 교육 및 보급 등을 위한 사업(라목), v) 회원과 그 조합원 및 직원에 대한 자금지원(마목), vi) 농업·축산업 관련 신기술 및 신품종의 연구·개발 등을 위한 연구소와 시범농장의 운영(바목), vii) 회원에 대한 감사(사목), viii) 회원과 그 조합원의 권익증진을 위한 사업(아목), ix) 의료지원사업(자목), x) 회원과 출자법인에 대한 지원 및 지도(차목), xi) 명칭 사용(법159의2)의 관리 및 운영(카목)이 있다(법134①(1)).

Ⅱ. 농업경제사업

1. 내용

중앙회는 농업경제사업의 전부 또는 일부를 수행하는데, 그 내용에는 i) 회원을 위한 구매·판매·제조·가공 등의 사업(가목), ii) 회원과 출자법인의 경제사업의 조성, 지원 및 지도(나목), iii) 인삼 경작의 지도, 인삼류 제조 및 검사(다목), iv) 산지 유통의 활성화 및 구조개선 사업(라목)이 있다(법134①(2)).

2. 관련 판례

① 대법원 2009. 7. 9. 선고 2007두22078 판결

농업협동조합법 제134조, 비료관리법 제7조, 농림부장관의 비료수급계획 등의 어떠한 법령에도 식량작물용 화학비료 구매사업을 경쟁제한이 합리적이라고 인정되는 사업으로 보거나, 농업협동조합중앙회의 독점적 지위를 보장하거나, 고도의 공공적 규제가 필요하다고 보아 자유경쟁의 예외를 구체적으로 인정하는 내용이 기재되어 있지 않으므로, 식량작물용 화학비료 구매사업이 사업의 특수성 때문에 경쟁제한이 합리적이라고 인정되는 사업 또는 인가제 등에 의하여 사

업자의 독점적 지위가 보장되는 사업이라고 할 수 없다.

② 대법원 2003. 7. 22. 선고 2002다35676 판결

매매는 당사자 일방이 재산권을 상대방에게 이전할 것을 약정하고 상대방이 그 대금을 지급할 것을 약정함으로써 성립하는 것인바, 원심이 앞서 인정한 바와 같은 농협중앙회와 피고(D농협)의 관계, 계통구매사업의 운영방식, 농협중앙회와 그린팜 사이에 체결된 구매공급계약의 내용, 특히 원고가 1996. 12. 19. 피고로부터 이 사건 공기조화기를 포함한 공기조화기 22대를 대금 3,388,000원에 매수하고 그 대금은 1997. 12. 18.까지 지급하기로 약정하였을 뿐만 아니라 원고가 위 약정에 따라 피고에게 그 대금을 지급한 점 등을 종합하면, 피고는 계통구매사업의 운영방식에 따라 그린팜이 농협중앙회에 공급한 이 사건 공기조화기를 원고에게 매도한 것으로 원고에 대한 관계에서 매도인의 지위에 있었다 할 것이고, 그린팜이 1996. 12. 19. 이 사건 공기조화기를 포함한 공기조화기 22대를 설치하여 주면서 원고와 사이에 공기조화기 설치에 따른 무상수리 및 유상수리를 내용으로 하는 구매약정을 체결하였다고 하여 피고의 매도인으로서의 지위가 달라진다고 할 수 없다.

Ⅲ. 축산경제사업

중앙회는 축산경제사업의 전부 또는 일부를 수행하는데, 그 내용에는 ⅰ) 회원을 위한 구매·판매·제조·가공 등의 사업(가목), ⅱ) 회원과 출자법인의 경제사업의 조성, 지원 및 지도(나목), ⅲ) 가축의 개량·증식·방역 및 진료에 관한 사업(다목), ⅳ) 산지 유통의 활성화 및 구조개선 사업(라목)이 있다(법134①(3)).

Ⅳ. 상호금융사업

중앙회는 상호금융사업의 전부 또는 일부를 수행하는데, 그 내용에는 ⅰ) 대통령령으로 정하는 바에 따른 회원의 상환준비금과 여유자금의 운용·관리(가목), ⅱ) 회원의 신용사업 지도(나목), ⅲ) 회원의 예금·적금의 수납·운용(다목), ⅳ) 회원에 대한 자금대출(라목), ⅴ) 국가·공공단체 또는 금융기관(은행과 그 외

에 금융 업무를 취급하는 금융기관을 포함)의 업무의 대리(마목), vi) 회원 및 조합원을 위한 내국환 및 외국환 업무(바목), vii) 회원에 대한 지급보증 및 회원에 대한 어음할인(사목), viii) 자본시장법 제4조 제3항에 따른 국채증권 및 지방채증권의 인수·매출(아목), ix) 전자금융거래법에서 정하는 직불전자지급수단[3]의 발행·관리 및 대금의 결제(자목), x) 전자금융거래법에서 정하는 선불전자지급수단[4]의 발행·관리 및 대금의 결제(차목)이 있다(법134①(4)).

Ⅴ. 금융업 및 금융업의 영위와 밀접한 관련이 있는 회사의 사업

중앙회는 금융지주회사법 제2조 제1항 제1호[5]에 따른 금융업 및 금융업의 영위와 밀접한 관련이 있는 회사의 사업의 전부 또는 일부를 수행한다(법134①(4의2)).

---

3) "직불전자지급수단"이라 함은 이용자와 가맹점 간에 전자적 방법에 따라 금융회사의 계좌에서 자금을 이체하는 등의 방법으로 재화 또는 용역의 제공과 그 대가의 지급을 동시에 이행할 수 있도록 금융회사 또는 전자금융업자가 발행한 증표 또는 그 증표에 관한 정보를 말한다(전자금융거래법2(13)). 현재 직불전자지급수단으로는 은행권이 발행하는 직불카드와 증권회사가 발행하는 체크카드가 있다. 이는 이용자가 가맹점에서 재화 또는 용역을 제공받고 직불카드단말기에서 직불전자지급수단을 이용하여 그 대가를 동시에 지급하는 전자지급거래라고 할 수 있다. 직불전자지급수단은 전자식 카드(증표) 형태 이외에도 네트워크(온라인)상에서 사용되는 "그 증표에 관한 정보"까지 확대 적용하고 있다. 직불전자지급수단에는 자금을 융통받을 수 있는 증표가 제외된다(전자금융거래법2(13)). 이에는 현금인출카드, 현금서비스카드, 대출카드 등이 해당한다.

4) "선불전자지급수단"은 이전 가능한 금전적 가치를 전자적 방법으로 저장하여 발행된 증표(카드형) 또는 그 증표에 관한 정보(네트워크형)로서 발행인 외의 제3자로부터 2개 업종 이상의 재화 또는 용역의 구입 대가를 지급하는데 사용되는 전자지급수단이다(전자금융거래법2(14) 본문). 선불전자지급수단은 구입할 수 있는 재화 또는 용역의 범위가 2개 업종 이상의 범용성을 가져야 한다(전자금융거래법2(14) 나목). 따라서 단일한 특정 재화와 용역만 구입할 수 있는 것은 선불전자지급수단이 아닌 상품권에 해당한다. 재화 또는 용역을 구입할 수 있는 업종의 기준은 통계청장이 고시하는 한국표준산업분류의 중분류상의 업종을 적용한다. 다만, 전자화폐를 제외한다(전자금융거래법2(14) 단서).

5) 1. "금융지주회사"라 함은 주식(지분을 포함)의 소유를 통하여 금융업을 영위하는 회사(이하 "금융기관") 또는 금융업의 영위와 밀접한 관련이 있는 회사를 대통령령이 정하는 기준에 의하여 지배(이하 "지배")하는 것을 주된 사업으로 하는 회사로서 다음에 모두 해당하는 것을 말한다.
가. 1 이상의 금융기관을 지배할 것
나. 자산총액이 대통령령으로 정하는 기준 이상일 것
다. 제3조에 따라 금융위원회의 인가를 받을 것

Ⅵ. 국가나 공공단체가 위탁하거나 보조하는 사업

중앙회는 국가나 공공단체가 위탁하거나 보조하는 사업의 전부 또는 일부를 수행한다(법134①(5)).

국가나 공공단체가 중앙회에 사업을 위탁하려는 경우에는 그 기관은 중앙회와 위탁계약을 체결하여야 한다(법161, 법57④). 이에 따라 국가 또는 공공단체가 중앙회와 사업의 위탁계약을 체결할 때에는 ⅰ) 위탁사업의 대상과 범위(제1호), ⅱ) 위탁기간(제2호), ⅲ) 그 밖에 위탁사업을 수행하는 데에 필요한 사항(제3호)을 구체적으로 밝힌 서면으로 하여야 한다(법161, 법57④, 영8).

Ⅶ. 다른 법령에서 중앙회의 사업으로 정하는 사업

중앙회는 다른 법령에서 중앙회의 사업으로 정하는 사업의 전부 또는 일부를 수행한다(법134①(6)).

Ⅷ. 대외무역

중앙회는 앞에서 열거한 제1호부터 제6호까지의 사업과 관련되는 대외무역의 전부 또는 일부를 수행한다(법134①(7)).

Ⅸ. 부대사업

중앙회는 앞에서 열거한 제1호부터 제7호까지의 사업과 관련되는 부대사업의 전부 또는 일부를 수행한다(법134①(8)).

Ⅹ. 농림축산식품부장관의 승인을 받은 사업

중앙회는 앞에서 열거한 제1호부터 제8호까지에서 규정한 사항 외에 중앙회의 설립목적의 달성에 필요한 사업으로서 농림축산식품부장관의 승인을 받은 사업의 전부 또는 일부를 수행한다(법134①(9)).

조합등(조합, 조합공동사업법인, 품목조합연합회)과 중앙회의 임원, 조합의 간부직원, 중앙회의 집행간부·일반간부직원, 파산관재인 또는 청산인이 법 제134조 제1항 제9호에 따른 승인을 받지 아니하고 사업을 한 경우에는 3년 이하의 징역 또는 3천만원 이하의 벌금에 처한다(법171(4)).

제4절 업무구역

Ⅰ. 전국

중앙회는 전국을 구역으로 하되, 2개 이상의 중앙회를 설립할 수 없다(법114②).

Ⅱ. 사무소

중앙회는 서울특별시에 주된 사무소를 두고, 정관으로 정하는 기준과 절차에 따라 지사무소를 둘 수 있다(법114①).

중앙회 정관에 의하면 중앙회의 주된 사무소는 서울특별시에 두며, 규정이 정하는 바에 따라 필요한 곳에 지사무소를 둘 수 있다(정관3).

제5절 설립 및 해산

Ⅰ. 설립

1. 15개 이상 조합의 발기인

중앙회를 설립하려면 15개 이상의 조합이 발기인이 되어 정관을 작성하고 창립총회의 의결을 거쳐 농림축산식품부장관의 인가를 받아야 한다(법121①). 이에 따른 인가를 받으면 제17조(설립사무의 인계와 출자납입)에 준하여 조합으로 하여금 출자금을 납입하도록 하여야 한다(법121②).

2. 준용규정

중앙회에 관하여는 지역농협의 설립에 관한 제15조(설립인가 등) 제2항·제3항, 제17조(설립사무의 인계와 출자납입), 제18조(지역농협의 성립)를 준용한다(법161 전단). 이 경우 "지역농협"은 "중앙회"로 본다(법161 후단).

3. 위반시 제재

조합등(조합, 조합공동사업법인, 품목조합연합회)과 중앙회의 임원, 조합의 간부직원, 중앙회의 집행간부·일반간부직원, 파산관재인 또는 청산인이 법 제121조 제1항에 따른 인가를 받아야 할 사항에 관하여 인가를 받지 아니한 경우에는 3년 이하의 징역 또는 3천만원 이하의 벌금에 처한다(법171(1)).

Ⅱ. 해산

중앙회의 해산에 관하여는 따로 법률로 정한다(법121③).

Ⅲ. 정관변경 등

1. 정관기재사항

중앙회의 정관에는 i) 목적, 명칭과 구역(제1호), ii) 주된 사무소의 소재지(제2호), iii) 출자에 관한 사항(제3호), iv) 우선출자에 관한 사항(제4호), v) 회원의 가입과 탈퇴에 관한 사항(제5호), vi) 회원의 권리·의무에 관한 사항(제6호), vii) 총회와 이사회에 관한 사항(제7호), viii) 임원, 집행간부 및 집행간부 외의 간부직원("일반간부직원")에 관한 사항(제8호), ix) 사업의 종류 및 업무집행에 관한 사항(제9호), x) 회계와 손익의 구분 등 독립사업부제의 운영에 관한 사항(제10호), xi) 경비 부과와 과태금 징수에 관한 사항(제11호), xii) 농업금융채권의 발행에 관한 사항(제12호), xiii) 회계에 관한 사항(제13호), xiv) 공고의 방법에 관한 사항(제14호)이 포함되어야 한다(법120①).

2. 농림축산식품부장관의 인가

(1) 총회의결과 인가

중앙회의 총회의 의결사항으로 정관변경은 총회의 의결을 거쳐 농림축산식품부장관의 인가를 받아야 한다(법120②). 정관변경은 의결권 총수의 과반수에 해당하는 회원의 출석으로 개의하고, 출석한 회원의 의결권 3분의 2 이상의 찬성으로 의결한다(법123의2②).

(2) 위반시 제재

조합등(조합, 조합공동사업법인, 품목조합연합회)과 중앙회의 임원, 조합의 간부직원, 중앙회의 집행간부·일반간부직원, 파산관재인 또는 청산인이 법 제123조에 따라 총회·대의원회 또는 이사회(소이사회를 포함)의 의결을 필요로 하는 사항에 대하여 의결을 거치지 아니하고 집행한 경우에는 3년 이하의 징역 또는 3천만원 이하의 벌금에 처한다(법171(2)).

조합등(조합, 조합공동사업법인, 품목조합연합회)과 중앙회의 임원, 조합의 간부직원, 중앙회의 집행간부·일반간부직원, 파산관재인 또는 청산인이 법 제120조 제2항에 따른 인가를 받아야 할 사항에 관하여 인가를 받지 아니한 경우에는 3년 이하의 징역 또는 3천만원 이하의 벌금에 처한다(법171(1)).

제2장 / 회 원

제1절 자격 등

Ⅰ. 자격

1. 회원 자격

중앙회는 지역조합, 품목조합 및 품목조합연합회를 회원으로 한다(법115①).

2. 회원가입 신청과 승낙의무

중앙회는 농림축산식품부장관의 인가를 받아 설립된 조합 또는 품목조합연합회가 회원가입 신청을 하면 그 신청일부터 60일 이내에 가입을 승낙하여야 한다(법115② 본문).

3. 승낙거절 사유와 회원가입 거절기준

다음의 경우, 즉 ⅰ) 농협구조개선법에 따른 부실조합 및 부실우려조합의 기준에 해당하는 조합(제1호), ⅱ) 조합 또는 품목조합연합회가 제명(법123(2))된 후 2년이 지나지 아니한 경우(제2호), iii) 그 밖에 대통령령으로 정하는 기준에 해당되어 중앙회 및 그 회원의 발전을 해칠 만한 현저한 이유가 있는 조합(이 경우 농림축산식품부장관의 동의를 받아야 한다)(제3호)의 어느 하나에 해당할 때에는 승낙을 하지 아니할 수 있다(법115② 단서).

위 iii)에서 "대통령령으로 정하는 기준"이란 i) 중앙회와 호환이 가능한 최소한의 전산설비를 갖추지 아니한 경우(제1호), ii) 제명을 회피할 목적으로 탈퇴한 지 2년이 지나지 아니한 조합이라고 중앙회 이사회가 결정하는 경우(제2호), iii) 설립 후 농업협동조합 관련 법령, 농업협동조합 관련 법령에 따른 행정명령 또는 정관에 위반되는 행위를 함으로써 중앙회(중앙회의 자회사 및 손자회사를 포함) 및 그 회원에 대하여 재산상 피해를 입히거나 명예를 훼손한 사실이 있고 그 위반사실을 해소한 지 2년이 지나지 아니한 조합이라고 중앙회 이사회가 결정하는 경우(제3호)를 말한다(영11의3).

Ⅱ. 가입

1. 가입 거절 또는 불리한 가입 조건 금지

중앙회는 정당한 사유 없이 회원 자격을 갖추고 있는 자의 가입을 거절하거나 다른 회원보다 불리한 가입 조건을 달 수 없다(법161 전단, 법28① 본문).

2. 신회원의 출자

새로 회원이 되려는 자는 정관으로 정하는 바에 따라 출자하여야 한다(법161 전단, 법28③).

3. 회원수 제한 금지

중앙회는 회원 수(數)를 제한할 수 없다(법161 전단, 법28④).

Ⅲ. 탈퇴

1. 임의탈퇴

회원은 중앙회에 탈퇴 의사를 알리고 탈퇴할 수 있다(법161 전단, 법29①).

2. 당연탈퇴

회원이 해산하거나 파산하면 그 회원은 당연히 탈퇴된다(법118).

Ⅳ. 제명

1. 제명 사유

중앙회는 회원이 ⅰ) 1년 이상 중앙회의 사업을 이용하지 아니한 경우(제1호), ⅱ) 출자 및 경비의 납입, 그 밖의 중앙회에 대한 의무를 이행하지 아니한 경우(제2호), ⅲ) 정관으로 금지한 행위를 한 경우(제3호)의 어느 하나에 해당하면 총회의 의결을 거쳐 제명할 수 있다(법161 전단, 법30①).

2. 제명 사유의 통지 및 의견진술 기회 부여

중앙회는 회원이 제명 사유 중 어느 하나에 해당하면 총회 개회 10일 전까지 그 회원에게 제명의 사유를 알리고 총회에서 의견을 진술할 기회를 주어야 한다(법161 전단, 법30②).

Ⅴ. 의결 취소의 청구 등

1. 의결 취소 또는 무효확인의 사유

회원은 총회(창립총회를 포함)의 소집절차, 의결 방법, 의결 내용 또는 임원의 선거가 법령, 법령에 따른 행정처분 또는 정관을 위반한 것을 사유로 하여 그 의결이나 선거에 따른 당선의 취소 또는 무효 확인을 농림축산식품부장관에게 청구하거나 이를 청구하는 소를 제기할 수 있다(법161 전단, 법33① 본문). 다만, 농림축산식품부장관은 회원의 청구와 같은 내용의 소가 법원에 제기된 사실을 알았을 때에는 제2항 후단에 따른 조치를 하지 아니한다(법161 전단, 법33① 단서).

2. 청구 기간 등

농림축산식품부장관에게 청구하는 경우에는 의결일이나 선거일부터 1개월 이내에 회원 300인 또는 5% 이상의 동의를 받아 청구하여야 한다(법161 전단, 법33② 전단). 이 경우 농림축산식품부장관은 그 청구서를 받은 날부터 3개월 이내에 이에 대한 조치 결과를 청구인에게 알려야 한다(법161 전단, 법33② 후단).

3. 상법의 준용

위의 제33조 제1항에 따른 소에 관하여는 상법 제376조(결의취소의 소), 제377조(제소주주의 담보제공의무), 제378조(결의취소의 등기), 제379조(법원의 재량에 의한 청구기각), 제380조(결의무효 및 부존재확인의 소), 제381조(부당결의의 취소, 변경의 소)를 준용한다(법161 전단, 법33③).

4. 취소청구서 또는 무효확인청구서 제출

의결 취소의 청구 등에 필요한 사항은 농림축산식품부령으로 정한다(법161 전단, 법33④).

법 제33조(법 제107조 · 제112조 · 제112조의11 및 제161조에서 준용하는 경우를 포함)에 따라 총회(창립총회를 포함)의 의결이나 선거에 따른 당선의 취소 또는 무효확인을 청구하려는 자는 청구의 취지 · 이유 및 위반되었다고 주장하는 규정을 명기(明記)한 취소청구서 또는 무효확인청구서에 총회의사록 또는 선거록 사본 및 사실관계를 증명할 수 있는 서류를 첨부하여 농림축산식품부장관에게 제출하여야 한다(시행규칙6).

제2절 책임

Ⅰ. 회원의 책임

1. 출자액 한도

중앙회 회원의 책임은 그 출자액을 한도로 한다(법119).

2. 운영과정 참여 의무

회원은 중앙회의 운영과정에 성실히 참여하여야 하며, 생산한 농산물을 중앙회를 통하여 출하하는 등 그 사업을 성실히 이용하여야 한다(법161 전단, 법24②).

Ⅱ. 경비와 과태금

1. 경비와 과태금의 부과

중앙회는 정관으로 정하는 바에 따라 회원에게 경비와 과태금을 부과할 수 있다(법161 전단, 법25①).

2. 상계 금지

회원은 경비와 과태금을 납부할 때 중앙회에 대한 채권과 상계할 수 없다(법161 전단, 법25②).

제3절 준회원

Ⅰ. 의의

준회원이란 중앙회에 준회원으로 가입하여 사업이용에 있어서 회원에 준하는 권리·의무를 갖는 자를 말한다. 준회원은 정식 구성원인 회원이 아니므로 출자금을 납입하는 대신에 가입비를 납부하고 또한 총회에서의 의결권이나 선거권과 같은 공익권이 없는 점에서 회원과 차이가 있으나 사업이용 측면에서는 거의 유사한 지위를 갖고 있다.[1)]

Ⅱ. 준회원의 자격

중앙회는 정관으로 정하는 바에 따라 조합공동사업법인 및 농업 또는 농촌 관련 단체와 법인을 준회원으로 할 수 있다(법116).

Ⅲ. 준회원의 권리

준회원은 정관으로 정하는 바에 따라 중앙회의 사업을 이용할 권리를 가진다(법161 전단, 법20③).

Ⅳ. 준회원의 의무

중앙회는 준회원에 대하여 정관으로 정하는 바에 따라 가입금과 경비를 부담하게 할 수 있다(법161 전단, 법20②).

1) 최흥은(2014), 91쪽.

제3장 / 출자금

제1절 종류 및 내용

Ⅰ. 출자금

1. 출자 좌수와 출자 금액

회원은 정관으로 정하는 좌수 이상의 출자를 하여야 한다(법117①). 출자 1좌의 금액은 정관으로 정한다(법117②).

이에 따라 회원은 총 출자 좌수의 10% 이내에서 1,000좌 이상을 출자하여야 한다(정관19①). 출자 1좌의 금액은 1만원으로 한다(정관19②).

2. 질권설정 금지

회원의 출자액은 질권의 목적이 될 수 없다(법161 전단, 법21④).

3. 상계 금지

회원은 출자의 납입 시 중앙회에 대한 채권과 상계(相計)할 수 없다(법161 전단, 법21⑤).

Ⅱ. 출자배당금의 출자전환

1. 배당금의 출자

중앙회는 정관으로 정하는 바에 따라 회원의 출자액에 대한 배당 금액의 전부 또는 일부를 그 회원으로 하여금 출자하게 할 수 있다(법161 전단, 법21의3 전단).

2. 상계 금지

회원은 배당받을 금액을 중앙회에 대한 채무와 상계할 수 없다(법161 전단, 법21의3 후단).

Ⅲ. 회전출자

1. 사업이용배당금의 재출자

중앙회는 출자 외에 정관으로 정하는 바에 따라 그 사업의 이용 실적에 따라 회원에게 배당할 금액의 전부 또는 일부를 그 회원으로 하여금 출자하게 할 수 있다(법161 전단, 법22 전단).

2. 상계 금지

회원은 배당받을 금액을 중앙회에 대한 채무와 상계할 수 없다(법161 전단, 법22 후단, 법21의3 후단).

Ⅳ. 우선출자

1. 서설

(1) 의의

우선출자란 정식구성원(회원농협)이 아닌 불특정 다수인이 경영참여보다 우선적 배당을 받을 목적으로 하는 출자로서 정식구성원(회원농협)보다 우선적으로 배당을 받는 출자를 말한다.

(2) 제도적 취지

우선출자제도는 중앙회 입장에서는 자기자본 증대가 효과를 얻을 수 있는 것으로서 협동조합의 주요한 문제점인 자본조달의 한계를 극복하기 위한 것이다. 즉 우선출자제의 도입은 자본조달 능력이 취약한 중앙회의 현실을 감안하여 자본금의 확충으로 중앙회의 경영안정과 사업활성화를 도모하고자 하는 것이다.

2. 우선출자 발행 등

(1) 우선출자 발행

중앙회는 자기자본의 확충을 통한 경영의 건전성을 도모하기 위하여 정관으로 정하는 바에 따라 잉여금 배당에서 우선적 지위를 가지는 우선출자를 발행할 수 있다(법147①).

(2) 우선출자 1좌의 금액과 우선출자의 총액

우선출자 1좌의 금액은 출자 1좌의 금액과 같아야 하며, 우선출자의 총액은 자기자본의 2분의 1을 초과할 수 없다(법147②).

(3) 의결권과 선거권 불인정

우선출자에 대하여는 의결권과 선거권을 인정하지 아니한다(법147③).

(4) 우선출자에 대한 배당과 배당률

우선출자에 대한 배당은 출자에 대한 배당보다 우선하여 실시하되, 그 배당률은 정관으로 정하는 최저 배당률과 최고 배당률 사이에서 정기총회에서 정한다(법147④).

(5) 우선출자 발행사항의 공고

중앙회는 우선출자를 발행할 때에는 우선출자의 납입기일 2주 전까지 발행하려는 우선출자의 내용, 좌수, 발행가액, 납입기일 및 모집방법을 공고하고 출자자 및 우선출자자에게 알려야 한다(영23).

3. 우선출자의 청약 등

(1) 우선출자의 청약

우선출자의 청약을 하려는 자는 우선출자청약서에 인수하려는 우선출자의 좌수 및 인수가액과 주소를 적고 기명날인하여야 한다(영24①).

우선출자청약서의 서식은 중앙회장이 작성하되, i) 중앙회의 명칭, ii) 출자 1좌의 금액 및 총좌수, iii) 우선출자 총좌수의 최고한도, iv) 이미 발행한 우선출자의 종류 및 종류별 좌수, v) 중앙회의 자기자본, vi) 발행하려는 우선출자의 액면금액, 내용 및 좌수, vii) 발행하려는 우선출자의 발행가액 및 납입기일, viii) 우선출자의 매입소각을 하는 경우에는 그에 관한 사항이 포함되어야 한다(영24②).

(2) 우선출자 금액의 납입 등

우선출자의 청약을 한 자는 중앙회장이 배정한 우선출자의 좌수에 대하여 우선출자를 인수할 수 있다(영25①). 이에 따라 우선출자를 인수하려는 자는 납입기일까지 우선출자 발행가액의 전액을 납입하여야 한다(영25②).

우선출자를 인수한 자는 우선출자 발행가액의 납입기일의 다음날부터 우선출자자가 된다(영25③).

4. 우선출자증권의 발행 등

(1) 우선출자증권의 발행

우선출자의 전액납입이 있은 후가 아니면 우선출자증권("증권")을 발행할 수 없다(영26①). 중앙회는 우선출자의 납입기일 후 지체 없이 증권을 발행하여야 한다(영26②).

(2) 우선출자증권의 형식

우선출자증권은 기명식으로 한다(영27).

(3) 우선출자증권의 기재사항

증권에는 중앙회의 명칭, 우선출자의 액면금액, 우선출자의 내용, 증권번호, 발행 연월일, 우선출자 좌수 및 우선출자자의 성명(법인의 경우에는 명칭)을 적고 중앙회장이 기명날인하여야 한다(영28).

5. 우선출자자명부의 비치 및 기재사항 등

(1) 우선출자자명부의 비치 및 기재사항

중앙회는 주된 사무소에 우선출자자명부를 갖춰 두고 증권소유자의 성명과 주소, 증권의 수와 번호, 증권의 취득 연월일을 적어야 한다(영29).

(2) 우선출자의 매입소각

중앙회는 이사회의 의결을 거쳐 우선출자를 매입하여 소각할 수 있다(영30).

(3) 우선출자자의 책임

우선출자자의 책임은 그가 가진 우선출자의 인수가액을 한도로 한다(영30의2).

6. 우선출자의 양도

(1) 양도와 그 효력

우선출자는 양도할 수 있다(영30의3① 본문). 다만, 증권 발행 전의 양도는 중앙회에 대하여 효력이 없다(영30의3① 단서).

(2) 양도방법

우선출자를 양도할 때에는 증권을 내주어야 한다(영30의3②).

(3) 점유자의 소지인 추정

증권의 점유자는 적법한 소지인으로 추정한다(영30의3③).

(4) 증권 명의변경의 대항력

증권의 명의변경은 취득자의 성명과 주소를 우선출자자 명부에 등록하고 그 성명을 증권에 적지 아니하면 중앙회나 그 밖의 제3자에게 대항하지 못한다(영30의3④).

(5) 등록질권의 대항력

증권을 질권의 목적으로 하는 경우에는 질권자의 성명과 주소를 우선출자자명부에 등록하지 아니하면 중앙회나 그 밖의 제3자에게 대항하지 못한다(영30의3⑤).

7. 우선출자자 총회

(1) 정관변경

중앙회는 정관이 변경되어 우선출자자에게 손해를 미치게 되는 경우에는 우선출자자 총회의 의결을 거쳐야 한다(영30의4①).

(2) 의결정족수

우선출자자 총회의 의결은 발행한 우선출자 총좌수의 과반수의 출석과 출석한 출자좌수의 3분의 2 이상의 찬성이 있어야 한다(영30의4②).

(3) 운영사항

우선출자자 총회의 운영 등에 필요한 사항은 정관으로 정한다(영30의4③).

8. 통지와 최고

우선출자신청인 또는 우선출자자에 대한 통지나 최고는 따로 그 주소를 중앙회에 통지한 때를 제외하고는 우선출자청약서 또는 우선출자자명부에 적힌 주소로 한다(영31).

9. 우선출자의 금지

중앙회(중앙회의 자회사 및 손자회사 포함)는 조합에 대한 우선출자를 할 수 없다(영31의2③(2)).

제2절 환급

Ⅰ. 지분환급청구권과 환급정지

1. 지분환급청구권의 행사

탈퇴 회원(제명된 회원을 포함)은 탈퇴(제명을 포함) 당시의 회계연도의 다음 회계연도부터 정관으로 정하는 바에 따라 그 지분의 환급을 청구할 수 있다(법161 전단, 법31①).

2. 지분환급청구권 행사기간

지분환급청구권은 2년간 행사하지 아니하면 소멸된다(법161 전단, 법31②).

3. 환급정지

중앙회는 탈퇴 회원이 중앙회에 대한 채무를 다 갚을 때까지는 지분의 환급을 정지할 수 있다(법161 전단, 법31③).

Ⅱ. 탈퇴 회원의 손실액 부담

1. 손실액 납입청구

중앙회는 중앙회의 재산으로 그 채무를 다 갚을 수 없는 경우에는 환급분을 계산할 때 정관으로 정하는 바에 따라 탈퇴 회원이 부담하여야 할 손실액의 납입을 청구할 수 있다(법161 전단, 법32 전단).

2. 행사시기

탈퇴 회원(제명된 회원 포함)은 탈퇴(제명 포함) 당시의 회계연도의 다음 회계연도부터 정관으로 정하는 바에 따라 그 지분의 환급을 청구할 수 있다(법161전단, 법32 후단, 법31①).

3. 행사기간

청구권은 2년간 행사하지 아니하면 소멸된다(법161 전단, 법32 후단, 법31②).

제3절 지분의 양도 등

Ⅰ. 지분양도 금지

회원은 중앙회의 승인 없이 그 지분을 양도(讓渡)할 수 없다(법161 전단, 법23①).

Ⅱ. 비회원의 지분 양수 조건

회원이 아닌 자가 지분(持分)을 양수하려면 가입신청, 자격심사 등 가입의 예에 따른다(법161 전단, 법23②).

Ⅲ. 양수인의 권리의무 승계

지분양수인은 그 지분에 관하여 양도인의 권리의무를 승계한다(법161 전단, 법23③).

Ⅳ. 지분공유 금지

회원의 지분은 공유할 수 없다(법161 전단, 법23④).

제4장 /

지배구조

제1절 서설

Ⅰ. 의의

2012년 사업구조개편은 종합농협체제인 농협중앙회의 사업구조를 1중앙회-2지주회사(농협경제지주회사, 농협금융지주회사) 체제로 전환한 것이다. 이를 위해서 농협중앙회는 그 동안 통합 수행하였던 교육지원사업, 경제사업, 금융사업을 각각 분리하여 교육지원사업은 중앙회가, 경제사업은 경제지주회사가, 금융사업은 금융지주회사가 담당함으로써 전문성과 경쟁력을 강화하기로 한 것이다. 금융지주는 2012년, 경제지주는 사업별로 2017년까지 단계적으로 이관을 모두 완료하였다.[1)]

농협중앙회는 각 지주회사에 100%를 출자하여 통제권을 확보하고 있으며 지주회사의 자회사에 대해서도 지배적 지분을 확보하도록 하고 있다. 다만 독립

1) 남기포(2019), 6쪽.

법인으로서 경영전반에 대한 최종적인 의사결정 권한을 보장하고 있다. 금융지주의 경우 “수익의 원활한 이전”을 제도적으로 보장하기 위해 농협중앙회의 「명칭사용료」로 매출액의 1천분의 25 범위에서 농업지원사업비를 부과할 수 있도록 하고 있다.

농업협동조합법은 농협중앙회의 기관구성과 관련하여 중앙회의 의사를 결정하는 총회(법122①) 또는 총회에 갈음하여 중앙회의 의사를 결정하는 대의원회(법124①), 중앙회의 업무집행에 관한 의사결정기관인 이사회(법125①)와 중앙회의 대표기관인 회장(법126①), 중앙회의 재산과 업무집행 상황을 감사하는 감사위원회(법129①)에 대하여 규정하고 있다.

Ⅱ. 구성

1. 총회와 대의원회

총회는 중앙회의 의사를 구성원 다수의 의사에 따라 전체 구성원의 의사를 결정하는 중앙회의 최고의사결정기관이며 필요적 법정기관이다. 총회는 회장과 회원으로 구성되며 회원은 정부의 인가를 받아 설립된 지역조합, 품목조합 및 품목조합연합회로 하고 있다. 총회의 의결사항은 정관의 변경, 회원의 제명, 임원 및 조합감사위원장의 선출과 해임, 사업 계획, 수지예산 및 결산의 승인, 그 밖에 이사회나 회장이 필요하다고 인정하는 사항이다.

총회에 갈음하는 대의원회는 회장과 회원인 조합의 조합장 또는 품목조합연합회장 중에서 선출하는 대의원으로 구성된다. 대의원의 수는 회원의 3분의 1의 범위에서 조합원수 및 경제 사업규모 등을 고려하여 정관으로 정하도록 규정하고 있는데, 정관에서는 300명 이내에서 단체별 조합원수, 경제사업규모, 중앙회에 대한 출자금규모 및 지방자치단체수 등을 고려하여 규약으로 정하도록 하고 있다. 대의원은 회원의 직접투표로 선출하되, 1표를 행사하며, 다만 대의원을 선출하기 위한 회원별 투표권은 조합원수에 따라 1표에서 3표까지 행사할 수 있다.

2. 이사회와 중앙회장

이사회는 중앙회의 업무집행에 관한 주요사항의 의사결정과 이사회의 의결사항에 대한 회장 및 사업전담대표이사 등의 업무집행상황을 감독하는 회의체 기관이다. 이사회를 둔 취지는 총회나 대의원회 소집의 번잡함을 피함과 함께 회장과 대표이사의 독단을 방지하고 업무집행에 신중을 기하여 합리적인 운영을 도모하려는 것이다. 이사회는 총회 내지 대의원회에서 결정한 의사 등을 기준으로 하여 집행에 관한 사항을 의결할 뿐이고 전체적인 의사결정 자체를 하는 기관이 아니기 때문에 업무집행기관으로 해석한다.

중앙회는 이사회 운영의 전문성과 효율성을 도모하기 위하여 소관 사업별로 소이사회를 두며, 이사회 내에 인사추천위원회와 교육위원회 등의 위원회를 두고 있다. 소이사회와 이사회 내 위원회와의 차이는 소이사회의 경우 대표이사 소관업무에 대해서만 의사결정을 할 수 있도록 하고 있으나, 위원회는 특정한 대표이사 소관업무에 한정하지 않고 중앙회 전체업무와 관련된 사항에 대해서도 의사결정을 할 수 있다는 점이다.

중앙회장은 회원인 조합원 중에서 총회에서 선출하고 회장의 임기는 4년으로 하며 중임할 수 없다. 회장은 농업협동조합법 제128조에 따라 사업전담대표이사 등이 대표하는 업무를 제외하고는 중앙회를 대표하는 대표기관이다. 회장은 비상임으로 중앙회의 업무를 처리하되 대부분의 업무를 정관으로 정하는 바에 따라 위원장, 전무이사, 소관 대표이사에게 위임·전결 처리하게 하여야 한다. 이는 중앙회 업무에 대한 전문지식과 경험이 풍부한 자에게 업무의 위임 및 전결처리를 하도록 한 것이다.

3. 감사위원회

중앙회는 재산과 업무집행상황을 감사하기 위하여 감독기관으로 감사위원회를 두고 있다. 감사위원회는 감사위원장을 포함한 5명의 감사위원으로 구성하되, 감사위원 중 3명은 대통령령으로 정하는 요건에 적합한 외부전문가 중에서 선출하여야 한다. 감사위원은 인사추천위원회가 추천한 자를 대상으로 대의원회에서 선출한다. 감사위원장은 감사위원 중에서 호선하고, 상임으로 한다. 감사위원의 임기는 3년으로 한다.

4. 조합감사위원회

중앙회는 회원의 건전한 발전을 도모하기 위하여 회장 직속으로 회원의 업무를 지도·감사할 수 있는 조합감사위원회를 두고 있다. 조합감사위원회는 위원장을 포함한 5명의 위원으로 구성하되, 위원장은 상임으로 하고 임기는 3년이다. 위원장은 인사추천위원회에서 추천된 사람을 이사회의 의결을 거쳐 총회에서 선출하고 위원은 위원장의 제청과 이사회의 의결을 거쳐 위원장이 임명한다.

5. 지주회사

농협중앙회는 지난 2012년 사업구조개편을 단행하여 신용사업부문과 경제사업부문을 분리하여 농협경제지주회사와 농협금융지주회사를 설립하였다. 이들 지주회사는 중앙회가 지분을 100% 보유해 완전 지배하도록 하고 있으며 지주회사는 자회사들을 보유하고 있다. 2022년 12월말 현재 경제지주회사는 17개, 금융지주회사는 11개 자회사를 보유하고 있다.

농협경제지주회사의 이사는 농업경제대표이사 및 축산경제대표이사를 포함하여 3명 이상으로 하고, 사외이사가 4분의 1 이상이어야 한다. 농업경제대표이사 또는 축산경제대표이사는 외부전문가가 포함된 임원추천위원회에서 추천된 사람을 선임한다. 농협경제지주회사는 이사 총수의 2분의 1 이내에서 중앙회의 회원조합장인 이사를 경제지주회사의 이사로 선임할 수 있다. 현재 5명의 이사로 구성되어 있으며 감독기관으로 감사위원회를 두고 있다. 농협금융지주회사와 농업은행의 지배구조는 금융회사지배구조법을 적용하고 있다.

제2절 총회와 대의원회

Ⅰ. 총회

1. 설치

중앙회에 총회를 둔다(법122①). 회장은 총회의 의장이 된다(법122③). 총회는 전체 회원으로 구성되고(대의원제가 총회를 갈음하고 있다면 회원은 언제라도 대의원이 될 수 있으므로), 회원의 총의를 직접적으로 나타내며, 중앙회 조직의 운영에 관한 기본적인 사항을 결정하는 최고의 의사결정기관이다.

2. 구성

총회는 회장과 회원으로 구성하고, 회장이 소집한다(법122②). 총회는 정기총회와 임시총회로 구분한다(법122④).

(1) 정기총회의 소집

정기총회는 매년 1회 정관으로 정한 시기에 소집한다(법122④). 이에 따라 정기총회는 매년 1회 회계연도 종료 후 3개월 이내에 회장이 이를 소집한다(정관33).

(2) 임시총회 소집

임시총회는 필요할 때에 수시로 소집한다(법122④). 임시총회는 i) 회장이 필요하다고 인정한 때(제1호), ii) 이사회가 필요하다고 인정하여 소집을 청구한 때(제2호), iii) 회원이 회원 10% 이상의 동의를 얻어 소집의 목적과 이유를 기재한 서면을 제출하여 회장에게 소집을 청구한 때(제3호), iv) 감사위원회가 본회의 재산상황 또는 업무집행에 관하여 부정한 사실이 있는 것을 발견하여 그 내용을 총회에 신속히 보고하여야 할 필요가 있어 회장에게 소집을 요구한 때(제4호)에 해당하는 경우에 회장이 이를 소집한다(정관34①).

위 ii) 및 iii)의 청구가 있는 때에는 정당한 사유가 없는 한 회장은 2주 이내에 총회소집통지서를 발송하여야 한다(정관34②).

3. 의결권 행사

(1) 의결권 행사기준

중앙회의 회원은 i) 조합원 수가 2천명 미만인 조합 또는 연합회는 1표(제1호), ii) 조합원 수가 2천명 이상 3천명 미만인 조합은 2표(제2호), iii) 조합원 수가 3천명 이상인 조합은 3표(제3호)에 따라 정관으로 정하는 바에 따라 총회에서 1표에서 3표까지의 의결권을 행사한다(법122⑤, 영11의4①).

(2) 조합원 수의 확정 시기

중앙회 총회 의결권 행사기준이 되는 조합원 수는 매년 중앙회 정기총회에서 직전 회계연도 말을 기준으로 하여 확정한다(영11의4②).

(3) 합병조합 또는 신설조합의 경우의 조합원수 확정 시기

정기총회 이후 합병하거나 새로 설립된 조합의 경우에는 합병등기일 또는 설립등기일을 기준으로 중앙회 이사회가 조합원 수를 확정한다(영11의4③).

4. 의결사항 등

(1) 의결사항

다음의 사항, 즉 i) 정관의 변경(제1호), ii) 회원의 제명(제2호), iii) 임원 및 조합감사위원장의 선출과 해임(제3호), iv) 사업계획, 수지 예산 및 결산의 승인(제4호), v) 그 밖에 이사회나 회장이 필요하다고 인정하는 사항(제5호)은 총회의 의결이 있어야 한다(법123).

(2) 위반시 제재

조합등(조합, 조합공동사업법인, 품목조합연합회)과 중앙회의 임원, 조합의 간부직원, 중앙회의 집행간부 · 일반간부직원, 파산관재인 또는 청산인이 법 제123조에 따라 총회 · 대의원회 또는 이사회(소이사회를 포함)의 의결을 필요로 하는 사항에 대하여 의결을 거치지 아니하고 집행한 경우에는 3년 이하의 징역 또는 3천만원 이하의 벌금에 처한다(법171(2)).

5. 개의와 의결

(1) 총회의 보통결의

중앙회의 총회는 농업협동조합법에 다른 규정이 있는 경우 외에는 의결권 총수의 과반수에 해당하는 회원의 출석으로 개의하고, 출석한 회원의 의결권 과반수의 찬성으로 의결한다(법123의2①).

(2) 총회의 특별결의

i) 정관의 변경(법123(1)), ii) 회원의 제명(법123(2))은 의결권 총수의 과반

수에 해당하는 회원의 출석으로 개의하고, 출석한 회원의 의결권 3분의 2 이상의 찬성으로 의결한다(법123의2②).

(3) 의장의 의결 참여

회장이 총회의 의장이 되는데(법122③), 의장은 총회의 의결에 참여한다(정관 40③).

6. 총회소집

(1) 회원의 소집청구

회원은 회원 300인이나 10% 이상의 동의를 받아 소집의 목적과 이유를 서면에 적어 회장에게 제출하고 총회의 소집을 청구할 수 있다(법161, 법36①).

회장은 청구를 받으면 2주일 이내에 총회소집통지서를 발송하여야 한다(법 161, 법36②).

(2) 감사위원회의 총회소집

총회를 소집할 사람이 없거나 회장의 총회소집통지서를 발송 기간(법36②) 이내에 정당한 사유 없이 회장이 총회소집통지서를 발송하지 아니할 때에는 감사위원회가 5일 이내에 총회소집통지서를 발송하여야 한다(법161, 법36③). 이 경우 감사위원회의 위원장이 의장의 직무를 대행한다(정관35② 후단).

(3) 회원대표의 총회소집

감사위원회가 정당한 사유없이 총회소집사유가 발생한 날부터 5일 이내에 총회소집통지서를 발송하지 아니할 때에는 회원 300인 또는 10% 이상의 동의를 얻은 회원대표가 총회를 소집한다(법161, 법36④ 전단, 정관36 전단). 이 경우 회원대표가 의장의 직무를 수행한다(법161, 법36④ 후단, 정관36 후단).

7. 총회소집의 통지

(1) 통지와 최고

중앙회가 회원에게 통지나 최고를 할 때에는 회원명부에 적힌 회원의 주소나 거소로 하여야 한다(법161, 법37①). 회원명부에는 i) 회원의 성명과 주소 또는 거소, ii) 회원의 가입 연월일을 적어야 한다(영4의3).

(2) 통지 기간

총회를 소집하려면 총회 개회 10일 전까지 회의 목적 등을 적은 총회소집통지서를 회원에게 발송하여야 한다(법161, 법37② 본문). 다만, 같은 목적으로 총회를 다시 소집할 때에는 개회 전날까지 알린다(법161, 법37② 단서).

8. 의결권의 제한 등

(1) 의결권 제한사항

총회에서는 통지한 사항에 대하여만 의결할 수 있다(법161, 법39① 본문). 다만, i) 정관의 변경(제1호), ii) 회원의 제명(제2호), iii) 임원 및 조합감사위원장의 선출과 해임(제3호)을 제외한 긴급한 사항으로서 의결권 총수의 과반수에 해당하는 회원의 출석과 출석한 회원의 의결권 3분의 2 이상의 찬성이 있을 때에는 그러하지 아니하다(법161, 법39① 단서).

(2) 이해상충과 의결권 행사 제한

중앙회와 회원의 이해가 상반되는 의사를 의결할 때에는 해당 회원은 그 의결에 참여할 수 없다(법161, 법39②).

(3) 회원제안

회원은 회원 100인이나 3% 이상의 동의를 받아 총회 개회 30일 전까지 회장에게 서면으로 일정한 사항을 총회의 목적 사항으로 할 것을 제안("회원제안")할 수 있다(법161, 법39③ 전단).

이 경우 회원제안의 내용이 법령이나 정관을 위반하는 경우를 제외하고는 이를 총회의 목적 사항으로 하여야 하고, 회원제안을 한 자가 청구하면 총회에서 그 제안을 설명할 기회를 주어야 한다(법161, 법39③ 후단).

9. 총회 의사록

(1) 의사록 작성

총회의 의사에 관하여는 의사록을 작성하여야 한다(법161, 법40①).

(2) 기재사항과 기명날인 또는 서명

총회 의사록에는 의사의 진행 상황과 그 결과를 적고 의장과 총회에서 선출한 회원 5인 이상이 기명날인하거나 서명하여야 한다(법161, 법40②).

회장은 의사록을 주된 사무소에 비치하여야 한다(정관46③).

Ⅱ. 대의원회

1. 총회 갈음

중앙회에 총회를 갈음하는 대의원회를 둔다(법124① 본문). 다만, 회장의 선출(법130①)을 위한 총회 및 임원의 해임(법161, 법54①)을 위한 총회의 경우에는 그러하지 아니하다(법124① 단서).

2. 구성

대의원회는 회장을 포함한 대의원으로 구성하며, 회장이 그 의장이 된다(정관47②).

3. 대의원의 정수 및 임기

(1) 대의원의 자격과 정수

대의원의 수는 회원의 3분의 1의 범위에서 조합원수 및 경제 사업규모 등을 고려하여 정관으로 정하되, 회원인 지역조합과 품목조합의 대표성이 보장될 수 있도록 하여야 한다(법124②).

회장을 제외한 대의원은 회원인 지역조합과 품목조합의 조합장 또는 품목조합연합회장이어야 하며, 대의원 수는 300명 이내에서 광역자치단체별(품목조합의 경우에는 품목별을 말한다) 조합원 수, 경제사업규모, 본회에 대한 출자금규모 및 지방자치단체 수 등을 고려하여 규약으로 정한다(정관47③ 본문). 다만, 법 제161조에서 준용하는 법 제52조 제4항 및 제5항에서 정한 경업관계를 해소하지 아니한 사람은 대의원이 될 수 없다(정관47③ 단서).

(2) 대의원의 임기

(가) 회장을 제외한 대의원의 임기

대의원의 임기는 정관으로 정한다(법124③). 회장을 제외한 대의원의 임기는 2년으로 한다(정관47⑦ 본문).

(나) 임기 연장

임기만료연도 결산기의 마지막 달부터 그 결산기에 관한 정기총회 전에 임기가 끝난 경우에는 정기총회가 끝날 때까지 그 임기가 연장된다(법161, 법42③ 단서).

(다) 보궐선거로 취임한 대의원의 임기

보궐선거에 의하여 취임한 대의원의 임기는 전임자의 잔임기간으로 한다(정관47⑨).

4. 대의원 선출

대의원은 정관으로 정하는 바에 따라 회원의 직접투표로 선출하되, 대의원을 선출하기 위한 회원별 투표권의 수는 제122조 제5항에 따른 의결권의 수와 같다(법124④).

대의원은 대의원회에서 1표의 의결권을 행사한다(정관47⑤).

(1) 총회의 의결권 행사기준

중앙회의 회원은 i) 조합원 수가 2천명 미만인 조합 또는 연합회는 1표(제1호), ii) 조합원 수가 2천명 이상 3천명 미만인 조합은 2표(제2호), iii) 조합원 수가 3천명 이상인 조합은 3표(제3호)에 따라 정관으로 정하는 바에 따라 총회에서 1표에서 3표까지의 의결권을 행사한다(법122⑤, 영11의4①).

(2) 조합원 수의 확정 시기

중앙회 총회 의결권 행사기준이 되는 조합원 수는 매년 중앙회 정기총회에서 직전 회계연도 말을 기준으로 하여 확정한다(영11의4②).

(3) 합병조합 또는 신설조합의 경우의 조합원수 확정 시기

정기총회 이후 합병하거나 새로 설립된 조합의 경우에는 합병등기일 또는 설립등기일을 기준으로 중앙회 이사회가 조합원 수를 확정한다(영11의4③).

5. 대의원의 의결권 행사

대의원은 대의원회에서 한 표의 의결권을 행사하며, 대의원회의 운영 등에 관한 세부 사항은 정관으로 정한다(법124⑤).

6. 대의원회의 개의와 의결

대의원회의 개의와 의결에 관하여는 제123조의2를 준용한다(법124⑥).

(1) 대의원회의 보통결의

중앙회의 대의원회는 농업협동조합법에 다른 규정이 있는 경우 외에는 의결권 총수의 과반수에 해당하는 회원의 출석으로 개의하고, 출석한 회원의 의결권 과반수의 찬성으로 의결한다(법124⑥, 법123의2①).

(2) 대의원회의 특별결의

i) 정관의 변경(법123(1)), ii) 회원의 제명(법123(2))은 의결권 총수의 과반수에 해당하는 회원의 출석으로 개의하고, 출석한 회원의 의결권 3분의 2 이상의 찬성으로 의결한다(법124⑥, 법123의2②).

7. 겸직금지

대의원은 해당 중앙회의 회장을 제외한 임직원과 다른 조합의 임직원을 겸직하여서는 아니 된다(법161, 법42④).

8. 의결권 대리행사 금지

대의원의 의결권은 대리인이 행사할 수 없다(법161, 법42⑤ 단서).

9. 총회 규정 준용

대의원회에 대하여는 총회에 관한 규정을 준용한다(법161, 법42⑤ 본문)

제3절 이사회

Ⅰ. 설치와 구성

1. 설치

중앙회에 이사회를 둔다(법125①). 중앙회에 이사회를 두며, 필요한 경우 이사회 내에 위원회 또는 협의회 등을 둘 수 있다(정관48①).

이사회는 조직의 업무집행에 관한 의사결정을 위해 전원의 이사로 구성되는 필요적 상설기관이다. 협동조합금융기관 역시 은행 또는 다른 주식회사와 마찬가지로 이사회 중심의 조직인 것은 동일하나, 민주적 운영방식의 특성으로 인해 주식회사의 이사회와는 다른 차별요인이 존재한다.[2)]

2. 구성

이사회는 회장, 상호금융대표이사 및 전무이사를 포함한 이사로 구성하되, 이사회 구성원의 2분의 1 이상은 회원인 조합의 조합장("회원조합장")이어야 한다(법125②). 회원조합장인 이사의 3분의 1 이상은 품목조합의 조합장으로 한다(법125③).

이사회는 회장이 이를 소집하고 그 의장이 된다(정관48② 후단).

Ⅱ. 의결사항 등

1. 의결사항

이사회는 i) 중앙회의 경영목표의 설정(제1호), ii) 중앙회의 사업계획 및 자금계획의 종합조정(제2호), iii) 중앙회의 조직·경영 및 임원에 관한 규정의 제정·개정 및 폐지(제3호), iv) 조합에서 중앙회에 예치하는 여유자금의 하한 비율 또는 금액(제4호), v) 상호금융대표이사 및 전무이사("사업전담대표이사등")의 해임건의에 관한 사항(제5호), vi) 인사추천위원회 구성에 관한 사항(제6호), vii) 교

2) 박영재(2015), "협동조합금융기관 중앙회 조직의 지배구조 개선방안", 충남대학교 특허법무대학원 석사학위논문(2015. 2), 42-43쪽.

육위원회 구성에 관한 사항(제7호), viii) 중앙회의 중요한 자산의 취득 및 처분에 관한 사항(제8호), ix) 중앙회 업무의 위험관리에 관한 사항(제9호), x) 인사추천위원회에 추천된 후보자(감사위원후보자는 제외) 선임에 관한 사항(제10호), xi) 사업전담대표이사등의 소관사업에 대한 성과평가에 관한 사항(제11호), xii) 회원의 발전계획 수립에 관한 사항(제11의2호), xiii) 총회로부터 위임된 사항(제12호), xiv) 그 밖에 회장 또는 이사 3분의 1 이상이 필요하다고 인정하는 사항(제13호)을 의결한다(법125④).

2. 위반시 제재

조합등(조합, 조합공동사업법인, 품목조합연합회)과 중앙회의 임원, 조합의 간부직원, 중앙회의 집행간부·일반간부직원, 파산관재인 또는 청산인이 법 제125조 제4항에 따라 총회·대의원회 또는 이사회(소이사회를 포함)의 의결을 필요로 하는 사항에 대하여 의결을 거치지 아니하고 집행한 경우에는 3년 이하의 징역 또는 3천만원 이하의 벌금에 처한다(법171(2)).

Ⅲ. 업무집행상황 감독 등

1. 업무집행상황 감독

이사회는 의결된 사항에 대하여 회장 및 사업전담대표이사등의 업무집행상황을 감독한다(법125⑤).

2. 집행간부의 이사회 출석과 의견진술

집행간부는 이사회에 출석하여 의견을 진술할 수 있다(법125⑥).

3. 이사회 운영사항

이사회의 운영에 필요한 사항은 정관으로 정한다(법125⑦).

Ⅳ. 상호금융 소이사회

1. 설치와 구성

(1) 설치

이사회 운영의 전문성과 효율성을 도모하기 위하여 상호금융대표이사의 소관사업부문에 소이사회를 둔다(법125의2①).

(2) 구성 등

소이사회는 상호금융대표이사와 이사로 구성하고, 상호금융대표이사는 소이사회의 의장이 되며, 구성원의 4분의 1 이상은 회원조합장이 아닌 이사이어야 한다(법125의2②).

2. 의결사항 등

(1) 의결사항

소이사회는 i) 소관 업무의 경영목표의 설정에 관한 사항(제1호), ii) 소관 업무의 사업계획 및 자금계획에 관한 사항(제2호), iii) 소관 업무에 관련된 조직 및 그 업무의 운영에 관한 사항(제3호), iv) 소관 업무와 관련된 중요한 자산의 취득 및 처분에 관한 사항(제4호), v) 소관 업무의 위험관리에 관한 사항(제5호) 중 이사회가 위임한 사항을 의결한다(법125의2③).

(2) 의결정족수

소이사회는 구성원 과반수의 출석으로 개의하고, 출석구성원 과반수의 찬성으로 의결한다(법125의2④).

(3) 의결사항의 통지 등

소이사회는 의결된 사항을 이사에게 각각 통지하여야 한다(법125의2⑤ 전단). 이 경우 이를 통지받은 각 이사는 이사회의 소집을 요구할 수 있으며, 이사회는 소이사회가 의결한 사항에 대하여 다시 의결할 수 있다(법125의2⑤ 후단).

3. 업무집행상황 감독 등

(1) 업무집행상황 감독

소이사회는 의결된 사항(이사회에서 다시 의결된 사항은 제외)에 대하여 상호금융대표이사의 업무집행상황을 감독한다(법125의2⑥).

(2) 집행간부의 출석 및 의견진술

집행간부는 소이사회에 출석하여 의견을 진술할 수 있다(법125의2⑦).

4. 운영사항

소이사회의 운영에 관하여 필요한 사항은 정관으로 정한다(법125의2⑧).

Ⅴ. 인사추천위원회

1. 이사회 내 설치

다음의 사람, 즉 i) 사업전담대표이사등(제1호), ii) 회원조합장인 이사 외의 이사(제2호), iii) 감사위원(제3호), iv) 조합감사위원장(제4호)을 추천하기 위하여 이사회에 인사추천위원회를 둔다(법125의5①).

2. 구성 및 위원장

인사추천위원회는 i) 이사회가 위촉하는 회원조합장 3명(제1호), ii) 농업인단체 및 학계 등이 추천하는 학식과 경험이 풍부한 외부전문가(공무원은 제외) 중에서 이사회가 위촉하는 4명(제2호)으로 구성하고, 위원장은 제2호에 따른 위원 중에서 호선한다(법125의5②).

3. 농업인단체의 이사 후보자 추천

농업인단체는 학식과 경험이 풍부한 외부전문가 중에서 제1항 제2호에 따른 이사 후보자를 인사추천위원회에 추천할 수 있다(법125의5③).

4. 운영사항

그 밖에 인사추천위원회 구성과 운영에 필요한 사항은 정관으로 정한다(법125의5④).

Ⅵ. 교육위원회

1. 이사회 내 설치

회원의 조합원과 직원에 대한 교육(법134①(1) 나목)업무의 계획을 수립하고 운영하기 위하여 이사회 소속으로 교육위원회를 둔다(법125의6①).

2. 구성

교육위원회는 위원장을 포함한 7명 이내의 위원으로 구성하되, 농업인단체·학계의 대표를 포함하여야 한다(법125의6②).

3. 교육계획의 수립 및 운영현황 등의 이사회 보고

교육위원회는 교육계획의 수립 및 운영현황 등을 이사회에 보고하고 이사회 의결에 따른 조치를 하여야 한다(법125의6③).

4. 구성 · 운영 등의 사항

그 밖의 교육위원회의 구성·운영 등에 필요한 사항은 정관으로 정한다(법125의6④).

제4절 감사위원회

Ⅰ. 설치

중앙회는 재산과 업무집행상황을 감사하기 위하여 감사위원회를 둔다(법129①).

Ⅱ. 구성과 임기

감사위원회는 감사위원장을 포함한 5명의 감사위원으로 구성하되 그 임기는 3년으로 하며, 감사위원 중 3명은 ⅰ) 중앙회(중앙회의 자회사 및 손자회사를 포함), 조합 또는 금융위원회법 제38조[3]에 따른 검사대상기관(이에 상응하는 외국금융기관을 포함)에서 10년 이상 종사한 경력이 있는 사람(제1호), ⅱ) 농업·축산업 또는 금융 관계 분야의 석사학위 이상의 학위소지자로서 연구기관 또는 대학에서 연구원 또는 조교수 이상의 직에 5년 이상 종사한 경력이 있는 사람(제2호), ⅲ) 판사·검사·군법무관·변호사 또는 공인회계사의 직에 5년 이상 종사한 경력이 있는 사람(제3호), ⅳ) 주권상장법인에서 법률·재무·감사 또는 회계 관련 업무에 임원으로 5년 이상 또는 임직원으로 10년 이상 종사한 경력이 있는 사람(제4호), ⅴ) 국가, 지방자치단체, 공공기관 및 금융감독원에서 재무 또는 회계 관련 업무 및 이에 대한 감독업무에 5년 이상 종사한 경력이 있는 사람(제5호)의 어느 하나에 해당하는 사람 중에서 선출하여야 한다(법129② 전단, 영11의7).

다만, 외부전문가는 조합, 중앙회 및 그 자회사(손자회사를 포함)에서 최근 3년 이내에 중앙회 감사위원 이외의 임직원으로 근무한 사람은 제외한다(법129② 후단).

---

3) 은행, 금융투자업자, 증권금융회사, 종합금융회사 및 명의개서대행회사, 보험회사, 상호저축은행과 그 중앙회, 신용협동조합 및 그 중앙회, 여신전문금융회사 및 겸영여신업자, 농협은행, 수협은행, 다른 법령에서 금융감독원이 검사를 하도록 규정한 기관, 그 밖에 금융업 및 금융 관련 업무를 하는 자로서 대통령령으로 정하는 자를 말한다.

Ⅲ. 위원장과 위원의 선임

감사위원장은 외부전문가인 감사위원 중에서 호선한다(법129④). 감사위원은 인사추천위원회가 추천한 자를 대상으로 총회에서 선출한다(법129③).

Ⅳ. 직무와 권한 및 의무

1. 재산 상황 등의 총회 보고 및 총회 소집

감사위원회는 중앙회의 재산 상황이나 업무집행에 부정한 사실이 있는 것을 발견하면 총회에 보고하여야 하고, 그 내용을 총회에 신속히 보고하여야 할 필요가 있으면 정관으로 정하는 바에 따라 회장에게 총회의 소집을 요구하거나 총회를 소집할 수 있다(법129⑤, 법46⑦).

조합등(조합, 조합공동사업법인, 품목조합연합회)과 중앙회의 임원, 조합의 간부직원, 중앙회의 집행간부·일반간부직원, 파산관재인 또는 청산인이 법 제46조 제7항(제129조 제5항에 따라 준용되는 경우를 포함)에 따른 총회나 이사회에 대한 보고를 하지 아니하거나 거짓으로 한 경우에는 3년 이하의 징역 또는 3천만원 이하의 벌금에 처한다(법171(3)).

2. 총회 등 출석 및 의견진술권

감사위원은 총회나 이사회 또는 소이사회에 출석하여 의견을 진술할 수 있다(법129⑤, 법46⑧).

3. 자회사의 조사권

(1) 영업의 보고 요구

모회사의 감사위원회는 그 직무를 수행하기 위하여 필요한 때에는 자회사에 대하여 영업의 보고를 요구할 수 있다(법129⑤, 법46⑨, 상법412의5①).

(2) 업무 또는 재산 상태 조사

모회사의 감사위원회는 자회사가 지체없이 보고를 하지 아니할 때 또는 그 보고의 내용을 확인할 필요가 있는 때에는 자회사의 업무와 재산상태를 조사할 수 있다(법129⑤, 법46⑨, 상법412의5②).

(3) 보고 또는 조사의 거부 제한

자회사는 정당한 이유가 없는 한 보고 또는 조사를 거부하지 못한다(법129⑤, 법46⑨, 상법412의5③).

4. 조사 · 보고의 의무

감사위원회는 이사가 총회에 제출할 의안 및 서류를 조사하여 법령 또는 정관에 위반하거나 현저하게 부당한 사항이 있는지의 여부에 관하여 총회에 그 의견을 진술하여야 한다(법129⑤, 법46⑨, 상법413).

5. 감사록의 작성

감사위원회의 위원은 감사에 관하여 감사록을 작성하여야 한다(법129⑤, 법46⑨, 상법413의2①). 감사록에는 감사의 실시요령과 그 결과를 기재하고 감사를 실시한 감사위원회 위원이 기명날인 또는 서명하여야 한다(법129⑤, 법46⑨, 상법413의2②).

6. 감사위원회의 대표권

중앙회가 이사와 계약을 할 때에는 감사위원회가 중앙회를 대표한다(법129⑤, 법47①). 중앙회와 이사 간의 소송에 관하여도 같다(법129⑤, 법47②).

Ⅴ. 운영 등의 사항

감사위원회의 운영 등에 필요한 사항은 정관으로 정한다(법129⑥).

제5절 내부통제기준 등

Ⅰ. 내부통제기준

1. 내부통제기준의 제정

중앙회는 법령과 정관을 준수하고 중앙회의 이용자를 보호하기 위하여 중앙회의 임직원이 그 직무를 수행할 때 따라야 할 기본적인 절차와 기준("내부통제기준")을 정하여야 한다(법125의4①).

2. 내부통제기준의 필수적 포함사항

내부통제기준에는 i) 업무의 분장 및 조직구조에 관한 사항(제1호), ii) 자산의 운용 또는 업무의 수행과정에서 발생하는 위험의 관리에 관한 사항(제2호), iii) 임직원이 업무를 수행할 때 준수하여야 하는 절차에 관한 사항(제3호), iv) 경영의사의 결정에 필요한 정보가 효율적으로 전달될 수 있는 체제의 구축에 관한 사항(제4호), v) 임직원의 내부통제기준 준수 여부를 확인하는 절차·방법 및 내부통제기준을 위반한 임직원의 처리에 관한 사항(제5호), vi) 임직원의 유가증권거래내역의 보고 등 불공정거래행위를 방지하기 위한 절차나 기준에 관한 사항(제6호), vii) 내부통제기준의 제정 또는 변경 절차에 관한 사항(제7호), viii) 앞의 제1호부터 제7호까지의 사항에 관한 구체적인 기준으로서 농림축산식품부장관 또는 금융위원회가 정하는 사항(제8호)이 포함되어야 한다(법125의4④, 영11의6①).

3. 내부통제기준의 제정 또는 변경

중앙회는 내부통제기준을 제정하거나 변경하려면 이사회의 의결을 거쳐야 한다(법125의4④, 영11의6②).

Ⅱ. 준법감시인

1. 준법감시인의 임면

중앙회는 내부통제기준의 준수여부를 점검하고 내부통제기준을 위반하면 이를 조사하여 감사위원회에 보고하는 사람("준법감시인")을 1명 이상 두어야 한다(법125의4②).

2. 준법감시인의 자격요건과 이사회 결의

준법감시인은 ⅰ)다음의 어느 하나에 해당하는 경력이 있는 사람, 즉 ㉠ 중앙회(중앙회의 자회사 및 손자회사를 포함) 또는 금융위원회법 제38조에 따른 검사대상기관(이에 상당하는 외국금융기관을 포함)에서 10년 이상 종사한 경력이 있는 사람(가목), ㉡ 농업·축산업 또는 금융 관계분야의 석사학위 이상의 학위소지자로서 연구기관 또는 대학에서 연구원 또는 조교수 이상의 직에 5년 이상 종사한 경력이 있는 사람(나목), ㉢ 변호사 또는 공인회계사 자격을 가진 사람으로서 해당 자격과 관련된 업무에 5년 이상 종사한 경력이 있는 사람(다목), ㉣ 농업·축산업 분야 또는 금융업과 관련된 국가기관·지방자치단체에서 5년 이상 종사한 경력이 있는 사람으로서 해당 기관에서 퇴임 또는 퇴직한 후 3년이 지난 사람(라목)이어야 하고(제1호), ⅱ) 법 제49조(임원의 결격사유) 제1항 각 호(제10호부터 제12호까지는 제외)[4]의 어느 하나에 해당하지 아니하여야 하며 하면(제2호), ⅲ) 최

---

4) 1. 대한민국 국민이 아닌 사람
2. 미성년자·피성년후견인 또는 피한정후견인
3. 파산선고를 받고 복권되지 아니한 사람
4. 법원의 판결이나 다른 법률에 따라 자격이 상실되거나 정지된 사람
5. 금고 이상의 실형을 선고받고 그 집행이 끝나거나(집행이 끝난 것으로 보는 경우를 포함) 집행이 면제된 날부터 3년이 지나지 아니한 사람
6. 제164조(위법행위에 대한 행정처분) 제1항이나 신용협동조합법 제84조(임직원에 대한 행정처분)에 규정된 개선 또는 징계면직의 처분을 받은 날부터 5년이 지나지 아니한 사람
7. 형의 집행유예선고를 받고 그 유예기간 중에 있는 사람
8. 제172조(벌칙) 또는 위탁선거법 제58조(매수 및 이해유도죄)·제59조(기부행위의 금지·제한 등 위반죄)·제61조(허위사실 공표죄)부터 제66조(각종 제한규정 위반죄)까지에 규정된 죄를 범하여 벌금 100만원 이상의 형을 선고받고 4년이 지나지 아니한 사람
9. 농업협동조합법에 따른 임원 선거에서 당선되었으나 제173조(선거 범죄로 인한 당선 무효 등) 제1항 제1호 또는 위탁선거법 제70조(위탁선거범죄로 인한 당선무효) 제1호에 따라 당선이 무효로 된 사람으로서 그 무효가 확정된 날부터 5년이 지나지 아니한 사람

근 5년간 금융 관련 법령 또는 농업협동조합 관련 법령을 위반하여 금융위원회, 금융감독원장 또는 농림축산식품부장관으로부터 주의·경고의 요구 이상에 해당하는 조치를 받은 사실이 없는 요건(제3호)을 모두 갖춘 사람 중에서 이사회의 의결을 거쳐 회장이 임면한다(법125의4③, 영11의5①).

3. 선관주의의무와 금지 업무

준법감시인은 선량한 관리자의 주의로 그 직무를 수행하여야 하며, i) 자산운용에 관한 업무(제1호), ii) 중앙회가 수행하는 상호금융사업과 경제사업 및 그와 관련되는 부대업무(제2호)를 담당해서는 아니 된다(법125의4④, 영11의5②).

제6절 임원

Ⅰ. 임원의 정수 등

1. 임원의 정수

중앙회에 임원으로 회장 1명, 상호금융대표이사 1명 및 전무이사 1명을 포함한 이사 28명 이내와 감사위원 5명을 둔다(법126①).

2. 상임 임원

임원 중 상호금융대표이사 1명, 전무이사 1명과 감사위원장은 상임으로 한다(법126②).

(1) 회원조합장의 상임 임원 선출: 취임 전 사임

회원조합장이 상임 임원으로 선출되면 취임 전에 회원조합장 직을 사임하여야 한다(법130⑦).

(2) 다른 직업 종사의 제한

상임 임원은 직무와 관련되는 영리를 목적으로 하는 업무에 종사할 수 없으며, 이사회가 승인하는 경우를 제외하고는 다른 직업에 종사할 수 없다(법133).

Ⅱ. 임원의 선출 및 자격요건

1. 회장의 선출과 자격

회장은 총회에서 선출하되, 회원인 조합의 조합원이어야 한다(법130① 전단). 이 경우 회원은 ⅰ) 조합원 수가 3천명 미만인 조합 또는 연합회는 1표(제1호), ⅱ) 조합원 수가 3천명 이상인 조합은 2표(제2호)의 기준에 따라 투표권을 차등하여 2표까지 행사한다(법130① 후단, 영11의8①).

조합원 수의 산정에 관하여는 제11조의4 제2항 및 제3항을 준용한다(영11의8②). 따라서 중앙회 총회 의결권 행사기준이 되는 조합원 수는 매년 중앙회 정기총회에서 직전 회계연도 말을 기준으로 하여 확정한다(영11의4②). 그러나 정기총회 이후 합병하거나 새로 설립된 조합의 경우에는 합병등기일 또는 설립등기일을 기준으로 중앙회 이사회가 조합원 수를 확정한다(영11의4③).

2. 사업전담대표이사등의 선출과 자격

사업전담대표이사등(상호금융대표이사 및 전무이사)은 전담사업에 관하여 전문지식과 경험이 풍부한 사람으로서 ⅰ) 상호금융대표이사는 중앙회, 은행 또는 금융업과 관련된 국가기관, 연구기관, 교육기관, 자기자본 200억원 이상인 회사에서 10년 이상 종사한 경력이 있는 사람(제2호),[5] ⅱ) 전무이사는 중앙회 또는 농업·축산업이나 금융업과 관련된 국가기관, 연구기관, 교육기관, 자기자본 200억원 이상인 회사에서 10년 이상 종사한 경력이 있는 사람의 어느 하나에 해당하는 사람(제3호) 중에서 인사추천위원회에서 추천된 사람을 이사회의 의결을 거쳐 총회에서 선출한다(법130②, 영12).

5) 제1호는 삭제 [2017.6.27.]

3. 회원조합장인 이사의 선출과 자격

회원조합장인 이사는 정관으로 정하는 절차에 따라 선출된 시·도 단위 지역농협의 대표와 지역축협과 품목조합의 조합장 중에서 정관으로 정하는 추천절차에 따라 추천된 사람을 총회에서 선출한다(법130③).

4. 기타 이사의 선출과 자격: 중앙회의 조합장이 아닌 이사의 자격요건

앞의 (1)(2)(3)의 이사를 제외한 이사는 농업, 축산업, 금융, 경영, 경제, 법률, 회계, 복지 또는 소비자보호 등의 분야에 근무하였거나 연구 또는 조사한 경력이 있는 사람으로서 전문지식이나 실무경험이 풍부한 사람 중 인사추천위원회에서 추천된 사람을 이사회의 의결을 거쳐 총회에서 선출한다(법130④, 영12의2).

5. 회장 보궐선거의 입후보 자격 제한

중앙회의 회장 선거에 입후보하기 위하여 임기 중 그 직을 그만 둔 중앙회의 이사·사업전담대표이사등 및 감사위원은 그 사직으로 인하여 실시사유가 확정된 보궐선거의 후보자가 될 수 없다(법161, 법45⑨).

6. 회장 선출의 중앙선거관리위원회 의무위탁

중앙회는 회장 선출에 대한 선거관리를 정관으로 정하는 바에 따라 「선거관리위원회법」에 따른 중앙선거관리위원회에 위탁하여야 한다(법130⑧).

7. 회장 외의 임원 선거 운동 금지

누구든지 회장 외의 임원 선거의 경우에는 선거운동을 할 수 없다(법130⑪).

법 제130조 제11항을 위반하여 선거운동을 한 자는 1년 이하의 징역 또는 1천만원 이하의 벌금에 처한다(법172②(2)). 공소시효는 해당 선거일 후 6개월(선거일 후에 이루어진 범죄는 그 행위를 한 날부터 6개월)을 경과함으로써 완성된다(법172④ 본문). 다만, 범인이 도피하거나 범인이 공범 또는 증명에 필요한 참고인을 도피시킨 경우에는 그 기간을 3년으로 한다(법172④ 단서).

8. 정관 규정

임원의 선출과 추천, 인사추천위원회 구성과 운영에 관하여 농업협동조합법에서 정한 사항 외에 필요한 사항은 정관으로 정한다(법161, 법45⑩).

Ⅲ. 임원의 임기

1. 회장의 임기

회장의 임기는 4년으로 하며, 중임할 수 없다(법130⑤).

2. 사업전담대표이사등의 임기

사업전담대표이사등의 임기는 3년 이내로 한다(법130⑥).

3. 회원조합장인 이사의 임기

회원조합장인 이사의 임기는 4년으로 한다(법130⑥).

4. 기타 임원의 임기

그 밖의 임원(감사위원은 제외)의 임기는 2년으로 한다(법130⑥).

5. 감사위원의 임기

감사위원의 임기는 3년으로 한다(정관58③).

6. 임원 임기의 연장

임원의 임기가 끝나는 경우에는 임기만료연도 결산기의 마지막 달부터 그 결산기에 관한 정기총회 전에 임기가 끝난 경우에는 정기총회가 끝날 때까지 그 임기가 연장된다(법161, 법48②, 법42③ 단서).

Ⅳ. 임원의 직무

1. 회장의 직무

회장은 중앙회를 대표한다(법127① 본문). 다만, 사업전담대표이사등이 대표하거나 조합감사위원회의 위원장이 대표하는 업무에 대하여는 그러하지 아니하다(법127① 단서).

회장은 회원과 그 조합원의 권익 증진을 위한 대외 활동 업무를 처리한다(법127②).

2. 상호금융대표이사의 직무

상호금융대표이사는 i) 제134조(사업) 제1항 제4호의 사업과 같은 항 제5호부터 제9호까지의 사업 중 상호금융과 관련된 사업 및 그 부대사업(제1호), ii) 앞의 제1호의 소관 업무에 관한 경영목표의 설정, 사업계획 및 자금계획의 수립, 교육 및 자금지원 계획의 수립 업무를 전담하여 처리하며, 그 업무에 관하여 중앙회를 대표한다(법127③).

3. 전무이사의 직무

전무이사는 i) 제134조(사업) 제1항 제1호 가목부터 바목까지 및 아목부터 카목까지의 사업과 같은 항 제5호부터 제9호까지의 사업 중 교육·지원과 관련되는 사업 및 그 부대사업(제1호), ii) 앞의 제1호의 소관 업무에 관한 사업 목표의 설정, 사업계획 및 자금계획의 수립(제2호), iii) 이사회의 의결사항 중 사업전담대표이사등에게 공통으로 관련되는 업무에 관한 협의 및 조정(제3호), iv) 그 밖에 회장, 사업전담대표이사등 및 조합감사위원회의 위원장의 업무에 속하지 아니하는 업무(제4호)를 전담하여 처리하며, 그 업무에 관하여 중앙회를 대표한다(법127④).

4. 사업전담대표이사등의 소관 업무의 독립사업부제 운영

앞의 상호금융대표이사의 직무 및 전무이사의 직무에 따른 사업전담대표이사등의 소관 업무는 정관으로 정하는 바에 따라 독립사업부제로 운영하여야 한다(법127⑤).

5. 조합감사위원회 위원장의 직무

조합감사위원회의 위원장은 회원에 대한 감사업무(법134①(1) 사목)와 제134조 제1항 제5호부터 제9호까지의 사업 중 회원에 대한 감사와 관련되는 사업 및 그 부대사업을 처리하며, 그 업무에 관하여는 중앙회를 대표한다(법127⑥).

6. 회장 또는 사업전담대표이사등의 직무대행

회장 또는 사업전담대표이사등이 궐위된 경우, 공소 제기된 후 구금상태에 있는 경우, 의료기관에 60일 이상 계속하여 입원한 경우, 조합장의 해임을 대의원회에서 의결한 경우, 또는 그 밖에 부득이한 사유로 직무를 수행할 수 없는 경우에 해당되어 직무를 수행할 수 없을 때에는 정관으로 정하는 이사가 그 직무를 대행한다(법127⑦).

Ⅴ. 임원의 결격사유

1. 임원의 자격제한

다음의 어느 하나에 해당하는 사람, 즉 i) 대한민국 국민이 아닌 사람(제1호), ii) 미성년자·피성년후견인 또는 피한정후견인(제2호), iii) 파산선고를 받고 복권되지 아니한 사람(제3호), iv) 법원의 판결이나 다른 법률에 따라 자격이 상실되거나 정지된 사람(제4호), v) 금고 이상의 실형을 선고받고 그 집행이 끝나거나(집행이 끝난 것으로 보는 경우 포함) 집행이 면제된 날부터 3년이 지나지 아니한 사람(제5호), vi) 위법행위에 대한 행정처분(법164①)이나 임직원에 대한 행정처분(신용협동조합법84)에 규정된 개선 또는 징계면직의 처분을 받은 날부터 5년이 지나지 아니한 사람(제6호), vii) 형의 집행유예선고를 받고 그 유예기간 중에 있는 사람(제7호), viii) 벌칙(법172) 또는 위탁선거법 제58조(매수 및 이해유도죄)·제59조(기부행위의 금지·제한 등 위반죄)·제61조(허위사실 공표죄)부터 제66조(각종 제한규정 위반죄)까지에 규정된 죄를 범하여 벌금 100만원 이상의 형을 선고받고 4년이 지나지 아니한 사람(제8호), ix) 농업협동조합법에 따른 임원선거에서 당선되었으나 제173조 제1항 제1호(=당선인이 해당 선거에서 제172조(벌칙)에 해당하는 죄를 범하여 징역형 또는 100만원 이상의 벌금형을 선고받은 때) 또는 위탁선거법 제70조(위탁선거범죄로 인한 당선무효) 제1호에 따라 당선이 무효로 된 사람으로서 그 무효가 확정된 날부터 5년이 지나지 아니한 사람(제9호), x) 선거일 공고일 현재 해당 지역농협, 중앙회 또는 ㉠ 은행, ㉡ 한국산업은행, ㉢ 중소기업은행, ㉣ 그 밖에 대통령령으로 정하는 금융기관에 대하여 정관으로 정하는 금액과 기간을 초과하여 채무 상환을 연체하고 있는 사람(제11호)은 중앙회의 임원이 될 수 없다(법161, 법49① 본문).

2. 임원 결격사유의 발생과 퇴직

위의 임원 결격사유가 발생하면 해당 임원은 당연히 퇴직된다(법161, 법49②).

3. 퇴직 전 행위의 효력 유지

퇴직한 임원이 퇴직 전에 관여한 행위는 그 효력을 상실하지 아니한다(법161, 법49③).

Ⅵ. 형의 분리 선고

형법 제38조(경합범과 처벌례)에도 불구하고 제49조 제1항 제8호에 규정된 죄와 다른 죄의 경합범에 대해서는 이를 분리 선고하여야 한다(법161, 법49의2①).

임원 선거 후보자의 직계 존속·비속이나 배우자가 범한 제172조 제1항 제2호(제50조 제11항을 위반한 경우는 제외)·제3호 또는 위탁선거법 제58조·제59조에 규정된 죄와 다른 죄의 경합범으로 징역형 또는 300만원 이상의 벌금형을 선고하는 경우에는 이를 분리 선고하여야 한다(법161, 법49의2②).

Ⅶ. 임원의 선거운동 제한

농협중앙회장은 1988년 이전까지 정부 임명방식으로 선출되었고, 이후 1988년 농협법 개정을 통해 회원조합의 조합장들로 구성된 총회에서 선출하도록 하는 직선제가 시행되어, 1990년 최초로 민선회장이 선출되었다. 그런데 직선제 도입 이후 첫 선거부터 선거과열, 금권선거 등 문제가 제기되자, 선거과열을 예방하고 중앙회장선거의 공명성을 도모하기 위한 목적으로 농협법은 2009. 6. 9. 법률 제9761호로 개정되어 회원조합의 조합장들을 대신하여 대의원들이 회장을 선출하는 방식의 간선제를 도입하는 한편, 중앙회장선거의 관리를 중앙선거관리위원회("중앙선관위")에 의무적으로 위탁하도록 하였다(법130⑧). 이에 2011년 11월 중앙회장선거에서 처음으로 중앙선관위가 선거과정을 관리하고, 대의원들에 의한 간선제로 회장을 선출하게 되었다. 그 후 2014. 6. 11. 법률 제12755호로 위탁선거법이 제정되면서 기존에 농협법과 농협중앙회 정관에서 정하고 있던 중앙회장 선거에 관한 규정을 체계적·통일적으로 정비하였다.

제2편 조합 임원의 선거운동 제한 부분에서 살펴본 바와 같이 중앙회장은 의무위탁 대상이고, 위탁선거법이 우선 적용된다. 다만, 중앙회장이 아닌 임원 등의 경우에는 의무위탁이 아니어서 농협법상 임원선거 제한 규정이 적용된다.

1. 금지행위

누구든지 자기 또는 특정인을 중앙회의 임원이나 대의원으로 당선되게 하거나 당선되지 못하게 할 목적으로 i) 조합원(조합에 가입신청을 한 자 포함)이나 그 가족(조합원의 배우자, 조합원 또는 그 배우자의 직계 존속·비속과 형제자매, 조합원의 직계 존속·비속 및 형제자매의 배우자) 또는 조합원이나 그 가족이 설립·운영하고 있는 기관·단체·시설에 대한 ㉠ 금전·물품·향응이나 그 밖의 재산상의 이익을 제공하는 행위(가목), ㉡ 공사(公私)의 직(職)을 제공하는 행위(나목), ㉢ 금전·물품·향응, 그 밖의 재산상의 이익이나 공사의 직을 제공하겠다는 의사표시 또는 그 제공을 약속하는 행위(다목)(제1호), ii) 후보자가 되지 못하도록 하거나 후보자를 사퇴하게 할 목적으로 후보자가 되려는 사람이나 후보자에게 제1호 각 목에 규정된 행위를 하는 행위(제2호), iii) 제1호나 제2호에 규정된 이익이나 직을 제공받거나 그 제공의 의사표시를 승낙하는 행위 또는 그 제공을 요구하거나 알선하는 행위(제3호)를 할 수 없다(법161, 법50①).

2. 조합원 호별 방문 금지 등

임원이 되려는 사람은 임기만료일 전 90일(보궐선거 등에 있어서는 그 선거의 실시사유가 확정된 날)부터 선거일까지 선거운동을 위하여 조합원을 호별(戶別)로 방문하거나 특정 장소에 모이게 할 수 없다(법161, 법50②).

3. 거짓의 사실 공표 금지 등

누구든지 중앙회의 임원 또는 대의원선거와 관련하여 연설·벽보, 그 밖의 방법으로 거짓의 사실을 공표하거나 공연히 사실을 적시하여 후보자(후보자가 되려는 사람 포함)를 비방할 수 없다(법161, 법50③).

4. 사위의 방법에 의한 선거인명부 등재 금지

누구든지 특정 임원의 선거에 투표하거나 하게 할 목적으로 사위(詐僞)의 방법으로 선거인명부에 오르게 할 수 없다(법161, 법50⑧).

5. 포장된 선물 또는 금품 등 운반 금지

누구든지 임원 또는 대의원 선거와 관련하여 자기 또는 특정인을 당선되게 하거나 당선되지 못하게 할 목적으로 후보자등록시작일부터 선거일까지 다수의 조합원(조합원의 가족 또는 조합원이나 그 가족이 설립·운영하고 있는 기관·단체·시설 포함)에게 배부하도록 구분된 형태로 되어 있는 포장된 선물 또는 돈봉투 등 금품을 운반하지 못한다(법161, 법50⑨).

6. 중앙회선거관리위원회의 위원·직원 등에 대한 폭행 금지 등

누구든지 중앙회선거관리위원회의 위원·직원, 그 밖에 선거사무에 종사하는 자를 폭행·협박·유인 또는 체포·감금하거나 폭행이나 협박을 가하여 투표소·개표소 또는 선거관리위원회 사무소를 소요·교란하거나, 투표용지·투표지·투표보조용구·전산조직 등 선거관리 및 단속사무와 관련한 시설·설비·장비·서류·인장 또는 선거인명부를 은닉·손괴·훼손 또는 탈취하지 못한다(법161, 법50⑩).

7. 임직원의 금지행위

중앙회의 임직원은 i) 그 지위를 이용하여 선거운동을 하는 행위, ii) 선거운동의 기획에 참여하거나 그 기획의 실시에 관여하는 행위, iii) 후보자에 대한 조합원의 지지도를 조사하거나 발표하는 행위를 할 수 없다(법161, 법50⑪).

8. 관련 판례

① 헌법재판소 2019. 7. 25. 선고 2018헌바85 전원재판부

(1) 농협법이 농협중앙회를 법인으로 하면서(제4조 제1항), 공직선거에 대한 관여를 금지하고(제7조), 농협중앙회의 업무와 재산에 대하여 국가 및 지방자치단체의 조세 외의 부과금을 면제하는(제8조) 등 공적인 의무와 혜택을 부여하고 있으며, 농협중앙회의 해산을 따로 법률로 정하여 하도록 규정하고 있다는 점(제121조 제3항) 등에 비추어볼 때, 농협중앙회는 다른 사법인과 비교되는 공법인적 특성을 가지고 있다고 볼 수 있다. 하지만, 농협중앙회는 회원의 공동이익 증진과 그 건전한 발전을 도모하는 것을 목적으로 하는 지역농협·축협 등의 자주적 협동조직으로(제113조), 15개 이상의 조합이 발기인이 되어 설립하고(제121조 제1항), 회원의 출자로 자금을 조달하며(제117조), 그 결성이나 가입이 강제되지 아니한다. 또한, 회원의 임의탈퇴가 허용되며(농협중앙회정관 제12조 제1항), 농협중앙회장 등 임원을 이사회의 의결을 거치거나 거치지 않고 총회나 대의원회에서 선출하는(제124조 제1항, 제130조) 등 농협중앙회는 그 설립형식과 존립목적에 비추어 볼 때 기본적으로 사법인적 성격을 지니고 있으므로, 농협중앙회는 결사의 자유의 주체가 되고, 농협중앙회의 활동은 결사의 자유 보장의 대상이 된다(헌재 2000. 6. 1. 99헌마553 참조).

농협중앙회장은 농협중앙회를 대표하여 업무를 집행하는 사람으로서, 총회와 이사회의 의장이자 소집권자이다(농협법 제122조 제2항, 제3항, 제125조 제7항, 농협중앙회정관 제40조 제2항, 제48조 제2항). 그러므로 농협중앙회장 선출행위는 결사 내 업무집행 및 의사결정기관의 구성에 관한 자율적인 활동이라 할 수 있고, 중앙회장선거 후보자의 선거운동에 관한 사항은 결사의 자유의 보호범위에 속한다(헌재 2012. 12. 27. 2011헌마562 등; 헌재 2017. 7. 27. 2016헌바372 등 참조).

(2) 목적의 정당성 및 수단의 적합성

농협중앙회는 지역농협·축협 등을 회원으로 하여 회원조합의 공동이익의 증진과 그 건전한 발전을 도모하는 것을 목적으로 설립된 자주적 협동조직이지만(농협법 제113조, 제115조 제1항), 회원조합이나 그 조합원의 권익 보호를 넘어

국가의 농업정책 수행의 기능을 보조·담당하기도 하여, 국가의 농업정책 수행을 함께 긴밀히 조율해나가는 기능도 아울러 지니고 있다는 점 등을 고려할 때(헌재 2000. 6. 1. 99헌마553 참조), 농협중앙회의 운영을 책임질 회장이 공정한 선거에 의하여 선출되는 것은 매우 중요하다.

심판대상조항들은 중앙회장선거의 과열과 혼탁을 방지함으로써 선거의 공정성을 담보하고자 하는 것으로서 그 입법목적이 정당하고, 후보자가 아닌 자의 선거운동을 전면 금지하고, 선거운동기간을 후보자등록마감일의 다음 날부터 선거일 전일까지로 한정하고, 선거운동방법으로 정해진 선거운동만 가능하도록 하고, 이를 위반하면 형사처벌하는 것은 이러한 입법목적을 달성하기 위한 적절한 수단이 된다.

(3) 피해의 최소성

중앙회장선거는 농협중앙회의 구성원이 선거권을 행사함으로써 농협중앙회의 자율성 및 민주성을 확보하는 행위이므로 선거에 참여하여 그 의사를 표현할 기회와 자유는 최대한 보장되어야 한다. 하지만, 지역농협·축협 등 농협중앙회의 회원조합이 수행하는 사업 내지 업무가 국민경제에서 상당한 비중을 차지하고, 국가나 국민 전체와 관련된 경제적 기능에 있어서 금융기관에 준하는 공공성을 가진다는 점(헌재 2016. 11. 24. 2015헌바62; 헌재 2017. 7. 27. 2016헌바372 참조), 농협중앙회장은 이러한 회원조합에 대하여 직접적인 지도·감사 권한을 가지고, 그 외에도 회원조합 및 농협중앙회의 사업에 실질적 영향력을 미칠 수 있다는 점 등을 고려하면, 중앙회장선거는 공정하게 행해져야 할 필요가 있다. 선거가 혼탁해지고 과열되는 경우 농협중앙회 및 회원조합, 지역사회의 건전한 발전이 저해될 수 있고, 그 피해는 고스란히 회원조합의 조합원과 지역공동체의 경제적 손실과 부작용으로 이어져 심각한 폐해를 가져올 수 있기 때문이다(헌재 2017. 6. 29. 2016헌가1; 헌재 2017. 7. 27. 2016헌바372 참조).

농협중앙회장은 대의원회에서 간선제 방식으로 선출되는데(농협법 제130조 제1항, 제124조 제1항, 농협중앙회정관 제56조 제1항, 제82조 제1항), 대의원회는 총회에 갈음하여 농협중앙회의 의사를 결정하는 기관으로(농협법 제124조 제1항), 농협중앙회장을 포함한 300명 이내의 대의원으로 구성되며, 대의원은 회원조합의 조합장 중에서 회원의 직접투표로 선출된다(농협법 제124조 제2항, 제4항, 농협중앙회

정관 제47조 제2항, 제3항, 제4항).

이처럼 중앙회장선거는 선거인들이 300명 이내로 소수이고 간선제 방식이기 때문에, 적은 표 차이로 당락이 결정되며 그 선거운동방법은 전화를 통하든 대면방식이든 후보자와 선거인의 직접적인 접촉이 주를 이루게 된다. 이에 따라 중앙회장선거는 후보자의 행위가 선거의 당락에 직접적으로 영향을 미칠 수 있다는 특징을 가지게 된다. 또한, 회원조합에 대한 지도·감사 권한 등 중앙회장선거의 당선인은 선거인인 대의원 조합장들에게 직접 영향력을 행사할 수 있기 때문에, 선거인의 입장에서 누가 당선되는지가 몹시 중요하다. 위와 같은 특성 때문에 중앙회장선거는 자칫 과열·혼탁으로 빠질 위험이 있다.

(가) 주체조항

중앙회장선거의 특성을 고려했을 때 가족이나 선거사무원 등 후보자가 아닌 사람에게 선거운동을 허용하게 되면, 선거가 과열되어 상호비방 등에 의한 혼탁선거가 가중될 우려가 있고, 선거 결과가 정책대결이 아닌 친소관계에 의해 좌우될 가능성도 커지며, 선거인의 올바른 후보자 선택에 혼란을 안겨줄 위험성마저 배제하기 어렵다. 게다가 선거인인 대의원들은 모두 회원조합의 조합장으로, 누가 농협중앙회장이 되느냐에 따라 회원조합의 사업 및 경영 방향이 좌우되는 등 선거에 직접적인 이해관계를 가진다는 점에서 중앙회장선거에 대한 관심이 높을 수밖에 없다(실제 이 사건 중앙회장선거의 투표율은 1차 투표 투표율 99.7%, 결선투표 투표율 99.3%에 이른다). 이에 비추어 보더라도 후보자가 아닌 사람에게 선거운동을 허용해 줄 필요성은 크지 않다(헌재 2017. 6. 29. 2016헌가1 참조).

나아가 뒤에서 살펴보는 바와 같이 위탁선거법은 공공단체 등의 자율성을 존중하는 차원에서 중앙회장선거의 선거기간을 중앙선관위가 농협중앙회와 협의하여 정할 수 있도록 하고 있어(제13조 제1항 제2호) 협의를 통해 후보자 혼자 대의원들을 상대로 선거운동을 하기에 비교적 충분한 기간 동안 선거운동을 할 수도 있다. 또한, 후보자가 상대할 대의원의 수가 300명 이내로 공직선거법에 따른 공직선거나 위탁선거법상 조합장선거(제1회 전국동시조합장선거에서 조합장 후보자 1인이 상대할 조합원은 평균 1,734명, 제2회 전국동시조합장선거에서 조합장 후보자 1인이 상대할 조합원은 평균 1,645명이었음)에 비해서 훨씬 소수이다. 이러한 점들을 고려했을 때, 후보자가 아닌 자의 선거운동을 전면 금지하고 이를 위반하면 형사처벌하도록 한 입법자의 선택은 충분히 수긍할 만하다(헌재 2017. 6. 29. 2016헌가1

참조).

따라서, 주체조항은 피해의 최소성 원칙에 반하지 아니한다.

(나) 기간조항

1) 기간의 제한 없이 선거운동을 무한정 허용할 경우에는 후보자 간의 지나친 경쟁이 선거관리의 곤란으로 이어져 부정행위의 발생을 막기 어렵게 된다. 또한, 후보자 간의 무리한 경쟁의 장기화는 경비와 노력이 지나치게 들어 사회경제적으로 많은 손실을 가져올 뿐만 아니라 후보자 간의 경제력 차이에 따른 불공평이 생기게 할 수 있다(헌재 2015. 4. 30. 2011헌바163 참조). 게다가 농협중앙회는 기본적으로 사업체 성격을 가지고 있으므로, 선거분위기가 장기간 지속되면 농협중앙회 본연의 사업수행에 차질이 생길 우려도 있다. 이에 위탁선거법은 중앙회장선거의 선거운동기간을 후보자등록마감일의 다음 날부터 선거일 전일까지로 한정하고 있다.

2) 위탁선거법상 '선거기간'이란 후보자등록마감일의 다음 날부터 선거일까지를 의미하는데(제13조 제2항), 조합장선거 외의 위탁선거의 경우 관할위원회가 해당 위탁단체와 협의하여 선거기간을 정할 수 있다(제13조 제1항 제2호). 따라서 중앙회장선거의 '선거기간'은 중앙선관위가 농협중앙회와 협의하여 정할 수 있다. 선거운동은 후보자등록마감일의 다음 날부터 선거일 전일까지 할 수 있는데(기간조항), 위탁선거법이나 농협중앙회정관이 별도로 후보자등록마감일의 시점에 대해서도 정해놓고 있지 않기 때문에, 결국 중앙회장선거에서 선거일 전일까지의 구체적인 선거운동기간은 중앙선관위가 농협중앙회가 협의하는 바에 따라 달라질 수 있는 것이다.

따라서 중앙회장선거에서 선거일 전일까지의 선거운동기간의 장단에 따른 문제는 기간조항에 의한 것이라 할 수 없다.

3) 다만, 기간조항에 의할 때 선거일 당일의 선거운동과 '선거일과 결선투표일 사이', '결선투표일 당일'의 선거운동은 제한되므로, 이와 관련해서 살펴본다.

기간조항에 따르면, 선거운동기간의 종기를 선거일 전일로 정하고 있어 원칙적으로 선거일 당일 선거운동을 할 수 없다. 후보자들 간의 끊임없는 비난과 반박으로 인하여 발생할 혼란으로부터 선거인들을 보호하고, 후보자 간의 지나친 경쟁에 따른 선거부정행위를 방지하여, 선거인들이 선거일 당일 평온한 상태에서 자유로운 의사에 의하여 투표할 수 있도록 하기 위해서 선거일 당일 선거운동을 막을 필요성을 인정할 수 있다(헌재 1994. 7. 29. 93헌가4 등 참조). 또한, 기간조항은 선거일 당일 후보자 소개 및 후보자의 소견발표를 할 수 있도록 허용하고 있어서, 예외적으로 선거일 당일에도 후보자는 일정한 선거운동을 할 수 있다(위탁선거법 제24조 제2항 단서, 제30조의2). 따라서 선거운동기간의 종기를 선거일 전일로 정한 것이 과도하다고 할 수 없다.

위탁선거법에 의하면 결선투표의 실시 여부에 관하여는 해당 법령이나 정관 등에 따르도록 하고 있는데(제52조 제1항) 농협중앙회는 정관으로 중앙회장선거를 결선투표에 의하도록 하고 있다(농협중앙회정관 제87조 제2항). 그런데 기간조항은 선거운동기간을 후보자등록마감일의 다음 날부터 '선거일 전일'까지로 정하고 있으므로, 선거일과 결선투표일이 일치하지 않는다면 '선거일과 결선투표일 사이' 및 '결선투표일 당일'에는 선거운동이 금지된다.

'선거일과 결선투표일 사이', '결선투표일 당일' 선거운동이 금지되어 후보자의 표현의 자유 등이 제한되는 측면이 있긴 하나, 결선투표는 1차 투표인 본선거와 별개의 선거가 아니고 본선거의 연장이라는 성질을 가지고 있다. 본선거에 대한 선거운동과정에서 후보자가 본인을 알릴 기회 및 선거인들이 후보자에 대해 알 기회가 충분히 보장되었다면 '선거일과 결선투표일 사이' 및 '결선투표일 당일'에 선거운동이 금지된다고 하더라도 이것이 지나치게 과도한 제한이라고 할 수 없다. 또한, 본선거와 결선투표일 사이, 결선투표일 당일까지 선거운동을 허용한다면 선거비용이 증가하며, 지나친 선거과열로 인해 선거가 혼탁해지고, 후보자간 부정결탁, 표 거래 등 부정선거가 발생할 우려가 있다. 중앙회장선거의 경우 선거인이 소수이고 선거인들의 선거에 대한 관심이 매우 높은 상황이며, 중앙선관위가 농협중앙회와 협의하는 바에 따라 본선거일 전 비교적 장기간 동안 선거운동을 할 수도 있는바, 선거인 입장에서 본선거 전 선거운동기간 동안 본선거에서 투표할 후보자뿐 아니라 결선투표시 차선책으로 투표할 후보자에 대한 정보도 충분히 제공받을 수 있다. 또한, 결선투표일은 중앙선관위가 농협중앙회와 협의하여 정할 수 있으므로(위탁선거법 제52조 제2항) 협의를 통해 결선투표일을 선거일 당일로 정하여 본선거와 결선투표일 사이 공백이 생기는 문제를 방지할 수도 있다. 이를 종합하여 보면, '선거일과 결선투표일 사이', '결선투표일 당일' 선거운동을 금지하는 것이 선거운동에 대한 지나친 제한이라고 할 수 없다.

4) 한편, 이 사건 심판청구 후 2017. 12. 26. 법률 제15327호로 개정된 위탁

선거법은 중앙회장선거에서 예비후보자 제도를 도입하였는데(제24조의2), 그와 같이 개정되기 전 기간조항이 예비후보자 제도라는 예외를 두고 있지 않은 것이 과도한 제한인지 살펴본다.

예비후보자 제도는 2004. 3. 12. 법률 제7189호로 개정된 '공직선거 및 선거부정방지법'에 처음 도입되었는데, 그 목적은 현역 국회의원과 정치 신인 사이에 발생하는 사실상 선거운동기회의 불균형 문제를 시정하여 정치 신인에게도 자신을 알릴 수 있는 기회를 어느 정도 보장하고자 하는 것이었다(헌재 2005. 9. 29. 2004헌바52 참조). 그런데 농협중앙회장의 경우에 중임이 불가능하기 때문에(농협법 제130조 제5항), 현역 회장과 신인 후보자 간에 선거운동기회에 차이가 있을 수 없다. 따라서 중앙회장선거에 있어서 예비후보자 제도의 도입은 선거운동기간을 장기화하는 효과만을 가질 뿐이다. 앞서 살펴본 바와 같이 중앙회장선거에 있어 선거운동기간은 중앙선관위가 농협중앙회와 협의하는 바에 따라 비교적 길게 정할 수도 있고, 선거인이 300명 이내로 소수이므로, 반드시 예비후보자 제도를 도입해야 할 필요성이 크다고 할 수 없다. 그렇다면 당시 위탁선거법이 예비후보자 제도를 도입하지 않고 있었다 하여 지나치게 후보자의 선거운동을 제한한다고 단정하기는 어렵다.

5) 따라서 기간조항은 피해의 최소성 원칙에 반하지 아니한다.

(다) 방법조항

1) 소수의 대의원들만을 대상으로 하는 중앙회장선거에서 선거운동방법을 무제한으로 허용할 경우에는 선거의 조기과열·혼탁은 물론 후보자간의 경제력 차이에 따른 기회불균등의 심화 등 그 폐해가 심각할 수 있으므로, 합리적인 범위 내에서 이를 허용할 필요가 있다(헌재 2017. 7. 27. 2016헌바372 참조). 이에 방법조항은 공직선거법에서 선거운동을 원칙적으로 허용하는 것과 달리, 중앙회장선거에서의 선거운동방법을 선거공보(위탁선거법 제25조), 전화·문자(문자 외의 음성·화상·동영상 등은 제외한다)메시지(제28조), 정보통신망(제29조), 선거일 소견발표(제30조의2)를 통한 선거운동으로 제한된 범위에서 허용하는 방식을 채택하고 있다(제24조 제3항 제3호).

2) 중앙회장선거와 조합장선거는 모두 위탁선거법의 적용을 받지만 각 선거의 후보자가 상대해야 하는 선거인 수와 선거구역의 범위에 차이가 있다. 위탁선거법은 이러한 차이점을 반영하여, 각 선거에서 허용되는 선거운동방법을 달리

규정하고 있다. 조합장선거 중에서도 총회 외에서 조합원이 직접투표로 선출하는 조합장선거의 경우에는 중앙회장선거에서 허용되는 선거운동방법인 선거공보(제25조), 전화·문자메시지(제28조), 정보통신망을 통한 선거운동(제29조)뿐 아니라 비교적 좁은 지역에 거주하는 다수의 선거인들에게 후보자를 알리는 것이 용이한 선거운동방법인 선거벽보(제26조), 어깨띠·윗옷·소품(제27조), 명함(제30조)을 이용한 선거운동을 허용하고 있다(제24조 제3항 제1호). 반면, 한정된 공간에서 단시간에 비교적 적은 인원을 상대로 후보자를 알리기에 적합한 선거운동방법인 선거일 소견 발표(제30조의2)를 허용하지 않고 있다. 조합장선거 중에서도 중앙회장선거의 선출방법과 동일한 대의원회를 통한 간선제 선출방식을 취하는 조합장선거의 경우에는 중앙회장선거와 동일한 선거운동방법만이 허용된다(제24조 제3항 제3호).

이처럼 입법자는 선거에 소요되는 사회적 비용을 절감하고 효율적인 선거관리를 도모하기 위하여 각 선거의 특수성을 감안하여 더 적합하고 효율적인 선거운동방법을 허용하고 있으므로, 중앙회장선거에서 허용되는 선거운동방법이 조합장선거의 선거운동방법보다 다양하지 못하다고 하더라도 곧 과잉한 제한이라고 할 수 없다.

3) 위탁선거법 제정 전 구 농협법(2011. 3. 31. 법률 제10522호로 개정되고, 2014. 6. 11. 법률 제12755호로 개정되기 전의 것)은 종래 선거관리위원회가 주최하는 합동연설회 또는 공개토론회의 개최를 '조합장선거'의 선거운동방법으로 허용하고 있었으나(제50조 제4항 제3호) 위탁선거법이 제정·시행되면서 금지되었다. 중앙회장선거의 경우에는 조합장선거와 달리 구 농협법에 따르더라도 합동연설회 및 공개토론회의 개최를 허용하는 규정이 없었다(구 농협법 제130조 제11항, 지역농협에 관한 규정 중 농협중앙회에 준용할 것을 정한 제161조의 준용 대상에서 합동연설회 및 공개토론회를 규정하는 제50조 제4항 제3호는 제외되어 있다). 중앙회장선거의 선거운동방법으로 합동연설회 또는 공개토론회 개최를 허용하는 경우 그에 소요되는 비용과 노력으로 인한 경제적 부담의 증가, 대중주의적 공약의 남발·부정선거의 발생 등의 가능성 등을 배제할 수 없다. 또한, 위탁선거법은 이미 중앙회장선거 후보자에게 합동연설회와 유사한 선거일 소견발표(제30조의2)를 허용하고 있다. 위와 같은 점들을 고려할 때, 중앙회장선거 후보자에게 합동연설회 또는 공개토론회의 개최를 허용하지 아니한 입법자의 선택은 충분히 수긍할 수 있다(헌재

2017. 7. 27. 2016헌바372 참조).

4) 위탁선거법은 중앙회장선거의 후보자에게 선거공보(제25조), 전화·문자 메시지(제28조), 정보통신망(제29조), 선거일 소견 발표(제30조의2)를 통한 선거운동을 허용하고 있고, 중앙회장선거는 소수의 선거인에 의한 간선제를 채택하고 있으므로 위와 같은 선거운동방법이 후보자나 선거인 입장에서 후보자에 대한 정보를 알리고 취득함에 있어 지나치게 부족한 선거운동방법이라 할 수 없다. 여타 선거에서처럼 다양하고 빈번한 선거운동방법을 허용하는 경우, 앞서 살펴본 중앙회장선거의 특성들에 더해 중앙회장선거는 선거비용에 대한 규제도 없다는 등의 특성 때문에, 소수의 선거인들을 상대로 지나치게 과열된 선거운동이 행해질 우려가 크다. 따라서 방법조항이 위와 같이 허용된 선거운동방법 이외의 일체 선거운동을 금지하며 다양한 선거운동방법을 허용하고 있지 않다고 하더라도 피해의 최소성 원칙에 반한다고 할 수 없다.

② 대법원 2016. 5. 12. 선고 2013도11210 판결

가. 금품제공으로 인한 농업협동조합법 위반의 점

1) 구 농업협동조합법(2012. 6. 1. 법률 제11454호로 개정되기 전의 것, 이하 같다) 제161조, 제50조 제1항 제1호 (가)목은 "중앙회의 임원으로 당선되게 하거나 당선되지 못하게 할 목적으로 회원에게 금품을 제공하는 등의 행위"를 제한하고 있다. 위 조항에서 상정하고 있는 이익 제공의 목적이 단지 선거인의 투표권을 매수하는 행위, 즉 자기에게 투표하는 대가로 이익을 제공하는 행위에 국한되는 것은 아니고, 선거인의 후보자 추천이나 후보자에 대한 지원활동 등 널리 당선에 영향을 미칠 수 있는 행위와 관련하여 이익을 제공하는 행위는 모두 위 조항에 의하여 제한된다고 해석함이 상당하다. 따라서 피고인이 선거인 자격이 있는 사람에게 자신이 후보자로 추천될 수 있도록 도와 달라고 부탁하면서 금품을 제공하는 행위 역시 위 조항에 의하여 "당선을 목적으로 회원에게 금품을 제공하는 등의 행위"에 포함된다(대법원 2013. 7. 26. 선고 2011도13944 판결 등 참조).

2) 원심은, ① 공직선거법이 공직선거와 당내경선을 구별하고 별도의 처벌 규정을 두고 있는 것과는 달리, 농업협동조합법 자체에서 이사후보자추천회의를 총회 또는 대의원회와 구별하여 별도로 규율하고 있지 않은 점, ② "추천절차"는 임원인 이사가 되기 위하여 반드시 거쳐야 하는 절차이고, 농협중앙회 정관 제97

조에 의하면 대의원회에서의 이사 선출은 의장이 각 지역별 추천회의에서 결정된 이사후보자추천서에 의하여 이사선출의안을 작성하여 부의하고 이를 1개의 의안으로 일괄하여 의결하도록 하고 있으며, 그동안 농협중앙회 이사후보자로 추천된 사람은 모두 이사로 선출된 점, ③ 농업협동조합법 제50조는 "선거운동"이라는 표제를 쓰고 있고, 제130조는 "선출"과 "추천"이라는 용어를 사용하고 있어, 제50조에서의 "선거"가 총회 또는 대의원회에서의 "선출"이라는 의미로 한정할 수 없는 점 등에 비추어 볼 때, 피고인 1이 지역조합장들을 상대로 자신이 이사후보자로 선출되도록 지지하여 달라고 호소한 행위는 단순히 이사후보자가 되기 위한 목적에 그치는 것이라고 볼 수 없고, 금품제공으로 인한 농업협동조합법위반죄의 구성요건 중 "자기를 중앙회의 임원으로 당선되게 할 목적"으로 한 행위에 해당한다는 이유로, 이 부분 공소사실을 유죄로 판단하였다.

3) 앞서 본 법리와 증거에 비추어 살펴보면, 원심의 위와 같은 판단에 상고이유 주장과 같이 죄형법정주의를 위반하거나 금품제공으로 인한 농업협동조합법위반죄에 관한 법리를 오해하여 판결에 영향을 미친 잘못이 없다.

나. 호별방문으로 인한 농업협동조합법 위반의 점

1) 선거운동은 특정 후보자의 당선 내지 득표나 낙선을 위하여 필요하고도 유리한 모든 행위로서 당선 또는 낙선을 도모한다는 목적의사가 객관적으로 인정될 수 있는 능동적·계획적인 행위를 말하는 것으로, 구체적으로 어떠한 행위가 선거운동에 해당하는지를 판단할 때에는 단순히 행위의 명목뿐만 아니라 행위의 태양, 즉 그 행위가 행하여지는 시기·장소·방법 등을 종합적으로 관찰하여 그것이 특정 후보자의 당선 또는 낙선을 도모하는 목적의지를 수반하는 행위인지를 판단하여야 한다(대법원 2011. 6. 24. 선고 2010도9737 판결 등 참조).

2) 원심은 앞서 본 바와 같은 사정 및 피고인 1이 방문한 지역조합장들에게 농협중앙회 이사로 출마할 의사를 밝힌 점, 이사후보자추천회의에서의 "추천" 절차도 대의원회에서의 "선출" 절차와 더불어 임원선거의 일부를 이루는 점 등에 비추어 볼 때, 피고인 1은 호별방문으로 인한 농업협동조합법위반죄에서의 "임원이 되려는 사람"에 해당하고, 그 과정에서의 지지호소도 위 죄에서의 "선거운동"에 해당한다는 이유로, 이 부분 공소사실을 유죄로 판단하였다.

3) 앞서 본 법리와 증거에 비추어 살펴보면, 원심의 위와 같은 판단에 상고이유 주장과 같이 죄형법정주의를 위반하거나 호별방문으로 인한 농업협동조합

법위반죄에 관한 법리를 오해한 잘못이 없다.

Ⅷ. 기부행위의 제한

1. 기부행위의 의의 및 유형

중앙회의 임원 선거 후보자, 그 배우자 및 후보자가 속한 기관·단체·시설은 임원의 임기만료일 전 180일(보궐선거 등의 경우에는 그 선거의 실시 사유가 확정된 날)부터 그 선거일까지 조합원(조합에 가입 신청을 한 사람을 포함)이나 그 가족 또는 조합원이나 그 가족이 설립·운영하고 있는 기관·단체·시설에 대하여 금전·물품이나 그 밖의 재산상 이익의 제공, 이익 제공의 의사 표시 또는 그 제공을 약속하는 행위("기부행위")를 할 수 없다(법161, 법50의2①).

누구든지 기부행위를 약속·지시·권유·알선 또는 요구할 수 없다(법161, 법50의2④).

2. 기부행위로 보지 않는 행위

다음의 어느 하나에 해당하는 행위, 즉 ⅰ) 직무상의 행위, ⅱ) 의례적 행위, ⅲ) 구호적·자선적 행위에 준하는 행위는 기부행위로 보지 아니한다(법161, 법50의2②).

(1) 직무상의 행위

다음의 직무상의 행위, 즉 ⅰ) 후보자가 소속된 기관·단체·시설(중앙회는 제외)의 자체 사업 계획과 예산으로 하는 의례적인 금전·물품을 그 기관·단체·시설의 명의로 제공하는 행위(포상 및 화환·화분 제공 행위 포함)(가목), ⅱ) 법령과 정관에 따른 중앙회의 사업계획 및 수지예산에 따라 집행하는 금전·물품을 그 기관·단체·시설의 명의로 제공하는 행위(포상 및 화환·화분 제공 행위 포함)(나목), ⅲ) 물품 구매, 공사, 역무(役務)의 제공 등에 대한 대가의 제공 또는 부담금의 납부 등 채무를 이행하는 행위(다목), ⅳ) 가목부터 다목까지의 규정에 해당하는 행위 외에 법령의 규정에 따라 물품 등을 찬조·출연 또는 제공하는 행위(라목)는 기부행위로 보지 아니한다(법161, 법50의2②(1)).

(2) 의례적 행위

다음의 의례적 행위, 즉 i) 민법 제777조에 따른 친족의 관혼상제 의식이나 그 밖의 경조사에 축의·부의금품을 제공하는 행위(가목), ii) 후보자가 민법 제777조에 따른 친족 외의 자의 관혼상제 의식에 통상적인 범위에서 축의·부의금품(화환·화분 포함)을 제공하거나 주례를 서는 행위(나목), iii) 후보자의 관혼상제 의식이나 그 밖의 경조사에 참석한 하객이나 조객(弔客) 등에게 통상적인 범위에서 음식물이나 답례품을 제공하는 행위(다목), iv) 후보자가 그 소속 기관·단체·시설(후보자가 임원이 되려는 해당 조합은 제외)의 유급(有給) 사무직원 또는 민법 제777조에 따른 친족에게 연말·설 또는 추석에 의례적인 선물을 제공하는 행위(라목), v) 친목회·향우회·종친회·동창회 등 각종 사교·친목단체 및 사회단체의 구성원으로서 해당 단체의 정관·규약 또는 운영관례상의 의무에 기초하여 종전의 범위에서 회비를 내는 행위(마목), vi) 후보자가 평소 자신이 다니는 교회·성당·사찰 등에 통상적으로 헌금(물품의 제공 포함)하는 행위(바목)는 기부행위로 보지 아니한다(법161, 법50의2②(2)).

(3) 구호적·자선적 행위에 준하는 행위

공직선거법 제112조 제2항 제3호에 따른 구호적·자선적 행위에 준하는 행위는 기부행위로 보지 아니한다(법161, 법50의2②(3)). 여기서 공직선거법 제112조 제2항 제3호에 따른 구호적·자선적 행위는 i) 법령에 의하여 설치된 사회보호시설 중 수용보호시설에 의연금품을 제공하는 행위(가목), ii) 재해구호법의 규정에 의한 구호기관(전국재해구호협회 포함) 및 대한적십자사 조직법에 의한 대한적십자사에 천재·지변으로 인한 재해의 구호를 위하여 금품을 제공하는 행위(나목), iii) 장애인복지법 제58조에 따른 장애인복지시설(유료복지시설 제외)에 의연금품·구호금품을 제공하는 행위(다목), iv) 국민기초생활 보장법에 의한 수급권자인 중증장애인에게 자선·구호금품을 제공하는 행위(라목), v) 자선사업을 주관·시행하는 국가·지방자치단체·언론기관·사회단체 또는 종교단체 그 밖에 국가기관이나 지방자치단체의 허가를 받아 설립된 법인 또는 단체에 의연금품·구호금품을 제공하는 행위. 다만, 광범위한 선거구민을 대상으로 하는 경우 제공하는 개별 물품 또는 그 포장지에 직명·성명 또는 그 소속 정당의 명칭을 표시하여 제공하는 행위는 제외한다(마목). vi) 자선·구호사업을 주관·시행하는 국가·

지방자치단체, 그 밖의 공공기관·법인을 통하여 소년·소녀가장과 후원인으로 결연을 맺고 정기적으로 제공하여 온 자선·구호금품을 제공하는 행위(바목), vii) 국가기관·지방자치단체 또는 구호·자선단체가 개최하는 소년·소녀가장, 장애인, 국가유공자, 무의탁노인, 결식자, 이재민, 국민기초생활 보장법에 따른 수급자 등을 돕기 위한 후원회 등의 행사에 금품을 제공하는 행위. 다만, 개별 물품 또는 그 포장지에 직명·성명 또는 그 소속 정당의 명칭을 표시하여 제공하는 행위는 제외한다(사목). viii) 근로청소년을 대상으로 무료학교(야학 포함)를 운영하거나 그 학교에서 학생들을 가르치는 행위(아목)를 말한다(공직선거법112②(3)).

3. 통상적인 범위에서 제공할 수 있는 축의·부의금품 등의 금액 범위

통상적인 범위에서 1명에게 제공할 수 있는 축의·부의금품, 음식물, 답례품 및 의례적인 선물의 금액 범위는 [별표]와 같다(법161, 법50의2③).

4. 해당 선거에 관한 기부행위 제한 등

누구든지 해당 선거에 관하여 후보자를 위하여 기부행위를 하거나 하게 할 수 없다(법161, 법50의2⑤ 전단). 이 경우 후보자의 명의를 밝혀 기부행위를 하거나 후보자가 기부하는 것으로 추정할 수 있는 방법으로 기부행위를 하는 것은 해당 선거에 관하여 후보자를 위한 기부행위로 본다(법161, 법50의2⑤ 후단).

Ⅸ. 중앙회선거관리위원회의 구성·운영 등

1. 구성

중앙회는 임원 선거를 공정하게 관리하기 위하여 중앙회선거관리위원회를 구성·운영한다(법161, 법51①).

중앙회선거관리위원회는 이사회가 회원(임직원 제외)과 선거의 경험이 풍부한 자 중에서 위촉하는 7명 이상의 위원으로 구성한다(법161, 법51②).

2. 정관 규정

중앙회선거관리위원회의 기능과 운영에 필요한 사항은 정관으로 정한다(법

161, 법51③).

Ⅹ. 임직원의 겸직금지 등

1. 회장 · 사업전담대표이사등과 이사의 감사위원 겸직금지

회장·사업전담대표이사등과 이사는 그 중앙회의 감사위원을 겸직할 수 없다(법161, 법52①).

2. 임원과 직원의 겸직금지

중앙회의 임원은 그 중앙회의 직원을 겸직할 수 없다(법161, 법52②).

3. 임원(회원조합장인 이사 · 감사위원은 제외)의 다른 중앙회 임직원 겸직금지

중앙회의 임원(회원조합장인 이사·감사위원은 제외)은 다른 중앙회의 임원이나 직원을 겸직할 수 없다(법161, 법52③).

4. 임직원 및 대의원의 자격 제한과 실질적인 경쟁관계에 있는 사업의 범위

중앙회의 사업과 실질적으로 경쟁관계에 있는 사업을 경영하거나 이에 종사하는 사람은 중앙회의의 임직원 및 대의원이 될 수 없다(법161, 법52④).

여기서 실질적인 경쟁관계에 있는 사업의 범위는 [별표 2]의 사업으로 하되, 해당 중앙회, 조합공동사업법인 및 중앙회가 수행하고 있는 사업에 해당하는 경우로 한정한다(법52⑤, 영5의4①). 그러나 중앙회·조합공동사업법인 및 중앙회가 사업을 위하여 출자한 법인이 수행하고 있는 사업은 실질적인 경쟁관계에 있는 사업으로 보지 아니한다(영5의4②).

5. 회장 · 사업전담대표이사등과 이사의 자기거래 제한

회장·사업전담대표이사등과 이사는 이사회의 승인을 받지 아니하고는 자기 또는 제3자의 계산으로 해당 중앙회와 정관으로 정하는 규모 이상의 거래를 할 수 없다(법161, 법52⑥).

XI. 임원의 의무와 책임

1. 충실의무

중앙회의 임원은 농업협동조합법과 농업협동조합법에 따른 명령 및 정관의 규정을 지켜 충실히 그 직무를 수행하여야 한다(법161, 법53①).

2. 중앙회에 대한 손해배상책임

임원이 그 직무를 수행할 때 법령이나 정관을 위반한 행위를 하거나 그 임무를 게을리하여 중앙회에 끼친 손해에 대하여는 연대하여 손해배상의 책임을 진다(법161, 법53②).

3. 제3자에 대한 손해배상책임

임원이 그 직무를 수행할 때 고의나 중대한 과실로 제3자에게 끼친 손해에 대하여는 연대하여 손해배상의 책임을 진다(법161, 법53③).

4. 찬성 이사의 손해배상책임

위의 2.와 3.의 행위가 이사회의 의결에 따른 것이면 그 의결에 찬성한 이사도 연대하여 손해배상의 책임을 진다(법161, 법53④ 전단). 이 경우 의결에 참가한 이사 중 이의를 제기한 사실이 의사록에 적혀 있지 아니한 이사는 그 의결에 찬성한 것으로 추정한다(법161, 법53④ 후단).

5. 거짓 결산보고 등: 중앙회 또는 제3자에 대한 손해배상책임

임원이 거짓으로 결산보고·등기 또는 공고를 하여 중앙회나 제3자에게 끼친 손해에 대하여도 연대하여 손해배상의 책임을 진다(법161, 법53⑤, 법53②③).

XII. 임원의 해임

1. 회원의 해임요구

회원은 회원 5분의 1 이상의 동의를 받아 총회에 임원의 해임을 요구할 수 있다(법161, 법54① 전단). 이 경우 총회는 의결권 총수의 과반수에 해당하는 회원의 출석과 출석한 회원의 의결권 3분의 2 이상의 찬성으로 의결한다(법161, 법54① 후단).

2. 회원의 해임의결 방법

회원은 대의원회에서 선출된 임원(조합감사위원장을 포함)에 대해 대의원 3분의 1 이상의 요구로 대의원 과반수의 출석과 출석대의원 3분의 2 이상의 찬성으로 해임 의결할 수 있다(법161, 법54②(1)).

3. 해임 이유의 통지와 의견진술 기회 부여

해임을 의결하려면 해당 임원(조합감사위원장을 포함)에게 해임의 이유를 알려 총회나 대의원회에서 의견을 진술할 기회를 주어야 한다(법161, 법54④).

XIII. 민법 · 상법의 준용

중앙회의 임원에 관하여는 민법 제35조, 제63조와 상법 제382조 제2항, 제385조 제2항 · 제3항, 제386조 제1항, 제402조부터 제408조까지의 규정을 준용한다(법161, 법55 전단). 이 경우 상법 제385조 제2항 중 "발행주식의 총수의 3% 이상에 해당하는 주식을 가진 주주"는 "회원 100인 또는 3% 이상의 동의를 받은 회원"으로 보고, 같은 법 제402조 및 제403조 제1항 중 "발행주식의 총수의 1% 이상에 해당하는 주식을 가진 주주"는 각각 "회원 100인 또는 1% 이상의 동의를 받은 회원"으로 본다(법161, 법55 후단). 여기서는 준용규정을 살펴본다.

1. 중앙회의 불법행위능력

중앙회는 임원 기타 대표자가 그 직무에 관하여 타인에게 가한 손해를 배상할 책임이 있다(민법35① 본문). 임원 기타 대표자는 이로 인하여 자기의 손해배상책임을 면하지 못한다(민법35① 단서).

중앙회의 목적범위 외의 행위로 인하여 타인에게 손해를 가한 때에는 그 사항의 의결에 찬성하거나 그 의결을 집행한 회원, 임원 및 기타 대표자가 연대하여 배상하여야 한다(민법35①).

2. 임시이사의 선임

이사가 없거나 결원이 있는 경우에 이로 인하여 손해가 생길 염려 있는 때에는 법원은 이해관계인이나 검사의 청구에 의하여 임시이사를 선임하여야 한다(민법63).

3. 중앙회와 임원의 관계

중앙회와 임원의 관계는 민법의 위임에 관한 규정(민법 제682조 이하)을 준용한다(상법382②).

4. 회원의 법원에 대한 이사 해임청구

이사가 그 직무에 관하여 부정행위 또는 법령이나 정관에 위반한 중대한 사실이 있음에도 불구하고 총회에서 그 해임을 부결한 때에는 회원 100인 또는 3% 이상의 동의를 받은 회원은 총회의 결의가 있은 날부터 1월 내에 그 이사의 해임을 법원에 청구할 수 있다(상법385②). 이사의 해임청구의 소는 본점소재지의 지방법원의 관할에 전속한다(상법385③, 법186).

5. 이사의 결원: 퇴임임원의 지위 유지

법률 또는 정관에 정한 임원의 원수를 결한 경우에는 임기의 만료 또는 사임으로 인하여 퇴임한 이사는 새로 선임된 임원이 취임할 때까지 이사의 권리의무가 있다(상법386①).

6. 유지청구권

이사가 법령 또는 정관에 위반한 행위를 하여 이로 인하여 회사에 회복할 수 없는 손해가 생길 염려가 있는 경우에는 감사위원 또는 회원 100인 또는 1% 이상의 동의를 받은 회원은 회사를 위하여 이사에 대하여 그 행위를 유지할 것을 청구할 수 있다(상법402).

7. 회원의 대표소송 등

상법 제403조부터 제408조까지의 규정을 준용한다(법55 전단). 따라서 상법 제403조(주주의 대표소송), 제404조(대표소송과 소송참가, 소송고지), 제405조(제소주주의 권리의무), 제406조(대표소송과 재심의 소), 제406조의2(다중대표소송), 제407조(직무집행정지, 직무대행자선임), 제408조(직무대행자의 권한)가 준용된다.

XIV. 대리인의 선임

1. 회장 등의 대리인 선임

중앙회장, 사업전담대표이사등, 조합감사위원회의 위원장 및 농협경제지주회사등의 대표자는 각각 이사, 집행간부 또는 직원 중에서 중앙회 또는 농협경제지주회사등의 업무에 관한 일체의 재판상 또는 재판 외의 행위를 할 권한 있는 대리인을 선임할 수 있다(법131⑥).

2. 대리인의 선임등기

중앙회장, 상호금융대표이사 및 전무이사, 조합감사위원회의 위원장, 농협경제지주회사·농협금융지주회사·농협은행·농협생명보험·농협손해보험의 대표자가 대리인을 선임한 때에는 2주 이내에 대리인을 둔 주된 사무소 또는 지사무소의 소재지에서 i) 대리인의 성명과 주소(제1호), ii) 대리인을 둔 주된 사무소 또는 지사무소(제2호), iii) 대리인의 권한을 제한한 경우에는 그 제한 내용(제3호)의 사항을 등기해야 한다(법131⑥, 영13① 전단). 등기한 사항이 변경된 경우에도 또한 같다(법131⑥, 영13① 후단).

대리인의 선임에 관한 등기를 신청할 때에는 대리인의 선임을 증명하는 서면(대리인의 권한을 제한한 경우에는 그 제한 내용을 증명하는 서면을 포함)을 첨부하여야 한다(영13②).

제7절 집행간부 또는 직원의 임면 등

Ⅰ. 집행간부

1. 집행간부의 설치

중앙회에 사업전담대표이사등의 업무를 보좌하기 위하여 집행간부를 두되, 그 명칭·직무 등에 관한 사항은 정관으로 정한다(법131①).

2. 집행간부의 임기

집행간부의 임기는 2년으로 한다(법131②).

3. 집행간부의 임면

상호금융대표이사의 전담업무(법127③) 및 전무이사의 전담업무(법127④)를 보좌하기 위한 집행간부는 소관사업부문별로 사업전담대표이사등이 각각 임면한다(법131③).

Ⅱ. 직원의 임면

직원은 회장이 임면하되, 사업전담대표이사등과 조합감사위원회의 위원장에게 소속된 직원의 승진·전보 및 인사 교류에 관한 사항은 정관으로 정하는 바에 따라 각 사업전담대표이사등과 조합감사위원회의 위원장이 수행한다(법131④).

Ⅲ. 준용규정

집행간부와 일반간부직원(집행간부 외의 간부직원)에 관하여는 상법 제11조 제1항·제3항, 제12조, 제13조 및 제17조와 상업등기법 제23조 제1항, 제50조 및 제51조를 준용한다(법131⑤).

이에 관하여는 제2편 조합 간부직원의 임면 부분과 동일한 내용이므로 참조하기 바란다.

Ⅳ. 다른 직업 종사의 제한

집행간부 및 일반간부직원은 직무와 관련되는 영리를 목적으로 하는 업무에 종사할 수 없으며, 이사회가 승인하는 경우를 제외하고는 다른 직업에 종사할 수 없다(법133).

제5장 사 업

제1절 비회원의 사업 이용

Ⅰ. 원칙: 비회원의 사업이용권

중앙회는 회원이 이용하는 데에 지장이 없는 범위에서 회원이 아닌 자에게 그 사업을 이용하게 할 수 있다(법135① 본문).

Ⅱ. 예외: 비회원의 사업이용권의 제한

교육·지원 사업, 농업경제사업, 또는 축산경제사업 중 판매사업(농업인이 아닌 자의 판매사업은 제외), 의료지원사업, 상호금융사업, 금융업 및 금융업의 영위와 밀접한 관련이 있는 회사의 사업, 국가나 공공단체가 위탁하거나 보조하는 사업, 다른 법령에서 중앙회의 사업으로 정하는 사업, 중앙회의 설립 목적의 달성에 필요한 사업으로서 농림축산식품부장관의 승인을 받은 사업 외의 사업에 대한 비회원의 이용은 정관으로 정하는 바에 따라 제한할 수 있다(법135① 단서).

Ⅲ. 회원 이용의 의제

회원의 조합원의 사업 이용은 회원의 이용으로 본다(법135②).

제2절 유통지원자금의 조성 · 운용

Ⅰ. 농산물등의 유통지원

중앙회는 회원의 조합원, 조합공동사업법인이 생산한 농산물 · 축산물 및 그 가공품("농산물등")의 원활한 유통을 지원하기 위하여 유통지원자금을 조성 · 운용할 수 있다(법136①).

Ⅱ. 유통지원자금의 운용

유통지원자금은 농협경제지주회사가 수립한 계획에 따라 i) 농산물등의 계약재배사업(제1호), ii) 농산물등의 출하조절사업(제2호), iii) 농산물등의 공동규격 출하촉진사업(제3호), iv) 매취(買取)사업(제4호), v) 그 밖에 농협경제지주회사가 필요하다고 인정하는 판매 · 유통 · 가공 관련 사업(제5호)의 사업에 운용한다(법136②).

Ⅲ. 유통지원자금의 조성

유통지원자금은 조합상호지원자금 및 농업지원사업비 등으로 조성한다(법136③).

Ⅳ. 국가의 유통지원자금의 조성 지원

국가는 예산의 범위에서 유통지원자금의 조성을 지원할 수 있다(법136④).

제3절 품목조합연합회

Ⅰ. 품목조합연합회의 설립과 회원

1. 설립

품목조합은 그 권익 증진을 도모하고 공동사업의 개발을 위하여 3개 이상의 품목조합을 회원으로 하는 품목조합연합회("연합회")를 설립할 수 있다(법138① 전단).

2. 회원

연합회는 정관으로 정하는 바에 따라 지역조합을 회원으로 할 수 있으며, 전국을 구역으로 하는 경우에는 전국의 품목조합의 2분의 1 이상을 그 회원으로 하여야 한다(법138① 후단).

3. 회원의 기준과 절차

연합회의 회원이 될 수 있는 지역조합의 기준과 가입절차 등에 대하여는 정관으로 정한다(법138②).

Ⅱ. 품목조합연합회의 사업

연합회는 i) 회원을 위한 생산·유통조절 및 시장 개척(제1호), ii) 회원을 위한 물자의 공동구매 및 제품의 공동판매와 이에 수반되는 운반, 보관 및 가공사업(제2호), iii) 제품 홍보, 기술 보급 및 회원 간의 정보 교환(제3호), iv) 회원을 위한 자금의 알선과 연합회의 사업을 위한 국가·공공단체·중앙회·농협경제지주회사와 그 자회사 및 농협은행으로부터의 자금 차입(제4호), v) 그 밖에 회원의 공동이익 증진을 위하여 정관으로 정하는 사업(제5호)의 전부 또는 일부의 사업을 수행한다(법138③).

Ⅲ. 농림축산식품부장관의 인가

설립되는 연합회는 법인으로 한다(법138④ 전단). 연합회를 설립하는 경우 i) 목적, 명칭, 구역 및 주된 사무소의 소재지(제1호), ii) 회원의 자격·가입 및 탈퇴(제2호), iii) 출자 및 경비에 관한 사항(제3호), iv) 임원의 정수와 선임(제4호), v) 회원의 권리와 의무에 관한 사항(제5호), vi) 사업의 종류와 그 집행에 관한 사항(제6호)을 정관을 작성하여 농림축산식품부장관의 인가를 받아야 하며, 이를 변경하려 할 때에도 또한 같다(법138④ 후단).

Ⅳ. 유사한 명칭의 사용 제한 등

1. 명칭의 사용 제한

연합회는 그 명칭 중에 품목명이나 업종명을 붙인 연합회라는 명칭을 사용하여야 하며, 농업협동조합법에 따라 설립된 자가 아니면 품목명이나 업종명을 붙인 연합회의 명칭이나 이와 유사한 명칭을 사용하지 못한다(법138⑥).

2. 위반시 제재

법 제138조 제6항을 위반하여 명칭을 사용한 자에게는 200만원 이하의 과태료를 부과한다(법174①).

Ⅴ. 준용규정

연합회에 관하여 농업협동조합법에 규정되지 아니한 사항은 민법 중 사단법인에 관한 규정을 준용한다(법138⑤).

제4절 국가 보조 또는 융자금 사용 내용 등의 공시

Ⅰ. 공시대상 정보

중앙회(중앙회의 자회사 및 손자회사를 포함)는 국가로부터 자금(국가가 관리하는 자금을 포함)이나 사업비의 전부 또는 일부를 보조 또는 융자받아 시행한 직전 연도 사업에 관련된 i) 사업명(제1호), ii) 보조 또는 융자받은 금액(제2호), iii) 사업수행주체(제3호), iv) 사업기간(제4호), v) 자금 사용내용(제5호), vi) 그 밖에 중앙회가 국가 보조 또는 융자 사업에 대하여 공시할 필요가 있다고 판단한 정보(제6호)를 매년 4월 30일까지 공시하여야 한다(법139①, 영17).

Ⅱ. 공시방법

중앙회(중앙회의 자회사 및 손자회사를 포함)는 국가로부터 자금(국가가 관리하는 자금을 포함)이나 사업비를 보조 또는 융자받아 시행한 사업에 대한 자금 사용내용 등을 중앙회의 인터넷 홈페이지에 공시하여야 한다(법139③, 시행규칙9의3).

Ⅲ. 자료제출 요청

중앙회는 정보를 공시하기 위하여 필요한 경우에는 정부로부터 보조 또는 융자받은 금액을 배분받거나 위탁받은 정부 사업을 수행하는 조합에 대하여 자료 제출을 요청할 수 있다(법139② 전단). 이 경우 요청을 받은 조합은 특별한 사유가 없으면 이에 협조하여야 한다(법139② 후단).

제5절 금리인하 요구

중앙회의 신용사업에 관하여는 신용협동조합법 제45조의3(금리인하 요구)을 적용한다(신용협동조합법95④).

Ⅰ. 의의

중앙회 대출등(대출 및 어음할인)의 계약을 체결한 자는 재산 증가나 신용등급 또는 개인신용평점 상승 등 신용상태 개선이 나타났다고 인정되는 경우 중앙회에 금리인하를 요구할 수 있다(신용협동조합법79의2, 동법45의3①).

Ⅱ. 금리인하 요구의 요건

중앙회와 대출등의 계약을 체결한 자는 i) 개인이 대출등의 계약을 체결한 경우: 취업, 승진, 재산 증가 또는 개인신용평점 상승 등 신용상태의 개선이 나타났을 것(제1호), ii) 개인이 아닌 자(개인사업자를 포함)가 대출등의 계약을 체결한 경우: 재무상태 개선, 신용등급 또는 개인신용평점 상승 등 신용상태의 개선이 나타났을 것(제2호)의 구분에 따른 요건을 갖췄다고 인정되는 경우 중앙회에 금리인하를 요구할 수 있다(신용협동조합법79의2, 45의3③, 동법 시행령18의3①).

Ⅲ. 금리인하 요구의 절차

1. 중앙회의 금리인하 요구권의 통지

중앙회는 대출등의 계약을 체결하려는 자에게 금리인하를 요구할 수 있음을 알려야 한다(신용협동조합법79의2, 45의3②).

2. 요구의 수용 여부 판단시 고려사항

금리인하 요구를 받은 중앙회는 그 요구의 수용 여부를 판단할 때 신용상태의 개선이 금리 산정에 영향을 미치는지 여부 등 금융위원회가 정하여 고시하는 사항을 고려할 수 있다(신용협동조합법79의2, 45의3③, 동법 시행령18의3②).

이에 따라 금리인하 요구를 받은 중앙회는 해당 요구가 i) 대출 등의 계약을 체결할 때, 계약을 체결한 자의 신용상태가 금리 산정에 영향을 미치지 아니한 경우(제1호), ⅱ) 신용상태의 개선이 경미하여 금리 재산정에 영향을 미치지 아니하는 경우(제2호)의 어느 하나에 해당하는지를 고려하여 수용 여부를 판단할 수 있다(상호금융업감독규정10의2①).

3. 요구의 수용 여부 및 사유의 통지 방법

중앙회는 금리인하 요구를 받은 날부터 10영업일 이내(자료의 보완을 요구하는 경우에는 그 요구하는 날부터 자료가 제출되는 날까지의 기간은 포함하지 않는다)에 금리인하를 요구한 자에게 그 요구의 수용 여부 및 그 사유를 전화, 서면, 문자메시지, 전자우편, 팩스 또는 그 밖에 이와 유사한 방법으로 알려야 한다(신용협동조합법79의2, 45의3③, 동법 시행령18의3③).

4. 자료제출 요구

중앙회는 대출 등의 계약을 체결한 자가 금리인하를 요구하는 때에는 신용상태 개선을 확인하는 데 필요한 자료제출을 요구할 수 있다(상호금융업감독규정10의2②).

5. 인정요건 및 절차 등의 안내

중앙회는 금리인하 요구 인정요건 및 절차 등을 인터넷 홈페이지 등을 이용하여 안내하여야 한다(상호금융업감독규정10의2③).

6. 관련 기록의 보관 · 관리

중앙회는 금리인하를 요구받은 경우 접수, 심사결과 등 관련 기록을 보관·관리하여야 한다(상호금융업감독규정10의2④).

Ⅳ. 위반시 제재

조합 또는 중앙회가 법 제45조의3 제2항(제79조의2에 따라 준용되는 경우를 포함)을 위반하여 금리인하를 요구할 수 있음을 알리지 아니한 경우에는 2천만원 이하의 과태료를 부과한다(신용협동조합법101①(1의3)).

제6장 / 건전성규제

제1절 자금차입 등

Ⅰ. 자금차입

1. 자금차입 또는 자금운용: 국가 · 공공단체 또는 금융기관

중앙회는 사업목적을 달성하기 위하여 국가·공공단체 또는 금융기관으로부터 자금을 차입하거나 금융기관에 예치 등의 방법으로 자금을 운용할 수 있다(법134②).

2. 자금차입 또는 물자와 기술 도입: 국제기구 · 외국 또는 외국인

중앙회는 사업목적을 달성하기 위하여 국제기구·외국 또는 외국인으로부터 자금을 차입하거나 물자와 기술을 도입할 수 있다(법134③).

Ⅱ. 독립회계 설치와 구분 관리

중앙회는 상호금융대표이사의 소관 업무에 대하여는 독립회계를 설치하여 회계와 손익을 구분 관리하여야 한다(법134④ 전단). 이 경우 회계에 자본계정을 설치할 수 있다(법134④ 후단).

Ⅲ. 사업손실보전자금 등의 조성 · 운용

중앙회는 사업을 수행하기 위하여 필요하면 정관으로 정하는 바에 따라 사업손실보전자금, 대손보전자금, 조합상호지원자금 및 조합합병지원자금을 조성·운용할 수 있다(법134⑤ 전단). 이 경우 경제사업과 관련된 자금의 운용은 농협경제지주회사가 수립한 계획에 따른다(법134⑤ 후단).

농업협동조합중앙회가 고유목적사업준비금인 조합상호지원기금을 부채계정에서 자본계정으로 대체한 사정만으로는 이를 수익사업회계로 환원한 것으로 보아 익금에 산입할 수 없다.[1)]

Ⅳ. 회원조합지원자금 조성 · 운용 계획의 수립

중앙회는 조합상호지원자금과 그 밖에 이자지원 등의 형태로 회원을 지원하는 자금에 대해서는 정관으로 정하는 바에 따라 매년 회원조합지원자금 조성·운용 계획을 수립하여야 한다(법134⑥).

1) 대법원 2007. 6. 28. 선고 2005두11234 판결(비영리법인으로서의 원고의 특수성, 고유목적사업준비금으로서 조합상호지원기금의 적립취지, 조합상호지원기금의 사용용도, 원고가 조합상호지원기금을 비영리사업회계인 지도사업특별회계의 부채계정에서 동일 회계 내의 자본계정의 이익잉여금 항목으로 대체한 이유와 계정 대체 후 조합상호지원기금이 당초의 조성목적대로 사용되고 있는 점 및 조합상호지원기금은 5년이 경과되기 전에는 법정사유가 없는 한 임의환입이 불가능한 점 등 제반사정을 참작할 때, 원심이 제1심판결을 인용하여 원고가 1997 사업연도에 조합상호지원기금을 지도사업특별회계의 부채계정에서 자본계정으로 대체한 사정만으로는 조합상호지원기금을 수익사업회계로 환원한 것으로 볼 수 없고, 따라서 이를 원고의 1997 사업연도의 익금에 산입한 후 행한 피고의 이 부분 부과처분은 위법하다고 판단한 것은 정당하고, 고유목적사업준비금의 익금산입에 관한 법리 오해 등의 위법이 없다).

제2절 여신자금의 관리

중앙회 또는 농협경제지주회사가 국가로부터 차입한 자금 중 회원 또는 농업인에 대한 여신자금(조합이 중앙회 또는 농협경제지주회사로부터 차입한 자금을 포함)은 압류의 대상이 될 수 없다(법140②).

제3절 타법인에의 출자

Ⅰ. 의결권 있는 주식 취득

1. 취득 제한

중앙회는 다른 법인이 발행한 의결권 있는 주식(출자지분을 포함)의 15%를 초과하는 주식을 취득할 수 없다(법137① 본문).

이는 중앙회가 가진 막강한 자본력을 이용하여 다른 회사를 자회사 또는 계열회사로 만들어 거대한 기업집단이 되는 것을 방지함에 그 목적이 있다. 그러나 농협법은 중앙회의 사업수행을 위하여 필요한 경우 등 그 예외사항을 광범위하게 인정함(법137① 단서)에 따라 법문상으로는 이 조항에 특별한 의미를 부여하기 어렵다. 다른 법인에 대한 출자제한은 주식회사와는 구별되는 협동조합의 정체성을 지키기 위한 방안으로 이해할 수 있다.[2)]

2. 취득 제한의 예외

중앙회는 i) 사업(법134①) 수행을 위하여 필요한 경우(제1호), ii) 주식배당이나 무상증자에 따라 주식을 취득하게 되는 경우(제2호), iii) 기업의 구조조정 등으로 인하여 대출금을 출자로 전환함에 따라 주식을 취득하게 되는 경우(제3호), iv) 담보권의 실행으로 인하여 주식을 취득하게 되는 경우(제4호), v) 기존

---

2) 최흥은(2014), 144쪽.

소유지분의 범위에서 유상증자에 참여함에 따라 주식을 취득하게 되는 경우(제5호), vi) 신주인수권부사채 등 주식관련 채권을 주식으로 전환함에 따라 주식을 취득하게 되는 경우(제6호), vii) 농협경제지주회사의 주식을 취득하는 경우(제7호), viii) 농협금융지주회사의 주식을 취득하는 경우(제8호)에는 다른 법인이 발행한 의결권 있는 주식(출자지분을 포함)의 15%를 초과하는 주식을 취득할 수 있다(법137① 단서).

Ⅱ. 출자한도 기준인 자기자본

1. 다른 법인에 대한 출자한도

중앙회가 사업 수행을 위하여 다른 법인에 출자한 경우 그 금액의 총합계액은 자기자본 이내로 한다(법137② 본문). 여기서 자기자본은 출자금(납입출자금, 회전출자금, 비누적적 우선출자금, 가입금 등), 자본잉여금, 이익잉여금(이월결손금이 있는 때에는 이를 공제한 금액), 자본조정 및 기타포괄손익누계액을 합산하여 산정한다(영16).

2. 같은 법인에 대한 출자한도

같은 법인에 대한 출자한도는 자기자본의 20% 이내에서 정관으로 정한다(법137② 단서).

Ⅲ. 자기자본 초과 출자와 출자 목적 등의 보고

중앙회가 농협경제지주회사(법137①(7)) 및 농협금융지주회사(법137①(8))의 주식을 취득하는 경우에는 자기자본을 초과하여 출자할 수 있다(법137③ 전단). 이 경우 중앙회는 회계연도 경과 후 3개월 이내에 출자의 목적 및 현황, 출자대상 지주회사 및 그 자회사의 경영현황 등을 총회에 보고하여야 한다(법137③ 후단).

Ⅳ. 공동출자 운영의 원칙

중앙회는 주식배당이나 무상증자에 따라 주식을 취득하게 되는 경우(법137①(2)) 및 기업의 구조조정 등으로 인하여 대출금을 출자로 전환함에 따라 주식을 취득하게 되는 경우(법137①(3))에 따른 사업을 수행하기 위하여 다른 법인에 출자하려면 회원과 공동으로 출자하여 운영함을 원칙으로 한다(법137④).

제4절 여유자금 및 상환준비금의 운용

Ⅰ. 회원의 여유자금의 운용 · 관리

1. 여유자금의 운용 · 관리 방법

중앙회가 회원의 여유자금을 운용·관리(법134①(4) 가목)할 때에는 i) 회원에 대한 대출(제1호), ii) 한국은행 또는 금융기관(영9① 각호=은행, 집합투자업자·신탁업자·종합금융회사·투자매매업자 및 투자중개업자, 한국산업은행, 중소기업은행, 체신관서, 지역조합 및 신용사업을 수행하는 품목조합)에의 예치(제2호), iii) 금융기관에 대한 대출(제3호), iv) 공공기관에 대한 대출(제4호), v) 자본시장법 제4조에 따른 증권의 매입(제5호), vi) 자본시장법 제5조 제1항에 따른 파생상품거래(제6호), vii) 법인에 대한 대출(제7호), viii) 중앙회 내에서 다른 사업부문으로의 운용(제8호), ix) 그 밖에 농림축산식품부장관이 금융위원회와 협의하여 정하는 방법에 따른 운용(제9호)의 방법으로 하여야 한다(영15①).

2. 법인에 대한 대출

(1) 원칙

법인에 대한 대출(영15①(7)은 직전 회계연도 말 여유자금 예치금 잔액의 3분의 1을 초과할 수 없으며 같은 법인에 대한 대출은 대출 당시 여유자금 예치금 잔액의 5%를 초과할 수 없다(영15② 본문).

(2) 예외: 은행 등의 지급보증

은행(영9①(1)), 신용보증기금, 기술보증기금, 주택금융신용보증기금, 농림수산업자신용보증기금 또는 지역신용보증재단이 지급보증하는 경우에는 위 원칙의 예외로서 대출한도를 초과할 수 있다(영15② 단서).

3. 부대사업의 범위

중앙회는 회원의 여유자금의 운용·관리(법134①(4) 가목)의 부대사업으로 i) 유가증권의 대차거래(제1호), ii) 환매조건부 채권 매매(다만, 매도 거래는 국가, 지방자치단체, 공공기관, 한국은행 또는 금융기관으로 한정)(제2호)의 사업을 할 수 있다(영15의3 전단). 이 경우 그 사업이 다른 법령에 따라 인가, 허가 등을 받아야 하는 것일 때에는 해당 인가, 허가 등을 받은 범위에서 그 사업을 할 수 있다(영15의3 후단).

4. 여유자금 운용과 이자지급 또는 이익배분

중앙회는 조합으로부터 예치되어 운용하는 여유자금(신용협동조합법78①(5)가목)에 대해서는 조합에 이자를 지급하거나 운용 실적에 따른 이익을 배분할 수 있다(신용협동조합법95④, 78⑥).

Ⅱ. 회원의 상환준비금의 운용·관리

1. 상환준비금의 운용·관리 방법

중앙회가 회원의 상환준비금을 운용·관리(법134①(4) 가목)할 때에는 i) 회원에 대한 대출(제1호), ii) 한국은행 또는 금융기관(영9① 각호=은행, 집합투자업자·신탁업자·종합금융회사·투자매매업자 및 투자중개업자, 한국산업은행, 중소기업은행, 체신관서, 지역조합 및 신용사업을 수행하는 품목조합)에의 예치(제2호), iii) 금융기관에 대한 단기대출(제3호), iv) 공공기관에 대한 단기대출(제4호), v) 농산물을 가공하거나 영농자재를 생산하는 업체(자기자본이 100억원 이상이고, 자기자본대비 부채비율이 200% 이내인 법인으로 한정)에 대한 단기대출(제5호), vi) 증권(자본시장법4)의 매입(제6호), vii) 증권의 매입과 관련된 위험회피를 위한 파생상품거래

(제7호)의 방법으로 하여야 한다(영15의2).

2. 부대사업의 범위

중앙회는 회원의 상환준비금의 운용·관리(법134①(4) 가목)의 부대사업으로 i) 유가증권의 대차거래(제1호), ii) 환매조건부 채권 매매(다만, 매도 거래는 국가, 지방자치단체, 공공기관, 한국은행 또는 금융기관으로 한정)(제2호)의 사업을 할 수 있다(영15의3 전단). 이 경우 그 사업이 다른 법령에 따라 인가, 허가 등을 받아야 하는 것일 때에는 해당 인가, 허가 등을 받은 범위에서 그 사업을 할 수 있다(영15의3 후단).

제5절 회계

Ⅰ. 회계연도

중앙회의 회계연도는 정관으로 정한다(법161, 법62). 중앙회의 회계연도는 매년 1월 1일에 시작하여 12월 31일에 종료한다(정관121).

Ⅱ. 회계의 구분 등

1. 회계의 종류

중앙회의 회계는 일반회계와 특별회계로 구분한다(법161, 법63①).

2. 일반회계의 설치

일반회계는 사업관리회계를 설치하여 특별회계에 공통되는 부문과 어느 회계에도 속하지 않는 부문에 운용한다(정관123).

3. 특별회계의 설치

특별회계는 특정사업을 운영할 때, 특정자금을 보유하여 운영할 때 기타 일반회계와 구분경리할 필요가 있는 때에 설치한다(법161, 법63③, 정관124①).

특별회계의 설치에 관하여 필요한 사항은 규정으로 정한다(법161, 법63③, 정관124②).

4. 재무기준

일반회계와 특별회계 간의 재무관계 및 중앙회와 회원 간의 재무관계에 관한 재무기준은 농림축산식품부장관이 정하여 고시한다(법161, 법63④ 전단). 이에 따라 농업협동조합법 제63조 제4항(법 제107조, 제112조 및 제161조의 규정에 따라 준용하는 경우를 포함)에 따라 조합과 중앙회의 회계처리절차와 재무운영 방법을 정함으로써 경영의 합리화와 재무구조의 건전화를 도모함을 목적으로 「농업협동조합 재무기준」(농림축산식품부고시 제2018-87호)이 시행되고 있다.

Ⅲ. 사업계획과 수지예산: 사업계획서와 예산서

1. 총회 의결

중앙회는 매 회계연도의 사업계획서 및 수지예산서를 작성하여 그 회계연도 개시 1개월 전에 총회의 의결을 거쳐야 한다(법159 전단). 이를 변경하려는 경우에도 또한 같다(법159 후단).

2. 위반시 제재

조합등(조합, 조합공동사업법인, 품목조합연합회)과 중앙회의 임원, 조합의 간부직원, 중앙회의 집행간부·일반간부직원, 파산관재인 또는 청산인이 법 제159조에 따라 총회·대의원회 또는 이사회(소이사회를 포함)의 의결을 필요로 하는 사항에 대하여 의결을 거치지 아니하고 집행한 경우에는 3년 이하의 징역 또는 3천만원 이하의 벌금에 처한다(법171(2)).

Ⅳ. 운영의 공개

1. 사업보고서의 공개

회장 또는 사업전담대표이사등은 정관으로 정하는 바에 따라 사업보고서를 작성하여 그 운영 상황을 공개하여야 한다(법161, 법65①).

2. 정관 등의 비치

회장 또는 사업전담대표이사등은 정관, 총회의 의사록 및 회원 명부를 주된 사무소에 갖추어 두어야 한다(법161, 법65②).

3. 이사회 의사록 등 열람

회원과 중앙회의 채권자는 영업시간 내에 언제든지 이사회 의사록(조합원의 경우에만 해당)과 정관, 총회의 의사록 및 회원 명부를 열람하거나 그 서류의 사본 발급을 청구할 수 있다(법161, 법65③ 전단). 이 경우 중앙회가 정한 비용을 지급하여야 한다(법161, 법65③ 후단).

4. 회계장부 등 열람

회원은 회원 100인이나 3% 이상의 동의를 받아 중앙회의 회계장부 및 서류의 열람이나 사본의 발급을 청구할 수 있다(법161, 법65④).

5. 열람 및 발급 의무

중앙회는 회계장부 및 서류의 열람이나 사본의 발급 청구에 대하여 특별한 사유가 없으면 발급을 거부할 수 없으며, 거부하려면 그 사유를 서면으로 알려야 한다(법161, 법65⑤).

6. 회원의 검사인 선임 청구

회원은 중앙회의 업무집행에 관하여 부정행위 또는 법령이나 정관을 위반한 중대한 사실이 있다고 의심이 되는 사유가 있으면 회원 100인이나 3% 이상의 동의를 받아 중앙회의 업무와 재산상태를 조사하게 하기 위하여 법원에 검사인의 선임을 청구할 수 있다(법65⑥ 전단). 이 경우 상법 제467조를 준용한다(법161, 법65⑥ 후단).

Ⅴ. 결산보고서

1. 제출과 비치

회장은 정기총회일 1주일 전까지 결산보고서(사업보고서, 재무상태표, 손익계산서, 잉여금처분안 또는 손실금처리안 등)를 감사에게 제출하고, 이를 주된 사무소에 두어야 한다(법161, 법71①).

2. 총회 승인 등

(1) 총회 승인

중앙회는 매 회계연도 경과 후 3개월 이내에 그 사업연도의 결산을 끝내고 그 결산보고서(사업보고서, 재무상태표, 손익계산서, 잉여금 처분안 또는 손실금 처리안)에 관하여 총회의 승인을 받아야 한다(법160①). 중앙회의 결산보고서에는 회계법인의 회계감사를 받은 의견서를 첨부하여야 한다(법160③).

회장은 결산보고서(사업보고서, 재무상태표, 손익계산서, 잉여금 처분안 또는 손실금 처리안 등)와 감사의 의견서(외부감사인에 의한 회계감사를 받은 경우의 회계감사보고서를 포함)를 정기총회에 제출하여 그 승인을 받아야 한다(법161, 법71③).

(2) 재무상태표의 공고

중앙회는 결산보고서의 승인을 받으면 지체 없이 재무상태표를 공고하여야 한다(법160②).

(3) 결산보고서의 농림축산식품부 제출

중앙회는 매 회계연도 경과 후 3개월 이내에 그 결산보고서를 농림축산식품부장관에게 제출하여야 한다(법160④).

(4) 열람 또는 사본 발급 청구

회원과 채권자는 결산보고서(사업보고서, 재무상태표, 손익계산서, 잉여금 처분안 또는 손실금 처리안 등)를 열람하거나 그 사본의 발급을 청구할 수 있다(법161, 법71② 전단). 이 경우 중앙회가 정한 비용을 지급하여야 한다(법161, 법71② 후단).

3. 임원의 책임해제

정기총회의 승인을 받은 경우 임원의 책임해제에 관하여는 상법 제450조를 준용한다(법161, 법71④). 따라서 정기총회에서 승인을 한 후 2년 내에 다른 결의가 없으면 중앙회는 이사와 감사위원의 책임을 해제한 것으로 본다(상법450 전단). 그러나 이사 또는 감사위원의 부정행위에 대하여는 그러하지 아니하다(상법450 후단).

4. 위반시 제재

조합등(조합, 조합공동사업법인, 품목조합연합회)과 중앙회의 임원, 조합의 간부직원, 중앙회의 집행간부·일반간부직원, 파산관재인 또는 청산인이 법 제71조 제1항·제3항(제107조·제112조·제112조의11 또는 제161조에 따라 준용되는 경우를 포함)을 위반하여 결산보고서를 제출하지 아니하거나 갖추지 아니한 경우에는 3년 이하의 징역 또는 3천만원 이하의 벌금에 처한다(법171(11)).

Ⅵ. 제적립금의 적립

1. 법정적립금

중앙회는 매 회계연도의 손실 보전과 재산에 대한 감가상각에 충당하고도 남으면 자기자본의 3배가 될 때까지 잉여금의 10% 이상을 적립("법정적립금")하여야 한다(법161, 법67①).

법정적립금은 중앙회의 손실금을 보전하는 경우 외에는 사용하지 못한다(법161, 법70(1)).

2. 이월금

중앙회는 교육·지원 사업(법134①(1))의 사업비용에 충당하기 위하여 잉여금의 20% 이상을 다음 회계연도에 이월하여야 한다(법161, 법67③).

3. 임의적립금

중앙회는 정관으로 정하는 바에 따라 사업준비금 등을 적립("임의적립금")할 수 있다(법161, 법67④).

4. 자본적립금

중앙회는 i) 감자에 따른 차익(제1호), ii) 자산재평가차익(제2호), iii) 합병차익(제3호)을 자본적립금으로 적립하여야 한다(법161, 법69).

5. 위반시 제재

조합등(조합, 조합공동사업법인, 품목조합연합회)과 중앙회의 임원, 조합의 간부직원, 중앙회의 집행간부·일반간부직원, 파산관재인 또는 청산인이 법 제67조 제1항을 위반하여 잉여금의 10% 이상을 적립하지 아니한 경우 또는 법 제67조 제3항을 위반하여 잉여금의 20% 이상을 다음 회계연도로 이월하지 아니한 경우에는 3년 이하의 징역 또는 3천만원 이하의 벌금에 처한다(법171(6)(7)).

조합등(조합, 조합공동사업법인, 품목조합연합회)과 중앙회의 임원, 조합의 간부직원, 중앙회의 집행간부·일반간부직원, 파산관재인 또는 청산인이 법 제69조를 위반하여 자본적립금을 적립하지 아니한 경우에는 3년 이하의 징역 또는 3천만원 이하의 벌금에 처한다(법171(9)).

조합등(조합, 조합공동사업법인, 품목조합연합회)과 중앙회의 임원, 조합의 간부직원, 중앙회의 집행간부·일반간부직원, 파산관재인 또는 청산인이 법 제70조를 위반하여 법정적립금을 사용한 경우에는 3년 이하의 징역 또는 3천만원 이하의 벌금에 처한다(법171(10)).

Ⅶ. 손실금의 보전과 이익금(잉여금)의 배당

1. 손실금의 보전 순서와 이월

중앙회는 매 회계연도 결산의 결과 손실금(당기손실금)이 발생하면 미처분이월금 · 임의적립금 · 법정적립금 · 자본적립금 · 회전출자금의 순으로 보전하며, 보전 후에도 부족할 때에는 이를 다음 회계연도에 이월한다(법161, 법68①).

2. 잉여금의 배당 제한

중앙회는 손실을 보전하고 법정적립금, 이월금 및 임의적립금을 공제한 후가 아니면 잉여금 배당을 하지 못한다(법161, 법68②).

3. 잉여금의 배당

잉여금은 정관으로 정하는 바에 따라 ⅰ) 회원의 사업이용실적에 대한 배당(제1호), ⅱ) 정관으로 정하는 비율의 한도 이내에서 납입출자액에 대한 배당(제2호), ⅲ) 준회원의 사업이용실적에 대한 배당(제3호)의 순서로 배당한다(법161, 법68③).

4. 위반시 제재

조합등(조합, 조합공동사업법인, 품목조합연합회)과 중앙회의 임원, 조합의 간부직원, 중앙회의 집행간부 · 일반간부직원, 파산관재인 또는 청산인이 법 제68조(제107조 · 제112조 · 제112조의11 또는 제161조에 따라 준용되는 경우를 포함)를 위반하여 손실을 보전 또는 이월하거나 잉여금을 배당한 경우에는 3년 이하의 징역 또는 3천만원 이하의 벌금에 처한다(법171(8)).

Ⅷ. 출자감소

1. 출자감소의 의결

(1) 총회 의결과 재무상태표 작성

중앙회는 출자 1좌의 금액 또는 출자좌수의 감소("출자감소")를 총회에서 의결한 경우에는 그 의결을 한 날부터 2주일 이내에 재무상태표를 작성하여야 한다(법161, 법72①).

(2) 채권자의 이의와 공고 또는 최고

중앙회는 총회에서 의결을 한 날부터 2주일 이내에 채권자에 대하여 이의가 있으면 공고 후 3개월 이내에 조합의 주된 사무소에 이를 서면으로 진술하라는 취지를 공고하고, 이미 알고 있는 채권자에게는 따로 최고하여야 한다(법161, 법72②, 정관30②).

(3) 공고 · 최고기간과 최고 횟수

공고나 최고는 총회에서 의결을 한 날부터 2주일 이내에 하여야 하며, 공고기간은 1개월 이상으로 하고, 개별최고는 2회 이상으로 한다(법161, 법72③, 정관30③).

(4) 위반시 제재

조합등(조합, 조합공동사업법인, 품목조합연합회)과 중앙회의 임원, 조합의 간부직원, 중앙회의 집행간부 · 일반간부직원, 파산관재인 또는 청산인이 법 제72조 제1항을 위반하여 재무상태표를 작성하지 아니한 경우에는 3년 이하의 징역 또는 3천만원 이하의 벌금에 처한다(법171(12)).

2. 출자감소에 대한 채권자의 이의

(1) 채권자의 이의 진술 거부와 승인 간주

채권자가 3개월 이내에 출자감소에 관한 의결에 대하여 서면으로 이의를 진술하지 아니하면 이를 승인한 것으로 본다(법161, 법73①, 정관30①).

(2) 채권자의 이의 진술과 변제 또는 담보 제공

채권자가 이의를 진술한 경우에는 조합이 이를 변제하거나 상당한 담보를 제공하지 아니하면 그 출자감소의 의결은 효력을 발생하지 아니한다(법161, 법73②, 정관30②).

Ⅸ. 지분 취득 등의 금지

중앙회는 회원의 지분을 취득하거나 이에 대하여 질권을 설정하지 못한다(법161, 법74).

Ⅹ. 명칭사용료

1. 명칭사용료(농업지원사업비) 부과

중앙회는 산지유통 활성화 등 회원과 조합원에 대한 지원 및 지도 사업의 수행에 필요한 재원을 안정적으로 조달하기 위하여 농업협동조합의 명칭(영문 명칭 및 한글·영문 약칭 등 정관으로 정하는 문자 또는 표식을 포함)을 사용하는 법인(영리법인에 한정)에 대하여 영업수익 또는 매출액의 1천분의 25 범위에서 총회에서 정하는 부과율로 명칭사용에 대한 대가인 농업지원사업비를 부과할 수 있다(법159의2① 본문). 다만, 조합만이 출자한 법인 또는 조합공동사업법인에 대하여는 부과하지 아니한다(법159의2① 단서).

2. 구분 관리와 총회 승인

명칭사용료(농업지원사업비)는 다른 수입과 구분하여 관리하여야 하며, 그 수입과 지출 내역은 총회의 승인을 받아야 한다(법159의2②).

제5편

지주회사 및 그 자회사

제1장 / 서 설

농협중앙회는 2011년 개정법에 따라 농협경제지주회사와 농협금융지주회사, 그리고 이들 산하에 여러 개의 자회사를 설립하고 중앙회의 업무를 이들 각각에게 이관하였다.

농협법은 농업경제와 축산경제에 관련된 사업 및 그 부대사업을 하는 농협경제지주회사(법161의2①), 신용사업, 공제사업 등 신용사업을 하는 농협금융지주회사(법161의10①), 신용사업을 하는 농협은행(법161의11①), 공제사업을 하는 농협생명보험과 농협손해보험(법161의11①)에 대하여 각각을 별도로 규정하고 있다. 농협경제지주회사와 농협금융지주회사, 농협금융지주회사 산하의 농협은행이나 농협생명보험 및 농협손해보험회사는 모두 주식회사의 형태이다.

현재 농협금융지주회사의 자회사로는 농협은행, 농협생명보험, 농협손해보험, NH투자증권, NH아문디자산운용, NH농협캐피탈, NH저축은행, NH벤처투자 등 11개가 있다. 농협금융지주회사는 은행·보험·증권 등 금융업의 거의 모든 업종에 걸쳐 독립된 자회사를 두고 있으므로 종합금융기관으로서의 성격을 갖추고 있다. 또한 농협경제지주회사의 자회사 또는 계열사로는 유통부문, 제조부문, 식품부문, 기타부문에 걸쳐 수많은 회사가 있다.

제2장 농협경제지주회사

제1절 설립, 임원 및 사업

Ⅰ. 설립 및 목적

1. 설립

중앙회는 농업경제사업 및 축산경제사업(법134①(2)(3))과 국가나 공공단체가 위탁하거나 보조하는 사업(법134①(5)), 다른 법령에서 중앙회의 사업으로 정하는 사업(법134①(6)), 법 제134조(사업) 제1항 제1호부터 제6호까지의 사업과 관련되는 대외 무역(법134①(7)), 법 제134조 제1항 제1호부터 제7호까지의 사업과 관련되는 부대사업(법134①(8)), 법 제134조 제1항 제1호부터 제8호까지에서 규정한 사항 외에 중앙회의 설립 목적의 달성에 필요한 사업으로서 농림축산식품부장관의 승인을 받은 사업(법134①(9)) 중 농업경제와 축산경제에 관련된 사업 및 그 부대사업을 분리하여 농협경제지주회사를 설립한다(법161의2① 전단).

2. 목적

농협경제지주회사는 농업경제와 축산경제와 관련된 사업 및 그 부대사업을 전문적이고 효율적으로 수행함으로써 시장 경쟁력을 제고하고, 농업인과 조합의 경제활동을 지원함으로써 그 경제적 지위의 향상을 촉진하며, 농업인과 조합원의 이익에 기여하여야 한다(법161의2②).

3. 상법 및 공정거래법의 적용

농업협동조합법에 특별한 규정이 없으면 농협경제지주회사에 대해서는 상법 및 공정거래법을 적용한다(법161의2③).

Ⅱ. 임원

1. 이사의 정수

농협경제지주회사의 이사는 농업경제대표이사 및 축산경제대표이사를 포함하여 3명 이상으로 하며, 이사 총수의 4분의 1 이상은 사외이사이어야 한다(법161의3①).

2. 농업경제대표이사 또는 축산경제대표이사의 자격요건 등

(1) 농업경제대표이사 또는 축산경제대표이사의 자격요건

농업경제대표이사 또는 축산경제대표이사는 농업경제사업 또는 축산경제사업에 대하여 전문지식과 경험이 풍부한 사람으로서 ⅰ) 중앙회, 농협경제지주회사 및 그 자회사에서 10년 이상 종사한 경력이 있는 사람[이 경우 종전의 법(2011년 3월 31일 법률 제10522호로 일부개정되기 전의 것)에 따른 중앙회의 신용사업(공제사업 및 부대사업을 포함)부문에 종사한 경력과 법 제127조 제3항 제1호에 따른 사업부문에 종사한 경력은 제외](제1호), ⅱ) 농업·축산업과 관련된 국가기관·연구기관·교육기관 또는 자기자본 200억원 이상인 회사에서 10년 이상 종사한 경력이 있는 사람(제2호)이어야 하고(영45의2), 농업인단체와 학계 등에서 추천하는 학식과 경험이 풍부한 사람(공무원은 제외) 중에서 농협경제지주회사의 이사회가 위촉하는 사람(영45의3)이 포함된 임원추천위원회에서 추천된 사람을 선임한다(법161의3② 본문).

(2) 축산경제대표이사를 추천하기 위한 임원추천위원회의 구성

축산경제대표이사를 추천하기 위한 임원추천위원회는 지역축협 및 축산업 품목조합의 전체 조합장회의에서 추천한 조합장으로 구성한다(법161의3② 단서). 이 경우 축산경제대표이사를 추천하기 위한 임원추천위원회 위원 정수는 지역축협 및 축산업 품목조합 전체 조합장 수의 5분의 1 이내의 범위에서 정한다(법161의3② 단서).

3. 농협경제지주회사의 이사 자격

농협경제지주회사는 이사 총수의 2분의 1 이내에서 중앙회의 회원조합장인 이사를 농협경제지주회사의 이사로 선임할 수 있다(법161의3③).

4. 임원의 선임, 임기 및 임원추천위원회의 구성과 운영 등

임원의 선임, 임기 및 임원추천위원회의 구성과 운영 등 임원과 관련하여 필요한 사항은 농협경제지주회사의 정관으로 정한다(법161의3④).

Ⅲ. 사업

1. 농협경제지주회사 및 그 자회사의 업무

농협경제지주회사 및 그 자회사는 i) 농업경제사업 및 축산경제사업(법134①(2)(3))(제1호), ii) 법 제134조(사업) 제1항 제5호부터 제9호까지의 사업 중 경제사업과 관련된 사업 및 그 부대사업(제2호), iii) 해당 자회사의 경영관리에 관한 업무(제3호), iv) 국가, 공공단체, 조합 및 중앙회가 위탁하거나 보조하는 사업(제4호), v) 국가, 공공단체, 중앙회 및 금융기관으로부터의 자금차입(제5호), vi) 조합등(조합, 조합공동사업법인, 품목조합연합회)의 경제사업 활성화에 필요한 자금지원(제6호), vii) 다른 법령에서 농협경제지주회사 및 그 자회사의 사업으로 정하는 사업(제7호), viii) 그 밖에 경제사업 활성화를 위하여 농협경제지주회사 및 그 자회사의 정관으로 정하는 사업(제8호)의 업무를 수행한다(법161의4①).

2. 농협경제지주회사 및 그 자회사의 중앙회 의제

농협경제지주회사 및 그 자회사가 ⅰ) 농업경제사업 및 축산경제사업(법134①(2)(3))(제1호), ⅱ) 법 제134조(사업) 제1항 제5호부터 제9호까지의 사업 중 경제사업과 관련된 사업 및 그 부대사업(제2호) 중 [별표 4]의 사업을 수행하는 경우에는 농협경제지주회사 및 그 자회사를 중앙회로 본다(법161의4②, 영45의4).

[별표 4] 농협경제지주회사 및 그 자회사를 중앙회로 의제하는 사업

1. 법 제57조의2 제1항 제1호(제107조 또는 제112조에 따라 준용되는 경우를 포함)에 따른 조합과의 공동사업
2. 법 제134조 제1항 제2호 및 제3호에 따른 사업 중 다음 각 목의 사업
   가. 산지유통조직 육성 사업
   나. 농축산물의 제조·가공 및 도매·소매 사업
   다. 농산물 공판장 사업
   라. 농수산물종합유통센터 사업
   마. 농축산물 군납 사업
   바. 인삼 경작의 지도, 인삼류 제조 및 검사 사업
   사. 가축의 개량·증식·방역 및 진료에 관한 사업
   아. 종자 및 육묘 사업
   자. 회원의 경제사업 지원 및 지도
   차. 회원을 위한 구매사업
   카. 축산계열화사업
   타. 조합등에 대한 자금대여 및 회수
   파. 회원을 위한 농식품의 검사·연구개발 및 안전관리 지도 사업
   하. 회원과 그 조합원의 경제사업을 위한 정보망의 구축 및 보급 사업
3. 법 제134조 제1항 제5호 및 제6호에 따른 사업 중 다음 각 목의 사업
   가. 농수산물 품질관리법 제6조에 따른 우수관리인증 사업, 같은 법 제61조에 따른 안전성조사 대행 사업 및 같은 법 제79조에 따른 농산물 검사 대행 사업
   나. 농수산물 유통 및 가격안정에 관한 법률 제9조 및 제13조에 따른 농산물 수급조절을 위한 위탁 사업

다. 양곡관리법 제16조에 따른 양곡 출하 등의 사업
라. 농약관리법 제18조에 따른 농약의 비축과 공급 사업
마. 비료관리법 제7조 및 같은 법 시행령 제8조에 따른 비료의 공급 및 비료의 사용방법 지도 사업
바. 사료관리법 제6조에 따른 사료 수입추천 대행 사업
사. 인삼산업법 제11조에 따른 인삼류 수매비축 및 출하조절 사업
아. 축산법 제51조에 따른 송아지생산안정사업 위탁 사업
자. 학교급식법 제5조 제4항에 따른 학교급식지원센터의 위탁 운영 사업
차. 축산물 위생관리법 제9조 제8항에 따른 안전관리인증기준 교육 사업, 같은 법 제14조 에 따른 검사원 교육 사업 및 같은 법 제30조에 따른 도축검사 교육·축산물 위생 교육 사업

제2절 농협경제지주회사와 중앙회 회원의 협력의무 등

Ⅰ. 농협경제지주회사와 중앙회 회원의 협력의무

1. 농협경제지주회사 및 그 자회사의 농산물등의 판매 등 이행 의무

농협경제지주회사 및 그 자회사는 회원 또는 회원의 조합원으로부터 수집하거나 판매위탁을 받은 농산물등의 판매, 가공 및 유통을 우선적인 사업목표로 설정하고 이를 적극적으로 이행하여야 한다(법161의5①).

2. 농협경제지주회사 및 그 자회사의 공동이익을 위한 사업 수행의무

농협경제지주회사 및 그 자회사는 회원의 사업을 위축시켜서는 아니 되며, 회원과 공동출자하는 등의 방식으로 회원의 공동의 이익을 위한 사업을 우선 수행하여야 한다(법161의5②).

3. 회원의 경제사업 이용 의무

회원은 회원의 조합원으로부터 수집하거나 판매위탁을 받은 농산물등을 농협경제지주회사 및 그 자회사를 통하여 출하하는 등 그 판매·구매 등의 경제사

업을 성실히 이용하여야 한다(법161의5③).

4. 농협경제지주회사의 회원에 대한 자금 운용 우대 의무

농협경제지주회사는 농협경제지주회사 및 그 자회사의 사업을 성실히 이용하는 회원에 대하여 제134조 제5항 후단 또는 제136조 제2항에 따라 자금 운용계획을 수립하거나 자금을 운용할 때 우대할 수 있다(법161의5④).

Ⅱ. 농산물등 판매활성화

1. 실행계획 수립과 사업 추진

농협경제지주회사는 회원 또는 회원의 조합원으로부터 수집하거나 판매위탁을 받은 농산물등을 효율적으로 판매하기 위하여 매년 ⅰ) 산지 및 소비지의 시설·장비 확보에 관한 사항(제1호), ⅱ) 판매조직의 확보에 관한 사항(제2호), ⅲ) 그 밖에 농산물등의 판매활성화 사업에 필요한 사항(제3호)이 포함된 실행계획을 수립하고 그에 따른 사업을 추진하여야 한다(법161의6①).

2. 수급조절에 필요한 조치 공동추진

농협경제지주회사는 회원의 조합원이 생산한 농산물 및 축산물의 가격 안정 및 회원의 조합원의 소득 안정을 위하여 계약재배 등 수급조절에 필요한 조치를 회원과 공동으로 추진할 수 있다(법161의6②).

Ⅲ. 농산물등 판매활성화 사업 평가

1. 농산물등 판매활성화 사업의 평가 · 점검

농림축산식품부장관은 농협경제지주회사가 수행하는 농산물등의 판매활성화 사업을 연 1회 이상 평가·점검하여야 한다(법161의7①).

농협경제지주회사의 이사회는 평가 및 점검 결과를 농협경제지주회사 및 관련 자회사의 대표이사의 성과평가에 반영하여야 한다(법161의7⑥).

2. 농협 경제사업 평가협의회의 설치

농림축산식품부장관은 i) 농협경제지주회사가 수행하는 농산물등의 판매 활성화 사업 평가 및 점검에 관한 사항(제1호), ii) 그 밖에 농림축산식품부장관이 필요하다고 인정하는 사항(제2호)에 대한 자문을 위하여 농협 경제사업 평가협의회("협의회")를 둔다(법161의7② 전단). 이 경우 농림축산식품부장관은 협의회의 자문 내용을 고려하여 농협경제지주회사의 임직원에게 경영지도, 자료 제출 요구 등 필요한 조치를 할 수 있다(법161의7② 후단).

3. 농협 경제사업 평가협의회의 구성

협의회는 i) 농림축산식품부장관이 위촉하는 농업인단체 대표 2명(제1호), ii) 농림축산식품부장관이 위촉하는 농산물등 유통 및 농업 관련 전문가 3명(제2호), iii) 정관으로 정하는 농협경제지주회사 대표이사("농협경제지주회사 대표이사")가 소속 임직원 및 조합장 중에서 지정 또는 위촉하는 5명(제3호), iv) 농림축산식품부장관이 소속 공무원 중에서 지정하는 1명(제4호), v) 농업·축산업과 관련된 국가기관, 연구기관, 교육기관 또는 기업에서 종사한 경력이 있는 사람으로서 농림축산식품부장관이 위촉하는 3명(제5호), vi) 그 밖에 농림축산식품부장관이 필요하다고 인정하여 위촉하는 위원 1명(제6호)을 포함한 15명 이내의 위원으로 구성한다(법161의7③).

4. 위원의 지정 철회 또는 해촉 사유

농림축산식품부장관 또는 농협경제지주회사 대표이사는 위원이 i) 심신장애로 직무를 수행할 수 없게 된 경우(제1호), ii) 직무와 관련된 비위사실이 있는 경우(제2호), iii) 직무태만, 품위손상이나 그 밖의 사유로 위원으로 적합하지 아니하다고 인정되는 경우(제3호), iv) 위원 스스로 직무를 수행하는 것이 곤란하다고 의사를 밝히는 경우(제4호)에는 해당 위원을 지정 철회 또는 해촉할 수 있다(법161의7④).

5. 협의회 구성 및 운영 등에 관한 세부사항

협의회 구성 및 운영 등에 관한 세부사항은 농림축산식품부장관이 정한다

(법161의7⑤).

Ⅳ. 축산경제사업의 자율성 등 보장

1. 자율성과 전문성 보장

농협경제지주회사는 조직 및 인력을 운영하거나 사업계획을 수립하고 사업을 시행하는 경우에는 축산경제사업의 자율성과 전문성을 보장하여야 한다(법161의9①).

2. 임원의 선임 등 사항의 정관 규정시 통합 목적 등 고려

농협경제지주회사가 임원의 선임, 재산의 관리 및 인력의 조정 등과 관련된 사항을 정관으로 정할 때에는 농업협동조합중앙회와 축산업협동조합중앙회의 통합 당시 축산경제사업의 특례의 취지와 그 통합 목적을 고려하여야 한다(법161의9②).

제3절 자회사에 대한 감독

1. 경영상태의 지도 · 감독

농협경제지주회사는 농협경제지주회사의 자회사가 업무수행 시 경영을 건전하게 하고, 회원 및 회원의 조합원의 이익에 기여할 수 있도록 정관으로 정하는 바에 따라 농협경제지주회사의 자회사의 경영상태를 지도 · 감독할 수 있다(법161의8①).

2. 지도 · 감독 사항

농협경제지주회사는 ⅰ) 사업계획 및 수지예산의 수립 · 변경에 관한 사항(제1호), ⅱ) 경영성과 평가에 관한 사항(제2호), ⅲ) 정관 변경에 관한 사항(제3호), ⅳ) 지배구조에 관한 사항(제4호), ⅴ) 그 밖에 농협경제지주회사의 이사회가 필요하다고 인정하는 사항(제5호)에 대하여 자회사(손자회사를 포함)를 지도·감독한다(법161의8②, 영45의5①).

3. 경영 건전성 유지와 설립 목적 고려

농협경제지주회사는 지도·감독 사항을 지도·감독하는 경우에는 자회사의 경영 건전성을 유지하고, 설립 목적(법161의2②)을 고려하여야 한다(법161의8②, 영45의5②).

제3장 / 농협금융지주회사

제1절 설립

중앙회는 금융업을 전문적이고 효율적으로 수행함으로써 회원 및 그 조합원의 이익에 기여하기 위하여 신용사업, 공제사업 등 금융사업을 분리하여 농협금융지주회사를 설립한다(법161의10①).

제2절 금융지주회사법에 따른 인가 의제

농협금융지주회사가 설립되는 경우 금융지주회사법 제3조에 따른 인가를 받은 것으로 본다(법161의10②).

제3절 은행지주회사 의제

설립되는 농협금융지주회사는 금융지주회사법 제2조 제1항 제5호에 따른 은행지주회사로 본다(법161의10③).

제4절 상법, 금융지주회사법 및 금융회사지배구조법의 적용 여부

농업협동조합법에 특별한 규정이 없으면 농협금융지주회사에 대해서는 상법, 금융지주회사법 및 금융회사지배구조법을 적용한다(법161의10④ 본문). 다만, i) 중앙회가 농협금융지주회사의 주식을 보유하는 경우(제1호), ii) 농협금융지주회사가 금융지주회사법 제2조 제1항 제1호에 따른 금융지주회사의 주식을 보유하는 경우(제2호)에는 금융지주회사법 제8조(은행지주회사주식의 보유제한 등), 제8조의2(비금융주력자의 주식보유제한 등), 제8조의3(전환계획에 대한 평가 및 점검 등), 제10조(한도초과 주식의 의결권 제한 등) 및 제10조의2(한도초과보유주주등에 대한 적격성심사 등)를 적용하지 아니한다(법161의10④ 단서).

제5절 은행법 적용 제외

설립되는 농협금융지주회사가 은행법 제2조 제1항 제2호에 따른 은행의 주식을 보유하는 경우에는 같은 법 제15조의3(경영참여형 사모집합투자기구등의 주식보유에 대한 승인 등), 제16조의2(비금융주력자의 주식보유제한 등) 및 제16조의4(한도초과보유주주등에 대한 적격성심사 등)를 적용하지 아니한다(법161의10⑤).

제6절 금융지주회사법 적용 제외

농협금융지주회사(금융지주회사법 제4조 제1항 제2호에 따른 자회사등을 포함)가 중앙회(농협경제지주회사 및 그 자회사를 포함)의 국가 위탁사업 수행을 위하여 신용공여하는 경우에는 금융지주회사법 제45조 및 제45조의2를 적용하지 아니한다(법161의10⑥).

농업협동조합중앙회 및 농업경제지주회사 등은 정부의 결정에 따라 농협은행 등으로부터 자금을 차입하여 시장격리곡을 매입하고 추후 정부로부터 이자 등 비용을 보전받고 있는데, 최근 쌀의 공급과잉 및 소비급감에 따라 시장격리곡의 매입이 지속적으로 필요한 상황이나, 은행법 제35조·제35조의2 및 금융지주회사법 제45조·제45조의2에 따른 동일차주 등에 대한 신용공여한도 제한으로 농협은행으로부터 시장격리곡 매입자금을 추가 차입하는 데 어려움이 있었다.

따라서 시장격리곡 매입 등 정부 정책사업의 원활한 수행을 위한 경우에는 농협은행의 신용공여 한도적용을 배제할 수 있는 근거를 마련하여 농업협동조합중앙회 등이 쌀 재배 농가의 소득 증대 및 효과적인 수급안정대책 시행 등과 같은 정부 정책사업에 효율적으로 조력할 수 있도록 하려는 것이다.

제4장/

농협은행

제1절 설립

중앙회는 농업인과 조합에 필요한 금융을 제공함으로써 농업인과 조합의 자율적인 경제활동을 지원하고 그 경제적 지위의 향상을 촉진하기 위하여 신용사업을 분리하여 농협은행을 설립한다(법161의11①).

제2절 업무

농협은행은 i) 농어촌자금 등 농업인 및 조합에게 필요한 자금의 대출(제1호), ii) 조합 및 중앙회의 사업자금의 대출(제2호), iii) 국가나 공공단체의 업무의 대리(제3호), iv) 국가, 공공단체, 중앙회 및 조합, 농협경제지주회사 및 그 자회사가 위탁하거나 보조하는 사업(제4호),[1] v) 은행법 제27조에 따른 은행업무,

1) 중앙회, 농협경제지주회사 및 그 자회사가 위탁하거나 보조하는 사업을 수행하는 경우 금

같은 법 제27조의2에 따른 부수업무 및 같은 법 제28조에 따른 겸영업무(제5호)의 업무를 수행한다(법161의11②).

제3절 자금의 우선 지원

농협은행은 조합, 중앙회 또는 농협경제지주회사 및 그 자회사의 사업 수행에 필요한 자금이 i) 농산물 및 축산물의 생산·유통·판매를 위하여 농업인이 필요로 하는 자금(제1호), ii) 조합, 농협경제지주회사 및 그 자회사의 경제사업 활성화에 필요한 자금(제2호)의 어느 하나에 해당하는 경우에는 우선적으로 자금을 지원할 수 있다(법161의11③).

제4절 우대조치

농협은행은 자금을 지원하는 경우에는 농림축산식품부령으로 정하는 바에 따라 우대조치를 할 수 있다(법161의11④). 이에 따라 농협은행은 조합, 중앙회 또는 농협경제지주회사에 자금을 우선 지원하는 경우 이자, 수수료 및 대출기간 등 지원조건을 우대할 수 있다(시행규칙9의2).

제5절 자금 차입 또는 자금 운용

농협은행은 업무를 수행하기 위하여 필요한 경우에는 국가·공공단체 또는 금융기관으로부터 자금을 차입하거나 금융기관에 예치하는 등의 방법으로 자금

융 관계 법령과의 상충 여부 판단을 위하여 필요하다면 농림축산식품부장관 및 금융위원회위원장과 협의하여야 한다(시행규칙9).

을 운용할 수 있다(법161의11⑤).

제6절 경영지도기준 제정시 고려사항

농협은행에 대하여 금융위원회가 은행법 제34조 제2항에 따른 경영지도기준을 정할 때에는 국제결제은행이 권고하는 금융기관의 건전성 감독에 관한 원칙과 법 제161조의11 제2항 제1호 및 제3항의 사업수행에 따른 농협은행의 특수성을 고려하여야 한다(법161의11⑥).

제7절 농림축산식품부장관의 감독 및 조치

농림축산식품부장관은 농업협동조합법에서 정하는 바에 따라 농협은행을 감독하고 대통령령으로 정하는 바에 따라 감독에 필요한 명령이나 조치를 할 수 있다(법161의11⑦).

Ⅰ. 업무 또는 재산에 관한 자료제출 요구 등

농림축산식품부장관은 감독상 필요할 때에는 조합등(조합, 조합공동사업법인, 품목조합연합회)과 중앙회·농협은행에 대하여 업무 또는 재산에 관한 자료의 제출을 요구할 수 있고, 관계 공무원으로 하여금 업무 및 재산상황을 감사하게 하거나 필요한 사항을 보고하게 할 수 있으며, 그 결과에 따라 필요한 조치를 할 수 있다(법161의11⑦, 영46①).

Ⅱ. 세부사항의 고시

농림축산식품부장관은 법 제9조 제2항에 따라 조합등(조합, 조합공동사업법인,

품목조합연합회)과 중앙회를 효율적으로 지원하고 법 제162조에 따른 감독을 효과적으로 수행하기 위하여 필요한 절차 및 방법 등 세부사항을 정하여 고시한다(법161의11⑦, 영46②).

농업협동조합법 시행령 제46조 제2항에 따라 농업협동조합법 제162조에 따른 감독을 효과적으로 수행하기 위하여 필요한 절차 및 방법 등 세부사항을 정함을 목적으로 「농업협동조합법에 따른 조합등(조합, 조합공동사업법인, 품목조합연합회)과 중앙회 감독규정」(농림축산식품부 고시 제2016-24호)이 시행되고 있다.

이 고시는 농업협동조합법에 따라 설립된 지역농업협동조합, 지역축산업협동조합, 품목별·업종별협동조합("일선조합")과 농업협동조합중앙회에 적용한다(고시2).

Ⅲ. 지방자치단체장의 업무 또는 재산에 관한 자료제출 요구 등

지방자치단체의 장은 법 제162조 제4항에 따라 감독상 필요할 때에는 조합등(조합, 조합공동사업법인, 품목조합연합회)에 대하여 업무 또는 재산에 관한 자료의 제출을 요구할 수 있고, 관계 공무원으로 하여금 업무 및 재산상황을 감사하게 하거나 필요한 사항을 보고하게 할 수 있으며, 그 결과에 따라 필요한 조치를 할 수 있다(법161의11⑦, 영46③).

Ⅳ. 금융위원회의 조합의 신용사업 및 농협은행의 업무 또는 재산에 관한 자료제출 요구

금융위원회는 법 제162조 제5항에 따라 감독 및 명령을 위하여 조합의 신용사업 및 농협은행의 업무 또는 재산에 관한 자료의 제출을 요구할 수 있다(법161의11⑦, 영46④).

제8절 은행법 등의 적용

농협은행에 대해서는 농업협동조합법에 특별한 규정이 없으면 상법 중 주식회사에 관한 규정, 은행법 및 금융회사지배구조법을 적용한다(법161의11⑧ 본문). 다만, 은행법 제8조, 제53조 제2항 제1호·제2호, 제56조 및 제66조 제2항은 적용하지 아니하며, 금융위원회가 같은 법 제53조 제2항 제3호부터 제6호까지의 규정에 따라 제재를 하거나 같은 법 제55조 제1항에 따라 인가를 하려는 경우에는 농림축산식품부장관과 미리 협의를 하여야 한다(법161의11⑧ 단서).

제5장 농협생명보험 및 농협손해보험

제1절 설립

중앙회는 공제사업을 전문적이고 효율적으로 수행하기 위하여 공제사업을 분리하여 생명보험업을 영위하는 법인("농협생명보험")과 손해보험업을 영위하는 법인("농협손해보험")을 각각 설립한다(법161의12①).

제2절 보험업법 등의 적용

농업협동조합법에 특별한 규정이 없으면 농협생명보험 및 농협손해보험에 대해서는 보험업법 및 금융회사지배구조법을 적용한다(법161의12②).

제6편

감독, 검사 및 제재

제1장 감독 및 처분 등
제2장 감 사
제3장 징계변상

제1장 감독 및 처분 등

제1절 감독

Ⅰ. 정부의 감독

지역농협과 지역축협(신용사업을 하는 품목조합 포함) 및 농업협동조합중앙회의 신용사업에 관하여는 신용협동조합법상의 신용협동조합 및 신용협동조합중앙회의 신용사업에 대한 검사·감독(신용협동조합법95④, 78①(3)) 규정을 적용한다(신용협동조합법95④).

1. 금융위원회의 감독

금융위원회는 농업협동조합("조합")과 농업협동조합중앙회("중앙회")의 업무(신용사업에 한함)를 감독하고 감독상 필요한 명령을 할 수 있다(신용협동조합법83①).

또한, 금융위원회는 대통령령으로 정하는 바에 따라 조합의 신용사업과 농협은행에 대하여 그 경영의 건전성 확보를 위한 감독을 하고, 그 감독에 필요한 명령을 할 수 있다(법162⑤).

(1) 금융감독원장 위탁

금융위원회는 조합과 중앙회의 업무 감독을 위한 경영실태 분석 및 평가에 관한 권한을 금융감독원장에게 위탁한다(신용협동조합법96①, 동법 시행령24①(4의2)).

(2) 중앙회장 위탁

금융위원회는 조합의 신용사업과 관련하여 예탁금·적금 또는 대출등에 관한 업무방법을 고시할 수 있는데(신용협동조합법39③), 이에 따른 업무방법의 고시에 관한 권한을 중앙회장에게 위탁한다(신용협동조합법96①, 동법 시행령24②).

2. 농림축산식품부장관의 감독

농림축산식품부장관은 농업협동조합법에서 정하는 바에 따라 조합등(조합공동사업법인과 품목조합연합회)과 중앙회를 감독하며 대통령령으로 정하는 바에 따라 감독상 필요한 명령과 조치를 할 수 있다(법162① 본문). 다만, 조합의 신용사업에 대하여는 금융위원회와 협의하여 감독한다(법162① 단서).

조합등(조합, 조합공동사업법인, 품목조합연합회)과 중앙회의 임원, 조합의 간부직원, 중앙회의 집행간부·일반간부직원, 파산관재인 또는 청산인이 법 제162조에 따른 감독기관의 감독·검사를 거부·방해 또는 기피한 경우에는 3년 이하의 징역 또는 3천만원 이하의 벌금에 처한다(법171(17)).

3. 지방자치단체의 장의 조합등 감독

지방자치단체의 장은 대통령령으로 정하는 바에 따라 지방자치단체가 보조한 사업과 관련된 업무에 대하여 조합등(조합, 조합공동사업법인, 품목조합연합회)을 감독하여 필요한 조치를 할 수 있다(법162④).

조합등(조합, 조합공동사업법인, 품목조합연합회)과 중앙회의 임원, 조합의 간부직원, 중앙회의 집행간부·일반간부직원, 파산관재인 또는 청산인이 법 제162조에 따른 감독기관의 감독·검사를 거부·방해 또는 기피한 경우에는 3년 이하의 징역 또는 3천만원 이하의 벌금에 처한다(법171(17)).

4. 감독권 등의 중앙회 위탁

농림축산식품부장관은 농업협동조합법에 따른 조합등에 관한 감독권의 일부를 대통령령으로 정하는 바에 따라 중앙회장에게 위탁할 수 있다(법162③).

조합등과 중앙회의 임원, 조합의 간부직원, 중앙회의 집행간부·일반간부직원, 파산관재인 또는 청산인이 법 제162조에 따른 감독기관의 감독·검사를 거부·방해 또는 기피한 경우에는 3년 이하의 징역 또는 3천만원 이하의 벌금에 처한다(법171(17)).

(1) 조합 또는 연합회에 대한 권한 위탁

농림축산식품부장관은 중앙회의 회원인 조합 또는 연합회("중앙회의 회원")에 대한 i) 조합의 사업승인(제1호), ii) 청산사무의 감독(제2호), iii) 중앙회 회원의 직원의 위법행위에 대한 조치 요구(제3호), iv) 중앙회의 회원에 대한 감사 중 일상적인 업무에 대한 감사와 그 결과에 따른 필요한 조치(제4호)의 권한을 중앙회장에게 위탁한다(법162③, 영51①).

(2) 조합공동사업법인에 대한 권한 위탁

농림축산식품부장관은 조합공동사업법인에 대한 i) 청산사무의 감독(제1호), ii) 조합공동사업법인에 대한 감사 중 사업계획과 수지예산의 집행에 대한 감사 및 그 결과에 따라 필요한 조치요구(제2호), iii) 조합공동사업법인의 직원의 위법행위에 대한 조치요구(제3호), iv) 조합공동사업법인에 대한 감사 중 일상적인 업무에 대한 감사와 그 결과에 따른 필요한 조치요구(제4호)의 권한을 중앙회장에게 위탁한다(영51②).

(3) 경영지도업무 위탁

농림축산식품부장관은 경영지도업무를 중앙회장에게 위탁한다(법162③, 영51③).

5. 감독의 수행을 위한 절차 및 방법 고시

(1) 개요

농림축산식품부장관은 조합등과 중앙회를 효율적으로 지원하고 감독(법162)을 효과적으로 수행하기 위하여 필요한 절차 및 방법 등 세부사항을 정하여 고시한다(영46②).

농업협동조합법 시행령 제46조 제2항에 따라 농업협동조합법 제162조에 따른 감독을 효과적으로 수행하기 위하여 필요한 절차 및 방법 등 세부사항을 정함을 목적으로 고시인 「농업협동조합법에 따른 조합등과 중앙회 감독규정」(농림축산식품부 고시 제2016-24호, 이하 "감독규정")이 시행되고 있다(감독규정1).

이 고시는 농업협동조합법에 따라 설립된 지역농협, 지역축협, 품목조합("일선조합")과 농업협동조합중앙회("중앙회")에 적용한다(감독규정2①). 조합공동사업법인과 품목조합연합회에 관하여는 농림축산식품부장관이 별도로 정한 지침이 있는 경우를 제외하고는 이 고시에서 정한 일선조합에 관한 조항을 준용한다(감독규정2②).

(2) 감독기관 및 감독대상

(가) 감독기관의 의의

이 고시에서 감독기관이란 농림축산식품부와 중앙회를 말한다(감독규정3①).

(나) 감독기관의 구분

농협법에 따라 일선조합 및 중앙회("감독대상")를 감독할 감독기관은 감독대상에 따라 다음과 구분한다(감독규정3②). 즉 i) 일선조합 및 중앙회, 조합공동사업법인, 품목조합연합회에 대한 지도·감독: 농림축산식품부(제1호), ii) 중앙회 회원에 대한 지도·감독 및 영 제51조 제3항에 따른 조합공동사업법인에 대한 지도·감독: 중앙회(제2호)로 구분한다(감독규정3②).

(다) 지도 · 감독 소관부서

감독대상에 대한 지도·감독을 실시할 농림축산식품부 소관부서는 업무에 따라 i) 법 준수 관련 총괄 감독: 농업금융정책과(제1호), ii) 감사에 관한 사항: 감사담당관실(제2호), iii) 정부 위탁사업에 관한 감독: 사업 담당부서(제3호)로 한다(감독규정3③).

(라) 중앙회장 및 조합감사위원회의 업무 범위 등

중앙회장은 법 제142조 및 제162조 제3항에 따라 위탁받은 감독상 필요한 규정이나 지침, 자체 부서별 업무범위 등을 정할 수 있다(감독규정3④ 본문). 다만, 일선조합에 대한 감사는 법 제143조에 따른 중앙회 조합감사위원회에서 총괄한다(감독규정3④ 단서).

(마) 조합감사위원회 등의 독립성 보장

중앙회장은 조합감사위원회, 감사위원회, 준법감시인의 독립적인 업무수행이 가능하도록 보장하여야 하며, 농림축산식품부장관은 중앙회를 감독할 때 이에 대한 부분을 확인한다(감독규정3⑤).

(3) 감독방법

(가) 협동조합의 특성 고려

감독기관은 지도·감독에 있어 법 제1조, 제5조, 제6조, 제9조 등에서 정하는 협동조합의 특성을 고려해야 하며, 감독대상과의 소통을 통해 지도·감독을 실시하여야 한다(감독규정4①).

(나) 지도·감독 시 중점 고려사항

감독기관의 지도·감독은 이용자 중심의 경영원칙 등 [별표 1]의 중점 고려사항을 원칙에 두고 실시한다(감독규정4②).

[별표 1] 지도·감독 시 중점 고려사항(제4조 관련)

1. 이용자 중심의 경영원칙 확인
   가. 법 제58조(법 제107조 및 제112조에서 준용하는 경우 포함)와 제135조에 따라 일선조합 과 중앙회의 비조합원(비회원)에 대한 사업 이용 제한 규정 준수 여부 확인
   나. 법 제68조(법 제107조, 제112조, 제161조에서 준용하는 경우 포함)에 따라 일선조합과 중앙회가 조합원(회원) 사업이용실적에 대한 배당을 우선시하는지 여부와 감독대상 기관의 정관 중 배당에 관한 사항의 운용 적정성을 확인
   다. 일선조합이 법에 따라 실시하는 조합원의 자격 실태조사 결과를 확인하고 조사결과 및 방법의 적정성 여부 등을 감독
2. 농산물 판매활성화 의무 확인
   가. 법 제57조의2(법 제107조 및 제112조에서 준용하는 경우 포함) 및 제135조의2에 규정된 중앙회 및 일선조합의 농산물 판매활성화 의무를 준수하는지 확인
3. 조합원에 대한 교육 의무 확인
   가. 법 제60조(법 제107조 및 제112조에서 준용하는 경우 포함)에 따라 일선조

합이 실시해야 할 조합원을 대상으로 한 협동조합의 운영원칙과 방법에 관한 교육 실시 여부 확인

나. 가목에서 말하는 협동조합의 운영원칙에는 국제협동조합연맹(ICA) 등에서 규정하고 있는 "원가경영"과 "공동행동" 등의 원칙이 포함되어야 하며, 이 중 "원가경영"에는 수탁사업 원칙, 이용고배당 원칙 등이 포함되며, "공동행동"에는 공선출하회 등의 조합원의 사업 참여, 이사회 중심의 경영 등이 포함되어야 함

다. 법 제134조 제1항 제1호에 따라 가목의 교육에 필요한 사항을 중앙회가 일선조합에게 지원하는지 여부 확인

라. 법 제125조의6에 따른 중앙회 교육위원회 운영의 적정성 확인

4. 이사회 중심의 투명한 의사결정 구조 확립 여부

가. 법 제43조(법 제107조 및 제112조에서 준용하는 경우 포함)와 제125조에 따라 조합장(또 는 상임이사)이나 중앙회장 및 사업전담대표이사등의 업무집행상황을 감독하고, 그 성과를 평가해야 하는 이사회의 의무 확인

나. 이사회의 의사결정 과정과 그 이행의 관리, 경영진 감독 역할 등을 적절하게 수행하는지를 확인

5. 일선조합과 중앙회 운영의 공개

가. 법 제65조(법 제107조, 제112조, 제161조에서 준용하는 경우 포함)에 따라 일선조합과 중앙회의 기관 운영에 대한 정보의 충실한 제공 및 조합원(회원)이 쉽게 접근할 수 있도록 보장하는지 여부

나. 제1항에 따른 운영의 공개방법에 대한 적정성 확인 및 관련 규정을 준수토록 지도·감독

(다) 내부규정

지도·감독 사항 중 감독대상에 대한 감사는 감독기관별 감사수행방법 등 자체 내부규정을 따른다(감독규정4③).

(4) 일선조합에 대한 감독

(가) 일선조합에 대한 지도·감독 시 고려사항

감독기관이 일선조합에 대한 지도·감독을 실시할 때 고려해야 할 사항은 [별표 2]와 같다(감독규정5① 본문). 단, 근거규정은 법 제107조 및 제112조에서 준용하는 경우를 포함한다(감독규정5① 단서).

(나) 고려사항의 확인

감독기관은 필요 시 [별표 2]의 고려사항을 전부 또는 일부를 확인할 수 있으며, [별표 2]에서 명시하지 않은 사항들도 감독기관이 필요할 경우 관련 규정을 준수하는지 확인할 수 있다(감독규정5②).

[별표 2] 일선조합에 대한 지도·감독 시 고려사항

1. 조직운영부문

구 분	근거규정
가. 조합 설립	
□ 설립인가기준 준수 여부 확인 ○ 지역조합(1천명, 출자금 5억) * 구역이 특·광역시, 장관고시지역은 300명 ○ 품목조합(200명, 출자금 3억)	법 제15조 영 제2조
나. 조합원 관련	
□ 조합원의 자격 실태조사 확인 ○ 조합원의 자격 확인체계의 적정성 확인 – (조합원) 구역에 주소, 거소(居所)나 사업장이 있는 농업인, 「농어업경영체 육성 및 지원에 관한 법률」 제16조 및 제19조에 따른 영농조합법인과 농업회사법인 – (준조합원) 구역에 주소나 거소를 둔 자 ○ 조합의 자체적인 조합원자격 실태조사 확인 – 매년 1회 이상 조합원 전부를 대상으로 실태조사 실시 여부, 조사방법의 적정성 등	법 제19조, 제20조, 제105조, 제110조 영 제4조, 10조
□ 출자 관련 규정 준수 여부 ○ 조합원 출자 좌수 등 규정 ○ 우선출자 관련 규정 ○ 출자배당금의 (회전)출자전환 등	(조합원 출자) 법 제21조 (우선출자) 법 제21조의2, 제147~제152조, 영 제23~제31조의2 (출자배당금 출자전환) 법 제21조의3, 제22조
□ 조합원 가입 관련 규정 준수 여부 ○ 가입신청자에 대한 무단거절·신규가입자에 대한 불리한 조건부과·조합원 수 제한 금지 * 제명된 후 2년이 지나지 아니한 자에 대하여는 가입 거절 가능 ○ 가입 후 1년 6개월 이내 같은 구역에 설립된 조합 가입 불가(지역농협만 해당) ○ 조합원 가입 시 이사회의 자격 심사 및 승낙 여부 ○ 정관 관련규정 준수 여부 확인	법 제28조, 제43조

□ 조합원 탈퇴·제명 규정 준수 여부 ○ 임의탈퇴 및 당연탈퇴에 관한 규정 – 탈퇴 의사, 당연탈퇴에 관한 규정 준수 * 이사회는 전조합원 대상 연 1회 이상 당연탈퇴 해당여부 확인 필요 – 실태조사 시 조사방법의 적성성 – 탈퇴 의결을 위한 이사회 개최 여부(이사회회의록 확인) ○ 제명(총회의결 필요) 규정 – 1년 이상 조합사업 미이용, 조합에 대한 의무 미이행, 고의·중과실로 조합에 손실, 신용을 잃게 한 경우 * 제명사유 고지(총회 10일 전까지), 의견진술기회 부여 필요	법 제29조, 제30조, 제43조
다. 총회 및 이사회	
□ 총 회 ○ 개최에 대한 절차 준수 여부 – 조합원의 소집청구권 및 통지·최고 절차, 개의 및 의결에 관한 절차 등 ○ 의결사항의 자체 정관 및 규정(의결방법 등) 준수 여부 – 조합원 과반수 출석 개의·출석조합원 과반수 찬성 의결, 안건의 사전통지 원칙 – 특별이해관계가 있는 조합원의 의결 참여제한	법 제34조~제41조
□ 대의원회(총회 규정 준용) ○ 대의원 정수 및 임기 규정 준수 여부 ○ 해임에 관한 규정 ○ 대의원 겸직금지 규정 준수 여부 – 해당 지역농협 조합장 외 임직원과 다른 조합 임직원 겸직금지	법 제42조
□ 이사회 ○ 의사 결정과정 및 경영진 감독 역할 수행 여부 – 의결사항의 합당성, 개의·의결방법에 대한 규정 준수 여부, 조합장·상임이사 업무집행상황 감독 여부 등 ○ 운영평가자문회의(설치된 조합의 경우) 운영 규정 준수 – 조합 운영상황 평가 및 결과의 이사회 보고 등	법 제43조, 제44조
라. 임직원	
□ 임원의 정수 및 선출 ○ 임원의 정수 및 임기에 관한 규정 준수 여부 – 조합장 및 이사의 임기 규정, 여성조합원 및 품목대표 조합원 배분(1/5 이상) 여부 등 ○ 인사추천위원회의 적합 운영여부 ○ 임원에 대해서는 결격사유 적합 여부 – 출자좌수 2년 보유 및 사업이용실적은 조합원 임원에게만 적용, 결격사유 발생 시 당연 퇴직 등 ○ 임원 해임의 경우 규정 준수 여부	법 제45조, 제48조, 제49조, 제54조 영 제4조의3~제5조

□ 임원 직무수행의 규정 적합 여부 ○ 조합장(조합대표, 업무집행, 총회·이사회 의장)의 업무 수행 적합 여부 – 상임 조합장으로 상임이사를 두는 경우: 업무의 일부를 상임이사에게 위임 – 비상임 조합장인 경우: 상임이사가 업무집행 * 조합 신용사업 외 사업집행 가능(정관에 규정) ○ 감사(조합의 재산과 업무에 대해 감사)	법 제46조, 제47조 상법 제413조의2, 제142조의4, 제413조
□ 임직원의 겸직 및 경업 금지 ○ 임원의 겸직금지 – 조합장과 이사: 해당 조합 감사 겸직 불가 – 조합 임원: 해당 조합 직원, 타 조합 임직원 겸직 불가 ○ 조합 임직원 및 대의원의 경업금지 – 조합 사업과 실질적 경쟁관계에 있는 사업 경영·종사 금지 ○ 조합장·이사의 자기거래제한 준수 – 이사회 승인없이 자기 또는 제3자의 계산*으로 해당 조합과 정관으로 정하는 규모 이상 거래 제한 * 제3자의 계산: 제3자와 조합간 거래 중개·대리·위탁 등	법 제52조 시행령 제5조의3(별표 2)
□ 직원의 임면에 관한 사항 ○ 직원 임면 규정 – 조합장이 임면하나, 상임이사를 두는 경우 상임이사의 제청 – 간부직원의 경우 회장이 실시하는 전형 시험에 합격한 자 중 이사회의 의결을 거쳐 조합장이 임면 ○ 조합 간부직원 관련 규정(조합정관례 근거) – 상임조합장/상임이사를 두지 않는 경우: 전무1, 상무3 이내 – 그 외 조합: 3인 이내 상무	법 제56조

2. 경영관리부문

구 분	근거규정
가. 조합 운영원칙	
□ 조합사업의 중장기계획 수립 여부(조합 설립목적 연계) ○ 경제사업, 신용사업 등 조합원을 위한 기여 여부 – 조합원의 의향 반영, 지역 실정 고려 등 ○ 각 사업부문별 이익의 배분 및 경영 건전성 확인(적자사업 보존 적절성 여부 포함)	법 제13조, 제57조
□ 농산물 판매활성화 의무 ○ 다른 조합 및 중앙회와의 공동사업 시행 여부(별도사업 추진 시 타당한 사유) ○ 농산물의 계약재배 및 판매 등에 관한 규정 수립 및 시행 여부 등	법 제57조의2

□ 조합원에 대한 교육 의무 ○ 조합 실정에 맞는 협동조합의 운영원칙과 방법 정립과 시행 여부 ○ 조합원을 대상으로 적극적인 품목별 전문기술교육과 경영 상담 시행 여부 등	법 제60조
□ 약정조합원에 대한 우대 및 책임 원칙 강조 ○ 약정조합원에 대해 사업이용에 따른 수수료, 장려금 등의 우대 여부 확인	법 제24조의2
□ 조합 운영의 공개 ○ 조합원에게 조합 운영에 대한 정보의 공개원칙 ○ 결산에 관한 사항 – 정기총회 1주일 전 감사에게 결산보고서 제출 및 주된 사무소·신용사업 지사무소 배치, 총회 2주일 내 재무상태표 공고 ○ 운영에 관한 사항 – 정관, 총회 의사록, 조합원 명부 주된 사무소 및 신용사업 지사무소에 비치 – 조합원의 영업시간 내 서류 열람 및 사본발급 청구권 – 회계장부 및 서류의 열람이나 사본 발급 청구권(조합원 100인, 3/100 이상 동의) – 3·6·9월 말 기준 사업보고서(정관변경 포함)를 조합 홈페이지 게시 및 대의원 송부	법 제65조, 제71조
나. 회계	
□ 회계의 구분 원칙 ○ 일반회계와 특별회계로 구분 – 일반회계는 신용사업과 신용사업 외의 사업 구분	법 제63조
□ 사업 계획과 수지 예산 수립 과정의 규정 준수 ○ 사업계획서, 수지예산서의 이사회의 심의와 총회의 의결(회계연도 개시 1개월 전까지) ○ 사업 계획과 수지 예산 변경 사항의 이사회 또는 총회 의결 준수 여부	법 제64조, 제35조 제1항 제7호
□ 외부감사인의 회계 감사 ○ 조합장의 임기 개시 이전 총회 승인 자산규모에 따른 회계 감사 시행 여부	법 제65조의2 영 제8조의2 규칙 제8조의3
□ 여유자금의 운용 ○ 조합 여유자금 운용에 대한 규정 준수 여부 – 여유자금 운용 시 유가증권 매입의 적정 여부 등	법 제66조 영 제9조
□ 법정적립금, 이월금, 임의적립금 등의 적립 및 사용처에 대해 관련 규정 준수 여부	법 제67조, 제69조, 제70조
□ 출자감소에 관한 규정 준수 여부	법 제72~74조
다. 배당에 관한 사항	
□ 손실의 보전에 대한 규정 준수	법 제68조

ㅇ 조합 손실금 발생 시 보전순서 – 미처분이월금, 임의적립금, 법정적립금, 자본적립금, 회전출자금 순 * 보전 후 부족 시 다음 회계연도로 이월 ㅇ 손실 보전 후 법정적립금, 이월금 및 임의적립금 공제 후 잉여금 배당 가능	
ㅁ 조합원에 대한 배당 ㅇ 이용고배당, 출자금 배당, 준조합원 이용고배당 순 ㅇ 조합 정관에서 정한 배당 방법의 적정성 확인 * 평가항목, 배점 등 이사회에서 정하되 약정조합원 우대 포함 필수 – 조합 경영상황을 고려해 출자배당율을 정했는지 여부 등	법 제68조
라. 조합 경영실태	
ㅁ 조합 자본적정성 평가 ㅇ 자본 변동 요인 적정성, 경영지도기준 충족 여부 확인 ㅇ 경영진의 적정 자본 유지정책 확인 등	법 제166조
ㅁ 조합 자산건전성 평가 ㅇ 자산건전성 분류의 적정성, 자기자본 대비 부실채권 보유 규모 등	법 제166조
ㅁ 내부통제제도 및 운용실태 ㅇ 감사의 업무수행 독립성 확인 ㅇ 중앙회 규정 등에 의한 자체감사조직 운영 적정 여부 – 자체 실시간 전산감사 실시 및 관리 적정 여부 ㅇ 자점감사(일일, 수시, 특명감사) 업무 적정 여부	법 제46조
ㅁ 출자 법인에 대한 관리 ㅇ 조합공동사업법인 등 출자지분에 의한 연말 손익 적용 적정 여부 ㅇ 다른 법인에 대한 출자한도 규정 준수 여부 – 자기자본 범위 내 출자 및 동일법인 출자한도 초과여부 등	법 제57조

3. 사업수행부분

구 분	근거규정
가. 공통사항	
ㅁ 수행사업의 농협법 적합 여부 등 확인 ㅇ 농협법 제57조(지역축협 제106조, 품목조합 제111조)에 따른 사업 범위 합치성 확인 ㅇ 농협의 목적달성 수단으로서의 적합성 확인 ㅇ 다른 협동조합과의 상호협력 및 공동사업 개발 노력여부	법 제57조, 제106조, 제111조, 제10조
ㅁ 각 사업부문별 공통 적용원칙 ㅇ 조합원 이익 기여 최우선 원칙	법 제5조, 제13조

○ 조합원을 위한 최대봉사 원칙 ○ 농협자체의 영리 및 투기목적의 업무금지 원칙	
□ 비조합원의 사업이용 제한 규정 준수 여부 ○ 비조합원의 사업이용은 1/2 범위 이내 이용제한(조합정관례 근거)	법 제58조
나. 교육지원사업(복지사업 포함)	
□ 교육지원사업의 운영 원칙 확인 ○ 조합 실정 및 지역 현황을 반영한 교육지원사업의 운영 ○ 비수익사업 적절한 원가관리 대책 필요(권장) ○ 관련 부문(경제, 신용 등)과의 연계성 여부(권장)	법 제57조
□ 교육지원사업 운영체계의 적절성 ○ 총회 및 이사회의 적절한 지도·감독 여부 ○ 조합 임직원의 적절한 영농지도 등의 교육지원 활동 여부	법 제43조, 제57조
□ 사업손실보전자금의 조성 및 운용확인 ○ 손실보전자금 조성 과정의 관련 규정 준수 확인 ○ 손실보전자금 운용범위의 적정성 확인 등	법 제57조
다. 경제사업	
□ 각 사업별 원가경영 등 중장기 계획 및 조합원의 사업 이용에 대한 기본 원칙 확인 ○ 원가경영을 위한 구체적 실천계획 확인(권장) ○ 조합과 조합원 사이에 명확한 계약원칙 체결 ○ 조합의 약정조합원 우대 여부 등	법 제57조, 제24조의2
□ 관련 자체 경제사업규정 준수 여부 ○ 조합 자체 규정 및 중앙회 경제사업 관련 규정(법 제142조) 준수 여부 ○ 재고조사 실시의 적정성 여부 등	법 제142조 * 내부규정 준수 확인
□ 정부 위탁사업 수행 확인 ○ 사업 수행 시 농림축산식품사업시행지침(또는 각 사업별 시행지침)에 따른 사업 수행 여부 ○ 위탁사업의 계획 수립, 사후관리 체계, 정산 여부 등	법 제57조 * 관련 법 및 사업시행지침
□ 공선출하회 육성에 관한 부문 ○ 조합과 조합원 간 계약 체결에 따른 상호간 이행 여부 ○ 공선출하회 운영에 따른 공동계산에 관한 사항 확인 ○ 자체 운영규약의 준수 여부	법 제24조의2, 제142조 * 내부규정 준수 확인
□ 판매사업에 대한 확인 ○ 수탁판매 시 조합과 조합원 간 계약서의 관련 규정 준수 여부, 수탁판매대금 정산 과정의 관련 규정(공동계산 원칙 등) 준수 여부 등 ○ 매취판매 시 매취판매 대상의 적정성 사전검토 여부, 매입·판매가격의 적정수준 확인, 매입대금의 지급 및 판매대금의 관리에 있어 관련 규정 준수 여부 등	법 제142조 * 내부규정 준수 확인

ㅇ 정책판매 및 알선판매품 선정의 적정성 확인 ㅇ 출하수수료 및 출하장려금, 출하선급금의 적정성 확인 ㅇ 기타 관련 규정 준수 여부 확인	
□ 구매사업에 대한 확인 ㅇ 구매사업 방식의 적정성 사전검토 여부 확인(예약방식, 매취, 수탁 또는 정책방식) ㅇ 구매방법의 계통구매 원칙 확인(중앙회로부터 구매하는 것보다 계약조건이 유리할 경우 자체구매 가능) – 자체구매 시 이사회 의사결정 및 관련규정 준수 확인 ㅇ 공급가격 결정에 있어 의사결정과정의 적정성 확인(실비주의원칙, 이사회 검토 등) ㅇ 이용장려금 지급 시 관련규정 준수 여부 확인 ㅇ 기타 관련 규정 준수 여부 확인	법 제142조 * 내부규정 준수 확인
□ 가공사업에 대한 확인 ㅇ 가공사업 방식의 적정성 사전검토 여부 확인(매취, 수탁 또는 정책방식) ㅇ 원재료 및 제품의 품질검사를 관련 법령 준수 여부 확인 ㅇ 기타 관련 규정 준수 여부 확인	법 제142조 * 내부규정 준수 확인
□ 유통지원자금의 조성·운용에 관한 규정 준수 여부	법 제59조
라. 신용사업	
□ 상호금융 관련 지도·감독 규정 준수 여부 ㅇ 신용협동조합법, 상호금융업감독규정 등 금융위원회의 규정 준수 여부 확인 ㅇ 여신업무방법 등 중앙회 상호금융사업 규정 준수 여부	* 관련 법 및 규정 준수 확인
□ 신용사업이 불가능한 품목조합 조합원의 지역 농·축협신용사업 이용시 최대 편의 제공 여부	법 제58조

(5) 중앙회에 대한 감독

(가) 중앙회에 대한 지도·감독 시 고려사항

농림축산식품부장관은 중앙회에 대한 지도·감독을 실시할 때 고려해야 할 사항은 [별표 3]과 같다(감독규정6① 본문). 단, [별표 3]에서 명시하지 않은 사항 중 법 제161조에서 준용하는 조항은 [별표 2]의 고려사항을 준용할 수 있다(감독규정6① 단서).

(나) 고려사항의 확인

농림축산식품부장관은 필요 시 [별표 3]의 고려사항을 전부 또는 일부를 확인할 수 있으며, [별표 3]에서 명시하지 않은 사항들도 필요할 경우 관련 규정을 준수하는지 확인할 수 있다(감독규정6②).

[별표 3] 중앙회에 대한 지도 · 감독 시 고려사항

1. 경영부문

구 분	근거규정
가. 기관 운영	
□ 중앙회의 중장기 사업계획 수립에 관한 사항 ㅇ 회원 및 회원의 조합원에 대한 이익증진 등에 대한 계획 및 중앙회 사업과의 연관성 확인	법 제6조, 제113조
□ 이사회 운영에 관한 부분 ㅇ 이사회의 회장 및 사업전담대표이사등에 대한 업무집행상황 감독 여부 ㅇ 이사회 운영에 대한 정관 규정 준수 여부 확인 ㅇ 소이사회 구성 및 운영에 관한 규정 준수 여부	법 제125조, 제125조의2
□ 인사추천위원회 및 교육위원회에 관한 부분 ㅇ 인사추천위원회 및 교육위원회의 실질적인 운영, 원활한 업무수행 여부 등 확인 ㅇ 인사추천위원회 운영 시 위원 구성의 적절성 여부 등	법 제125조의5, 제125조의6
□ 내부통제기준 확인 ㅇ 적절한 내부통제기준 마련 및 준수 여부 ㅇ 준법감시인의 활동 및 독립성 보장	법 제125조의4
□ 감사위원회에 관한 부분 ㅇ 감사위원회의 독립성 및 업무사항 감독 ㅇ 부여된 권한에 따른 재산의 상황 및 회장 등의 업무집행상황 검사 여부	법 제129조
□ 중앙회 운영의 공개(조합 운영의 공개 준용) ㅇ 회원에게 중앙회 운영에 대한 정보의 선제적 제공 및 공개 원칙 ㅇ 결산 및 운영에 공개에 관한 정관 규정 준수 여부	법 제160조, 제162조 (제65조, 제71조)
나. 임직원 관련	
□ 임원의 직무범위 준수 여부 ㅇ 회장 및 각 사업전담대표이사의 직무범위 준수 확인 - 각 조직운영, 사업집행에 관한 사항, 임직원 인사 운영에 관한 사항 등	법 제127조, 제128조, 제131조
□ 임직원의 겸직 및 경업 금지 준수 여부	법 제52조, 제161조

2. 사업부문

구 분	근거규정
□ 농협법 범위 내에서의 사업 추진 여부 확인 ㅇ 중앙회가 수행하는 사업의 농협법 제134조 범위 내 포함 여부(자회사 사업 포함)	법 제134조

□ 정부 위탁사업 수행 확인 ㅇ 사업 수행 시 농림축산식품사업시행지침(또는 각 사업별 시행지침)에 따른 사업 수행 여부 ㅇ 위탁사업의 계획 수립, 사후관리 체계, 정산 여부 등	법 제134조 * 관련 법 및 사업시행지침
□ 조합상호지원자금의 조성·운용에 관한 사항 ㅇ 조합상호지원자금심의회 운영에 관한 규정 준수 여부 ㅇ 조합상호지원자금의 조성 과정의 관련 규정 준수 여부 ㅇ 조합상호지원자금 지원대상 조합 선정기준 등 운용 과정의 규정 준수 여부	법 제134조
□ 유통지원자금의 조성·운용에 관한 사항 ㅇ 유통지원자금의 조성 과정의 관련 규정 준수 여부 ㅇ 유통지원자금의 지원대상, 지원절차 등 운용 과정에서의 규정 준수 여부	법 제136조
□ 명칭사용료 부과 및 사용에 관한 사항 ㅇ 명칭사용료의 구분 관리 등 관련 규정 준수 여부 ㅇ 명칭사용료를 재원으로 하는 교육지원사업의 사용 적정성 여부 검토	법 제159조의2
□ 사업부문별 사업계획 및 자금계획의 수립에 관한 사항 ㅇ 회원에 대한 이익 기여 등 협동조합 원칙 및 농정 여건 등을 반영한 사업계획 수립 여부 확인 ㅇ 각 사업별 원가절감 대책 등 중장기 수익 향상 방안	법 제6조
□ 각 사업별 자체 사업규정 준수 여부 ㅇ 중앙회 관련 규정 준수 여부 ㅇ 상호금융의 경우, 신용협동조합법, 상호금융업감독규정 등 금융위원회 규정 준수 여부 확인	법 제134조
□ 사업부문별 조합장대표자회의 구성 및 운영에 관한 사항 ㅇ 조합장대표자회의 운영 확인	법 제128조

3. 중앙회의 자회사 · 일선조합 감독사무

구 분	근거규정
가. 조합감사위원회 업무	
□ 회원조합에 대한 감사방향 및 감사계획 확인 ㅇ 감사계획 수립과정의 적정성 여부 확인 ㅇ 조합감사의 독립성 확보 여부(대상조합 선정과정 등)	법 제145조
□ 감사결과에 따른 조치의 확인 ㅇ 감사결과에 따른 조치요구, 조치결과에 따른 중앙회 조치사항 확인	법 제146조
나. 일선조합 지도·감독 업무	
□ 사업부문별 조합에 대한 경영지도 사항 확인 ㅇ 농협법 경영지도에 관한 규정 준수 여부	법 제142조, 제166조

다. 자회사 지도·감독 업무	
ㅁ 사업부문별 소관 자회사 간에 체결된 협약내용의 이행상황 확인 ㅇ 협약내용의 이행을 확인하기 위한 중앙회 조치내역 등 ㅇ 소관 자회사의 경영 또는 사업내용이 회원(조합원 포함)의 이익 침해 여부 등 확인	법 제142조의2
ㅁ 자회사에 대한 시정 및 경영개선 등 조치의 확인 ㅇ 지도·감독 결과에 따른 조치요구, 조치결과에 따른 중앙회 조치사항 확인	법 제142조의2

(6) 정부 위탁사업

(가) 위탁사업의 적정성 확인

감독기관은 법 제57조 제1항 제7호, 제106조 제7호, 제111조 제6호, 제134조 제1항 제5호에 따라 감독대상이 수행하는 정부 위탁사업의 적정성을 확인할 수 있다(감독규정7①).

(나) 정부 위탁사업의 종류

중앙회 및 일선조합 등이 수행하는 농림축산식품부 주요 위탁사업의 종류는 [별표 4]와 같다(감독규정7② 전단). [별표 4]에 명시하지 않은 위탁사업도 제1항에 따른 확인 대상에 포함한다(감독규정7② 후단).

[별표 4] 정부 위탁사업의 종류

사업명(내역사업)	사업명(내역사업)
1. 결혼이민여성 기초농업교육	19. 정부지원 벼 수매자금 지원
2. 이민여성 1:1 맞춤농업교육	20. 정부보급종자 수매·공급 대행
3. 다문화가족 농촌정착지원과정	21. 유기질비료지원사업
4. 취약농가 인력지원사업	22. 토양개량제지원사업
5. 농업인재해보험	23. 축산발전기금 관리
6. 농기계종합보험	24. 공동방제단 운영 (전국일제소독의날)
7. 농작물재해보험	25. 전업농가 구제역백신 공급
8. 가축재해보험	26. 축산관련종사자 교육 사업
9. 농업자금이차보전	27. 송아지생산안정사업
10. 농림수산정책자금 대손보전기금	28. 가축 및 축산물 이력제 사업
11. 과실수급안정사업	29. 젖소개량사업
12. 노지채소수급안정사업	30. 한우개량사업
13. 산지유통활성화사업	31. 브랜드경영체지원사업(전시회 등)

14. 도매 유통 활성화사업(공판장)	32. 축산물가격조사사업
15. 친환경농산물 직거래 지원	33. 축산물검사(도축검사관 교육지원)
16. 인삼·약용작물 계열화사업	34. 자연순환농업활성화자금
17. 가공원료수매자금지원사업	35. 조사료 생산기반 확충(조사료유통비)
18. 농업소득보전직접지불기금 관리	

(다) 위반사항에 대한 조치

정부 위탁사업을 수행하는 기관에 대한 감독기관은 위탁사업의 적정성 여부를 확인하기 위해서는 각 위탁사업별 사업시행지침(농림축산식품사업시행지침서 포함), 해당 위탁사업과 관련된 규정 등을 확인해야 하며, 위반사항이 있을 경우 「보조금 관리에 관한 법률」 등 관련 규정 및 제9조에 따른 조치를 하여야 한다(감독규정7③).

(7) 자료제출 등의 요청 등

(가) 자료제출 요청

농림축산식품부장관은 감독대상에 대하여 필요하다고 인정할 때에는 i) 관계서류·장부 및 물품 등의 제출(제1호), ii) 관계직원의 진술서·경위서 또는 확인서의 제출(제2호), iii) 기타 감독을 효율적으로 실시하기 위하여 필요하다고 인정되는 사항 등(제3호)을 요청할 수 있다(감독규정8①).

(나) 자료제출 협조의무

자료제출 등의 요청을 받은 자는 정당한 사유가 없는 한 그 요청사항에 협조하여야 한다(감독규정8②).

(다) 감독결과 보고의무

중앙회는 감독대상에 대한 감독결과를 농림축산식품부에 서면 또는 대면으로 보고할 의무를 가지며, 감독결과 중 사회적으로 물의를 일으킨 사항, 자체적으로 중요하다고 판단한 사항 등의 중요한 사항은 농림축산식품부 소관부서장에게 보고하고 농림축산식품부 농업금융정책과장에게는 분기 1회(해당 분기 익월말까지) 정기적으로 보고해야 한다(감독규정8③).

(8) 감독결과에 대한 조치

(가) 행정처분

농림축산식품부장관은 감독결과에 따라 법 제163조, 제164조, 제166조, 제167조 등에 따른 행정처분을 할 수 있다(감독규정9①).

(나) 감독대상의 의견 제시

감독대상은 감독기관의 감독결과에 대해 충분한 의견을 제시할 수 있다(감독규정9②).

(다) 감독기관의 의견 존중

감독기관은 감독대상의 의견 제시가 있으면, 그 의견을 존중하여 감독을 해야 한다(감독규정9③).

Ⅱ. 중앙회의 감독

1. 자료의 분석 · 평가 결과 공시

중앙회장은 조합으로부터 제출받은 자료를 금융위원회가 정하는 바에 따라 분석·평가하여 그 결과를 조합으로 하여금 공시하도록 할 수 있다(신용협동조합법95④, 89③).

2. 중앙회의 지도

(1) 회원 지도와 규정 등 제정

회장은 농업협동조합법에서 정하는 바에 따라 회원을 지도하며 이에 필요한 규정이나 지침 등을 정할 수 있다(법142①).

(2) 회원의 경영상태 등 평가

(가) 경영개선요구 등 조치

회장은 회원의 경영상태 및 회원의 정관으로 정하는 경제사업 기준에 대하여 그 이행 현황을 평가하고, 그 결과에 따라 그 회원에게 경영개선요구, 합병권고 등의 필요한 조치를 하여야 한다(법142② 전단).

(나) 공고 · 통지 및 조치결과의 이사회와 총회 보고

조합장은 경영개선요구 등 조치를 받은 경우 그 사실을 지체 없이 공고하고 서면으로 조합원에게 알려야 하며, 조치 결과를 조합의 이사회 및 총회에 보고하여야 한다(법142② 후단).

조합등과 중앙회의 임원, 조합의 간부직원, 중앙회의 집행간부 · 일반간부직원, 파산관재인 또는 청산인이 법 제142조 제2항에 따른 총회나 이사회에 대한 보고를 하지 아니하거나 거짓으로 한 경우에는 3년 이하의 징역 또는 3천만원 이하의 벌금에 처한다(법171(3)).

(3) 농림축산식품부장관에 대한 처분 요청

회장은 회원의 건전한 업무수행과 조합원이나 제3자의 보호를 위하여 필요하다고 인정하면 해당 업무에 관하여 i) 정관의 변경(제1호), ii) 업무의 전부 또는 일부의 정지(제2호), iii) 재산의 공탁 · 처분의 금지(제3호), iv) 그 밖에 필요한 처분(제4호)을 농림축산식품부장관에게 요청할 수 있다(법142③).

3. 중앙회의 자회사에 대한 감독

(1) 지도 · 감독

중앙회는 중앙회의 자회사(농협경제지주회사 및 농협금융지주회사의 자회사 포함)가 그 업무수행 시 중앙회의 회원 및 회원의 조합원의 이익에 기여할 수 있도록 정관으로 정하는 바에 따라 지도 · 감독하여야 한다(법142의2①).

(2) 경영개선 등의 조치요구

중앙회는 지도 · 감독 결과에 따라 해당 자회사에 대하여 경영개선 등 필요한 조치를 요구할 수 있다(법142의2②).

제2절 검사(감사)

Ⅰ. 정부의 검사

1. 금융감독원의 신용사업에 대한 검사

지역농협과 지역축협(신용사업을 하는 품목조합 포함) 중앙회의 신용사업에 대하여는 검사·감독(신용협동조합법78①(3), 83) 규정을 적용한다(신용협동조합법95④).

(1) 업무와 재산 검사

금융감독원장은 그 소속 직원으로 하여금 조합 또는 중앙회의 업무와 재산에 관하여 검사를 하게 할 수 있다(신용협동조합법83②).

금융감독원장은 중앙회장에게 조합의 업무와 재산에 관한 검사 권한을 위탁할 수 있다(신용협동조합법96②, 동법 시행령24③(1)).

또한, 농협법에 따라 금융감독원장은 신용협동조합법 제95조에 따라 조합에 적용되는 같은 법 제83조에 따른 조합에 관한 검사권의 일부를 중앙회장에게 위탁할 수 있다(법162⑥).

(2) 자료제출 및 의견진술 요구 등

금융감독원장은 검사를 할 때 필요하다고 인정하는 경우에는 조합과 중앙회에 대하여 업무 또는 재산에 관한 보고, 자료의 제출, 관계자의 출석 및 의견의 진술을 요구할 수 있다(신용협동조합법83③).

금융감독원장은 중앙회장에게 조합의 업무 또는 재산에 관한 보고, 자료의 제출, 관계자의 출석 및 의견의 진술요구 권한을 위탁할 수 있다(신용협동조합법96②, 동법 시행령24③(2)).

(3) 증표제시

검사를 하는 사람은 그 권한을 표시하는 증표를 관계자에게 보여 주어야 한다(신용협동조합법83④).

(4) 분담금 납부

금융감독원의 검사를 받는 조합 또는 중앙회는 검사 비용에 충당하기 위한 분담금을 금융감독원에 내야 한다(신용협동조합법83⑤).

이에 따른 분담금의 분담요율·한도 기타 분담금의 납부에 관하여는 「금융위원회의 설치 등에 관한 법률 시행령」 제12조(분담금)의 규정에 의한다(신용협동조합법83⑥, 동법 시행령20).

(5) 위반시 제재

조합 또는 중앙회가 감독기관의 검사를 거부·방해·기피한 경우에는 2천만원 이하의 과태료를 부과한다(신용협동조합법101①(7)).

2. 농림축산식품부장관의 금융위원회에 대한 검사 요청

농림축산식품부장관은 감독에 따른 직무를 수행하기 위하여 필요하다고 인정하면 금융위원회에 조합이나 중앙회에 대한 검사를 요청할 수 있다(법162②).

조합등과 중앙회의 임원, 조합의 간부직원, 중앙회의 집행간부·일반간부직원, 파산관재인 또는 청산인이 법 제162조에 따른 감독기관의 감독·검사를 거부·방해 또는 기피한 경우에는 3년 이하의 징역 또는 3천만원 이하의 벌금에 처한다(법171(17)).

3. 금융감독원장의 조합 검사권의 일부 중앙회장 위탁

금융감독원장은 신용협동조합법 제95조에 따라 조합에 적용되는 같은 법 제83조에 따른 조합에 관한 검사권의 일부를 회장에게 위탁할 수 있다(법162⑥).

조합등과 중앙회의 임원, 조합의 간부직원, 중앙회의 집행간부·일반간부직원, 파산관재인 또는 청산인이 법 제162조에 따른 감독기관의 감독·검사를 거부·방해 또는 기피한 경우에는 3년 이하의 징역 또는 3천만원 이하의 벌금에 처한다(법171(17)).

4. 농림축산식품부장관의 업무 또는 재산에 관한 자료제출 요구

농림축산식품부장관은 법 제161조의11 제7항 및 제162조 제1항에 따라 감독상 필요할 때에는 조합등과 중앙회·농협은행에 대하여 업무 또는 재산에 관한 자료의 제출을 요구할 수 있고, 관계 공무원으로 하여금 업무 및 재산상황을 감사하게 하거나 필요한 사항을 보고하게 할 수 있으며, 그 결과에 따라 필요한 조치를 할 수 있다(영46①).

5. 지방자치단체의 장의 업무 또는 재산에 관한 자료제출 요구

지방자치단체의 장은 법 제162조 제4항에 따라 감독상 필요할 때에는 조합 등에 대하여 업무 또는 재산에 관한 자료의 제출을 요구할 수 있고, 관계 공무원으로 하여금 업무 및 재산상황을 감사하게 하거나 필요한 사항을 보고하게 할 수 있으며, 그 결과에 따라 필요한 조치를 할 수 있다(영46③).

6. 금융위원회의 업무 또는 재산에 관한 자료제출 요구

금융위원회는 감독 및 명령을 위하여 조합의 신용사업 및 농협은행의 업무 또는 재산에 관한 자료의 제출을 요구할 수 있다(영46④).

Ⅱ. 중앙회의 감사

1. 조합감사위원회의 설치

회원의 건전한 발전을 도모하기 위하여 중앙회에 회원의 업무를 지도·감사할 수 있는 조합감사위원회를 둔다(법143①).

2. 조합감사위원회의 구성

조합감사위원회는 위원장을 포함한 5명의 위원으로 구성하되, 위원장은 상임으로 한다(법143②).

(1) 위원장의 선출

조합감사위원회의 위원장은 인사추천위원회에서 추천된 사람을 이사회의 의결을 거쳐 총회에서 선출한다(법144① 본문). 다만, 조합, 중앙회 및 그 자회사(손자회사를 포함)에서 최근 3년 이내에 조합감사위원회의 위원 이외의 임직원으로 근무한 사람은 제외한다(법144① 단서).

(2) 위원의 임명

위원은 위원장이 제청한 사람 중에서 이사회의 의결을 거쳐 위원장이 임명한다(법144② 본문). 다만, 회원의 조합장은 위원이 될 수 없다(법144② 단서).

(3) 위원장 및 위원의 자격 요건

위원장과 위원은 감사, 회계 또는 농정(農政)에 관한 전문지식과 경험이 풍부한 사람으로서 i) 조합, 중앙회(중앙회의 자회사 및 손자회사를 포함), 연합회 또는 금융위원회법 제38조에 따른 검사대상기관(이에 상당하는 외국금융기관을 포함)의 감사, 회계 또는 농정부문에서 상근직으로 10년 이상 종사한 경력이 있는 사람(제1호), ii) 농업·축산업 또는 금융업과 관련된 국가기관, 연구기관, 교육기관 또는 회사에서 종사한 경력이 있는 사람으로서 제1호에 규정된 사람과 같은 수준 이상의 자격이 있다고 중앙회의 정관으로 정하는 요건에 해당되는 사람(제2호), iii) 판사·검사·군법무관·변호사 또는 공인회계사의 직에 5년 이상 종사한 경력이 있는 사람(제3호) 중에서 선임한다(법144③, 영22).

(4) 위원장과 위원의 임기

위원장과 위원의 임기는 3년으로 한다(법144④).

3. 조합감사위원회의 의결사항

조합감사위원회는 i) 회원에 대한 감사 방향 및 그 계획에 관한 사항(제1호), ii) 감사결과에 따른 회원의 임직원에 대한 징계 및 문책의 요구 등에 관한 사항(제2호), iii) 감사결과에 따른 변상 책임의 판정에 관한 사항(제3호), iv) 회원에 대한 시정 및 개선 요구 등에 관한 사항(제4호), v) 감사규정의 제정·개정 및 폐지에 관한 사항(제5호), vi) 회장이 요청하는 사항(제6호), vii) 그 밖에 위원장이 필요하다고 인정하는 사항(제7호)을 의결한다(법145).

4. 회원에 대한 감사 등

(1) 재산 및 업무집행상황 감사

조합감사위원회는 회원의 재산 및 업무집행상황에 대하여 2년(상임감사를 두는 조합의 경우에는 3년)마다 1회 이상 회원을 감사하여야 한다(법146①).

(2) 회계법인에 회계감사 요청

조합감사위원회는 회원의 건전한 발전을 도모하기 위하여 필요하다고 인정하면 회원의 부담으로 회계법인에 회계감사를 요청할 수 있다(법146②).

(3) 감사결과의 통지 및 조치 요구

조합감사위원회의 위원장은 감사결과를 해당 회원의 조합장과 감사에게 알려야 하며 감사 결과에 따라 그 회원에게 시정 또는 업무의 정지, 관련 임직원에 대한 i) 임원에 대하여는 개선, 직무의 정지, 견책 또는 변상(제1호), ii) 직원에 대하여는 징계면직, 정직, 감봉, 견책 또는 변상(제2호)의 조치를 할 것을 요구할 수 있다(법146③).

** 관련 판례: 대법원 2019. 12. 27. 선고 2019다267303 판결

[1] 원심판결 이유와 기록에 의하면 다음의 사실을 알 수 있다.

① 농협중앙회 조합감사위원회 사무처는 2016. 10. 10.부터 같은 달 14.까지 사이에 피고(T조합)에 대한 감사를 실시하였고, 2016. 12. 21. 이 사건 제1 징계사유와 관련하여 원고에 대하여 정직 3월, 과장대리 Y에 대하여 정직 1월, 전무 P에 대하여 정직 1월, 조합장 K에 대하여 견책의 징계처분을 할 것을 요구하였다.

② 피고(T조합)는 2017. 2. 14. 인사위원회에서 이 사건 제1 징계사유와 관련하여 원고에 대한 징계해직을 의결한 다음 이를 원고에게 통보하였다.

③ 피고(T조합)는 2017. 4. 27. 제1 징계사유와 관계 있는 조합장 K 등이 인사위원회에 참여한 절차상의 하자가 발견되었다는 이유로 위 징계해직처분을 취소한 다음 2017. 5. 4. 다시 인사위원회를 개최하여 원고에 대한 징계해직을 의결하였다.

④ 원고가 위 징계해직처분의 무효확인을 구하는 이 사건 소송을 제기하자 피고(T조합)는 2017. 12. 29. 절차상의 하자가 발견되었다는 이유로 위 징계해직처분을 취소한 다음 2018. 1. 9. 다시 인사위원회를 개최하였는데, 이 사건 제2 징계사유가 징계사유로 추가되었다.

⑤ 2018. 1. 9. 개최된 인사위원회에서 이 사건 제1 징계사유와 관련하여서는 임시위원장으로 선임된 A가 절차를 진행하였고, 이 사건 제2 징계사유와 관련하여서는 조합장 K가 절차를 진행하였는데, 최종적으로 두 사안을 병합하여

징계벌목을 정한 결과 원고에 대한 징계해직을 의결하는 데에 조합장 K를 비롯한 위원 7명 전원이 찬성하였다.

⑥ 이 사건 준칙 제11조 제1항에 따르면 조합인사위원회의 위원장 및 위원 중 징계관련자의 친족이나 그 징계사유와 관계 있는 자 등 제척사유가 있는 자는 해당 인사위원회에서 해당 사고와 관련하여 징계의결에 참여할 수 없다.

[2] 이에 의하면, 이 사건 징계해직의 사유에는 이 사건 제1 징계사유가 포함되어 있다고 보이므로, 이 사건 징계절차에는 이 사건 제1 징계사유와 관계 있는 자로서 제척사유가 있는 조합장 K가 원고에 대한 징계해직을 의결하는 데에 참여한 절차상의 하자가 존재한다. 나아가 이 사건 준칙 제11조 제1항은 공정하고 합리적인 징계권의 행사를 보장하기 위해 징계관련자의 친족이나 그 징계사유와 관계 있는 자를 모두 징계위원에서 제척시키려는 강행규정으로 이에 위반한 징계권의 행사는 징계사유가 인정되는지 여부와 상관없이 절차에 있어 정의에 반하는 것으로 무효라고 봄이 상당하다.

[3] 그런데도 원심은 판시와 같은 이유로 이 사건 징계절차에는 제척사유가 있는 조합장 K가 관여한 잘못이 있어 무효라는 원고의 주장을 배척하였다. 이러한 원심판결에는 징계절차에 있어 제척사유에 관한 법리를 오해한 나머지 판결에 영향을 미친 잘못이 있다.

** 관련 판례: 대법원 2008. 4. 24. 선고 2007다76221 판결

원고 농업협동조합중앙회는 직원들의 변상책임에 관하여 특별히 변상규정을 두고 있고, 거기에서 변상책임은 원칙적으로 직원이 업무상 고의 또는 중대한 과실로 원고에게 재산상 손해를 끼쳤을 때에 한하여 발생하고, 경과실의 경우에는 극히 예외적인 사안에 대하여만 발생한다는 취지로 규정하는 한편, 그 밖에 변상책임자의 범위와 그 책임액의 감액, 변상청구권의 소멸시효 기타 변상절차 등에 관하여 규정하고 있음을 알 수 있는바, 위와 같은 규정의 취지는 원고 중앙회 직원들로 하여금 과실로 인한 책임의 부담에서 벗어나 충실하게 업무를 수행하도록 하기 위하여 그 직원에게 원칙적으로 고의 또는 중과실이 있는 경우에만 변상책임을 부담시키고 경과실에 대하여는 극히 예외적인 경우에 한하여 변상책임을 부담시킬 뿐 아니라, 변상책임이 인정되는 경우에도 그 책임을 감경하거나 시효기간이 도과하면 그 책임을 면제하기로 한 데에 있는 것이라고 보아야 할

것이므로, 원고 중앙회는 내부적으로 책임을 묻는 경우이든, 법원에 대하여 청구하는 경우이든, 위 변상규정에서 정한 요건과 한도에서 그 직원에 대하여 변상책임 또는 손해배상책임을 물을 수밖에 없다 할 것이며, 위 변상규정 중 소멸시효에 관한 규정이 원고 중앙회가 직원을 상대로 민법상 손해배상책임을 청구하는 경우에는 적용되지 않는 것이라고 볼 수는 없다.

원심이, 같은 취지에서 원고 농협이 징계변상업무처리준칙에서 일반 민사상 시효기간보다 감축, 경감하는 것으로 소멸시효기간을 정하였다면 변상금을 청구할 때는 물론이고 민사상 채무불이행 등을 이유로 손해배상을 청구함에 있어서도 그와 같이 감축된 시효기간을 적용하여야 할 것이므로, 원고 농협의 피고에 대한 손해배상청구권은 징계변상업무처리준칙 제53조 제1항의 규정에 의하여 사고발각일, 즉 사고 및 행위자를 안 날로부터 3년이 경과하면 시효로 소멸한다고 판단하였는바, 앞서 본 법리 및 기록에 비추어 관계 증거들을 살펴보면, 원심의 위와 같은 판단은 정당한 것으로 수긍이 되고, 원심판결에 상고이유에서 주장하는 바와 같이 손해배상책임에 관한 법리를 오해한 위법이 있다고 할 수 없다.

(4) 회원의 조치 결과 통지

회원이 소속 임직원에 대한 조치 요구를 받으면 2개월 이내에 필요한 조치를 하고 그 결과를 조합감사위원회에 알려야 한다(법146④).

(5) 위원장의 농림축산식품부장관에 대한 조치 요청

조합감사위원회의 위원장은 회원이 2개월 기간 내에 필요한 조치를 하지 아니하면 1개월 이내에 임직원에 대한 조치를 할 것을 다시 요구하고, 그 기간에도 이를 이행하지 아니하면 필요한 조치를 하여 줄 것을 농림축산식품부장관에게 요청할 수 있다(법146⑤).

5. 기구 설치

조합감사위원회의 감사 사무를 처리하기 위하여 정관으로 정하는 바에 따라 위원회에 필요한 기구를 둔다(법143③).

Ⅲ. 조합원 또는 회원의 검사청구

1. 조합원의 조합에 대한 검사청구

농림축산식품부장관은 조합원이 조합원 300인 이상이나 조합원 또는 대의원 10% 이상의 동의를 받아 소속 조합의 업무집행상황이 법령이나 정관에 위반된다는 사유로 검사를 청구하면 회장으로 하여금 그 조합의 업무 상황을 검사하게 할 수 있다(법168①).

(1) 검사청구서의 제출

조합원이 검사를 청구할 때에는 청구의 취지·이유 및 위반되었다고 주장하는 규정을 명기한 검사청구서를 농림축산식품부장관에게 제출하여야 한다(시행규칙10①).

(2) 중앙회장의 검사 실시

농림축산식품부장관은 검사청구서를 받았을 때에는 지체 없이 중앙회장으로 하여금 해당 조합을 검사하게 하여야 한다(시행규칙10②).

(3) 중앙회장의 검사결과 보고 및 조치

중앙회장이 조합을 검사하였을 때에는 2개월 이내에 그 결과를 농림축산식품부장관에게 보고하여야 하며, 보고를 받은 농림축산식품부장관은 검사결과의 적정 여부를 확인한 후 필요한 조치를 하여야 한다(시행규칙10③).

(4) 조치결과의 통지

농림축산식품부장관은 조치 결과를 해당 검사를 청구한 조합원에게 알려야 한다(시행규칙10④).

2. 회원의 중앙회에 대한 검사청구

농림축산식품부장관은 중앙회의 회원이 회원 10% 이상의 동의를 받아 중앙회의 업무집행상황이 법령이나 정관에 위반된다는 사유로 검사를 청구하면 금융감독원장에게 중앙회에 대한 검사를 요청할 수 있다(법168②).

제3절 제재

지역농협과 지역축협(신용사업을 하는 품목조합 포함) 및 중앙회의 사업에 관하여는 신용협동조합법 제84조(임직원에 대한 행정처분)를 적용한다(신용협동조합법 95④, 법84).

Ⅰ. 임직원에 대한 제재

1. 제재의 종류와 사유

(1) 금융위원회(상호금융)의 조치

금융위원회는 조합 또는 중앙회의 임직원이 신용협동조합법 또는 신용협동조합법에 따른 명령·정관·규정에서 정한 절차·의무를 이행하지 아니한 경우에는 조합 또는 중앙회로 하여금 관련 임직원에 대하여 ⅰ) 임원에 대해서는 개선, 직무의 정지 또는 견책(제1호), ⅱ) 직원에 대해서는 징계면직, 정직, 감봉 또는 견책(제2호), ⅲ) 임직원에 대한 주의·경고(제3호)의 조치를 하게 할 수 있다(신용협동조합법84①).

(2) 금융감독원장(상호금융)에 대한 위탁

앞의 ⅱ) 및 ⅲ)에 따른 임직원에 대한 조치요구 권한은 금융감독원장에게 위탁되어 있다(신용협동조합법96①, 동법 시행령24①(6)).

2. 직무정지와 그 사유

조합 또는 중앙회가 임직원의 개선, 징계면직의 조치를 요구받은 경우 해당 임직원은 그 날부터 그 조치가 확정되는 날까지 직무가 정지된다(신용협동조합법 84②).

3. 임시임원의 선임

금융위원회는 조합 또는 중앙회의 업무를 집행할 임원이 없는 경우에는 임시임원을 선임할 수 있다(신용협동조합법84③). 임시임원의 선임은 금융감독원장에게 위탁되어 있다(신용협동조합법96①, 동법 시행령24①(7))).

4. 임시임원의 선임 등기

임시임원이 선임되었을 때에는 조합 또는 중앙회는 지체 없이 이를 등기하여야 한다(신용협동조합법84④ 본문). 다만, 조합 또는 중앙회가 그 등기를 해태하는 경우에는 금융위원회는 조합 또는 중앙회의 주된 사무소를 관할하는 등기소에 그 등기를 촉탁할 수 있다(신용협동조합법84④ 단서). 등기촉탁은 금융감독원장에게 위탁되어 있다(신용협동조합법96①, 동법 시행령24①(7))).

Ⅱ. 조합 및 중앙회에 대한 제재

1. 총회나 이사회의 위법 또는 부당 의결사항의 취소 또는 집행정지

농림축산식품부장관은 조합등과 중앙회의 총회나 이사회가 의결한 사항이 위법 또는 부당하다고 인정하면 그 전부 또는 일부를 취소하거나 집행을 정지하게 할 수 있다(법163).

2. 제재의 종류와 사유

농림축산식품부장관은 조합등이나 중앙회의 업무와 회계가 법령, 법령에 따른 행정처분 또는 정관에 위반된다고 인정하면 그 조합등이나 중앙회에 대하여 기간을 정하여 그 시정을 명하고 관련 임직원에게 i) 임원에 대하여는 개선, 직무의 정지 또는 변상(제1호), ii) 직원에 대하여는 징계면직, 정직, 감봉 또는 변상(제2호), iii) 임직원에 대한 주의·경고(제3호)의 조치를 하게 할 수 있다(법164①).

3. 업무의 전부 또는 일부 정지

농림축산식품부장관은 조합등이나 중앙회가 시정명령 또는 임직원에 대한 조치를 이행하지 아니하면 6개월 이내의 기간을 정하여 그 업무의 전부 또는 일부를 정지시킬 수 있다(법164②).

4. 임직원의 직무정지

앞의 (1)의 제재 사유 및 종류 및 임원에 대하여는 개선, 직무의 정지, 견책 또는 변상(법146③(1)), 직원에 대하여는 징계면직, 정직, 감봉, 견책 또는 변상(법146③(2))에 따라 개선이나 징계면직의 조치를 요구받은 해당 임직원은 그 날부터 그 조치가 확정되는 날까지 직무가 정지된다(법164③).

제4절 과태료 등

Ⅰ. 과태료

1. 개요

농업협동조합법 제174조는 일정한 위반행위에 대하여 200만원 이하의 과태료를 부과하는 경우(법174①②), 제공받은 금액이나 가액의 10배 이상 50배 이하에 상당하는 금액의 과태료를 부과(상한액은 3천만원)하는 경우(법174③)를 규정한다. 과태료는 대통령령으로 정하는 바에 따라 농림축산식품부장관이 부과·징수한다(법174④). 과태료의 부과기준은 [별표 5]와 같다(영52①). 과태료의 부과기준에 관하여는「공공단체등 위탁선거에 관한 규칙」제34조 제3항·제4항 및 [별표 2]를 준용한다(영52②)고 규정하고 있다.

2. 200만원 이하의 과태료

법 제3조(명칭) 제2항·제112조의3(법인격 및 명칭) 제3항 또는 제138조(품목조합연합회) 제6항을 위반하여 명칭을 사용한 자에게는 200만원 이하의 과태료를 부과한다(법174①).

조합등 또는 중앙회의 임원, 조합의 간부직원, 중앙회의 집행간부·일반간부직원, 파산관재인 또는 청산인이 공고하거나 최고하여야 할 사항에 대하여 공고나 최고를 게을리하거나 부정한 공고나 최고를 하면 200만원 이하의 과태료를 부과한다(법174②).

3. 제공받은 금액이나 가액의 10배 이상 50배 이하에 상당하는 금액의 과태료

법 제50조의2(기부행위의 제한) 제1항[1] 및 제5항[2](제107조·제112조 또는 제161조에 따라 준용하는 경우를 포함)을 위반하여 금전·물품, 그 밖의 재산상의 이익을 제공받은 자에게는 그 제공받은 금액이나 가액의 10배 이상 50배 이하에 상당하는 금액의 과태료를 부과하되, 그 상한액은 3천만원으로 한다(법174④).

4. 과태료의 부과기준

과태료는 대통령령으로 정하는 바에 따라 농림축산식품부장관이 부과·징수한다(법174④). 과태료의 부과기준은 [별표 5]와 같다(영52①). 과태료의 부과기준에 관하여는 「공공단체등 위탁선거에 관한 규칙」 제34조 제3항·제4항 및 [별표 2]를 준용한다(영52②).

[별표 5] 과태료의 부과기준(제52조 제1항 관련)

1. 일반기준
   가. 위반행위의 횟수에 따른 과태료 부과기준은 최근 2년간 같은 위반행위로 과태료를 부과받은 경우에 적용한다. 이 경우 위반행위에 대하여 과태료 부과처분을 한 날과 다시 같은 위반행위(과태료 부과처분 후의 위반행위만 해당한다)를 적발한 날을 각각 기준으로 하여 위반횟수를 계산한다.

---

1) ① 지역농협의 임원 선거 후보자, 그 배우자 및 후보자가 속한 기관·단체·시설은 임원의 임기만료일 전 180일(보궐선거 등의 경우에는 그 선거의 실시 사유가 확정된 날)부터 그 선거일까지 조합원(조합에 가입 신청을 한 사람을 포함한다. 이하 이 조에서 같다)이나 그 가족 또는 조합원이나 그 가족이 설립·운영하고 있는 기관·단체·시설에 대하여 금전·물품이나 그 밖의 재산상 이익의 제공, 이익 제공의 의사 표시 또는 그 제공을 약속하는 행위("기부행위")를 할 수 없다.

2) ⑤ 누구든지 해당 선거에 관하여 후보자를 위하여 제1항의 행위를 하거나 하게 할 수 없다. 이 경우 후보자의 명의를 밝혀 기부행위를 하거나 후보자가 기부하는 것으로 추정할 수 있는 방법으로 기부행위를 하는 것은 해당 선거에 관하여 후보자를 위한 기부행위로 본다.

나. 부과권자는 위반행위의 동기와 위반정도 및 그 결과 등 다음 사항을 고려하여 제2호의 개별기준에서 정한 금액의 2분의 1 범위에서 그 금액을 줄일 수 있다. 다만, 과태료를 체납하고 있는 위반행위자에 대해서는 그러하지 아니하다.

1) 위반행위자가 「질서위반행위규제법 시행령」 제2조의2 제1항 각 호의 어느 하나에 해당하는 경우

2) 위반행위가 사소한 부주의나 오류로 인한 것으로 인정되는 경우

3) 위반행위자가 법 위반상태를 시정하거나 해소한 경우

2. 개별기준

(단위: 만원)

위반행위	근거 법조문	과태료 금액	
		1차 위반	2차 이상 위반
가. 법 제3조 제2항·제112조의3 제3항 또는 제138조 제6항을 위반하여 명칭을 사용한 경우	법 제174조 제1항	100	200
나. 조합등 또는 중앙회의 임원, 조합의 간부직원, 중앙회의 집행간부·일반간부직원, 파산 관재인 또는 청산인이 공고하거나 최고하여야 할 사항에 대하여 공고나 최고를 게을리하거나 부정한 공고나 최고를 한 경우	법 제174조 제2항	100	200

Ⅱ. 선거범죄신고자 등의 보호

법 제172조(벌칙)에 따른 죄(제174조 제4항의 과태료에 해당하는 죄를 포함)의 신고자 등의 보호에 관하여는 공직선거법 제262조의2(선거범죄신고자 등의 보호)를 준용한다(법175).

제5절 형사제재

Ⅰ. 벌칙

1. 10년 이하의 징역 또는 1억원 이하의 벌금

조합등의 임원 또는 중앙회의 임원이나 집행간부가 i) 조합등 또는 중앙회의 사업목적 외에 자금의 사용 또는 대출(제1호), ii) 투기의 목적으로 조합등 또는 중앙회의 재산의 처분 또는 이용(제2호)의 어느 하나에 해당하는 행위로 조합등 또는 중앙회에 손실을 끼치면 10년 이하의 징역 또는 1억원 이하의 벌금에 처한다(법170①). 여기서 징역형과 벌금형은 병과(倂科)할 수 있다(법170②).

조합의 임원이 사업목적 외에 자금을 사용함으로써 "조합에 손실을 끼쳤을 때"란 사업목적 외에 자금을 유용한 자체가 위 손해발생으로 볼 수 없고 조합의 자산 전체와 여러 가지 사업 등을 종합 고찰하에 조합에 손해가 있는 여부를 결정하여야 한다.[3)]

** 관련 판례: 대법원 1981. 8. 20. 선고 80도1672 판결

농업협동조합법 제173조(현행 제174조 제1항) 소정의 "사업목적 외의 대출"에 해당하는 예: 이 사건 객토융자금의 융자절차에 있어서는 소론과 같이 먼저 당해 면이 각 농가의 객토면적을 확인하여 그 면적에 따른 융자금 배정액을 당해 농업협동조합에 통보하면 그 조합에서는 통보된 배정표를 보관하고 있다가 객토한 농민이 융자신청을 하는 경우에 이를 위 배정표와 대조 확인한 후 융자금을 지급하게 되는 것임을 엿볼 수 있으나, 원심이 적법히 확정한 바와 같이 면(자치단체명 이하 생략함) 단위농업협동조합장인 피고인 2가 이 사건의 객토융자금을 대출함에 있어서 ○○면에서 통보된 배정표가 허위이고 또 상피고인 1의 개인적 용도에 사용하기 위하여 부정대출되는 사실을 알면서 이를 거절하지 아니하고

3) 대법원 1980. 2. 12. 선고 79도3037 판결(피고인이 원예협동조합장으로서 전임 조합장이 조합에 입힌 결손금을 정리하기 위하여 조합원의 결의에 따라 사업자금을 대출받아 일단 위의 결손금을 변제 충당한 후에 위의 대출금 마저 조합에 변제 청산하였다면 이는 조합의 임원이 사업목적 외에 자금을 사용함으로써 조합에 손실을 끼친 경우에는 해당하지 않는다).

대출한 이상 위와 같은 소위는 농업협동조합법 제173조(현행 제174조 제1항) 소정의 사업목적 외의 대출에 해당한다고 할 것이며, 또한 이와 같이 부정 대출됨으로써 위 조합에 손해를 끼쳤다고 볼 것이고, 그 융자신청에 연대보증인이 있었다거나 그 후에 융자금이 전액 상환되었다고 하여 달리 볼 것이 아니라고 할 것이다.

2. 3년 이하의 징역 또는 3천만원 이하의 벌금

조합등과 중앙회의 임원, 조합의 간부직원, 중앙회의 집행간부·일반간부직원, 파산관재인 또는 청산인이 다음 각 호의 어느 하나에 해당하면 3년 이하의 징역 또는 3천만원 이하의 벌금에 처한다(법171).

1. 제15조 제1항(제77조 제2항, 제107조 또는 제112조에 따라 준용되는 경우를 포함), 제35조 제2항(제107조 또는 제112조에 따라 준용되는 경우를 포함), 제75조 제2항(제107조 또는 제112조에 따라 준용되는 경우를 포함), 제75조 제5항(제107조 또는 제112조에 따라 준용되는 경우를 포함), 제78조 제1항(제107조에 따라 준용되는 경우를 포함), 제112조의5 제1항, 제112조의6 제2항, 제120조 제2항 또는 제121조 제1항에 따른 인가를 받아야 할 사항에 관하여 인가를 받지 아니한 경우
2. 제15조 제1항(제77조 제2항, 제107조 또는 제112조에 따라 준용되는 경우를 포함), 제30조 제1항(제107조·제112조·제112조의11 또는 제161조에 따라 준용되는 경우를 포함), 제35조 제1항(제107조·제112조 또는 제112조의11에 따라 준용되는 경우를 포함), 제43조 제3항(제107조·제112조 또는 제112조의11에 따라 준용되는 경우를 포함), 제54조 제1항부터 제3항까지(제107조·제112조 또는 제161조에 따라 준용되는 경우를 포함), 제64조(제107조 또는 제112조에 따라 준용되는 경우를 포함), 제75조 제1항(제107조 또는 제112조에 따라 준용되는 경우를 포함), 제77조 제1항(제107조 또는 제112조에 따라 준용되는 경우를 포함), 제82조 제2호(제107조·제112조 또는 제112조의10에 따라 준용되는 경우를 포함), 제123조, 제125조 제4항, 제125조의2 제3항 또는 제159조에 따라 총회·대의원회 또는 이사회(소이사회를 포함)의 의결을 필요로 하는 사항에 대하여 의결을 거치지 아니하고 집행한 경우
3. 제46조 제7항(제107조·제112조 또는 제129조 제5항에 따라 준용되는 경우

를 포함) 또는 제142조 제2항에 따른 총회나 이사회에 대한 보고를 하지 아니하거나 거짓으로 한 경우

4. 제57조 제1항 제10호·제106조 제10호·제111조 제9호 또는 제134조 제1항 제9호에 따른 승인을 받지 아니하고 사업을 한 경우
5. 제66조(제107조 또는 제112조에 따라 준용되는 경우를 포함)를 위반하여 조합의 여유자금을 사용한 경우
6. 제67조 제1항(제107조·제112조·제112조의11 또는 제161조에 따라 준용되는 경우를 포함)을 위반하여 잉여금의 10% 이상을 적립하지 아니한 경우
7. 제67조 제3항(제107조·제112조 또는 제161조에 따라 준용되는 경우를 포함)을 위반하여 잉여금의 20% 이상을 다음 회계연도로 이월하지 아니한 경우
8. 제68조(제107조·제112조·제112조의11 또는 제161조에 따라 준용되는 경우를 포함)를 위반하여 손실을 보전 또는 이월하거나 잉여금을 배당한 경우
9. 제69조(제107조·제112조·제112조의11 또는 제161조에 따라 준용되는 경우를 포함)를 위반하여 자본적립금을 적립하지 아니한 경우
10. 제70조(제107조·제112조·제112조의11 또는 제161조에 따라 준용되는 경우를 포함)를 위반하여 법정적립금을 사용한 경우
11. 제71조 제1항·제3항(제107조·제112조·제112조의11 또는 제161조에 따라 준용되는 경우를 포함)을 위반하여 결산보고서를 제출하지 아니하거나 갖추지 아니한 경우
12. 제72조 제1항(제107조·제112조·제112조의11 또는 제161조에 따라 준용되는 경우를 포함) 또는 제80조에 따라 준용되는 제72조 제1항(제107조 또는 제112조에 따라 준용되는 경우를 포함)을 위반하여 재무상태표를 작성하지 아니한 경우
13. 제85조(제107조·제112조 또는 제112조의11에 따라 준용되는 경우를 포함)를 위반하여 총회나 농림축산식품부장관의 승인을 받지 아니하고 재산을 처분한 경우
14. 제87조(제107조·제112조 또는 제112조의11에 따라 준용되는 경우를 포함)를 위반하여 재산을 분배한 경우
15. 제88조(제107조·제112조 또는 제112조의11에 따라 준용되는 경우를 포함)를 위반하여 결산보고서를 작성하지 아니하거나 총회에 제출하지 아니한 경우
16. 제90조(제107조·제112조·제112조의11 또는 제161조에 따라 준용되는 경

우를 포함), 제91조부터 제93조까지(제107조 · 제112조 · 제112조의11 또는 제161조에 따라 준용되는 경우를 포함), 제95조부터 제99조까지(제107조 · 제112조 또는 제112조의10에 따라 준용되는 경우를 포함) 또는 제102조(제107조 · 제112조 · 제112조의11 또는 제161조에 따라 준용되는 경우를 포함)에 따른 등기를 부정하게 한 경우

17. 제146조에 따른 중앙회의 감사나 제162조에 따른 감독기관의 감독 · 검사를 거부 · 방해 또는 기피한 경우

** 관련 판례: 대법원 1980. 4. 8. 선고 80도296 판결

농업협동조합법 제174조 제1항(현행 제171조 제1호)에 규정한 감독기관의 인가 또는 승인을 얻어야 할 사항의 의미: 원심이 그 판결이유에서 농업협동조합법 제174조 제1항(현행 제171조 제1호)에 규정한 감독기관의 인가 또는 승인을 얻어야 할 사항이라고 함은 그것이 처벌규정인 점에 비추어 적어도 같은 법에서 그 사항이 구체적으로 특정되어 있어야 할 것인데 단지 농업협동조합중앙회가 시달한 단위조합경영관리지도 강화방안에 규정된 사항은 이에 해당하는 것이 아니라고 설시한 바 그 법해석 또한 그대로 수긍이 간다.

같은 법조에 의하여 조합장이 감독기관의 승인 또는 인가를 얻지 아니한 때는 3년 이하의 징역 또는 500,000원(현행 3천만원) 이하의 벌금에 처하게끔 되어 있으므로 이른바 죄형법정주의의 원칙상 그 승인 또는 인가를 얻어야 할 사항은 바로 같은 농업협동조합법에 규정되거나 같은 법에 근거한 위임에 따라 그 시행령에 규정된 것임을 요한다고 봄이 상당하므로 단지 농업협동조합중앙회가 행정지시로 시달한 앞서의 단위조합경영관리지도 강화방안 속에 단위조합에서 500,000원 이상의 재산을 취득할 시에는 사전에 군조합장의 승인을 받도록 규정하였다고 해서 그 규정은 같은 법조 소정 범죄의 구성요건인 승인 또는 인가를 요할 사항과 동일시 할 수는 없는 것이다.

따라서 이 사건의 피고인이 그가 조합장으로 있던 상주군 제○면 단위조합에서 문제된 조합창고 부지를 매수함에 있어서 위에 나온 관리지도 강화방안에 따른 군조합의 승인을 얻은 바 없다 하더라도 처벌할 수는 없다고 원심이 판단한 것은 상당하다.

** 관련 판례: 대법원 2003. 11. 14. 선고 2003도3600 판결

농업협동조합법상 벌칙 규정들의 체계적인 위치나 그 입법 목적 내지 취지에 비추어 보면, 제7장 중 벌칙 규정들은 같은 법 제6장까지에서 규정하고 있는 내용의 준수를 담보하기 위해 그에 위반하는 경우를 처벌하는 조항이라고 할 것이고, 따라서 그 제171조 제1호에 규정한 "감독기관의 인가 또는 승인을 얻어야 할 사항"(현행: 인가를 받아야 할 사항)은 그 구체적인 내용이 같은 법 자체에 명시적으로 규정되어 있는 사항에 한한다(예외적으로 위임입법의 필요성에 의하여 그 구체적인 내용을 시행령으로 정하도록 위임할 수 있다고 하더라도 같은 법 자체에서 인가 또는 승인사항의 대강을 정한 다음 그 위임사항이 인가 또는 승인사항임을 분명히 하여 위임한 경우에 한한다)고 해석함이 형벌법규의 명확성의 원칙 등 죄형법정주의의 원칙에 부합한다고 할 것이므로 보조금법 제35조(재산처분의 제한)가 농업협동조합법 제171조 제1호에 규정한 "감독기관의 인가 또는 승인을 얻어야 할 사항"(현행: 인가를 받아야 할 사항)을 규정하고 있는 것으로 보아, 그 법조 위반행위에 대해 농업협동조합법 제171조 제1호를 적용하여 처벌할 수는 없다.

3. 2년 이하의 징역 또는 2천만원 이하의 벌금

다음의 어느 하나에 해당하는 자는 2년 이하의 징역 또는 2천만원 이하의 벌금에 처한다(법172①). 제1항의 규정에 따른 죄의 공소시효는 해당 선거일 후 6개월(선거일 후에 이루어진 범죄는 그 행위를 한 날부터 6개월)을 경과함으로써 완성된다(법172④ 본문). 다만, 범인이 도피하거나 범인이 공범 또는 증명에 필요한 참고인을 도피시킨 경우에는 그 기간을 3년으로 한다(법172④ 단서).

1. 제7조(공직선거 관여 금지) 제2항을 위반하여 공직선거에 관여한 자
2. 제50조(선거운동의 제한) 제1항 또는 제11항(제107조·제112조 또는 제161조에 따라 준용되는 경우를 포함)을 위반하여 선거운동을 한 자
3. 제50조의2(기부행위의 제한)(제107조·제112조 또는 제161조에 따라 준용하는 경우를 포함)를 위반한 자[4)]

4) 대법원 2014. 10. 15. 선고 2011도3509 판결(공직선거법 제272조의2 제1항은 선거범죄 조사와 관련하여 선거관리위원회 위원·직원은 관계인에 대하여 질문·조사를 할 수 있다는 취지로 규정하고, 공직선거관리규칙 제146조의3 제3항에서는 "위원·직원은 조사업무 수행 중 필요하다고 인정되는 때에는 질문답변내용의 기록, 녹음·녹화, 사진촬영, 선거범죄

4. 제50조의3(조합장의 축의·부의금품 제공 제한)(제107조 또는 제112조에 따라 준용되는 경우를 포함)을 위반하여 축의·부의금품을 제공한 자

4. 1년 이하의 징역 또는 1천만원 이하의 벌금

다음의 어느 하나에 해당하는 자는 1년 이하의 징역 또는 1천만원 이하의 벌금에 처한다(법172②). 제2항의 규정에 따른 죄의 공소시효는 해당 선거일 후 6개월(선거일 후에 이루어진 범죄는 그 행위를 한 날부터 6개월)을 경과함으로써 완성된다(법172④ 본문). 다만, 범인이 도피하거나 범인이 공범 또는 증명에 필요한 참고인을 도피시킨 경우에는 그 기간을 3년으로 한다(법172④ 단서).

1. 제50조(선거운동의 제한) 제2항(제107조·제112조 또는 제161조에 따라 준용되는 경우를 포함)을 위반하여 호별 방문을 하거나 특정 장소에 모이게 한 자
2. 제50조(선거운동의 제한) 제4항·제6항·제7항(제107조·제112조에 따라 준용되는 경우를 포함) 또는 제130조(임원의 선출과 임기 등) 제11항을 위반하여 선거운동을 한 자
3. 제50조(선거운동의 제한) 제8항부터 제10항까지(제107조·제112조 또는 제161조에 따라 준용되는 경우를 포함)를 위반한 자

5. 500만원 이상 3천만원 이하의 벌금

법 제50조(선거운동의 제한) 제3항(제107조·제112조 또는 제161조에 따라 준용되는 경우를 포함)을 위반하여 거짓사실을 공표하거나 후보자를 비방한 자는 500만

와 관련 있는 서류의 복사 또는 수집 기타 필요한 조치를 취할 수 있다."고 규정하고 있으므로 선거관리위원회의 직원은 선거범죄의 조사를 위하여 관계인의 진술내용을 녹음할 수 있다. 한편 공직선거법 제272조의2 제6항은 선거관리위원회 위원·직원이 선거범죄와 관련하여 질문·조사하거나 자료의 제출을 요구하는 경우에는 관계인에게 그 신분을 표시하는 증표를 제시하고 소속과 성명을 밝히고 그 목적과 이유를 설명하여야 한다고 규정하고 있는데, 이는 선거범죄 조사와 관련하여 조사를 받는 관계인의 사생활의 비밀과 자유 내지 자신에 대한 정보를 결정할 자유, 재산권 등이 침해되지 않도록 하기 위한 절차적 규정이므로, 선거관리위원회 직원이 관계인에게 사전에 설명할 '조사의 목적과 이유'에는 조사할 선거범죄혐의의 요지, 관계인에 대한 조사가 필요한 이유뿐만 아니라 관계인의 진술을 기록 또는 녹음·녹화한다는 점도 포함된다. 따라서 선거관리위원회 위원·직원이 관계인에게 진술이 녹음된다는 사실을 미리 알려 주지 아니한 채 진술을 녹음하였다면, 그와 같은 조사절차에 의하여 수집한 녹음파일 내지 그에 터 잡아 작성된 녹취록은 형사소송법 제308조의2에서 정하는 '적법한 절차에 따르지 아니하고 수집한 증거'에 해당하여 원칙적으로 유죄의 증거로 쓸 수 없다).

원 이상 3천만원 이하의 벌금에 처한다(법172③).

제3항의 규정에 따른 죄의 공소시효는 해당 선거일 후 6개월(선거일 후에 이루어진 범죄는 그 행위를 한 날부터 6개월)을 경과함으로써 완성된다(법172④ 본문). 다만, 범인이 도피하거나 범인이 공범 또는 증명에 필요한 참고인을 도피시킨 경우에는 그 기간을 3년으로 한다(법172④ 단서).

공소시효 조항은 지역농협의 임원선거와 관련된 범죄에 대하여 짧은 공소시효를 정함으로써 사건을 조속히 처리하여 선거로 인한 법적 불안정 상태를 신속히 해소하고, 특히 선거에 의하여 선출된 지역농협의 임원들이 안정적으로 업무를 수행할 수 있도록 하기 위한 것이다.[5]

여기서 "해당 선거일"은 그 선거범죄와 직접 관련된 선거의 투표일을 의미하는 것이므로, 그 선거범죄를 당해 선거일 전에 행하여진 것으로 보고 그에 대한 단기 공소시효의 기산일을 당해 선거일로 할 것인지 아니면 그 선거범죄를 당해 선거일 후에 행하여진 것으로 보고 그에 대한 단기 공소시효의 기산일을 행위가 있는 날로 할 것인지의 여부는 그 선거범죄가 범행 전후의 어느 선거와 관련하여 행하여진 것인지에 따라 결정된다.[6]

Ⅱ. 선거범죄로 인한 당선 무효 등

1. 당선무효 사유

조합이나 중앙회의 임원 선거와 관련하여 다음의 어느 하나에 해당하는 경우에는 해당 선거의 당선을 무효로 한다(법173①).

1. 당선인이 해당 선거에서 제172조(벌칙)에 해당하는 죄를 범하여 징역형 또는 100만원 이상의 벌금형을 선고받은 때[7]

---

5) 헌법재판소 2012. 2. 23. 선고 2011헌바154 전원재판부.
6) 대법원 2006. 8. 25. 선고 2006도3026 판결.
7) 대법원 2004. 4. 9. 선고 2004도606 판결(공직선거법 제18조 제3항은 어디까지나 경합범의 처리에 관한 일반 규정인 형법 제38조에 대한 예외규정이므로 공직선거법이 적용되지 않는 다른 선거범죄에 대하여도 형법 제38조의 적용을 배제하고 다른 죄의 경합범에 대하여 분리 심리하여 따로 선고하려면 위 공직선거법 제18조 제3항처럼 예외를 인정한 명문의 규정이 있어야 할 것인바, 농업협동조합법 제173조도 "조합 또는 중앙회의 임원선거의 당선인이 당해 선거에 있어서 제172조에 규정된 죄를 범하여 징역형 또는 100만원 이상

2. 당선인의 직계 존속·비속이나 배우자가 해당 선거에서 제50조(선거운동의 제한) 제1항이나 제50조의2(기부행위의 제한)를 위반하여 징역형 또는 300만원 이상의 벌금형을 선고받은 때. 다만, 다른 사람의 유도 또는 도발에 의하여 해당 당선인의 당선을 무효로 되게 하기 위하여 죄를 범한 때에는 그러하지 아니하다.

2. 재선거 입후보 제한

다음의 어느 하나에 해당하는 사람은 당선인의 당선 무효로 실시사유가 확정된 재선거(당선인이 그 기소 후 확정판결 전에 사직함으로 인하여 실시사유가 확정된 보궐선거를 포함)의 후보자가 될 수 없다(법173②).

1. 제1항 제2호 또는 위탁선거법 제70조(위탁선거범죄로 인한 당선무효) 제2호에 따라 당선이 무효로 된 사람(그 기소 후 확정판결 전에 사직한 사람을 포함)
2. 당선되지 아니한 사람(후보자가 되려던 사람을 포함)으로서 제1항 제2호 또는 위탁선거법 제70조(위탁선거범죄로 인한 당선무효) 제2호에 따른 직계 존속·비속이나 배우자의 죄로 당선 무효에 해당하는 형이 확정된 사람

Ⅲ. 선거범죄신고자에 대한 포상금 지급

조합 또는 중앙회는 제172조에 따른 죄(제174조 제4항의 과태료에 해당하는 죄를 포함)에 대하여 그 조합·중앙회 또는 조합선거관리위원회가 인지하기 전에 그 범죄 행위를 신고한 자에게 포상금을 지급할 수 있다(법176①).

의 벌금형의 선고를 받은 때에는 그 당선은 무효로 한다."라고 규정하고 있으므로, 농업협동조합 임원의 선거에 있어서도 선거범이 아닌 다른 죄가 선거범의 양형에 영향을 미치는 것을 최소화할 필요가 있다고 볼 수도 있겠으나, 이를 위하여 형법 제38조의 규정과 달리 선거범이 아닌 다른 죄를 분리 심리하여 따로 선고하도록 할 것인지 여부는 입법자의 결단에 따른 입법으로 해결되어야 할 것이고, 그와 같은 입법의 조치도 없는 마당에 그 적용 범위를 대통령선거·국회의원선거·지방의회의원 및 지방자치단체의 장의 선거에 국한하고 있는 공직선거법의 제18조 제3항을 농업협동조합 임원의 선거범 재판절차에 유추적용할 수는 없다).

1. 신고포상금의 상한액

선거범죄신고자에 대한 포상금의 상한액은 다음의 구분에 따른다(법176②, 시행규칙11① 전단). 이 경우 포상금 비용은 해당 조합 및 중앙회가 각각 부담하되, 중앙회는 조합이 부담해야 하는 포상금 비용의 일부를 지원할 수 있다(법176②, 시행규칙11① 후단).

1. 조합장 선거의 경우: 해당 선거와 관련하여 지급할 수 있는 포상금의 총액은 3천만원으로 하되, 1건당 지급할 수 있는 포상금의 상한액은 1천만원으로 한다.
2. 중앙회장 선거의 경우: 해당 선거와 관련하여 지급할 수 있는 포상금의 총액은 5천만원으로 하되, 1건당 지급할 수 있는 포상금의 상한액은 1천만원으로 한다.

2. 신고포상금의 지급기준 및 포상방법

포상금의 지급기준, 포상방법, 포상금심사위원회의 설치·운영, 포상금의 반환 등에 관하여는 해당 선거의 성질에 반하지 아니하는 범위에서 「공직선거관리규칙」 제143조의4부터 제143조의9까지의 규정을 준용한다(법176②, 시행규칙11②).

Ⅳ. 자수자에 대한 특례

1. 형 또는 과태료의 필요적 감면

법 제50조(선거운동의 제한)(제107조·제112조 또는 제161조에 따라 준용되는 경우를 포함) 또는 제50조의2(기부행위의 제한)(제107조·제112조 또는 제161조에 따라 준용되는 경우를 포함)를 위반하여 금전·물품·향응, 그 밖의 재산상의 이익 또는 공사의 직을 제공받거나 받기로 승낙한 자가 자수한 때에는 그 형 또는 과태료를 감경 또는 면제한다(법177①).

2. 자수 의제 시기

법 제177조 제1항에 규정된 자가 농업협동조합법에 따른 선거관리위원회에 자신의 선거범죄사실을 신고하여 선거관리위원회가 관계 수사기관에 이를 통보한 때에는 선거관리위원회에 신고한 때를 자수한 때로 본다(법177②).

제2장 / 감 사

농협중앙회의 「지도감사규정」("감사규정")은 농업협동조합법이 정하는 바에 의하여 중앙회장 및 조합감사위원회 위원장("회장")이 회원조합(품목조합연합회와 조합공동사업법인 포함)의 건전한 발전을 도모하기 위하여 회원조합의 재산 및 업무집행상황을 감사하는데 필요한 사항을 규정함을 목적으로 한다(감사규정1).

여기서는 감사규정의 내용을 살펴본다.

제1절 총칙

Ⅰ. 적용범위

회원조합("조합")에 대한 감사는 법령, 정관 또는 다른 규정에 정한 것을 제외하고는 감사규정을 적용한다(감사규정2).

Ⅱ. 감사 방향 및 범위

1. 감사 방향

감사는 경영감사를 원칙으로 한다(감사규정3①). 여기서 경영감사라 함은 조합의 경영상 제반 문제점을 발굴, 적절한 개선대책을 제시하고 제반 업무처리의 적정성을 검토하여 시정·개선토록 지도하는 감사를 말한다(감사규정3②). 경영감사에 대한 세부적인 사항은 따로 정하는 바에 의한다(감사규정3③).

2. 감사 범위

조합에 대한 감사의 범위는 i) 조합의 경리와 재산 및 업무집행상황(제1호), ii) 조합의 경영에 관한 사항(제2호), iii) 조합 임·직원의 업무와 관련된 부정과 비위(제3호), iv) 중앙회 및 외부감사 지적사항의 처리결과에 대한 사항(제4호), v) 외부 감독기관 또는 회장이 감사요청한 사항(제5호), vi) 농림축산식품부장관의 위탁 및 회장의 위임에 의한 조합의 일상적인 업무에 대한 감사(제6호), vii) 그 밖의 법령·정관 및 제규정이 정하는 사항(제7호)이다(감사규정4).

Ⅲ. 감사의 구분과 대상기간

1. 감사의 구분

감사는 종합감사, 특별감사(수시감사 또는 부문감사 포함) 및 전산감사로 구분한다(감사규정5①).

(1) 종합감사

종합감사는 감사대상 사무소의 업무와 회계처리 전반에 대하여 정기적으로 실시한다(감사규정5②).

(2) 특별감사

특별감사는 업무 전반 또는 특정 부문에 대하여 감사 범위와 감사 대상기간을 정하여 실시하며 특명감사, 사고예방 점검 등을 포함한다(감사규정5③).

(3) 전산감사

전산감사는 전산기기에 의하여 화면 출력 또는 서면 출력하여 영업점 거래의 적정 여부를 상시 검증하거나 거래기간별, 부문별로 검증한다(감사규정5④).

2. 감사 대상기간

(1) 종합감사

종합감사는 전번 감사기준일 다음 날부터 금번 감사기준일까지로 한다(감사규정6① 본문). 다만, 사고의 우려가 있거나 발견된 사고의 조사 등을 위한 경우에는 그러하지 아니하다(감사규정6① 단서).

(2) 특별감사

특별감사는 감사 시마다 감사대상기간을 정하여 실시한다(감사규정6②).

(3) 전산감사

전산감사는 상시 또는 일정거래기간을 정하여 실시한다(감사규정6③).

제2절 감사원

Ⅰ. 감사원과 감사반

1. 감사원

감사원은 조합감사위원회사무처("사무처") 소속 직원으로 하되, 필요한 경우 중앙회 및 「경영관리규정」에서 정한 계열사("계열사") 직원 중에서 지명할 수 있다(감사규정7).

2. 감사반

감사반은 감사반장과 반원으로 편성·운영한다(감사규정8①). 감사반장은 감사원 중에서 최상위 직급자 또는 선임자로 한다(감사규정8②). 감사반장은 소속 반원의 업무를 분장하고 감사업무를 총괄하며, 반원은 분장된 업무를 수행한다(감사규정8③).

Ⅱ. 감사원의 자격

감사원은 원칙적으로 i) 회계 및 감사업무에 2년 이상 근무한 경력이 있는 사람(제1호), ii) 본회 및 계통기관에서 5년 이상 근무한 사람(제2호), iii) 보직일부터 소급하여 3년 이내에 업무와 관련하여 감봉 이상의 징계 또는 이에 준하는 처벌을 받지 아니한 사람(제3호)의 요건을 갖춘 자로 한다(감사규정10①).

앞의 자격요건을 갖춘 사람 중에서 감사업무와 관련된 자격증 소지자 또는 전문교육 이수자는 우선하여 임명할 수 있다(감사규정10②).

Ⅲ. 감사원의 권한과 의무

1. 감사원의 권한

감사원은 직무를 수행할 때 i) 제장부, 증빙서, 물품 및 관계서류의 제출요구(제1호), ii) 관계자의 출석·답변·입회 및 확인서, 질문서 등 조서작성 요구(제2호), iii) 창고·금고·장부·물품 등의 봉인(제3호), iv) 회계관계·사업관계·수신 및 여신 관련 조사와 자료징구(제4호), v) 위법·부당행위에 관련된 임직원에 대한 직권·직무정지 및 변상요구(제5호), vi) 형사범죄 혐의사항의 고발(제6호), vii) 업무 및 제도개선을 위한 제안 및 건의(제7호), viii) 그 밖의 직무수행에 필요한 사항의 요구(제8호)의 권한을 갖는다(감사규정11).

2. 감사원의 의무

감사원은 직무를 수행할 때 i) 법령·정관 및 제규정의 준수의무(제1호), ii) 직무상 알게 된 기밀사항은 부당하게 이를 공개하거나 목적 외 사용금지의무(제2호), iii) 감사에 임할 때 겸손하고 친절하여야 하며 언행에 신중을 기하고 품위를 유지할 의무(제3호), iv) 감사를 실시할 때 수감사무소의 업무상의 창의와 활동기능을 위축 또는 침체시키지 아니하도록 할 의무(제4호)를 진다(감사규정12).

3. 감사원의 책임

회장은 감사원이 i) 고의 또는 중과실로 중대한 부정사실을 은폐·묵인하거나 발견하지 못한 때(제1호), ii) 직무수행 중 법령, 정관, 규약, 규정 등을 위반하는 행위를 한 때(제2호)에는 문책할 수 있다(감사규정13).

Ⅳ. 감사원의 신분보장

감사원은 금고 이상 형의 확정판결·징계처분·그 밖의 정당한 사유에 의하지 아니하고는 그 의사에 반하여 불이익한 인사상 또는 신분상의 처분을 받지 아니한다(감사규정14①).

감사원의 신분상 처분을 행할 때에는 조합감사위원장("위원장")의 의견을 참조하여야 한다(감사규정14②).

Ⅴ. 위촉감사원

1. 위촉감사원의 지명

위원장 또는 지역검사국장은 조합의 감사업무 수행을 위하여 필요하다고 인정할 때에는 중앙회 직원 또는 조합 직원을 위촉감사원으로 지명할 수 있다(감사규정15).

2. 위촉감사원의 자격

위촉감사원은 원칙적으로 중앙회 직원 및 전문감사요원과정 또는 위촉감사요원과정 교육을 이수한 조합 직원으로서 i) 신용사업이나 경제사업 분야에서 5년 이상 근무한 사람(제1호), ii) 위촉일부터 소급하여 3년 이내에 업무와 관련하여 정직이상의 징계 또는 이에 준하는 처벌을 받지 아니한 사람(제2호)으로 한다(감사규정16).

3. 준용규정

감사규정 제11조부터 제13조까지, 제14조 제1항의 규정은 위촉감사원에 이를 준용한다(감사규정17 본문). 다만, 제13조의 "문책할 수 있다"는 "문책을 요구할 수 있다"로 한다(감사규정17 단서).

Ⅵ. 순회검사역

위원장 및 지역검사국장은 조합의 감사업무 수행을 위하여 필요하다고 인정한 때에는 순회검사역을 운용할 수 있다(감사규정17의2①). 순회검사역의 자격 및 운용에 관한 사항은 별도 기준으로 정한다(감사규정17의2②).

제3절 감사실시

Ⅰ. 감사계획 수립

위원장은 연도개시 1개월 전에 감사계획서를 작성하여 조합감사위원회의 의결을 거쳐야 한다(감사규정18).

Ⅱ. 감사명령 및 위임 등

1. 위원장 등의 감사명령

감사는 감사계획에 의하여 위원장 또는 지역검사국장 명에 의하여 실시한다(감사규정19①).

2. 특별감사 실시

위원장 또는 지역검사국장이 필요하다고 인정할 경우 특별감사를 실시할 수 있다(감사규정19②).

3. 감사 보류

수사 또는 소송 등이 진행되는 사안에 대하여는 감사를 보류할 수 있다(감사규정19③).

4. 감사 위임

조합 자체적으로 감사조직을 보유하고 위원장이 따로 정하는 일정기준 이상의 조합에 대하여 중앙회에서 실시하는 관내 사무소에 대한 감사를 조합에 위임할 수 있다(감사규정19④ 전단). 이 경우 지사무소의 정기감사 실시에 관한 사항은 따로 정하는 바에 의한다(감사규정19④ 후단).

5. 전산감사의 승인

위원장은 조합이 자체 전산감사업무를 수행하고자 요청하는 경우 일정기준에 부합하는 조합에 대하여 승인할 수 있으며, 조합의 전산감사 실시에 관한 사항은 따로 정하는 바에 의한다(감사규정19⑤).

6. 특명감사 명령

조합감사위원장과 지역검사국장은 긴급한 조치가 필요한 업무 또는 그 밖에 필요한 경우 조합에 특명감사 실시를 명할 수 있다(감사규정19⑥).

Ⅲ. 감사방법

감사는 실지감사·서면감사 또는 전산감사에 의하여 실시한다(감사규정20①).

1. 실지감사

실지감사는 수감사무소에 사전통보 없이 임점하여 실시한다(감사규정20② 본문). 다만, 위원장 또는 지역검사국장이 필요하다고 인정할 때에는 사전에 감사시기, 감사범위 및 감사실시에 필요한 준비사항 등을 수감사무소의 장에게 통보할 수 있다(감사규정20② 단서).

실지감사를 실시할 때에는 감사실시통지서를 제시하여야 한다(감사규정20③).

2. 서면감사

서면감사는 수감사무소에 임점없이 전산출력자료 또는 그 밖의 수감사무소로부터 받은 제서류에 의하여 감사한다(감사규정20④).

경영관리상태가 양호하거나 상당기간 무사고인 사무소 또는 그 밖에 필요하다고 인정되는 경우에는 감사업무의 효율성 제고를 위하여 서면감사로 대신할 수 있다(감사규정20⑦).

3. 전산감사

전산감사는 화면검증 또는 서면검증 방법에 의하여 실시한다(감사규정20⑤).

4. 전산자료 등의 활용

감사원은 감사업무에 필요한 전산자료 및 각종 정보 등을 수시로 수집·분석하여 활용할 수 있다(감사규정20⑧).

5. 의견수렴

감사반은 감사기간 중 간담회를 실시하여 수감사무소 임직원으로부터 경영감사에 필요한 의견을 충분히 수렴한다(감사규정20⑨).

Ⅳ. 감사요령

감사원은 다음에 따라 감사를 실시한다(감사규정21).

1. 업무와 회계의 적법성 감사

수감사무소의 업무와 회계의 적법성을 감사한다(감사규정21(1) 본문). 다만, 현금, 유가증권, 담보물, 보관품 및 재고품 등의 대사를 할 때에는 관계자를 입회하게 하여야 한다(감사규정21(1) 단서).

2. 봉인

감사상 필요한 때에는 금고와 창고를 업무에 지장이 없는 범위 안에서 열지 못하게 봉인할 수 있다(감사규정21(2)).

3. 증인의 출석 요청 등

감사상 필요한 장부·서류 및 물건의 제시, 조서의 작성, 관계 임직원의 설명과 입회를 요구할 수 있으며 증인의 출석 또는 증언을 요청할 수 있다(감사규정21(3)).

4. 사고조서 작성과 입증자료 수령

감사원은 감사결과 문책요구 또는 변상조치가 필요한 사항에 대하여는 사고조서를 작성하고 관련자(행위자, 결재자, 취급자 등 포함)로부터 확인서, 질문서 등 입증자료를 받아야 한다(감사규정21(4)).

확인서는 6하원칙에 따른 사실확인 기술과 취급관련자가 명시되어야 한다(감사규정21(4) 가목). 질문서는 취급 경위가 복잡하고 책임소재가 불분명하여 이의가 있을 수 있는 사항에 대하여는 취급관련자별로 6하원칙에 따라 문답식으로 작성하여야 한다(감사규정21(4) 나목).

5. 경영관련 자료의 분석

감사원은 수감사무소의 사업부문별 경영상 문제점 도출 및 개선을 위하여 경영비율 등 제반 경영관련 자료를 분석한다(감사규정21(5)).

6. 전산감사담당 감사원의 감사요령

전산감사담당 감사원은 영업점거래의 적정 여부를 화면검증을 통하여 감사하되 추가적인 검증이 필요한 사항에 대하여는 곧바로 해당 영업점에 전화 또는 FAX 등의 방법으로 관련 증빙자료를 제출받아 확인하여야 한다(감사규정21(6) 본문). 다만, 필요시에는 감사대상 영업점에 출장하여 직접 현지 확인한다(감사규정21(6) 단서).

Ⅴ. 감사자료 징구

감사자료는 필요한 최소한의 자료만을 받는다(감사규정22①). 감사자료의 종류 및 서식 등은 따로 정하는 바에 의한다(감사규정22②).

Ⅵ. 자금세탁방지업무 감사자료의 보존 · 관리 · 폐기 등

회장은 자금세탁방지업무 감사 관련 자료를 10년간 보존·관리 후 폐기하여야 하고, 그 보존·관리·폐기 현황을 매년 금융정보분석원장에게 통보하여야 한다(감사규정22의2).

Ⅶ. 긴급조치 및 보고

감사반장은 감사 중 사고를 발각하여 이의 처리가 긴급을 요할 때에는 즉시 감사명령권자에게 보고하고 i) 채권확보와 손실예방 등에 관한 조치 지도방법(제1호), ii) 사고관련자에 대한 조치 지도방법(제2호), iii) 그 밖에 긴급한 조치가 필요한 중대한 사항(제3호)에 대한 처리지시를 받아야 한다(감사규정23①).

제4절 사고처리절차

Ⅰ. 사고처리 대상

감사반장은 임직원의 고의 또는 과실에 의한 위법·부당행위로 조합에 손실을 초래하게 하거나 내부질서 및 그 밖의 금융질서 등을 위반하여 중앙회 및 조합의 명예나 위신을 손상시키고 복무질서를 문란시켜 징계대상이 되는 경우로서 i) 횡령, 배임, 절도, 업무와 관련한 금품수수, 그 밖의 범죄행위나 부정한 행위를 한 때(제1호), ii) 고의 또는 과실로 업무상 장애 또는 분쟁을 야기하거나 조합에 손실을 초래하게 한 때(제2호), iii) 법령, 정관, 제규정 또는 근로계약·서약

사항 및 지시·명령을 위반하여 조합 내의 질서를 문란하게 한 때(제3호), iv) 고객정보의 유출 등으로 사회적 물의를 야기하거나 원산지 허위표시, 명백하지 않은 사실을 언론매체에 제공·사내 통신망에 게시 등의 행위로 본 조합 또는 중앙회와 회원 전체의 명예를 훼손하거나 공신력을 실추시킨 때(제4호), v) 감독자로서 감독을 충분히 하지 못한 때(제5호), vi) 업무와 관련하여 감독기관 또는 수사기관으로부터 관련자의 징계를 요구받은 경우(제6호), vii) 조합의 건전한 경영 또는 영업을 저해하는 행위를 함으로써 경영악화를 초래하여 조합 또는 고객의 이익을 해한 때(제7호), viii) 금융위원회법과 금융업 관련법 및 같은 법 시행령 또는 금융위원회의 규정, 명령 또는 지시를 위반한 행위를 한 때(제8호), ix) 직장 내 성희롱행위(제9호), x) 사고를 은폐하거나 사고발생 보고를 지연한 때(제10호), xi) 고객과의 사적 금전거래 행위를 하거나 변칙적인 업무처리를 통한 자금세탁에 관여한 경우(제11호), xii) 감사를 거부, 방해 또는 기피한 경우(제12호), xiii) 감사수감 과정에서 허위진술 또는 허위자료 제출 등으로 타인의 징계처분에 부당한 영향을 미친 경우(제13호)에 해당하는 사고를 발각하였을 때에는 감사명령권자에게 보고하고 사고처리하여야 한다(감사규정32①).

Ⅱ. 사고조서 작성제출

1. 감사반장의 보고

감사반장은 사고처리한 사항에 대하여는 감사종료 후 2주 이내에 소정서식에 의한 사고조서를 작성하여 감사명령권자에게 보고함을 원칙으로 한다(감사규정33①).

2. 지역검사국장의 사고조서 원본 제출

지역검사국장은 감사종료 후 1개월 이내에 제1항의 규정에 의한 사고조서 원본과 관련 자료철을 위원장에게 제출하여야 한다(감사규정33②).

Ⅲ. 사고조서 심사

위원장은 사고처리 내용에 대한 적정여부를 검토하기 위하여 사고조서를 심사한다(감사규정34①). 심사결과 사고처리 내용이 부당 또는 부적절하다고 판단될 때에는 필요한 조치를 할 수 있다(감사규정34②).

제5절 감사결과처리

Ⅰ. 감사결과 강평

감사반장은 감사종료 후 감사결과 발굴된 문제점 및 경영개선 방향에 관하여 수감사무소의 임직원에게 강평을 하여야 한다(감사규정35 본문). 다만, 특별감사와 그 밖에 강평을 통하여 언급할 중요사항이 없는 경우에는 이를 생략할 수 있다(감사규정35 단서).

Ⅱ. 감사보고

1. 주요 지적사항의 구두 보고

감사반장은 감사결과 감사개황과 주요 지적사항을 귀임 즉시 감사명령권자에게 구두로 보고하여야 한다(감사규정36①).

2. 감사보고서 작성과 보고

감사반장은 감사종료 후 2주 이내에 소정서식에 의한 감사보고서를 작성하여 감사명령권자에게 보고함을 원칙으로 한다(감사규정36②).

3. 경영유의사항 통지와 조치

감사반장은 감사결과 경영상 취약성이 있는 것으로 나타나 경영자의 주의 또는 경영상 제도보완이 필요한 경우에는 "경영유의사항"으로 통지하여 필요한 조치를 취하게 하여야 한다(감사규정36③).

4. 감사보고서의 지적사항

감사보고서의 지적사항은 다음과 같이 구분한다(감사규정36④).

(1) 문책

문책은 i) 직원이 법령, 규정, 지시사항 등을 위반함으로써 인사위원회에 부의하여 신분상 책임을 물어야 할 사항(가목), ii) 직원이 고의 또는 과실로 법령, 규정, 지시사항 등을 위반함으로써 조합에 손해를 끼쳐 인사위원회에 부의하여 변상책임을 물어야 할 사항(나목), iii) 임원이 가목 및 나목에 해당하는 신분상 또는 변상책임이 발생하여 법령 및 정관에서 정하는 절차에 의하여 책임을 물어야 할 사항(다목)에 대한 지적이다(감사규정36④(1)).

(2) 문책위임

문책위임은 앞의 제1호 가목 및 나목의 문책 사항 중 경미한 과실 사고에 대하여 당해 조합장에게 통지하여 적의 조치하도록 위임하는 사항에 대한 지적이다(감사규정36④(2)).

(3) 주의촉구

주의촉구는 위규·부당취급 등 비위사실에 대한 관련 임직원의 비위 정도가 경미하고 정상을 참작하여 주의를 촉구할 필요가 있는 사항과 업무처리 태만 등으로 주의촉구가 필요한 사항에 대한 지적이다(감사규정36④(3)).

(4) 시정

시정은 법령·규정 또는 지시사항 등을 위반하여 추징, 회수, 보전 또는 그 밖의 방법 등으로 시정 또는 원상태로 환원시킬 필요가 있는 사항에 대한 지적이다(감사규정36④(4)).

(5) 주의

주의는 법령, 규정 또는 지시사항 등을 위반하였으나 시정 또는 원상태로 환원이 불가능하거나 원상환원의 실익이 없고 주의 및 반성이 필요한 사항에 대한 지적이다(감사규정36④(5)).

(6) 업무개선

업무개선은 규정·제도 또는 업무운영상 불합리하다고 인정되어 그 개선이 필요한 사항 또는 업무의 효율성 제고·비용절감 등의 효과가 인정되어 개선이 필요한 사항에 대한 지적이다(감사규정36④(6)).

(7) 권고

권고는 감사결과 문제가 있다고 인정되는 사항 등에 대하여 대안을 제시하여 개선방안을 마련하게 할 필요가 있는 사항에 대한 지적이다(감사규정36④(8)).

5. 지역검사국장의 감사보고서 사본 제출

지역검사국장은 감사보고서 사본을 위원장에게 제출하여야 한다(감사규정36⑤ 본문). 다만, 감사 관련 내부전산망에 입력한 경우에는 보고서를 제출한 것으로 본다(감사규정36⑤ 단서).

Ⅲ. 감사결과 조치

1. 감사결과통보서 작성과 통지

회장은 감사보고서의 감사결과 지적사항을 종합판단하여 수감사무소장에게 문책, 문책위임, 시정 및 개선을 요구하거나 주의촉구 등 적절한 조치를 취하여야 하며 감사결과통보서를 작성하여 이를 당해 조합의 조합장(조합공동사업법인의 경우에는 대표이사)과 감사에게 통지하여야 한다(감사규정37① 본문). 다만, 특별감사의 경우 감사결과 통보의 필요성 등을 종합판단하여 이를 생략할 수 있으며, 문책위임 사항에 대하여는 「문책위임 지적사항 세부처리기준」을 따로 정하여 운용할 수 있다(감사규정37① 단서).

2. 제재의 가중 요구

회장은 조합에 대한 감사결과(외부감사, 감독기관 감사결과 포함) 임직원이 2년에 2회 주의촉구 통보를 받은 후 1년 이내에 다시 주의촉구에 해당하는 행위를 한 경우 제재를 가중하여 요구할 수 있다(감사규정37④).

3. 감사지적사항 심의위원회의 구성

사무처(지역검사국 포함)는 감사지적사항 심의위원회를 구성하여 제36조 제2항의 규정에 의한 보고 이전에 감사보고서의 지적사항에 대한 적정 여부를 심의하고 감사지적이 부당 또는 부적절하다고 판단될 때에는 필요한 조치를 하여야 한다(감사규정37⑤).

심의위원회는 심의시마다 검사역 3명 이상으로 구성하는 것을 원칙으로 하며, 심의결과는 심의기록부에 기록·관리한다(감사규정37⑥ 본문). 다만, 감사 관련 내부전산망으로 갈음할 수 있다(감사규정37⑥ 단서).

4. 감사결과의 통보

검사담당부서의 장은 감사결과가 법 제166조(경영지도) 제1항 각 호의 어느 하나에 해당되는 경우 또는 제도개선이 필요하다고 인정되는 경우에는 관련부서의 장에게 감사결과를 통보한다(감사규정37⑦).

Ⅳ. 재심사 처리

위원장 또는 지역검사국장은 「회원조합 감사 사후관리 준칙」 제6조의2 제1항에 따라 재심사 청구가 있는 경우 특별한 사유가 없으면 이를 접수한 날부터 30일 이내에 가부를 결정 통보한다(감사규정38③).

Ⅴ. 문책사항의 처리

위원장은 감사결과를 처리할 때 위원회[제51조에서 정한 징계(변상)심의회를 포함]의 의결을 얻어야 하는 문책사항에 대하여는 사고조서의 접수일(재심의 승인요청 접수일 포함)부터 2개월 이내에 위원회에 부의하여 처리함을 원칙으로 한다(감사규정39① 본문). 다만, 수사 또는 소송진행, 기타 사유 등으로 인하여 부득이한 경우에는 그러하지 아니한다(감사규정39① 단서).

위원회의 의결을 얻어야 하는 문책사항에 대한 기준은 위원회가 정하는 바에 의한다(감사규정39③).

Ⅵ. 감사보고서 심사

위원장은 지역검사국장의 감사실시 결과에 대한 적정 여부를 검토하기 위하여 감사보고서를 심사할 수 있다(감사규정40①). 심사결과 감사지적사항이 부당 또는 부적절하다고 판단될 때에는 소명요구, 재감사의 실시 요구, 그 밖의 필요한 조치를 할 수 있다(감사규정40②).

제6절 징계요구절차

Ⅰ. 징계요구 범위

조합장에게 징계처분을 요구할 수 있는 범위는 i) 감사결과 발견된 사고에 대한 해당 조합 관련 임직원(타 기관에 파견된 직원을 포함)의 징계(제1호), ii) 법률의 규정에 의한 외부 감독·감사기관의 감사 또는 조사결과 발견된 사고에 대한 해당 조합 관련 임직원의 징계(제2호), iii) 조합 임직원이 업무 등과 관련한 법령을 위반하여 수사기관에서 조사결과 회장에게 관련 임직원의 징계를 요구한 경우의 해당 임직원에 대한 징계(제3호)와 같다(감사규정41).

Ⅱ. 징계요구 사유

조합장에게 징계를 요구할 수 있는 사유는 제32조 제1항 각호의 어느 하나와 같다(감사규정42). 즉 i) 횡령, 배임, 절도, 업무와 관련한 금품수수, 그 밖의 범죄행위나 부정한 행위를 한 때(제1호), ii) 고의 또는 과실로 업무상 장애 또는 분쟁을 야기하거나 조합에 손실을 초래하게 한 때(제2호), iii) 법령, 정관, 제규정 또는 근로계약·서약사항 및 지시·명령을 위반하여 조합 내의 질서를 문란하게 한 때(제3호), iv) 고객정보의 유출 등으로 사회적 물의를 야기하거나 원산지 허위표시, 명백하지 않은 사실을 언론매체에 제공·사내 통신망에 게시 등의 행위로 본 조합 또는 중앙회와 회원 전체의 명예를 훼손하거나 공신력을 실추시킨 때(제4호), v) 감독자로서 감독을 충분히 하지 못한 때(제5호), vi) 업무와 관련하여 감독기관 또는 수사기관으로부터 관련자의 징계를 요구받은 경우(제6호), vii) 조합의 건전한 경영 또는 영업을 저해하는 행위를 함으로써 경영악화를 초래하여 조합 또는 고객의 이익을 해한 때(제7호), viii) 금융위원회법과 금융업 관련법 및 같은 법 시행령 또는 금융위원회의 규정, 명령 또는 지시를 위반한 행위를 한 때(제8호), ix) 직장 내 성희롱행위(제9호), x) 사고를 은폐하거나 사고발생 보고를 지연한 때(제10호), xi) 고객과의 사적 금전거래 행위를 하거나 변칙적인 업무처리를 통한 자금세탁에 관여한 경우(제11호), xii) 감사를 거부, 방해 또는 기피한 경우(제12호), xiii) 감사수감 과정에서 허위진술 또는 허위자료 제출 등으로 타인의 징계처분에 부당한 영향을 미친 경우(제13호)이다(감사규정32①).

Ⅲ. 징계의 종류

조합장에게 요구할 수 있는 징계의 종류는 「회원조합 징계변상 업무처리준칙」에서 정하는 바에 의한다(감사규정43).

Ⅳ. 징계요구 절차

회장은 징계요구 사유가 발생할 경우 제39조(문책사항의 처리)에서 정하는 바에 따라 소속 조합장에게 [별지 제6호 서식]에 따라 징계처분을 요구한다(감사규정44).

Ⅴ. 징계요구양정의 기준

1. 회원조합 징계변상 업무처리준칙

징계요구양정 시에는 사고관련자의 개전의 정 및 사고의 원인, 정도, 피해보전 또는 그 밖의 정상을 참작하여 결정하되 구체적인 기준은 「회원조합 징계변상 업무처리준칙」에서 정하는 바에 의한다(감사규정45① 본문). 다만, 「회원조합 징계변상 업무처리준칙」에서 정한 범위 내에서 사고종류별 징계변상의 형평성을 도모하기 위하여 위원장은 「징계변상 내부 운용기준」을 제정하여 운용할 수 있다(감사규정45① 단서).

2. 가중징계의 요구

징계처분을 받은 사람이 징계에 따른 승진 제한기간 또는 승급 유예기간(임원의 경우에는 직원의 승진 제한기간 또는 승급 유예기간에 따르되, 직무의 정지에 대하여는 직원의 정직에 따른 승진 제한기간 또는 승급 유예기간을 적용한다) 중에 새로이 징계사유에 해당하는 행위를 한 경우에는 가중징계를 요구할 수 있다(감사규정45②).

Ⅵ. 징계요구에 대한 이행 등

1. 재심승인과 하향 의결

회장의 징계요구량에 대해서 이의가 있는 경우에는 위원회 또는 제51조에서 정한 징계(변상)심의회("심의회")의 재심승인을 얻어 하향 의결할 수 있다(감사규정46①).

회장이 조합에 대하여 징계요구를 한 경우 조합은 재심승인을 얻은 경우 외에는 조합에 요구한 징계량보다 하향 의결할 수 없다(감사규정46②).

2. 직권 각하

재심승인을 위한 요청에 대하여는 위원회 또는 심의회에서 심의 의결하되 청구내용이 사실과 다르거나 서류미비 등 「회원조합 징계변상 업무처리준칙」에서 정하는 각하사유에 해당되는 경우에는 위원장(심의회 심의대상은 조합감사위원회사무처장을 말한다. 이하 조합감사위원회사무처장을 "사무처장"이라 한다)이 직권으로 이를 각하할 수 있다(감사규정46③).

3. 직권 감경과 보고

재심의 내용이 표창사실의 기재 누락 등 징계를 감경할 만한 명백한 사유가 있는 경우에는 당초 의결취지의 범위 안에서 위원장(심의회가 심의한 대상에 대하여는 사무처장) 직권으로 감경할 수 있으며, 감경한 경우에는 그 결과를 위원회 또는 심의회에 보고하여야 한다(감사규정46④).

제7절 변상요구절차

Ⅰ. 변상요구범위

1. 손해 발생과 임직원에 대한 변상판정 요구

감사규정 제41조 각호의 i) 감사결과 발견된 사고에 대한 해당 조합 관련 임직원(타 기관에 파견된 직원을 포함)의 징계(제1호), ii) 법률의 규정에 의한 외부감독·감사기관의 감사 또는 조사결과 발견된 사고에 대한 해당 조합 관련 임직원의 징계(제2호), iii) 조합 임직원이 업무 등과 관련한 법령을 위반하여 수사기관에서 조사결과 회장에게 관련 임직원의 징계를 요구한 경우의 해당 임직원에 대한 징계(제3호)(감사규정41)와 관련하여 조합에 손해가 발생한 경우에는 손해액(손해예상액 포함)의 전부 또는 일부에 대하여 해당 조합장에게 관련 임직원에 대한 변상판정을 요구할 수 있다(감사규정47①).

2. 변상판정 요구와 징계의 병행 요구

변상판정 요구는 징계와 병행하여 요구한다(감사규정47② 본문).

3. 변상판정의 유예

손해액이 확정되지 아니한 사고 등 변상판정을 할 수 없는 사유가 있는 경우에는 변상판정을 유예할 수 있다(감사규정47② 단서).

변상판정을 유예할 경우에는 조합에 징계의결요구서 통보를 할 때에 손해액을 확정하는 즉시 사고발생보고를 하도록 조치하여야 한다(감사규정47③).

4. 변상채권 소멸시효 경과 방지와 기록 · 관리

변상판정유예 사항과 손실 미확정 채권에 대한 변상판정요구 사항은 변상채권 소멸시효 경과 방지를 위하여 감사 관련 내부전산망에 기록·관리하여야 한다(감사규정47④).

5. 사후관리

앞의 제3항 및 제4항에 의한 사후관리는 사무처(지역검사국 포함)에서 담당한다(감사규정47⑤).

Ⅱ. 변상요구 사유

조합의 임직원이 업무상 고의 또는 과실로 조합에 재산상 손해를 끼쳤을 때에는 변상을 요구할 수 있다(감사규정48).

Ⅲ. 변상요구 양정의 기준

변상요구양정의 기준은 감사규정 제45조(징계요구양정의 기준) 제1항을 참작하여 결정하되 세부적인 기준은 위원장이 따로 정하는 바에 의한다(감사규정49).

Ⅳ. 준용규정

변상판정업무는 제44조(징계요구 절차) 및 제46조(징계요구에 대한 이행 등)의 규정을 준용하되, 경영상태가 양호한 조합 등은 「징계변상 업무처리준칙(예)」에서 정하는 바에 따라 회장이 요구한 변상금액보다 하향 의결할 수 있다(감사규정50).

제8절 징계(변상)심의회 운용

Ⅰ. 설치와 구성

1. 설치

조합의 사고 관련 임직원에 대한 효율적인 징계(변상)요구를 위하여 사무처에 의결기구로서 징계(변상)심의회("심의회")를 둔다(감사규정51).

2. 구성과 제척

(1) 구성

심의회는 ⅰ) 의장: 사무처장(제1호), ⅱ) 부의장: 사무처 징계심의 담당 국장(제2호), ⅲ) 위원: 사무처장이 정하는 사무처 및 중앙회와 계열사의 조합 업무 관련 부서 M급 직원 7인 이내(제3호)로 구성한다(감사규정52①).

(2) 제척

의장, 부의장 및 위원 중 징계변상 관련자의 민법 제777조[1]에 의한 친족 또는 그 징계 사유와 관계있는 사람 등 제척사유에 해당하는 사람은 해당 심의회에서 해당 사고와 관련하여 징계·변상 심의·의결에 참여하지 못한다(감사규정52③).

---

1) 제777조(친족의 범위) 친족관계로 인한 법률상 효력은 이 법 또는 다른 법률에 특별한 규정이 없는 한 다음 각호에 해당하는 자에 미친다.
1. 8촌 이내의 혈족
2. 4촌 이내의 인척
3. 배우자

Ⅱ. 개최와 심의대상

1. 개최

심의회는 매월 1회 개최한다(감사규정53① 본문). 다만, 의장이 필요하다고 인정할 경우에는 그러하지 아니하다(감사규정53① 단서).

의장이 심의회를 개최할 경우에는 각 위원에게 심의회 개최일 전일까지 [별지 제1호 서식]에 의한 개최통지서로 소집 통지하여야 한다(감사규정53② 본문). 다만, 긴급을 요할 경우에는 그러하지 아니하다(감사규정53② 단서).

2. 심의대상

심의회는 조합감사위원회 부의대상 사고가 아닌 사고 중 제41조(징계요구 범위) 및 제47조(변상요구범위)의 규정에서 정한 징계 또는 변상 요구대상의 사고관련자별 징계 또는 변상을 심의한다(감사규정54).

Ⅲ. 의결 등

1. 개의와 의결

심의회는 구성원 과반수의 출석으로 개의하고 출석위원 과반수의 찬성으로 의결한다(감사규정55).

2. 서면의결

의장은 불가피한 사정으로 심의회 소집이 곤란할 때에는 의안을 서면으로 의결할 수 있다(감사규정55의2①). 이에 따라 의장이 서면의결을 하고자 할 경우 회의개최일 전일까지 안건과 의사표시에 필요한 서면을 각 위원들에게 송부하여야 한다(감사규정55의2②).

위원이 서면의결에 참여하고자 할 경우 의사표시에 필요한 서면에 각 안건에 대한 가부 등을 명확히 기재하여 서면회의 개최전까지 심의회에 제출하여야 한다(감사규정55의2③).

서면의결을 하는 위원의 수는 출석한 위원의 수로 본다(감사규정55의2④).

3. 부의절차

사무처에서는 사고발생 조합별로 [별지 제2호 서식]에 의한 부의조서를 작성하여 심의회에 부의한다(감사규정56).

Ⅳ. 징계 · 변상요구양정 의결과 확인

1. 징계 · 변상요구양정 의결

(1) 징계 · 변상의결 하한의 결정

심의회가 사고관련 임직원의 징계 · 변상요구 양정을 결정할 때에는 징계양정 세부기준상의 비위 유형별 기준 및 그 밖의 정상을 참작하여 징계 · 변상요구 대상 임직원별로 징계량 및 변상금액에 대한 징계 · 변상의결 하한을 결정한다(감사규정57①).

(2) 의결 내용의 양정의결서 기재

심의회의 의결 내용은 [별지 제3호 서식]에 의한 징계(변상)요구 양정의결서에 기재하여 참석위원이 기명하고 날인 또는 서명하여야 하며 징계 · 변상요구 원인이 된 사실증거의 판단과 관계규정을 명기하여야 한다(감사규정57②).

(3) 세부사항

징계 · 변상판정업무에 대한 세부적인 사항은 위원장이 따로 정하는 바에 의한다(감사규정57③).

2. 징계 · 변상요구양정 확인

위원장은 [별지 제5호 서식]에 따라 심의회에서 의결된 사고관련자별 징계 · 변상요구 양정의 적정 여부를 확인한다(감사규정58).

Ⅴ. 의사록 작성 및 보존

심의회 담당부서는 [별지 제4호 서식]에 따라 심의회 의사진행 상황을 기록한 의사록을 작성하여 의장과 부의장이 날인하여 보존하여야 한다(감사규정59).

제9절 감사사후관리

Ⅰ. 감사지적사항 사후관리

감사결과 조치요구사항에 대한 사후관리는 사무처(지역검사국 포함)에서 담당한다(감사규정60).

Ⅱ. 감사사후관리에 대한 세부사항

감사사후관리에 대한 세부사항은 위원장이 따로 정하는 준칙에 의한다(감사규정61).

제3장 / 징계변상

여기서는 농협중앙회의 징계변상 업무처리준칙(예)("준칙")과 징계변상규정(예)("규정")의 내용을 살펴본다.

제1절 총칙

Ⅰ. 목적과 적용범위

1. 목적

(1) 회원조합의 경우

징계변상 업무처리준칙(예)("준칙")은 본 조합 임직원에 대한 징계 및 변상 사유가 발생한 경우 그 징계 및 변상 처리의 절차와 방법 등에 관한 세부사항을 규정하여 합리적이고 공정한 업무처리에 기여함을 목적으로 한다(준칙1).

(2) 조합공동사업법인의 경우

징계변상 업무처리준칙(예)("준칙")은 본 조합공동사업법인 임직원에 대한 징계 및 변상 사유가 발생한 경우 그 징계 및 변상처리의 절차와 방법 등에 관한 세부사항을 규정하여 합리적이고 공정한 업무처리에 기여함을 목적으로 한다(준칙1).

2. 적용범위

조합의 징계 및 변상업무에 대하여 법령, 정관 및 규정(징계변상규정(예))에서 정하고 있는 경우를 제외하고는 이 준칙을 적용한다(준칙2).

조합 임직원에 대한 징계는 법령, 정관 및 회장이 따로 정하는 준칙을 제외하고는 징계변상규정(예)("규정")을 적용한다(규정2).

Ⅱ. 사고발생보고와 사고의 구분

1. 사고발생보고

조합장은 소속 임직원에 대하여 징계변상규정(예) 제4조의 징계사유가 발생하였을 때에는 [별지 제1호 서식]에 따라 즉시 지역검사국장에게 사고(조합 자체 발각 사고 포함)발생을 보고하여야 한다(준칙4).

2. 사고의 구분

사고는 ⅰ) 천재지변 또는 불가항력으로 인한 사고(제1호), ⅱ) 책임소재가 불명확한 사고(제2호), ⅲ) 고의로 인한 사고(제3호), ⅳ) 직무태만 또는 과실로 인한 사고(제4호)로 구분한다(준칙5①).

위의 제1호 및 제2호의 경우에는 정상을 참작하여 징계를 면제할 수 있다(준칙5②).

Ⅲ. 타 기관 조사와의 관계 등

1. 타 기관 조사와의 관계

(1) 조합장의 징계조치 제한

조합장은 징계조치하여야 할 사고가 중앙회 및 감독기관 등에서 지적된 위법부당행위에 해당되는 경우에는 회장이나 감독기관장의 제재요구가 있기 전에 임의로 임직원에 대한 징계조치를 하여서는 아니된다(준칙8① 본문). 다만, 조합감사위원회사무처장("사무처장")이 승인하는 경우에는 그러하지 아니하다(준칙8① 단서).

(2) 결과 참작과 징계의결

i) 검찰 등 수사기관이 입건하여 수사 중인 때(검사의 불기소처분이 있는 날을 종료일로 본다)(준칙11④(1)), ii) 민사소송의 계속, 형사공판절차의 계속 또는 법원에 의한 경매절차의 계속 등 법원에서의 법적절차가 진행 중인 때(판결 또는 결정 등이 확정되어 법원의 법적절차가 종료된 날을 종료일로 본다)(준칙11④(2))에는 사유가 있는 경우에는 그 사유가 종료된 후 결과를 참작하여 징계의결 할 수 있다(준칙8②).

2. 감독기관의 주의 · 경고 등 요구에 대한 조치

(1) 주의촉구

조합장은 임직원이 감독기관으로부터 주의 · 경고 조치를 요구받은 경우에는 주의촉구로 제재 조치한다(준칙9①).

(2) 견책

조합장은 임원이 감독기관으로부터 문책 경고 및 주의적 경고 조치를 요구받은 경우에는 견책으로 제재 조치한다(준칙9②).

3. 감독기관의 조치사항을 고려한 가중 또는 감경

조합장은 위법 · 부당행위 관련 임직원에 대한 징계처분 시 감독기관이 이미 취한 제재 조치가 있는 경우에는 이를 고려하여 징계수준을 가중 또는 감경할 수 있다(준칙10).

4. 징계처분과 타처분

징계처분은 민·형사상의 책임에 영향을 주지 아니한다(규정9).

Ⅳ. 사고관련자의 사직서 제출

1. 정직 이상 징계처분과 사직처리 보류

조합장은 사고관련자 중 정직 이상 징계처분이 예상되는 직원이 사직서를 제출하였을 때에는 즉시 지역검사국장에게 보고하고 사직처리를 보류하되, 민법 제660조 등 관계법령에 따른 고용계약 해지의 효력이 발생하기 전에 사고금에 대한 채권보전조치 및 징계조치 등 필요한 조치를 하여야 한다(준칙12①).

2. 근무처 변동과 사고관련 사실의 통보

사고관련자의 근무처가 사고 당시와 변동되었을 때 또는 사고발각 이후 변동될 때에는 조합장은 현소속 또는 부임지 조합의 조합장에게 사고관련 사실을 통보하여야 한다(준칙12②).

Ⅴ. 제척 및 기피

1. 제척

조합인사위원회(임원인 경우 이사회 또는 총회를 말한다. 이하 통틀어 "조합인사위원회"라 한다) 위원장 및 위원 중 징계관련자의 민법 제777조에 의한 친족이나 그 징계사유와 관계 있는 자 등 제척사유에 해당하는 자는 조합인사위원회에서 해당 사고와 관련하여 징계심의 및 의결에 참여하지 못한다(준칙13① 본문). 다만, 조합인사위원회 위원장(총회인 경우에는 의장)이 제척사유에 해당될 경우에는 각 의결기관의 구성원 중 1인을 조합인사위원회의 임시 위원장으로 선임한다(준칙13① 단서).

2. 기피

징계관련자는 조합인사위원회 위원장 또는 위원 중에서 불공정한 의결을 할 우려가 있다고 인정할 만한 타당한 사유가 있을 때에는 그 사실을 서면으로 소명하고 기피를 신청할 수 있다(준칙13②).

기피신청이 있을 때에는 조합인사위원회 의결로 당해 위원장 또는 위원의 기피 여부를 결정하여야 한다(준칙13③ 전단). 이 경우 기피결정을 받은 자는 그 심의 및 의결에 참여하지 못한다(준칙13③ 후단).

3. 개의정족수 미달과 임시위원 추가 지정

제척 및 기피 사로 개의정족수가 미달될 경우 조합인사위원회 인사위원장이 인사위원회 구성방법에 따라 임시위원을 추가 지정하여 심의 및 의결에 참여하도록 하여야 한다(준칙13④).

4. 임시위원 추가 선임

임시위원 추가 선임은 i) 직원의 경우 인사위원으로 지명되지 아니한 4급 이상 직원 중에서 조합장이 지명(단, 조합장이 제척 및 기피 대상자인 경우 임시위원장이 지명)(제1호), ii) 비상임이사의 경우 인사위원으로 선임되지 아니한 비상임이사 중에서 이사회에서 선임(제2호)한다(준칙13⑤ 본문). 다만, 임시위원을 추가로 선임할 수 없어 조합인사위원회나 이사회 개의가 어려울 때에는 총회 등 상급 의결기관에서 의결하여야 한다(준칙13⑤ 단서).

제2절 징계

Ⅰ. 서설

1. 징계의 의의

징계라 함은 조직의 경영질서유지를 위하여 사고관련 임원에 대하여 취하는 개선, 직무의 정지, 견책과 직원에 대하여 취하는 징계해직, 정직, 감봉, 견책 등 신분상의 제재조치를 말한다(준칙3(5)).

2. 징계의 사유 및 보고

(1) 징계사유

임직원의 고의 또는 과실에 의한 위법부당행위로 조합에 손실을 초래하거나 내부질서 및 그 밖의 금융질서 등을 위반하여 중앙회 및 조합의 명예나 위신을 손상시키고 복무질서를 문란시킨 경우로서 i) 횡령, 배임, 절도, 업무와 관련한 금품수수, 그 밖의 범죄행위나 부정한 행위를 한 때(제1호), ii) 고의 또는 과실로 업무상 장애 또는 분쟁을 야기하거나 본 조합에 손실을 초래하게 한 때(제2호), iii) 법령, 정관, 제규정 또는 근로계약·서약사항 및 지시·명령을 위반하여 본 조합 내의 질서를 문란하게 한 때(제3호), iv) 고객정보의 유출 등으로 사회적 물의를 야기하거나 원산지 허위표시, 명백하지 않은 사실을 언론매체에 제공·사내 통신망에 게시 등의 행위로 본 조합 또는 중앙회와 회원 전체의 명예를 훼손하거나 공신력을 실추시킨 때(제4호), v) 감독자로서 감독을 충분히 하지 못한 때(제5호), vi) 직원이 업무와 관련하여 감독기관 또는 수사기관으로부터 관련 직원의 징계를 요구받은 경우(제6호), vii) 본 조합의 건전한 경영 또는 영업을 저해하는 행위를 함으로써 경영악화를 초래하여 조합 또는 고객의 이익을 해한 때(제7호), viii) 금융위원회법과 금융업관련법 및 같은 법 시행령 또는 위원회의 규정, 명령 또는 지시를 위반한 행위를 한 때(제8호), ix) 직장 내 성희롱행위(제9호), x) 사고를 은폐하거나 사고발생보고를 지연한 때(제10호), xi) 고객과의 사적 금전거래 행위를 하거나 변칙적인 업무처리를 통한 자금세탁에 관여한 경우(제11

호), xii) 감사를 거부, 방해 또는 기피한 경우(제12호), xiii) 감사 수감과정에서 허위진술 또는 허위자료 제출 등으로 다른 사람의 징계처분에 부당한 영향을 미친 경우(제13호) 중 어느 하나에 해당하는 사유가 있을 때에는 징계하여야 한다(규정4①).

(2) 사고발생보고

조합장은 소관업무에 관하여 징계사유를 알았을 때에는 즉시 중앙회 지역검사국장에게 사고발생보고를 하여야 한다(규정4②).

(3) 손해 발생과 변상

징계사유에 의하여 조합에 재산상의 손해가 발생한 경우 따로 정하는 바에 의하여 관련자에게 변상하도록 할 수 있다(규정4③).

3. 직원에 대한 징계의 구분 및 효과

(1) 징계의 구분

직원에 대한 징계는 i) 중징계는 징계해직, 정직, 감봉(제1호), ii) 경징계는 견책(제2호)으로 구분한다(준칙6①).

중징계 중 정직은 "정직 3월", 감봉은"감봉 3월"을 부과함을 원칙으로 하고, 책임의 정도에 따라 1개월 단위로 1월에서 최고 6월까지 부과할 수 있다(준칙6②).

(2) 징계의 효과: 제재조치

징계의 종류별 효과는 다음과 같다(준칙6③).

(가) 징계해직

직원의 신분을 제적하여 해직한다(준칙6③(1)).

(나) 정직

정직기간(1월 이상 6월 이내에서 월 단위로 정한다) 동안 직무에 종사할 수 없으며 기간만료와 동시에 복직한다(준칙6③(2) 가목).

정직기간에 18개월을 가산한 기간 동안 승진을 제한하고 승급을 유예한다(준칙6③(2) 나목 본문). 다만, 연봉제 적용대상 직원에 대하여는 정직기간에 18개월을 가산한 기간 동안 승진 및 기준급 조정을 제한한다(준칙6③(2) 나목 단서).

직원이 소속된 조합에서 시행하는 「급여규정」이 정하는 바에 따라 정직기간 중 급여를 감급한다(준칙6③(2) 다목).

(다) 감봉

감봉기간(1월 이상 6월 이내에서 월 단위로 정한다)에 12개월을 가산한 기간 동안 승진을 제한하고 승급을 유예한다(준칙6③(3) 가목).

연봉제 적용대상 직원에 대하여는 감봉기간에 12개월을 가산한 기간 동안 승진 및 기준급 조정을 제한한다(준칙6③(3) 나목).

(라) 견책

전과를 반성하고 근신하게 한다. 6개월간 승진을 제한하고 승급을 유예한다(준칙6③(4) 가목). 연봉제 적용대상 직원에 대하여는 6개월간 승진 및 기준급 조정을 제한한다(준칙6③(4) 나목).

(3) 제재조치의 병합 부과

징계사유가 중복되는 경우에는 제재조치를 병합하여 부과한다(준칙6④).

(4) 감독기관의 징계해직 요구와 직무정지

감독기관(농림축산식품부장관, 금융위원장, 감사원장 등) 또는 회장으로부터 징계해직의 조치요구를 받은 직원은 조치요구서 접수일부터 징계조치가 최종 확정되는 날까지 그 직무가 정지된다(준칙6⑤).

4. 임원에 대한 징계의 구분 및 효과

(1) 징계의 구분

임원에 대한 징계는 i) 개선(제1호), ii) 직무의 정지(제2호), iii) 견책(제3호)으로 구분한다(준칙7①).

(2) 징계의 효과: 제재조치

징계의 종류별 효과는 다음과 같다(준칙7②).

(가) 개선

이사회(조합장, 감사에 대한 자체징계 및 이들에 대한 감독기관 또는 중앙회장의 조치요구보다 가중 징계하는 경우는 총회) 의결을 얻어 개선 조치하되, 당해 임원에 대한 사임 또는 해임 절차를 이행한 후 임원을 새로 선임한다(준칙7②(1)).

(나) 직무의 정지

이사회(조합장, 감사에 대한 자체징계 및 이들에 대한 감독기관 또는 중앙회장의 조치요구보다 가중 징계하는 경우는 총회) 의결을 얻어 직무정지 조치하되, "직무의 정지 3월"을 부과함을 원칙으로 하고, 책임의 정도에 따라 매 1개월 단위로 1월에서 최고 6월까지 부과할 수 있다(준칙7②(2) 가목).

직무정지기간 동안 직무에 종사할 수 없으며 기간만료와 동시에 복직한다(준칙7②(2) 나목).

직무가 정지된 기간 중의 상임 임원에 대한 보수 또는 비상임 조합장에 대한 실비는 지급하지 아니한다(준칙7②(2) 다목).

(다) 견책

이사회(조합장, 감사에 대한 자체징계는 총회) 의결을 얻어 견책 처분하되 전과를 반성하고 근신하게 한다(준칙7②(3)).

(3) 개선의 조치요구와 직무정지

감독기관 또는 회장으로부터 개선의 조치요구를 받은 임원은 조치요구서 접수일부터 징계조치가 최종 확정되는 날까지 직무가 정지되며, 농협법 제46조 제4항에서 정하는 바에 따라 직무정지기간 동안의 직무대행자를 선임하여야 한다(준칙7③).

5. 징계시효

(1) 징계시효기간

징계시효는 징계사유가 발생한 날부터 5년의 기간이 경과한 때에 완성되며, 이 경우 징계의결의 요구를 할 수 없다(준칙11① 본문). 다만, 업무상 횡령, 금품유용 또는 수수 사고는 10년의 기간이 경과한 때에 징계시효가 완성된 것으로 본다(준칙11① 단서).

위에서 징계사유가 발생한 날이라 함은 사고발생일(사고의 연속인 경우에는 최종 사고일)을 말한다(준칙11②).

(2) 징계시효의 중단

징계시효는 사고처리 종료일부터 중단된다(준칙11③).

(3) 징계시효의 연장

징계시효기간 만료일에 다음 각 호의 사유가 있거나, 다음 각 호의 사유가 종료하는 날로부터 남은 징계시효기간이 2개월 미만인 경우 징계시효는 각 호의 사유 종료일부터 3개월간 연장된다(준칙11④).

1. 검찰 등 수사기관이 입건하여 수사 중인 때(검사의 불기소처분이 있는 날을 종료일로 본다)
2. 민사소송의 계속, 형사공판절차의 계속 또는 법원에 의한 경매 절차의 계속 등 법원에서의 법적절차가 진행 중인 때(판결 또는 결정 등이 확정되어 법원의 법적절차가 종료된 날을 종료일로 본다)
3. 농림수산업자신용보증기금의 대손판정 절차 또는 농림수산정책자금대손보전기금의 대손보전판정 절차 진행 중인 때(판정결과 통보일을 종료일로 본다)
4. 중앙회를 포함한 감독기관이 감사(상각감사 또는 매각감사 등을 포함) 중인 때(감사종료일을 종료일로 본다)

(4) 법원 등의 징계처분 무효 등 판결과 징계 의결

법원, 권한 있는 행정관청 등에서 징계처분의 무효 또는 취소의 판결(판정을 포함)을 한 때에는 제1항의 규정에 불구하고 다시 징계 의결할 수 있다(준칙11⑤).

Ⅱ. 징계기준

1. 징계대상과 징계기준

(1) 징계대상

조합장은 ⅰ) 회장이 농협법에 근거한 검사 또는 감사결과 발견된 사고관련 조합 임직원에 대한 징계(제1호), ⅱ) 법률의 규정에 따른 외부 감독감사기관의 감사 또는 조사결과 발견된 사고 관련 조합 임직원에 대한 징계(제2호), iii) 임직원이 업무 등과 관련, 법령을 위반하여 수사기관에서 수사결과 회장 또는 지역검사국장에게 관련 임직원의 징계를 요구한 경우 해당 임직원에 대한 징계(제3호), iv) 자체 사고처리 시 사고관련 조합 임직원에 대한 징계(제4호)에 대하여 조합 인사위원회에 부의하여 징계한다(준칙14).

(2) 징계기준

(가) 징계 대상자별 징계량

자체 사고처리 결과에 따라 임직원에 대한 징계사유가 발생하여 조합인사위원회(조합장, 감사는 총회)에서 징계의결할 때의 징계 대상자별 징계량은 [별표]에 의하며 비위유형별 하한 징계량 이상으로 징계한다(준칙15① 본문). 다만, 극히 경미한 사고로서 동 징계기준별 하한과 다르게 감경하여 징계할 경우에는 구체적 사유를 명기하여야 한다(준칙15① 단서).

(나) 회장의 징계 요구와 징계량

조합은 회장으로부터 소속 임직원에 대한 징계를 요구받은 경우 조합에 요구한 하한 징계량 이상으로 징계량을 부과하여야 한다(준칙15② 본문). 다만, 조합에서 원심의결을 시행한 후 사고관련자의 재심청구와 조합의 재심승인요청에 의하여 조합감사위원회 또는 중앙회 「지도감사규정」 제51조에 따른 징계(변상)심의회("심의회")의 승인을 받은 경우에는 그러하지 아니하다(준칙15② 단서).

(다) 재심승인요청서 제출

앞의 제2항의 단서에 의하여 승인을 신청하는 경우에는 조합인사위원회의 의결을 거쳐 객관적인 자료에 의하여 징계량의 감경사유를 입증할 수 있는 사유와 근거자료 및 검토의견서를 첨부한 [별지 제2호 서식]에 의한 재심승인요청서를 지역검사국장을 거쳐 조합감사위원장에게 제출하여야 한다(준칙15③).

(라) 고의 또는 중과실이 없었을 경우의 면책, 감경

조합의 각종 사업규정 등에서 면책을 규정한 사항과 사업추진 과정에서 조합원(조합원이 아닌 일반농업인 포함)의 실익을 확보하기 위한 불가피한 조치였음이 객관적으로 입증되는 사항에 대하여는 사고관련자의 고의 또는 중과실이 없었을 경우 면책하거나 징계기준에 정해진 징계량보다 감경할 수 있다(준칙15④).

2. 징계의 양정

(1) 징계량의 기준

징계의 양정은 i) 징계대상자의 사고관련 행위(지시, 결재, 취급 등)의 고의, 중과실, 경과실 해당 여부(제1호), ii) 사고금의 크기, 손실의 변상 여부(제2호), iii) 사고발생 후 사고 수습 및 손해 경감을 위한 노력 여부(제3호), iv) 사고 발생 요인 중 불가항력적 요소 유무(제4호), v) 사회적으로 중대한 물의를 야기하여 본 조합 또는 중앙회와 회원 전체의 명예를 훼손하였거나 공신력을 실추시킨 사실 유무(제5호), vi) 징계대상자의 평소 근무태도, 공적, 개전의 정 및 과거 징계사실의 유무(제6호), vii) 위법부당행위의 동기, 외적요인 등(제7호)의 어느 하나에 해당하는 사유를 감안하여 [별표] 징계기준에 따라 운용한다(준칙16①).

(2) 사고관련자가 자진신고 등을 한 경우

사고관련자가 i) 사고발생일부터 30일 이내에 사고 사실을 검사담당 부서 또는 제28조의 징계부의 부서에 자진신고한 경우(특별신고 기간 내의 자진신고 포함)(제1호), ii) 사무소 내 특정 직위의 비위 사실을 검사담당 부서 또는 제28조의 징계부의 부서에 직무보고한 경우(제2호), iii) 비위 사실을 자체 발견하고 제4조(사고발생보고)의 규정에 따라 계통보고한 경우(제3호)의 어느 하나에 해당하여 자진신고 등을 한 경우에는 사고내용에 따라 징계량을 감경하거나 면제할 수 있다(준칙16②).

준칙에서 “검사담당 부서”라 함은 조합감사위원회사무처와 지역검사국을 말한다(준칙3(4)).

(3) 금품수수자가 단시일 내에 반납하고 자진신고한 경우

금품수수에 대하여는 금품수수자가 단시일 내에 반납하고 자진신고한 경우(특별 신고기간 내의 자진신고 포함)에는 이를 감경 또는 면책할 수 있다(준칙16③).

(4) 사고 발각 전에 위규사실을 스스로 시정 또는 치유한 경우 등

사고 발각 전에 위규사실을 스스로 시정 또는 치유하거나 금융분쟁조정과 관련하여 합의권고 또는 조정안을 수락한 경우에는 사고내용에 따라 징계량을 감경하거나 면제할 수 있다(준칙16④).

(5) 주도적인 역할 없이 단순히 사고행위에 가담한 경우

사고행위에 대한 주도적인 역할 없이 단순히 사고행위에 가담하여 따른 사람("추종자")과 감독자에 대하여는 비위행위의 사전 인지도 및 관련정도, 빈도를 참작하여 문책하되 범죄사고의 추종자는 원칙적으로 행위자에 준하여 문책한다(준칙16⑤).

(6) 징계를 받았으나 사고가 추가 발각된 경우

징계를 받았으나 해당 사고의 처리일 이전에 발생한 사고가 추가 발각된 경우 동시에 사고처리된 경우와 형평을 고려하여 징계한다(준칙16⑥ 본문). 다만, 병합심의시 징계수위가 높아지는 경우에는 그러하지 아니하다(준칙16⑥ 단서).

(7) 금융실명법 위반시의 징계양정

금융실명법 위반 등에 관한 징계양정은 금융감독원장이 정하는 「금융기관 검사 및 제재에 관한 규정 시행세칙」의 양정기준을 준용할 수 있다(준칙16⑦).

3. 징계량의 가중, 감경의 순서 등

(1) 과실의 정도 측정기준

중과실과 경과실의 구분은 다음의 사항을 참작하여 결정한다(준칙17). 즉 i) 사고에 대한 인식, 결과의 예견 및 사고방지가 용이할수록 과실이 큰 것으로 보고(제1호), ii) 근속연수, 직위, 담당 업무를 참작한 주의능력이 클수록 과실이 큰 것으로 보며(제2호), iii) 그 밖에 주의의무의 준수를 용이하게 기대할 수 있을 때일수록 과실이 큰 것으로 본다(제3호).

준칙에서 "중과실"이라 함은 위법 · 위규 · 부당행위로서 이를 방치하거나 선량한 관리자의 주의의무를 현저하게 소홀히 하여 조합에 손실을 끼치거나 질서를 문란하게 한 경우를 말한다(준칙3(2)). "경과실"이라 함은 위법 · 위규 · 부당행위로서 선량한 관리자의 주의의무를 소홀히 하여 조합에 손실을 끼치거나 질서를 문란하게 하였으나 그 정도가 미약한 경우를 말한다(준칙3(3)). "고의"라 함은 위법 · 위규 · 부당행위임을 인지하고도 이를 적극적으로 행하거나 은폐함으로써 조합에 손실을 끼치거나 질서를 문란하게 한 경우를 말한다(준칙3(1)).

(2) 징계량의 가중, 감경의 순서

징계량의 결정시 가중 또는 감경할 사유가 경합된 때에는 i) 병합심의 가중(제1호), ii) 과거 징계사실에 대한 가중(제2호), iii) 과거 표창사실에 대한 감경(제3호), iv) 변상자 감경(제4호)의 순서에 의한다(준칙18①).

가중 및 감경사유가 경합될 경우에는 거듭하여 가중 또는 감경할 수 있다(준칙18②).

4. 가중원칙

(1) 병합심의 가중원칙

징계대상자가 수개의 사고와 관련하여 조합인사위원회에 징계 회부되었을 때에는 병합심의함을 원칙으로 하되, 다음의 기준에 따라 그 징계양정을 가중할 수 있다(준칙19).

1. 직원
   가. 견책 + 견책 = 감봉
   나. 견책 + 중징계 = 감봉 이상 징계해직 이하
   다. 감봉 + 중징계 = 정직 이상 징계해직 이하
   라. 정직 + 정직 = 정직 이상 징계해직 이하
2. 임원
   가. 견책 + 견책 = 견책 이상 직무의 정지 이하
   나. 견책 + 중징계 = 직무의 정지 이상 개선 이하
   다. 직무의 정지 + 직무의 정지 = 직무의 정지 이상 개선 이하

(2) 징계처분기간 중 발생한 사고에 대한 가중원칙

징계에 따른 승진 제한 또는 승급 유예 기간(임원의 경우에는 직원의 승진 제한 또는 승급 유예 기간에 따르되, 직무의 정지에 대하여는 직원의 정직에 따른 승진 제한 또는 승급 유예 기간을 적용한다) 중에 새로이 징계사유에 해당하는 행위를 한 경우에는 해당 비위에 상응하는 징계보다 가중하여 징계할 수 있다(준칙20).

(3) 조합인사위원회 의사진행 방해자에 대한 가중원칙

사고관련자가 조합인사위원회에 출석하여 인사위원회의 진행을 방해하거나 위원 개인의 인격을 모독하는 행위를 하는 경우에는 가중 징계할 수 있다(준칙21).

5. 감경원칙

(1) 포상자에 대한 감경원칙

(가) 포함되는 공적

징계처분 대상자가 ⅰ) 상훈법에 의하여 훈장 또는 포장을 받은 공적(제1호), ⅱ) 정부 표창 규정에 의하여 장관 이상의 표창을 받은 공적(제2호), ⅲ) 금융위원장, 금융감독원장 및 한국은행 총재의 표창을 받은 공적(제3호), ⅳ) 중앙회장의 표창(인사준칙에서 정하는 특별공적상에 한한다)을 받은 공적(제4호)이 있는 경우에는 [별표]의 징계기준 중 징계양정 감경기준에 따라 징계량을 감경할 수 있다(준칙22① 본문).

다만, 여러 개의 공적이 있는 경우에도 징계량의 감경은 1회에 한하며, 횡령, 배임, 절도, 성폭력·성희롱, 채용비리, 업무와 관련한 금품수수 등 금융 및 일반사업 관련 불법행위에 해당하는 범죄사고와 분식결산 사고의 행위자·지시자 또는 방조·교사한 관련자, 임원의 경우 경영부실 사고, 무자격조합원 방치 사고의 방침결정자는 감경대상에서 제외한다(준칙22① 단서).

(나) 제외되는 공적

징계량을 감경함에 있어 ⅰ) 징계처분 대상자가 징계(표창 감경으로 주의촉구된 경우를 포함)를 받은 적이 있는 경우 그 징계처분 이전의 공적(제1호), ⅱ) 징계처분 대상자가 조합(농업협동조합법 부칙<법률 제6018호, 1999. 9. 7.> 제6조에 따라 해산된 농·축·인삼협동조합중앙회, 농협중앙회, 농협은행 포함) 입사 전에 받은 공적(제2호), ⅲ) 징계처분 대상자가 조합의 신용, 경제 및 지도 업무 등 조합의 업무와 직접 관련 없이 받은 공적(제3호)은 제외한다(준칙22②).

(2) 변상자 감경원칙

(가) 경과실로 손실을 초래한 경우

경과실로 조합에 손실을 초래한 경우 관련자가 i) 자체사고처리의 경우 조합인사위원회 의결 전까지(제1호), ii) 중앙회 사고처리의 경우 징계요구의결 전까지(제2호) 손실액 전액을 자진변상한 경우에는 그 징계량을 면제할 수 있으며, 손실액 중 상당금액을 자진변상한 경우에는 징계량을 감경할 수 있다(준칙23①).

(나) 중과실로 인한 사고발생의 경우

중과실로 인한 사고발생의 경우 징계처분대상자가 i) 자체사고처리의 경우 조합인사위원회 의결 전까지(제1호), ii) 중앙회 사고처리의 경우 징계요구의결 전까지(제2호) 사고금 또는 손실액을 전액 변상한 때에는 해당 임직원에 대한 징계량을 감경할 수 있다(준칙23② 본문). 다만, 제16조(징계의 양정) 제3항의 규정에 따른 경우를 제외한 금품수수, 고질적 비위 또는 고의로 인한 행위일 때에는 그러하지 아니하다(준칙23② 단서).

6. 관리 · 감독자에 대한 징계 등

(1) 관리 · 감독자에 대한 징계

(가) 통상의 주의를 소홀히 하여 사고미연방지 등을 하지 못한 관리 · 감독자

전산입력 및 전산출력자료 확인, 책임자 필수확인사항, 직원 순환보직, 취약직원 관리, 일일감사 등 통상의 주의를 소홀히 하여 사고미연방지 또는 조기발견을 하지 못한 관리·감독자에게 견책 이상의 징계를 할 수 있다(준칙24①).

(나) 위규 또는 부당행위를 지시한 감독자

위규 또는 부당행위를 지시한 감독자에게는 행위자와 동일한 징계량을 부과한다(준칙24②).

(다) 경영 및 사업방침결정 잘못으로 조합에 손해를 끼친 자

경영 및 사업방침결정 잘못으로 조합에 손해를 끼친 사람에게는 행위자와 같은 징계량을 부과할 수 있다(준칙24③).

(라) 결재권 행사를 미이행하는 등 소홀히 한 결재권자

결재권 행사를 미이행하는 등 소홀히 함으로써 취급상 하자, 미비사항 및 사고내용을 발견하지 못하였거나 사고가 발생한 경우 결재권자는 취급자와 취급자의 직상위 감독자(결재자를 포함)에 준하여 징계할 수 있다(준칙24④).

(마) 직상위 감독자가 중대한 과실로 부하직원의 사고를 예방하지 못한 경우

직상위 감독자가 온라인 책임자인증토큰 및 각종 금고열쇠 등의 관리와 동 사용내역의 적정 여부 확인을 게을리하는 등 중대한 과실로 부하직원의 사고를 예방하지 못한 경우에는 행위자에 준하여 징계할 수 있다(준칙24⑤).

(바) 정상참작과 감경 또는 면책

관리·감독자의 직무 태만 정도를 참작하여 징계량을 감경 또는 면책할 수 있다(준칙24⑥).

(2) 교사자 및 방조자에 대한 징계

(가) 교사자

교사자에 대하여는 행위자에 준하여 처리한다(준칙25①).

(나) 방조자

행위자의 위규행위를 인식하고 행위자의 사고발생을 방조한 사람에 대한 징계는 다음과 같다(준칙25②).

1. 징계해직 또는 개선에 해당하는 사고의 방조자
   가. 직원 : 정직 이상 징계해직 이하
   나. 임원 : 직무의 정지 이상 개선 이하
2. 정직 또는 직무의 정지에 해당하는 사고의 방조자
   가. 직원 : 감봉 이상 정직 이하
   나. 임원 : 견책 이상 직무의 정지 이하
3. 감봉 이하에 해당하는 사고의 방조자
   가. 직원 : 감봉 이하
   나. 임원 : 견책 이하

(3) 관련 취급자에 대한 징계

행위자의 위규행위를 인식하지 못하였거나 업무취급을 게을리하여 사고의 미연방지 또는 조기발견을 하지 못한 업무취급자와 결재자에 대한 징계는 다음과 같다(준칙26).

1. 징계해직에 해당하는 사고관련자 : 정직 이하
2. 정직 이상에 해당하는 사고관련자 : 감봉 이하
3. 감봉 이하에 해당하는 사고관련자 : 견책 이하

Ⅲ. 징계절차

1. 징계부의와 징계부의 부서

(1) 징계부의

(가) 징계부의조서 작성 등

조합장은 사고관련 직원에 대하여 회장으로부터 징계요구가 있거나 조합자체감사(조합감사의 감사 포함)결과 징계조치가 필요한 때에는 특별한 사유가 없으면 징계요구서 접수일 또는 사고조서 작성일부터 2개월 이내에 소속직원으로 하여금 [별지 제3호 서식]에 의한 징계부의조서를 작성하게 하고 [별지 제5호 서식]에 따라 조합인사위원회를 소집하여, 사고관련자들에 대한 징계량을 의결하도록 부의하여야 한다(준칙27①).

(나) 개선 등 요구와 조치

조합장은 회장으로부터 사고관련 임원에 대하여 개선, 직무의 정지, 견책 또는 변상의 요구가 있는 경우 특별한 사유가 없으면 법령, 정관 및 규정에서 정하는 바에 의하여 2개월 이내에 필요한 조치를 이행하여야 한다(준칙27②).

(다) 주의촉구통보서

조합장은 중앙회에서 징계요구된 사고로서 관련자 전원이 변상요구액이 없는 주의촉구인 경우에는 조합장의 [별지 제14호 서식]에 의한 주의촉구통보서로 조치를 종결할 수 있다(준칙27③).

(2) 징계부의 부서

사고관련자들에 대한 징계부의는 조합의 총무담당 또는 기획담당책임자(감사부서를 별도로 운영하는 조합은 감사담당책임자로 한다)가 담당한다(준칙28 본문). 다만, 징계부의 담당자가 사고 등에 관련되어 있거나 유고시에는 조합장이 정하는 직원이 담당한다(준칙28 단서).

2. 징계대상자의 출석과 소명기회 부여

조합에서 징계를 의결할 때에는 해당 징계대상자에게 [별지 제6호 서식] 및 [별지 제6호의2 서식]에 따라 책임소재를 사전에 통지하고 조합인사위원회에 출석시켜 소명할 기회를 부여하여야 한다(준칙29① 본문). 다만, 징계대상자가 진술을 포기하는 경우에는 그러하지 아니하다(준칙29① 단서).

징계대상자가 출석할 수 없을 때에는 서면으로 진술하게 할 수 있다(준칙29②).

3. 징계의결서 등

(1) 징계의결서

조합인사위원회의 의결은 [별지 제7호 서식]에 의한 징계(변상)의결서로 행하며 징계원인이 된 사실 증거의 판단과 관계규정을 명기하여야 한다(준칙30).

(2) 위법사항 심사요구

조합의 규정 또는 서약서의 내용이 상위 법령에 위반되는지 여부가 징계 처분의 전제가 되는 때에는 조합인사위원회 위원장은 지역검사국장을 거쳐 조합감사위원장에게 심사를 요구하여야 하며 그 심사 결과에 따라 징계처분 여부를 결정하여야 한다(준칙31).

(3) 인사위원회 의결기록부

조합의 징계업무 담당자는 [별지 제8호 서식]에 의한 인사위원회 의결기록부에 의결내용을 기재하여 보관하여야 한다(준칙32).

(4) 이동 직원의 징계관할

(가) 소급 승계

조합간 이동 전에 발생한 징계사유 및 징계처분의 효과는 교류 후에도 소급하여 승계된다(준칙33①).

(나) 현 소속조합의 인사위원회의 징계의결

조합장은 중앙회에서 징계요구된 사고로서 사고발생 후 근무지가 이동된 직원에 대하여는 현 소속 조합의 인사위원회에서 징계의결한다(준칙33② 본문) 다만, 퇴직(타 조합으로 이동 후 퇴직한 경우 포함) 임직원에 대하여는 사고발생 조합에서 소속 임직원과 함께 일괄 부의하되, 의결결과를 퇴직한 조합에 통보하여 인사기록카드에 기록·관리하도록 한다(준칙33② 단서)

이 경우 징계의결 조합의 조합장은 사고 발생처 조합장에게 징계의결사항을 지체없이 통보하여야 한다(준칙33③)

(5) 징계처분에 대한 재의결

회장 또는 지역검사국장으로부터 징계처분에 대한 재의결 요구를 받은 조합장은 특별한 사유가 없으면 동 요구서가 접수된 날부터 1개월 이내에 조합인사위원회를 소집, 재의결을 종료할 수 있도록 필요한 조치를 하여야 한다(준칙34)

4. 재심청구 등

(1) 재심청구 절차

(가) 재심청구 기간

징계처분을 받은 자가 그 처분이 과중하거나 절차상 부당하다고 판단되어 재심을 청구할 때에는 [별지 제9호 서식]에 의한 재심청구서에 구체적인 사유와 입증자료를 첨부하여 원심 처분통고를 받은 날부터 30일 이내에 조합장에게 재심을 청구하여야 한다(준칙35①).

징계처분이 중대한 착오에 의하여 결정되는 등 부득이한 사유가 있는 때에는 제1항의 규정에 따른 청구기간에 불구하고 재심을 청구할 수 있다(준칙35④).

(나) 조합인사위원회 부의 기간

조합에서 재심청구를 받은 경우에는 재심청구서 접수일부터 1개월 이내에 조합인사위원회에 부의(제36조 제1항에 따른 각하 처리시는 제외)하여야 한다(준칙35②).

이에 따라 중앙회에서 요구한 징계량을 하향하고자 할 경우에는 재심 의결일로부터 10일 이내에 [별지 제2호 서식]에 따라 원심요구 의결기관에 요청하여 승인(다만, 직원의 "징계해직"이나, 임원의 경우 "직무의 정지" 이상인 경우에는 조합감사위원회의 승인)을 얻어야 한다(준칙35③).

(2) 재심청구의 각하와 기각

(가) 재심청구의 각하

조합장은 재심청구 서류를 심사한 결과 ⅰ) 재심청구 기일의 경과(제1호), ⅱ) 서류 미비(제2호), ⅲ) 입증 또는 반증 자료와 청구인의 주장에 대한 사실 조사결과 허위판명 또는 명백한 타당성 결여(제3호), ⅳ) 재심 부의 이전 청구인의 서면에 따른 재심 취하 요청(제4호), ⅴ) 재심청구 요건을 결한 절차상 하자 발견(제5호)의 어느 하나에 해당 하는 때에는 직권으로 각하할 수 있다(준칙36①).

(나) 재심청구의 기각

조합장은 ⅰ) 재심청구 내용과 입증자료 등을 검토한 결과 감경할 만한 대상이 되지 못한다고 판단될 때(제1호), ⅱ) 손해액 추가 변상 등 원심징계 당시의 상황과 비교, 변동사항 없이 감경을 청구하는 경우(제2호), ⅲ) 법령상 또는 외부감독기관의 명령, 지침상 하한선 이하로의 징계를 허용하지 아니하는 경우(제3호), ⅳ) 그 밖에 감경 처분이 부적정한 때(제4호)의 어느 하나에 해당하는 때에는 조합인사위원회의 의결을 거쳐 기각할 수 있다(준칙36②).

(3) 재심처분의 효과

재심에 의한 징계처분의 변경은 원심징계처분일에 소급한다(준칙37①). 재심청구는 원심징계처분의 집행에 영향을 미치지 아니한다(준칙37②).

재심처분 결과 원심징계를 감경할 경우에는 동일한 재심사유에 해당되는 다른 직원에 대한 징계처분도 감경하는 것이 타당할 경우 감경할 수 있다(준칙37③).

(4) 직권재심

(가) 조합인사위원회에 재심청구

조합장은 원심 징계처분 확정 후 해당 처분이 중대하고도 명백한 하자가 있다고 인정할 때에는 입증자료를 붙여 조합인사위원회에 재심을 청구할 수 있다(준칙38①).

(나) 징계량 가중의 의결정족수

직권 재심의결에 의해 당초 징계량을 가중할 경우에는 출석위원 3분의 2 이상의 찬성을 얻어야 한다(준칙38②).

(5) 재심결과 보고

조합장은 재심절차를 거쳐 징계가 확정된 경우에는 그 결과를 10일 이내에 i) [별지 제7호 서식]에 의한 징계(변상)의결서(제1호), ii) [별지 제3호 서식] 또는 [별지 제4호 서식]의 의한 조합인사위원회 부의조서(제2호), iii) 조합감사위원회 또는 심의회 승인서(재심승인 요청에 의해 하향의결한 경우에 한함)(제3호), iv) [별지 제10호 서식]에 의한 징계처분통보서 및 [별지 제13호 서식]에 의한 변상판정통보서(제4호), v) 해당 징계처분 사항이 기재된 인사기록카드(제5호), vi) 통합업무시스템(채권관리)에 등록된 이후의 변상내역조회표(제6호), vii) [별지 제14호 서식]에 의한 주의촉구통보서(해당자에 한함)(제7호), viii) 변상금 하향 의결의 경우 이사회승인 의결기록부(제8호)를 구비하여 지역검사국장을 거친 후 회장에게 보고하여야 한다(준칙39).

5. 징계확정일자 및 징계효력발생일자 등

(1) 징계의 시행권자 및 시행방법

(가) 징계의 시행권자

사고관련자에 대한 징계시행은 조합인사위원회의 징계의결일 익일까지 조합장의 결재를 받아 시행한다(준칙40① 본문). 다만, 조합장이 제척사유에 해당되어 시행을 하지 못하거나 하지 아니할 경우 직무범위규정에서 정한 직하위자의 결재를 받아 조합장 명의로 시행할 수 있다(준칙40① 단서).

(나) 징계의 시행방법

징계의 시행은 사고관련자별로 [별지 제10호 서식]에 의한 징계처분통보서에 직인을 날인하여 직접 교부하고 접수확인증을 받거나 내용증명 우편으로 통보한다(준칙40②).

징계시행시에는 사고관련자에 대한 징계처분통지 외에 인사·급여·퇴직금·채권관리 담당부서에 징계처분 사실을 통지하여 적절한 조치를 하도록 하여야 한다(준칙40③).

(2) 징계확정일자 및 징계효력발생일자

(가) 조합장이 결재한 날 및 징계처분결과를 통보한 날

조합인사위원회의 징계의결을 거쳐 조합장이 결재한 날을 징계확정일로 하며, 준칙 제40조(징계의 시행권자 및 시행방법)에 따라 사고관련자에게 징계처분결과를 통보한 날을 징계효력발생일로 한다(준칙41①).

(나) 재심승인 요청에 따른 징계확정일자

재심승인 요청에 따른 징계확정은 i) "원안승인"의 경우: 조합인사위원회에서 중앙회(조합감사위원회, 심의회 포함)에 재심 승인을 요청하기로 의결한 날(제1호), ii) "불승인"의 경우: 원심 확정일(제2호), iii) "수정승인"의 경우: 중앙회에서 통보된 "재심의" 결과에 따라 조합인사위원회에서 의결하고, 조합장이 징계의결사항을 확인한 날(제3호)과 같이 구분 적용하며, 제1호 및 제2호의 결과를 통보받은 경우에는 별도의 조합인사위원회 의결 절차를 생략한다(준칙41②).

(다) 재심 징계효력발생일자

재심 징계효력은 당초 원심 징계처분 통보일에 소급하여 발생한다(준칙41③).

(라) 자체 발각사고에 대한 재의결 요구가 있는 경우의 징계확정일자

준칙 제34조의 자체 발각사고에 대한 재의결 요구가 있는 경우에는 제1항에 불구하고 조합인사위원회 재의결을 거쳐 조합장이 문서를 시행한 날짜를 징계확정일자로 한다(준칙41④).

6. 징계처분의 시행보고 등

(1) 이동 직원에 대한 징계시행사항 통보

조합장은 중앙회에서 징계요구된 사고로서 사고발생 후 이동된 직원에 대한 징계 시행은 준칙 제40조의 규정에 의하되, 사고발생조합의 조합장에게도 징계의결사항 시행 내용을 통보하여야 한다(준칙42).

(2) 징계처분의 시행보고

조합장은 자체발각사고 및 회장 또는 감독기관장이 징계요구한 사고관련자에 대한 징계의결사항을 시행일부터 10일 이내에 [별지 제12호 서식]에 의한 징계처분 시행 결과보고서에 i) [별지 제7호 서식]에 의한 징계(변상)의결서(제1호), ii) [별지 제3호 서식] 또는 [별지 제4호 서식]의 의한 조합인사위원회 부의조서(제2호), iii) 조합감사위원회 또는 심의회 승인서(재심승인 요청에 의해 하향 의결한 경우에 한함)(제3호), iv) [별지 제10호 서식]에 의한 징계처분통보서 및 [별

지 제13호 서식]에 의한 변상판정통보서(제4호), v) 해당 징계처분 사항이 기재된 인사기록카드(제5호), vi) 통합업무시스템(채권관리)에 등록된 이후의 변상내역 조회표(제6호), vii) [별지 제14호 서식]에 의한 주의촉구통보서(해당자에 한함)(제7호), viii) 변상금 하향의결의 경우 이사회승인 의결기록부(제8호)의 서류(사본 포함)를 구비하여 지역검사국장에게 보고하여야 한다(준칙43①).

재의결 요구가 있는 경우에는 조합장은 제1항의 절차에 따라 보고하여야 한다(준칙43②).

(3) 징계관련 소송 등 보고

조합장은 중앙회 및 감독기관에서 소속 임직원에 대하여 요구한 징계와 관련된 소송(노동위원회법에 따른 노동위원회에 제기된 구제신청 절차 포함)이 발생한 경우 사유발생일부터 5일 이내에 지역검사국장에게 보고하여야 한다(준칙44).

(4) 인사기록카드 및 대장 기재

(가) 견책 이상의 징계처분을 받은 임직원

조합장은 징계시행 즉시 인사담당직원으로 하여금 견책 이상의 징계처분을 받은 임직원에 대한 징계사유 및 징계량을 인사기록카드에 기록하게 하고 확인하여야 한다(준칙45①).

(나) 금융감독원의 검사결과 주의 조치

조합장은 인사담당직원으로 하여금 금융감독원의 검사결과 주의 조치에 대해 인사기록카드에 기록하게 하고 관리하여야 한다(준칙45②).

(5) 기 퇴직자에 대한 징계기록

(가) 징계통지와 인사기록카드 기재

징계의결 전에 이미 퇴직한 사람에 대하여도 징계통지함을 원칙으로 하되, 불가피한 경우에는 통지하지 아니할 수 있으며, "00사고에 따른 행위자 또는 관련자"임을 인사기록카드에 기록·관리한다(준칙46① 본문). 단, 사망자의 경우 징계통지 및 인사기록카드 기록을 하지 않는다(준칙46① 단서).

(나) 이동 후 퇴직한 직원

사고발생조합에서 타 조합으로 이동 후 퇴직한 직원에 대하여는 퇴직한 조합의 조합장에게 동 사고내용 및 책임소재를 통보하고 제1항의 내용을 인사기록카드에 기재관리할 수 있도록 하여야 한다(준칙46②).

(6) 징계기록의 등의 말소

(가) 정직 이하의 징계

정직(직무의 정지 포함) 이하의 징계(단, 금융감독원의 검사결과 주의 조치 포함)를 받은 후 5년이 경과한 임직원에 대하여는 징계기록 등을 말소한다(규정10①).

(나) 감봉, 견책 또는 금융감독원 주의조치

조합장은 감봉, 견책 또는 금융감독원 주의조치를 받은 임직원이 다른 징계처분을 받음이 없이 i) 감봉은 3년(제1호), ii) 견책(금융감독원 주의)은 2년(제2호)을 경과한 경우에는 직원은 인사위원회, 임원은 이사회의 의결을 거쳐 징계기록 등을 말소할 수 있다(규정10②).

(다) 종전 징계처분으로 인한 불이익 금지

징계기록이 말소된 후에는 종전 징계처분으로 인하여 불이익을 받지 아니한다(규정10③).

(7) 징계대상직원에 대한 주의촉구

(가) 조합인사위원회 의결과정에서 징계사유에 해당되는 경우

조합인사위원회 의결과정에서 징계사유에 해당되나 특별한 사유가 있다고 인정하여 주의촉구 의결하였을 경우에는 조합장이 해당 사고관련자에게 주의촉구 조치한다(준칙47①).

(나) 조합인사위원회에 부의하지 않는 사항의 경우

조합장은 조합인사위원회에 부의하지 않는 사항의 경우에도 필요한 경우 문서로서 주의촉구를 조치할 수 있으며, 이 경우에는 주의촉구일부터 7일 이내에 지역검사국장에게 보고하여야 한다(준칙47②).

(다) 감사시스템 등록과 주의촉구통보서 발급

주의촉구 조치 시(금융감독원의 검사결과 주의 조치도 포함)에는 농축협 감사시스템에 등록한 후 주의촉구통보서를 발급하여 조치하고 관리하여야 한다(준칙47③).

제3절 변상판정

Ⅰ. 사고금에 대한 처리와 변상책임의 발생요건

1. 사고금에 대한 처리

사고금은 사고의 구분(준칙5)에 따라 다음과 같이 처리하는 것을 원칙으로 한다(준칙48). 즉 ⅰ) 천재지변 또는 불가항력으로 인한 사고, 책임소재가 불명확한 사고는 조합의 손실로 처리하고(제1호), ⅱ) 직무태만 또는 과실로 인한 사고 및 제1호의 사고에서 본인의 귀책사유가 있는 경우는 조합인사위원회에서 변상판정을 심의하며(제2호), ⅲ) 고의로 인한 사고는 사고관련자가 변상함을 원칙으로 하되, 조합인사위원회에서 변상판정이 가능(제3호)하다.

2. 변상책임의 발생요건

변상책임은 임직원이 업무상 고의 또는 과실로 본 조합에 재산상 손해를 끼쳤을 때 발생한다(규정11).

Ⅱ. 변상판정의 기본원칙 등

1. 변상판정의 기본원칙

(1) 변상책임자의 범위

변상판정은 「징계변상규정(예)」 제12조에 따라 변상책임자별로 변상책임의 유무 및 그 책임의 범위를 정해야 한다(준칙49①).

변상책임자는 ⅰ) 취급자 또는 행위자(교사자 및 방조자 포함)(제1호), ⅱ) 결재자(제2호), ⅲ) 감독자(제3호), ⅳ) 관련자 또는 지시자(제4호)이다(규정12).

(2) 총 책임액과 참작사항

변상책임이 있는 임직원들이 변상할 총 책임액은 당해 손해금으로 하되 ⅰ) 사고의 성격(제1호), ⅱ) 사고의 원인 및 제도상의 문제점(제2호), ⅲ) 행위의 동기(제3호), iv) 행위자의 사고관련도 등(제4호), v) 정당행위에 대한 기대 가능성(제5호), vi) 기관 자체의 과실의 정도(제6호), vii) 그 밖의 정상참작 사항(제7호)을 참작하여 결정할 수 있다(준칙49②).

2. 변상책임액의 결정

변상책임액은 다음의 구분에 따라 결정한다(준칙50).

(1) 고의 또는 중과실 사고와 관련된 임직원

사고관련자 본인 또는 제3자 등 특정 이해관계인에게 부당이득을 발생하게 할 목적이거나 부당이득이 발생될 것을 인식한 상태에서의 고의 또는 중과실 사고와 관련된 임직원에 대하여는 손해액 전액 이내로 한다(준칙50(1) 본문). 다만, 고의에 따른 사고로서 행위자가 금리차액, 시세차액 등 과실의 부당취득을 목적으로 한 경우에는 실제 취득한 이득액까지 변상하게 할 수 있다(준칙50(1) 단서).

(2) 각종 자산의 피사취 등의 관련 임직원

각종 자산의 피사취, 분실, 과오불, 배상 및 이와 유사한 사고 등의 관련 임직원에 대하여는 손해액 전액 이내로 한다(준칙50(2)).

(3) 기타 중과실자와 경미한 과실자

앞의 제1호 및 제2호 외의 중과실자에 대하여는 제49조(변상판정의 기본원칙) 제2항의 규정을 참작하여 변상책임액을 결정하고 징계처분이 견책에 해당하거나 경미한 과실자에 대하여는 변상판정 부의 시점의 개인별 신원보증공제금 이내로 변상판정을 행할 수 있다(준칙50(3)).

(4) 천재지변 또는 불가항력으로 인한 사고 등

천재지변 또는 불가항력으로 인한 사고와 책임소재가 불명확한 사고일 경우에는 변상을 요구할 수 없다(준칙50(4)).

(5) 임직원 상호간 직급별 변상책임액의 크기

사고관련 임직원 상호간 직급별 변상책임액의 크기는 직책, 직무범위 및 책임의 경중을 감안하여 결정하되, 상위직위의 의사결정이나 관리책임이 중요한 사안의 경우에는 방침 결정자의 변상책임이 더 큰 것으로 하며, 취급상 하자, 절차 또는 서류 미비, 사후관리 소홀, 그 밖에 실무적인 사항은 실무 담당직원 또는 직상위 감독자(결재자 포함)가 변상책임이 더 큰 것으로 한다(준칙50(5)).

(6) 고의 · 횡령사고의 사고금액(피해예상액)

고의·횡령사고의 사고금액(피해예상액)은 행위자로부터 전액 회수가 가능할 경우에는 전액을 행위자에 부과함을 원칙으로 한다(준칙50(6) 본문). 다만 전액 회수가 불가능하고, 제24조(관리·책임자에 대한 징계) 제4항, 제5항에 해당하는 경우 직상위 감독자(결재권자 포함)에게 일부를 부과할 수 있다(준칙50(6) 단서).

3. 변상책임액의 감액

(1) 감액 사유와 한도

변상책임액은 회장 이상 표창, 조합 발전에 기여한 공로 및 평소 근무자세 등을 감안하여 감액할 수 있다. 이 경우 감액한도는 변상책임액의 10분의 5 해당액 이내로 한다(준칙51① 본문). 다만, 범죄성 사고(횡령 등 포함)로 인한 사고관련자와 고의성이 있다고 판단되는 사고관련자에 대하여는 손해액 전액을 변상책임액으로 할 수 있다(준칙51① 단서).

(2) 추가 감액 사유

다음의 어느 하나에 해당하는 사유, 즉 i) 과실의 정도가 가벼운 경우 또는 근무경력이 일천하여 정확한 업무처리를 기대하기 어려운 것으로 인정되는 경우(제1호), ii) 사고방지 또는 사고발생 후 사고수습 및 손실방지를 위하여 현저한 노력을 하고 상당한 회수 실적이 있는 경우(제2호), iii) 승인여신으로서 심사, 실행, 사후관리에 고의 또는 중과실이 없는 경우(제3호), iv) 제도상의 결함 등 그 밖의 부득이한 사유가 인정되는 경우(제4호), v) 그 밖에 사고의 특수성 및 변상능력을 감안하여 조합감사위원회가 감액을 의결하는 경우(제5호)에는 이를 감안하여 변상책임액을 추가하여 감액할 수 있다(준칙51②).

(3) 산정 변상책임액과 감액

앞의 제1항 및 제2항에 의하여 산정된 변상책임액이 i) 사고관련자의 징계양정이 "주의촉구"조치를 받은 때에는 변상책임액의 전액 이내(제1호), ii) 사고관련자의 징계양정이 "견책"인 때에는 변상책임액의 10분의 5 해당액 이내에서 감액(제2호), iii) 퇴직자의 징계양정이 "견책" 이하에 해당되는 때에는 변상책임액의 전액 이내에서 감액(제3호)의 어느 하나에 해당하는 경우 전부 또는 일부를 감액할 수 있다(준칙51③ 본문). 다만, 제22조 포상자에 대한 감경원칙에 따라 징계량이 감경된 경우에는 감경 이전의 징계량을 기준으로 변상책임액을 산정할 수 있다(준칙51③ 단서).

4. 변상청구권의 시효

(1) 소멸시효기간

변상의무자에 대한 변상청구권은 손해를 안 날부터 3년간 이를 행사하지 아니하거나 사고발생일부터 10년(사고발각일 이전 퇴직자의 경과실사고인 경우에는 5년)이 경과한 때에는 시효로 인하여 소멸한다(준칙52①).

(2) 소멸시효기간의 연장

변상청구권 시효기간 만료일에 제11조(징계시효) 제4항 각 호의 사유가 있거나, 같은 항 각 호의 사유가 종료하는 날로부터 남은 변상청구권 시효기간이 2개월 미만인 경우, 변상청구권 시효는 같은 항 각 호의 사유 종료일부터 각각 3개월간 연장한다(준칙52②).

(3) 소멸시효중단 조치

조합은 시효가 완성되기 전에 관련 규정에서 정하는 소멸시효중단 조치를 취하여 변상청구권을 보전하여야 한다(준칙52③ 전단). 소멸시효중단 조치가 이루어진 경우에는 그 때부터 새롭게 시효를 기산한다(준칙52③ 후단).

Ⅲ. 변상판정 부의와 의결

1. 변상판정 부의

(1) 조합장의 자체 발각한 사고와 구상

조합장은 자체 발각한 사고와 관련하여 사고관련자들이 조합의 재산상 손해를 초래하게 함으로써 각 관련자들로부터 손해액을 구상할 필요가 인정되거나 회장으로부터 임직원에 대한 징계 및 변상조치를 요구받아 사고관련자들로부터 손해액을 구상할 필요가 있다고 인정되는 경우에는 변상판정업무 담당자로 하여금 사고조서에 따라 관련자별 책임소재를 명확히 한 후, [별지 제3호 서식]의 의한 변상판정부의조서를 작성, 조합인사위원회에 변상판정을 부의하게 하여야 한다(준칙53①).

(2) 감사의 감사실시 결과와 구상

조합장은 감사가 관련규정에 의하여 감사를 실시한 결과 업무취급자들이 조합에 재산상 손해를 발생하게 한 사실을 발각하고 각 관련자들로부터 손해액을 구상하도록 요구받은 경우에는 변상판정 업무 담당자로 하여금 사고조서에 따라 관련자별 책임소재를 명확히 한 후 변상판정부의 조서를 작성하여 조합인사위원회에 변상판정을 부의하여야 한다(준칙53②).

(3) 변상판정요구서 접수와 부의 기한

조합장은 제1항 및 제2항의 규정에 의하여 [별지 제11호 서식]의 따른 변상판정요구서를 접수하였을 때에는 특별한 사정이 있는 경우를 제외하고는 2개월 이내에 변상판정을 부의하게 하여야 한다(준칙53③).

(4) 사직서 제출과 부의 기한

사고관련자가 사직서를 제출하였을 경우에는 1개월 이내에 변상판정이 종결될 수 있도록 조속히 부의하게 하여야 한다(준칙53④).

(5) 준용규정

준칙 제15조 제2항 및 제3항, 제22조 제2항, 제28조부터 제32조까지, 제34조부터 제39조까지, 제41조, 제43조의 규정은 변상판정업무 처리에 이를 준용한다(준칙53⑤).

2. 변상판정 의결

(1) 변상책임의 유무 등 기술

조합인사위원회에서 변상판정 의결시에는 변상책임의 유무, 변상책임 있는 자, 변상책임액 및 이에 대한 이유, 변상기한 등을 [별지 제3호 서식]에 의한 징계(변상)부의조서에 명확히 기술하여야 한다(준칙54①).

(2) 변상기한

변상기한은 변상판정 대상자별로 변상통지서가 도달된 때를 기산일로 하여 1년 이내의 범위 안에서 월 단위로 정한다(준칙54② 본문). 다만 변상액이 1억원 이상일 경우 2년 이내의 범위 안에서 월 단위로 정할 수 있다(준칙54② 단서).

Ⅳ. 변상액의 하향 의결 등

1. 변상액의 하향 의결

(1) 경영상태가 양호한 조합 등

지도감사규정 제50조(준용규정) 및 징계변상규정(예) 제13조(준용규정)는 "경영상태가 양호한 조합 등은 「징계변상 업무처리준칙(예)」에서 정하는 바에 따라 회장이 요구한 변상금액보다 하향 의결할 수 있다"고 규정하고 있는데, 여기서 "경영상태가 양호한 조합 등"은 다음과 같다(준칙55①).

1. 전년도 종합경영평가결과 2등급 이상인 경영상태가 양호한 조합. 다만, 다음의 어느 하나에 해당하는 조합은 제외한다.
   가. 최근 2년 이내에 분식결산으로 임직원이 견책 이상의 징계를 요구받은 조합
   나. 최근 2년 이내에 기본적인 사고예방조치의 결여로 횡령 등 고의사고가 3

건 이상 또는 1억원 이상의 피해액이 발생한 조합
다. 사고피해금액을 전년도 결산에 반영하는 경우 자본 적정성이 3등급 이하인 조합
라. 부당한 하향 의결 등으로 조합감사위원회(심의회 포함)에서 제외할 필요가 있다고 의결한 조합
2. 상임감사를 운용하는 조합
3. 제49조(변상판정의 기본원칙) 제2항 각 호의 사항을 참작한 결과, 사고발생 원인이 불합리한 관행 또는 과실책임 등으로 정직(임원은 직무의 정지) 이하의 징계를 요구받은 자로서, 그 변상요구액이 변상책임이 있는 자의 연봉을 초과하는 경우. 다만, 다음의 기준 미만으로 하향 의결할 수 없다.
가. 견책: 변상책임자 연봉의 1배
나. 감봉: 변상책임자 연봉의 1.5배
다. 정직 또는 직무의 정지: 변상책임자 연봉의 2배

(2) 퇴직자의 징계가 견책 이하에 해당하는 경우

사고관련자 중 퇴직자의 징계가 견책 이하에 해당하는 경우에는 승인여신으로서 심사, 실행, 사후관리에 고의 또는 중과실이 없는 경우(준칙51③(3))에 따라 중앙회가 요구한 변상액보다 하향 의결할 수 있다(준칙55②).

(3) 이사회 승인 등

변상액을 하향 의결하는 경우에는 변상책임자별 재산상태 및 생활여건 등 변상능력과 조합수지 기여도 등 공적사항에 대한 객관적인 자료에 따라 하향 부의하여 의결할 수 있으나 이사회의 승인을 얻어 시행하고, [별지 제12호 서식]에 의한 징계처분시행결과보고서에 하향 의결사유를 기재하여야 한다(준칙55③).

(4) 전년도 종합경영평가결과 2등급 이상인 경영상태가 양호한 조합 등

앞의 준칙 제55조 제1항 제1호 및 제2호에 따라 변상액을 하향 의결하는 경우에는 중앙회가 요구한 각 변상책임자별 변상액의 2분의 1 미만으로 의결할 수 없다(준칙55④).

2. 변상액의 제한

중앙회가 요구한 각 변상책임자별 변상액을 상향 의결하는 경우 각 변상책임자별 감경된 총 금액[사고사례별 감경액(기본감액 포함), 표창감경액, 징계별 감경액을 모두 합한 금액]의 2분의 1을 초과하여 의결할 수 없다(준칙56).

3. 변상판정의 입증

변상판정을 조합인사위원회에 부의할 때에는 조합장은 변상판정업무 담당자로 하여금 부의조서 및 관련 첨부서류에 고의 또는 과실의 유무와 과실의 정도를 기술하고 이를 입증할 수 있는 증거를 제시하게 하여야 한다(준칙57).

4. 변상판정의 시행

(1) 변상판정통지서의 발송 등

조합장은 조합인사위원회에서 사고관련자별로 변상책임액을 변상판정 의결(하향 의결시는 이사회의 승인 의결)하였을 때에는 이를 즉시 확인하고 변상판정업무담당자로 하여금 각 변상책임 있는 사람 및 그 사람의 신원보증인에게 변상액, 변상사유, 변상기한을 명시한 [별지 제13호 서식]에 의한 변상판정통지서를 내용증명 우편으로 발송하거나 본인의 수령인을 받음으로써 시행한다(준칙58①).

(2) 변상판정액의 등록 · 관리

사고발생조합의 조합장은 변상판정 시행 시 사고관련 임직원별 변상판정액을 통합업무시스템(채권관리)에 등록하여 관리하여야 한다(준칙58②).

(3) 다른 조합의 조합장에 대한 변상판정 내용 통보

사고발생조합의 조합장은 변상책임 있는 자가 현재 다른 조합에 근무할 때에는 그 조합의 조합장에게 변상판정 내용을 통보하여야 하며, 통보를 받은 조합의 조합장은 변상금이행에 차질이 없도록 하여야 한다(준칙58③).

5. 변상액 정리

(1) 계정 정리

변상책임 있는 자가 변상판정금액의 전부 또는 일부를 변상하였을 때에는 소속 직원으로 하여금 즉시 당해 계정에 정리하게 하여야 한다(준칙59①).

(2) 현물변상과 금전변상

금전 외의 현물 사고시는 현물변상을 원칙으로 하되, 현물변상이 불가능한 경우에는 변상시점의 시가에 따라 금전으로 변상하게 한다(준칙59②).

Ⅴ. 긴급조치 등

1. 긴급조치

(1) 채권보전조치

조합장은 변상판정부의 대상 손해금의 채권확보가 우려된다고 인정될 때에는 변상판정절차 개시 전후에 불구하고 신속하게 채권보전조치를 취하여야 한다(준칙60①).

(2) 민사상의 청구절차 이행

변상판정절차에 의하지 않고 손해금의 전부 또는 일부 금액에 대하여 사고관련자(신원보증인 포함) 상대로 민사상의 청구절차를 이행할 수 있다(준칙60②). 이에 따른 민사상 청구절차를 이행하였을 때에는 따로 변상판정을 행하지 아니할 수 있다(준칙60③).

2. 변상기한의 연장

조합장은 사고관련자가 변상기한까지 부득이한 사유로 변상금 전액을 이행하지 못한 경우에는 이사회의 의결을 얻어 변상액의 분할정리 또는 정리기한의 유예, 연장을 허용할 수 있다(준칙61 본문). 다만, 분할정리, 유예 및 연장은 최초 인사위원회에서 정한 변상기한종료일부터 1년을 초과할 수 없다(준칙61 단서).

3. 변상불이행시의 조치

(1) 해직절차와 채권확보조치 등

조합장은 소속직원 중 변상책임 있는 사람이 변상기일까지 변상의무를 이행하지 않을 때에 조합인사위원회(타 조합으로 이동한 직원의 경우 사고조합의 요청에 의하여 소속조합 인사위원회)에 부의하여 해직절차를 취하게 하여야 하며 변상액 회수를 위한 채권확보조치, 제소 및 그 밖의 법적절차를 취하게 하여야 한다(준칙62① 본문). 다만, 정상참작에 따라 그러하지 아니할 수 있다(준칙62① 단서).

(2) 재산조사 및 사전 채권확보조치 등

조합장은 변상책임 있는 직원이 변상기일 만료 전이라도 변상의무를 이행하지 아니할 우려가 현저한 것으로 인정될 때에는 해당 직원에 대한 재산조사 및 사전 채권확보조치 등을 취하게 하여야 한다(준칙62②).

(3) 감사의 변상 독촉 등

조합의 임원이 변상기일까지 변상책임을 이행하지 아니하는 경우에는 조합의 감사가 해당 임원에게 지체 없이 변상을 독촉한 후 미정리시는 변상액 회수를 위한 채권확보조치, 제소 그 밖의 법적절차를 취할 수 있다(준칙62③ 전단). 이 경우에는 지체없이 이사회에 보고하거나 임시총회를 소집 · 보고하여야 한다(준칙62③ 후단).

4. 이동 직원의 변상관할

사고관련자가 변상판정조치 이전에 타 조합으로 이동된 경우 사고발생으로 손해가 발생한 조합이 동 사고관련자에 대한 변상판정을 한다(준칙63).

5. 변상의무 이행전 사직서 제출시의 조치

(1) 소속 직원

조합장은 소속 직원이 변상판정액에 대한 변상의무를 완료하기 전 사직서를 제출한 때에는 급여 및 퇴직금 담당 직원으로 하여금 퇴직 전 필요한 조치를 취하여야 한다(준칙64①).

(2) 이동 직원

변상조치 전에 타 조합으로 이동하여 근무 중인 변상의무자가 사직서를 제출한 때에도 현소속 조합장은 제1항의 규정과 같은 조치를 취하고 변상판정조합의 조합장에게 지체없이 동 사실을 서면통보하여야 한다(준칙64②).

6. 민사소송과의 관계

이 준칙은 민사소송의 청구절차에 영향을 미치지 아니한다(준칙65).

제4절 조합 인사위원회

Ⅰ. 인사위원회 의결 등

1. 인사위원회 의결 또는 직무정지

본 조합 직원의 징계 및 변상판정에 관한 사항은 인사위원회의 의결을 얻어야 한다(규정14① 본문). 다만, 감독기관(농림축산식품부장관, 금융위원장, 감사원장) 또는 회장으로부터 징계해직의 조치요구를 받은 직원은 별도의 절차없이 조치요구서 접수일부터 징계조치가 최종 확정되는 날까지 직무가 정지된다(규정14① 단서).

2. 인사위원회의 구성 등

인사위원회의 구성, 의결방법, 그 밖의 인사위원회의 운영에 관한 사항은 인사규정에서 정하는 바에 의한다(규정14② 본문). 다만, 징계변상 의결 시 징계양정에 대한 의견이 분립하여 출석위원 과반수가 안되는 경우에는 출석위원 과반수에 달할 때까지 피징계자에게 가장 불리한 징계양정 의견의 수에 차례로 유리한 징계양정 의견의 수를 더하여 과반수에 도달한 징계양정 의견을 합의된 것으로 본다(규정14② 단서).

Ⅱ. 비밀누설 금지

인사위원회에 참여한 위원 및 관련 직원은 직무상 취득한 비밀을 누설하여서는 아니 된다(규정15).

Ⅲ. 준칙

징계 및 변상판정업무에 대한 세부적인 사항은 따로 정한 준칙에 의한다(규정16).

Ⅳ. 임원에 대한 징계 · 변상 등

1. 이사회 의결 또는 직무정지

본 조합의 임원에 대한 징계·변상은 이사회(조합장, 감사에 대한 자체징계는 총회)의 의결에 의한다(규정17① 본문). 다만, 감독기관 또는 회장으로부터 개선의 조치요구를 받은 임원은 조치요구서 접수일부터 징계조치가 최종 확정되는 날까지 직무가 정지되며, 농업협동조합법 제46조(임원의 직무) 제4항에서 정하는 바에 따라 직무정지 기간 동안 직무대행자를 선임하여야 한다(규정17① 단서).

2. 준용규정

규정 제15조(비밀누설 금지)부터 제16조(준칙)까지의 규정은 제1항의 이사회 의결에 이를 준용한다(규정17②).

참고문헌

금융감독원(2021), 「금융감독개론」, 금융감독원(2021. 2).

김규호(2016), "신용협동조합 지배구조의 문제점과 개선방안", 한밭대학교 창업경영대학원 석사학위논문(2016. 2).

김정연(2019), "새마을금고의 법적성격과 지배구조", 선진상사법률연구 통권 제87호(2019. 7).

남기포(2019), "한국농협의 지배구조 현황과 발전방향", 협동조합경영연구 제51집(2019. 12).

농협중앙회 상호금융여신지원부(2022), 「2021 농축협수신업무방법(예)」(2021. 10).

농협중앙회 상호금융여신지원부(2022), 「2021 여신업무방법(예)」(2021. 10).

박영재(2015), "협동조합금융기관 중앙회 조직의 지배구조 개선방안", 충남대학교 특허법무대학원 석사학위논문(2015. 2).

백주현(2021), "수산업협동조합 및 어업인 관련 조세특례 제도개선에 관한 연구", 건국대학교 행정대학원 석사학위논문(2021. 8).

송재일(2015), "협동조합법제에서 협동조합간 협동과 연대" 한국협동조합연구 제33집 제3호(2015. 8).

신협중앙연수원(2021), 「2021 연수교재 신협법」.

이건희(2021), "DEA·AHP를 활용한 상호금융기관의 효율성 분석 – 광주 · 전남지역을 중심으로 – ", 목포대학교 대학원 박사논문(2021. 8).

이영종(2014), "주식회사 외부감사의 법적지위와 직무수행에 관한 고찰: 기관과 기관담당자의 구별에 기초를 둔 이해를 위한 시론", 증권법연구 제15권 제3호(2014. 12).

정영기·조현우·박연희(2008), "자산규모에 의한 외부감사 대상 기준이 적절한가?", 회계저널 제17권 제3호(2008. 9).

최흥은(2014), "농업협동조합법 연구", 대진대학교 대학원 박사학위논문(2014. 1).

찾아보기

ㅇ

저자소개

이상복

서강대학교 법학전문대학원 교수. 연세대학교 경제학과를 졸업하고, 고려대학교에서 법학 석사와 박사학위를 받았다. 사법연수원 28기로 변호사 일을 하기도 했다. 미국 스탠퍼드 로스쿨 방문학자, 숭실대학교 법과대학 교수를 거쳐 서강대학교에 자리 잡았다. 서강대학교 금융법센터장, 서강대학교 법학부 학장 및 법학전문대학원 원장을 역임하고, 재정경제부 금융발전심의회 위원, 기획재정부 국유재산정책 심의위원, 관세청 정부업무 자체평가위원, 한국공항공사 비상임이사, 금융감독원 분쟁조정위원, 한국거래소 시장감시위원회 비상임위원, 한국증권법학회 부회장, 한국법학교수회 부회장, 금융위원회 증권선물위원회 비상임위원으로 활동했다.

저서로는 〈신용협동조합법〉(2023), 〈경제학입문: 돈의 작동원리〉(2023), 〈금융법입문〉(2023), 〈외부감사법〉(2021), 〈상호저축은행법〉(2021), 〈외국환거래법〉(개정판)(2023), 〈금융소비자보호법〉(2021), 〈자본시장법〉(2021), 〈여신전문금융업법〉(2021), 〈금융법강의 1: 금융행정〉(2020), 〈금융법강의 2: 금융상품〉(2020), 〈금융법강의 3: 금융기관〉(2020), 〈금융법강의 4: 금융시장〉(2020), 〈경제민주주의, 책임자본주의〉(2019), 〈기업공시〉(2012), 〈내부자거래〉(2010), 〈헤지펀드와 프라임 브로커: 역서〉(2009), 〈기업범죄와 내부통제〉(2005), 〈증권범죄와 집단소송〉(2004), 〈증권집단소송론〉(2004) 등 법학 관련 저술과 철학에 관심을 갖고 쓴 〈행복을 지키는 法〉(2017), 〈자유·평등·정의〉(2013)가 있다. 연구 논문으로는 '기업의 컴플라이언스와 책임에 관한 미국의 논의와 법적 시사점'(2017), '외국의 공매도규제와 법적시사점'(2009), '기업지배구조와 기관투자자의 역할'(2008) 등이 있다. 문학에도 관심이 많아 장편소설 〈모래무지와 두우쟁이〉(2005), 〈우리는 다시 강에서 만난다〉(2021)와 에세이 〈방황도 힘이 된다〉(2014)를 쓰기도 했다.

농업협동조합법

초판발행 2023년 5월 20일

지은이 이상복
펴낸이 안종만·안상준

편 집 김선민
기획/마케팅 최동인
표지디자인 벤스토리
제 작 우인도·고철민·조영환

펴낸곳 (주) 박영사
서울특별시 금천구 가산디지털2로 53, 210호(가산동, 한라시그마밸리)
등록 1959. 3. 11. 제300-1959-1호(倫)
전 화 02)733-6771
f a x 02)736-4818
e-mail pys@pybook.co.kr
homepage www.pybook.co.kr
ISBN 979-11-303-4460-7 93360

정 가 38,000원